삼국지에서
인생의
스승을 만나다

삼국지에서 인생의 스승을 만나다

황상규 편저

신아출판사

■ 책을 시작하며

　세상은 넓고 할 일은 많으나 우리 대부분은 어떻게 해야 잘 사는지를 잘 모릅니다. 물질적 풍요가 낳은 배부른 재난입니다. 물질적 풍요는 인문학적 성찰의 빈곤을 낳았습니다. 성찰 없이도 얼마든지 잘 살 수 있다고 생각하기 때문입니다. 실제로도 그런 사람들이 많습니다. 허나 성찰 없는 인생은 무가치한 삶을 살기 쉽습니다. 조조처럼 권력을 얻고도 죽음 앞에서 회한의 눈물을 흘릴 수 있습니다. 그래서 우리는 인문학적 성찰을 통해 가치 있고 의미 있는 삶을 살 수 있도록 모색해야 한다고 생각합니다.
　문학과 역사, 그리고 철학과 같은 인문학적 성찰이 없으면 물질적 풍요에도 불구하고 결코 녹록하지 않은 이 세상에서 어떻게 사는 것이 현명하고 가치 있는 삶을 사는지 판단할 능력을 주지 않습니다. 그래서 사람들은 그저 그럭저럭 살아가려 하지만 세상은 적당한 삶을 용납하지 않습니다. 그만큼 세상은 치열하여 '적당히'를 허락하지 않습니다. 지금의 우리들의 삶은 무한경쟁의 틀 속에서 거의 〈삼국지〉의 전쟁과도 같은 삶을 삽니다. 세상 돌아가는 것이 '도 아니면 모'입니다. 그래서 세상을 살아가는 지혜가 더욱더 필요해졌는지도 모릅니다.
　저자는 〈삼국지연의〉를 통해 인문학적 빈곤을 조금이나마 덜어보고자 합니다. 그 것에는 인생을 살아가는데 많은 생각거리와 깨달음을 주기 때문입니다. 〈삼국지연의〉는 역사이기도 하고 소설이기도 합니다. 그렇기 때문에 거기에는 세상사는 이야기가 맛깔나게 전개되어 있습니다. 여러 번 읽어도 재미가 있습니다. 세상의 불세출의 명작입니다. 유비와 관우, 장비라는 3형제와 제갈공명, 그에 맞서는 실력가 조조, 그리고 손권, 사마의 등 많은 영웅들이 자신의 무용담을 유감없이 보여주며 세상사는 이야기를 보여주고 있습니다.

그렇지만 삼국지를 단순한 이야기책으로 보는 것은 삼국지의 참맛을 놓쳐버리기 쉽습니다. 많은 영웅호걸들이 등장하고 사라져가는 과정 속에는 아직도 우리가 인생을 살아가는데 필요한 인생의 가르침을 전쟁이라는 냉혹한 현실 속에서 시사해주는 바가 적지 않아 보입니다. 특히 삼국지는 짧은 역사 이야기가 아니라 인생을 훤히 내다볼 수 있는 몇 세대에 걸친 역사 서사입니다. 그래서 삼국지를 읽다보면 인생을 멀리 바라볼 수 있는 지혜를 얻습니다.

영웅들이 융성하다가도 패망하고 역으로 완전히 무너졌다가도 어떻게 다시 살아날 수 있었는지를 파악하면, 그 속에서 많은 삶의 진주를 캐낼 수 있습니다. 여포와 동탁 같은 인물이 한 시대를 풍미했지만 왜 쉽게 망했는가를 파악하고 유비나 조조, 손권, 제갈공명, 사마의 등 많은 영웅들의 흥망성쇠를 보는 것은 우리가 어떻게 행동해야 좀 더 나은 삶을 살 수 있는가를 배울 수 있는 것입니다. 그래서 고대 로마 역사학자 투키디데스는 "역사는 사례들로 가르치는 철학이다."라고 말하면서 그 중에서도 "전쟁은 가장 냉혹한 스승이다."라고 하였습니다. 평상시와는 달리 전쟁 중에는 조금만 잘못해도 목숨이 왔다 갔다 하기 때문입니다. 방심은 완전히 금물인 것입니다. 그러니 전쟁을 다룬 삼국지를 제대로만 읽으면 살아가는 방법을 생생하게 터득할 수 있습니다. 단지 방관적 입장에서 흥미 위주로 읽으면 인생에 별 도움이 되지 않습니다. 반드시 〈삼국지〉를 보고 영웅들의 성공과 실패를 성찰해야 인생에 도움이 될 수 있습니다. 그래서 나관중도 삼국지 서사시에서 '애도한다고 공연히 떠들지 말라.'고 에둘러 충고하고 있습니다.

이 책은 이런 뜻을 받들고자 삼국지를 통해 세상사는 지혜를 파악하기 위해 철학적으로 기획되었습니다. 〈삼국지〉 자체가 워낙 방대하다 보니 하루아침에 이루어진 작업이 아니라 거의 20년에 걸쳐 이루어진 작업입니다. 처음에는 개인적으로 방기환의 삼국지를 기초로 하여 논술을 가르치기 위해 글쓰기 기초 작업으로 시작하였습니다. 논술형 글은 논리적인 사고의 근간이 되는 인과 관계가 생명인데, 〈삼국지〉만큼 사실 관계를 떠나 논리적으로 정확하게 사건과 사건을 인과관계로 밝힌 작품이 없기 때문입니다. 허나 방기환 씨의 글이 지금의 구성과 어법에 맞지 않아 이문열 삼국지, 황석영 삼국지, 박종화 삼국지 등 여러 삼국지를 대조하고 참조하며 누구의 것도 모방하지 않고 지금의 형식과 우리의 어법에 맞게 〈삼국지〉를 나름대로 편집했습니다. 그 결과 2006년 만화로 보는 삼국지를 출간한 '교연 아카데미'로부터 좋은 반응을 받아 그 출판사 삼국지 만화시리즈의 논술형 서술형 워크북을 만들기도 하였습니다. 논술 시대가 끝나자 더 이상 진척이 없어 철학적으로 삼국지를 풀어보면 어떨까 하는 생각이 들었습니다. 그래서 서서히 삼국지를 철학적으로 분석하기 시작하였습니다.

물론 이 작업도 계속된 작업은 아닙니다. 일단 철학을 정리하는 것이 시급하여 나만의 철학책을 만들기 시작하였습니다. 그래서 만들어진 책이 〈인생의 절반에서 행복의 길을 묻다〉, 〈철학아, 내 고민 좀 풀어줘!〉 등을 출판하고, 다시 이것들을 정리하여 최근에 〈잘 쓰고 가는 게 인생이다〉는 저만의 철학인 어울림 철학서를 저술하였습니다. '어울림의 철학'은 어울려 살수록 행복에 접근하지만 전쟁처럼 어울림을 방해하는 것은 불행으로 가는 지름길이라고 보는 철학입니다.

이렇게 철학에 몰입하다 보니 〈삼국지〉 작업은 다년 간 쉬기도 하였습니다. 마침내 저의 어울림 철학이 탄생하면서 〈삼국지〉도 어울림 철학의 관점에서 본다면 인생에 대한 지혜를 끌어낼 수 있다고 생각하여 다시 시작하게 되었습니다. 이렇게 쉬는 일이 잦고 게다가 삼국지 내용이 방대하다 보니 많은 세월이 걸렸고 그것을 다시 철학적으로 분석하고 나름 정리하는 것은 지금까지 계속해도 미진하다는 생각을 떨칠 수 없었던 것입니다. 인간이기 때문에 자신의 한계를 느낄 수밖에 없었습니다. 그렇지만 어느 정도 정리되다 보니 더 이상 지체한다고 해서 크게 나아질 수 없다고 생각해 과감하게 출판해 보기로 한 것입니다.

 이 책은 전쟁이야말로 인간의 가장 참혹하지만 위대한 스승이라는 생각으로 철저히 삼국지 내용을 근거로 '어떻게 사는 것이 지혜로운가'를 나름대로 철학적으로 분석하였습니다. 그것을 위해 나관중의 〈삼국지연의〉를 이해하기 쉽게 요약하고 편집하여 삼국지 내용을 생생하게 전달하고, 그 내용을 우리의 현실과 대비시켜 철학적으로 분석하여 어떻게 사는 것이 현명한가를 제시하고자 하였습니다. 그리고 삼국지 편집 과정에서 전체적으로 앞뒤를 연결하여 삼국지 전체의 흐름을 알 수 있도록 만들었으며, 그렇기 때문에 삼국지를 제대로 읽지 않은 사람도 삼국지의 내용을 훤히 알 수 있도록 했습니다. 특히 삼국지 명장면 위주로 편집하여 독자들이 삼국지 내용을 흥미진진하게 읽을 수 있도록 최대한 노력하였습니다.

 이솝이 말한 것처럼 본능이나 욕심대로 사는 것은 짐승의 모습이지만 품격을 가지고 지혜롭게 사는 것이 인간의 모습이라고 생각합니다. 흔히들 삼국지 열 번을 읽으면 세상사는 지혜를 얻을 수 있어 품격 있게 살 수 있다고 말합니다. 그렇지만 읽기만 하고 성찰이나 반성 없는 지식은 지혜로 발전하지 않습니다. 품격 있는 삶을 위해서는 반드시 철학적 성찰이 필요합니다. 어렵사리 책을 많이 읽는 것보다 한 번의 성찰이 깨닫는 데는 더 큰 도움이 됩니다. 이 책을 통해 삼국지 전체를 정리하며 철학적으로 깊이 있게 성찰하다 보면 우리에게 필요한 세상사는 지혜를 얻을 수 있다고 강하게 말하고 싶습니다. 이 책이 독자들이 품격 있는 삶을 사는데 도움이 되었으면 하는 바람입니다.

 이 책을 기꺼이 출판해 주신 신아출판사 서정환 사장님께 감사드립니다.

2024년 6월 20일 황상규

■ 차례

1. 만남의 미학─도원결의 ● 10
2. 측근 비리는 왜 생기는 것일까─십상시와 칙사의 횡포 ● 20
3. 술수는 왜 필요한가─간웅 조조 ● 39
4. 금수저면 어떻고 흙수저면 어떠냐─관우의 일배주 ● 56
5. 고마운 실패─조조의 첫 고배 ● 70
6. 남녀 불평등의 근원─초선과 동탁의 최후 ● 82
7. 궁지에 몰리면 문다─왕윤의 실책 ● 97
8. 사람을 믿어야 하는가─여포를 포용하는 유비 ● 106
9. 쾌락의 파라독스─조조의 불륜과 전위의 죽음 ● 120
10. 어리석음의 종말─여포의 최후 ● 132
11. 왜 바보처럼 살아야 할까─조조의 영웅론과 유비의 현명한 대처 ● 146
12. 오만의 끝판왕─원술의 처참한 최후 ● 158
13. 진정한 우정─조조의 짝사랑과 관우의 일편단심 ● 169
14. 또 하나의 산고, 역경─유비 삼 형제의 재회 ● 188
15. 말하기 참 어렵다─원소의 몰락 ● 203
16. 재능을 자랑하면 공功을 잃는다─허유의 허망한 죽음 ● 219
17. 최고의 사업은 사람을 얻는 것이다─삼고초려 ● 231

18. 인간미는 사업의 방해꾼이다 — 유표의 태수 자리 제안을 거부하는 유비 ● 253

19. 용기 없는 영광은 없다 — 의로운 자룡과 용감한 장비 ● 262

20. 자만심은 재앙의 근원이다 — 적벽대전 ● 278

21. 첫 인상에 속지 말자 — 봉추선생, 방통 ● 302

22. 생명의 지킴이, 지혜 — 마초의 비애 ● 312

23. 인명은 재천 — 방통의 최후 ● 327

24. 가장 무서운 적, 탐욕 — 한중의 몰락 ● 339

25. 상사가 가장 두려워하는 자, 똑똑한 부하 — 계륵 ● 349

26. 큰 화를 면해주는 양보의 미덕 — 관우의 의연한 죽음 ● 364

27. 피할 수 없는 죽음 — 조조의 죽음 ● 381

28. 자신을 파멸시키는 분노 — 장비와 유비의 죽음 ● 393

29. 최악의 선택, 전쟁 — 공명의 '출사표' ● 421

30. 백면서생 — 읍참마속 ● 439

31. 삶의 보배, 건강 — 공명의 죽음과 죽은 공명의 부활 ● 455

32. 부자 3대 가기 어렵다 — 촉의 멸망 ● 472

33. 나관중은 〈삼국지연의〉에서 무엇을 말하려 했는가? — 삼국지 서사시 ● 494

1. 만남의 미학 - 도원결의

　인생은 무수한 만남의 연속이고 관계의 연속이다. 만남이 없이는 무엇도 할 수 없고 관계를 떠나 존재할 수 없다. 놀 때도 일할 때도 만남을 통해 이루어진다. 그래서 인생을 살아가는 데는 누구를 만나느냐는 참으로 중요하다. 좋은 만남은 생을 도약하는 기회를 가져오지만 좋지 못한 만남은 기구한 운명을 가져온다.
　〈삼국지연의〉도 무수한 인간관계로 이루어지는 만남의 광장이다. 사람을 잘 만나 승승장구한 사람도 있지만 사람들을 잘못 만나 불우한 인생을 살다간 사람도 있다. 이 작품에 등장하는 유비, 관우, 장비도 예외는 아니다. 그들의 만남은 인생의 커다란 전환점이 된다.
　다음은 우리가 잘 아는 유비, 관우, 장비가 의형제를 맺는 그 유명한 '도원결의'이다. 역사 드라마에서도 자주 인용되는 글이기도 하다. 도원결의의 참 뜻을 이해하기 위해 다시 한 번 음미해 보기로 한다.

　　이튿날 아침 유비가 일어나 복숭아밭에 가보니 관우와 장비 두 사람은 동산 한가운데에 제단을 만들고 있었다. 제단 네 귀에 대나무를 세운 다음 흙으로 만든 백마를 제물로 하여 제사를 지내고 지신을 위로하였다.
　　드디어 혼자 힘으로 들 수 없을 정도로 큰 술독이 제단자리 위에 올려졌다. 그리고 통째로 삶은 돼지며, 양고기며, 나물 등 온갖 산해진미가 푸짐하게 마련되었다.

준비가 다 되자 세 사람은 서로 눈을 마주치며 제단 앞자리에 앉았다. 그리고 천지신명께 대망이 성취되기를 간절히 빌었다.

잠시 후 관우가 정색을 하고 유비와 장비 두 사람에게 의논하였다.

"이 제단 앞에 앉으니 문득 이런 생각이 드는데 두 분의 뜻은 어떠신지요?"

유비와 장비는 조용히 관우의 말에 귀를 기울였다.

"군사는 고사하고 아직 무기도 없고 돈도 없으며, 말 한 필도 갖지 못했지만 우리 세 사람이 이제 의를 맹세하였으니 이것은 하나의 군대라 할 수 있습니다. 군대라면 장수가 있어야 하고 무사에는 주군이 있어야 합니다. 만약 행동의 중심이 되는 주군이 없으면 그것은 도둑떼에 지나지 않을 뿐 아니라 오합지졸에 지나지 않을 것이오. 장비와 이 관우가 오늘날까지 초야에 숨어 때를 기다린 것도 실은 주군이 될 만한 사람을 찾지 못했기 때문입니다. 그런데 오늘 이렇게 혈통이 바른 유비 현덕을 만났으니 우리들의 주군으로 모시는 게 어떨까 싶습니다. 장비, 자네 생각은 어떤가?"

장비는 무릎을 치며 말하였다.

"관우 형님의 의견이 옳습니다. 나도 일찍이 생각해왔던 바입니다. 자, 천지신명께 빌기 전에 먼저 맹세부터 하십시다."

"유공, 이 두 사람의 간절한 소원이오. 승낙해 주셔야겠습니다."

유비는 그들의 성화에 한참동안 묵묵히 생각을 하다가 옷깃을 여미며 입을 열었다.

"내가 한나라 종실의 후예라고 하여 이 몸을 그 윗자리에 앉히려 하는가 봅니다만, 저는 본래 어리석고 오래 동안 초야에 묻혀 살면서 돗자리나 짜고 신이나 삼았을 뿐이오. 그래서 두 분의 윗자리에 앉아 있을만한 수양도 덕도 쌓지 못했습니다. 아직은 아니니 기다려 주셔야 겠습니다."

"보석이 진흙 속에 있다고 하여 어찌 돌멩이가 되겠습니까? 기다리라 하지만 기다릴 필요는 없다고 생각합니다."

"실제로 덕을 쌓고 몸을 닦아 과연 주군이 될 자격이 있나 없나 나 자신이나 두 분이 다 같이 두고 봐서 약속을 해도 늦지 않을 것 같습니다만."

"아니, 그것은 이미 우리 두 사람이 틀림없다고 확신한 바입니다."

"그렇다지만 나 자신은 아직 그 청에 응하지 못하겠습니다. 아, 그럼 이렇게 합시다. 군신의 약속은 우리가 장차 나라를 가진 연후에 정하기로 하고 일단은 우리 세 사람이 먼저 의형제를 맺는 것이 어떻겠습니까?"

관우는 긴 수염을 쓰다듬으며 고개를 끄떡끄떡하였다.

"하긴 그 말씀이 옳습니다. 장비, 자네의 생각은 어떤가?"

"대단히 좋은 말씀이오."

세 사람은 소와 흰 말을 제물로 하늘과 땅에 제사를 지냈다. 먼저 검은 소와 흰 말의 피를 섞어 서로 나누어 마신 다음 제단 앞으로 나아가 분향재배하고 천지신명께 맹세하였다.

"유비, 관우, 장비 세 사람이 성은 각각 다르나 이제 의로써 형제를 맺었습니다. 이제 서로 마음을 함께 하고 힘을 합하여 위로는 나라를 돕고 아래로 백성을 편안하게 하려 합니다. 비록 같은 해, 같은 달, 같은 날에 태어나지는 않았으나 죽을 때는 세 사람이 같은 해, 같은 달, 같은 날에 똑같이 죽기를 원하오며, 천지신명은 이 마음을 굽어 살피옵소서. 만일 우리 가운데 이에 배반하는 자가 있으면 하늘과 사람이 그 자에게 벌을 내리게 해주시옵소서."

이리하여 맏이는 유비가 되고, 둘째는 관우, 셋째는 장비가 되어 세 사람이 의형제를 맺었다.

세 사람은 제사를 끝내고 소를 잡고 술을 준비하여 잔치를 열었다. 격문을 돌려 장정들을 모집하기도 전에 소문을 듣고 장정들이 300명이나 몰려들었다.

다음 날에는 칼과 창이며 활과 화살을 있는 대로 모두 모아들였다. 삼백 명이 쓸 무기는 간단히 마련되었으나, 단지 타고 싸울 말이 없는 것이 천추의 한이었다.

"어, 이거 말이 있어야겠는데. 말을 어떻게 구해 볼 수 없을까?"

세 사람은 한참 그것을 구할 방도를 생각하고 있을 때, 도원에 있던 젊은이 한 사람이 뛰어와 알렸다.

"잘 모르는 사람 두 분이 한 떼의 말을 몰고 지금 이 곳으로 향해 옵니다."

한 떼의 말이 온다는 소리를 듣자, 세 사람은 일제히 손뼉을 치며 말했다.

"이것은 하늘이 우리들을 도와준다는 징표다!"

세 사람은 일제히 대문 밖으로 나가 그들을 영접하였다. 말을 거느리고 오는 사람은 중산 땅에 큰 장사로 유명한 장세평과 소쌍이란 사람이었다.

원래 두 사람은 해마다 북방으로 가서 말을 파는 사람인데, 황건적의 난리가 나서 길이 막히니 도로 말을 끌고 고향으로 돌아오는 길이었다.

그리고 유비 삼형제가 의병을 일으켰다는 소문을 듣고 어차피 빼앗길 것이라면 뜻있는 일에 쓰고 싶어 이 곳에 온 것이었다.

유비는 두 사람을 청해서 술을 내어 권하며 도탄에 빠진 백성을 구하고자 자신의 포부를 밝혔다. 두 사람은 그 뜻을 가상히 여겨 재산을 내놓으며 말했다.

"변변치 않으나 좋은 말 오십 필과 금은 오백 냥과 강철 일천 근을 바치겠으니 거두어 군용으로 쓰시기 바랍니다."

그들을 보내면서 유비, 관우, 장비는 하늘이 도우신 것이라 다시 한 번 생각했다.

유비, 관우, 장비는 황건적이 날뛰는 상황에서 이런 '만남'을 통해 인생의 새로운 역사를 쓰기 시작했다. 그들은 만나기 전 지극히 평범한 삶을 살았다. 한 나라의 황족이지만 몰락하여 숨어 살며 촌에서 돗자리를 짜며 근근이 생활을 유지하는 유비, 불의를 보면 참지 못해 백성을 괴롭히는 수령을 죽인 죄로 도망 다니는 관우, 황건적의 난을 피해 사냥을 해 밥을 먹고 사는 장비, 이들은 하나

같이 그저 불우하면서도 평범한 삶을 살고 있었다. 황족으로서 한민족 중흥을 꿈꾸는 유비는 황건적이 날뛰는 광경을 지켜보면서 "공자님은 덕으로 세상을 바로잡으셨는데 나는 힘으로써 세상을 바로 잡으리라. 오늘날 같이 황건적들이 날뛰고 있는 암흑 세상에서는 글보다는 힘으로써 지상에 평화를 가져올 수밖에 없다."고 다짐까지 하였다.

허나 덕만 가지고 무엇을 할 수 있겠는가? 힘없는 덕은 황건적이 날뛰는 상황에서 아무런 쓸모가 없는 것이다. 한민족 부흥을 위해서 힘없는 유비가 할 수 있는 일은 아무 것도 없었다. 그저 돗자리를 짜며 연로한 어머니를 모시며 근근이 버티고 있을 뿐이다. 허나 뜻밖에 기회가 찾아왔다. 의병을 모집한다는 방을 보고 있을 때 뜻밖에도 힘 있고 배짱 있는 장비를 만난 것이다. 유비를 본 장비는 마음에 들어 의병을 같이 하자고 대담하게 접근하지만 항상 한 발 빼기를 좋아하는 유비는 연로한 어머니를 돌보아야 한다는 핑계를 대며 장비의 접근에 한 발 물러선다. 허나 장비는 끈덕지게 접근하여 마침내 유비의 항복을 받아낸다.

유비는 조용한 어조로 비장한 얼굴을 하고 있는 장비를 위로하듯 말했다.
"진정으로 용감한 사람은 화를 내지 않는다고 하였소. 또 큰일은 개미구멍에서 무너진다는 말도 있소. 대사를 도모합시다. 내가 사실대로 실토하리라. 그대를 한 때 의심의 눈으로 보았음을 나무라지 마십시오. 바람에는 귀가 있고 물에는 눈이 있는데, 어찌 중대사를 노상에서 말하겠소? 그러나 내가 무엇을 숨기겠습니까? 나는 한나라의 중산정왕 유승의 후예이고 경제각하의 현손이오. 내가 무엇이 좋아서 돗자리를 짜고 있으면서 황건적이 망할 때를 무심하게 기다리고 있겠습니까?"

장비와 유비가 이렇게 말을 주고받으며 대사를 도모하고 있을 때 기골이 거대한 거한이 지나갔다. 예사롭지 않은 인물이라는 생각에 유비와 장비는 그 사람에게 대사에 합세할 것을 제안했다. 그가 바로 관우였다. 그리고 마침내 그들은 뜻을 모으기 위해 한참 꽃이 만발하는 복숭아밭에서 만나 도원결의를 맺은 것이다. 마침내 인생 드라마 만남의 미학이 시작한 것이다. 이들의 만남은 도탄에 빠진 나라를 구한다는 명분 아래 태생부터 생김새까지 무엇 하나 닮은 것이 없지만 같은 날 같은 시간에 죽기로 맹세한 것이었다. 유비는 어질 뿐만 아니라

겸손한 맏형으로, 관우는 신중하면서도 의로운 둘째로, 장비는 용감하면서도
꾀가 있는 막내로 의형제를 맺은 것이다. 그리고 힘을 합쳐 의용군을 모집하고
나라를 도탄에 빠트린 황건적을 물리치기 위해 출정하며 승승장구하는 기염을
토했다.

유비 3형제의 첫 번째 활약상을 보자. 그러면 그들이 왜 승승장구할 수 있었
는지 그리고 얼마나 어울리는 형제인지를 알 수 있다.

유비는 마침내 의병을 거느리고 황건적을 토벌하기 위해 나섰다. 유비는 유주성을 향해
출발하였다. 유주의 태수 유언은 유비 삼형제가 500명의 의병을 이끌고 도착하였다는 말을
듣고 그들을 환영하였다.

그 때 황건적의 적장 정원지가 유주성을 쳐들어온다는 첩보가 날아왔다. 정원지가 이끄는
황건적의 수는 무려 5만이었지만 유비는 망설이지 않고 곧바로 500명의 의병을 이끌고
선봉에 나섰다. 그러자 대군을 이끌고 있는 정원지는 유비가 이끄는 의병의 초라한 모습을
보고 깔보고 말았다.

"미친놈이구나. 겨우 몇 백 명의 군사로 나를 막으려 하다니……. 누가 가서 저 촌놈의
목을 당장 베어오라."

황건적의 적장 한 사람이 뛰어나오자 장비가 단 일합에 적장의 목을 베어버렸다. 그것을
본 정원지가 뛰어나오자 이번에는 관우가 나가 단칼에 베어버렸다. 졸지에 대장을 잃은
황건적의 무리는 사기가 꺾이어 도망치기에 바빴다. 유비가 군사를 몰아 달아나는 황건적을
추격하니 황건적들은 대부분 칼을 버린 채 항복하고 말았다.

첫 번째 싸움에서 유비는 관우와 장비의 무예와 용맹이 뛰어나다는 것을 알게 되었고,
관우와 장비는 유비에게서 장수로서의 타고난 재질을 발견하고 속으로 흐뭇해하였다.

이처럼 인간의 만남은 역사의 새로운 장이 되기도 한다. 유비는 힘이 없어
아무것도 할 수 없었으나 힘센 장비와 관우를 만나 자신의 뜻한 바를 이룰 수
있는 기회가 온 것이었다. 그들은 기회가 왔다고 생각하여 '이로움利'이 아닌 '의
로움義'을 위해 지체하지 않고 결의를 맺었다. 유비가 홀로 계신 어머니 때문에
잠시 망설이지만 장비는 특유의 밀어붙이는 힘을 발휘하여 주저하는 유비가 황
족으로서 구국의 결심을 하도록 만들었다. 게다가 유비의 어머니가 장비를 거
드는 바람에 만남이 확실해졌다. 유비의 어머니는 유비에게 장비와 함께 대사
를 도모할 것을 다음과 같이 종용하였다.

기회라는 것은 한번 놓치면 또 언제 돌아올지 모르는 법이다. 어쩐지 지금이 바로 하늘이 주신 기회인 것 같은 생각이 드는구나. 사소한 감정에 사로잡히지 말고 그 분이 권하는 대로 하는 것이 좋을 것 같구나.

만남은 하나의 기회

유비 3형제처럼 사람을 만난다는 것은 인생반전을 위한 하나의 기회이며 인생의 빛의 역할을 할 수 있는 중요한 계기가 된다. 유비 3형제에게는 황건적을 무찌르며 세상에 이름을 떨치게 되는 중요한 계기가 되었던 것이다. 기회는 노력해도 쉽사리 찾아오는 것이 아니다. 혼자서는 힘이 약해서 그 기회를 쉽게 잡을 수 없기 때문이다. 그래서 기회라는 것은 유비에게 크나큰 힘이 될 수 있는 장비나 관우 같은 뜻밖의 만남을 통해 성사될 수 있는 것이었다. 유비, 관우, 장비가 만나지 않았다면 그들은 황건적의 난을 평정하는 역사적인 일을 할 수 없었고 그냥 황건적을 피하기 위해 숨어살기에 급급했을 것이다. 그러나 그들은 만남을 계기로 새로운 인생의 장을 열 수 있었던 것이다.

이처럼 세상을 나가는 데는 혼자서만 할 수 없고 반드시 함께할 동반자가 필요하다. 가까이는 가족 친지부터 직장 동료까지 알고 보면 모두 인생의 동반자들이다. 이들이 있기에 우리는 험난한 인생을 헤쳐갈 수 있는 것이다. 더욱이 살다보면 누구나 난관에 봉착하게 된다. 아무리 힘이 있고 능력이 있어도 불행이 찾아오기 시작하면 그것을 혼자 헤쳐 나가기란 사실상 불가능하다. 이때를 위하여 주변에 사람이 있어야 한다. 사람을 잘 사귀어 지낸 사람은 주변의 도움으로 위험스런 상황에서 위기를 탈출할 수 있는 기회를 얻을 수 있지만 그렇지 못한 사람은 위험에 그대로 노출되고 만다. 요새처럼 취업이 잘 안 되는 상황에서도 술친구가 많은 사람이 술을 좋아하지 않는 사람보다 취업이 잘 된다고 한다. 왜 그럴까? 그것은 술을 잘 드는 친구가 술을 마시지 않는 사람보다 대체로 아는 사람이 많기 때문이다. 그래서 만남의 미학을 구사하여 사람을 얻는 것은 세상을 살아가는 가장 소중한 지혜 중의 하나다.

이것을 증명이라도 하듯 미국 인사위원회와 월스트리트 저널, 그리고 포천

등 다른 연구소들이 조사한 바에 따르면, 구직자의 75%가 인맥을 통해 직장을 구했다고 한다. 이러한 통계는 실력도 실력이지만 인맥, 즉 만남을 통해 인적 자원을 확보하는 것이 인생에 있어서 얼마나 중요한지를 알려준다.

허나 사람을 많이 안다고 무조건 만남이 긍정적으로 적용되는 것이 아니다. 형식적인 만남은 그다지 인생에 도움이 되지 않는다. 이런 만남에 진실성과 신뢰성이 별로 없기 때문이다. 동고동락하는 유비 3형제처럼 진실성과 신뢰성이 있는 만남이 될 때 비로소 만남의 미학이 이루어질 수 있는 것이다.

만남의 밑거름

노벨 경제학을 받은 심리학자 대니얼 커너먼도 사람의 성공을 좌우하는 것은 지능이나, 학벌, 운보다는 '끌림' 즉 호감이라 하였다. 인간적인 매력이 수많은 인맥을 쌓게 하여 인생의 성공을 결정짓는데 중요한 역할을 한다는 것이다. 어린 시절 '친구력'이 성공의 큰 밑거름이 된다는 주장도 똑같은 맥락이다. 인간 관계론의 대가 데일 카네기도 사람을 잡는 기술이 성공을 좌우한다고 하였다. 한나라를 세운 유방이 거대한 한 제국을 건설할 수 있었던 것도 그에게는 사람을 끄는 매력이 있었기 때문이다. 술집 여자들조차 유방을 몹시 좋아했는데 유방이 오면 어김없이 동네 친구들이 모여들었기 때문이었다. 결국 이런 끌림은 한 나라를 세우는데 일등공신이 되는 장자방, 소하, 한신이라는 걸출한 인물들을 끌어들인 결정적인 동인이 되었다고 생각한다.

더 나아가 상대를 배려할 수 있을 때 비로소 진정한 만남이 이루어질 수 있다. 그러기 위해서는 유방처럼 '나는 다른 사람보다 잘난 것이 없다.'는 생각부터 가져야 한다. 유방은 아무런 배경도 없고 배운 것도 그다지 없으며 가진 것도 없었고 단지 사내라면 진시황처럼 살아야 한다는 커다란 포부만 있었을 뿐이다. 포부는 컸지만 잘난 것이 없기 때문에 자신보다 잘난 사람을 금방 알아볼 수 있었으며, 남의 쓴소리도 들을 수 있고, 공과를 남과 나눌 수 있는 넉넉한 마음이 생긴 것이다. 특히 젊은 시절부터 유방 주변에 많은 사람이 모인 것도 유방은 누가 문제가 있으면 자신의 돈을 털어서라도 문제를 해결해 주는 후덕함이 있었다. 반면에 양반 출신의 항우는 양반답게 자기 잘난 맛에 취해 자기 독단적으로 일을 처리하였을 뿐 아니라 다른 사람의 말을 듣지 않았고, 전쟁에서 이기면 모든 것을 독차지하였다. 항우는 자신의 스승이자 책사인 범증조차 자신의 생각과 다르다고 의심하여 떠나가게 만들었다. 그러니 항우 곁에는 인재가 없었으며 결국에는 유방의 한나라 군대에 완전 포위되어 사면초가에 빠져 스스로 목숨을 끊을 수밖에 없었던 것이었다. 두 사람의 인간을 대하는 태도에 의해 그들의 운명이 완전히 바뀐 것이었다. 유방과 항우의 운명은 개천에서 용이 나고 반대로 잘났다고 거만 떠는 좋은 일류대 출신들이 크게 되기 어려운 이유를 잘 증명하고 있다. 이처럼 만남의 미학은 우리의 운명을 바꿀 수 있는 커다란 기폭제가 될 수 있는 것이다.

사람은 모두가 다르다. 인간성도 다르고 능력도 다르다. 그리고 아무리 뛰어난 인간도 모든 것을 잘 할 수 없다. 기껏해야 수많은 문제 중 한두 가지 잘할 수 있다. 그러니 우리는 유방처럼 스스로 부족하다는 것을 자각해야 하고 서로 간 다름을 인정하고 그 다름을 존중해 주어야 하는 것이다. 그렇지 않으면 진정한 만남은 이루어질 수 없다. 진정한 만남은 각기 다른 사람들이 서로를 존중하고 뭉칠 때 힘을 발휘할 수 있다.

한의 후예 유비도 한고조의 뜻을 받들기 위해 관우, 장비와 손을 잡았다. 유비는 한고조 유방처럼 부하를 거느릴 수 있는 지도력이 있었고, 관우는 의리 있는 장수였으며, 장비는 용감하면서도 꾀 많은 장수였다. 서로 다른 이들이 만나 힘을 합치니 힘이 배가 되어 황건적을 무찌를 수 있었다. 세상은 다양하니 서로 다른 사람들이 만나야 큰 힘이 될 수 있다. 그렇지 않고 똑같은 능력을 가진 사람들끼리 만나면 한 가지 일만 할 수 있어 복잡한 세상일을 풀어갈 수 없다. 그러니 세상의 일을 헤쳐가기 위해서는 서로 다른 사람들이 서로의 다름을 존중하고 유비 3형제처럼 의기투합해 어울려야 한다. 황제 아우렐리우스는 '만남의 미학'을 실현하기 위해서는 사람은 '동지'처럼 대하라고 다음과 같이 말하고 있다.

이성이 없는 동물이나 일반적인 사물을 대할 때 아량이 있고 너그러운 태도로 대하라. 왜냐하면 당신에게는 이성이 있고 그들에게는 없기 때문이다. 그러나 인간에 대해서는, 그들

1. 만남의 미학-도원결의 17

도 이성을 가지고 있으므로 동지처럼 대하라.

누구라도 나보다 뛰어난 점을 가지고 있다는 것을 인정하는 것이 만남의 미학의 출발점이다. 중국 전국시대에 맹위를 떨친 맹상군은 이런 사실을 인정하고 도둑질에 뛰어난 사람조차 식객으로 맞이하였다. 결국 그 사람 도움으로 볼모로 잡혀 죽을 고비에서 맹상군은 탈출할 수 있었다. 맹산군은 자신의 부족함을 채우려고 재주가 있는 사람이면 누구라도 식객으로 대접하였던 것이었다. 사람을 존중할 줄 알아야 비로소 내 사람을 만들고 내 사람이 되어야 세상을 비로소 얻을 수 있다. 그래서 데일 카네기는 무엇보다 상대에 대한 이해와 관용이 있어야 함을 다음과 같이 말하고 있다.

> 사람을 비판하거나 비난하거나 잔소리한다든가 하는 일은 어느 바보라도 할 수 있다. 오히려 바보일수록 그러기를 좋아한다. 그러나 이해와 관용은 뛰어난 품성과 극기심을 갖춘 사람만이 지닐 수 있는 미덕이다.

우리가 보다 큰 세상에 살고 싶다면 만남의 미학을 깨달아야 한다고 생각한다. 철강왕 카네기가 거대한 부를 얻을 수 있었던 것도 상대를 존중할 줄 알았기 때문이다. 중국의 총리였던 저우언라이가 최고의 외교관이 될 수 있었던 것도 상대의 이름을 항상 기억하고 있었기 때문이다. 그러므로 우리는 돈을 버는 데에만 신경 쓸 것이 아니라 사람을 얻는데 더 신경 써야 한다고 생각한다. 그러면 모든 것은 저절로 따라오게 되어 있다. 돈이나 행복조차 사람을 만나면 얻을 수 있는 것들이다.

그러나 만남의 미학에도 조심할 것이 있다. 사람 중에는 반드시 불행을 몰고 오는 사람이 있다. 험난한 세상에서 사람을 잘 골라야 그나마 평탄한 길을 갈 수 있지만 그것이 결코 쉽지 않다. 가면을 쓴 인간이 세상에는 너무나 많기 때문이다. 일단 평탄한 길을 가고자 한다면 먼저 이기심이 없는 사람을 고르는 것이 현명하다. 더 나아가 탐욕스럽고, 신의를 자주 저버리며, 절도를 잘 지키지 않고, 남을 미워하고, 의심하고, 저주하고 위선을 행하는 사람을 가급적 멀리하는 것이 좋다. 그렇지 않으면 잘못된 만남으로 인해 인생이 망가지기 쉽다.

유비 3형제처럼 최소한의 의리가 있는 사람을 사귀어야 비로소 만남의 미학을 발휘할 수 있다. 만남의 미학은 혼자서만 잘 살려는 짐승 같은 모습이 아니라, 남과 같이 더불어 사는 데에서 인생의 즐거움을 찾으려는 인간다운 모습에 있다. 어울림은 행복의 기초가 되는 만남의 결정판이다.

2. 측근 비리는 왜 생기는 것일까
- 십상시와 칙사의 횡포

　측근 비리는 비단 어제 오늘일이 아니다. 민주화가 이루어졌음에도 측근정치의 폐해는 지금도 계속되고 있는 것이다. 권력이 있는 곳이면 여지없이 측근 비리는 터져 나왔다. 2017년 박근혜 전 대통령은 최서원과 '문고리 3인방'으로 불리는 그녀의 측근 비리가 만천하에 드러나면서 결국 국민의 손에 의해 무너졌다. 온갖 추악한 측근 비리가 드러나면서 측근 비리를 키운 대통령의 무능에 한탄한 나머지 '이게 나라냐.'는 자조 섞인 분노가 터져 나왔고, 그 분노가 촛불혁명으로 이어져 결국은 박근혜 정부는 파멸의 길을 가게 된 것이다.
　아이러니하게도 지금의 윤석열 대통령은 검찰의 지휘자로서 이런 측근 비리를 수사하여 스타가 되었고 그 여파로 대통령까지 되었다. 허나 윤석열 대통령은 이런 역사적 교훈을 잊은 듯 다시 검찰 출신을 측근으로 기용하였다. 그런데 중립을 지켜야 하는 검찰은 수사권을 남발하여 정적을 제거하려는 검찰 공화국을 만들었다는 세간의 평이 돌고 있다. 더군다나 대통령이 측근을 기용하여 민주주의 근간이 되는 당까지 장악하려 한다는 소문이 돌자, 취임한 지 1년도 되지 않아 많은 국민들이 다시 자조 섞인 목소리로 '이게 나라냐.'며 '윤석열 타도'를 외치고 있는 실정이다. 어떻게든 윤석열 정부는 그 저항을 피해가며 측근정치를 하려고 하지만 검사 출신이 법까지 무시하며 대놓고 측근 정치를 하려고 하는 한 강한 국민적 저항에 부딪혀 파산할 공산이 크다고 생각한다. 최근에 윤석열 정부를 겁박하는 명태균 사건은 측근정치가 얼마나 위험한가를 적나라하게 보여주고 있다. 대체로 윤석열과 같은 측근 정치는 민주주의 근간을 해치는 일로써 국민을 보고 정치하는 것이 아니라 자신의 권력을 위해 정치를 하기 때문에 국민들로서는 용서할 수 없기 때문이다.

이것을 보면 역사는 돌고 도는데, 사람들은 역사를 통해 배우는 것이 별로 없다는 생각을 떨칠 수 없다. 그것은 이성을 통해 성찰하고 생각하는 사람이 그만큼 많지 않기 때문이다. 이성적 능력이 있다면 어떻게 똑같은 실수가 반복될 수 있는가. 성찰하고 반성하는 이성적 능력이 없기 때문에 이런 비리가 계속해서 반복되는 것이다.

이런 역사적 사실은 〈삼국지〉에서도 그대로 드러난다. 〈삼국지〉의 등장 배경이 되는 황건적의 난도 바로 황제 측근들, 10명의 환관인 '십상시'의 비리 때문에 발생하였다. 황제를 보필하는 환관들이 황제의 눈과 귀를 멀게 하여 온갖 부정을 저지르고 부를 축적하며 백성들을 괴롭혔기 때문이다. 〈삼국지〉에는 환관들의 국정농단의 배경을 이렇게 설명하고 있다.

> 천하 통일의 대업을 이룬 후한의 성대를 일으킨 광무제로부터 2백여 년이 지난 오늘날 궁중은 날로 부정부패가 심하여 무너질 조짐이 보이기 시작했다.
> 한 고조 유방이 나라를 일으킨 지 2백여 년. 영원할 것 같은 한나라도 국운이 기울어 마침내 외척 왕망에게 나라를 잃고 말았다.
> 왕망은 천하를 얻어 '신'이라는 나라를 세웠지만 민심을 얻지 못해 유수에게 나라를 넘겨주게 되었고, 유수는 수도를 낙양으로 옮기고 새로운 나라를 세우니 그 나라가 곧 후한이고 그는 초대 황제 광무제였다.
> 광무제는 선정을 베풀어 나라를 중흥시키려 하였으나 후한 초기부터 외척들이 권력을 마음대로 휘두르며 나라를 뒤흔들었다.
> 황제는 외척을 견제하고 감시하기 위해 환관들을 기용했다. 마침내 환관들은 힘을 모아 외척을 몰아내는 데 성공하였다. 하지만 그들은 황제의 눈과 귀를 가리고 황제를 마음대로 움직여 나라를 농락하였다. 특히 11대의 제왕 환제가 어진 신하를 멀리하고 환관들을 가까이 한 후로 이들이 권력을 잡아 정사를 농락하니 그 폐단은 실로 엄청난 것이었다.
> 더구나 그 환제가 세상을 떠나고 그 뒤를 이어 영제가 즉위했으나 영제는 겨우 12, 3세밖

에 되지 않았다. 황제의 나이가 어리다 보니 정치나 세상 물정을 전혀 몰랐기 때문에 환관들의 횡포는 더욱더 심해져 마침내 천하 인심이 크게 어지러워지고 좋지 못한 불길한 사건들이 자주 일어났다.

이런 흉조가 있을 때마다 황건적의 <푸른 하늘은 이미 죽었네……> 라는 노래는 날개 돋친 듯 퍼져 나갔으며 도적의 무리에 끼어 약탈, 횡포, 살육을 멋대로 할 수 있는 황건적은 늘어갈 뿐이었다.

황제를 보필하는 십상시들의 비리에 마침내 백성들의 분노가 폭발하여 황건적의 반란이 일어났지만, 처음의 취지와는 다르게 백성을 약탈하는 황건적의 횡포가 너무 심해 백성들이 의용군까지 가담하여 황건적을 제거하고자 하였다. 마침내 황건적의 난이 진압되었지만 십상시의 국기 문란과 횡포는 그치지 않았다. 한 번 횡행한 측근 비리가 얼마나 뿌리 깊고 무서운가를 알 수 있는 대목이다. 결국 측근 비리는 나라를 파탄 낼 때까지 지속되는 것이다. 〈삼국지〉에서 발췌한 다음의 대목은 십상시들이 국정 농단하는 장면을 고스란히 보여주고 있다. 유비 삼형제는 황건적을 물리치는데 혁혁한 공을 세우고도 십상시의 모략으로 푸대접을 받는 장면이다.

마침내 황건적의 난은 진압되었다. 그러나 목숨을 걸고 황건적을 토벌하는 데 큰 공을 세운 유비에게 돌아오는 것은 아무 것도 없었다. 군사들에게 뜨거운 국물도 없었다. 장비도 말없이 훌쩍거리며 기러기의 그림자만 쳐다보고 있었다. 유비도, 관우도 말이 없었다.

장균은 유비가 한 사람의 호위도 없이 초라한 모습으로 쓸쓸히 걸어가는 것을 보고 이상한 듯이 물었다.

"귀공은 지금 어디서 무엇을 하고 계시오? 얼굴이 형편없구려."

그러자 유비는 이렇다 할 관직도 없고 충성을 다한 병사들에게도 겨울을 앞두고 따뜻한 옷 한 벌, 한 닢의 은상조차 나누어 주지 않아서 비록 외성을 지키는 신세지만 이 혹한에 동상이나 면하게 솜옷 한 벌씩과 식량이나 넉넉히 보내 달라고 부탁하기 위해 오늘 주전 장군을 찾아가는 길이라고 말하였다.

장균은 놀라는 표정을 지으며 말하였다.

"그럼. 공은 벼슬 한 자리 얻지 못하고 한 조각의 은상도 받지 못했다는 말씀이오?"

"예. 추후 하회를 기다리라 해서 외성에 머물고 있습니다. 하지만 겨울은 다가오고 부하들이 불쌍해서 이처럼 호소하러 나온 길입니다."

"그런 줄은 까마득히 몰랐습니다. 황보숭 장군은 이번의 공으로 익주 태수를 봉하게 되고 주전은 거기장군이 되어 하남을 봉하게 되었다오. 저 손견만 하더라도 별부사마의 높은 벼슬을 받았는데 귀공의 공이 아무러면 손견만도 못하리까. 사실 전공으로 따진다면, 이번 싸움에 제일 힘들게 싸우고 충성을 다한 군사는 귀하의 의병일 것이오. 귀공의 일은 내게 맡기시오."

장균은 장담을 하듯 계속해서 말하였다.

"내 짐작하는 바가 있어 그러하오. 지방의 작은 도적들을 소탕하였으나 사직을 좀먹는 쥐들을 소탕하지 못한다면 나라의 평안을 오래토록 보전할 수 없습니다. 비단 이 일뿐만 아니라 정말로 한심한 일이 한두 가지가 아니오. 귀공의 일에 대해서는 내 특별히 천자께 아뢰도록 하리다. 머지않아 좋은 은혜를 받게 될 것이니 조금만 더 참고 기다리시오."

낭중 장균은 유비를 위로하고 헤어진 다음 입궐하여 천자를 찾아갔다. 그날은 이상하게도 황제를 모시는 사람이 아무도 없었다.

천자는 옥좌에 앉아 장균에게 물었다.

"오늘 장 낭중이 짐에게 특별한 청이 있다 하여 좌우의 사람들을 물리쳤으니 기탄없이 말해 보시오."

장균은 계단 밑에 엎드려 대답하였다.

"신이 오늘 감히 마음에 들지 않는 일을 삼가 아뢰고자 하오니 현명하신 폐하께서는 잠깐이라도 귀담아 들어주셨으면 합니다."

"무슨 말인지 어서 해 보시오."

"다름이 아니오라 가까이에 있는 십상시들의 일입니다."

십상시라는 말만 듣고도 천자는 기색이 변하며 완전히 고개를 돌리고 말았다. 장균은 미리서 그럴 것이라고 짐작했으나 죽음을 무릅쓰고서라도 진실로 간하는 것이 충신의 도리라 생각하였다.

"신이 말씀드리지 않더라도 총명하신 폐하께서는 이미 짐작하고 계시겠지만 이제 겨우 평정을 얻어 지방 난적이 자취를 감추게 되었습니다. 지금 폐하께서는 측근에 있는 간신들을 없애시어 백성들이 근심을 털어 버리고 태평성대를 노래하게 하시옵소서."

"장 낭중은 오늘따라 어찌해서 갑자기 그런 말을 하십니까?"

"아닙니다. 십상시가 정사를 어지럽히고 폐하의 빛나는 덕을 어둡게 하기는 어제 오늘의 일이 아니옵고, 또한 이것은 신 한 사람의 근심거리가 아닙니다. 그것은 천하 만민의 원망이기도 합니다. 이번 황건적의 난만 하더라도 그 상벌에 있어서 십상시들이 좌지우지하여, 뇌물을 받은 자에게는 공이 없어도 관록을 주고 그렇지 않은 자는 죄가 없어도 처벌당하는 일이 한두 가지가 아닙니다."

그 말을 듣고 천자의 용안은 더욱 흐려졌다. 십상시란 열 사람의 내관을 가리킨 말이다. 항간에서는 그들을 환관이라고 하였다. 천자를 가까이 모시며 온갖 특권을 누렸고 후궁에도 세력이 미쳤다. 천자는 아직 어린 임금이라 그들 능구렁이와 같은 능란한 농간에 쉽게 넘어가고 말았다. 설혹 그들의 악폐를 알고 있어도 어떻게 할 도리가 없었다. 그래서 천자는 장균이 간하는 말에 동감은 하면서도 무어라 대답을 하지 않았다.
　장균은 눈물을 흘리며 간하다가 마침내 천자의 옷깃에 매달려 울면서 말하였다. 천자는 매우 당황하였다.
　"대체 장 낭중은 짐에게 어떻게 하라는 말씀이오?"
　"십상시들을 잡아 옥에 가두시고 그 목을 베어 성 밖에 효수하시어 죄목을 낱낱이 고하여 만백성에게 보이시면 민심은 스스로 평안해지고 천하는…."
　장균이 채 말을 맺기도 전에, 장막 안에서 열 명의 상시들이 뛰어나왔다. 모두 머리카락이 곤두서고 눈을 부릅뜨고 장균에게 덤볐다. 장균은 놀란 나머지 그 자리에서 그만 기절하고 말았다. 장균을 부축을 해서 다른 방으로 옮겨간 후 전의가 약탕을 가져왔다. 장균은 그 약을 먹자 그 자리에서 잠든 사람처럼 그 길로 죽고 말았다.
　그런 일이 있은 후로는 십상시들은 이후에 또 어떤 놈이 나서서 무슨 말을 천자께 고해바칠지 모른다 하여 천자 측근에 일체 자기들 외에는 가까이 하지 못하게 금하였다. 그리고 조정의 안팎을 삼엄하게 경계하였다. 천자 자신도 공이 있는 자로서 은상에서 누락되어 불평불만을 품는 자가 적지 않음을 깨달았는지 그들의 입을 막기 위해서 제 2차의 은상을 베풀기로 하였다.
　장균의 사건도 있었으므로 십상시들도 반대하지 않고 오히려 자기들의 선정을 과시하듯 형식적인 은상을 베풀었다. 유비에게는 중산부 안희현 현위란 작은 벼슬자리 하나가 주어졌다. 현위란 두메산골의 경찰서장쯤밖에 안 되는 하찮은 벼슬자리였다.

　유비의 핍박은 이것으로 끝나지 않았다. 유비가 겨우 현위에 발령 받아 관우 장비와 철저하게 동고동락하며 마을을 안정시켰다. 한적한 두메산골에서 참고 인내하며 작은 것에 만족하며 누추한 생활을 견디고 있었다. 크게 할 일이 없어 따분한 생활에 아우들의 불평은 컸지만 유비는 그들을 다독거려 때를 기다렸다. 유비 삼형제가 강하게 뭉친 것도 바로 이런 어려움을 같이 하였기 때문이 아닌가 한다. 특히 유비는 자신이 지위가 높았지만 그들과 한 방을 쓰면서 우정을 돈독히 한 덕장이었다.
　유비가 고생 고생하여 말단직을 얻었지만 그것도 칙사의 횡포로 오래가지 못했다. 그 때는 십상시에 의해 매관매직이 유행하여 칙사란 자리도 십상시에게 뇌물을 주고 얻은 관직이었다. 그러니 칙사도 당연히 뇌물을 받아야만 남는 장사를 할 수 있었던 것이다. 그럼 칙사가 남는 장사를 하기 위해 유비에게 어떻게 하는지 보자.

하북의 쓸쓸한 들에 봄이 찾아드는 것과 때를 같이 해서 어느 날 천자의 칙사가 이 지방에 내려온다는 전갈이 왔다. 지난 황건적을 평정한 데 있어 거짓 공을 내세워 관직을 얻은 자와 또는 공을 앞세워 주군에 내려와 방자하게 구는 자가 많다 해서 그 정사를 밝히기 위해서란다.

칙사는 이런 조칙을 받들고 내려왔다. 마침내 이 안희현에도 독우라는 자가 내려왔다. 유비는 관우·장비와 더불어 독우를 맞이하러 성 밖에까지 나갔다. 아무튼 칙사는 지방 순찰의 칙령을 받고 내려오는 대관의 행차라 유비는 땅에 꿇어앉아 최고의 예의를 베풀어 맞이하였다.

그러자 독우는 말위에 높이 앉아 채찍을 휘두르며 오만하기 짝이 없게 굴었다.

독우의 그 꼴을 바라보자, 관우와 장비는 비위가 상했으나 꾹 참고 일행의 마차를 따라 현의 관아로 갔다.

마침내 유비는 의복을 단정히 하고 그의 앞으로 가서 인사를 하였다. 독우는 좌우에 수행원을 서 있게 하고 자기는 제왕처럼 높은 자리에 버티고 앉아 있었다.

"그대는 누구인가?"

뻔히 알면서도 독우는 유비를 내려다보며 물었다.

"현위 현덕입니다. 먼 길을 오시느라고 얼마나 피로하십니까?"

"그래, 그대가 현위란 말이냐? 이곳까지 오는 도중 우리들 칙사의 일행이 지나가는데 더러운 주민들이 행렬 가까이 와서 손가락질하는 등 지극히 난잡한 태도로 구경을 하였는데 아무리 촌구석이기로서니 무엄하게도 칙사를 맞이하는 현위의 행색이 그게 뭐란 말이냐? 한 가지를 보면 열 가지를 알 수 있어. 그대가 왕위를 더럽혔음을 가히 짐작하고도 남겠다."

유비는 얼굴에 조그마한 동요도 없이 묵묵히 서 있었다.

"객사 준비는 되었느냐? 우리들은 깨끗한 것을 좋아하고 음식에도 호화로운 것을 좋아한다. 워낙 시골이니 하는 수 없지만 그대들이 칙사를 대접하는 마음씨가 어느 정도인가를 알고자 한다."

그 속에는 가시가 있는 말이었으나 유비는 잘 이해하지 못하였다. 그러나 천자의 칙령을 받들고 내려온 칙사라 지성으로 접대를 하였다.

독우는 유비를 앞으로 불러 물었다.

"현위 현덕은 그래 이 지방 태생인가, 그렇지 않으면 탁현에서 부임해 왔나?"

"예, 저는 본래 탁현 사람으로 중산 정왕의 후손입니다. 오랫동안 초야에 묻혀 있다가 이번에 겨우 황건적의 난에 작은 공이 있사와 당현의 현위로 봉직하게 되었습니다."

"이런 고얀 놈 보아라. 중산 정왕의 후손이라니, 네가 천민으로서 무엄하게도 천자의 종친을 사칭하고 불쌍한 백성을 농락하다니 불경하기 짝이 없는 일이로다. 그렇지 않아도 이번에 천자께서 우리들에게 분부하시어 각지 고을을 순찰하게 하옵신 것은 다름 아닌 너 같은 놈을 적발하기 위함이다. 자칭 호걸이라 내세워 관직한 자를 징계하기 위함이란 말이다. 바로 천자께 아리어 엄히 다스리게 하리라. 그런 줄 알고 썩 물러 가거라."

유비는 칙사가 왜 그렇게 하는지 도무지 알 수 없었다.
그는 독우의 수행원 중 한 사람을 만나 넌지시 그 이유를 캐묻자. 그 수행원은 대답했다.
"그야 묻지 않아도 뻔한 일이 아니오. 어찌 오늘 독우 각하 앞에 나갈 때 빈손으로 나가셨소? 금패 같은 것을 갖다 바치는 것이 기본 예의요. 그리고 이건 아니할 소리요만 우리에게도 입가심을 좀 해 주어야 합니다. 독우 각하도 아까 들어 보라는 듯 귀띔을 하시지 않습니까? 자기를 대접하는 정도로 그 인물을 알 수 있다고."
유비는 어이가 없어서 벌어진 입을 다물지 못하고 사관으로 돌아왔다.
사관으로 돌아와서도 그는 기가 막혀 탄식이 절로 나왔다.
"백성은 모두 빈민뿐이다. 더구나 세금 받은 것을 거두어 조정에 바쳐야 할 터인데 내 무엇으로 순찰 나온 칙사며 그 많은 수행원이 모두 만족할 수 있도록 어떻게 뇌물을 쓸 수 있단 말인가. 뇌물도 가엾은 백성들의 피와 땀에서 긁어모아야 하거늘 다른 현에서는 어떻게 그런 짓을 하는지 도무지 알 수 없는 일이로다."
이튿날이 되어도 유비로부터 아무 소식이 없자 독우는 호령을 내려 현리를 잡아다 무릎을 꿇게 하였다.
"현리는 듣거라. 현덕이라는 자가 천자의 종친임을 사칭할뿐더러 이곳 백성들의 원성이 자자하니 내 곧 천자께 상주하여 처벌토록 하겠으니 너는 이 지역의 현리로서 소장을 쓰도록 하여라."
세상에 이런 법이 어디 있단 말인가. 유비의 높은 덕망에 탄복은 하고 있을지언정 그 그릇됨을 보지 못한 현리는 다만 부들부들 떨면서 말문이 막혀 대답도 하지 못하였다.
그러자 독우는 한층 펄펄 뛰며 위협까지 하였다. 할 수 없이 현리는 없는 죄상을 독우가 부르른 대로 적어 소장을 썼다. 독우는 그것을 나라에 올려 보내 천자의 하회를 기다렸다가 유비를 엄벌한다고 호통을 쳤다.
한편 속이 끓는다고 장비는 매일 술에 취해 있었다. 장비가 술 마시는 것을 유비나 관우가 보면 책망만 할 것이고, 더군다나 며칠간은 유비나 관우의 기색이 매우 좋지 않았으므로 장비는 몰래 혼자서 술만 마셨다.
장비는 홍당무처럼 빨개진 얼굴로 나귀 등에 올라앉아 길을 가고 있었다. 길거리에서 만나는 사람마다 공손히 인사를 하였지만. 장비는 안장 위에서 금방 떨어질 듯한 자세로 꾸벅꾸벅 졸고 있었다. 나귀는 다만 발이 가는 데로 뚜벅뚜벅 걸음을 옮겨 놓기만 하였다.
그 때 관역 앞에 이르러 바라보니 7, 80명의 농부와 읍내의 사람들이 땅바닥에 꿇어앉아 무엇인가 떠들어 대며 조아리고 있었다.
장비는 나귀 등에서 뛰어내리며 물었다.
"도대체 왜 그러시는 거요?"
장비를 보자 노인들은 이구동성으로 말을 하였다.
"나리께서는 아직 아무것도 모르고 계십니까? 중앙에서 내려온 칙사 독우라는 사람이 현리를 붙들어 앉히고 소장을 쓰게 하여 낙양으로 보냈다 합니다."

"소장은 무슨 소장이란 말이오?"
"이 고을 백성들이 존경해 마지않는 현위 현덕님에게 허무맹랑한 죄를 뒤집어 씌워 현리로 하여금 그 소장을 쓰게 한 다음 그것을 서울로 올려 보내 황제의 분부가 내리는 즉시 처벌하겠다고 합니다. 우리들은 현덕님을 어버이처럼 받들고 있는 터라 모두 나와서 칙사님에게 사정했습니다만, 관속들이 저희들을 이렇게 두들겨 팬 다음 문 밖으로 내쫓아 이렇게 애걸하고 있는 것입니다."
그 말을 듣자 장비는 고리눈을 부릅뜨고 이를 갈며 무섭게 역관의 문을 노려보았다. 장비는 땅바닥에 앉아 있는 여러 사람들에게 말하였다.
"그대들은 저리 물러가거라. 근처에 있다가 내가 한 일에 공연히 연루되면 안 되니까."
그러나 사람들은 술에 만취된 장비가 무슨 일을 저지를까 하여 그 자리를 뜬 다음에도 근처에서 바라보고 있었다.
장비는 닫힌 문을 두드리며 소리쳤다.
"여봐라. 문 열어라! 열지 않으면 부수겠다!"
역관의 문지기들은 누구냐고 마주 소리치며 안에서 문틈으로 엿보다가 대춧빛 같은 시뻘건 얼굴에 호랑이 수염을 늘어뜨린 거한이 현위 유비의 부하라는 것을 알자 독우의 부하들은 엄명을 내렸다.
"단단히 문을 지켜라."
그러자 장비는 화가 머리끝까지 치밀어 올라 문기둥에 두 손이 닿자마자 지진이 난 듯 땅이 움직이더니 문 전체가 굉장한 소리를 내며 안쪽으로 넘어졌다. 안에 있던 문지기 병졸들이며 독우의 부하들은 더러는 달아나고 더러는 그 밑에 깔리고 말았다. 장비는 표범과 같이 그 곳을 밟고 넘어서서 소리쳤다.
"독우란 놈이 어디 있느냐? 어서 나오너라."
병사들은 그것을 보자 일제히 장비의 앞을 가로막았다.
그러나 장비는 옷에 붙은 검불을 털어 버리듯 그들을 툭툭 떨쳐 버리고 마치 회오리바람처럼 먼지를 일으키며 역관 안으로 뛰어 들어갔다. 마침 독우는 대낮인데도 발을 치고 기녀들을 상대로 술을 따르게 하고 한편으로는 술에 취한 채 기녀를 끌어안고 있었다.
장비는 발을 걷어차며 소리쳤다.
"너 이놈! 무엄하게도 우리 형님에게 오명을 씌우고 현리를 매질해 가며 소장을 만들어 낙양에 보냈다지? 처음부터 태만하고 무례한데다가, 소위 칙사란 놈이 대낮부터 이따위 꼬락서니를 하고 있으니 더는 참을 수가 없구나. 너 같은 도적은 내가 하늘을 대신하여 처치하겠다."
고리눈은 거울처럼 번쩍였고, 수염은 호랑이처럼 곤두섰으며, 가로 찢어진 붉은 입술은 불이라도 뿜어 낼 것 같았다.
기녀들이 도망가자 독우도 황급히 달아나려다가 그래도 위신을 지키려는 듯 제법 품위를 지키며 꾸짖으려 하는데, 장비는 말 한마디 하지 않고 그냥 달려들어 한대 후려친 다음 독우의 두 발을 잡아 질질 끌고 마당으로 나왔다. 장비는 독우를 역관 밖의 마당으로 끌고 나오자 땅바닥에 내동댕이쳤다.

"너 따위 부패한 탐관오리가 있기 때문에 천하가 어지러운 것이다. 황건적은 쳐도 너 같은 탐관오리를 징계하는 자는 없구나. 그래서 이 장비는 남들이 가지지 못한 정의감을 가지고, 남들이 엄두도 못내는 권력에 항거하는 것이다."

하고 독우의 면상을 밟고 서서 장비가 호령하는데 독우는 사지를 허우적거리며 비명을 질렀다.

"아무도 없느냐? 이놈을 잡아내라!"

그러나 아무도 그를 도와주는 사람은 없었다. 장비는 그의 머리채를 잡아끌더니 문전에 서 있는 큰 버드나무를 바라보며 말했다.

"네 놈의 버릇장머리를 단단히 가르쳐 주마."

독우의 두 팔을 새끼줄로 묶은 다음에 한쪽 끝을 버드나무 가지에 매달아 놓았다. 장비는 몸부림쳐도 떨어지지 않도록 단단히 묶었다. 버드나무에 사람이 열린 것처럼 독우의 두 발은 허공에 매달렸다. 장비는 버드나무 가지를 꺾어 죽으라는 듯 힘을 주어 한 번 힘껏 후려친 다음 또 한 번 후려쳤다.

"너 같은 탐관오리의 학정 때문에 백성들이 받는 아픔은 이것의 백 배, 천 배나 된다. 이놈아, 네 놈도 나라를 갉아먹는 쥐새끼 중의 한 놈이지. 그리고 네놈도 십상시들과도 한 패거리지. 어디 그 괴상망측한 낯짝을 쳐들어라. 그 더러운 콧구멍을 하늘을 향해 쳐들고 실컷 울어라!"

버드나무 회초리가 닳으면 다시 새 것을 꺾어 치기 2백 번도 넘었다. 독우는 체면이고 뭐고 다 팽개쳐 버리고 울부짖으며 용서를 빌었다.

"내가 잘못했소. 제발, 목숨만 살려 주시오. 내 무슨 말이든지 다 들으리다."

"시끄럽다. 그런 소리 백 번 한들 내 믿을 성 싶으냐?"

장비는 독우가 살려달라고 구걸하면 할수록 더욱 심하게 매질을 하였다.

그 날도 유비는 사관에서 두문불출하고 있는데 누군가 황급히 문을 두드리는 자가 있었다. 나가 보니 안면이 있는 몇 사람들이 와 일이 급함을 고하였다.

"큰일이 났습니다. 지금 장비 이 양반이 역관의 문을 부수고 들어가 칙사 독우를 붙잡아 버드나무에 매달아 놓고 마구 때리고 있습니다."

유비는 놀라 그 길로 뛰어갔다. 마침 한자리에 같이 있던 관우도 혀를 차며 그 뒤를 따라 뛰어갔다.

"장비 이 사람이 또 정신이 나간 모양이로군."

그 자리에 당도해 보니 버드나무 가지에 매달려 있는 독우의 옷은 갈가리 찢겨졌고 두 다리에서는 피가 흘러내리며 얼굴에는 지렁이가 기듯 회초리 자국이 시퍼렇게 나 있었다. 조금만 늦었다면 목숨을 잃을 뻔하였다.

유비는 소스라치게 놀라며 장비의 팔을 붙잡고 꾸짖었다.

"이게 무슨 짓이냐?"

장비는 숨을 헐떡거리며 유비를 뿌리치고 더욱 죽으라고 매질을 하였다.

"형님. 형님은 말리지 마시오. 백성을 해치는 이런 역도는 버릇을 단단히 고쳐야 합니다."

버드나무 가지에 거꾸로 매달려 앙탈을 하고 있던 독우는 유비를 보자 애원하며 말했다.

"거기 있는 이가 현위 현덕 공이 아니시오. 귀공의 부하 장비가 술에 취해서 나를 이렇게 거꾸로 매달아 놓고 때려죽이려 드니 날 좀 구해 주시오. 만약 날 구해 주면 장비의 죄는 불문에 붙이고 귀공에 대해서도 급히 사자를 보내어 전번의 소장을 취소시킬 뿐만 아니라 나중에 더 크게 은상을 받도록 해 주겠소. 어서 나 좀 구해주시오."

그 비겁한 말을 듣자 장비를 제지하고 있던 유비도 도리어 구역질이 나서 말리고 싶은 생각이 가셨다. 그러나 아무리 추악한 인간이라 할지라도 칙령을 받고 내려온 천자의 특사였다. 유비는 장비를 꾸짖었다.

"네 어찌 이리 무례하냐?"

하고 그의 손에서 회초리를 빼앗아서 그것으로 장비의 등줄기를 한 번 후려쳤다.

유비에게 매를 맞기는 처음이라 장비는 정색을 하였다. 유비는 버드나무 가지에 붙들어 맨 줄을 끊어 독우의 몸뚱이를 풀어 주었다.

그러자 그때까지 가만히 보고만 있던 관우가 말하였다.

"형님, 내 말씀 한 마디 들어 보시오. 저런 인간을 살려 준들 아무 소용이 없습니다."

"그게 무슨 소린가? 내 저 인간에게 무엇을 얻으려고 그러는 것이 아니네. 다만 천자의 칙사로서 대우해 주려는 것뿐이야."

"그 말씀은 나도 잘 알겠소 그렇지만 참고 참는다 해서 되는 일이 아니라고 봅니다. 참을수록 탐관오리들은 이리처럼 더욱 잔인하게 짓밟고 괴롭힙니다. 저런 인간은 죽이는 것이 천하를 위하는 길입니다. 이대로 가만히 있으면 없는 죄가 더하여 빼도 박도 못하게 됩니다."

관우의 말에 놀란 독우는 유비에게 애원하며 말했다.

"유공! 제발 살려주시오. 살려만 준다면 다시는 못된 짓을 하지 않겠습니다."

"그러면 어떻게 하자는 말인가?"

"내 곰곰이 생각해 보건데 옛말에도 가시덤불 속에는 봉황새가 앉지 않는다 했습니다. 이런 곳은 오래 몸을 둘 곳이 못 되니 차라리 일단 물러갔다가 다시 대사를 도모함이 좋을 것 같습니다."

장비도 거들었다.

"둘째 형님 말이 맞습니다. 이까짓 현위 벼슬이 뭐가 대수롭다고 여기에 있는 것입니까? 고향으로 돌아가 새롭게 출발합시다."

"자네들의 말이 옳은 것 같군. 나도 같네. 이런 곳에 너무 오래 있었나 보군. 그만 떠나세."

하고 가슴에 걸고 있던 현위의 인수를 풀어 독우에게 내주며 점잖게 꾸짖었다.

"독우는 그동안 행한 행동으로 보아서는 죽여 마땅한 일이나 덕을 베풀어 살려 주는 것이니 다시는 백성들을 괴롭히지 말아라. 이후에도 이런 일을 다시 한다면 다시 돌아와서 네 목을 벨 것이다."

"예예, 감사합니다. 꼭 그렇게 하겠습니다. 정말 감사합니다."

그리고 유비는 독우를 풀어주게 하였다.

"형님! 후환을 없애기 위해서라도 저 놈의 목을 베야 하오."

장비가 항의하듯 소리치자 유비는 장비를 타이르며 말했다.

"아무리 사람이 나빠도 사람의 목숨은 하늘이 준 것이다. 이 정도면 정신을 차렸을 것이니 풀어주도록 하여라."

장비는 어쩔 수 없이 독우를 풀어주었다.

독우는 감사하다는 말을 연발하면서 유비에게 땅에 엎드려 인사를 하였다. 그들 삼형제는 그런 독우를 뒤에 남기고 바람 같이 그 자리를 떠나 버렸다. 버드나무 잎이 산산이 흩어져 있는 땅 위에 독우는 엎드려서 신음을 하고 있었다. 유비 일행이 멀리 사라진 후에도 겁이 나서 그 근처에 가까이 가는 사람이 없었다.

그러나 독우는 그 날로 정주 태수를 찾아가 유비 3형제를 잡아들이도록 하였다. 유비는 부임한 지 4달 만에 독우의 모함에 걸려 죄인의 몸이 되어 도망가는 신세가 되었다.

측근 비리가 생기는 이유

마침내 유비 3형제는 나라를 위해 일하고도 칙사의 횡포 때문에 도망자 신세가 되었다. 그러면 왜 이런 현상이 나타날까? 측근이란 정상적이라면 권력을 보좌하여 국민을 보고 권력이 바로 가도록 도와주어야 하지만 비정상적인 경우 권력자의 개가 되거나 권력자를 비호하며 뒤꽁무니에서는 막대한 이익을 취하려는 자들이 된다는 것이다. 군사 쿠데타를 일으켜 대통령이 된 전두환이 권력을 통해 1980년, 그 당시로는 어마어마한 9,000억 정도의 큰돈을 갈취한 것처럼 권력이야말로 수백 배, 수천 배의 이득을 취할 수 있는 가장 수익성이 높은 투자이기 때문이다. 그래서 권력의 힘을 맛 본 자들은 자신의 이득을 위해 권력자들에게 충언하기보다는 아부하여 큰 이득을 얻기를 좋아하는 자들이다. 신하들은 이익에 눈이 멀어 자신이 출세하기 위해 수단 방법을 가리지 않고 권력자의 비위를 맞춰 막강한 권력을 취한 다음 권력을 이용하여 막대한 이익을 편취하는 것이다. 십상시처럼 간악한 신하일수록 능력을 발휘하여 실적을 쌓기 보다는 기회가 있을 때마다 왕을 보필한다는 명분으로 국정을 농단하여 자신의 탐욕을 채우려 한다. 왕이 보석을 좋아하면 보석을 바치고 왕이 여색을 좋아하면 여색을 바쳐 충성한다.

간신이 얼마나 무서운지를 춘추시대의 '역아'라는 자를 보면 알 수 있다. 그는 병든 왕인 환공이 사람고기를 먹어보고 싶다는 말에 정말로 어린 자식을 잡아 삶아서 바쳤다. 그러나 왕이 병으로 눕자 그를 싸늘한 궁전에 가두고 물조차 주지 않았다. 결국 한 때 전국의 패자로서 이름을 떨치던 왕은 배고픔과 추위로 처참하게 죽었다. 죽고 나서도 권력싸움에 시신을 방치한 나머지 시신이 부패하여 고자리가 파먹고 있었다.

이처럼 간신이라는 자들은 자신의 이익을 위해서라면 왕까지도 죽이는 것을 두려워하지 않은데 왜 왕들은 간신들을 좋아하는 것일까? 탐욕스럽고 권력에 도취된 왕일수록 나라를 위해 열심히 일하는 신하보다 자신의 비위를 맞추는 신하를 더 좋아하는 습성이 있다. '누이 좋고 매부 좋자.'는 심산이다. 이 때문에 능력 있는 신하는 쫓겨나고 간신들이 왕의 비위를 맞추며 자신들의 탐욕을 채우게 되고 법망이 흐트러져 결국 〈삼국지〉의 무대인 거대한 한 제국처럼 나라가 도탄에 빠져 결국에는 몰락하게 되는 것이다. 민주화된 오늘날에도 문고리 3인방처럼 대통령을 받들고 있는 청와대 비서들이 줄줄이 쇠고랑을 차는 것도 그만큼 세상에는 왕의 비위를 맞추며 자신의 사리사욕을 채우는 간신들이 많다는 증거들이다.

측근들과 거리를 두어야 하는 이유

그러면 왜 통치자들은 좀 거리를 두어야 할 측근들을 가까이 하는가? 첫째는 나이가 어린 영제처럼 무지하고 무능하기 때문이다. 통치자가 철학도 있고 능력이 있다면 측근들에게 일을 맡길 필요가 없다. 아무런 철학도 없고 무능하고 놀기 좋아하기 때문에 자신이 할 일조차 남에게 맡기는 것이다. 왕이 무지하고 무능하면 할수록 십상시들처럼 측근들은 기고만장하고 날 뛰게 된다. 〈삼국지〉에서 십상시들이 권력을 농단한 것도 황제가 어려 아무 일도 할 수 없었기 때문이다. 세습제의 폐혜가 그대로 나타난 것이다. 그래서 통치자가 아무런 비전도 없고 무능하면 할수록 측근들에 놀아나는 정치를 하는 것이다.

두 번째는 통치자가 선의지와 소명의식이 없기 때문이다. 선의지와 소명의식이 없으면 히틀러나 푸틴처럼 국민을 보고 정치하는 것이 아니라 자신의 탐욕과 권력을 위해 정치하게 된다. 그러면 임금의 비위를 맞추는 간신들이 파리 떼처럼 모여들게 된다. 임금이 국민을 외면하고 사치하고 방탕하게 되면 그 밑에 있는 신하들도 향락과 사치를 즐기는 파리 떼가 되는 것이다. 권력은 이익을 얻기 위한 수단으로 전락하고 나라는 망조가 들게 되는 것이다.

셋째는 임금이 어리석어 오만한 절대 권력을 가지면 충신은 사라지고 간신들이 판을 치게 된다는 점이다. 인간은 완전할 수 없는데도 임금이 어리석어서 자신은 완전무결한 존재로 착각하여 자신의 실수나 잘못을 인정하지 않는 오만방자한 독재 정권을 종종 볼 수 있다. 그렇기 때문에 충신은 귀에 거슬리는 충언할 수 없고 임금의 귀를 즐겁게 하는 간신만이 살아남을 수 있다. 절대권력 하에서는 임금에 간하거나 반대하면 숙청의 대상이 된다. 그래서 임금이 절대적이면 아부하는 인간들의 천국이 된다. 역사적으로 임금에게 충언하다가 얼마나 많은 사람들이 죽었는가를 보면 알 수 있다. 〈삼국지〉에서도 전풍이 원소에게 충언하다 결국 원소에게 죽임을 당하는 것도 이것에 해당한다. 그래서 오만하고 어리석은 절대 권력은 충신보다 간신을 좋아하는 것이다. 임금이 어리석고 무능하고 선의지까지 없다면 결국 나라가 산으로 간들 이상할 것이 없다. 쇼펜하우어도 남을 신임하는 원인이 개인의 게으름(일종의 무능이라고 봄)과 사리사욕, 허영이라고 다음과 같이 날카롭게 심리 분석을 하고 있다.

> 우리가 남을 신임하는 것은, 대체로 우리 자신의 게으름과 사리사욕과 허영이 그 원인이 되는 것이다. 즉 우리 자신이 스스로 실천하지 않고 제 3자를 신임하여 이를 대행하게 하는 경우에는 우리들의 게으름이 그 원인이며, 자기 자신의 편의상 상대방을 신임하여 일을 맡기는 경우에는 우리들의 이기주의가 원인이며, 상대방을 무작정 신임하여 자기를 과시하려는 경우에는 허영이 그 원인이다.

마지막으로 사람을 지나치게 믿으면 안 된다는 것이다. 인간은 결코 이성적이지 선하지도 않다. 오히려 이기적일 때가 많다. 그리고 성폭행을 하는 성직자처럼 속은 검은 데 선의지로 가명 쓴 인간들도 많다. 또한 사람들은 잘 해주면 기고만장하여 올라타는 경향이 있다. 잘 해주면 잘해 줄수록 고마워하기 보다는 경거망동해지는 것이다. 그러니 사람을 쉽게 믿고 맡기려는 것은 믿는 도끼에 발등 찍힐 가능성이 농후한 것이다. 그러니 능력 있고 친하다고 믿는 것은 아주 위험천만한 일이다. 완전히 안 믿을 수는 없지만 그렇다고 완전히 믿고 권력을 넘겨주는 것은 위험한 불장난이 될 수 있다. 그래서 일을 위해 믿음을 주는 것도 좋지만 항상 그렇지 않다는 점도 알아야 한다.

측근 비리를 없애는 방법

한비자는 일찍이 바르게 살려고 노력하고 나라에 충성을 다하는 사람을 좌천시키고 모욕을 주면서 징계를 내리는 반면, 입에 침이 마르도록 권력에 아부하는 인간을 중용하는 것을 보고, 이런 식으로 세상이 계속 흘러간다면 더 이상 미래가 없다고 생각한 철학자였다. 그래서 그는 반드시 측근 비리를 척결해야 한다고 생각하였다. 그럼 어떻게 해야 이런 불행한 사태를 막을 수 있을까?

무엇보다도 먼저 임금은 자신의 철학과 능력을 길러야 한다. 세상은 알면 행할 수 있지만 모르면 아무 것도 행할 수 없다. 그러니 지도자라면 당연히 세상을 보는 안목과 그것을 실천할 수 있는 능력을 배양해야 한다. 그래야 옥석을 가려 우리가 나갈 수 있는 방향을 잡을 수 있는 것이다. 공자가 자신을 먼저 갈고 닦는 것(修己)을 강조한 것도 소크라테스가 '무지는 악'이라고 주장하며 "너 자신을 알라."고 말한 것도 스스로 무지하고 무능하면 모두에게 불행이 온다는 것을 경고한 것이다. 그래서 무엇보다도 지도자라면 능력을 길러 측근들에게 의존하여 휘둘리지 않도록 노력해야 한다.

그렇지만 세상은 복잡하고 다양하여 지도자 혼자서 경영할 수는 없다. 그러니 유능한 인재를 구하여 자신의 부족함을 채워야 한다. 이 때 중요한 것은 지도자에게는 한 제국을 건설한 유방처럼 '사람을 보는 눈'을 가져야 한다. 그 눈을 통해 인재를 색출하여 적재적소에 기용하여야 한다. 그래야 나라가 바른 길을 갈 수 있다. 왜 마키아벨리가 "군주의 총명함은 곁을 보좌하는 측근들의 유능함과 성실함을 보면 알 수 있다."고 했을까? 마키아벨리는 군주가 총명하면 유능하면서도 성실하여 자기 맡은 바 임무를 하는 신하를 둔다는 것이다. 한비자도 "원수라도 능력이 있으면 중용해야 하고 가장 가까운 친척이라도 능력이 있으면 반드시 써야 한다."고 하였다. 한비자는 유능한 인간이라면 조건 없이 등용해야 한다고 말했다. 다시 말해 이들은 유능한 인재를 쓰느냐 마느냐가 국가 경영에 아주 중요하다는 것이다. 당태종도 '인재를 얻는 것이 정치의 요체'임을 강조하고 있다. 그래서 한비자는 임금이 신하들의 실적에 따라 공정하게 신하들을 평가하여 상을 줄 사람에게는 상을 주고 벌을 줄 사람에게는 벌을 주어야 한다는 것이다. 아무리 친해도 무능하거나 사악한 기미가 보이면 최대한 멀리해야 한다고 하였다. 능력을 떠나서 믿을 수 있다는 이유로 아는 사람을 중용하려는 일반적인 관습과는 다른 것이다.

왜 한비자는 친한 사람을 될 수 있으면 쓰라고 하지 않는 것일까? 경영학적으로 군신관계는 기본적으로 대립적이라고 보고 있다. 임금은 신하를 기용한 사람이고 신하는 임금에 말에 따라야 하는 사람이다. 그러다 보니 업무상 마찰이 불가피한 것이다. 이런 상황에서 가까운 측근이라고 해서 임금이 내 사람이라고 하는 순간 신하는 임금을 올라타 자기 마음대로 한다는 것이다. 신하가 임금 위에 올라타서 마음대로 하는 것이 바로 국정농단인 것이다. 그래서 군주는 아무리 가까운 측근이라도 그냥 믿고 맡길 것이 아니라 항상 신하가 제대로 업무를 처리하는지 신하의 일거수일투족을 엄정하게 관리해야 한다고 한다. 측근을 엄정 관리하지 않으면 십상시와 같이 측근들의 사리사욕에 나라가 거덜 나 산으로 가는 것이 당연하다는 것이다. 그래서 한비자는 군주가 통치술을 올바로 수행하기 위해서는 신하의 행동을 철저히 파악하여 신하가 바른 길을 가는가를 항상 주시해야 한다고 했다. 한비자는 유능한 군주가 되려면 무릇 다음과 같이 하라고 충고한다.

> 현명한 군왕은 증거를 대지 못하는 일은 하지 않고 평소와 다른 음식도 먹지 않는다. 먼 곳의 일은 귀로 듣고 가까운 일은 눈으로 보아서 조정 안팎의 잘잘못을 밝혀내며 말의 서로 같고 다름을 살펴서 붕당의 분립을 알아낸다. 또한 말한 것과 실질적 결과를 서로 대조하여 진언한 일의 실적에 책임을 추궁한다. 법령에 따라서 백성을 다스리고 여러 사람의

말들을 단서로 해서 진실 여부를 판단한다. 따라서 선비가 요행으로 상을 받는 일이 없고, 자신의 분수에 넘치는 행동을 하지 않는다. 마땅히 죽어야 할 자는 죽이고 죄 지은 자를 용서하지 않는다면, 간사한 자들이 끼어들 데가 없게 된다.

두 번째로 나라를 다스리는 지도자하면 선의지와 소명의식이 반드시 있어야 한다. 지도자가 선의지와 소명의식이 있어야 국민을 위한 정치를 하지만 그런 것이 없으면 백성들의 고통을 모르거나 무시하고, 오히려 백성들의 고혈을 빨아 권력과 자신의 부귀와 영달을 위한 정치를 한다. 진시황이 천하 통일하여 세운 진나라가 허망하게 망한 것도 진시황이 자신의 권좌를 위해 백성을 핍박하며 만리장성을 쌓고 아방궁을 지었기 때문이다. 황건적의 난에 의해 한 제국이 무너진 것도 황제가 무능력도 무능력이지만 선의지와 소명의식이 없어 십상시들의 횡포를 보고도 막지 못했기 때문이다. 그래서 나라를 다스리는 사람은 능력도 능력이지만 그 능력이 국가를 위해 쓰여지려면 선의지와 소명의식이 반드시 있어야 한다. 대개 측근 정치를 하는 사람은 능력도 능력이지만 선의지와 소명의식이 없는 경우가 더 많다고 생각한다. 오로지 자신의 권좌를 위해 정치를 하기 때문에 능력보다는 주변에 있는 측근들을 기용하게 된다. 그렇게 기용된 사람들은 홍위병처럼 권력의 개 노릇을 하며 반대자를 색출하여 제거하는 역할을 한다.

이런 불행한 사태를 막기 위해서는 지도자는 반드시 국민을 바라보는 선의지와 소명의식이 있어야 한다. 소크라테스는 "재주는 있지만 어리석고 비윤리적인 인간은 오직 이 세상에 악과 부정만 보탤 뿐이다."라고 말했다. 그래서 그의 제자 플라톤이 '선의 이데야'를 아는 철인이 나라를 다스려야 한다는 철인정치를 주장한 것도 선의지가 없는 인간이 나라를 다스리면 망한다는 것을 알았기 때문이다.

그리고 한 발 더 나아가 한비자는 왕은 아무 것도 하지 않는 사람처럼 자신의 마음을 드러내지 않는 가치중립적인 태도를 가져야 한다고 했다. 어떤 것을 좋아하고 싫어하고 누구를 좋아하고 싫어하고 하는 마음을 가지면 신하들은 그것에 장단을 맞추려고 한다. 그러면 임금의 비위를 맞추는 간신이 설치게 된다. 그래서 왕은 자신의 마음을 드러내지 않고 담담히 있어야 신하들이 임금의 마음을 알 수 없기 때문에 농간을 부릴 수 없어 왕은 올바로 정사를 돌볼 수 있다고 했다. 한마디로 왕 자신이 사심이나 욕심을 버려야 한다는 것이다.

셋째, 지도자는 자신이 전지전능하다는 오만함을 버려야 한다. 오늘날 중국의 시진핑처럼 자신이 전지전능하다는 것은 어리석음에서 비롯된 것이다. 인간은 실수덩어리고 실수를 당연히 인정할 줄 알아야 한다. 그래야 다른 사람의 말을 귀담아 들을 수 있다. 그렇지 않고 자신의 실수를 인정하지 않으면 다른 사람이 충언을 할 수가 없다. 그러면 신하들은 달콤한 아부만 하게 되고 결국 나라는 산으로 가게 되는 것이다. 그래서 충언을 받아들이는 사람은 행복할 수 있지만 충언을 받아들이지 않는 사람은 불행한 삶을 살게 되는 것이다.

문제는 오바마처럼 귀를 열고 있는 통치자는 결코 많지 않다는 점이다. 인간에게는 언제나 오만한 감정이 있다. 그래서 권좌에 오르면 자신도 모르는 사이에 우쭐해지고 오만해져 귀를 막고 사는 사람이 의외로 많다. 지도자가 어리석어 오만하면 오만할수록 귀를 닫고 사는 불통 정치를 한다. 그런데 이런 불통은 측근정치의 온상이 된다. 왕의 역린을 건들지 않기 위해 아부하는 인간들만 있기 때문이다. 한비자는 군주가 측근이나 간신을 좋아하고 인재나 충신을 멀리하는지를 다음과 같이 말한다.

> 용이라는 동물은 성질이 온순해 잘 길들이면 타고 다닐 수도 있다. 그러나 용의 목 밑에는 지름이 한 자나 되는 비늘(역린)이 있어, 만일 그것을 잘못 건드리면 그 사람을 죽이고 만다. 이처럼 군주에게도 거꾸로 박힌 비늘 같은 것이 있으니, 진언하는 사람은 그 비늘을 건드리지 않기만 해도 잘 한 것이라 할 수 있다.

한비자가 말하는 역린은 대체 무엇일까? 바로 자신이 최고라는 생각에서 오는 오만함과 자만심이 아닌가 한다. 자신이 지존의 자리에 있으니 최고라는 생각에 빠지고 그 생각이 자만심과 오만함을 키운다. 그래서 한비자는 군주에게 오만함과 자만심이라는 역린이 있기 때문에 군주에게 충성스러운 말을 하는 것은 윗사람의 자존심을 건드리는 것이 되고, 그것이 결국 목숨을 거는 일이 되는 것이다.

허나 반대가 없다면 세상은 어떻게 되겠는가? 반대 없는 한 사람의 판단보다 좌충우돌하는 여러 사람의 판단이 때로는 시끄럽고 번거롭지만 그래도 덜 위험하다. 반대자가 있으면 독단에 빠지기가 쉽지 않기 때문이다. 국회가 대통령을 비판해야 하는 것도 대통령의 독단을 막기 위해서다. 그런데 오만한 대통령은 비판 자체를 싫어한다. 그래서 불통의 정치를 하는 것이다.

세상에서 가장 위험한 것은 옛날의 공산주의 정권이나 지금의 중국의 시진핑처럼 반대 없는 독재이다. 전혀 반대 없는 만장일치제나 독재야말로 최악의 독단이다. 독재자가 실수하는 날엔 온 나라가 거덜 나는 것이다. 공산주의가 망한 것도 결국은 공산당 독재 때문이라고 해도 과언이 아니다. 반대가 없으니 무능한 공산주의가 국민 모두를 가난 속에 빠지게 했던 것이다. 그래서 한비자는 현명한 군주가 아니면 충성스런 말을 한다는 것은 매우 어려운 일이고, 어리석은 군주에게는 충신보다는 달콤한 말을 하는 간신들이 설칠 수밖에 없다고 하였다. 현명한 군주가 되려면 자신이 결코 잘 나지 않았으니 귀를 열고 살아야 한다.

마지막으로 사람을 완전히 믿지 말아야 한다. 사람은 이익에는 달려가는 습성이 있다. 그래서 측근을 감시하지 않는 것은 지갑을 열어두는 것과 같다. 다른 사람을 너무 믿으면 많은 희생을 각오해야 한다. 얼마나 많은 사람들이 지인을 믿다가 망했는지를 보면 안다. 사기꾼은 결코 멀리 있는 것이 아니며 먹잇감이 없는지 항상 내 주변에서 서성거리고 있다. 그래서 세상은 너무 믿지 않아도 탈이지만 너무 믿어도 탈이 나기 마련이다. 더군다나 그 누구도 이해관계를 완전히 떠나 존재할 수 없기 때문에 세상에서 배신은 당연히 있을 수 있다고 생각하여야 피해를 최소화할 수 있다. 그래서 세상에는 영원한 친구도 영원한 적도 없다. 충직한 종은 측근이 아니라 오로지 자기 자신밖에 없다. 값싼 믿음 때문에 큰 피해를 당하고 작은 방심이 커다란 실수를 가져온다. 그래서 적어도 현명한 통치자가 되려면 측근들과도 항상 적당한 거리를 유지하도록 노력해야 한다.

우리도 유비처럼 측근들의 농단을 비껴가기 쉽지 않다. 무지 무능하고, 선의지와 소명의식이 없고, 어리석어 오만불손하고, 측근이라면 무조건 믿는 자를 대통령으로 뽑는 순간 측근 정치의 폐해를 피해갈 수 없는 것이다. 박근혜 정부에 이어 오늘날 윤석열 정부의 검찰 공화국은 나라를 갉아먹는 측근 정치의 전형으로 보인다. 황건적의 난을 진압하는데 혁혁한 공을 세우고도 유비 3형제는 갈 곳 없는 처량한 신세가 되는 것처럼 국민의 잘못된 선택이 스스로 무덤을 팔 수 있다는 것을 그대로 보여준다.

3. 술수는 왜 필요한가 - 간웅 조조

 우리는 원칙을 지키고 거짓말을 하는 것이 나쁘다고 말하지만 많은 사람들이 반칙을 일삼으며 거짓말을 일삼고 있다. 지금 우리가 사는 세상에서 반칙과 거짓말은 자신에게 닥쳐온 위험을 피하거나 자신의 이익을 위해서 일상화되다시피 하였다. 이미 술수가 아니면 통하지 않을 정도로 술수가 난무하고 있는 세상이다. 권력자가 술수를 써서 반대세력을 제거하고, 선거철만 되면 거짓 공약이 넘쳐 나고, 남을 고소하면서도 자신은 불법과 비리를 저질러놓고 자신의 무죄를 주장하는 것이 지금 이 나라의 정치의 요체가 되었다. 이 나라의 대통령조차 '바이든' 아니라 '날리면'이라고 국민 앞에서 새빨간 거짓말을 버젓이 하고 있다.
 지금 이 나라엔 정의와 도덕심의 근간이 되는 수치심조차 사라진지 오래다. 후안무치들의 세상처럼 보인다. 탐욕과 허영심을 위해 반칙과 거짓말이 난무한 상황에서 정직한 자가 살아남기란 결코 쉽지 않다. 오히려 죄를 뒤집어써서 멀쩡한 사람이 자살하고 부조리한 인간이 잘 사는 세상이 되었다. 그래서 그런지 지금의 세상살이가 온통 속고 속이는 세상처럼 보인다. 양심이나 도덕보다도 권모술수가 난무하여 도덕이나 원칙은 어디에도 존재하지 않는 것처럼 보인다. 특히 자신이 불리할 때는 어떤 거짓말을 해서라도 순간적으로 불리한 상황을 모면하려고 한다. 참으로 가소로운 일이지만 뻔뻔하기 그지없다. 범죄의 당사들은 오로지 '모른다'라는 말만 되풀이 하고 있다. 반칙과 거짓말, 그리고 권모술수가 통하는 사회, 부정하고 싶지만 우리들의 일그러질 대로 일그러진 모습이다.

왜 세상이 이 지경까지 온 것일까? 탐욕과 허영심이 난무하고 남을 쓰러뜨려야 사는 '승자 독식주의' 구조이기 때문이다. 갈수록 빈부격차가 커지는 것은 탐욕으로 인한 승자 독식주의가 세상을 지배하는 삶의 원리로 되어간다는 증거다. 승자만이 살아남을 수 있는 이런 삭막한 구조에서 우리는 어떻게 해야 하겠는가? 일단 술수를 써서라도 이기고 보아야 하지 않겠는가. 박정희와 전두환이 보여주듯이 성공한 쿠데타는 혁명이고 실패한 쿠데타는 반역일 뿐이다. 그래서 사람들은 너 나 할 것 없이 술수를 써서라도 성공하기를 갈구한다. 마키아벨리는 이런 생각을 각인이라도 하라는 듯 결코 신의를 지키지 말라고 다음과 같이 충고하고 있다.

> 인간은 무릇 사악한 것이어서 당신에 대한 신의를 지켜주지 않는다. 따라서 당신도 그들에게 신의를 중히 지킬 필요가 없다.

〈삼국지〉의 슈퍼스타 조조는 죽고 죽이는 생존 게임에서 일찍이 이것을 터득한 한 것처럼 보인다. 조조는 '간웅'이라는 닉네임이 붙은 사람이다. 덕을 강조하는 유비와는 완전히 대조되는 사람이다. 허나 조조는 그 닉네임을 그다지 싫어하지 않았다고 한다. 왜 조조는 그러한 별명을 싫어하지 않았을까? 술수 없이는 살아간다는 것은 어리석은 것으로 보았기 때문이 아닐까? 왜 조조가 '간웅'이라는 소리를 듣게 되었는지 〈삼국지〉의 내용을 보자.

조조는 지금에 와서 세상에 많이 알려졌지만 아직도 완전히 어린 티를 못 벗은 청년 무관이었다. 나이 20에 처음으로 낙양 북도위가 된 이후에도 얼마 지나지 않아 그의 뛰어남을 인정받아 조정의 소장 무관 중 한 사람이 되었다. 그리고 그는 수많은 어려움 속에서도 탈락하지 않고 자기 기반을 튼튼히 닦아서 신구 세력의 대관들과 어깨를 나란히 하며 권력 있는 대신의 반열에 끼게 되었다.

그의 집안으로 말하면 원래가 명문 가족으로 고조 패업 이래로 한나라 승상 조참의 후손이었다. 태생은 패국 초군을 고향으로 하고 있는데 그의 아버지 조숭은 궁내관의 직을 사임하고 일찍부터 고향에 내려와 있다가 요즘은 진류에 살고 있다는 것이었다.

그의 아버지 조숭은 어릴 때부터 조조를 각별히 사랑하였다. 조조의 자는 맹덕, 어릴 때의 이름은 아만이라고 했다.

조조 또한 재주가 뛰어나 그 근처에서는 신동으로 소문이 나기도 하였지만, 한편으로는 장난기가 너무 심해 악동으로도 소문 나 있었다.

한 번은 이런 일이 있었다.

조조에게는 엄한 숙부가 있었는데, 숙부는 조조가 잘못을 할 때마다 큰일을 저지를 애라고 생각하여 조조의 아버지 조숭에게 일러바쳤다.

"오늘은 아녀자를 납치하려는 것을 제가 이 두 눈으로 직접 보았습니다. 저 놈이 재주는 있으나, 간사한 재주를 부립니다."

화가 난 조숭은 아만을 찾아갔다.

"네가 오늘 동네 처녀에게 몹쓸 장난을 치려고 했다면서 그게 사실이야?"

조조는 시치미를 뚝 떼고 천연덕스럽게 말했다.

"예? 그게 무슨 말씀이세요. 전 오늘 하루 종일 방 안에 틀어박혀 책만 보고 있었어요."

"이놈! 숙부가 너를 봤다고 하던데, 그렇다면 숙부가 거짓말을 했다는 것이냐?"

"그럼, 숙부님께서 잘못 보셨는가 봐요. 전 정말 그런 짓을 하지 않았습니다."

조숭은 조조의 대답을 듣고 탄식하며 말했다.

"어이구, 이놈이 이젠 나한테까지 거짓말을 하는구나! 오냐, 뉘우칠 때까지 집 밖은 물론 이 방에서 한 발짝도 나가지 말거라!"

조조는 숙부가 자신의 일을 사사건건 아버지께 고자질을 하자, 어떻게든 숙부와 아버지의 사이를 갈라놓으려고 궁리를 하고 있을 때 아만을 부르는 숙부의 목소리가 들려왔다.

숙부의 소리가 들리자, 조조는 사지를 버둥거리며 경련을 일으키며 쓰러졌다.

조조에게 충고하러 온 숙부는 그것을 보고 놀라 소리쳤다.

"아, 아만아! 대체 왜 이러느냐? 이건 발작을 하는 것이 아니냐! 형님! 형님!"

아비 조숭은 아만이 경련을 일으켜 졸도하였다는 소리를 듣고 정신없이 쫓아왔다. 그러자 조조는 조금도 그런 기색이 없이 태연히 놀고 있었다.

"아니, 이게 어찌 된 일이냐? 네가 간질을 앓는다고 숙부가 와서 말했는데?"

"숙부님이 저를 항상 못 마땅히 여기시는 건 알고 있었지만 그런 새빨간 거짓말까지

하시다니, 아버지는 숙부님의 말씀을 믿으시면 큰일 납니다."
조조의 거짓말을 곧이들은 조숭은 그 후로 아우의 말을 믿지 않았다. 이렇듯 조조는 꾀가 많아 사람을 잘 속였다.
조조는 점점 자라나면서 타고난 재주와 대담함으로 고을 청년들의 우두머리가 되었다. 그렇지만 조조에 대해서 이런 말도 있었다.
재주와 머리가 뛰어난 조조를 허자장이라는 관상쟁이가 보고 다음과 같이 말했다.
"치세에는 능신이요, 난세에는 간웅이 되리라."

조조는 허자장의 이 평을 들었을 때, 조조는 제대로 자신을 평가했다며 손뼉을 치며 기뻐했다고 한다. 그럼 '치세의 능신'이란 무엇인가? 만일 세상이 평화롭다면 뛰어난 관료가 될 것이라는 의미이다. 반대로 '난세의 간웅'이란 세상이 혼란하다면 나라―國를 빼앗을 것이라는 별로 좋지 않은 의미였다. 허나 조조는 이런 자신의 평가에 흡족해 하였다. 왜 그럴까?

그것은 조조가 도덕성에 얽매이지 않는 자유로운 사고의 소유자였다는 것이다. 그는 자신이 얻고자 하는 목적이 있으면 때론 수단 방법을 가리지 않는 특성을 가진다는 것이다. 조조의 어린 시절에서 이런 모습이 그대로 드러난다. 영악함과 간사함, 그리고 대범함이 적절하게 조화를 이룬 조조는 대범하면서도 능수능란하게 거짓말을 해 아버지와 삼촌 간을 이간질하여 자신의 목적 달성에 성공한다.

조조의 대범하고 교활한 모습이 동탁의 암살 시도에 잘 드러난다. 동탁은 황제를 보필한다는 핑계로 그 당시 국정을 농단하고 있었다. 북방의 발해태수 원소는 국정을 농단하는 보고서를 왕윤에게 받아보고 나서, 사도 왕윤에게 전국의 영웅들을 모아 진격할 것이니 조정에서 대비하라는 서찰을 보냈다.

왕윤도 원소의 뜻에 부응하여 조정에서 뭔가를 해야 한다는 생각이 들어 생일이라는 핑계로 대신들을 초청하였다. 그 대신들은 모두 국정을 농단하고 있는 동탁을 증오하는 사람들이었다. 하지만 뚜렷한 대책이 없어 왕윤이 울고 있을 때 조조는 큰소리로 웃으며 자신이 직접 동탁을 제거하겠다고 나섰다. 왕윤은 혼자서 가능할 수 있냐고 반문하자 조조는 동탁이 자신을 믿으니 가능하다고 말하였다. 그러면서 조조는 왕윤에게 칠보검을 빌려 줄 것을 간청하자, 왕윤은 그 애지중지한 칠보검을 주면서 반드시 동탁의 목을 베도록 하였다. 그럼 지금부터 삼국지를 보고 조조가 얼마나 대범한 모사꾼인지 보자.

조조는 평상시와 다름없이 승상부로 출사하였고, 동탁이 쉬고 있는 서원으로 들어가 문안을 드렸다. 동탁은 침상에 누워 있고 그의 곁에는 여지없이 여포가 서 있었다.
"오늘은 왜 이리 늦었느냐?"
조조를 보자 동탁은 책망하듯 물었다.
"말씀드리기 황송하오나 제가 타는 말이 늙고 쇠약해서 이렇게 늦었습니다."
"장수에게는 말이 소중한 법인데 어째서 좋은 말을 타지 않느냐?"
"저 같은 적은 봉급으로 어떻게 좋은 말을 탈 수 있겠습니까?"
"여포야. 내 마굿간에 가 서량서 올라온 말 가운데서 좋은 말을 골라 조조에게 주도록 하여라."
여포는 밖으로 말을 보러 나갔다.
조조는 여포가 나가자 지금이다 싶어 칼을 빼어 바로 찌르고 싶었으나, 동탁의 힘이 장사이므로 혹시 실수를 할까봐 잠시 기회를 엿보았다. 때마침 동탁이 본래 몸이 비대하고 둔하여 한자리에 오래 눕지 못하고 몸을 뒤척이다가 마침내 동탁은 조조에게 등을 보이고 돌아누웠다.
조조는 그 때를 놓치지 않고 칠보검에 손잡이를 쥐자마자 칼을 빼들고 침상으로 가까이 다가갔다.
그러나 일이 공교롭게도 칼날에 번쩍거리는 빛이 동탁이 누운 옆의 벽에 걸려 있는 거울에 비쳐 반짝거렸다. 그 순간 동탁은 조조의 그 모양을 거울 속으로 보고 얼른 몸을 일으켰다.
"너 그게 무슨 짓이냐?"
동탁은 소리치며 조조가 손에 든 칼을 날카롭게 노려보았다.
그 소리를 듣고 여포까지 황급히 달려 왔다.
조조는 칼집에 집어넣을 새도 없이 너무도 놀랐으나 태연한 얼굴로 말하였다.
"얼마 전에 제가 보검 한 자루를 구하였습니다. 승상께서 평소 아껴 주시는 마음에 보답고자 가지고 왔습니다. 지금 보여드리기 전에 닦았더니 그 빛이 온 방을 꽉 채우고 있습니다."
그러자 동탁은 그 칼을 보고 있을 때 여포가 밖에서 들어왔다. 동탁은 그 칼이 매우 마음에

든 모양으로 그 칼을 여포에게 보여주었다.
조조는 그렇다는 둥 천연덕스럽게 여포에게 칼집을 내주면서 말했다.
"칼집도 이렇게 일곱 가지 보석으로 장식된 것이 훌륭하지 않습니까?"
여포는 말없이 칼집을 받아 칼을 꽂더니 조조를 밖으로 데리고 나갔다.
마당에 여포가 끌고 온 말은 보기 드문 준마라 조조는 그 갈기털을 쓰다듬으며 말했다.
"한 번 승상께서 보시는 앞에서 시험 삼아 타 보고 싶습니다."
"그럼, 그렇게 하라."
그 말을 듣자 조조는 재빨리 몸을 날려 올라탄 다음 채찍질을 하여 그대로 승상부 밖을 향해 말을 급히 몰았다.
"아직도 돌아오지 않았느냐?"
동탁은 의심이 나서 여포를 돌아보았다.
여포는 가만히 있더니 한 마디 툭 쏘면서 말하였다.
"조조는 다시 돌아오지 않을 것입니다."
"어째서 그렇게 생각하느냐?"
"조금 전에 승상께 칼을 보여 드릴 때부터 조조의 행동이 좀 수상했습니다."
"그 말을 듣고 보니 나도 아까부터 좀 수상하다는 생각이 들더라만."
"조조는 딴 맘을 품고 있다가 일이 여의치 못하니 칼을 바치는 척한 것이 아닐까요?"
"그렇다면 그놈에게 말을 준 것은 큰 잘못이구나."
"그야말로 달아나라고 말을 준 셈이죠."
"그대로 둘 수 없는 일이니 이유를 불러라. 어서."
이유는 달려와 자초지종을 듣고 나서 말하였다.
"실수하셨습니다. 범을 우리 밖으로 내 준 것이나 같습니다. 그가 전부터 처자를 멀리 고향땅에 두고 있는 것을 보면 반드시 일찍부터 그런 계획을 하고 있었던 것 같습니다."
"나쁜 놈이군. 그럼 어떻게 하였으면 좋단 말이냐?"
"사람을 그의 처소로 보내어 즉시 오라고 불러 보시지요. 만약에 딴 뜻이 없었다면 안심하고 올 것이지만 아마 지금쯤 집에 있지 않을 겁니다."
그 즉시 조조의 처소로 군사 6, 7 명을 보내 보았더니 과연 이유의 말이 옳았다.
동탁은 노기 띤 얼굴을 더욱 붉히며 말하였다.
"내 일찍이 저를 그처럼 아끼고 잘 해 주었건만 도리어 그 놈이 나를 배반하려고 한단 말이냐. 천인공노할 놈이다. 내 기어이 그 놈을 잡아 사지를 갈기갈기 찢어 죽이겠다."
그러고 나서 동탁은 이유를 불렀다.
"이유야! 그 놈의 초상화를 그려 방을 부치고 널리 포고령을 내려라. 만일 조조를 사로잡아 오는 자에게는 만호후에 봉할 것이며, 그 목을 승상부에 바치는 자에게는 천금의 상을 내린다 하여라."

동탁을 제거하려는 나름대로 조조의 행동은 실로 대범하고 교활할 정도다. 누구도 감히 흉내 내기 어렵다. 대범함과 간교함이 없으면 감히 할 수 없는 일이다.

우리는 여기서 조조의 두 얼굴을 볼 수 있다고 생각한다. 혼자서 동탁을 죽이려고 한 점을 보면 조조에게는 대범함과 동시에 대의를 생각하는 면이 있다는 것을 알 수 있다. 일단 개인적인 야망을 떠나서 조조가 천하의 역적 동탁을 죽이려고 한 것은 남들이 인정할만한 충분한 명분이 있는 행동이었다고 생각한다. 그래서 나라가 혼란하지 않고 대의가 살아있을 때는 '능신'이라는 말이 나온다.

허나 거짓말을 얼굴 색 하나 변하지 않고 한다는 점에서는 조조는 확실히 보통 사람과는 사뭇 다르다. 이것은 자신의 목적을 위해서라면 때론 수단과 방법을 가리지 않을 수 있다는 조조의 특성을 그대로 보여준다. 그래서 그에게 붙은 '간웅'이라는 말이 딱 어울린다. 자신의 야망을 위해서는 무엇이나 할 수 있다는 인상을 주는 것이다. 특히 대의가 사라져 나라가 혼란할 때는 수단방법을 가리지 않고 나라도 무너뜨릴 수 있을 정도로 배은망덕한 인간이 될 수 있다는 것이다. 이런 좋지 않은 인상은 조조 악인설을 뒷받침하는 소재가 되기도 한다.

특히 도망가는 조조를 도와주려는 아버지 친구, 여백사를 죽이는 이야기는 조조의 악인설을 뒷받침하는 중요한 소재이기도 하다.

> 한편 조조는 낙양성을 벗어난 말을 채찍질하면서 밤낮으로 고향을 향해 남으로 남으로 바람과 같이 내려갔다. 허나 중간에서 그만 걸리고 말았다. 도 현령인 진궁은 군사들을 시켜 조조를 옥에 가두게 하고 자신은 조조를 잡았으니 만호후가 될 것이니 은상으로 현리와 군사들에게 술을 내어 취하도록 마시게 하였다.
> 밤이 깊어지자 술좌석도 파하고 현리와 군사들도 관문을 닫고 각각 잠자리를 찾아 헤어져 갔다. 조조는 만사를 단념한 듯 옥중에서 눈을 감고 밤하늘의 바람 소리에 귀를 기울이고 있었을 때 현령인 진궁이 찾아와서. 조조에게 동탁이 조조를 아끼는 것 같은데 어째서 이런 일을 저지른 것이냐고 물었다. 그러자 조조는 다음과 같이 대답하였다.

"동탁이 공의 말씀대로 나를 중히 여기기는 하였으나 이 사람은 멀리 상국 조참의 후손으로 4백년 이래 한실의 녹을 받아 왔습니다. 이런 내가 어찌 나라의 은혜를 저버릴 수가 있겠소 내가 몸소 동탁에게 몸을 굽히고 섬긴 것은 오직 기회를 보아 동탁을 죽여서 조금이라도 나라의 홍은을 갚고자 했던 것이오. 이제 천운이 다해 이렇게 잡힌 몸이 되었으니 나는 조금도 후회하지 않소"

조용히 듣고 있던 현령은 말했다.

"조공은 이제 어디로 갈 생각이시오?"

"내 본래 생각은 고향으로 돌아가 제국의 영웅들을 모아 의병을 일으킨 다음 다시 낙양으로 올라가 동탁을 칠 생각이었소"

그 말을 듣자 현령은 자기 손으로 조조의 결박을 풀고 상좌에 앉히며 그 앞에 재배하였다.

"공은 참으로 내가 늘 원하던 충성스럽고 의로운 사람입니다."

"그럼, 공도 동탁에게 무슨 원한이라도 있소?"

"사적인 원한이 있어서가 아니라 공적인 울분에서 그러는 것이오"

그 소리를 들은 조조는 비로소 기사회생의 기쁨을 지으며 그의 성명을 물었다.

"나는 진궁이란 사람인데 자는 공대라고 하오 내 오늘밤 공의 충의에 크게 마음이 감동되어 이제 벼슬을 버리고 공이 가시는 대로 따라가서 천하의 의병을 부를까 하오"

"귀공의 가족은 어디 계시오?"

"이 근방 동군이라는 데 사오 내 먼저 가서 옷도 갈아입고 길 떠날 행장을 차려야겠소"

조조에게 말하고 진궁은 앞장서 갔다.

날이 밝기 전에 두 사람은 그 동군을 뒤로 하고 말을 재촉해서 그 곳을 벗어났다.

그 후 사흘째 되던 날, 그들은 주야를 가리지 않고 말을 몰고 오다가 성고 근방을 방황하고 있었다.

"오늘도 날이 저무나 봅니다."

"이만큼 왔으면 염려 없겠지. 그런데 오늘 석양은 유난히 붉군요"

"아, 호북의 모래바람이 부는군."

"오늘밤은 어디서 쉰단 말이오?"

"저기 마을이 보이는데 여기는 뭐라고 하는 동네요?"

"아까 길 옆에 성고라는 이정표가 있는 것을 보았소"

"아, 그럼 오늘밤은 찾아갈 집이 있소"

조조는 말위에서 저쪽 숲을 가리켰다.

"이런 누추한 촌구석에 누구 아는 사람의 집이라도 있습니까?"

"아버님 친구 되시는 분의 집이 있소 여백사라는 분으로 아버님과 형제처럼 지내는 분이오"

"그거 참 잘 된 것 같습니다."

"오늘밤은 거길 찾아가 하룻밤 쉬기로 합시다."

조조와 진궁 두 사람은 숲으로 말을 몰아갔다. 이윽고 물어서 여백사의 집을 찾자 두 사람은 말에서 내려 그 문을 두드리며 주인을 찾았다.

주인 여백사는 놀라 뜻하지 않은 손님을 맞아들였다.

"난 누군가 했더니 바로 조씨 집 자제가 아닌가? 자, 어서들 들어오게. 그런데 대체 어떻게 된 일인가?"

"무엇이 말씀입니까?"

"조정에서 방을 붙여 자네의 얼굴을 내돌리고 있으니 말일세."

조조가 그 동안 지난 일을 낱낱이 고백하자 여백사는 다 듣고 나더니 곧 자리에서 일어나 진궁 앞으로 가서 절을 하였다.

"그대가 아니었으면 조씨 일가일문은 멸문지화를 당하고 말았을 것이오."

조조 아버님의 친구이니 만큼 선배답게 공손히 장래를 부탁하는 것이었다.

그리고 여백사가 말했다.

"내 서촌에 가서 술을 받아올 동안에 자네는 이 분을 좀 모시고 있게."

하며 나귀를 타고 총총히 밖으로 나갔다.

조조와 진궁은 행장을 풀고 방 안에서 쉬고 있는데 주인은 오랫동안 돌아오지 않았다.

그러는 사이에 밤도 초경이 되였을 무렵 어디서 이상한 소리가 났다. 귀를 기울여보니 칼을 가는 소리가 벽 너머에서 들려왔다.

조조는 의심이 들어 방문을 열고 또 귀를 기울이니 컴컴한 부엌 쪽에서 칼 가는 소리가 났다.

"틀림없이 칼 가는 소리군. 이웃으로 술 받으러 간 사람이 이렇게 늦을 리가 없는데. 이것은 틀림없이 술을 받으러 간 것이 아니고 현리를 불러 우리를 잡으려 하는 것 같소"

그 말이 끝나자 사람 소리가 들려 왔다.

"묶어 가지고 죽일까, 아니면 그대로 죽일까."

"저놈들이 우리를 죽이려 하니 우리가 먼저 손을 쓰지 않으면 저놈들 손에 우리가 죽게 될 것이오."

조조는 진궁에게 눈짓을 하자 그대로 뛰어나가 놀라는 가족과 하인 여덟 명을 단숨에 쳐 죽이고 말았다.

그리고 조조가 먼저,

"자, 달아납시다."

말하면서 길을 재촉을 하는데 어디서 이상한 소리가 났다.

부엌 밖으로 나와 보니 돼지가 나무에 거꾸로 매달려서 울고 있는 것이었다.

"아! 돼지를 잡으려고 하는 소리를 잘못 듣고 큰일을 저질렀구나."

하고 두 사람은 크게 뉘우쳤으나 하는 수가 없었다.

그대로 그들 두 사람은 허둥지둥 그 집을 나와 길을 나섰다.

조조는 어둠 속에서 진궁을 재촉하였다.

"뭘 주춤거리시오? 어서 갑시다."
"매우 심기가 좋지 않구려. 후회 막급합니다."
두 사람은 어둠 속으로 걸음을 재촉하였다. 그리고 숲 속에 매어 두었던 말을 타고 20리가량 왔을 때였다. 저편에서 나귀 잔등에 술 병 둘을 단 사람이 이쪽을 향해 오고 있었다. 가까이 오자 익은 과일의 향긋한 냄새가 코를 찔렀다. 자세히 보니 손에는 과일 바구니를 들었다.
"아니, 이 밤중에 어디를 가는가?"
그는 이웃 마을에서 돌아오는 주인 여백사였다.
조조는 원수를 외나무다리에서 만난 격이라 매우 당황하면서도 태연히 대답하였다.
"실은 오늘 낮 이곳에 오다가 들른 주막에다 소중한 물건을 두고 왔는데 이제야 생각이 나서 가지러 가는 길입니다."
"그렇다면 집의 하인을 보내도 될 텐데."
"말을 타고 가면 얼마 안 걸리니까요."
"그럼 빨리 다녀오게. 집사람에게 돼지를 잡아 요리해 두라고 했고 술도 아주 맛있는 것을 구했으니 그냥은 못 보내겠네."
조조는 돌아오겠다고 대답을 하기가 바쁘게 말에 채찍질하여 여백사와 헤어졌다.
그리고 5 리쯤 갔을 때 갑자기 말을 멈추고 조조가 진궁을 불렀다.
"진공은 여기 잠깐만 기다리고 계시오."
하더니 무슨 생각을 했는지 그대로 말머리를 돌려 달려갔다.
"어디로 뭘 하러 가는 걸까?"
진궁은 의아해서 기다리고 있으려니까 한참 만에 조조가 돌아오는데 매우 대견스러운 얼굴이었다.
"이제는 아주 안심을 해도 좋습니다. 내가 여백사를 베어 버리고 오는 길이오."
"뭐요, 여백사를 벴다고?"
"그렇소, 여백사를 베었소."
"어째서 공연히 살생을 하시오? 전에는 모르고 한 일이지만 이번에는 알고 한 일이니 매우 옳지 못한 일을 했다고 생각합니다."
그러나 조조는 매우 태연했다.
"저 사람이 자기 집에 올라가 자기 처자며 고용인들이 몰살을 당한 것을 보면 가만히 있지 않을 것이오. 그러면 우리는 피할 길이 없지 않소?"
"그래도 알면서 죄 없는 사람을 죽이는 것은 의롭지 못한 일이오."
"나는 그렇게 생각지는 않소. 내가 세상 사람을 버리는 한이 있어도 세상 사람이 나를 저버리게 하지는 않을 것이오. 자, 다른 생각 말고 어서 걸음이나 빨리 합시다."
그 소리를 들은 진궁은 조조에게 무척 실망하고 말았다.
'내가 사람을 잘못 보았구나. 정말 무서운 사람이야. 어떻게 죄 없는 사람을 죽이고도

저렇게 냉정할 수 있을까?'

　　조조의 말을 듣자 진궁은 마음을 고쳐먹고 조조를 다시 생각하게 되었다. 그리고 속으로 조조를 은근히 두려워하였다. 진궁은 이 사람도 진심으로 천하를 구하고 세상을 근심하는 사람이 아니라 동탁과 같이 천하를 빼앗으려는 야망을 품고 있는 인간이라 생각하였다.
　　진궁은 조조가 자는 틈을 타서 죽이려 했으나, 한 때 섬기려 하였고 더군다나 자고 있는 사람을 죽일 수 없어 조용히 조조 곁을 떠나갔다.

　이 장면을 보면, 조조는 사람이 아니라는 생각이 든다. 자신을 도우려는 아버지의 친구를 자신이 살기 위해서 죽이고 만 것이다. 이것은 조조를 따르려는 진궁에게는 충격이었다. 진궁이 볼 때 조조라는 사람은 겉보기에는 대의를 따르는 것 같지만, 결국에 가서는 대의를 위해 살 사람이 아니라, 명분을 겉으로 내세우면서도 속으로는 개인의 야망을 위해 사는 사람으로 보였던 것이다. "내가 천하 사람들을 버리는 한이 있어도, 세상 사람들이 나를 저버리게 하지는 않을 것이다."라는 조조의 말은 천하를 삼키려하는 야심 많은 간웅임을 그대로 보여주는 명언인 것이다.
　허나 이 대목은 사실과 거리가 멀고 조조를 간악한 사람으로 묘사하기 위해 나관중이 편집했다는 것이 정설이다. 조조에 대해 지나치게 과장되게 묘사했다는 것이다. 진수가 지은 〈삼국지〉의 원본인 정사에는 이 대목이 없다. 단지 진수 삼국지에는 "태조(조조)는 이름이 바뀌고 샛길로 걸어 동오로 돌아오다."라고 적혀 있을 뿐이다.
　이런 점에 비추어 볼 때 아마 명나라 시대의 나관중은 몽골의 통치하에서 짓밟힌 한족의 자존심을 회복하기 위해 한족의 황손인 유비를 주인공으로 했기 때문에 조조를 지나치게 간웅 쪽으로 몰고 간 측면이 많다는 생각이다. 조조가 무자비하게 살생하는 장면들은 대개의 경우 조조 악인설을 뒷받침하기 위해 소설화된 것으로 보는 것이 일반적인 견해다. 삼국지 전체를 보아도 조조는 대체로 명분이 없는 일을 많이 하지 않았다. 비록 조조는 유비처럼 현실을 무시하는 도도함보다는 때로는 술수를 써서라도 이기려는 현실주의적 색체가 강하지만, 그렇다고 명분을 완전히 무시하지 않았다. 오히려 명분과 현실을 조화하려고 노력한 흔적이 곳곳에 있다. 군사들로 하여금 보리밭을 밟지 말라는 추상같은 명령에서 그는 상당히 민심을 중시여긴 것으로 생각한다. 그렇기 때문에 조조는 단순히 천하를 도둑질하여 빼앗으려는 야심가로 해석하는 것은 잘못된 해석이라고 생각한다. 조조는 현실도 현실이지만 명분 없는 일은 대체로 하지 않았다. 비록 조조가 중원을 장악하고 위나라를 세웠지만 한실을 유지한 것도 조조가 나라까지 뺏는 사악한 간웅이 아님을 말하는 것으로 보인다.

정직만이 답이 아니다

조조가 어떤 인물이냐 하는 문제로 더 이상 시간이 낭비할 필요는 굳이 없다고 생각한다. 우리에게 중요한 것은 조조는 누구보다도 꾀가 많고 싸움을 대부분 승리로 이끌었다는 점이다. 절체절명의 순간 조조는 기지를 발휘하여 위기를 벗어나는 능력이 그 누구보다도 탁월하였다. 그 덕에 조조는 승승장구하였다. 반면에 순진하기만 한 유비는 공명이 나타나기 전까지 전국을 떠돌며 도망치기에 바빴다. 조조는 그 사이 굳건히 중원에 자리 잡는다. 조조의 왕국을 건설하는 데 일등공신은 바로 조조 자신이다. 천하장수 여포조차 조조의 적수가 되지 않았다. 그는 자신의 뛰어난 재주 하나로 무에서 유를 창조했다고 해도 과언이 아니다. 결정적일 때마다 꾀를 발휘하여 난국을 수습하고 전쟁에서 승리를 이끌었다. 승률이 무려 8할 정도라고 전해지고 있다.

이것은 대체 무엇을 의미하는가? 세상을 살 때 정직하게만 살 수는 없다는 이야기다. 홉스의 말처럼, "인간은 지능을 가진 짐승이다." 그래서 악이 넘치고 악행이 버젓이 이루어지는 상황에서 때로는 상대를 속일 수 있어야 한다는 것이다. 경쟁이 도를 넘고 사악한 기운이 넘치는 사회에서 정직은 자신의 약점을 그대로 노출하는 것이다. 특히 전쟁은 죽고 죽이는 가장 가혹한 환경이다. 그래서 살기 위해서는 남을 속이기 위한 술수가 필요하다는 것이다.

그리고 세상은 결코 평등한 게임이 아니다. 유비는 황손이지만 조조의 부모는 환관 출신이다. 태어날 때부터 태어났다는 사실을 빼놓고는 불평등하다. 가진 것뿐만 아니라 능력도 천차만별이다. 인생은 항상 불평등이 전제되어 있다. 이런 상황에서 언제나 정직하다면 약자들이 과연 살아남을 수 있겠는가?

세상은 정정당당할 것을 강조하지만 정정당당하게 살아갈 수는 없는 노릇이다. 자칫 자신이 전쟁과 같이 죽을 수 있는 상황에서 정정당당하게만 맞서려 하는 것은 참으로 어리석게 보인다. 특히 전쟁은 속고 속이는 치킨게임이다. 양심을 지키는 것은 자신의 죽음을 자초하는 것이다. 양심을 지키다가 죽는다면 무슨 의미가 있겠는가. 승리는 살아남은 자의 것이다. 그래서 그런 상황에서는 종종 상대방을 이기려는 술수를 쓰기 마련이다. 이런 술수를 좋게 표현하면 '지모'라고 한다. 상대방을 속이거나 허점을 빨리 찔러 상대방을 쓰러뜨리기 때문이다. 병법의 대가 손자는 이것을 '궤도'라고 하면서 다음과 같이 예를 들어 설명한다.

> 예를 들어 할 수 있는데 할 수 없는 척하거나, 필요한데도 필요 없는 것처럼 보이게 한다. 멀어져 가는 것처럼 보이게 하면서 다가가고, 다가가는 척하면서 멀어진다. 충분히 휴식을 취한 적을 지치게 만들고 똘똘 뭉쳐 있는 적을 이간질시킨다. 적의 약점을 파고들어 그 의표를 찌른다.

손자의 궤도라는 것이 이 얼마나 치졸해 보이는가. 허나 사람들이 한편으론 손자의 병법을 얼마나 많이 즐겨 읽는가를 보면 손자병법도 세상의 문제를 풀어가는 하나의 훌륭한 방책이 된다는 반증이기도 하다. 이러한 방법은 정정당당하게 맞서는 것이 아니기 때문에 때로는 도덕적으로 많은 비난을 받을 수 있다. 그러나 이런 도덕적인 비난에도 불구하고 생존 게임에서는 어느 정도 술수가 필요하다는 것을 인정하지 않을 수 없다. 그렇지 않으면 힘이 없는 자가 힘이 있는 자를 이길 수 있는 방법이 없다. 다윗이 골리앗을 제압하듯이 때로는 속여서라도 강자를 무력화시킬 수 있는 것이다. 더욱이 상대방이 정정당당하게 맞서지 않고 치사한 방법으로 공격해 올 때는 더욱 술수가 필요하다. 죽은 자는 말이 없고 진 자는 말할 자격이 없기 때문이다. 그래서 홉스는 "전쟁에서는 힘과 속임수도 미덕이 된다."고 하였다. 마키아벨리 역시 경쟁적이고 혼탁한 세상사에서 도덕이나 윤리, 사랑으로 인간의 모든 문제를 해결할 수는 없다고 한다. 세상은 상황도 상황이지만 변수가 많기 때문이다. 상황과 변수에 따라 적절하게 처신할 수 있어야 한다. 그래서 도덕과 명분, 힘과 술수가 적절하게 조화를 이루어 처신해야 자신을 보전할 수 있다. 무엇이든 한쪽으로만 가는 것은 매우 위험하다. 도덕은 명분은 있으나 현실을 저버리고, 술수로 자신의 이익만을 탐하다가 신뢰성을 잃을 경우가 많다. 당당하게 나아가기 위해서는 명분과 술수는 적절한 조화를 이루어야 한다. 그래서 마키아벨리는 "인간이 언제나 선량하고 정의에 따라 행동하는 것은 위험하다. 그렇지만 그렇게 보이는 것은 절대로 필요하다."고 하였다.

　게다가 마키아벨리는 인간은 힘 있고 두려운 자보다는 애정을 느끼는 자를 더 쉽게 배반하는 습성이 있다고 한다. 왜냐하면 원래 인간은 이기적이어서 의리에 기반을 둔 정 보다는 이해타산을 더 좋아하기 때문이다. 그래서 마키아벨리는 불가피하게 힘 있는 사자나 약삭빠른 여우의 성질을 배울 필요가 있다고 주장한다. 사자는 지혜가 없어 함정에 빠지기 쉽지만 여우는 힘이 없어 늑대를 당해낼 수 없다. 함정을 알아차리기 위해서는 여우와 같은 머리가 있어야 하고, 늑대를 잡기 위해서는 사자와 같은 힘이 필요하다. 그저 사자의 힘만 믿고 덤비는 것은 졸렬하기 짝이 없는 결과만을 가져온다는 것이다.

그렇기 때문에 마키아벨리는 우리는 모름지기 여우와 같은 재주로 신의를 지키어 자기에게 해가 올 경우, 또 약속을 맺을 당시와는 상황이 달라져 손해가 나게 될 때는 그런 약속을 지켜서는 안 된다고 주장한다. 될 수 있으면 선한 길을 가야만 하겠지만, 때로는 대의를 위해서 거짓말을 할 줄 알아야 한다는 것이다. 그렇지 않고 거짓이 난무하는 세상에서 유비처럼 양심적이고 정직하기만 한 것은 지혜롭지 못한 것이다. 때로는 '악에는 악으로 강력하게 맞서야 살아남을 수 있다. 그라시안은 지혜로운 사람이라면 술수를 쓸 줄 알아야 한다고 다음과 같이 말한다.

> 사자털을 걸칠 수 없다면 여우털을 써라. 자신의 의도를 관철할 수 있는 사람은 명망을 잃지 않는다. 힘으로 되지 않을 때는 수완을 발휘하라. 이 길이 아니면 저 길로, 용기의 대로로 갈 수 없다면 술수의 샛길로 빠져져라.

유연해야 잘 나갈 수 있다

도덕성을 강조한 맹자조차 유연한 태도야말로 살아가는 기본자세라고 하였다. 세상은 다양하고 변화무쌍하여 하나의 원칙만 고수할 수 없기 때문이다. 약속을 했어도 상황에 따라 얼마든지 지킬 수도 있고 안 지킬 수도 있는 것이다. 의무를 강조한 칸트처럼 약속을 했다고 무조건 지키는 것은 상황을 무시한 현실성 없는 사고이자 어리석은 행동이다. 그래서 칸트는 형식주의자라는 비난을 피할 수 없다.

그 약속이 적과의 잘못된 약속이고 그런 상황을 알게 되었을 때도 무조건 그 약속을 지켜야 한다는 것은 얼마나 현실과는 거리가 먼 주장일까? 그 약속이 상황을 잘못 파악하여 모두의 목숨을 앗아가는 약속이라면 그런 약속까지 반드시 지켜야 한다는 것은 현실성을 저버린 전혀 설득력이 없는 주장이다. 물론 약속을 했으니까 약속을 지키는 것은 중요하다. 사회가 원만하게 돌아가기 위해서다. 그러나 그 약속이 자신뿐만 아니라 다른 사람에게도 피해가 간다면 그 약속을 지키는 것이 당연할까?

그러나 너무나 빈번하게 약속을 저버리는 행동은 문제가 있다. 링컨은 "전 국민을 잠시 속이는 것은 가능하지만 전 국민을 영원히 속이는 것은 불가능하다."고 말한다. 그래서 속임수를 쓰는 것을 함부로 해서는 곤란하다. 최후가 아니면 쓰지 않는 것이 좋은 것이다. 아무리 술수가 횡행하더라도 '바이든'을 '날리면'이라고 말하는 윤석열처럼 속임수를 쓴다는 사실이 들통 나는 순간 불신을 초래하여 자신의 명망과 신뢰성에 치명타가 될 수 있기 때문이다. 그리고 한 번 무너진 신뢰는 파멸을 초래할 수 있기 때문에 일단 술수보다는 정직이 최선이라는 생각으로 원칙을 지키는 것이 무엇보다도 중요하다. 술수라는 것도 쓸 때는 나라를 위하고 사회를 위한다는 큰 대의와 명분이 있을 때 쓰는 것이 좋다. 대의명분 없이 일신상의 이익을 위해 거짓말을 자주 하는 것은 신뢰성이 무너져 나중에는 무엇도 성취하기 어렵다. 그래서 맹자는 비록 원칙을 벗어난 일을 하더라도 대의를 떠난 일을 해서는 안 된다고 하였다. 비록 악의가 횡행한 사회에서 술수가 필요악처럼 필요한 것이지만, 대의명분을 저버린 술수가 난무하는 세상은 누구도 편안하게 발 뻗고 잘 수 없기 때문이다. 꼭 필요한 때가 아니면 정도를 가는 것이 올바른 길이라는 것이다. 그래서 맹자는 술수를 쓰더라도 대의명분을 저버리지 않아야 함을 다음과 같이 말하고 있다.

훌륭한 인물은 자신의 발언에 반드시 충실하지는 않다. 또한 시작한 일을 반드시 끝까지 해나가지도 않는다. 다만 의가 있는 바를 따르는 것이다.

4. 금수저면 어떻고 흙수저면 어떠냐
- 관우의 일배주

　2016년 중 대한민국을 강타한 말은 단연 '돈도 실력'이라는 최순실의 딸 정유라의 말이었다. 이 말이 방송을 타고 알려지면서 우리 사회의 '수저계급론'이 큰 방향을 일으켰다. 돈만 있으면 학벌까지도 살 수 있다는 생각은 수저계급론의 피해자인 다수의 국민에 커다란 분노를 일으키고 말았다.

　그 동안 세상이 썩었어도 교육은 썩지 않았을 것이라고 순진한 국민들은 그렇게 생각해 왔다. 허나 정유라의 말은 그것이 국민의 망상이었다는 것을 새삼 깨닫게 해 주었다. 교육도 썩을 대로 썩었다는 것을 그대로 보여주었다. '지식의 전당'이라는 대학도 돈과 권력 앞에서 맥없이 무너졌다. 명예를 자부심으로 사는 대학교수들도 부조리와 타협하며 정유라를 당당하게 합격시키는 데 앞장을 섰으며 그것도 모자라 시험도 보지 않은 학생에게 학점까지 주는 파렴치한 짓을 서슴지 않았다.

　이뿐만 아니다. 대학에서 표절의혹까지 숨기는 김건희 논문은 대학이 얼마나 썩었는지를 그대로 보여준다. 지식을 파는 양심 없는 교수들이 세상에 널려 있다는 것이다. 이것을 본 국민은 자괴감에 분노로 이어졌고 윤석열 정부 들어서 광화문의 촛불이 다시 살아나고 있다. 이것은 우리 사회 전반에 퍼져 있는 수저계급론에 대한 항쟁이라고 보는 것도 결코 틀린 말은 아니라고 생각한다.

수저계급론은 한마디로 이 사회가 불평등한 사회라는 것을 의미한다. 수저계급론은 부모의 재산 정도에 따라 자식들이 금수저, 은수저, 동수저, 그리고 흙수저라는 계급으로 분류한다. '은수저를 물고 태어났다(Born with a silver spoon in one's mouth).'라는 관용구에서 비롯된 것으로 알려져 있는 수저 계급론은 단순한 가십거리가 아니라 우리 사회의 어두운 단면을 그대로 보여주는 것이다.

'부익부 빈익빈'의 가속화에 따른 심한 빈부격차와 가난의 대물림으로 인한 경제 사회적 불평등이 우리 미래의 발목을 잡고 있다는 것이다. 특히 대다수의 흙수저 젊은이들에게는 미래가 전혀 보이지 않는다. 세상은 긍정적인 마인드를 가지고 항상 희망을 가지라고 말하지만, '88만 원 세대', '삼포세대'에 이어 'n포 세대' 등으로 불리며 사회생활에 어려움을 겪던 다수의 20대, 30대 청춘들에게는 전혀 희망이 보이지 않는 것이다. '아무리 노력해도 바뀌는 게 없다.'는 자조 섞인 한탄은 한참 뜨거워야 할 젊은이들을 절망과 자살로 내몰고 있다. 아무리 공부를 열심히 해도 취직하기가 어렵고 학자금 대출 등으로 하루하루 빚만 늘어나는 상황 속에서 흙수저 젊은이에게 대체 무슨 희망이 있겠는가. 세상은 혼자 사는 것이 아닌데, 왜 이렇게 다수의 흙수저의 삶은 자꾸만 벼랑으로 내몰리고 있는가. 최근에 유행어가 된 '헬조선'이라는 말은 바로 우리 사회의 부조리한 사회 구조를 한탄하는 흙수저 젊은이들에게서 나온 말이다.

처음 '수저 계급론'에 불을 지폈던 사람은 SBS의 '아빠를 부탁해'라는 프로그램에 나와 유명세를 이끌었던 배우 조혜정이다. 많이 부족한 연기력에도 불구하고 그녀가 어떻게 공중파 드라마에 주연으로 캐스팅되었는가에 많은 사람이 의구심을 가졌다. 알고 보니 그것은 모두 그녀의 아버지인 한국의 명배우 조재현 덕분이라는 생각이 사람들 사이에서 급속도로 퍼지면서 수저계급론이 고개를 들기 시작하였다. 그녀가 금수저인 부모 때문에 큰 노력 없이도 쉽게 기회를 얻을 수 있다는 수저계급론에 불을 지피면서 대중의 분노의 화살이 한꺼번에 조혜정에게 쏠리고 말았다.

이런 분노는 최순실 사건이 터지면서 우리 사회의 구조적 문제점을 전 국민이 직시할 수 있게 되었다. 최순실 사건은 단순히 개인의 비리를 떠나 우리 사회의 문제점을 적나라하게 폭로한 사건이다. 대다수 국민들이 격노한 것도 바로 우리 사회가 너무나 정의롭지 못하다는 것을 깨달은 것이다. 특히 한국의 보수주의자들의 실체가 무엇인지를 정확히 무엇인지를 알게 해 준 사건이었다. 정경유착을 통해 '부자 감세, 서민 증세'라는 사회 구조를 만들어 부자들의 천국, 서민들의 지옥인 '헬조선'을 만들려고 한 것이다. 21세기 한 복판에서 과거의 세습체계로 회귀하는 묘한 현상이 벌어지고 있는 것이다. 우리는 묻지 않을 수 없다. 과연 나라가 멍들어 가는데 이런 회귀로 진정 부자들이 행복할 수 있는가?

비단 이런 불평등 문제는 지금의 문제만이 아니다. 대대로 내려오는 역사문제이기도 하다. 특히 민심이 이반이 될 때는 바로 이런 부조리 현상이 심화되기도 한다. 〈삼국지〉의 무대가 되는 황건적의 난도 바로 사회 부조리와 불평등의 심화에 따른 민심 이반에서 일어난 것이다. 한마디로 역사적 대 격변기였다.

이런 격변기에도 기득권을 지키려는 강직한 보수주의자가 있다. 바로 원술이 대표적이다. 원술은 명문가 후예답게 사람을 계급장만 보고 판단하는 대표적인 금수저의 인물이다. 반면 조조는 원소와 원술과 같은 명문가 출신은 아니어서 그런지 계급보다는 능력을 중요하게 생각하고 원술과 같은 금수저론에 대항하여 변화를 강구하는 대표적인 진보주의 인물이다. 이 둘 중에 과연 누가 현명한 사람일까?

 '관우의 일배주'라고 잘 알려진 사건을 보면서 원술의 금수저론과 이에 반대하는 조조의 모습을 눈여겨보면서 누가 더 현명한지를 판단해 볼 필요가 있다.

　　　동탁이 천하를 주무르자 여기저기서 제후들이 일어나기 시작하였다. 동탁을 제거하는데 실패한 조조도 진궁이 떠나자 고향인 진류를 향해 밤낮을 가리지 않고 달렸다. 진류 땅에 도착한 조조는 부친과 의논하여 의병을 모집하기 시작하였다. 원래 명문 가문에다 악명을 떨치고 있는 동탁을 찌르려다 실패한 조조의 명성은 널리 퍼져 많은 사람을 불러 모으기에 충분하였다. 여기에 그 지방의 갑부인 위홍의 막대한 재산을 지원받게 되었으니 의병의 숫자는 이루 헤아릴 수 없을 정도로 불어났다.
　　　오래 전부터 알고 지낸 악진과 이전, 조조와 피붙이처럼 가까이 지낸 하후돈과 하후연, 친가의 친척인 조인과 조홍 등이 속속 합류하였다.
　　　용맹하기 소문난 하후돈과 조인 등의 합류는 조조에게는 아주 큰 힘이 되었다. 그의 군대는 이제 잡군 같은 단순한 의병이 아니라 군대의 위용까지 갖추게 되었다.
　　　조조는 하후돈을 중심으로 한 친구들과 친인척들이 조조를 주공으로 받들자고 결의하자 다음과 같이 말하였다.
　　　"내 오늘부터 너희들의 목숨은 내가 맡을 것이다. 하지만 내 목숨도 너희들한테 맡길 것이니 모두들 나와 함께 동탁을 없애고 한실을 바로 잡는데 최선을 다하도록 해야 한다."
　　　조조는 군세를 갖추자 곧 동탁을 치기 위해 의병을 일으켰다. 발해에 있던 원소도 그 소식을 듣고 조조와 힘을 합치기 위해 3만의 군사를 일으켜 발해를 출발하였다.
　　　그러자 조조는 크게 기뻐하며 각 제후들에게 함께 동탁을 치자고 격문을 보냈다.
　　　이 때 유비도 평원 현령에 있었다. 유비가 독우를 때리고 도망친 뒤 유유에 의지해 숨어 지내다가 기회가 와 유유를 도와 장거 장순 형제를 토벌하였다. 그 공로로 죄는 사면되고 변방의 작은 관직에 임명되어 길을 가는 도중 같이 동문수학하였던 공손찬을 찾아가 만났다. 요서 지방의 오랑캐를 평정하여 무시할 수 없는 군벌을 가지고 있던 공손찬이 작은 관직에 오른 유비 이야기를 듣고 표를 올려 유비의 공을 칭송하며 높은 벼슬을 내릴 것을 강하게 주장하였다. 그 뜻이 받아져 유비는 평원 현령직에 임명되었다.
　　　평원 현령에 임명된 유비는 선정을 베풀어 평원을 더욱 살기 좋은 고장으로 만들었을 뿐만 아니라 비옥한 평원을 새로운 터전으로 삼아 군사와 말을 훈련시키고 곡식을 비축하며 때가 오기만을 기다리고 있었다.
　　　이렇게 만반의 준비를 하고 있을 때 조조의 격문이 날아왔다. 유비는 그것을 보고 즉시 수천 명의 군사를 이끌고 평원을 출발하였고, 공손찬도 수만의 군사를 이끌고 진류로 향하고 있었다. 유비와 공손찬은 진류로 가는 도중 우연히 만났고, 유비는 공손찬의 군에 합류하여 조조의 의군에 가담하게 되었다.

유비가 진류에 도착했을 때는 제후들이 사방에서 속속 모여들었다. 마침내 원소를 중심으로 한 각지의 제후들이 동탁을 치려고 연합하였다. 많은 제후들이 수천에서 수만의 군사를 거느리고 진류에 모이니 진류는 온통 의병으로 뒤덮였고, 그 위세 또한 하늘을 찌를 듯하였다.

다음 날 원소는 제후들의 추천을 받아 하늘의 제사를 지내며 의병의 맹주가 되니, 의군들의 기세는 하늘을 찌를 듯 했다.

그날 새벽 낙양의 승상부에는 조조와 원소를 중심으로 제후들이 연합하여 군이 쳐들어온다는 비보가 전해졌다.

"승상! 승상! 빨리 일어나십시오. 큰 일이 일어났습니다. 대군이 쳐들어오고 있습니다. 자신들이 황제의 밀조를 받았다고 사칭하여 18개국의 제후를 속인 다음 대군을 모집하여 쳐들어오고 있습니다. 그 길이가 2백여 리에 달한다고 합니다. 오늘 아침까지 들어온 척후병의 보고에 따르면 원소를 수장으로 하고 조조를 참모로 하며 손견을 선봉으로 세운 대군은 사수관에 이르렀다고 합니다."

"손견이면 장사 태수가 아니냐?"

"그렇습니다."

"그 자의 실력은 얼마나 되나?"

"상당합니다. 병법으로 유명한 손자의 후손이죠. 본래 오군 부춘 사람으로 이름은 견이요, 자는 문대라고 하는 자인데 남방에서는 꽤 이름을 떨치고 있는 자입지요."

"상당한 인물인가 보군. 그럼 이 편에서는 그와 능히 대적할 만한 인물을 내보내야겠는데 누가 마땅하겠나?"

이 때 장막 뒤에서 큰 소리로 투덜거리는 자가 있었다.

"이 여포가 있지 않습니까? 아버님은 염려 마십시오. 그 따위 조조나 원소를 치는 데는 제가 제격입니다. 이런 때 저를 쓰지 않으시려면 무엇 때문에 제게 적토마를 주셨습니까?"

"네 말만 들어도 든든하구나."

동탁은 여포의 말에 기뻐하였다.

이 때 장막 뒤에서 또 한 장수가 달려왔다.

"여포공! 잠깐만 기다리시오. 닭을 잡는데 어찌 소를 잡는 큰 칼을 쓰시겠습니까? 그 위엄을 잠깐 거두어 두시오 내가 먼저 선봉에 서서 제후의 머리들을 한 칼에 모조리 베어 오겠소."

누군가하고 그 자를 보니 신장이 9척에 호랑이 몸에 이리 허리요, 원숭이 팔이라 한 번만 보아도 범상치 않은 인물임을 알 수 있었다.

그는 관서 사람 화웅이라는 장수였다.

"허어, 화웅 장군이로군. 그대는 이 길로 사수관으로 바로 내려가 적을 물리쳐서 낙양을 평안하게 하라."

동탁은 크게 기뻐하며 즉시 인수를 그에게 허락하고 군사 5만을 주어 나아가 싸우게 하였다.

화웅은 이숙, 호진, 조잠 세 부장과 함께 사수관을 향해 떠났다.

마침내 손견과 화웅의 싸움이 시작 되었다. 손견이 아무리 용맹하다 하나 사수관이 워낙 견고하여 공략하기가 쉽지 않았다. 더군다나 화웅의 5만 대군이 지키고 있어 쉽게 공격할 수 없었고, 화웅 역시 손견의 용맹이 두려워 쉽게 움직이지 않았다.

자연히 싸움은 지루하게 시간을 끌었다. 그러자 군량과 마초가 부족한 손견은 원술에게 군량과 마초를 청했지만 원술은 손견의 공을 세우는 것을 달갑게 생각하지 않아 이런저런 핑계를 대며 손견에게 군량과 마초를 보내지 않았다. 손견은 하는 수 없이 며칠을 더 기다려 보기로 하고 손견의 군사들은 허기진 배를 움켜쥐고 있었다.

화웅은 손견이 군량과 마초가 떨어진 것을 알고 야밤을 틈타 기습을 하였다. 전혀 헤아리지 못한 손견은 크게 패하여 투구를 벗고 도망치기에 바빴다.

손견을 놓친 화웅은 날이 새도록 손견의 군사들을 처치한 다음 동이 트고서야 사수관으로 돌아갔다. 손견은 조무의 희생으로 가까스로 위기에서 벗어날 수 있었지만, 그 날의 패배로 많은 군사를 잃게 되었다.

손견이 화웅에게 크게 패했다는 사실은 곧 제후들에게 알려졌다.

마침내 원소와 조조를 비롯해서 17진의 제후들이 그날 한 곳에 모여 오늘의 패배를 만회할 작전 회의를 열었다. 그러나 적의 기세에 눌려서인지 회의는 위축되고 장수들의 얼굴은 창백하였다.

화웅은 승세를 타고 기승을 부리며 소리쳐 외쳤다.

"17진 대병이면 다 무어란 말이냐. 빨리 앞으로 나와 목숨을 구하라."

화웅의 군사는 손견의 제 1진을 파하고 승세를 타고 사수관을 나왔다. 이미 수십 리를 바람이 낙엽을 날리듯 몰아치니 북소리와 함성이 산천에 메아리쳤다.

시시각각으로 패보만 연거푸 들어왔다. 화웅군은 긴 장대 끝에 손견의 금빛 투구를 꽂아 들고 욕지거리를 무수히 퍼 부우며 큰 파도처럼 밀려드는 것이었다. 거듭되는 패보에 수장 원소를 비롯해서 여러 장군들은 풀이 죽어 있었다.

연이어 들어온 비보에 마치 폭풍 앞에 선 한 그루 나무처럼 장수들은 떨고 있었다. 장군들의 얼굴은 대부분이 새파랗게 질려 있었다.

"이 많은 사람 중에 그와 맞서 싸울 사람이 없단 말이오?"

하고 원소는 진을 돌아봤다. 쥐 죽은 듯 좌중은 조용하였다.

그러자 갑자기 한 사람이 자리를 박차고 일어서며 소리쳤다.

"한심들 하십니다. 이 사람이 나아가 한 번 싸워 보겠소이다."

그는 원소의 장수 유섭이라는 사람이었다.

원소는 그를 칭찬하면서 그에게 술잔을 권하였다.

유섭은 그 술을 단숨에 들이키고 군사를 이끌고 적진 속으로 뛰어 들어갔다. 그러나 나간 지 얼마 되지 않아 그의 수하 군사가 패주해 돌아와서 알렸다.
"유섭 장군은 적장 화웅과 싸웠으나 6, 7 합에 목이 잘리고 말았습니다."
제후들은 크게 놀라 등에 찬물을 끼얹은 듯 얼굴이 창백해졌다.
원소는 좌중을 돌아보며 탄식을 하였다.
"내 이럴 줄 알았더라면 상장군 안량과 문추를 데리고 올 것을 그랬구나. 그 안량과 문추 중에 하나만 있어도 저 따위 화웅의 목을 자르기는 누워서 떡먹기일 텐데. 대체 이 일을 어떻게 하면 좋단 말인가."
좌중의 장수들은 한결같이 의기소침하여 꿀 먹은 벙어리가 되어 앉아 있을 뿐이었다.
원소는 호통을 치며 말하였다.
"그래 18국 제후들이 모인 이 자리에 화웅 하나쯤을 당해낼 수 있는 장수 하나가 없다니 천하의 웃음거리가 되었습니다."
그러자 그 침통한 공기를 깨뜨리며 크게 소리치는 자가 있었다.
"어찌 사람이 없다고 말하십니까? 이 사람에게 분부를 내리시면 삽시간에 화웅의 목을 베어 오겠습니다."
모두들 놀라 바라보니 그 사람의 신장은 9척이요, 수염이 길어 칼자루에 이르고 누에 눈썹에 봉의 눈이라 얼굴은 잘 익은 대추 빛 같았고 목소리는 커다란 종이 울리는 것 같았다.
"저 사람은 누구요? 대체 누구의 휘하에 있는 사람이오?"
하고 원소가 묻자, 공손찬이 대답하였다.
"여기 있는 현덕 장군의 아우가 되는 관우라는 분이오."
"지금 무슨 벼슬에 있는 사람이오?"
"현덕의 부하로서 마궁수라고 합니다."
이 때 원술이 성질이 나 크게 꾸짖었다.
"이놈! 썩 물러가지 못하겠나. 감히 졸병 주제에 여기가 어디라고 함부로 입을 놀리느냐? 아무리 제후 가운데 대장이 없기로서니 이 무슨 잠꼬대 같은 소리를 하느냐. 저 놈을 빨리 쫓아버려라."
조조가 손을 들어 급히 말렸다.
"잠깐만, 그리 노할 것까지는 없습니다. 저 사람이 제후들 앞에서 저리 큰 소리를 칠 때는 자신이 있어서 하는 것이니 한 번 시험 삼아 나가서 싸워 보도록 하십시다. 만약 이기지 못하고 돌아오거든 그 때 벌을 주어도 늦지 않습니다."
"하지만 일개 궁수 따위를 내보냈다고 하면 화웅의 웃음거리를 사게 될까봐 내 그것을 꺼리는 것이오."
"웃을 테면 웃어보라고 하지요. 내가 보기에는 저 사람이 궁수라고는 하지만 심기가 저같이 늠름하니 화웅이 궁수로 알아보지 못하리라고 생각하오."
말하면서 조조는 곧 더운 술 한 잔을 따라 권하였다.

그러나 관우는 그 잔을 보기만 하고 받지 않으며 말했다.
"뜻은 고맙지만 그 술은 잠시 맡아 주십시오 화웅의 목을 베어 가지고 온 다음 마시겠습니다."
관우는 80근이나 되는 큰 청룡언월도를 빗겨들고 말안장에 몸을 싣자마자 칠흑의 긴 수염이 두 갈래로 갈라져서 바람을 일으키며 적진 속으로 자취를 감추고 말았다. 관우가 청룡언월도를 휘두르며 가는 길에는 핏줄기가 솟고 피의 무지개가 피었다.
"화웅은 숨지 말고 나와 내 칼을 받아라!"
관우의 우뢰 같은 소리에 놀라 맹호가 양떼를 쫓는 것처럼 그가 닿는 곳마다 수만의 적들은 이리 몰리고 저리 몰렸다. 함성은 천지를 뒤덮고 북소리에 산천이 떠나가는 것 같았다. 패색이 농후한 원소의 연합군의 본진에서는 그의 일거수일투족에 실낱같은 희망을 걸고 있었다.
원소와 조조를 비롯해서 각국 제후가 모두 일어서서 장막 밖으로 싸움터의 하늘을 바라보았다. 그러자 얼마 후 갑자기 소리가 멎고 잠잠한 가운데 마치 피바다를 건너온 듯 전신에 피투성이가 된 말을 타고 관우는 말 한마디 없이 원소와 조조 등이 앉아 있는 곳으로 달려왔다.
그리고 훌쩍 말에서 뛰어내리면서,
"자, 여러 제후님들은 보십시오."
하고 땅바닥에 아직도 살아있는 것 같은 목 하나를 내던졌다.
그것은 다름 아닌 적장 화웅의 목이었다. 장막안의 제후가 일제히 화웅의 목이 왔다고 소리를 지르자, 그 소리는 전군에 퍼져 일시에 만세의 함성이 터졌다.
관우는 몇 걸음 앞으로 나아가 조조 앞에 서더니 피 묻은 손으로 아까 맡겼던 술잔을 집어 들더니 가슴을 펴고 단숨에 들이켰다.
그 술은 아직 식지 않고 따뜻했다.
이 때 유비 뒤에 있던 장비가 큰 소리로 소리쳤다.
"승리에 도취되기에는 아직 이릅니다. 우리 형님이 화웅의 머리를 베었으니 이 몸도 한번 솜씨를 보이겠소 이 떼를 놓치지 말고 전군을 진격시켜 주십시오. 제가 선봉에 서서 낙양으로 쳐들어가 동탁을 사로잡아 제후들 앞에 끌어다 바치겠습니다."
그러자 원소의 아우 원술은 크게 노하였다.
"쓸데없이 지껄이지 마라. 제후 고관이며 각국의 명장들도 말을 삼가고 있는데, 네 일개 현령의 수하로서 어디라고 감히 큰소리를 치느냐? 잠자코 거기에 가만히 있거라!"
조조가 다시 한 번 나서서 말렸다.
"공을 세운 자에게는 상을 주는 법인데 어찌하여 공은 그렇게 귀천과 관직만 따지시려는 겁니까."
그러나 원술은 듣지 않고 자리를 박차고 일어섰다.
"공들이 현령 따위와 나를 같은 사람으로 취급한다면 나는 이만 물러가겠소"

하고 화를 내며 일어섰으나 조조는 부드러운 말투로 말했다.
"장군. 그만한 일로 그러지 마시고 참고 앉으시오"
조조는 곧 공손찬을 불러 현덕·관우·장비 세 사람을 자리에서 물러가게 한 다음 밤이 되자 조용히 유비가 있는 처소로 술과 안주를 보내 세 사람을 위로하였다.

지위와 능력은 다를 수 있다

위의 〈삼국지〉 내용을 보면 명문가 출신인 원술은 처음부터 출신과 지위를 가지고 사람의 능력을 평가한다는 것을 볼 수 있다. 관우가 화웅과 싸움에 출전하려고 해도 직위를 따져 출전시키지 않으려 했으며 승기를 잡았으니 진격하자는 장비의 말에도 이런 이유를 들어 또한 무시하였다. 이것을 볼 때 원술은 지위가 곧 능력이라는 완전한 금수저론자이다. 그 사람의 직위가 때로는 그 사람의 능력을 말하기 때문에 원술의 말이 무조건 틀리다고 말할 수는 없지만, 원술의 말처럼 사람의 능력은 반드시 직위에 의해 결정된다고 할 수 없다. 지위는 능력에 따라 반드시 결정되는 것이 아니기 때문이다. 때로는 운도 따르고 배경도 따른다. 더군다나 그 당시는 세습에 의해 지위가 결정되었기 때문에 지위는 능력과는 완전 별개라고 생각한다.

그런데도 원술처럼 직위가 능력을 말하는 것으로 착각하는 경우는 자신이 금수저 출신이라는 것을 정당화 시키려는 것으로 밖에 보이지 않는다. 진짜 능력이 있는 사람은 출신과 지위를 내세우지 않는다. 허나 못난 사람일수록 지위를 내세워 다른 사람을 무시하는 경향이 강하다. 특별히 잘난 것이 없기 때문이다. 그래서 지위가 낮은 사람이 무언가를 하려고 하면 오만함을 드러내며 건방지다는 이유로 말리는 것이다.

반면에 조조는 어떠한가? 사람을 평가할 때 그 사람의 능력을 보고 평가하고 있다. 조조는 "천하를 얻으려면 인재를 먼저 얻어야 하고, 천하를 다스리려면 인재를 잘 써야 한다."고 생각하였다. 그래서 조조는 인재라면 무엇에도 상관하지 않고 기용하는 그 당시로는 파격적이고 진보적인 사람이었다. 그는 적벽대전 이후 포고령에서 능력만 있다면 청렴하지 않아도 좋았고, 강태공처럼 초야에 묻어 있어도 좋았고, 한나라의 지평처럼 형수와 정을 통하거나 뇌물을 받는 인간 말자라도 좋았다. 조조는 아무리 신분이 낮아도 재능이 있으면 등용할 것을 천명하였다. 조조는 인재에 관한 한 지나칠 정도로 파격적인 행보를 한 아주 개방적인 사람인 셈이다.

바로 관우를 출전하도록 한 것도 조조의 이런 생각이 반영 된 것으로 보인다. 조조는 관우의 늠름한 모습을 보고 나름대로 범상치 않은 인물이라 생각했기 때문이다. 조조는 관우의 이런 모습을 보고 관우에게 격려의 술잔을 주었고, 관우가 승전을 하자 뒤풀이까지 해주었다. 후에 조조가 관우를 자신의 곁으로 끌어들이려고 한 것을 보면 아마 관우의 이런 모습이 조조에게 강한 인상을 심어주었을 것으로 생각한다.

과연 여러분은 이 둘 중에 어떤 사람인가? 사람을 구할 때 원술처럼 금수저만 등용할 것인가? 아니면 조조처럼 사람을 흙수저라도 기용할 것인가? 사람들은 누구나가 조조와 같이 기용할 것이라고 말하지만 실은 그렇지가 못한 것이 우리들이 처한 현실이다. 이명박 박근혜의 보수 정부시절에는 대다수 대구 경북 출신들이 고위직을 장악하고 있었고, 지금의 윤석열 정부는 서울대 법대 출신의 검사들이 주요 요직을 장악하고 있다. 이것은 우리나라 보수 정권의 인사 시스템이 원술의 금수저론과 전혀 다르지 않은 관행이라는 것을 보여준다.

왜 보수는 어리석은가

밀은 "모든 보수주의자들이 어리석은 사람은 아니지만, 모든 어리석은 사람은 편협하고 보수적이다."라고 하였다. 그렇다면 왜 보수주의는 어리석은가? 세상은 끊임없이 변하고 요동친다. 그런데 보수주의자들은 이러한 변화를 거부하는 사람들이다. 대개의 경우 보수주의는 원술처럼 기득권을 고수하여 계층 변화를 싫어하고 계급을 고착화하려 하기 때문이다.

그런데 누가 변화하는 세상을 막을 수 있는가? 누구도 그것을 막을 수 없다. 그래서 어제 진보가 오늘의 보수가 된다. 보수가 영원하기를 바라는 것은 '수구 꼴통' 보수인 것이다. 수구 세력은 시대를 역행하다보니 철학이나 비전이 있을 수 없는 불합리한 집단이다. 오로지 자신의 기득권을 지키기 위해 자기들끼리 똘똘 뭉쳐 권모술수를 작동하지 않으면 안 되는 집단인 것이다. 그러니 국민은 안중에도 없다.

이런 파행적 국가 운영은 2017년 촛불혁명을 낳았고, 그 혁명으로 인해 보수의 악폐가 밝혀지면서 수저 계급론이 드러나고 말았다. 박근혜 정권이 보여준 것처럼, 지도자가 무능하면 할수록 더욱 이런 경향이 강하다. 바로 원술과 같이 금수저를 내세우며 기득권과 계급을 고착화하려는 것은 일관된 보수주의자들의 정책으로 보인다. 보수주의자들은 자신의 기득권을 위해 수단방법을 가리지 않는 경향이 그만큼 강하다는 것을 알 수 있다. 지금의 정부도 검사를 통해 사정 정국을 만들어 국민에게 엄포까지 놓고 있는 실정이다. 지금의 보수 논객인 장성철 소장조차 '검찰 공화국'으로 대표되는 지금의 한국의 보수는 원래의 보수도 아니며 권력을 위해 수단방법을 가리지 않는다는 평을 서슴없이 할 정도이다. 그래서 청와대를 비롯한 수구보수는 장성철 소장을 보수 논객으로 인정하지 않는 웃지 못할 현상까지 일어나고 있다. 철학적 빈곤이 낳은 보수의 자중지란이다.

　지금의 자본주의 사회에서는 노동의 가치를 강조하며 겉으로는 '직업에는 귀천이 없다.'라고 말하지만 빈부격차가 심해짐에 따라 직업의 계층화, 수저 계급론을 불러왔다. 능력에 따른 분배라고는 하나 재벌 세습은 변함없이 이루어지고 있으며 지연이나 학연에 의해 대우가 너무나 형편이 없이 다르다. 그래서 계급론이 부상한 것이다. 똑같이 일하고도 흙수저 출신들은 생존권이 위협받는 대우를 받고, 금수저 출신들은 보통 사람의 수천 배나 수만 배를 가지고 간 결과이다. 우리가 잘 아는 대장동 개발 사업에서 50억 클럽과 관련하여 이름만 대면 알만한 박영수, 곽상도, 김수남과 같은 검사 출신들이 포진해 있다는 것만 보아도 금수저와 흙수저의 빈부격차가 얼마나 큰 가를 알 수 있는 대목이다.

　이런 차별이 고착화되면서 금수저론이 대두된 것이다. 그러나 지금과 같이 금수저론에 빠져 사람을 차별화하는 것은 다수의 원망을 낳고 특권의식으로 인해 온갖 부조리의 온상이 된다. 모두가 같이 갈 수 없기에 차별은 불가피한 측면도 있지만, 차별이 심화 되면 종국에는 정의가 사라져 국가의 근간이 흔들린다. 이미 박근혜 정부 시절 우리는 나라가 망가져 가는 것을 직접 경험한 바 있다. 그래서 지중해를 장악한 알렉산드로스 대왕은 "나는 사람들의 출신에 대해서는 궁금하지 않다. 다만 그들의 장점을 바탕으로 적합한 곳에 쓰고 있을 뿐이다."라고 말하고 있다.

차별은 망국의 병

　우리나라처럼 지연이나 학벌로 차별하는 것은 망국의 병이다. 설령 차별을 한다고 해도 능력이나 인간 됨됨이를 고려하여 판단해야 하지 단순히 지연이나 학벌을 우선으로 하는 것은 특권층을 양산하는 집단이기주의에 해당한다. 지금 금수저들 때문에 개천에서 용이 나기 어렵다고 하지만 그래도 개천에서 용은 나는 법이다. 때문에 지연이나 학연을 따지는 것은 참으로 어리석은 일이다.

학벌이 좋으면 당연히 능력도 좋다고 생각하지만 그것은 반드시 그렇지 않다는 것이다. 학벌이 좋다는 것은 읽기, 쓰기, 계산 능력, 개념 파악 등을 잘 한다는 학습 능력이 좋다는 것을 의미할 뿐 반드시 능력이 좋다는 것은 아니다. 물론 학습 능력이 좋다는 것은 지식을 요구하는 현대 사회에서 그만큼 유리한 위치에 있다고 할 수 있다. 그러나 무조건 학습 능력이 좋다고 하여 세상을 올바로 판단한다고 장담할 수는 없다. 인생 경험이 뒷받침 되지 않으면 현실적인 판단 능력이 떨어져 일을 제대로 처리할 수 없다.

게다가 인지 능력과 실천 능력이 반드시 일치하지도 않는다. 백면서생처럼 공부는 잘 할지 모르지만 현실에 어두운 사람이 있는 반면, 공산주의를 중국에 맞게 적용하여 공산화에 성공한 마오쩌둥처럼 실천에 힘써 세상 변화의 주인공이 된 사람도 얼마든지 있다. 칭기즈 칸이나 현대 정주영 회장을 보더라도 비록 그들의 배움은 짧았지만, 한 사람은 세상을 지배했고 다른 한 사람은 거대 기업을 일구었다. 이론보다 아는 것을 적절하게 적용하는 실천력이 그만큼 세상을 경영하는 데는 소중한 것이 없다는 이야기다. 그러므로 실천력을 보지 않고 학벌로만 사람을 평가하여 차별하는 사회 시스템부터 고쳐야 한다.

배웠어도 능력이 없거나 선의지가 없으면 나라의 근간을 흔들 수 있다. 배운 도둑질은 윤석열을 필두로 한 정치 검사들처럼 교묘하게 법망을 악용하여 나라 전체를 흔들 수 있기 때문이다. 지금의 대한민국이 그런 실정이다. 아무런 비전도 없고 철학도 없는 정치 검사들이 법을 앞세워 국정을 흔들고 있다. 민주당 최강욱 의원은 자신도 서울대 법대 출신이면서도 서울대 법대 출신의 대통령과 그 측근들이 아무런 비전 없이 정치 수사만 일삼는 정치형태를 보면서 개탄스러운 듯 국민들이 대한민국의 서울대 법대 출신들의 수준이 얼마나 어리석고 무능한지를 알 수 있게 되었다고 자탄할 정도다. "권력을 잡으면 인간성이 폭로된다."는 링컨의 말이 지금의 우리 현실을 정확히 예언하고 있는 것처럼 보인다.

학벌을 떠나서 조조처럼 먼저 능력을 보고 인재를 구하려고 노력해야 한다. 그 다음이 인간이 됨됨이다. 원술의 금수저론은 특권층을 두둔하고 비호하는 수단에 지나지 않는다. 진정한 능력자는 조조와 같이 자신보다 능력 있는 사람을 제대로 활용하는 것이 경영의 핵심이다. 인간을 제대로 활용하여 한 때 최대 갑부가 된 카네기 묘비명에는 "여기에 자기보다 더 능력 있는 사람들을 다루어 쓰는 기술을 터득한 사람이 잠들다." 적혀 있는데, 이것은 사람을 잡는 자가 천하를 잡을 수 있다는 것을 새삼 일깨워준다. 유방이 숙적 항우를 멸망시키고 낙양으로 돌아갔을 때 자신의 승리 요인을 다음과 같이 말하는데, 이것이 바로 정치술의 핵심이다.

본영에서 지략을 짜서 천 리 밖에서 승리하게 한다는 점에서 나는 장량을 따라 갈 수 없다. 내정의 충실, 민생의 안정, 군량의 조달, 보급로의 확보라는 점에서 나는 소하를 따라 갈 수 없다. 백만이나 되는 대군을 자유자재로 지휘하며 승리를 거둔다는 점에서 나는 한신을 따라 갈 수 없다. 이 세 사람은 모두 걸출한 인물이다. 나는 그 걸출한 인물을 적절하게 기용할 수 있었다. 이것이야말로 내가 천하를 얻게 된 이유이다. 그러나 항우에게는 범증이라는 걸출한 인물이 있었지만, 그는 이 한 사람조차 제대로 쓰지 못했다. 이것이 내가 항우를 이긴 이유이다.

5. 고마운 실패 - 조조의 첫 고배

　우리는 누구나 성공하기를 바라고 실패하기를 싫어한다. 허나 아무리 뛰어난 지혜를 갖고 있다고 해도 실패는 뒤따를 수밖에 없다. 인간은 결코 신이 아니기에 아무리 자신이 똑똑하다고 해도 끊임없이 변화하는 세상에 대한 완전한 해법을 찾을 수 없다. 알고 보면 우리 모두는 운명적으로 실패를 할 수밖에 없다. 사람들은 성공하기를 바라지만 성공은 낙타가 바늘구멍 들어가는 것만큼이나 어렵다. 경쟁도 치열하거니와 언제 어떤 일이 벌어져 예상을 완전히 빗나갈 줄 모른다.
　사람들이 세상사는 지혜를 터득하려는 것도 일차적으로는 성공하기 위해서다. 허나 성공은 누구에게도 쉽사리 자신의 모습을 좀처럼 드러내지 않는다. 그만큼 인간의 지혜는 불완전한 것이기 때문이다. 지혜롭다고 하는 것은 단지 성공 가능성을 높일 수 있는 것이지 성공을 보장하지는 않는다. 단지 누가 살아가는 동안 실패를 적게 하여 피해를 최소화하고 성공 가능성을 높이느냐가 관건이다.
　세상은 경쟁 상태다. 아무리 자신이 노력을 해도 경쟁에서 밀려 실패할 가능성은 언제나 있다. 세상에는 영원한 승자는 없다. 예측 불가능한 변수도 많고 내 주변에는 나보다 뛰어난 사람들이 항상 맴돌고 있다. 그래서 아무리 노력을 열심히 해도 그 노력이 한순간에 수포로 돌아갈 수 있는 가능성이 항상 열려 있다. 단지 누가 끝까지 잘 버티느냐가 승부의 관건이다.

성공은 실패와 좌절이라는 역경을 딛고 일어나야 비로소 얻을 수 있는 쓰디쓴 열매이다. 노력하지 않는 성공이란 잠시 스치고 지나가는 행운에 불과하다. 행복과 행운은 분명 다르다. 우리는 노력하여 얻는 것은 행복이라 하고, 노력하지 않고 얻는 것은 행운이라 한다. 허나 행운조차도 대개 가만히 있는 자에게 오는 것이 아니다. 행운도 노력하는 자의 몫이다. 행운은 바로 곁에 있어도 노력하지 않는 자에게는 스쳐지나갈 뿐 노력하는 자만이 잡을 수 있다. 그래서 대다수의 성공한 사람들은 보통의 사람들보다 더 많은 실패와 좌절을 경험한 사람들이다.

영웅으로 추앙받는 조조라 해도 결코 예외는 아니다. 조조도 처음에 실패의 쓴 맛을 처절하게 본다. 전쟁 중에 충성스런 장수도 잃어보고 친자식마저 잃는다. 죽을 고비도 몇 차례 넘긴다. 조조의 처음 실패는 자신이 직접 출전한 처음 싸움에서 여포에게 굴욕적인 패배에서 출발한다. 동탁을 모시고 달아나는 여포의 함정에 빠져 부하장수의 도움으로 겨우 자신의 목숨을 구하고 자신이 이끈 군사들 대부분을 잃고 만다. 그러면서 큰 깨달음을 얻는다. 조급함과 장수의 잘못된 판단이 얼마나 위험한가를 깨달은 것이다. 고마운 실패다. 조조는 그 실패를 통해 다시는 이런 잘못된 행동을 하지 않을 것이라고 하늘에 맹세한다. 그의 고마운 실패를 음미하기 전에 먼저 유비 삼형제의 개가를 먼저 보자. 그래야 조조가 왜 실패했는지를 알 수 있다.

화웅과의 싸움에서 관우가 위용을 떨치더니 장비가 마침내 당대의 제1의 무인 여포와 싸움을 하게 되었다. 전국의 제후들과 군사들이 지켜보는 가운데 장비는 여포와 일대일

대적할 기회가 찾아왔다.

싸움이 시작되었지만 여포를 대적할 자는 없었다. 그가 이르는 곳에는 전국의 용감한 장수들도 겁부터 먹고 달아났고, 여덟 주의 태수도 말머리를 돌려 줄행랑을 치기에 바빴다.

원소는 이것에 대해 전혀 속수무책이라 조조를 붙들고 한탄만 하였고, 여포가 원소의 군막 근처에까지 들르자 원소는 재빠르게 장병들 틈으로 몸을 숨기고 말았을 정도다.

여포의 적토마는 질풍과 같이 이리 뛰고 저리 뛰며 진지의 한 쪽을 돌파하자 또다시 다음 진지로 말머리를 돌렸다. 그리고 마침내 유비 현덕이 종군하고 있는 공손찬의 진지로 찾아와 공손찬을 위협하였다. 공손찬은 이를 갈며 칼을 휘두르며 나아가 싸우려 했으나 단 1합에 간담이 서늘해져 공손찬이 말머리를 돌려 달아나기 시작하였고 여포가 천리를 달린다는 적토마의 발굽에서 먼지를 날리며 추격하려 하였다.

그러자 옆에서 난데없이 우뢰같이 소리치며 일장 8척이나 되는 무쇠창을 휘두르며 여포에게 덤벼드는 사나이가 있었다. 장비였다. 처음에 여포는 장비를 자못 늠름한 기세의 장수로 보았으나 말안장이 빈약하기 짝이 없어 장비를 일개 궁수로 밖에 보지 않았다. 장비가 궁수로 밖에 보이지 않아 무시하려 했으나 장비의 무쇠창이 옆으로 적토마의 갈기털을 스치고 지나가자 여포는 그제야 눈을 부릅뜨며 방천화극을 휘둘렀다. 그런데 장비가 의외로 강적이라, 여포는 정신을 바짝 차렸다. 장비 또한 있는 힘을 다하여 여포와 대적하였다.

그러나 여포는 이름난 영웅호걸이었고 쉽사리 굴복할 리 없었다. 두 영웅은 실로 불꽃이 튀도록 싸웠다. 장팔사모와 방천화극은 일진일퇴를 거듭하며 온갖 비술을 휘두르며 싸웠다.

서로 싸움을 하면서도 장비와 여포는 서로의 실력에 속으로 탄성을 지르며 놀라는 것이었다. 너무도 눈부신 싸움이라 두 편의 장병들은 감탄하여 잠시 싸움을 멈추고 정신없이 바라보고 있었는데, 여포의 기세는 싸우면 싸울수록 더욱더 거세지는데 반해 장비의 장팔사모는 약간 힘이 부치는 기미가 보이기 시작하였다.

그것을 멀리서 앉아 바라보고만 있던 조조와 원소를 비롯해서 18국 제후들도 내심 불안해서 안색이 흐려지려고 할 때 바람과 같이 말을 몰아 내닫는 두 사람의 장수가 있었다.

한 사람은 관우였고 또 한 사람은 유비였다. 유비는 좌우 양손에 쌍고검을 들어 겨누고 관우는 또한 80근의 청룡언월도를 비껴들고, 이렇게 3형제가 여포 한 사람을 에워싸고 협공하였다.

양군의 장병들은 모두 싸울 생각을 잊고 술에 취한 듯 멀리 그 모습을 바라보고 있었다. 그러는 와중에 여포의 일격이 하마터면 유비의 얼굴을 내리치는 순간에, 우렁찬 기압 소리와 함께 쌍룡이 물을 차고 여의주 하나를 놓고 다투듯 장비, 관우 두 사람이 여포의 말을 협공하고 달려들었다. 그렇게 협공을 하는 사이 여포의 안장과 관우의 안장이 맞부딪칠 뻔하였다.

여포는 적토마가 놀라 앞발을 들고 곤두서자 도저히 당해낼 수 없었던 모양이었는지 여포는 말머리를 돌려 쏜살같이 자기 진지를 향해 달아났다.

유비, 관우, 장비는 끝장을 내려고 나란히 추격하자, 여포가 달아나며 활을 쏘았다. 삼형제가 놀라 주춤하는 사이 여포는 눈 깜짝할 사이에 호뢰관 안으로 달아났다.

여포가 달아나자 이쪽 군사들의 사기가 갑자기 충천해졌다. 제후들은 각기 군사들에게 호령을 내리고 함성이 크게 터졌다. 적의 군마는 여포의 뒤를 따라 호뢰관으로 달아나는데 그 태반은 채 관문에 들어가기도 전에 일부는 죽고 일부는 흩어지고 말았다.

관우, 장비는 관문 바로 문턱에까지 가서 문을 부수려 하였으나 천하에 이름난 철벽이라 어떻게 할 도리가 없었다.

18국 제후들 모두는 유비, 관우, 장비 세 사람을 청해서 크게 그 공을 치하하였다. 그리고 한편 원소에게 사람을 보내 첩서를 보였다. 그러자 원소는 곧 손견에게 격문을 보내어 급히 동탁을 치라고 명하였다.

유비 3형제는 천하무적 여포를 맞이하여 그들의 단합된 힘을 유감없이 발휘하였다. 그들은 마침내 무명의 설움을 딛고 일단 중원의 무대에 그 이름을 떨치게 되었다.

우리는 여기에서 무엇을 배울 수 있을까? 아무리 힘들고 어려워도 일단 참고 인내해야 된다는 것을 배울 수 있다. 그들은 의병생활의 서러움과 칙사의 횡포로 도망자 신세가 되면서도 그것을 감내하였다. 만일 그것을 참지 못하고 뛰쳐나갔다면 이런 기회가 다시는 올 수 없었을 것이다. 모든 영광은 거저 오는 것이 아니라 역경을 딛고 일어설 때 찾아오는 것이다. 행복조차 불행을 감내하지 않으면 찾아오지 않는다. 어려울 때일수록 흩어지지 말고 서로 단합하여 역경을 이겨내야 비로소 승리의 기쁨을 맛볼 수 있다. 힘은 뭉치면 뭉칠수록 배가 되어 강해지지만 흩어지면 곱절로 약해지기 마련이다. 유비 3형제는 어려우면 어려울수록 그들은 서로를 의지하며 어려움을 헤치며 오늘에 도달한 것이다. 그러므로 높은 곳에 도달하려고 하는 사람은 가장 큰 고통을 참아낼 수 있어야 하는 것이다.

허나 동탁을 치려는 제후들은 유비 3형제처럼 단합하지 못하였다. 이해관계가 달라 서로 딴 마음을 품고 있었다. 그들은 모래알 같았다. 그들은 자신들의 실속만 챙기려 하였다. 조조가 실패한 것도 바로 제후들이 같이 하지 않고 서로 딴 마음을 품고 있었기 때문이다. 조조는 기회가 왔는데도 눈앞의 이익에 눈이 멀어 망설이는 제후들을 보면서 홀로 동탁을 제거하려고 한다. 그러나 그 결과는 참으로 혹독하였다.

조조를 비롯한 제후들은 유비 삼형제의 승리를 보면서 본진에 모여 기쁨을 감추지 못했으나, 동탁은 연일 패전하여 위기의식을 느끼고 있었다. 이유에게 그 대책을 물었을 때 이유는 여포까지 져 군사들이 전의를 잃어 싸우려 하지 않으니 낙양을 버리고 즉시 장안으로 도읍을 옮기도록 하라고 하였다. 동탁은 이유의 뜻을 받아들여 즉시 시행해 옮겼다.

동탁은 곧바로 시중에 군사 5천을 풀어 천도에 필요한 자금을 부과한다하여 낙양의 웬만한 부자들을 닥치는 대로 습격하게 하였다. 그리고 금은보화를 산더미같이 모아서는 계속 장안으로 실어 날렸다. 낙양은 그야말로 무정부 상태가 되고 말았다.

발령을 내린 이튿날. 이각과 곽사가 앞서서 낙양 성 안의 수백만 백성을 강제로 몰아 장안을 향하여 떠났다. 흡사 이들을 이끄는 짐승과도 같은 군사들은 손에 칼을 빼들고 그것을 마치 채찍처럼 휘두르고 있었다.

"빨리빨리 걸어라. 꾀를 부리는 자는 모가지를 붙여 두지 않을 것이니 알아서들 해라."
"병이 나서 못 걷는 자는 버리고 가거라."

마치 짐승이 짐승의 떼를 모는 것 같은데 무엇보다도 처참하게 하는 것은 대낮에 남의 집 남편을 죽이고 그의 아내를 강간하고 일일이 세간을 뒤져 쓸만한 것은 불문곡직하고 약탈하는 만행이었다. 유민들의 통곡하는 소리가 산천초목에 울려 퍼졌다.

같은 날, 동탁은 거두어들인 재물을 80대가 넘는 수레에 싣고 낙양을 떠났다. 동탁이 낙양을 떠남과 동시에 관아를 비롯해서 전 시가에 불을 놓으니 낙양은 불바다로 변하였다. 이것은 아직도 낙양에 애착을 갖고 떠나지 못하는 무리들을 몰아내려는 방법도 되었고, 또 하나는 장차 성 안에 쳐들어올 원소와 조조들의 북상군에 대한 초토화 전술의 의미이기도 하였다.

먼저 궁문에서부터 불길이 솟아올랐다. 찬란한 자금전이며 유리로 만든 기둥이며 88문의 금벽을 비롯해서 원앙지의 다리며 그 외에 후궁이며 동궁과 종묘들의 큼직큼직한 건물이 열풍 속에서 잿더미로 변해갔다. 동탁의 행렬을 따라 화염 속을 황제며 황비, 황족들의 어가가 가는데 그 일대에는 곡소리가 진동하였다.

여포는 동탁의 은밀한 명령을 받고 1만여 명의 백성과 인부를 동원하고 수천의 군사를 풀어서 대대로 내려온 선황과 그 후비의 능들을 파헤쳤다. 그것을 보고 군사들은 기세를 얻어 황비와 황족이나 대신의 무덤은 고사하고 사가의 무덤까지 파헤치니 그 속에서 나오는 금은보화와 비단이 수천 마차를 채우고도 남았다. 낙양은 불바다였다.

거기에서는 낙양의 불바다를 가까이서 바라볼 수 있었다. 아득한 30여 리 사이에 땅을 덮은 것은 오직 검은 연기뿐이고 하늘을 그을리는 것은 시커먼 불기둥이었다. 슬픈 일이었다. 이것이 하늘 아래 으뜸가는 낙양성의 마지막 모습이었다.

순간 그 처참한 광경을 걸음을 멈추고 바라보다가 18국 제후들은 서로 앞 다투어 낙양성으로 물결처럼 밀고 들어갔다.

제후들은 불탄 잿더미 위에 각기 자리를 잡아 군사들을 주둔시키고 폐허가 된 낙양의 모습을 멍하니 바라만 보고 있었다.

그러자 조조는 즉시 원소를 찾아보고 말하였다.

"아무런 명령도 없는데, 이 기회를 놓치지 말고 동탁을 추격하는 것이 옳지 않겠소이까? 무작정 한가로이 불탄 자리에 앉아 있어 봐야 아무 소용도 없을 것 같습니다."

"아니오. 오랜 싸움에 군마도 모두 지쳤고 이미 낙양을 얻었으니 지금 당장 움직이는 것은 좋지 않을 것으로 생각하오. 잠시 휴식을 취하도록 합시다."

"허허! 답답합니다. 잿더미를 얻은 것이 무슨 자랑거리라도 됩니까? 승세를 탄 이 때가 아니면 다시 기회가 오지 않소. 머무는 동안에 군사들의 사기만 해이해질 뿐이니 이 번 기회에 추격하는 것이 좋을 것입니다."

그러나 원소는 조조의 제안에 외면을 하고 듣지 않았다. 조조는 원소하고는 말해보아야 아무 소용이 없다는 것을 깨닫고 다시 제후들을 돌아보고 말하였다.

"역적 동탁이 종실을 불사르고 천자를 겁박해서 장안으로 모셔가고 있으니 이제 천하가 어떻게 될 지도 모르고 인심도 완전 떠났습니다. 이것은 마치 하늘이 동탁을 치시려는 것과 같습니다. 이때 동탁과 한번 싸워 천하를 바로잡아야 할 터인데 공들은 어째서 나가려 하지 않습니까?"

그러나 모든 제후들 역시 지금은 움직일 때가 아니라고 듣지 않았다.

조조는 분통이 터져 자리를 박차고 일어나 자신의 진에 돌아가서 큰 소리로 호령하였다.

"진군해라. 동탁을 쫓아 장안으로 쳐들어가라."

그의 수하에는 하후연, 조인, 조홍 등의 장수들을 비롯해서 정예군 1만여 명이 있었고, 그 군사를 이끌고 동탁을 추격하였다.

한편 천자의 어가를 비롯해서 많은 거마가 도중의 험한 길에서 갖은 고생을 하며 겨우 형양까지 왔다. 그 곳에서 좀 숨을 돌리려 하는데, 조조의 군사가 쫓아온다는 정보를 듣고 천자를 모시고 있는 나인들은 안색이 창백해서 또다시 곡성을 터뜨렸다.

이 때 이유가 옆에 있다가 한 가지 계책을 말하였다.

"승상은 놀라실 것이 없습니다. 이곳은 이름난 험한 곳이라 여기에 복병을 주둔시켜 불시에 공격한다면 도리어 조조를 사로잡을 수 있을 겁니다."

동탁은 이유의 말을 듣고 적이 안심이 되어 미소를 머금었다.

이 무렵 조조는 1만여 정병을 거느리고 질풍과 같이 뒤쫓았다. 지리도 어두운데다가 또한 험준한 계곡이라 이런 곳에서 적의 복병이라도 숨겨놓으면 큰일일 것이 분명한데 조조는 미처 거기까지 생각하지 못 하였다. 조조는 앞뒤 생각 없이 군사를 몰아 쫓기에만 정신이 팔렸다.

그러나 조조는 사슴을 쫓기에 급급해서 발밑의 함정은 미처 보지 못하고 말았다.

별안간 사방 골짜기와 산마루에서 함성이 터졌다. 그제야 정신이 번쩍 들어 앞뒤를 돌아보니 이미 때는 늦었다. 조조와 그 군사 1만여 명은 독 안에 든 쥐 신세가 되고 말았다. 살 길을 찾아 산비탈을 기어 올라가면 생각지 않은 곳에서 큰 돌과 바위 덩어리가 우박처럼 쏟아져 내려와 길을 메웠다. 골짜기의 흐름을 따라 달아나려면 건너편 숲 속에서 화살이 비 오듯이 날아왔다. 조조의 군사는 우박에 낙엽 떨어지듯 변변히 싸워 보지도 못하고 거의 전멸하였다. 조조는 자기 눈앞에서 자기 수하의 장병들이 수없이 죽어가는 것을 보며 죽기를 작정하고 싸웠다.

이 때 건너편 골짜기에서 여포가 유유히 말위에 높이 앉아 그를 불러 소리쳤다.

"허허허. 조조가 여기서 대단히 욕을 보고 있구나. 배은망덕한 데 대한 천벌이니 그런 줄 알고 달게 받아라."

여포는 졸병들에게 포위를 당해 있는 힘을 다하여 싸우고 있는 조조를 바라보며 조롱하는 것이었다.

조조는 그를 보자,

"너 여포로구나! 너 잘 만났다."

하면서 앞을 막는 졸병들을 물리치고 여포를 향해 달려가려 하는데 이각이라는 자가 난데없이 옆 수풀 속에서 군마를 이끌고 뛰어나왔다.

"조조를 사로잡아라."

일제히 소리치며 조조 한 사람을 목표로 달려 왔다. 사방팔방에서 날아오는 것은 화살이었고 전후좌우에서 들이치는 것은 칼과 창이었다.

이 때 조조는 자기가 오도가도 할 수 없는 처지라는 것을 깨달았다.

'아아, 내가 여기서 죽나 보구나.'

조조는 마지막 하늘을 쳐다보았다. 그러자 이 때 한편의 길을 열고 조조의 수장 하후연이 주군을 찾아 달려왔다. 그리고 이각을 물리치고 활로를 뚫어 조조를 구해냈다.

그리고 얼마 뒤 조인과 이전이 약간의 군사를 수습해 조조가 있는 곳에 합류하였다. 그러나 군사의 숫자는 5백에 지나지 않았다. 실로 처참한 패배였다.

'내 조급함으로 인해 죄 없는 군사들만 잃고 말았구나. 장수의 잘못된 판단이 이렇게 무서운 결과를 가져오는구나. 앞으로 이런 실수는 두 번 다시 하지 않겠다.'

조조는 이런 후회를 하면서 멍청한 제후들과 합류하기를 거부하고 일단 하내군으로 피신하여 후일을 도모하려고 하였다.

실패 없이 성공할 수 없다

낙양을 버리고 장안으로 도망가는 동탁을 치려는 조조의 판단력은 확실히 좋았다고 생각한다. 이미 불 타버린 낙양에 있는 것은 아무런 의미가 없기 때문이다. 허나 전략을 짜지 않고 무작정 동탁을 공격하려 한 것은 장수로서 조조의 큰 실수라고 생각한다. 조조는 싸움 경험이 없어 실패한 것으로 보인다. 무슨 일이든 서두르면 안 되는 데 전쟁 경험 없는 조조는 아무런 대책 없이 쫓다가 군사 대부분을 잃는 치욕을 당했다. 그래서 괴테는 "성급함은 그 10배의 성급함에 의해 벌 받게 된다."라고 말했다.

허나 조조는 불행 중 다행으로 실패했음에도 불구하고 큰 깨달음을 얻었다. 그만큼 조조는 현명하다는 증거다. 보통 사람들은 실패하면 하늘을 원망하지만 조조는 자신의 잘못을 인정하여 패배를 통해 다시 새롭게 태어나게 되었다. 태어나서 실로 처참한 패배를 하였지만, 조조는 '신중하지 못하면 전쟁에서 살아남을 수 없다.'는 인생의 큰 깨달음을 얻은 것이다. 조조에게 전쟁이 가혹하지만 위대한 스승이 된 것이다.

조조는 이런 깨달음을 바탕으로 "나는 똑같은 방법으로 두 번 다시 지지 않는다."라고 호언장담하였다. 그는 패배했을 때 누구를 탓하지 않고 패배한 원인을 철저히 분석하여 그것을 교훈으로 삼아 결코 같은 실수를 두 번 다시 하지 않았다. 그리고 그는 손자의 가르침에 따라 '승산 없는 싸움'을 하지 않아 실패를 최소화하였다. 그만큼 조조는 현명하였다. 어리석은 사람들은 실패를 반성하지 않고 똑같은 실수를 반복하지만 조조처럼 현명한 사람은 실패를 성공의 디딤돌로 삼는 것이다.

이처럼 실패는 우리에게 삶의 교훈과 지혜를 주기는 하지만 큰 대가를 지불하기도 한다. 자칫 실패로 인해 자신에게 치명적인 타격을 줄 수 있다. 심한 경우에는 실패 하나 때문에 모든 것을 날리고 자존심에 큰 상처를 입어 그대로 주저앉을 수도 있다. 자신의 모든 것을 바친 사업이 실패하여 자살하거나 길거리로 내몰리는 사람이 적지 않을 뿐만 아니라, 이런 실패 때문에 생긴 열등감에 사로잡혀 삶의 희망을 잃고 좌절하는 경우가 많다.

특히 실패가 크면 클수록 자신감과 용기를 잃어버릴 공산이 크다. 자신감과 용기를 잃는 것은 세상을 잃는 것과 같다. 자신감과 용기만 있으면 돈이나 권력이나 명예는 언제나 회복될 수 있지만 자신감과 용기를 잃으면 어느 것 하나 건질 수 있는 것이 없다. 그래서 자신감을 잃으면 오로지 열등감, 좌절과 절망, 그리고 불행이 기다리고 있을 뿐이다.

그렇지만 실패가 무서워 새로운 일을 추진하지 않는다면 발전과 성공이란 있을 수 없다. 성공을 위해서는 많은 시행착오와 실패가 불가피하다. 인생 자체가 가보지 않은 생소한 길이기에 아무리 똑똑한 사람이라도 한 번의 실수는 범할 수밖에 없다. 어찌 보면 인생살이에서 실패는 당연한 것이다. 세상은 끊임없이 변하고 인간 지식 자체가 완전하지 못하기 때문이다. 단지 사소한 실패는 눈감아 주기 때문에 잘 드러나지 않을 뿐이다. 더욱이 누구도 가본 적이 없는 새로운 길을 갈 때에는 우리는 실패를 할 수밖에 없다. 그래서 억만장자 빌게이츠는 "실패를 두려워하는 사람은 성공할 수 없다."고 잘라 말하였다.

그럼 왜 실패가 성공의 열쇠가 되는 걸까? 조조처럼 실패를 거울삼아 성공에 좀 더 접근할 수 있기 때문이다. 실패를 거듭하면 할수록 그것을 거울삼아 성공 확률이 높아지고 반대로 실패할 확률이 낮아지는 것이다. 그래서 실패는 성공의 어머니이고 성공은 고통의 대가로 얻어지는 것이다. 조조가 처음의 실패를 맛 본 뒤에 연전연승을 한 것도 바로 이런 고마운 실패 덕분이었다.

이처럼 실패를 함으로써 세상의 지도가 완성되는 것이다. 에디슨의 일화는 이걸 아주 잘 보여준다. 에디슨은 1,100여 건의 크고 작은 발명을 한 명실상부한 역대 세계 최고의 발명왕이지만 그는 실패를 거울삼아 지도를 완성한 사람이다. 그는 백열전구를 발명하는데 2,000번 이상 실험하였고, 건전지의 발명은 1만 번 이상 실험을 하여 성공하였다. 그러나 주위 사람들은 에디슨이 실패하면서도 끝까지 포기하지 않는 것을 보고 에디슨에게 왜 그렇게 실패하면서도 포기하지 않느냐고 물었다. 그 때 에디슨은 단호하게 "나는 결코 실패한 것이 아니다. 1만 번의 실험을 했어도 그 방법들이 적당하지 않다는 것을 깨달았을 뿐이다."라고 말했다.

우리는 에디슨을 통해 무엇을 배울 수 있는가? 에디슨은 실패를 결코 실패로 생각하지 않았다. 그는 실패를 통해 자신의 잘못을 인정하고 거기에 맞는 새로운 방법을 찾아 끝없이 노력했다. 에디슨에 있어 실패란 성공으로 가는 하나의 과정에 지나지 않았다. 그가 "천재란 1%의 영감과 99%의 노력의 산물이다."라고 한 것도 실패를 무릅쓰고 끊임없이 노력하지 않으면 성공이 보장되지 않는다는 것을 암시한다. 실패를 무릅쓰고 노력하는 자만이 최후의 승리자가 될 수 있다는 것이다. 그러므로 우리는 실패를 했다고 하더라도 아주 특별한 경우가 아니라면 실패를 거울삼아 하던 일을 계속해야지 전혀 다른 일을 해서는 안 된다. 실패하였다고 하던 일을 그만두면 또 다시 실패를 거듭하기 때문에 다시는 일어나기 힘든 재기불능의 상태에 빠지게 된다. 그래서 고대 역사학자 플로타르코스는 "인간인 이상 실수하지 않기란 불가능하지만 오직 현명한 사람만이 실수를 통해 지혜를 배운다."고 하였다.

항상 실패할 때를 대비하라

실패에는 반드시 조짐이 있다. 실패로 결론이 날 때까지 불길한 일이 계속해서 터지는 것이다. 나폴레옹과 히틀러가 왜 실패했는가? 나폴레옹이 러시아를 침공했을 때 군사들 중에는 나폴레옹을 '전쟁광'이라며 대놓고 비난하였고, 히틀러의 경우 독일 장교들이 전쟁에 반대해 히틀러를 암살하려는 사건이 일어나기도 했다. 이런 일련의 불길한 조짐들은 실패에 앞서 나오는 실패의 전조들이다. 그래서 우리는 뭔가 좋지 않은 일이 자꾸 발생하면 자신의 생각에 문제가 있음을 직감하고 자신을 뒤돌아보고 너무 늦지 않도록 새로운 돌파구를 마련해야 한다. 그렇지 않고 끝까지 버티다 보면 다시는 일어설 수 없는 재기불능의 실패로 이어질 수 있음을 알아야 한다.

우리는 성공을 바라지만 항상 성공하는 것이 아니다. 오히려 실패할 가능성이 크다. 그래서 우리는 안 될 때를 반드시 생각해야 한다. 물론 긍정적으로 생각하는 것도 좋지만 모든 것이 수포로 돌아갈 수 있다는 사실을 늘 염두에 두어야 한다. 그래야 극한으로 몰고 가기 전에 여지를 남겨 만회할 기회를 가질 수 있다. 긍정하면서도 장밋빛 청사진에 빠져 너무 앞만 보고 달려가지 말라는 것이다.

세상은 언제나 자신의 뜻대로 움직이지 않는다. 운명의 짓궂은 장난은 될 것 같은 일도 불발로 끝나게 한다. 너무 앞서가거나 방법이 잘못될 수 있으며 정성이 모자랄 수 있기 때문이다. 하지만 우리의 상상력은 장밋빛 청사진을 펴 보이며 그것을 무시하고 앞서 나아가고자 한다. 확신이 지나쳐 모든 일이 잘될 것이라고 속단하고 안 될 것이라는 배수진을 전혀 치지 않고 영끌족과 같이 모든 것을 걸고 큰 모험을 나서지만, 세상은 우리에게 항상 호락호락하지 않다. 실패를 염두에 두지 않은 상태에서 운명이 뒤틀리는 날에는 재기 불능의 상태를 가져 온다.

더 나아가 안 될 때를 대비해 미리 대책을 세워 놓아야 한다. 토끼가 맹수의 습격을 받을 때를 대비해 굴 세 개를 파 놓은 것처럼, 우리 역시 좋지 않은 결과를 대비해 만반의 준비를 해야 한다. 그래야 재기할 수 있는 발판을 마련할 수 있다. '도 아니면 모'란 식으로 한 곳에 몽땅 투자하는 것은 무모한 짓이다. 한 번 잃어버리는 날엔 모든 것이 날아간다. 그래서 그라시안은 "모든 능력과 일을 한꺼번에 소진하지 마라. 나쁜 결과에 빠질 위험이 있을 때 빠져 나갈 수 있는 여분을 남겨두라."고 하였다.

6. 남녀 불평등의 근원 - 초선과 동탁의 최후

21세기 들어서면서 40대 남성은 갈 곳 없는 '사오정(사십오 세가 정년)' 세대라고 불리었다. 지금도 상황은 크게 바뀌지 않았다. 한국 사회를 이끌어가는 중심인 40대 한국 남성이 '사오정'으로 전락한 이유를 어디서 찾아야 할까? 전문가들은 우선 연공서열보다 능력을 우선시하는 사회적 변화와 가정에서의 남성의 권위 실추를 근본 원인으로 꼽고 있다. 사회의 민주화 바람과 능력 위주의 극단적인 자본주의가 40대 남성을 위기로 몰고 간 것이다.

사오정 세대는 한국 사회의 구조적 모순의 산물이다. 남성은 가정을 지키는 가장으로서 가정을 지키겠다는 일념 하나로 아침부터 밤늦게까지 열심히 일에 몰입했지만, 오히려 가정에서는 무관심하다는 이유로 왕따 당하기 시작하였다. 직장에서도 왕따를 당하기는 마찬가지다. 직장에서는 그동안 열심히 충성을 다했지만 이젠 '단물 빠진 퇴물' 또는 '월급 도둑'으로 취급을 받고 있다. 그래서 언제든 직장에서 쫓겨날 신세가 되고 말았다.

　이런 현상은 여성들이 가사노동에서 해방되면서 더욱 가속화되었다. 남성은 가정에서도 더 이상 가장이 아니었다. 게다가 경쟁에서 남성들이 여성에게 밀리면서 남성들의 권위는 끝없이 추락하고 말았다. 남성들의 독무대라는 고등고시 합격자마저 여성들이 남자를 능가하기 시작하였다. 일국의 총리나 대통령도 여성이 차지하는 시대가 되었다. 자유화 바람은 남성들의 권위를 더욱 실추시키며 사오정 세대는 더욱 갈 곳 없는 신세가 되고 말았다. 40대 중년 남성들은 관계 장애를 호소할 정도로 사회적 관계로 인한 소외감과 불안감에 시달리고 있다.

　그런데 아직도 한쪽에서는 우리 사회의 현 사회 구조가 여성을 억압하는 사회구조로 파악하려는 경향이 강하다. 여성 취업자의 대부분이 보잘 것 없고 보수가 적은 직업에 압도적으로 집중되어 있고 좋은 직장은 아직도 남자들이 대부분이 차지하고 있기 때문이다. 여성들은 거의 전망이 없는 마트와 같은 소매업이나 영세업의 비서직과 같은 낮은 수준의 일자리에 종사하는 반면, 힘을 상징하는 군대는 거의 남성들의 독무대이다.

　남녀평등이 보장되고 있는 상황에서도 왜 이렇게 남녀평등이 잘 이루어지지 않는 것일까? 아직도 힘이 세상이 지배하기 때문은 아닐까? 〈삼국지〉에는 거의 여성이 등장하지 않는다. 거의 남자들의 독무대이다. 여성이 등장해도 역사의 흐름을 바꿀 정도로 영향력을 행사하지 못한다. 초선처럼 기껏해야 남성들이 하는 일을 거들어 줄 정도이다. 여성들이 무슨 일을 하는데 적극적으로 나서서 하는 경우는 거의 없다. 여자들의 모습은 거의 남자들 세계의 부속품이나 장식품 역할을 하고 있는 것이다. 그렇다면 이런 여성관은 어디에서 발생했을까? 〈삼국지〉에서의 초선의 역할을 보면서 남녀 간의 불평등에 대해 다시 한 번 생각해 보자.

세상은 온통 동탁의 천하였다. 조조를 물리친 동탁은 더욱 거리낌 없이 세도를 부려 스스로 자기를 나라의 어른이라는 상국이라 칭하고 성을 출입할 때는 천자의 행세를 하고 다녔다. 그리고 장안성에서 백여 리 떨어져 있는 미오라는 곳에 따로 집을 지었는데, 그 규모가 대궐과 똑같고 궁실은 금과 옥으로 지어져 눈이 부셨다.

사도 왕윤은 동탁의 그 행동을 보고 몹시 번뇌가 컸다. 밤이 깊도록 잠을 이루지 못하고 지팡이를 짚고 뒤뜰을 왔다 갔다 하였다. 마침 지새는 달빛이 은은하고 사방은 고요한데 왕윤은 문득 걸음을 멈추고 하늘을 우러러 탄식하며 눈물을 지었다.

이때 어디선가 가늘게 흐느껴 우는 소리가 들려 왔다. 왕윤이 소리를 죽이고 가까이 가 보니 자기 집 기녀 초선이었다. 초선은 왕윤을 보자 더욱 흐느껴 울었다. 초선의 그 타고난 미모는 후원의 부용꽃이며 도화와 이화의 향기가 그를 따르지 못하였다.

어려서 어미의 젖도 떨어지기 전에 강보에 싸여 장거리에 내다 팔린 초선이었다. 왕윤은 그 어린 것을 데려다 기르며 보석을 다루듯 노래와 춤을 가르쳤다. 총명한 초선은 그 은혜를 알아 왕윤을 아버지처럼 따랐고 왕윤은 그를 불쌍히 여겨 자식처럼 사랑하였다. 기녀라 하면 고관의 집에 종노릇을 하며 빈객이 있을 때면 시중을 들면서 가무를 추어 즐겁게 하는 천한 몸이었다. 그러나 왕윤과 초선 사이는 주종의 사이를 떠나 부녀간보다도 애정이 두터웠다. 초선이 흐느껴 우는 모양을 측은히 여긴 듯 한참을 가만히 보고 있다가 왕윤은 입을 열어,

"네 무슨 사정이 있어서 이렇게 야심한 이 밤에 홀로 나와 슬퍼하는 거냐? 숨기지 말고 그 심정을 말해보아라."

하고 초선의 등을 두드리며 달래듯 물었다.

초선이 조용한 목소리로 입을 열었다.

"저는 일찍부터 대인의 은혜를 입어 이 몸이 보살핌을 받았을 뿐만 아니라 노래와 춤이며 예의범절까지 크신 가르침을 받았습니다. 낳은 이도 부모지만 기르신 이 또한 부모란 말이 있으나, 제가 대인께로부터 입은 은혜는 무엇으로 갚을 수 있겠습니까? 뼈와 살이 부서져 가루가 된다 한들 그 은혜의 만에 하나라도 갚을 수 있겠습니까? 그런데 요즈음 뵙기에 대인의 미간에 늘 근심스런 기색이 떠나지 않고 있으니 반드시 나라에 큰 일이 있는 것으로 여겨집니다. 거기에다가 오늘밤은 잠자리에조차 들지 않으시고 이토록 밤이슬을 맞으시며 시름에 잠겨 뒤뜰을 거니시니 이 천한 것이 어찌 편히 잠자리에 들 수 있겠습니까? 그래서 먼 거리에서 대인을 살피다가 스스로 감회를 억제하지 못해 한숨과 탄식을 토한 것이 그만 대인께 들린 것 같사옵니다. 그것이 대인의 심기를 건드렸다면 엎드려 용서를 빌 뿐이오나, 먼저 감히 물어보고자 합니다. 혹 대인의 근심을 더는 데 저 같은 것은 쓸모가 없는지요? 일만 번 죽더라도 대인께 도움이 되는 일이라면 기꺼이 이 천한 몸을 던지고자 합니다."

듣고 보니 뜻밖의 말이었다. 그때껏 초선을 한 어린 계집으로만 보고 있던 왕윤은 자기 귀를 의심하며 다시 한 번 초선을 살폈다. 꼿꼿하고 흔들림 없는 자태, 수심 못지않게 차가운 결의가 어린 아미와 눈물이 반짝이는 눈길로 미루어 아무 생각 없이 둘러대는 말은

결코 아니었다.

그러자 초선의 아름다움이 전보다 한층 눈부시게 왕윤의 눈에 들어왔다. 그 아름다움을 새삼스레 느끼는 순간 문득 무슨 계시처럼 왕윤의 머리에 떠오르는 생각이 있었다.

"대한의 천하가 너의 손에 달리게 될 줄 누가 생각이나 했겠느냐!"

왕윤의 눈앞에는 호색한 동탁의 모습과 아울러 아직 동탁보다는 여자에 대해 순진하지만, 한번 눈을 뜨면 앞뒤를 못 가리는 건장하고 단순한 여포의 모습이 어른거렸다.

초선이 놀라 황급하게 방바닥에 몸을 엎드리며 물었다.

"대인께서 어찌하여 이 천한 것을 이렇게 놀라게 하시옵니까?"

"너는 무릇 한 나라의 백성들을 불쌍히 여기다오."

그렇게 말하는 왕윤의 두 눈에서는 눈물이 샘솟듯 흐르고 있었다.

"이미 말씀드린 바 있습니다. 저 같은 것이 쓰일 데가 있다면 다만 영만 내려 주옵소서. 만번 죽는다 해도 마다하지 않겠습니다."

초선이 다시 한번 굳은 결의를 보였다. 그러자 왕윤은 무릎을 꿇은 채로 말을 이었다.

"역적 동탁은 장차 천자의 자리까지 넘보고 있으나 조정에 있는 문무의 여러 벼슬아치들로써는 어찌해 볼 도리가 없다. 동탁의 주위에서 그 악을 돕는 무리들 때문인데, 그중에서도 특히 두려운 것은 동탁의 양아들 여포란 자다. 그 날래고 굳세기가 놀라워 힘으로는 아무도 여포를 꺾을 수 없다. 그런데 오늘밤 네 말을 듣다 보니 문득 좋은 생각이 떠올랐다. 이른바 첩자를 쓰는 연환계다. 동탁과 여포가 한 놈은 드러내 놓고 하고 또 한 놈은 드러내지 않은 차이는 있으나, 알고 보면 둘 다 호색한들이다. 네 아리따움이면 능히 그들을 도모할 수 있을 것이다. 먼저 너를 여포에게 시집보낸 뒤 다시 동탁에게 바치고 너는 또 그 가운데에서 적당히 그들 부자를 반목하도록 하여라. 그런 다음 여포를 시켜 동탁을 죽인다면 그것이 바로 큰 악을 잘라 없애고 나라를 다시 일으키는 길이 될 것이다. 네 고운 얼굴을 호랑이 같은 그들 부자에게 내던지는 것은 괴로운 일이나, 또한 천하를 위해 큰 공을 이루는 일인즉 어때 한 번 해보겠느냐?"

그런 왕윤의 말은 간곡하였다. 초선이 그의 말에 선뜻 대답하였다.

"저는 이미 대인을 위해 만 번 죽어도 마다하지 않겠다고 아뢰지 않았습니까? 빨리 저를 그들에게 보내 주옵소서."

왕윤은 먼저 여포를 집으로 초청하여 초선을 선보였다. 원래 아름다운 데다 보석과 비단 옷을 입으니 초선의 모습은 정말 눈이 부셨다. 여포는 초선을 보자마자 완전히 넋을 잃고 말았다. 그것을 알아 챈 왕윤은 넌지시 여포에게 초선을 받아주기를 바랐다. 그러자 여포는 그렇게만 된다면 왕윤에게 충성을 다할 것을 맹세하였다.

"만약 그렇게만 해주신다면, 저는 왕 사도에게 개처럼 충성을 할 것입니다."

초선을 이용해 여포의 마음을 사로잡은 왕윤은 다시 동탁을 집으로 초대하였다. 먼저 술자리를 끝내고 왕윤은 좀더 은밀한 분위기를 연출하는 술자리를 다시 마련하였다. 그런 다음 초선을 불러 춤을 추게 하였다.

초선의 춤추는 모습을 본 동탁은 그만 혼이 빠지고 말았다. 왕윤은 동탁의 그런 모습을 보고 동탁에게 초선을 바쳤다. 그러자 동탁은 너무나 기쁜 나머지 서둘러 초선을 데리고 승상부로 돌아갔다. 왕윤은 직접 말을 타고 동탁의 마차를 승상부까지 배웅하였다.

왕윤이 동탁과 작별하고 집으로 돌아오고 있었다. 그런데 붉은 등불을 앞세우고 길을 막는 사람이 있었다. 여포였다. 여포는 왕윤의 멱살을 잡고 다짜고짜 그럴 수 있냐고 따졌지만, 왕윤은 여포에게 동탁이 초선을 강제로 빼앗아갔다고 시치미를 뚝 떼였다.

초선은 이것을 증명이라도 하듯 동탁 곁에 있으면서도 여포에게 불행한 것처럼 눈물을 보이면서 사랑하는 사람은 오로지 여포뿐이라고 하며 둘 사이를 이간질시켰다.

한 번은 동탁이 헌제와 이야기한다는 소리를 듣고 그 틈을 노리고 여포가 초선을 찾아왔을 때 초선은 여포를 끌어안으며 여포에게 이곳에서 빨리 구해 달라고 눈물로 하소연까지 하였다.

"장군님! 불쌍한 저를 하루라도 빨리 이 곳에서 구해 주세요."

그러면서도 한편으론 초선은 동탁에게 지극 정성을 다하였다. 뜻을 이루기 위해서는 동탁의 신임을 얻어야 하기 때문이었다. 동탁이 초선의 문제 때문에 자신과 여포 사이가 벌어진 것을 알고 동탁이 초선을 여포에게 주려하였다.

그러나 초선은 동탁에게 여포와 같은 짐승 같은 인간과는 살 수 없다고 눈물로 하소연하였다. 초선이 사랑의 눈물을 흘리면 흘릴수록 동탁은 초선이 사랑스러워 견딜 수 없었고, 반면에 순진한 여포는 그것을 곧이곧대로 믿고 자신도 모르게 동탁을 없애야겠다는 마음이 싹트기 시작하였다.

그것을 노리고 있던 왕윤이 여포를 불렀다. 여포는 왕윤에게 안내되어 방으로 들어갔으나 술잔이 나와도 침울한 표정으로 분노를 떨치지 못하고 고개를 축 늘어뜨리고 있었다.

"생각 좀 한번 해보시오 여포가 이렇게 분한 생각을 가져 보긴 태어나서 난생 처음입니다."

"암만, 분하시죠. 분하고 말구요. 그러나 내 괴로움도 장군에 조금도 뒤지지 않소."

"공께서도 고민이 있다는 말씀입니까?"

"있는가가 아닙니다. 장군이 초선이를 아내로 맞이해 주셨으면 하는 것이 내 생각이었소 내 양녀는 동 태사에게 더럽혀졌고 귀공에 대해서는 불의를 저지르게 되었습니다. 또 세간에서 장군을 보고 제 아내를 빼앗긴 사람이라 하여 손가락질 당할 것을 생각하니, 내 자신이 욕을 얻어먹는 것보다 더 가슴이 아픕니다. 제발 저의 죄를 용서해 주십시오."

"천만에 말씀입니다. 공의 죄가 아닙니다."

여포는 홀연히 자리에서 벌떡 일어서며 말을 했다.

"왕사도 두고 보시오 난 맹세코 그 늙은 도둑을 죽여서라도 이 치욕을 씻고야 말 테니."

왕윤은 짐짓 놀라는 척하며 말했다.

"장군! 경솔한 말씀일랑 삼가시오 만일 이런 말이 밖으로 새어 나가는 날에는 귀공뿐만 아니라 삼족을 멸할 테니 말이오."

"아니, 이젠 더는 참을 수 없습니다. 대장부로 이제 와서 후회가 되는 것은 늙은 도둑의 감언이설에 속아 동탁을 양아버지로 모시기로 약속을 해버린 일이오. 그것만 아니라면 지금 당장이라도 거사를 하겠는데 의리상 양부라 부르고 있기 때문에 난 이 분통을 참고 견디고 있는 것뿐입니다. 태어나 어찌 불안하게 평생을 늙은 도둑 밑에서 허리를 굽히고 지내야 하겠습니까?"

"나 원 참, 장군은 그 따위 비난을 두려워하고 계셨던가요? 세상에서 전혀 알지도 못하는 일을 가지고 그러시는 것이오? 남들도 다 아는 일이지만 장군의 성은 여씨고 늙은 도적의 성은 동이 아닙니까? 듣자니 봉의 정에서 늙은 도둑은 당신의 창을 빼앗아 던졌다더군요. 부자로서의 정이 없다는 건 그것으로도 알 수 있습니다. 더구나 늙은 도둑이 지금껏 자기의 성을 당신에게 물려주지 않으니 그것은 양부 양자란 이름으로 당신의 무용을 묶어 놓자는 계산 밖에 없기 때문이오."

"정말 그렇구나. 나야 정말 미련하기 짝이 없는 인간이지."

"천만에 말씀이오. 늙은 도둑을 위해 의리에 얽매여 있었기 때문입니다. 지금은 천하가 모두 증오하고 있는 늙은 도둑을 베고 한실을 도와 백성에게 선정을 베푼다면 장군의 이름은 영원히 청사에 충신으로 남을 것이오."

"좋습니다. 난 하겠소이다. 반드시 늙은 도둑의 목을 베어 보이겠습니다."

여포는 칼을 빼어 제 팔을 찔러 검붉은 피를 보이면서 왕윤에게 맹세하였다.

그날 밤 왕윤은 즉시 평소의 동지인 교위 황완과 복사사 손서 두 사람을 불러 자신의 생각을 밝히고 의논하였다.

그러자 손서가 말하였다.

"좋은 방법이 있습니다. 천자께선 전부터 숙환에 계시다가 겨우 요즘에야 나으셨습니다. 이것을 이용하여 어명을 내리고 가짜 칙사를 미오성으로 보냈으면 합니다. 그것이 천자를 위해서 한 것일진대 책망하지는 않으리라 생각합니다."

"그래, 무엇을 전한다는 것인가?"

"짐은 허약하므로 제위를 동 태사에게 양위한다는 가짜 칙사를 보내어 그를 궁으로 불러들이는 거지요. 동탁은 기뻐서 곧 입궐할 겁니다."

"그것은 마치 굶주린 범에게 생고기를 보이는 것과 같군."

"금문에 힘이 센 무사를 많이 잠복시켜 두었다가 그가 타고 입궐하는 수레를 호위한 다음 곧바로 도륙해 버리는 겁니다. 여포에게 그 일을 맡기신다면 만에 하나라도 놓칠 걱정은 없을 것입니다."

"가짜 칙사로는 누굴 보낼까?"

"이숙이 적임일 것입니다. 나와는 동향 사람으로서 성품도 잘 알고 있으므로 대사를 터놓아도 걱정할 것 없습니다. 요사이 이숙은 동탁의 노여움을 사서 관직을 버리고 제 집에 칩거하고 있습니다. 무엇인가 동탁에게는 유감스런 일이 있는 듯 시무룩하게 하루하루를 보내고 있으므로 기꺼이 우리 일을 도울 것이며, 또한 동탁 역시 이전에 돌보아 주던 사이이니 만큼 칙사로 왔다고 하면 반드시 마음을 허락하고 그의 말을 믿을 것입니다."
왕윤은 다음날 밤 여포를 불러 자초지종을 얘기하고 계략을 털어 놓았다. 듣고 있던 여포는 말하였다.
"이숙이라면 나도 잘 알고 있소 예전에 적토마를 우리 진중에 보내오고 나에게 양부 정원을 살해하게 한 것도 그였으니까. 만일 이숙이 싫어한다면 단칼에 베어 버리겠습니다."
심야 왕윤과 여포는 사람의 눈을 피해가면서 손서의 저택을 찾아 식객으로 있는 이숙을 만났다.
이숙은 아닌 밤중에 홍두께 격으로 불쑥 찾아온 그들을 보고 깜짝 놀랐다.
여포는 이숙 곁으로 바싹 다가앉았다. 그리고 왕윤으로 하여금 자세한 설명을 하게 하면서 만일 이숙이 달갑잖은 표정을 보인다면 즉시 쳐 없앨 작정으로 가만히 칼을 쥐고 지켜보고 있었다.
두 사람의 말을 듣고 난 이숙은 손뼉을 치며,
"좋네. 나 역시 그동안 동탁을 치려고 기회를 엿보고 있었는데 좀처럼 심중을 말해 주는 자가 없어서 한탄만 하고 있었네. 이거야말로 하늘이 도와주는 것이네."
하고 기뻐하면서 그 자리에서 맹세를 하고 가담하였다.
다음 날 밤, 밝은 날이면 황제의 높은 위치에 오를 몸이라는 것을 생각하자 동탁은 마음이 들떠 좀처럼 잠을 수가 없었다. 어쩐지 마음이 불안해 자리에 누워서도 밖에 귀를 기울이게 되었다. 멀리 깊어가는 밤거리에서 어린아이들의 노래 소리가 들려왔다.
동탁은 가만히 귀를 기울여 그 소리를 듣고 있자니 어쩐지 불길한 생각이 들어서 이숙을 불러 그 뜻을 물었다. 이숙은 되는 대로 꾸며댔다.
"한 왕조가 운명을 다 하였다는 암시 같습니다. 이제 날이 밝으면 이 나라 임금이 바뀔 터인데 어찌 무심한 어린애들의 노래에도 그 징조가 보이지 않겠습니까?"
"듣고 보니 그럴듯하군."
동탁은 비로소 안심하고 깊은 잠에 빠져 들었다.
그러나 실상 노래에 나타난 뜻은 천리초란 동(董)을 말함이고 열흘의 앞이란 탁(卓)자를 가리키는 것으로 바로 동탁의 운명을 말한 것이었다.
아침의 햇살이 베갯머리를 비치자 동탁은 일어나 목욕재계하였다. 그리고 휘황찬란하게 의관을 차려입고 궁문을 향해 가는데 길가에 푸른 도포를 입은 도사 한 사람이 긴 지팡이를 짚고 나서서 동탁의 수레를 유심히 보다가 길모퉁이를 돌아갔다.
더욱 이상한 것은 지팡이 끝에 헝겊 조각을 매달았는데 그 헝겊조각에다 입구(ㅁ)자 두 개가 나란히 씌어 있었다.
"저것은 뭔가?"
하고 동탁은 이숙을 돌아보며 물었다.
입구 자 둘을 포개면 '여'자가 되고 헝겊은 '포'를 의미함으로 즉 여포를 경계하라는 뜻이 분명하건만 이숙은 대수롭지 않게 말하며 사람을 시켜 그 늙은이를 멀리 쫓아 보냈다.

동탁은 입구 자 둘을 포개면 '여'자가 된다고 생각했다. 문득 여포가 마음에 걸렸다. 봉의정에서 초선과 밀회를 하는 그의 모습이 떠올라 기분이 심란하였다. 그러나 이 때는 이미 의장의 선두가 궁중 북액문을 들어서고 있었다.
　금문 안에는 군마가 서지 못하는 법이라 동탁도 의장대 군사들을 북액문 안에 있게 하고 거기서부터는 20여 명의 무사에게만 수레를 밀게 하여 궁중 안으로 들어갔다.
　"엇, 저것이 무엇인가?"
　하고 동탁이 수레 안에서 소리쳤다.
　그곳을 보니 왕윤과 황완 두 사람이 장검을 빼들고 문 앞 양 옆에 서 있었다.
　그제야 동탁은 궁중 안의 심상치 않은 공기를 눈치 채고 이숙을 향해 소리쳐 물었다.
　"이숙, 저 두 사람이 장검을 빼들고 섰으니 웬일인가?"
　그러자 이숙은 수레 뒤에 있다가 큰 소리로 대답하였다.
　"염라대왕의 뜻을 받들어 오늘 태사를 저승으로 보내 드리려 마중 나와 있는 줄 압니다."
　동탁은 깜짝 놀라 수레에서 몸을 일으키려 하는데 이숙이 갑자기 수레를 앞으로 밀어버렸다.
　왕윤은 큰 소리로 호령을 하였다.
　"미오의 역신 동탁이 들어오시는데 무사들은 무엇들 하고 있느냐? 역적 놈의 목을 베라!"
　요란한 호령과 함께 무수한 칼과 창이 날아들어 동탁의 가슴이며 어깨며 머리를 닥치는 대로 치고 찔렀다. 그런데 원래 조심성이 많은 동탁은 칼날이 미치지 않는 갑옷을 입고 있었기 때문에 약간의 피가 흘렀지만 아직 치명상은 입지 않았다.
　동탁은 수레에서 떨어져 땅바닥에 구르면서 소리를 쳤다.
　"우리 아들 여포는 어디 있느냐? 여포는 어서 나와 이 아비를 구하거라."
　그러자 여포가 수레 뒤에 있다가 그 소리를 듣고,
　"알았다. 여포는 여기 있다."
　하고 소리치며 예의 방천화극을 겨누어 쥔 채 동탁 앞으로 성큼 나섰다.
　그리고 동탁의 얼굴을 내려다보며,
　"역적 동탁을 치라는 조서가 여기 있다. 얏!"
　하고 크게 꾸짖으며 방천화극으로 그의 목을 내리쳤다. 그러나 빗나가 바른편 어깨를 잘라 떨어뜨렸다. 검붉은 피가 안개처럼 피어올랐고 동탁은 피투성이가 되어서 눈을 들어 여포를 노려보며 무슨 말을 하려고 하였다.
　여포는 그의 가슴팍을 움켜쥐고,
　"늙은 도적이 이제야 천벌을 받는구나."
　하고 욕설을 하며 그의 목을 꿰뚫어 버렸다.
　금문 안팎이 사람들로 들끓더니 동탁이 죽은 줄을 알자 만세 소리가 천지를 뒤흔들었다. 이숙이 뛰어나와 재빨리 동탁의 머리를 베어 칼끝에 꽂아 쳐드니 여포는 품속에서 천자의 조서를 꺼내 한 손에 펼쳐 들고 크게 소리쳐 읽어내려 갔다.

"천자의 조칙에 의해 역신 동탁을 베였으나 남은 자는 죄를 묻지 않노라."
동탁의 나이 50, 때는 한나라 헌제가 등극한 지 3년, 임신년 4월 22일 대낮이었다.

남녀 불평등은 어디에서 시작하였는가

결국 한나라를 위협한 동탁은 미인계에 걸려들어 불귀의 객이 되고 말았다. 동탁의 죽음은 인생에서 탐욕이 얼마나 무서운 것인가를 잘 보여주고, 또한 여성의 미가 남성에게는 얼마나 훌륭한 무기이고 남성들이 여성의 미에 얼마나 약한지를 잘 보여주는 대목이다. 허나 〈삼국지〉에 등장하는 미인 초선은 남자들의 약점을 이용하는 수단으로 전락하였다. 그녀는 독립된 인격체라기보다는 남자들의 성 노리개로 이용된 것이다. 남녀 간의 평등이라는 구호는 그 어디에도 찾아볼 수 없다. 〈삼국지〉는 그 당시 사회가 철저하게 남성 중심의 사회임을 간명하게 보여주고 있다.

그렇다면 남녀 간의 이런 불평등은 어디에서 왔는가? 〈삼국지〉가 보여주는 것처럼, 바로 전쟁 때문이라고 생각한다. 인간에게는 전쟁이 불가피한 필요악이었다. 자원은 부족하고 인구는 점점 늘어났다. 효과적인 피임이나 중절수술이 불가능했던 상황에서 전쟁이 일어나지 않을 경우에 불어 닥치는 일들이 참으로 참혹했다. 그것은 영양결핍, 기아, 질병, 그리고 짧고 비참한 생애였다. 조선 시대조차 평균 수명이 35세 정도였다고 한다. 이런 비극적 상황을 벗어나기 위해 인간은 수많은 전쟁을 치러 인간을 스스로 정화하지 않으면 안 되었다. 전쟁과 날씨가 깊은 상관관계가 있다는 이야기는 비단 어제 오늘의 이야기가 아니다. 이상 기후가 발생하여 가뭄이 들고 홍수가 나면 여지 없이 반란이 일어나 역사상으로도 지도가 변하고 말았던 것이다.

이처럼 과거에는 자원 확보와 인구 조절을 목적으로 전쟁은 수행되는 경우가 많았다. 그런데 전쟁은 지금의 남성중심체계를 만들었다. 신체구조상 남성의 근력은 여성의 근력보다 2배에 가까울 정도로 우월하다. 그래서 전쟁이 격렬하면 할수록 남성지배체제는 더욱 공고화 되었다. 전쟁을 주 무대로 하는 〈삼국지〉가 거의 남성들의 독무대인 것처럼 말이다.

뿐만 아니라 전쟁은 남아 선호사상으로 이어졌다. 전쟁은 예비 전사들의 수를 최대화하고 인구 조절을 이유로 여아 살해 비율이 높아졌다. 인구의 성장의 조절에서 가장 문제가 되는 것은 남자의 숫자가 아니라 여자의 숫자이기 때문이다. 여성이 많아지는 것은 그만큼 인구를 많이 잉태할 수 있다는 것을 의미한다. 그래서 예전부터 여아를 살해하고 남아 선호로 이어진 것이다. 촌락 사회에서 고기를 얻기 위한 전쟁에서부터 현대와 같이 에너지 확보를 위한 전쟁이 계속되면서 남성 지배 사회가 보이지 않게 강화되어 왔던 것이다. 인류학자 해리스는 이런 상황을 다음과 같이 말하고 있다.

> 이렇듯 격렬한 전쟁 형태를 유지하는 동안 야느미미 마을이 남녀 사이에는 현저하게 위계적이고 남성중심 관계가 형성된다. 무엇보다도 그들은 일부다처제다. 잘 나가는 남자는 대개 한명 이상의 아내를 두고, 어떤 남자는 한꺼번에 6명까지도 두기도 한다. 남편이 죽는 경우에 여자는 때때로 그 형제를 두 번째 남편으로 받아들여야 한다. 남편은 아내가 고분고분 하지 않을 때, 특히 간통을 했을 때 구타한다.

이처럼 전쟁으로 인해 남성과 여성의 불평등이 확산되다 보니 당연히 삼국지에도 남성들의 독무대일 수밖에 없었던 것이다. 전쟁이 많으면 많은 만큼 여성들은 역사의 무대에서 뒤로 밀려난 것이다. 뿐만 아니라 전쟁이 일어나면 수많은 여성들이 강간을 당하는 수모를 겪어야 한다. 그것은 과거에만 그런 것이 아니다. 현재에도 마찬가지다. 전쟁이 많은 나라에서는 여성의 권리를 찾기란 참으로 쉽지 않다.

우리는 어떻게 해야 하는가

그렇다면 남성 지배 구조를 없애는 방법은 무엇인가? 지난 2021년 6월 호주의 브리즈번에서 육군 무기박람회인 랜드포스 2021이 열렸을 때 박람회에 입장하는 전쟁수혜자들에게 여성을 중심으로 한 랜드포스 방해 행동(Disrupt Land Forces)은 '가부장제를 부수고 무지개를 펼치자.'고 하면서 전쟁에 반대 입장을 분명히 했다. 하지만 우크라이나 전쟁처럼 국가 간에 복잡한 이해관계 때문에 이것만으로는 전쟁을 막을 수 없다. 그러니 여성들 스스로 힘을 기르는 방법밖에 없다. 힘을 길러 여성이 남성들 대신에 산업 전선뿐만 아니라 전쟁에 직접 참여하는 것이다.

지금 여성들의 사회진출이 눈에 띄게 많이 이루어지고 있다. 우리나라의 교직 사회나 공무원 시험은 거의 여성들의 독무대일 정도로 여성들이 슈퍼파워를 발휘하고 있다. 거기에다가 정보화 시대는 여성에게 유리하게 돌아가고 있다. 컴퓨터는 남성이 근력을 필요로 하지 않기 때문이다. 자동화된 사무실은 남자의 힘보다 여성의 섬세함을 더 요구한다. 그래서 오늘날의 선진 사회의 여성들은 남자의 힘에 의존하지 않고 스스로 생계를 꾸려갈 수 있는 능력을 기반으로 해서 남녀평등을 구현하려고 하고 있다. 실제로도 여성들의 권리는 많이 높아졌다.

하지만 남녀평등을 완전히 구현하기 위해서는 아직도 문제가 남아 있다. 이것을 해결하지 않는다면 근본적으로 남녀평등이 이루어지기 어렵다. 전쟁을 없애거나 아니면 여성들이 전쟁에 참여하는 것이다. 지금 이 나라에서는 남자만이 전쟁에 참여하는 사회다. 대다수 여성들은 전쟁에 대해 뒷짐만 지고 있다. 그러면서 남녀평등을 부르짖고 있다. "군대에 대해서 면죄부를 받은 여성이 어떻게 남성과 똑같은 대우를 받으려고 하는가?"라고 여성들에게 묻지 않을 수 없다. 과연 여성들의 남녀 평등 주장은 합리적인가? 해리스는 남녀평등을 위해 여성들이 결정해야 한다고 다음과 같이 말한다.

> 그러나 남녀평등을 가로막는 마지막 장애물이 한 가지 있다. 전쟁에서 거친 힘의 중요성이 점점 줄어들고 있기는 해도 여전히 여성들이 전투력에서 배제되고 있다. 대륙간 탄도미사일, 신예 폭탄, 그리고 컴퓨터화된 화기시스템으로 싸우는 전투에서 여성들은 남성 못지않게 유능한 군인으로 훈련될 수 없을까? 그렇게 생각하지 못할 이유는 없는 것 같다. 그러나 전쟁에서 기회를 동등하게 나눠 갖기 위해서 밀어 붙여야 할 것인가? 아니면 뭔가 다른 것 즉 전쟁을 종식시키거나 남녀를 떠나서 우락부락한 전사에 대한 사회의 필요를 중단하는 것 등을 위해 매진해야 되지 않을까? 여성들은 결정해야 한다.

그러나 해리스의 말처럼 전쟁을 중단시킬 수 있는 방법이 있을까? 인간성이 지극히 이기적인데다 경제학의 법칙인 '희소성 원칙' 때문에 전쟁을 막을 수 있는 방법은 그리 많지 않다고 본다. 희소한 자원과 계속적으로 늘어난 인구, 문명의 발달에 따른 무한한 인간의 욕구는 이라크 전쟁이나 우크라이나 전쟁처럼 전쟁을 일으키고 만다. 그러므로 지금으로서는 전쟁을 막을 수 있는 뾰족한 방법이 없다. 게다가 푸틴이나 히틀러와 같은 광폭한 지도자는 언제든 나올 수 있다.

그렇다면 여성들이 남성 지배 구조를 타파할 수 있는 유일한 길은 남자들과 동등하게 전쟁에 직접 참여하는 수밖에 없어 보인다. 실제로 지금 우크라이나 여성들은 러시아와의 전쟁에 5만 명 정도가 직접 참여하고 있다고 한다. 비록 숫자는 남성보다 많지 않지만 남녀평등이 점차 좁혀 지고 있다는 생각을 할 수 있다. 뿐만 아니라 직장도 먹고 살기 위한 전쟁터와 같다. 그래서 우리는 직장을 '산업전선'이라 한다. 그러나 불행하게도 여성들은 군대 가기를 거부하고 위험한 산업 전선에 직접 뛰어들기를 은근히 원하지 않는다. 한국 여성의 70% 가까운 수가 능력 있는 남자와 살기를 원하고, 여성들 중에는 시집 잘 가는 것이 최고의 취직이라고 생각하는 경우가 의외로 많다.

  이러한 결과는 무엇을 낳았는가? 20세기에 남성의 수명이 형편없이 짧아지고 말았다는 것이다. 20세기 초반만 하더라도 남자의 수명과 여자의 수명은 엇비슷하였으나 산업화가 급진전한 현대에 오면서 여성이 적게는 남성보다 5년 이상 더 살고, 많게는 여성들이 10년 가까이 더 살고 있다는 보고도 있었다. 가정을 지키기 위한 산업 전선에서의 남성들의 삶이 그만큼 녹록하지 않다는 것을 증명하는 것이다. 전쟁과도 같은 산업전선에서 힘쓰고 위험한 일을 많이 하다 보니 남자의 수명은 당연히 짧을 수밖에 없다. 생명을 단축시키는 술과 담배를 남자들이 많이 즐긴 것도 그만큼 세상의 고달픔을 그것들을 통해 잠시라도 위로 받기 위함인지도 모른다.

  이러한 뜻밖의 결과는 우리에게 무엇을 의미하는가? 지금처럼 여성의 평등을 앞세워 남성을 공격하기에 앞서 오히려 남성을 고된 사회적 책무에서 해방시켜 주어야 한다는 의미를 어느 정도 내포하기도 한다. 아직도 나이든 여성들은 남녀가 만나면 남성들이 돈을 내야 한다는 것을 상식으로 알고 있다. 그러니 아직도 많은 여성들은 남자들이 식구들의 영원한 돈지갑이어야 할 뿐만 아니라 가정에 무한한 애정을 쏟아야 한다고 주장한다. 이것은 여성의 자본주의적 음모가 들어있는 것처럼 보일 수도 있다. 남자라는 이유로 가정과 사회를 위해 열심히 살았으면 남자로서 할 만큼 하였지만 여성들은 남성에게 가정에 대한 무한한 책무를 요구하기도 하는 것이다. 나이가 좀 들었다고 '사오정'이라고 비난하기에 앞서 남성도 자기 자신을 위해서도 살 수 있도록 가정이나 사회에서 남성의 고달픈 책무에서 어느 정도 해방시켜 주어야 한다고 생각한다.

남녀평등은 다름의 조화다

　남녀는 평등보다는 조화에 있다. 부부는 서로 다르지만 일심동체다. 가정의 주도권을 쥐었던 남편의 권위에 대한 아내의 도전은 남편 입장에서는 적잖은 저항감을 느끼게 한다. 오랜 세월 무리를 지배하고 복속시켜 왔던 남성의 유전적인 DNA는 가부장적 질서에 도전하는 여성의 도전을 결코 쉽게 받아들이기 어렵다. 가정의 우두머리로서의 남편은 권위를 지키면서 아내와 자녀를 보호하는 것이 많은 포유동물에 나타나는 공통된 특징이라고 여기기 때문이다. 그렇다고 일방적인 남성 지배 체제를 정당화할 수는 없다. 아내도 남편의 불평등한 가부장적 권위는 해체해야겠지만 근본적으로 남성과 여성이 할 수 있는 역할의 차이는 인정해야 한다. 염색체가 다른 남녀가 똑같을 수는 없기 때문이다. 태생부터 다른 남녀의 획일적인 평등은 진정한 평등이 아니고 일종의 억압이며 구속이다. '나도 이러니 너도 이래야 한다.'는 것은 평등이 아니라 다툼을 생산하는 강요와 복종일 뿐이다.
　진정한 평등은 인격을 존중하며 차이를 인정하는 것에서 시작한다. 같은 환경에서 자란 형제간에도 성격이 다른데, 더욱이 피가 다른 부부간은 서로 다른 환경에서 자라고 만났으니 자신과 엄연히 다를 수밖에 없다. 자기 기준에 맞춰 상대방이 행동하기를 결코 바라지 말아야 한다. 그것은 일종의 억압이고 구속이다. 진정으로 사랑한다면 내가 먼저 상대에게 맞추어보려고 노력하는 것이 훨씬 현명하다. 그리스 신화에 등장하는 악마 프로크루스테스처럼 자신의 자로 상대방을 재서 크면 자르고 작으면 늘이는 것은 자신의 침대에 상대방을 가두는 잔인한 행동일 뿐이다.
　부부 사이에 종교를 강요하는 것도 불행의 씨앗이 되곤 한다. 비록 나는 이렇게 해도 상대방에게는 얼마든지 다른 길을 갈 수 있는 가능성을 항상 열어 놓아야 한다. 그래야 둘만의 작은 공간에 탈이 없다. 행복은 서로 다른 사람들이 기꺼이 상대를 인정할 때 찾아오는 것이며, 불행은 반대로 상대방을 인정하고 않고 강요하는 데서 발생하는 것이다. 강요는 사랑이 아니라 구속이고 속박일 뿐이다. 진정으로 사랑한다면 상대에게 자유를 주어야 한다. 에리히 프롬은 다름을 인정하지 않으려는 현대인의 평등은 진정한 평등이 아니라고 다음과 같이 예리하게 비판하고 있다.

> 현대의 자본주의 사회에서는 평등의 의미는 달라졌다. 이 사회에서 우리들은 평등이라는 말로 자동인형 같은 평등, 개성을 상실한 인간들의 평등을 말하고 있다. 오늘날 평등은 일체성보다는 오히려 동일성을 의미하고 있다. 평등은 추상적 동일성, 곧 같은 일터에서 일하고, 같은 오락을 하고, 같은 신문을 읽고, 같은 감정과 같은 생각을 갖고 있는 사람들의 동일성을 의미하고 있다.

7. 궁지에 몰리면 문다 - 왕윤의 실책

　실타래가 꼬이면 우리는 어떻게 해야 하는가? 조금만 현명하다면 꼬인 실타래를 풀려고 무턱대고 잡아당기지 않을 것이다. 그것을 풀기 위해서는 역시 시간을 두고 묵묵히 풀어나갈 수밖에 없다.
　인간관계 역시 마찬가지다. 틀어진 인간관계를 풀기 위해서는 마음속의 응어리를 풀 수 있는 냉각기를 갖은 다음 시간을 두고 서서히 대처해야 한다. 냉각기를 거치지 않고 무조건 문제를 풀려고 덤비면 더욱 관계가 악화되고 만다. 일을 할 때도 마찬가지다. 그래서 무슨 일을 하던 간에 손자가 강조한 유연한 곡선적 사고가 필요하다.
　손자는 "궁지에 몰린 도둑을 쫓지 말라."고 하였다. 왜냐하면 사람이 궁지에 몰리면 죽기 살기로 반격하므로 생각지도 않은 많은 피해를 입을 수 있기 때문이다. 오히려 상대가 궁지에 몰리게 되었을 때는 '도망갈 길'을 열어주어야 한다. 살 수 있다고 생각하면 결사적으로 반격하지는 않을 것이다.

이런 유연한 사고는 '싸우지 않고 이기는 것이 상책'이라는 손자의 생각과 일맥상통하는 말이다. 항우처럼 싸움을 잘 한다고 싸움을 통해 이기려고 하는 것은 어리석다는 것이다. 유방이 진나라를 먼저 점령한 것도 항우처럼 직접적으로 싸움을 하지 않고 항복을 받으면서 진나라로 곧바로 전진했기 때문이다. 싸움은 시간적으로나 물리적으로나 서로에게 많은 피해를 주지만, 유방처럼 싸우지 않고 이기는 것은 시간도 많이 벌고 물리적으로는 모두에게 득이다.

손자의 이러한 유연한 사고는 그대로 인간관계에도 적용될 수 있다. 아무리 상대가 죽을죄를 졌다고 해도 상대가 설 자리가 없을 정도로 몰아붙이면, 상대는 원한을 갖고 반격을 할 것이다. 자칫 필사적인 반격으로 인해 도리어 자기 자신이 치명상을 입을 수 있다. 간간이 발생하는 살인사건도 상대를 막다른 길로 몰았기 때문에 발생한 사건들이다. 그래서 상대를 꾸짖을 때도 도망갈 길을 열어주어야 한다. 그래서 홍자성도 "남을 나무랄 때는 너무 엄하게 하지 말라. 그가 받아서 감당할 수 있는가를 생각해 보아야 한다."고 충고하고 있다.

허나 사람들이 이런 유연한 사고를 갖기란 그리 쉽지 않다. 특히 완고한 사람은 유연한 사고를 가지기가 거의 불가능에 가깝다. 그래서 다 잡은 승기를 놓치고 만다. 바로 초선을 이용하여 동탁을 제거하는 데는 성공한 왕윤이 바로 그런 사람이었다. 그는 정의를 앞세워 동탁의 부하들을 법을 엄격히 적용하여 죽이려 한다. 과연 그 결과는 어떻게 될 것인가?

동탁의 죽음이 세상에 알려지면서 한 때 동탁의 본거지였던 서량 지방을 향해 수많은 패잔병이 탁류처럼 흘러들어갔다. 그것은 대군사로 다름 아닌 미오성에서 쫓겨 내려가는 동탁의 옛 군사들이었다. 어제 동탁의 신하들인 네 장군 이각·장제·곽사·번조 등은 일시적으로 서량 땅에 내려와 머물러 있으면서 장안으로 사람을 보내 용서를 빌었다.

그러나 왕윤은 그 자리에서 그 날로 사자를 쫓아 버렸고 군사를 보내 그들을 쳤다.

서량의 패잔병들은 무척 당황하였다. 그러자 모사꾼으로 이름난 가후라는 자가 한 가지 대책을 말하였다.

"장군들은 흩어지면 안 됩니다. 만일 네 장군이 각기 분가한다면 그 힘이란 보잘 것 없지만 네 명의 장군이 힘을 합치고 또 지방민을 규합한다면 반드시 성공하리라 생각합니다. 지금 장안은 텅 비어 있습니다. 힘을 합쳐 지금 장안을 친다면, 반드시 성공하리라 봅니다. 그래서 만약 우리 손으로 장안을 장악하게 된다면 동태사의 원수도 갚고 우리가 정권을 잡게 될 것이오. 그리고 일이 여의치 않을 때는, 그 때 달아나도 늦지 않을 것입니다."

네 명의 장군은 그 말을 따르기로 하였다.

마침 그 지방에 생각하지 않던 흉측한 소문이 떠돌아 인심이 흉흉하였다. 그 소문은 장안의 왕윤이 서량 백성을 모두 역적으로 몰아 서량 사람이라면 보는 대로 잡아 죽인다는 것이었다. 그런 이상한 소문은 날개가 돋친 듯 삽시간에 서량 일대에 퍼져 나갔다.

이각 일파는 그 인심의 동요를 재빨리 알아차리고 서량 사람을 선동하였다.

"이대로 앉아서 죽음을 기다리는 것보다 우리와 함께 나가 싸우자."

이리하여 모여든 지방민을 합해서 그 수 14만이라는 대군이 되었다. 그리고 그 여세를 몰아 대군이 나가는데 중간에서 동탁의 사위 되는 중랑장 우보도 잔병 5천을 거느리고 나와 합세하였다.

마침내 대군을 이끌고 나아가 왕윤의 군사와 대치해서 진을 쳤다. 그러나 첫날 이미 싸우기도 전에 진중에는 패색이 돌기 시작하였는데 여포가 선봉을 서서 나온다는 소문이 돌았기 때문이었다. 여포라는 이름만 듣고도 군사들은 먼저 겁부터 먹고 벌벌 떨었다. 그래서 후퇴했으나 한 번은 책사인 가후의 야습을 하라는 말에 따라 깊은 밤중에 불시에 되돌아 와서 기습을 하였다.

그런데 적은 예상 외로 약하였다. 그 진의 대장은 여포가 아니고 동탁을 죽일 때 미오성에 가짜 칙사로 갔던 이숙이었다. 방심하고 있던 이숙은 군사들의 태반을 잃고 삼십 리나 도망가는 추태를 보이고 말았다.

후진에 있던 여포는 이숙을 보고 격노한 나머지 그 자리에서 이숙을 베어 버렸다.

이숙의 목을 군문에 내걸고 그가 진두에 서자 순식간에 우보의 군을 격파하였다.

우보는 도망쳐서 심복인 호적아란 자에게 파랗게 질린 얼굴로 소곤거렸다.
"여포가 나온다면 도저히 이길 수 없다. 차라리 금은을 긁어 가지고 도망치는 것이 좋겠다."
"옳은 말씀입니다. 때가 늦기 전에 저도 그럴 생각이었습니다."
그래서 둘이는 대 여섯 명의 부하만을 데리고 새벽에 진지에서 도망쳤다. 그러나 그 주인에 그 부하인 호적아는 강변에 당도하자 강을 건너고 있는 우보를 뒤에서 불시에 쳐서 그 목을 잘라 버리고 말았다.
호적아는 그 길로 여포의 진지로 달려가서 항복을 하였다. 그러나 동료 가운데 한 사람이 호적아가 우보를 죽인 것은 금은보화에 눈이 어두워서 그랬다고 고자질을 하였다. 그러자 여포는 호적아를 꾸짖으며 그 자리에서 그의 목도 잘라 버렸다.
우보의 죽음이 전해졌고, 또 그를 죽인 호적아도 여포에게 죽었다는 소문이 전해졌다.
"이렇게 된 바엔 죽느냐 사느냐 결전할 수밖에 없다."
하고 네 명의 장군도 결심한 모양이었다.
그 가운데 이각은 여포를 정면으로 대응하지 말고 계책을 쓸 것을 제안했다. 여포는 무용은 뛰어나지만 머리가 모자라기 때문에 네 명의 장군은 거짓으로 패한 척하면서 도망치고, 또 여포의 용기를 한참 올려놓고 다시 싸우다가 도망쳐 여포를 계곡 사이로 끌어들이는 유인책을 썼다. 그리고 갑자기 후방을 끊어 퇴로를 차단하자 여포는 꼼짝달싹할 수 없는 진퇴양난에 빠졌다.
그러는 동안 장제와 번조 두 장수는 두 패로 나뉘어 장안을 향해 나갔다.
"장안이 위태로우니 곧 군사를 돌려 회군하라."
하고 왕윤이 급히 사자를 보냈으나 여포는 어쩔 도리가 없었다.
여포가 겨우 계곡의 험한 길을 벗어나 군사를 물리려 하면 어디선가 이각과 곽사의 군사가 곧바로 나타나 바위와 큰 돌을 굴리며 길을 막았다.
한편 장안을 향한 장제와 번조의 군사는 밀물처럼 몰려 성 아래에 몰려왔다. 그러나 거기에는 철벽같은 외성이 있었다. 성안에서는 제아무리 강한 대군이라도 그 외성을 넘기는 어려우리라고 믿고 안심하고 있었는데 그 성안에는 동탁의 한패인 왕방과 이몽 등이 있다가 안에서 호응하고 성문을 열어 주었다. 반란군은 성내로 물밀 듯 쳐들어갔다. 여포의 군사는 진로를 잃고 며칠을 산 속에서 보냈다.
며칠 전까지 태평가를 부르고 집집이 술을 빚어 마시며 즐기던 백성들은 홍수처럼 밀려들어오는 반란군들에게 또다시 목숨이 짓밟히고 말았다. 무심한 하늘은 검은 연기에 덮여 오직 해를 숨기고 달을 가릴 뿐 말없이 지상의 참극을 내려다볼 뿐이었다. 여포는 장안이 급함을 듣고 기를 쓰며 포위를 뚫고 나와 군사를 돌려서 장안을 향해 급히 왔으나 때는 이미 늦었다.

그가 성 밖 10리 가까이 이르렀을 때에는 장안 하늘이 온통 불바다로 변하였다. 하늘을 찌를 듯이 솟아오르는 그 화염은 이미 승패를 결정한 것을 의미하였다.

여포는 불빛이 솟아오르는 하늘을 바라보며 탄식하다가 서각 끝에 군사를 풀어 흩어지게 하고 겨우 1백여 명만을 거느리고 멀리 원술을 찾아 밤길을 걸었다.

반란군은 이미 왕실을 에워싸기 시작하였다. 궁중의 헌제는 꼼짝도 하지 않고 용안이 창백할 뿐이었다.

조금 있으면 반란군들이 조정까지 쳐들어 올 것을 뻔히 알면서도 대신들은 속수무책이었다.

그러자 시신이라는 사람이 나서서 주청을 하였다.

"이렇게 된 이상 천자께서 친히 선평문에 오르시어 반란군을 제지하시면 진정될 것으로 아뢰옵니다."

마침내 헌제는 걸어서 선평문 위로 올랐다. 성 아래 피에 굶주린 우글거리는 군사들은 금문 누상에 천자의 깃발이 오르는 것을 보자 그 아래에 모여 웅성거렸다.

이각과 곽사 두 장수는 큰 소리로 외쳐 폭병을 진압하고 자신이 선평문 아래로 와서 두 손을 들어 만세를 불렀다.

헌제는 누각을 의지하고 서서 위엄 있는 목소리로 물었다.

"경들은 무슨 연고로 짐의 허락도 없이 장안을 침범하였소?"

그러자 이각이 누각 아래서 고개를 들어 천자를 쳐다보며 아뢰었다.

"폐하! 동태사는 폐하의 귀하신 충신인데 아무런 까닭도 없이 왕윤에게 모살을 당하였으니 저희들이 태사의 원수를 갚고자 일어선 것이지 결코 모반하는 것이 아닙니다. 지금이라도 왕윤만 나타나면 즉시로 신은 군사를 물리겠습니다."

그 소리에 따라 전군이 우뢰와 같이 아우성 쳐 왕윤의 이름을 부르며 헌제의 대답을 독촉하는 것이었다.

헌제는 옆으로 고개를 돌렸다. 그 곳에는 바로 왕윤이 서 있었다.

그는 부들부들 떨며 노한 눈으로 대군을 노려보고 있더니,

"왕윤은 여기 있다!"

하고 큰 소리로 외치며 몸을 날려 누각 아래로 뛰어 내려갔다.

그러자 이각이 칼을 빼들고 꾸짖었다.

"너는 무슨 연유로 우리 동태사를 죽였는지 까닭을 말해라."

왕윤은 서슴지 않고 마주 꾸짖었다.

"동탁의 죄는 하늘에 가득 차고 온 땅에 뻗쳤는데 네놈들만 그것을 몰라서 내게 묻는 것이냐? 동탁의 머리를 베던 날 온 천하의 백성들이 다 기뻐하고 사례하던 것만 보아도 가히 알 일이 아니냐."

"동태사는 죄가 있어 그랬다지만 우리는 무슨 잘못이 있어 죄로 다스리려 하느냐?"

하고 이각이 칼을 들어 왕윤의 목을 쳐 땅에 떨어뜨렸다.

동시에 왕윤의 종족이면 남녀노소를 가리지 않고 모두 목을 베어 죽이니 장안 백성들로서 눈물을 흘리지 않는 사람이 없었다.

하나의 원칙만이 답이 아니다

참으로 어처구니없는 일이 일어나고 말았다. 왕윤은 적에게 도망갈 길을 터주지 않았기 때문에 그만 사악한 쥐에게 물리고 말았다. 그런 바람에 한나라의 부흥을 꿈꾸었던 왕윤의 꿈은 산산조각이 나고 말았다. 극도로 혼란한 세상을 바로 잡기 위한 극약처방을 하였던 것이 오히려 화근이었다. 무엇이든 강하면 부러지는 법이다. 왕윤은 그것을 모르고 강하게 적을 몰아붙였으나, 적의 반격으로 왕윤의 몰락이라는 참으로 어이없는 결과를 가져오고 말았다. 그래서 군주는 교활함이 있어야 한다는 것을 강조한 마키아벨리는 "관습에 따르지 않고 지나치게 선과 정의만 내세우면 불의하고 부정한 인간에 의해 파멸당할 수 있다."고 경고하고 있다.

왕윤은 좀 더 너그러워야 했다. 아직 정의를 실현할 정도의 힘이 없었기 때문이다. 최고의 싸움꾼 여포라는 장수는 있었지만 그것을 뒷받침할만한 군사력이 없었다. 그래서 왕윤은 힘이 없는 정의는 공허하다는 것을 깨닫고 정의적 차원에서 강력하게 대할 것이 아니라 관용을 베풀어 자신의 세력을 더 키워야 했다. 비록 동탁과 한 패거리였지만 진심으로 항복하였다면 그런 사람을 받아들여 왕윤의 실세가 되게 하면서 서서히 개혁을 했어도 늦지 않았다.

진정한 능력자란 적도 자신의 사람으로 만들 수 있는 사람이다. 적이라고 해서 무조건 배척하는 것은 단순한 이분법적 사고이다. 항우가 항복한 진나라 군사 20만 군대를 생매장하여 죽였기 때문에 그것을 본 진나라 군사들은 항우에게 절대 항복하지 않고 진 제국 마지막 황제인 자영의 노후까지 보장하는 유방에게 투항하거나 항우에게는 결사 항쟁하여 항우는 많은 어려움을 겪게 되고 결국에는 유방에게 패배하게 된다. 왕윤도 유방처럼 좀 더 포용력을 가지고 동탁의 후예들을 자신들의 사람으로 만들었다면 이런 비참한 결과를 낳지 않았을 것이다. 적도 언제든 우리 편이 될 수 있다는 다원적 생각은 못하고 항우와 같이 '적은 적이고 동지는 동지다'라는 하나의 원칙에만 고집하는 이분법적 사고에 따랐기 때문에 비참한 결과를 초래한 것이다. 그래서 링컨은 "나는 언제 어디서나 따뜻한 자비가 엄격한 정의보다 풍성한 결과를 가져온다는 것을 목격한다."고 하였다.

정의도 사랑을 담아야 세상을 아름답게 한다

정의도 중요하지만 사랑과 관용, 또한 인생을 인도하는 아주 중요한 요소이다. 정의와 사랑은 모순적인 것처럼 보여도 서로의 약점을 보완하는 중요한 역할을 한다. 다시 말해 강력히 법을 집행하면서도 한 쪽에서는 용서와 관용의 정신이 있어야 한다. 사랑과 관용은 강력한 법이 가져오는 냉혹함이나 반발심을 따뜻하게 녹여 주어 살기 좋은 세상으로 만들어준다.

  빵을 훔쳐 19년이라는 옥살이를 한 장발장이 어떻게 악의 굴레에서 벗어날 수 있었는가? 그것은 장발장이 교도소를 출소한 후 갈 곳이 없어 묵게 된 성당에서 몰래 은식기를 훔쳐 도망가다가 경찰에게 붙잡혔지만, 담당 사제인 미리엘 주교가 장발장을 붙잡은 경찰에게 은식기는 자신이 준 것이라고 말하면서 장발장의 결백을 주장하며 훔친 은촛대까지 선물로 주었기 때문이다. 반대로 정의의 사도처럼 '한번 죄수는 영원한 죄수'로 생각하고 개과천선한 장발장을 용서할 줄 모르고 법의 심판만 앞세우고 끝까지 장발장을 추적하는 자벨 경감이 왜 자살을 하는가? 자벨이 자살한 것은 자신이 죽기 일보 직전에 자신을 구해준 장발장을 통해 비로소 세상에는 관용과 사랑이 필요하다는 것을 깨달았기 때문이다. 예수가 간음한 여자를 용서한 것도 누구도 간음에서 자유로울 수 없기 때문이다. 간음한 사람을 돌로 쳐 죽이는 강한 법으로 강력히 다스리는 것을 원칙대로 한다면 누구도 살아남을 수 없다. 성경의 말씀대로 "오른쪽 눈이 간음하면 오른 쪽 눈을 뺀다."면 누가 눈이 있겠는가.

  왕윤은 관료라 '적과 동지'라는 이분법에 근거한 원칙주의자의 굴레를 벗어나지 못한 것으로 보인다. 이런 원칙주의자들은 엄격한 잣대로 예외를 인정하지 않고 자신과 뜻이 다르면 인간관계를 적대적 관계로 만들기 쉽다. 원칙에 따라 엄격하게 처리하기 때문에 어울림과 포용이란 있을 수 없다. 그래서 융통성 없는 원칙주의는 선택의 여지도 타협의 여지도 없다.

  그렇지만 세상은 참으로 변화무쌍하고 다양하며 사람의 생각도 사람마다 다르다. 적도 있고 동지도 있지만 적도 아니고 동지도 아닌 사람이 더 많다. 이런 상황에서 '동지 아니면 적'이라는 이분법적 사고만 있다면 어떻게 되겠는가? 그것은 세상의 다양성을 훼손하는 것이며 다른 사람의 생각마저 지워버리려는 독재자의 검은 속셈이 숨어 있다. 이분법적 사고로 하나의 원칙주의 상황 아래서는 반대란 존재할 수 없으며 그것은 곧 죽음을 의미한다. 분서갱유, 마녀 사냥, 공산주의 혁명에 따른 반대파 숙청 등은 인류 역사가 남긴 이분법적 사고의 전형적인 무자비한 만행들이다. 이렇게 되면 종교나 도덕, 법조차도 결국 인간을 위해서 존재하는 본래의 모습은 사라지고 인간이 권력자를 위한 종교나 이데올로기를 위해 존재하거나 희생하는 꼴이 되고 만다.

공산주의에 대한 절대적 신념이나 나치즘에 대한 신봉이 가져온 인류의 비극을 생각해 보면 쉽게 알 수 있다. 이런 신념들이 세상을 지도하는 유일하고도 강력한 원칙으로 탈바꿈하면서 인간을 지배하고 통제하기 위한 강력한 수단으로 전락하고 말았다. 그러므로 아무리 좋은 의미를 담고 있는 원칙도 상황에 따라 탄력적으로 운영할 수 있어야 한다. 그렇지 않으면 이분법에 근거한 하나의 원칙은 거꾸로 인간성을 말살시킬 위험성을 내포하고 있다. 그래서 홍자성의 〈채근담〉에는 "청렴하면서도 포용력을 가져야 하고 동정하면서도 결단력을 가져야 한다."고 했다. 즉 지혜로운 자만이 엄한 가운데서도 포용력을 발휘할 수 있고, 반대로 따뜻한 가운데서도 과감한 결단력을 할 수 있다는 것이다. 포용력과 결단력의 조화야말로 지도자의 최고의 자질을 의미한다고 할 수 있다.

8. 사람을 믿어야 하는가 - 여포를 포용하는 유비

대체로 인간을 거짓말쟁이나 악하게 보는 사람은 사람을 믿지 말 것을 강조한다. 악한 인간을 믿는다는 것은 고양이에게 생선을 맡기는 것과 같기 때문이다. 특히 남을 속이는 사람은 더욱 남을 믿지 말라고 한다. 자신을 믿지 못하니 남인들 어떻게 믿겠는가. 지금과 같이 우리나라 대통령조차 거짓말을 밥 먹듯이 하는 사회에서 사람을 믿는다는 것은 자살행위처럼 보인다. 그래서 쇼펜하우어는 '누구도 사랑하지 않고 누구도 미워하지 않는다.'는 인간학의 전반부며, '아무 것도 말하지 않고 아무 것도 믿지 않는다.'는 인간학의 후반부다."라고 말한다. 쇼펜하우어는 인간이 지극히 이기적이기 때문에 인간을 철저히 믿지 말라고 당부한 것이다.

그런데 '더불어 사는 사회에서 어떻게 사람을 믿지 않고 살아갈 것인가.'라는 의구심을 떨칠 수 없다. 사람 자체를 전혀 믿지 않는다면 세상이 돌아갈 수 없기 때문이다. 서로 신의가 없다면 운전조차 할 수 없다.

언제 누가 돌발행위를 할지 모르기 때문이다. 그래서 키케로는 "신의는 정의의 기초다."라고 하였다. 사람들 사이에 신의가 없으면 법조차도 유명무실하며 정의는 있을 수조차 없다. 그래서 서로 믿고 사는 것은 세상을 살아가는 근본이라고 본 것이다.

허나 사람을 너무 믿는 것은 위험하다는 생각이 든다. 사람은 다 똑같은 사람이 아니다. 선한 사람도 있지만 악한 사람이 의외로 많다. 특히 이해관계가 얽혀 있다면 사람을 믿는다는 것은 굉장히 위험하다. 그렇기 때문에 먼저 그 사람이 인품과 능력을 살펴서 과연 그 사람이 믿을 수 있는지를 살펴야 한다. 그렇지 않고 사람을 무조건 안 믿는 것도 문제지만 믿는 것 또한 결코 현명한 처사가 아니다. 믿는 도끼에 발등 찍히는 것은 참으로 어리석고 어이없는 일이다. 신뢰를 주기 전에 일단 믿음을 줄 수 있는 사람인지를 가릴 줄 알아야 한다.

〈삼국지〉에 등장하는 유비를 우리는 흔히 덕장이라고 한다. 덕으로 사람을 감화하여 사람을 이끈다는 말이다. 덕은 다른 사람을 생각하는 마음에서 생기는 것이므로 다른 사람을 끄는 원동력일 수 있다. 먼저 사랑과 믿음을 주기 때문이다. 허나 한편으로는 믿는 도끼에 발등 찍히는 것처럼 배신당하는 원인이 되기도 한다. 세상에는 얼마든지 은혜를 원한으로 갚는 배은망덕한 인간이 있기 때문이다. 악한 사람일수록 이런 경향이 강하다. 이것은 덕이라는 것도 지혜가 없으면 오히려 해악을 가져 오는 것을 말하는 것이다. '혹시나'가 얼마든지 '역시나'가 될 수 있다. 유비는 조조에게 패한 영원한 배신자 여포를 받아들이는데, 그 결과는 어떻게 될 것인가?

비록 조조는 패했지만 다시 일어났다. 왕윤이 죽었을 때 조조는 동군태수에 취임하여 임지인 연주 복양에 있었는데 순욱이라는 뛰어난 책사뿐만 아니라 우금과 전위라는 장수를 얻었다. 특히 호랑이를 맨 손으로 잡은 전위를 얻은 것은 조조에게 큰 수확이었다.

조조는 일단 명분을 쌓았다. 조정의 명을 받들어 다시 일어나 양민을 약탈하는 청주의 황건적을 토벌하여 크게 이름을 떨쳤다. 그러자 인재들이 구름처럼 몰려들었다. 순욱이 천거한 정욱과 곽가를 군사로 맞이하였고 고향인 진류에 계신 아버지 조숭에게 사람을 보내 복양으로 모시겠다는 말을 전하기도 하였다.

허나 조숭은 복양으로 향하여 서주를 통과하던 도중, 불만을 품고 호위하던 도겸의 병사들에 의해 살해당하고 말았다. 조조는 천하의 군자인 도겸을 치는 것은 후세에 악명을 남길 것이며 그리고 아직 기반을 다지지 못했다는 이유로 책사들이 반대했음에도 불구하고 후세 누가 뭐라든 복수도 하면서 기반도 다지기 위해 서주를 침략하고 말았다. 그러면서 복수심에 불타 서주의 많은 양민을 학살하기도 하여 악명을 떨쳤다.

도겸은 조조와 맞설 수가 없어 원군을 요청하기로 하였고, 조조의 악랄함을 보고 유비 3형제가 서주 도겸을 돕기 위해 달려오게 되었다. 조조의 서주 공략이 거의 끝나갈 때, 여포가 무주공산인 복양성을 공격하여 탈취하고 말았다.

근거지인 연주를 탈취당한 조조는 급히 군을 돌려 복양성을 공격하지만 조조는 진궁에 계책에 따른 여포의 함정에 빠져 죽을 고비를 맞았다. 그 때 성문 안으로 들어가 불구덩 속에 빠진 조조는 전위의 도움으로 간신히 살아났지만 온몸에 화상을 입었다.

화상을 입은 조조는 큰 소리로 웃으며 "진궁 같은 필부의 꾐에 빠져 이런 패배를 하였으니 이루 말할 수 없이 창피하다."는 말을 한 다음, 계략으로써 계략을 보답해 주어야 한다면서 자신이 죽었다는 소문을 퍼트리도록 하였다. 조조가 죽었다는 소문이 멀리까지 퍼지자 여포는 무릎을 치며 기뻐하였다. 그래도 미심쩍어 사람을 풀어 알아보니 상중이라 그런지 적진은 매우 조용하고 들리는 것은 곡성뿐이었다고 하였다.

마릉산 장례식을 노리고 여포는 군사를 이끌고 복양성을 나와 일거에 적을 무찌를 생각이었다. 그러나 그것은 여포를 황천으로 보내려는 거짓 장례식이었다. 마릉산 골짜기마다 울려나오는 북소리는 여지없이 여포의 군사를 제압하고 말았다.

여포는 겨우 목숨만 건져 마릉산에 많은 군사를 버리고 그대로 달아났다.

여포를 물리치며 유명세를 떨치자 조조에게 천금 같은 기회가 왔다. 동탁의 후예들인 이각과 곽사에게 생명을 위협을 받는 황제에게서 구원해 달라는 칙서가 당도하였다. 평상시 국정을 농단하는 이각과 곽사에게 불만을 품은 조조로서는 하늘이 준 기회였다.

조조는 바로 출동하여 이각과 곽사를 제압하고 황제를 모시는 영광을 얻었다. 큰 공을 세운 조조는 헌제로부터 신망을 얻어 조정의 권세를 움켜쥐게 되었다. 조조는 자신의 권력을 공고히 하기 위해 수도를 자신의 고향인 허창으로 옮기고 말았다. 조조는 새로운 수도 허창을 새롭게 단장하기 위해 궁전과 성문을 고치고 시가지를 정리했다. 그리고 천자에게 아뢰어 논공행상을 따져 그것을 시행하였는데, 조조 자신이 몸소 그것을 챙겼다. 그러니 자연스레 조정 대신은 그를 따르는 사람들로 채워졌다. 게다가 조정의 모든 일은 조조를 거치니 조정의 대권은 고스란히 조조의 것이 되고 말았다.

반면에 유비는 아직도 자리를 잡지 못하고 있었다. 유비는 조조가 한참 위세를 떨치고 있을 때 조조 아버지 시해 사건에 연루된 서주 도겸을 도와주고 있었다. 유비답게 그것은 덕스런 행동처럼 보였으나 이런 유비의 행동은 조조로 볼 때 결코 허용할 수 없는 일종의 조조에 대한 도전이었다. 더욱이 조조와 척을 진 여포를 포용하면서 유비와 조조 사이는 점점 멀어지는 계기가 되었다. 서주 도겸이 양위를 하려고 했을 때 그것을 거부하는 행동에서도, '배신자'라는 딱지가 붙은 여포를 형님으로 대우하며 포용하는 행동에서도 덕스런 행동은 계속된다. 과연 이런 유비의 덕스런 행동이 어떤 결과를 가져올 것인가?

한편 서주의 태수 도겸은 벌써 칠십에 가까운 나이에 병환이 깊어 스스로 자신의 명이 다한 것을 알고 있었다. 그런데도 국가 장래에 대하여 전망이 불투명해 못내 안타까웠다. 그래서 유비에게 서주를 맡아 둘 것을 간청하였지만 유비는 완강히 거절해 버렸다. 그러는 가운데 도겸은 마침내 숨을 거두고 말았다. 그리고 장례가 끝나자 유비는 소패로 돌아갔으나 곧 미축, 진등 등이 대표로서 유비를 찾아와 계속 간청하였다.

그러자 또 다음 날, 소패의 관청 문 밖에 시끄럽게 떠들면서 반란을 일으킨 사람들처럼 백성들이 몰려 와 엎드려 서주를 맡아 줄 것을 간곡히 간정하자 유비도 마침내 뜻을 굽히고 말았다. 이로써 유비는 비로소 한 주의 태수라는 자리를 얻게 되었다.

탁현이라는 촌에서 맨몸으로 일으켜 오늘날에 이르기까지 예의를 지키고 풍운을 임해서도 공을 서두르지 않았으며 악명을 퍼뜨리지 않았다. 그래서 언제나 관우와 장비로부터,"우리 형님은 시대에 뒤떨어진 분이야."하고 핀잔을 받은 것도 오늘날에 와서 생각하면 먼 길을 돌아서 온 느낌이지만 도리어 가깝고 바른 길이었던 것이다.

한편 그는 서주의 태수가 되자, 먼저 선군 도겸의 위령을 제사 지내고 황하의 들에서 성대한 장례식을 베풀었다. 그런 다음 도겸의 덕행과 위업을 상소문을 만들어 조정에 전달하였다. 또 미축이라든가 손건, 진등 등 옛날 신하를 중용하여 크게 선정을 베풀었다. 이렇게 해서 메뚜기로 인한 기근과 전쟁으로 인해 풀까지 말라버린 영토를 되살리기 위해 총력을 쏟았다. 그래서 백성들의 눈동자에도 차츰 생기가 되살아났다.

그러나 백성들이 입에서 입으로 전해지는 그 유비의 명성을 듣고 조조는 죽은 도겸이 내 선친의 원수였다는 것쯤은 잘 알고 있을 것이고 아무런 공도 없이 서주 태수에 앉게 되다니 이것은 말도 안 되는 일이라고 하면서 조조는 유비를 치려고 마음먹었다.

한편 여포는 조조에게 패하여 연주도 내주고 자기가 머물고 있는 복양성도 내주고 말았다. 조조의 대군 앞에서는 여포의 용맹도 별 효용이 없었다. 여포는 원소에게 사람을 보내 상대의 심중을 떠본 후 당분간 그에게 의지해 보려고 하였다. 허지만 원소는 여포의 기대를 여지없이 저버리고 말았다. 원소는 여포가 천하장사지만 이리와 같은 속성이 있어 언제 기주를 넘볼지 모르니 조조를 도와 여포를 제거해야 한다는 심배의 말을 듣고 그의 말대로 안량에게 군사 5만을 주어 조조를 돕도록 하였다. 여포는 매우 실망하여 진궁에게 무슨 뚜렷한 묘책이 없느냐고 물었다. 진궁도 매우 난색을 표하였다.

"글쎄요 서주로나 가 보실까요 요즘 도겸이 죽고 유현덕이 새로 서주 태수가 되어 다스린다 하는데 유현덕의 인품이면 의지할 만하지요."

여포는 그의 말에 따랐다.

유비는 여포가 자기 일족을 데리고 와서 너그러운 도움을 청하자, 관우와 장비를 거느리고 몸소 나아가 여포를 맞이하려 하였다. 그러자 미축과 손건 등이 유비 앞을 막으며 무조건 말리는 것이었다. 특히 미축은 막무가내였다.

"여포의 사람됨을 잘 아시면서 어찌하여 굶주린 늑대 같은 자를 성 안에 들이려 하십니까? 원소가 거절한 것을 보아도 가히 짐작할 일이 아닙니까. 서주는 윗사람과 아랫사람이 합심하여 평온한 나날을 보내면서 국력을 길러 왔습니다. 그런데 만약 그를 성 안에 들여 놓으면 반드시 사람을 해치고 말 것입니다."

옆에 있던 관우와 장비도 그의 의견에 찬성하였다. 유비 역시 수긍은 하였지만 천천히 고개를 좌우로 흔들었다.

"여포가 좋지 않은 사람이라는 것을 나도 모르는 바는 아닙니다. 만약 일전에 여포가 조조의 배후를 찔러 연주를 치지 않았더라면 어찌 서주성이 화를 면할 수 있었겠소? 물론 여포가 그렇게 하고 싶어서 그런 것은 아니지만 나는 그것을 하늘의 뜻으로 보고 감사하고 있소 그뿐 아니라 오늘날 자기가 궁해서 나를 찾아왔는데 내 어찌 사람의 도리로 그것을 거절할 수 있겠습니까?"

미축도 더는 입을 열지 않았다. 장비는 마지못해 따라가면서 관우를 보며 투덜거렸다.

"정말 큰일이야. 형님은 너무 사람이 좋아서 탈이야. 여포 같은 놈을 마중까지 나가려 하다니. 정말 큰일났어."

마침내 유비는 관우와 장비, 미축 등 일행을 거느리고 성 밖 30 리까지 나아가 여포를 맞았다. 유비는 황송해 하는 여포에게 서주의 패인을 꺼내며 서주를 맡아 달라고 하였다. 여포는 그 패인을 보자 곧바로 얼굴빛이 밝아지며 의외라는 표정을 지으면서도 무의식중에 손을 내밀어 받으려 하였다.

그러다가 문득 눈을 들어 맞은편을 보니 유비의 등 뒤에 관우와 장비 두 사람이 무섭게 눈을 부릅뜬 채 버티고 서 있었다.

여포는 주춤하고 손을 멈추자 유비는 패인을 내밀며 재삼 권하는데 옆에 있던 진궁이 보다 못해 한 마디 하였다.

"저희는 다만 손님일 뿐입니다. 패인을 거두어 주십시오."

유비는 더 이상 권하려 하지 않았다. 그리고 그들이 머물 처소를 정해 주고 편히 쉬도록 하였다.

장비는 끝까지 못마땅하였다. 더욱 유비는 여포가 돌아가는데 성문 밖에까지 배웅하는 데는 아주 비위가 틀렸다.

"우리 형님은 너무 사람이 좋아 걱정이야. 겸손도 도가 지나치면 남에게 바보 취급받기가 십상이란 말이오. 더럽고 메스꺼워 더는 눈뜨고는 볼 수가 없네."

장비는 관우를 붙잡고 불평을 하였다. 관우는 그 동안 잠자코 듣고만 있더니 여포를 보내 놓고 돌아오는 유비를 보자 이렇게 여쭈었다.

"형님은 어째서 오늘 여포를 죽이지 않고 도리어 후히 대접해 보내시는 것이오? 내 형님의 그 속뜻을 알다가도 모르겠습니다."

유비는 웃으며 말했다.

"그것은 눈앞의 일만 생각하는 것에 지나지 않네. 나는 조조의 뱃속을 환히 들여다보았네. 조조는 내가 여포와 합세를 해서 저를 칠까봐 그것이 겁이 나 이 현덕과 여포사이에 이간질 시키고 있다. 그리고 난 다음 나를 칠 생각인데 내 어찌 그 작은 꾀에 속겠는가."

"과연 잘 보셨습니다."

관우는 유비의 혜안에 공감했으나 장비는 그렇지 않았다.

"내가 보기에는 다음날 우리를 해칠 사람은 조조가 아니라 여포 이놈입니다. 꼭 조조의 청을 받아서가 아니라 이번 기회에 아주 그놈을 죽여 후환을 없애 버립시다."

"그것은 대장부로서 할 짓이 아니네."

하고 유비가 잘라 말하자 장비는 코가 납작해졌다.

조조는 자신의 명을 어기고 유비가 여포를 제거하지 않고 끌어들인 것을 보고 더 이상 그대로 볼 수 없었다. 그 둘이 합하면 큰 세력이 될 것이니 그 둘 사이를 벌려 놓아야 했다. 조조의 뜻을 알아챈 순욱은 조조에게 계략을 말하였다.

"먼저 원술에게 사람을 보내 유비가 지금 천자에게 주청하여 남양을 치겠다는 말을 하였다고 하십시오. 그러면 원술이 화를 참지 못하고 반드시 유비를 칠 것입니다. 그런 다음 다시 유비에게 칙사를 보내 원술이 모반을 꾀하려고 한다고 하여 남양을 토벌하라는 천자의 칙령을 엄하게 내리도록 하십시오. 그러면 유비가 설령 이쪽의 의도를 안다고 해도 정직하여 천자의 칙령을 거역하지는 못할 것입니다. 그리고 표범을 향해 호랑이를 몰면 호랑이굴이 텅 비게 됩니다. 이 때 텅 빈 호랑이굴을 노리는 이리가 있을 것인데, 그것이 누군지 짐작이 가시는지요?"

"그래, 여포다. 그 놈에게는 분명 이리의 본성이 있어. 내 평생에 이런 묘한 계책은 듣기도 처음이로구나."

하고 조조는 무릎을 치며 기뻐하였다.

그날로 조조는 원술이 있는 남양을 향해 칙사를 급히 보냈다. 그와 동시에 서주성에도 칙사가 급히 내려와 칙령을 전하였다.

유비가 그것을 보고 매우 침통한 얼굴을 하며 통 말이 없었다.

미축이 와서 조조의 교활한 계교이니 절대로 속지 않도록 간하였지만 유비는 그것이 계략일지라도 칙명을 어길 수는 없다며 남양을 향해 진군 명령을 내렸다. 미축을 비롯한 모든 신하들은 유비의 굳은 결의를 보고 입을 다문 채 유비를 따랐다.

유비는 떠나기 전 서주를 지키는 문제를 마무리 지어야 했다. 그것은 아주 중요한 문제였다. 그 곳을 뺏기는 것은 집을 잃는 것이나 마찬가지였다. 그래서 유비는 관우에게 서주를 맡기고 싶었으나 장비가 자진해서 지키겠다고 자원했다. 유비는 장비가 무슨 일을 저지를지 몰라 내심 불안했지만 장비가 강력하게 요구하였으므로 생각 끝에 어쩔 수 없이 장비더러 성을 지키게 하였다. 그 대신 술을 많이 마시지 말고 매사에 신중하라고 신신 당부한 후 관우와 더불어 군사 3만을 거느리고 서주를 뒤로 하고 남양을 향해 떠났다.

이 때 하남 땅 남양에 웅거하며 그 세력이 날로 번창하는 원술은 조조가 보낸 급사를 맞아 유비를 치라는 글을 보고 곧 기령에게 영을 내려 그 날로 10만 대군이 남양을 떠났다.

한편 서주성을 지키고 있는 장비는 자질구레한 잡사는 일체 진원용에게 맡겨 버리고 자기는 성을 지키는 데에만 전념하였다. 밤에 잘 때도 갑옷을 벗지 않았고 침상에서 자본 일도 없었다. 물론 술은 입에도 대지 않았다.

그러나 이렇게 며칠을 지낸 장비는 드디어 술 마실 구실을 찾았다. 하루는 성내를 돌아 군사들의 군무 상태를 순찰했는데 하나도 나무랄 데가 없어서 그는 극구 병사들을 칭찬하며 술잔치를 벌였다. 이를테면 부하들의 노고를 위로해 한잔 낸다는 것이었다. 장비는 유비와의 약속을 지키기 위해 처음에는 술을 대지 않았다.

술 먹는 광경을 멍하니 장비가 바라보고 있으니 병사들이 어쩐지 미안한 생각이 들어 권하니 장비는 권하는 것을 참지 못해 어쩔 수 없이 한잔 받아 마시자 더 이상 견딜 재간이 없었는지 물마시듯 벌컥벌컥 계속 몇 잔을 단숨에 들이키고 말았다.

그러던 차에 술 창고지기가 술을 내주지 않는다는 보고가 들어왔다. 그러자 장비는 호통을 쳐 술을 계속 내오게 하여 주린 배를 술로 채웠다. 곧 장비의 배는 마치 술통처럼 변했다.

술 창고지기는 이것을 조표에게 보고했고 조표는 깜짝 놀라 뛰어왔다. 달려 와서 보니 장비는 그런 모습을 하고 있었다. 조표가 하도 어이가 없이 보고 있으려니까, 장비는 술 바가지를 내밀었다.

조표는 뿌리치면서 장비를 나무랬다.

"이것 보시오! 장군은 벌써 잊으셨소. 그렇게 큰소리로 서약까지 해놓고"

장비는 화를 버럭 내고 술 바가지로 조표의 얼굴을 두들기고 발길로 걷어차 버렸다.

조표는 버럭 화를 내며 따지고 들자 장비는 더욱 화를 내며 조표를 때렸고, 보다 못한 군졸들이 장비의 팔에 매달리기도 하고 허리를 잡고 만류할 때 조표는 도망갔다.

조표는 억울하게 매를 맞고 돌아와 생각하니 아무래도 분해서 견딜 수 없었다. 얼굴이 쓰릴 때마다 장비에 대한 원한이 깊어갔다. 별안간 그에게 좋은 생각이 떠올랐다. 그 밤으로 여포에게 글을 써서 비밀리에 소패로 보냈다.

그 글은 먼저 장비의 무례함을 말하고 이어 지금 유비가 회남으로 떠나고 없다는 것과 성에는 장비 혼자 있는데 오늘밤 술이 대취해 있으니 이 기회를 잃지 말고 군사를 몰고 와서 서주를 치라는 것과 자신은 성내에서 문을 열고 기다리겠다는 것이었다.

여포는 그 글을 보자 곧 진궁에게 선후책을 물었다.

"하늘이 준 선물입니다. 소패는 본래 오래 있을 땅이 못되고 서주는 누구나 탐나는 곳인데 이제 기회가 왔으니 어서 군사를 내십시오."

그렇지 않아도 여포는 항상 유비가 서주를 공으로 얻은 데 대해 부러움이 컸었다. 여포는 결심했다. 적토마는 오랜만에 갑주 대검의 주인을 태우고 달빛아래 사십 리 길을 단숨에 달려갔다. 여포를 따라 그의 군사 8, 9백 명이 서주성을 향해 달려갔다.

여포는 단신으로 성에 당도하여 위를 쳐다보고 소리쳐 크게 불렀다.

"전쟁터의 유 사공으로부터 긴급한 일이 있어 나에게 두 사람을 보내왔다. 그 일에 관해 장 장군과 상의할 일이 있으니 어서 성문을 열어라."

성문을 지키던 군사는 아무래도 좀 수상한 것 같아서,

"상부의 분부가 없이는 성문을 못 열겠으니 잠시 기다리시오"

일러 놓고 사람을 안으로 보내려 하는데 마침 조표가 성문 위에 올라서서 아래를 내려다 보더니,

"어서 성문을 열어라."

호통을 치며 군사를 호령해서 성문을 열게 하였다.

성문이 열리자마자 기다리고 있던 여포는 적토마를 몰아 성문을 들어서며 뒤를 돌아보고 소리쳤다.

"성문이 열렸으니 군사는 내 뒤를 따르라."

그 소리를 군호로 갑자기 어둠 속에서 수백 명의 군사가 소리를 지르며 물밀듯이 성내로 쳐들어 왔다. 아무도 예기치 못한 심야의 습격이라 미처 서두를 새가 없었다. 장비는 여전히 술이 만취해서 세상모르고 코를 골며 자고 있었다.

그 때 창이 부딪치는 소리와 함성 소리에 벌떡 자리에서 일어났다.

순간 그는 성내 쪽으로 뛰어 갔다.

그러나 이미 때는 늦었다. 성내는 걷잡을 수 없는 혼란에 빠져 있었다. 발길에 걸리는 시체를 보면 모두가 성중의 군졸들이었다.

"아! 여포로구나."

깨닫고 말에 뛰어 올라 한 발 여덟 자의 커다란 장팔사모를 꼬나들고 광장으로 나가 보니 거기에는 조표에 붙은 배신자들이 여포의 군졸과 함께 질풍과 같이 휩쓸고 있었다.

장비는 피 범벅이 되며 사뭇 후려치고 돌아다녔으나 아직도 술이 덜 깼다. 눈앞의 군사가 둘로 보이기도 하고 셋으로 보이기도 하니 제아무리 장비라고는 하나 힘껏 싸울 수가 없었다.

군사들이 장비를 호위하여 동문 밖으로 피하였다. 장비는 겨우 동문으로 성을 빠져 나와 위급함을 면했으나 유비의 가솔들이 그대로 성중에 있는 것을 깨닫지 못하였다.

아직도 그는 정신이 몽롱해서 꿈과 현실을 분간하지 못하였다.

그러자 뒤에서,

"장비야, 달아나려거든 거기 목을 놓고 가거라."

하고 외치며 1백여 명의 군사와 더불어 조표가 쫓아오고 있었다.

장비는 자기 뒤를 쫓는 자가 다름 아닌 조표인 것을 알자, 이를 갈며 말을 돌려 대적하였다. 그러나 조표는 장비의 그 고리눈만 봐도 겁이 나 1합에 말머리를 돌려 달아나니 장비는 더욱 노하였다. 말을 급히 몰아 한창으로 조표의 목덜미를 찌르니 사람과 말이 아울러 거꾸러졌다. 그 때야 장비는 술이 깼지만 자신이 패잔병이라는 것을 이내 깨닫게 되었다.

여포는 장비가 섣불리 대적하지 못할 인물이라는 것을 알고 있어서 일부러 접근하지 않고 있다가 장비가 달아나는 것을 보고 다행이라 여기고 더 이상 뒤를 쫓으려고 하지 않았다.

여포는 여포다운 어금니를 드러내었다. 맹수는 끝내 주인의 손을 깨문 것이다. 그러나 그는 원래 먼 미래를 바라보고 그것을 해치우는 악인은 아니었다. 그의 충동은 맹수의 발작과 같이 극히 단순하였다.

이 때 유비는 자기 고을에 그런 변이 생긴 줄은 꿈에도 모르고 적장 기령을 쫓아 회음의 강기슭까지 진을 몰아 나갔다.

황혼녘에 관운장이 한 바퀴 진지를 살피고 돌아오는데 보초가 저쪽 들판을 가리키며,

"저기 한 떼의 인마가 오는데 적인지 아군인지 모르겠습니다."

하고 보고하였다.

관운장이 말을 멈추고 그가 가리킨 곳을 바라보니 장비였다.

평소의 장비와는 딴 판이었다. 기운도 없다. 미소조차 없다. 그 호방하고 걸걸한 사나이가 축 쳐져서 자기 앞에 고개를 떨구고 있었다.

관운장은 장비를 부축하여 유비의 막사로 갔다.

그를 보자 유비는 놀라 급히 뛰어나와 맞았다. 장비는 유비를 보자 더욱 죽을 상이 되어 그대로 발아래 엎드리더니 여포에게 서주성 빼앗긴 일을 낱낱이 고하며 골백번 사죄하였다.

유비의 가솔을 챙기지 못했다는 관우의 질책에 장비는 자살까지 하려고 하였다.
　좌중이 모두 기가 막혀 벌어진 입을 다물지 못하고 있는데 유비는 한숨을 한 번 크게 내쉬며 장비를 달래듯 말했다.
　"옛말에도 형제는 수족과 같고 처자는 의복과 같다 하였다. 의복은 해졌으면 다시 고쳐 입으면 그만이지만 수족은 한 번 잘라 몸에서 떼어버리면 언제 어찌 다시 이을 수 있겠느냐? 우리들 삼 형제는 각자가 아직 부족한 점이 있는 인간들이다. 그 결점과 부족한 점을 서로가 뒷받침함으로써 좋은 수족이 되고 진실한 형제가 되는 법이다. 그대도 신이 아니다. 이 비도 범부이다. 범부인 내가 어찌 그대에게 신에게서처럼 만전함을 바랄 수 있겠는가. 이제 비록 성지와 집안 식구를 잃었다 하지만 본래 성지는 내 것이 아니었고, 그 성중에 비록 내 가족이 난을 당하여 있다고는 하나 반드시 여포가 살해하지는 않았을 것이니 추후에 구해낼 도리가 있을 것이다. 그런데 그만한 잘못으로 어찌 목숨을 끊으려 한단 말이냐. 우리 세 사람이 도원에서 결의를 하였을 때 한날한시에 함께 죽기로 하지 않았느냐?"
　하고 말을 마치자 관우와 장비가 감격해서 큰소리로 우니 좌중의 모든 사람들도 뜨겁게 눈시울을 적셨다.

지혜 없는 덕은 덕이 아니다

　사람의 도리를 앞세워 여포를 포용하여 여포에게 배신당하고, 조조의 계략인지 뻔히 알면서 황제의 칙령이니 따라야 한다는 유비를 보면 장비의 말처럼 누구나 답답하다는 생각을 떨칠 수 없다고 생각한다. 비록 장비가 잘못하여 여포에게 서주성을 내주었지만 근본적인 책임은 유비에게 있다. 관우와 장비가 반대했음에도 불구하고 유비가 여포를 끌어들였기 때문이다. 그래서 유비도 장비의 잘못을 알고도 책임을 묻지 않고 '형제는 수족과 같고 처자는 의복과 같다.'는 말로 위로하며 따뜻하게 장비를 받아들였다. 그것은 한편으론 유비의 따뜻한 인간성을 보여주는 것 같지만, 또 한편으론 유비의 깊은 속내를 들여다보면 자기 잘못을 은폐하기 위한 말이라는 생각이 든다. 결국 유비의 판단 착오가 이런 결과를 초래했으니 말이다.

여포의 배신은 이미 예견된 것이나 다름이 없었다. 이리 같은 여포는 먹이만 있으면 언제든 물기 때문이다. 왜 공자가 소인배를 멀리하라고 했는가? 소인배는 언제나 자신의 이익을 위해서 배신을 하기 때문이다. 그런데 유비는 그것을 어기고 여포를 끌어안는 어리석음을 범하고 말았다. 덕은 있는 것처럼 보이지만 왠지 덕이라고 말하기가 어렵다. 의형제인 장비도 장비지만 조조나 원소, 그리고 원술까지도 여포를 은혜를 모르는 배은망덕한 인간, 즉 이리로 보았다. 조조는 여포의 그런 심리를 이용해 유비를 치려고 하였지만 순진한 유비는 여포를 끌어들여 조조와 대적하려고 덕을 앞세워 이리 같은 여포를 감싸려고 하였다. 그러나 결과는 어떠했는가? 결국 유비는 자신이 어렵게 만든 본거지를 여포에게 빼앗기고 만 것이다. 그러니 결과가 보여주는 것처럼 유비의 이런 행동은 어리석은 것이지 결코 덕스런 행동이라고 볼 수 없다. 게다가 조조의 술책까지 황명이라고 받아들이는 유비를 보면 참으로 순진해도 너무 순진하다는 생각밖에 들지 않는다. 그래서 나폴레옹은 "정에 휘둘리거나 지나칠 정도로 냉정하지 않는 것은 인생에 있어서 가장 근본적인 처세술이다."라고 하였습니다.

선악을 가려 믿어야

인간은 선하지도 이성적이지도 않다. 그것도 사람마다 천차만별이다. 선한 사람도 있지만 순악질도 있는 것이다. 그래서 사람을 믿고 안 믿고는 자유라지만 사람을 대하는 태도는 그에 따라 달리 해야 하는 것이다. 믿기 전에 그 사람을 믿을 수 있는가를 먼저 판단해야 한다. 그런 다음 믿을 것인가 믿지 않을 것인가를 결정해야 한다. 만일 여포와 같은 '배신자'라는 딱지가 붙은 사람이라면 가까이하는 것은 매우 위험한 일이다. 유비처럼 도리나 정에 이끌려 그 사람을 포용하는 것은 이리를 끌어들이는 것이나 마찬가지이기 때문이다. 실패는 대개 냉정한 사고와 조심성 부족에서 오는 것이다.

물론 인간은 믿음 없이 살 수 없다. 우리는 곁에 의지할 사람이 없으면 불행해지니 사랑할 수밖에 없는 가냘픈 존재로 태어난 것이다. 그래서 믿고 사는 것은 인간의 필연적인 운명이다. 허나 자기를 보전하고 자신의 품위를 유지하기 위해서는 쉽게 사람을 믿으려 해서는 안 된다는 것을 강조하고 싶다. 우리들은 일부 협력하기도 하지만 끊임없이 경쟁 관계로 살아가기도 한다. 그래서 영원한 적도 영원한 친구도 없다. 적당한 거리를 유지하고 사는 것이 인간관계의 기본이다. 그래서 디오게네스는 "사람을 대할 때 불을 대하듯이 대하라. 다가갈 때는 타지 않을 정도로, 떨어질 때는 얼지 않을 만큼만"이라고 하였다.

이런 상황에서 다른 사람을 쉽게 믿는 것은 자칫 이용당하여 상처 받기 쉽다. 아무리 상대방의 이미지가 좋아도 처음부터 사람을 무조건 믿으려고 하는 것은 결코 현명하지 않다. 상대를 믿음으로 인해 유비와 같이 자칫 자신의 안위와 생명이 위태로울 수 있는 것이다. 그래서 로마 황제인 아우렐리우스는 상대방을 믿지 말라고 다음과 같이 충고하고 있다.

"나는 당신을 솔직하게 대하기로 했소" 하고 말하는 사람은 얼마나 고약하고 비천한 자인가! 인간이여, 그대는 도대체 무엇을 하고 있는가? 그런 말은 입 밖에 낼 것이 못 되지 않는가?

어떤 방식으로든 남을 믿고 의지하는 것은 큰 화를 자초할 수 있다는 것을 마음 깊이 새겨야 한다. 더구나 세상의 반 이상이 악으로 가득 차 있다. 그래서 항상 경계하지 않으면 누가 와서 뒤통수를 칠지 아무도 모른다. 악한이나 무례한 자, 사기 치는 자, 은혜를 모르는 자, 폭력을 좋아하는 자 등과 같이 악의 축인 사람들과 사귀고 그들을 믿는 것은 순전히 자신의 불찰이다. 그래서 공자도 선악을 가려서 사람을 사랑하라고 하였다. 여포와 같은 소인배를 사랑하는 것은 진정한 사랑이 아닐뿐더러 그런 사랑은 덕이 아니고 어리석은 소인배 행동에 불과하다고 하였다. 이처럼 우리들의 불행은 선악을 구분하지 못하고 소인배를 좋아하다가 생기는 것이다. 그래서 관중은 "덕과 능력을 두루 갖춘 자라야 화근을 미연에 방지할 수 있다."고 말하고 있다.

　더군다나 덕망이 없는 사람을 믿고 의존하는 것은 고양이에게 생선을 맡기는 것과 다름이 없다. 그리고 아무리 선량한 사람도 막다른 곡목에 다다르면 언제든 자신을 먼저 생각할 수밖에 없기 때문이다. 남을 믿고 의지하는 것은 결국 스스로 패망에 이르는 길을 선택한 셈이다. 인간들이 오죽했으면 워싱턴의 아버지는 어린 워싱턴에게 아버지인 자신도 믿지 말라고 했겠는가. 그래서 그 당시 철권이었던 루이 14세는 "나라를 다스리는 일은 남에게 믿고 맡겨서는 안 된다. 정치에 관한 모든 일은 자신이 직접 결정해야 한다."라고 하였다. 그리고 솔로몬도 "말로는 '나를 믿어도 좋다.'고 하는 자가 많지만 정말로 믿을 수 있는 사람은 얼마나 적은가?"라고 반문하고 있다. 그래서 한비자는 지도자라면 사람을 기용할 때 반드시 신뢰성을 검증해야 한다는 것을 강조한다. 사람을 쓰기 전에 그 사람의 능력과 함께 품성을 검증하여 사람을 기용해야 한다는 것이다. 그렇지 않고 기용하면 여포처럼 분란의 화근이 된다는 것이다.

　허나 한비자는 한번 기용한 사람을 의심해서는 곤란하다고 말한다. 부하를 의심하여 감시하거나 간섭하는 것은 부하가 자신의 뜻을 마음대로 펼칠 수 없어 제대로 능력을 발휘할 수 없게 만들기 때문이다. 특히 당사자가 아는 날이면 반감을 사 대세를 그르칠 수가 있다. 그래서 사람을 썼으면 믿고 맡기는 것이 현명하다. 한비자는 "군주의 잘못은 신하를 기용해 놓고 다른 신하에게 그 신하를 감시시키는데 있다."고 하였다.

마지막으로, 주의할 것이 있다. 아무리 사악한 자라도 그 사람을 대할 때는 유비처럼 정중하게 대하는 것이 낫다는 점이다. 그러면 상대도 무례하게 행동하지 않을 것이다. 다른 사람을 존경하는 자는 존경을 받는 것처럼 다른 사람에게 정중한 사람은 정중한 대접을 받는다. 특히 인간성이 좋지 않을수록 더욱 조심하지 않으면 안 된다. 아무리 간악한 여포라도 유비의 식솔에 대해서는 손을 대지 않고 돌려준 것처럼 말이다. 그래서 쇼펜하우어는 "예절은 지혜로운 자가 지키는 일이고, 무례는 어리석은 자가 지키는 일이다."라고 하였다.

9. 쾌락의 파라독스 - 조조의 불륜과 전위의 죽음

우리는 즐기는 것을 좋아한다. 우리는 태어날 때부터 욕망을 가지고 있고, 그 욕망 속에는 쾌락이 들어 있기 때문이다. 맛있는 음식을 즐기고 자유롭게 성적 쾌락을 추구하는 것도 먹는 즐거움과 성적 쾌락이 그 속에 잠재되어 있기 때문이다. 그래서 즐기는 것은 당연한 것인지도 모른다.

더욱이 욕망의 극대화를 추구하는 현대인의 삶은 쾌락과 향락으로 물들어 있다. 쾌락주의적 삶은 먹고 마시고 즐기는 것이 일상화된 현대인들에게 가장 익숙한 것 중에 하나가 아닌가 싶다. 지금은 즐길 수 있을 때 즐기는 것은 너무나 당연한 것이 되었다. 수년 사이에 점점 더 짧아지는 여성 연예인들의 치마 길이만큼이나 성관념은 막 풀려난 망아지마냥 드세게 휘달리고 있다. 식탐을 즐기는 '맛있는 녀석들'은 사람들이 즐겨 보는 프로그램이 되었다. 오늘 즐길 수 있을 때 즐기는 것이 현재를 사는 우리들의 모토처럼 보인다. 그래서 동양의 풍류주의자인 열자도

"뜻이 하고 싶은 것이면 무엇이나 하도록 내버려 두라."고 하였다.

허나 과연 쾌락주의적 삶이 우리를 행복하게 하는 것일까? 노자는 "만족할 줄 모르면 치욕을 당하고 멈출 줄 모르면 위태롭다."고 했다. 노자는 쾌락이 자칫 불행의 씨앗이 된다는 것을 강조하고 있다.

〈삼국지〉에서 노자의 말을 실감나게 하는 장면이 나온다. 조조의 불륜이다. 그것은 쾌락이 행복의 원천이 아니라 얼마나 위험한 불장난인지를 잘 보여준다. 조조는 승승장구하면서 승리감에 도취되어 행동에 거리낌이 없었다. 승리의 전리품이기도 한 여성과 한동안 사람에 푹 빠진다. 모든 일을 전폐하고 장중 깊숙이 틀어 박혀서 한 여인과 단꿈에 빠진 것이다. 그러나 그 대가는 엄청난 것이었다. 조조가 어떤 대가를 받는지 생생하게 보자.

> 조조가 여포를 없애려고 하는 마당에 여포는 가장 믿을 수 있는 유비를 내쫓아 결국 완전히 적이 되고 말았다. 유비는 어쩔 수 없이 조조를 찾아갔다.
> 유비는 관운장과 장비 두 사람은 성 밖에 그대로 있게 하고 손건과 미축 두 사람만 데리고 조조를 만나보았다. 조조는 그를 대하기를 상빈의 예로써 대하였다.
> 유비는 자리에 앉으며 웃으면서 그 간에 여포와의 사이에 일어난 사건을 낱낱이 이야기하였다.
> 조조는 함께 분개하며 듣고 있다가 소리쳤다.
> "내 그놈이 배은망덕한 놈인 줄은 알았지만 그럴 줄을 몰랐구려. 내 동생과 같이 이번에 힘을 합해서 꼭 그놈을 치고야 말겠소"
> 유비는 조조에게 동생이라는 소리를 두 번이나 들었다. 그러나 유비는 그것을 순수하게 받아들였다. 그리고 그 자리에 장비가 있었더라면 또 가만히 있지 않았을 것이라 생각하고 성 밖에 두고 오기를 잘했다고 생각하였다.
> 조조는 그를 융숭히 대접하여 주연을 베풀고 밤이 깊도록 술을 마시며 즐거워하였다. 관우와 장비를 대접하는데도 최선을 다하였다.
> 유비가 밤이 이슥해지자 처소로 돌아갔다. 그리고 그 자리에 조조와 순욱 두 사람만 남게 되자 조조는 순욱의 얼굴을 쳐다보며 한 번 환하게 웃으며 말했다.
> "그대가 보기에는 현덕이라는 위인은 어떤가?"
> 순욱은 정색을 하며,
> "현덕은 과연 듣던 바와 같이 대단한 인물입니다. 바로 당대의 영웅이지요. 지금 바로

도모하지 않으시면 승상께 반드시 큰 후환거리가 될 테니 깊이 명심하십시오."

그러자 조조는 흠칫 놀라면서도 매우 씁쓸한 표정으로 그것을 외면하고 말았다.

순욱은 조조가 외면하는 것을 보고 자기 말에 기분이 상한 것을 알고 그 자리에서 물러갔다.

조금 후에 그 자리에 곽가가 들어왔다. 조조는 곧 그를 붙들고 물었다.

"순욱이 나에게 현덕을 죽이라고 하니 그대 생각은 어떤가?"

그 말을 듣자마자 곽가는 그 자리에서 펄쩍 뛰었다.

"절대 그건 안 될 말씀입니다. 주공이 의병을 일으켜 백성을 구한다는 신의를 내걸고 영웅호걸들을 구하고 계십니다. 그런데 좀 된다 싶은 사람들은 그 말에 속을까 봐 망설이고 있습니다. 더구나 현덕이 유명하지 않은 사람이라면 몰라도 이제 현덕이라고 하면 당대 영웅으로 그 이름을 모르는 사람이 없습니다. 이런 사람이 당장 갈 곳이 없어서 승상을 찾아왔는데 만약 그를 잡아 죽여 보십시오. 이는 곧 어진 사람을 해친 것입니다. 천하의 뛰어난 인재들이 한번 그 소문을 듣는다고 해보십시오. 그렇지 않아도 의심이 많은 사람들이라 그 말을 듣는 즉시 한 사람도 주공 문하에 발그림자도 들여놓지 아니할 것입니다. 만약 그렇게 되고 보면 주공은 누구와 더불어 천하를 의논하시겠습니까? 이것은 마치 한 사람의 후환을 막으려다가 사해의 신망을 잃는 격입니다. 이것보다 위태로운 것이 없으니 주공은 좀 더 생각해 보아야 한다고 생각합니다."

그 말을 듣고 순간 조조는 얼굴빛이 환해졌다.

"그대가 바로 내 마음을 알아주는군. 오히려 이럴 때 그를 도와주어야 좋겠지."

그리고 바로 그 이튿날로 유비를 천자께 추천하여 예주목에 봉하게 하였다.

그러자 정욱이란 자가 달려와서,

"유비란 사람은 남의 밑에 있을 사람이 아니니 일찍이 없애버리는 게 좋을 것 같습니다."

하고 말하자 조조는 한마디로 거부하였다.

"곧 천하대세는 영웅들이 많이 필요할 테인데 공연히 생사람 죽여서 천하 인심을 잃을 필요가 없지 않나."

정욱의 말을 물리친 조조는 도리어 유비에게 군사 3천과 양곡 1만 곡을 주어 예주로 내려가게 하였다. 그렇지만 조조는 마음속으로 언젠가는 반드시 유비를 쳐야 한다는 생각을 다짐하였다.

유비는 조조의 환송을 받으며 예주로 떠났다. 곧 흩어진 군사들을 모아 소패를 탈환할 계획을 하는 한편 예주에 당도하여 조조와 약속했던 여포를 칠 작전을 준비하고 있었다.

그런데 조조가 계획하였던 여포 정벌은 엉뚱한 곳에서 일이 터지는 바람에 뜻대로 될 수 없었다. 갑자기 허도가 위기에 처했다는 급보가 전해졌다.

한 때 장안에서 이름을 떨쳤던 동탁의 후예인 장제의 조카 장수가 얼마 전부터 동씨 일가의 잔당들을 끌어 모아 놓고 한 왕조를 복고하고 조씨 일가를 타도하자는 기치 아래 허도를 침공하려고 하였다.

장수는 모든 패잔병들을 모집하여 점차로 세력을 증강하더니 다시 책사 가후를 시켜 형주 태수 유표와 군사동맹을 맺었다. 그리고 그는 완성을 근거지로 활약하고 있었다.

가만히 두고 볼 수만은 없다고 생각한 조조는 직접 군사를 거느리고 장수를 정벌하기로 마음먹었다.

조조는 대군을 동원하여 하후돈을 선봉으로 삼고 완성을 향해서 진격하였다.

장수는 이름난 조조가 대군을 이끌고 왔기 때문에 파랗게 질려 책사인 가후에게 의논하였다.

"어떨까, 싸움에 승산이 있을까?"

"없습니다. 조조가 전력을 다해서 공격해 온다면 아무런 승산도 없습니다."

"그럼 어떻게 하면 좋은가?"

"장군! 항복하는 것 이외에는 다른 방법이 없습니다."

과연 가후는 앞을 내다볼 줄 알았다. 장수를 설복시켜 군사들을 한 발짝도 나아가지 않게 하고 자신이 백기를 들고 사자가 되어 조조의 진으로 향하였다. 비록 가후는 항복하러 온 사자이기는 하지만 태도가 훌륭하였다. 뿐만 아니라 능란한 말솜씨로 장수에게 유리하도록 협상을 진행시켰으므로 조조는 가후의 인품에 반하고 말았다.

"어떻소? 귀공은 장수 곁을 떠나서 나하고 같이 있을 수 없겠소?"

"저에게 과분한 말씀입니다. 하오나 장수도 소인의 말을 잘 들어주므로 이제 와서 그를 버릴 수는 없습니다."

"옛날엔 누구를 사랑했었소?"

"이각에게 있었습니다. 그러나 이것은 저의 큰 과실이었습니다. 그 때 누명을 쓰고 천하에 미움을 받게 되었으므로 지금에 와서는 더 한층 자중하고 있습니다."

가후의 노력으로 장수는 전쟁의 화를 모면하였고 평화를 위한 외교가 진행되고 있었다. 조조는 완성으로 들어가 성중 한곳에서 기거하고 있었다.

어느 날 밤 장수에게 주연을 베풀었다. 조조는 주연이 끝나고 자기 침실로 돌아와서 귀를 기울이며 말하였다.

"이 성중에 아름다운 기녀가 있는가 보구나."

조조는 원정길이었으므로 조카인 조안민이 조조의 시중을 들고 있었다.

"저 호궁을 부는 사람은 대체 누구냐? 그 여자는 기녀냐? 미인이더냐, 추녀이더냐?"

"기녀는 아니고 참으로 아름다운 절세미인입니다."

조안민은 순진하게 조조의 묻는 말에 대답하였다.

"안민아, 그럼 어서 데리고 오너라."

"숙부, 저 미녀는 과부랍니다. 장수의 숙부 장제가 죽었기 때문에 이 성중에 모셔다가 장수가 돌보고 있다고 합니다."

"과부면 어떠냐. 너는 말을 한 번 건네 봤을 테지. 어서 이리로 데리고 오너라."

"깊은 안채에 있는 여인인데 어찌 저 같은 놈이 가까이 갈 수 있겠습니까? 말을 건네

본 적도 없습니다."
"그렇다면 다른 방법이 있지."
하고 조조는 더욱 더 열띤 어조로 말하였다.
"군사 오십 명을 데리고 가서 이 조조의 명령이라 말하고 장제의 미망인에게 이 조조가 물어 볼 것이 있다고 말한 다음 데려 오너라."
안민은 숙부의 눈빛에 짓눌려 거역도 못하고 허겁지겁 나가더니 곧 군사들로 둘러싼 채 미녀를 데리고 들어왔다. 드리운 포장 밖의 촛불은 은은한 빛을 복도에 던져주고 있었다. 조조는 패검을 세우고 그 손잡이 위에 두 손을 포갠 채 꼼짝 않고 서 있었다.
"모셔 왔습니다."
"수고들 하였다. 너희들은 이젠 물러가도 좋다."
조안민 이하 군사들의 발자국 소리는 저쪽으로 멀리 사라져 갔다. 그 뒤에는 초연히 서 있는 한 사람의 아름다운 그림자만이 그 자리에 남겨져 있었다.
"부인, 좀 더 앞으로 오시오."
그녀는 약간 눈을 들었다가 곧 내리깔았다. 난초 꽃을 닮은 눈시울은 기다란 속눈썹과 함께 가냘프게 떨며 조조의 속마음을 헤아리지 못하고 있었다.
"겁낼 것 없습니다. 잠깐 물어 볼 말이 있소."
조조는 황홀한 눈빛으로 바라보며 말하였다.
부인은 고개를 숙인 채 조용히 있었다.
"그대의 이름은 무엇이요?"
물어 보자 비로소 그녀는 가늘게 대답하였다.
"돌아간 장제의 처, 추가라고 합니다."
"나를 알고 있소?"
"승상의 높으신 이름은 일찍이 듣고 있었사옵니다."
"부인! 나의 원정군이 이 성을 불태우지 않고 장수의 항복도 순순히 받아 주었다는 것은 어떤 마음에서 그런 것인지 알고나 계시오?"
조조는 앞으로 가까이 옮겨 가서 별안간 부인의 어깨에 손을 얹었다.
부인은 어깨를 떨구고 얼굴은 진홍색으로 물들었다.
조조는 그녀의 뜨거운 귀에 입을 대고 말했다.
"그대에게 선심을 쓰는 건 아니지만 내가 마음을 어떻게 쓰는가에 따라 장수 일족의 생사가 달려 있소."
폭넓은 품 안에서 가느다란 목덜미를 젖히고 조조를 쳐다본 부인은 조조의 불과도 같은 눈동자에 부딪치자 마취에 걸린 듯이 이끌리고 말았다.
추씨의 아름다움에 빠진 조조는 장수가 눈치 채지 않게 하기 위해 추씨 부인을 데리고 성 밖에 있는 진지로 자리를 옮기고 전위를 불러 그곳을 밤새도록 지키게 하였다. 그리고 자기가 찾기 전에는 일체 사람의 발그림자도 들여놓지 못하도록 단단히 일렀다.

이렇게 외부와의 거래를 완전 차단하고 모든 일을 장막에 가린 채 조조는 장중 깊숙이 틀어박혀서 추씨 부인과 함께 보냈다.

시간이 흐르자 들통 나 장수의 귀에 들어가게 되었다.

장수는 그 말을 듣자 가슴을 치며 분통을 터트렸다. 장수는 곧 가후를 불러 창피를 무릅쓰고 통사정을 하였다.

가후는 손을 들어 장수의 입을 틀어막으며 말하였다.

"장군은 이 일을 아무에게나 말하지 마시고 일을 극비리에 처리합시다. 남녀 관계란 이야기 거리가 못됩니다."

그리고 나서 장수의 귀에 입을 가까이 대고 자세히 계책을 일러주었다.

이튿날 마침 조조가 장중에 나와 앉아있을 때 장수가 들어왔다. 그런데 매우 기색이 좋지 않았다.

"곤란한 일이 생겨 오늘 승상께 한 마디 청할 말씀이 있어 왔습니다. 요즘 저를 줏대가 없는 성주로 생각하는지 저의 군사의 군기가 문란하고 군사들 중에는 도망하는 자가 많아서 큰일입니다. 아무래도 이것을 막으려면 그들을 승상이 이끄는 중군으로 옮기는 것이 좋지 않을까 합니다."

"좋도록 하시게."

조조는 대수롭지 않게 쉽게 승낙하고 말았다.

장수는 그길로 나가서 자기 수하 군사를 조조의 진 한 가운데로 옮겨놓고 조용히 거사할 기회만 엿보았다. 그런데 한 가지 두려운 것은 조조의 장막 밖에서 주야를 가리지 않고 호위하는 전위의 용맹이었다. 그래서 장수는 넌지시 자기편 대장 호거아를 불러 일을 상의하였다.

호거아라는 사람은 힘이 보통 아니어서 능히 5백 근 무게를 등에 짊어지고 하루 7백 리를 달리는 천하장사였다. 그렇지만 조조의 전위를 당해내기에는 호거아는 자신이 없다고 말하였다.

그러나 호거아는 장수의 긴박한 사정을 듣고 나더니 그 자리에서 한 가지 계책을 일러주었다.

"전위를 잡는 것은 그리 어려운 일은 아니지요. 전위가 두려운 것은 그의 용맹보다도 실은 그가 가지고 있는 쌍철극입니다. 만약 이 쌍철극만 없애고 나면 전위가 제아무리 용맹한 장수라고는 하나 함정에 빠진 호랑이나 마찬가지입니다. 그러니 주공이 내일쯤 그 전위를 불러 술을 잔뜩 먹이십시오 그러면 그가 완전히 취해서 돌아가는 때를 기다렸다가 호위하는 군사로 가장하고 그 뒤를 따라가겠습니다. 그리고 나서 슬쩍 막사 안에 숨어 있다가 그 쌍철극을 훔치겠습니다."

장수는 그 소리를 듣고 무척 기뻐하며 각처에 영을 내려 공격 태세를 갖추게 하였다. 그리고 가후를 보내 전위를 초청하였다.

마침내 전위가 그 쌍철극을 들고 나타났다. 그 전위는 가후에게 안내되어 영채 밖에 당도

하였다. 장수는 반색을 하며 전위의 두 손을 잡으며 맞아들였다.
"여러 밤 지새우시느라 피로하실 것 같아 내 오늘은 잠시 쉬시라는 의미에서 이렇게……"
하고 은근히 술을 권하고 또 권하였다.
그러자 전위라는 사람은 원래 호인이라 주인이 호의를 베푸니 권하는 술을 아무 생각 없이 받아 마셨다.
전위가 술자리를 마치고 나왔을 때 술이 만취해서 정신이 오락가락하였다. 그는 비틀거리면서도 자기 진을 찾아 돌아가려하였다. 그 때 호거아는 많은 호위병 가운데 섞여서 비밀리에 따라가다가 슬쩍 그의 진으로 들어갔다. 절반은 성공한 셈이었다.
이날 밤도 여전히 조조는 장중에서 추씨를 앞에 앉혀 놓고 술타령하고 있었다. 그러나 문득 장막 밖에서 사람 소리와 말 우는 소리가 나므로 조조는 손에 들었던 술잔을 놓고서 밖에다 잠시 귀를 기울였다. 그 소리는 점점 멀어지더니 다시 주위가 조용해졌다.
밤은 이경 가까이 되었다. 갑자기 뒤에 있는 방이 떠들썩해졌다.
조조는 눈을 번쩍 뜨고 장막 밖을 향해 또 소리쳤다.
"거기 밖에 아무도 없느냐. 저 소리가 무슨 소리인지 알아보아라."
"건초 실은 수레에서 불이 났습니다."
조조는 그 불이 자기를 죽이려는 방화인 줄은 꿈에도 모른 채 안심하고 다시 자리에 누워버렸다. 그러자 곧이어 갑자기 창문에 불빛이 비쳤다. 조조는 그 때서야 비로소 당황하여 버둥거리기 시작하였다.
"전위는 어디 갔느냐. 전위를 빨리 불러라."
평소와는 달리 전위가 나타나지 않았다. 전위는 아직도 술이 취해 코를 골며 세상모르고 자고 있었다. 그러다가 겨우 북소리와 함성이 천지가 떠나갈 듯이 고막을 울리자 정신이 번쩍 들어 먼저 쌍철극부터 찾았다. 그러나 온 방안을 아무리 찾아보아도 쌍철극이 없었다. 전위는 당황하여 자신도 모르게 탄식하였다.
'이렇게 위급한 때에 쌍철극이 없어진 것을 보니 하늘이 이제 나를 버리신 것 같구나.'
이때 적은 이미 원문 앞까지 쇄도하여 왔다. 전위는 맨손으로 뛰어나가 맨 앞에서 덤벼드는 적의 목덜미를 잡아 넘겨 쳤다. 그리고 그 적의 허리에 찬 칼을 빼앗아 앞으로 나아가며 칼을 휘둘렀다. 삽시간에 20명이 죽었고 적의 기마병은 전위 하나를 당해내지 못해 퇴각하였다.
그러자 이번에는 뒤따라 온 보병이 또 물밀 듯이 덤벼들었다. 그런데 그 창의 수가 마치 강변가의 갈대 같이 많았다. 전위는 수십 군데 창을 맞아 전신이 피투성이가 되었는데도 끔쩍도 하지 않고 문을 막고 서서 사투를 계속하였다.
적은 감히 전위 가까이오지 못하고 다만 멀찌감치 떨어져서 마구 화살을 쏘아댔다. 화살은 전위를 과녁으로 사방에서 소나기 오듯 쏟아졌다. 전위의 몸뚱어리 전체가 화살에 꽂혀 고슴도치같이 되었어도 오히려 불사신처럼 버티고 서서 문을 막고 서 있었다.
그러나 장막 뒤로 돌아 들어오는 적까지 막을 수는 없었다. 진 뒤에서 적의 군사들이 몰려와서 등을 보이고 있는 전위의 등을 겨누고 마구 창으로 쑤시니 그는 마침내 두어 마디 크게 외마디 소리를 부르짖다가 거목처럼 피를 토하고 쓰러졌다. 그러나 그가 숨이 끊어진 지 이미 반나절이 지났어도 어느 누구도 그 앞을 지나 정문으로 들어갈 생각을 하지 못하였다.

전위가 몸뚱이 하나로 문을 막고 서 있을 때 조조는 비로소 여자를 뿌리치고 사방을 둘러보더니 그대로 몸을 날려 뒷문으로 뛰어나갔다. 말 잔등에 안장을 올릴 새도 없이 맨궁둥이로 뛰어올라 머리를 숙이고 어둠 속으로 정신없이 달아났다. 겨우 죽을 곳을 벗어나서 뒤를 돌아다보니 호위하는 졸병 하나 없었다. 조카 조안민 혼자서 맨발로 헐레벌떡 뒤를 따르고 있었다.

적의 기마병은 여전히 말굽 소리를 요란하게 울리며 추격을 멈추지 않았다. 욕설과 함께 전후좌우에서 화살이 조조에게 수도 없이 날아와 사방에 떨어졌다. 그 중의 화살 하나가 조조의 팔꿈치에 꽂혔다. 조조는 한 마디 말도 못하고 화살을 뽑아 버리고 그대로 달렸다. 그리고 한 1백 보쯤 달리자 이번에는 화살이 날아와 말 궁둥이에 꽂히고 말았다. 말은 한 번 펄쩍 높이 뛰더니 그대로 내달렸.

화살은 계속해서 날아와 동시에 말의 다리와 볼기짝을 꿰뚫었다. 그러나 그것은 조조에게는 전화위복이 되었다. 말은 아픔을 참지 못하고 미친 듯이 달리니 적의 화살은 조조의 말을 더욱 채찍질하는 꼴이 되었다. 이 기특한 말은 귀하신 목숨을 싣고 죽을 힘을 다하여 육수 강변까지 달렸다.

이렇게 강을 앞에 놓고 갈팡질팡하고 있는데 적의 기마병은 이미 바싹 뒤를 쫓아왔다. 조안민은 그것을 보자 죽기 아니면 살기다 싶어 칼을 빼어들고 그대로 그들을 향해 뛰어들어갔다. 그러자 그는 적장이 말위에서 내지르는 창에 찔려 여지없이 말발굽에 짓밟히고 말았다.

죽기 아니면 살기라는 심정으로 조조는 그대로 푸른 강물을 향해 말을 계속 몰았다. 말은 한 차례 높이 부르짖더니 풍덩 물 가운데로 뛰어들었다. 마침내 그들 인마는 건너편 육지에 당도하였고 조조는 길게 안도의 한숨을 내쉬는 순간이었다. 그 순간에 적의 화살 하나가 날아오더니 공교롭게도 그 말의 눈 하나를 관통하고 말았다. 급기야 말은 땅에 쓰러지고 네 발을 허공에 허우적거렸다. 조조는 자기 눈에 화살이 박힌 듯 가슴이 쓰리고 아팠다.

잠시 조조가 넋을 잃고 죽은 말을 내려다보고 있는데,

"아버님, 빨리 이 말을 타고 가십시오"

하는 소리에 문득 정신을 차리고 고개를 들어 그쪽을 바라보니, 큰아들 조앙이 자기가 타고 있던 말에서 내려 고삐를 잡고 타기를 권하고 있었다.

"어떻게 너 혼자서 이곳에 있느냐?"

"아버님이 오시기를 기다리고 있었습니다."

조조는 말도 없이 아들의 손에서 고삐를 넘겨받자 재빨리 말에 올라탔다.

그리고 몇 걸음 앞으로 달려 나가는데 뒤에서 외마디 소리가 났다. 순간 조조가 고개를 돌려 보니 뒤를 따라오던 조앙이 적의 화살을 맞고 거꾸러진 것이었다.

'아아! 내 실수 때문에 아까운 목숨들이 죽는구나. 내 반드시 이 원수를 갚아주마.'

조조는 눈물을 흘리며 걸음을 늦추지 않고 그대로 말을 몰아 앞으로 달려가 활의 사정거리를 벗어났다. 그리고 말을 멈추고 초연히 아들의 시체가 있을 지점을 바라보고 서 있었다. 조조는 큰 아들 조앙을 희생양으로 하여 겨우 죽음에서 벗어날 수 있었다.

여러 장수들이 그 소식을 듣고 달려 왔다. 그들은 길 위에서 조조를 만나자 모두 땅에 엎드려 문안을 드렸다.

조조는 수하 장수들에게 흩어져 있는 군사들을 수습하도록 하였다.

조조는 다시 안정을 되찾았다. 자신을 지키다가 죽은 전위를 위해 후히 제사를 지냈다. 그 자리에 조조가 친히 나아가 목을 놓아 통곡하며 죽은 사람을 위해 슬퍼하였다.

그리고 좌우의 여러 장수들을 돌아보며 울면서 말했다.

"내 맏아들을 죽이고 사랑하던 조카를 잃었으나 그것 때문에 크게 상심하지 않는다. 그러나 충성을 다 바친 전위를 잃은 슬픔은 너무나 뼈에 사무친다. 참으로 원통한 일이 아닐 수 없구나."

그리고 말을 마치자마자 또 한 차례 대성통곡을 하였다.

조조의 이런 모습을 보고 좌우에 있던 모든 사람들은 크게 감동하였다.

향락은 파멸의 지름길이다

조조는 확실히 도덕군자는 아니다. 이럴 때 보면 쾌락과 이익을 탐하는 간웅이라는 말이 잘 어울린다. 쾌락을 얻기 위해 불륜을 서슴없이 저질렀다. 그러나 한 순간의 즐거움을 위해 치른 대가치고는 엄청났다. 겨우 자신의 목숨은 건졌지만 자신의 수족들을 잃었다. 자신의 자식과 조카마저도 잃고 말았다. 잠시의 향락치고는 너무나 큰 대가였다. 끝까지 몸을 바쳐 조조를 지키려는 전위의 숭고한 정신도 조조의 바람기 때문에 퇴색하고 말았다. 조조가 후회한들 무슨 의미가 있겠는가. 그래서 우리는 아무리 쾌락이 좋고 향락이 좋아도 그것 때문에 도리를 저버리고 긴장감을 늦추는 순간 바로 인생의 위기가 온다는 것을 알 수 있다.

우리는 경쟁을 하면서 살아가기 때문에 늘 긴장을 하며 살아갈 수밖에 없다. 이런 긴장감은 사람을 피로하게 하고 많은 스트레스를 준다. 정신적 압박으로 인해 스트레스가 심해진 이들은 이 상황에서 벗어나려고 한다. 그 때 사람들은 긴장감을 풀고자 술이 주는 즐거움과 성적 쾌락을 찾게 된다. 특히 전쟁은 생사를 넘나드는 피비린 나는 싸움이기 때문에 무엇보다도 사람들에게 강한 스트레스를 준다. 군인들이 간음이나 간통을 서슴지 않고 저지르는 것은 언제 죽을 줄 모르는 상황에서 자신을 억압하는 극도의 긴장감을 풀고 싶기 때문이다. 그리고 이런 행위는 종족을 보전하려는 심리적 구조와 일치한다. 장수를 분노하게 한 조조의 파렴치한 행위도 바로 이런 심리에서 출발하였다고 봐도 무방하다.

하지만 일과 즐거움과의 불균형은 파멸로 가는 지름길이 될 수 있다. 어느 시대나 인간 세상은 끊임없이 경쟁을 하기 때문에 조금만 한눈을 팔아도 코를 베어가는 세상이다. 조조가 당한 상황도 그것과 별반 다를 것이 없다. 장수가 세가 불리함을 알고 일시적으로 항복했을 뿐인데, 조조는 장수를 분노하게 하는 향락에 빠져 그가 노린 함정수를 전혀 보지 못했던 것이다. 쾌락이 즐거움을 주지만 때로는 그 쾌락으로 인해 오는 후폭풍을 간과한 것이다. 왜 쾌락주의자인 에피쿠로스가 육체적 쾌락을 멀리했을까? 그는 '쾌락 그 자체가 나빠서가 아니라 쾌락 뒤에 오는 해악' 때문이라고 말한다. 그래서 스토아 철학자 에픽테토스도 "쾌락에 항거하는 자는 현자지만 쾌락의 노예가 되는 자는 바보이다."라고 하였다.

쾌락을 절제해야 하는 이유

사람이 살아가는 데 가이드 역할을 하는 것은 분명 욕망이다. 욕망이 있는 곳에 삶의 욕구가 담겨져 있기 때문이다. 왜 밥을 먹고 싶은가? 개체를 유지하고 싶기 때문이다. 왜 사랑하고 싶은가? 종족을 보존하고 싶기 때문이다. 따라서 욕망에 따라 행동하는 것은 불가피한 것이다. 먹고 싶을 때 먹어야 하고 사랑하고 싶을 때 사랑해야 하는 것이다. 그리고 이런 욕망 때문에 삶을 긍정하고 무언가를 창조하며 다채로운 인류 문화가 꽃피울 수 있었다.

허나 욕망은 또 하나의 어두운 그림자를 가지고 있다. 바로 파멸의 근원지인 것이다. 욕망은 채우면 채울수록 더욱 목말라하고 그것을 해갈시키려고 하면 할수록 조조처럼 큰 대가를 지불해야 한다. 다시 말해 만족할 줄 모르는 무한한 욕망 때문에 모든 도덕성을 파괴하며 모든 돈과 명예, 그리고 목숨까지도 내놓아야 한다는 것이다. 그래서 한비자는 "사람의 욕구가 강하면 자기의 욕망에 지배되기 쉬우며, 사치스런 물건에 유혹에 당하면 소란을 초래한다."고 하였다.

우리는 욕망 없이 살 수 없지만 그렇다고 욕망에 끌려 다니는 삶을 살지 않아야 한다. 욕망에 끌려 다니는 삶은 겉보기에 화려한 것처럼 보이지만 속을 들여다보면 속 빈 강정일 때가 대부분이다. 자칫 자신의 즐거움을 얻으려다 조조처럼 자식까지 잃는 아픔을 맛볼 수 있다. 공자가 언급한 나이가 젊어서는 성욕을 조심해야 한다는 말은 인간이 살아 있는 한 인생의 지혜처럼 보인다. 젊음의 혈기는 강력한 욕망에서 나오기 때문이다. 혈기 왕성한 젊음은 물불 안 가리고 쾌락에 덤벼드는 속성이 있다. 아주 위험한 불장난이 벌어질 있는 것이다. 이것을 볼 때 쾌락주의자가 말한 것처럼 쾌락은 선도 아니며 행복의 원천이라고 말할 수 없다. 그래서 쾌락주의자이면서 쾌락의 역리를 주장하며 육체적 쾌락을 멀리한 에피쿠로스는 "육체는 항상 무한한 쾌락을 요구하지만 지성은 뒤따를 불편을 고려하여 욕망을 제한한다."고 말한 뒤 "소박한 식사와 물만으로 만족하며 호사스런 삶의 쾌락을 멀리할 때 나의 몸은 상쾌하기 그지없다."고 말한다. 우리는 그의 말을 귀담아 들을 필요가 있다. 그래야 꿀 같이 달콤한 육체적 쾌락에 빠져 조조와 같은 엄청난 재앙을 불러오는 어리석은 일을 저지르지 않을 것이다. 절제가 중요한 것도 무절제한 쾌락이 언제든 자신을 망칠 수 있기 때문이다. 쾌락을 때론 돌보듯 해야 건실하고 건전한 삶을 살 수 있다. 쾌락을 좇는 불나방은 조조처럼 엄청난 재앙이 기다리고 있다는 것을 기억해야 한다고 생각한다.

10. 어리석음의 종말 - 여포의 최후

　워렌 버핏은 어떻게 주식 투자로 세계 최대의 갑부가 될 수 있었을까? 그는 인생에서의 최대의 투자는 우선 지식에 관한 투자라고 생각하였다. 자신이 하고자 하는 일에 대해 많이 알아야 시작할 수 있기 때문이다. 그래서 그는 주식 투자에 앞서 책을 읽고 신문을 읽어 세상의 정보를 캐내는 데에 조금도 게을리 하지 않는다. 주식 투자에 필요한 지식을 획득하기 위해 기본 하루 6시간 이상을 정보를 습득하는데 시간을 보낸다고 한다. 경제의 흐름과 기업에 대한 정보가 곧 주식 투자의 생명이기 때문이다. 그래서 그는 정확한 정보를 토대로 주식 투자를 하여 세상에서 가장 돈을 많이 번 사람이 되었다.
　그 뿐만 아니다. 그는 정보를 바탕으로 무리하지 않는 신중하기로 소문난 사람이다. 아무리 조심해도 주식 투자는 투기성이 있어 항상 위험성이 도사리고 있다. '도 아니면 모'라는 식으로 한 곳에 집중투자하지 않고 여러 곳에 분산 투자하여 위험성을 최소화한다. 돈을 버는 데는 무작정 많이 버는 것이 중요한 것이 아니라 손해를 최소화하는 것이 무엇보다도 중요하기 때문이다. 지금 당장 아무리 많이 벌어도 결국에 손해가 난다면 아무런 소용이 없다. 그래서 그는 장기 투자로 유명하다. 그리고 그는 절대 부채를 끌어들여 도박성 주식 투자를 하지 않는 것으로 유명하다. 빚은 수익성을 악화시킬 뿐만 아니라 부채가 그만큼 위험을 높이기 때문이다. 부채를 끌어들이는 순간 하루아침에 모든 것을 날리고 빚쟁이로 얼마든지 전락할 수 있다. 그래서 그는 있는 돈을 최대한 활용하여 안전하게 투자를 한다.

하지만 일반 우리들의 주식 투자는 어떠한가? 허술하기 그지없다. 아는 것이 없어서 증권사 직원에게 거의 맡기다시피 하거나 허술한 정보를 믿고 한 곳에 몽땅 투자하는 것이 다반사다. 게다가 빚까지 끌어들여 도박성 투자를 한다. 그러다 보니 결국 쪽박 차는 신세를 면치 못하는 경우가 많다.

이처럼 무지와 그에 따른 무리한 투자는 실패와 불행을 낳는다. 불교의 창시자 석가모니도 모든 불행의 근본은 어리석음에서 연유한다고 하였다. 사람들이 욕심 부리고 무언가에 집착하는 것은 결국 어리석기 때문이라는 것이다. 어리석기 때문에 분수를 모르고 무리하게 욕심 부리고, 욕심 부리다 망한다는 것이다. 그래서 무엇보다도 지혜는 생존하는 데 반드시 필요한 요건이다. 지혜의 눈이 있어야 비로소 태양을 볼 수 있다. 〈법구경〉에는 "지혜의 눈이 흐린 사람은 애욕에 빠지고 싸움을 즐긴다. 지혜의 눈이 밝은 사람은 근신하기를 보물처럼 지켜 나간다."라고 하였다.

〈삼국지〉에서 천하의 용장이지만 어리석어 기지개 한번 제대로 펴지 못하고 죽는 자가 있다. 바로 여포이다. 천하의 용장 여포는 한 때 적토마를 몰며 천하를 진동시키기도 하였지만 결국 그는 부하들에게 사로잡혀 역사 속으로 사라지는 치욕스런 맹장이 되고 만다. 천하를 넘볼 수 있는 무용을 가지고 있었지만 그것을 끝까지 발휘하지 못하고 자신의 수하들의 손에 잡혀 죽고 마는 것이다. 과연 그 이유는 무엇인지 한번 추적해 보자.

여포는 원술을 물리친 후 승리감에 빠져 매일같이 손님들을 초대해 주연을 베풀고 술을 마셨다. 세상살이를 이야기한다지만 실은 자기가 천하제일의 영웅이라는 칭찬하는 소리를 들으려고 술을 마시는 것이었다.

그 좌석에는 으레 약방의 감초처럼 진규 부자가 끼어 있었고 여포를 가운데 놓고 좌우에서 여포의 비위를 맞추기에 정신이 없었다. 조금만이라도 똑똑하다면 곧 낯을 붉힐 일이지만 여포는 어린애처럼 자기가 잘한다는 소리만 들으면 그저 입을 벌리고 정신을 차릴 줄 몰랐다.

진궁은 항상 그 진규 부자의 하는 짓이 보기 싫어 미칠 지경이었다. 하루는 보다 못해 마음먹고 조용히 여포에게 귀띔해 주었다.

"진규 부자가 장군의 면전에서 침이 마르도록 아첨을 하는데 아무래도 그 속마음을 모르겠습니다. 아무튼 경계를 해야 할 사람들이니 장군은 속마음까지 털어놓지 마십시오"

그러나 여포는 그 말을 듣더니 곧 화를 버럭 내며 도리어 진궁을 꾸짖었다.

"어찌 너라는 사람은 현인들을 모함하고 남을 못 잡아먹어서 안달인가?"

그러고 나서 도리어 그 자리에서 진궁을 내쫓고 말았다.

진궁은 매우 무색하여 물러가며 큰소리로 탄식하였다.

"저 사람은 남의 충언을 들을 줄 모르니 큰일이구나. 지금이라도 당장 다른 데로 갈 수 있으나 남의 웃음거리가 될까봐 어쩔 수 없이 이렇게 참고 있는데 그것도 모르고 저러니 이를 어떻게 한단 말인가."

결국 진궁의 한탄은 현실이 되었다. 조조의 편인 진규 부자의 말에 속아 여포는 서주성과 소패성을 잇따라 유비와 합심한 조조에게 빼앗기고 하비성으로 도망쳤다. 허나 여포는 아직도 정신을 못 차리고 주색에 빠져 있었다.

한편 승세를 굳힌 조조는 여포를 제거하기 위해 대군을 이끌고 와서 진을 쳤다. 여포는 성 안에서 동정만 살피고 있었다. 진궁이 조조의 군사가 정열을 가다듬기 전에 치자고 제의하였다. 그러나 여포는 줏대라고는 조금도 없는 사람이었다. 아내 엄씨와 애첩인 초선이 출전을 말리자 주저하는 마음에 방 안에서 뒹굴고 있었다.

나흘째 되는 날 진궁이 여포의 이런 모습을 보고 참다못해 문지기들의 손을 뿌리치고 뒷마당으로 여포를 찾아가 지금 조조군이 성을 포위하고 있으니 만일 조금이라도 지체한다면 반드시 위기에 처하게 될 것이라고 간언해도 여포는 소용없었다.

여포는 밤낮 엄씨와 초선을 좌우에 앉혀놓고 술을 마시며 답답한 심사를 풀고 있었다. 여포가 여자들의 말만 듣고 술타령을 하고 있는 것을 보고 좌우에 있는 군사들은 모두 답답하였다.

"나 참, 이러다가는 우리 모두 성 안에 가만히 앉아서 죽게 생겼네, 그려."

한편 조조는 성을 포위한 지 두 달이 넘도록 이렇다 할 성과가 없어 적잖이 불안하였다. 마침내 조조의 불안은 여러 장수들과 책사들을 모아놓고 그 일을 의논할 정도로 심각하였다. 조조가 먼저 입을 열어 그 불안한 심사를 토로하였다. 그러자 곽가가 옆에 앉아 있다가 호언장담하며 묘책을 말하였다.

"이 하비성이 함락되지 않는 이유는 사수와 기수의 지리적 이점 때문입니다. 역으로 이 두 강의 흐름을 아군이 이용하면 오히려 적을 무찌를 수가 있을 것입니다."

그것은 사수강과 기수강에 둑을 막아 두 물줄기를 한 곳으로 합치게 하여 하비성을 물속에 잠겨 버리게 하자는 것이었다.

조조는 그 말을 듣고 크게 기뻐하였다.

그 날부터 삼군에 영을 내려 군사가 총동원되었다. 군사들이 기수와 사수 두 강물을 터놓으니 두 강의 흙탕물은 하비성을 향해 맹수처럼 포효하며 흘러갔다. 조조의 군사들은 모두 언덕 위로 올라가서 하비성이 물바다가 되는 것을 구경하고 있었다.

하비성은 삽시간에 지형이 좀 높은 동문 하나만 빼고 나머지 세 문은 수중누각처럼 지붕이 얕게 물 가운데 뜨게 되었다. 생각지 않은 물난리를 당한 성중의 백성들은 지붕 위에 올라앉아 아우성을 쳤다. 군사들은 뗏목을 타고 물 위를 건너며 어떻게 해야 할 지 갈팡질팡 하였다.

이런 난리통에도 여포는 여전히 술타령이었다.

문 밖에서 군사들이 아우성치며 급함을 알리자 여포는 동문서답하며 천하태평으로 폭음의 나날을 보냈다. 그의 의지박약한 성격은 취해서 현실을 망각하는 것을 좋아하였다. 이렇게 여포가 연일 주색에 빠져 헤어날 줄을 모르니 아무리 무쇠 같은 몸이라도 견딜 수가 없었다.

그러던 어느 날 여포는 무심코 숙취에서 깨어나 우연히 거울에 비친 자신의 얼굴을 보고 깜짝 놀랐다. 얼굴이 말이 아니었다. 자기 눈으로 자신을 못 알아볼 지경이었다.

비로소 여포는 크게 깨달아 보고 있던 거울을 던져버리고 몸을 털고 일어섰다. 그리고 그날부터 일체 술을 입에 대지 않았다. 자기만 술을 금하는 것이 아니라 그와 동시에 오늘부터 누구든지 술을 마시는 자는 지위고하를 가리지 않고 참하겠노라는 엄명을 내렸다.

이 때 마침 후성이란 장수가 꼭 술을 먹어야 할 사건이 발생하였다. 본래 여포는 말을 소중히 여겨 그 단속을 엄히 하였다. 그런데 어찌된 일인지 후성이 거느린 말 가운데 15마리가 하룻밤 사이에 간 곳이 없어 야단이 났다. 말을 잃고 어쩔 줄 모르는 후성에게 누군가가 재빨리 제보를 하였다. 조사해 보니 말먹이는 군사가 사병들과 결탁하여 말을 훔쳐 성 밖으로 끌고 나가서 그것을 적군에게 제공하여 상을 타려고 그런 행동을 저질렀다는 것을 알게 되었다.

후성은 이 말을 듣고 그놈들을 뒤쫓아 다행히 말 도둑을 잡아 목을 베고 말 15마리는 다시 찾아오고 말았다. 그가 도둑맞았던 15마리 말을 몰고 돌아오는 것을 보고 동료 장수들이 모두 나와서 축하하며 한턱내라고 조르는 것이었다.

이 때 마침 병사들이 멧돼지 10여 마리를 사냥해 왔다. 그렇지 않아도 후성은 그들과 하룻밤 술을 마시며 즐기고 싶었다. 그런데 때 마침 그런 일이 생겨 후성은 술 창고를 열고 산돼지를 요리시켜 한판 벌였다.

그래서 후성은 술 다섯 병과 멧돼지 한 마리를 부하에게 들려 가지고 여포를 찾아갔다.

"장군의 위엄 때문에 도둑맞은 말 15마리를 도로 찾았습니다. 제 동료들이 그것을 보고 모두 축하하며 한턱을 내라고 조르는군요. 그런데 마침 멧돼지를 사냥해 왔다기에 간소한 잔치를 벌이고 있습니다. 주군께서도 즐거워 해주십시오."

여포는 그렇지 않아도 매사가 뜻대로 되지 않아 짜증이 나 있었는데 그 말을 듣자 일시에 화가 폭발하여 술병을 걷어차 버렸다.

"나 자신이 술을 끊고 성 전체에도 이미 금주령을 내렸거늘 네 놈들이 사소한 일로 주연을 벌인다는 것은 도대체 무슨 짓들이냐."

그리고 좌우를 돌아보며 불호령을 내렸다.

"이 놈을 잡아다가 당장에 목을 베지 않고 뭘 꾸물대느냐!"

소스라쳐 놀란 시종의 한 사람이 황급히 다른 장수들을 불러 왔다. 장수들은 사죄 백배하여 후성의 구명을 애원했으나 여포의 안색은 굳어진 채 풀어지지 않았다. 계속해서 장수들이 나아가 빌어서 가까스로 50대로 낮추었다. 그것을 보고 장수들은 모두 심기가 좋지 못하였다. 그 중에서도 송헌과 위속 두 사람은 자기가 그 일을 당한 것보다 더 마음이 편치 않아 그 자리를 물러나갔다.

그날 저녁 두 사람은 약속이나 한 듯 후성의 집에서 다시 만났다. 후성을 위문하러 온 것이었다. 후성은 그 두 사람을 보자 하염없는 눈물을 터뜨리고 말았다.

친구인 위속이 위로하려고 하자, 후성이 다시 말했다.

"나도 무인이네. 고통 때문에 우는 것은 아닐세."

"그렇다면 왜 우는가?"

"여장군이 원망스러운 것은 우리들 무인을 얕보면서도 여자들의 요사스런 말에는 쉽사리 움직인다는 것일세. 이와 같은 상태로서는 결국 우리들은 개죽음을 면치 못할 거야. 나는 그것이 슬퍼서 그러네."

그러자 송헌이 은밀히 이런 말을 하였다.

"여포가 저렇게 인정머리가 없으니 어떻게 그 사람을 믿고 따르겠는가. 차라리 성을 뛰쳐 나가 조조에게 항복하러 나가는 것이 어떨까?"

"이왕이면 여포를 사로잡아 조조에게 바치도록 하세."

이렇듯 살벌한 말을 주고받던 두 사람은 후성이 가만히 있자 덜컥 겁이 난 모양이었다. 송헌이 그를 돌아보며 물었다.

"그래 공은 어떻게 하시겠소?"

"내 오늘 그 놈의 말 때문에 이런 수모를 당하였으니 나는 말로 설욕을 하겠소이다. 여포가 믿는 것은 오직 그 적토마야. 그는 우리들 대장보다도 적토마를 소중히 여기며 부녀자를 더 사랑하지. 나는 그의 마구간으로 들어가서 적토마를 훔쳐 내고 곧장 성 밖으로 탈출할 테니 자네들은 남았다가 여포를 생포하게."

세 사람은 이렇게 모의를 하고 난 후 뿔뿔이 헤어졌다.

그 날 밤 후성은 아픈 몸을 이끌고 조용히 어둠 속에 몸을 숨기고 마구간으로 갔다. 마침 마구간 지기는 졸고 있었고 홀로 적토마만 잠을 깨고 쿵쿵 말굽을 구르고 있었다. 아무리 적토마라해도 주인을 가릴 리 없었다. 제 잔등에 올라탄 후성이 주인이라 생각했는지 적토마는 후성을 태우고 나는 듯이 동문을 향해 달렸다.

한편 위속은 같은 시각에 동문에 와서 문을 지켰다. 그는 숙직실에 들어가 잠시 조는 척하고 있는데 밖에서 말발굽 소리가 났다.

"옳지 후성이 적토마를 훔쳐 타고 오는구나."

하고 가만히 성문을 열어놓고 다시 들어와 조는 척하고 있었다. 군사가 들어와 위속을 흔들어 깨웠다.

"지금 후성 장군이 적토마를 타고 나는 듯이 성 밖으로 나갔습니다."

위속은 짐짓 놀라는 얼굴로 서둘러 말에 뛰어오르며 그 뒤를 쫓는 척하였다.

이 때 조조는 시종이 동이 틀 무렵 적정 후성이라는 자가 찾아왔다고 아뢰었다. 후성은 적중에서도 용장으로 이름난 인물이라 조조는 곧 그를 만났다. 후성은 탈출하게 된 경위를 말하고 여포의 마구간에서 훔쳐 온 적토마를 조조에게 바쳤다.

조조는 뛸 듯이 기뻤다. 조조 자신의 입장이야말로 진퇴유곡에 빠져 있는데, 궁하면 통한다더니 그에게 있어서는 다시없는 하늘의 도움이었다. 그래서 조조는 특별히 후성을 후하게 대하고 여러 가지 질문을 하였다.

후성은 계속해서 말하였다.

"동료인 위속, 송헌 두 사람도 성중에 머물러 내응하도록 되어 있습니다. 승상께서 제 말을 믿으시고 일거에 공격을 감행하신다면 두 사람은 성중으로부터 백기를 높이 들어 즉시 동문을 열고 맞이할 것입니다."

조조는 그 날 밤 여포를 사로잡아 바치는 자에게 큰 상을 준다는 수십 장의 격문을 써서 그것을 화살 끝에 매어 성 안으로 쏘아 보냈다.

과연 그 격문의 효과는 적지 않았다. 이튿날 하비성은 후성이 여포의 적토마를 훔쳐 조조에게 바쳤다는 소문과 더불어 그 방문의 내용을 여기저기서 수군거리며 이야기하였다. 그들은 어쩐지 하비성과 여포의 운명이 다 끝난 것 같은 불안감을 느꼈던 것이다.

그와 때를 같이하여 성 밖에서 크게 함성이 일어났다. 조조군이 총공격을 시작한 것이다. 성중에 있는 백성들이나 군사들은 모두 자신감을 잃고 동요하기 시작하였다. 그들은 이번 싸움에 여포가 망하리라는 예감을 하고 있었던 것이다.

여포도 그 기미를 알고 크게 당황하였다. 곧 방천화극을 갖고 나아가 각 문을 점검하고 다녔다.

이때 마구간 당번이 지난 밤중에 적토마가 사라졌다고 황급히 보고하였다.

여포는 빨리 찾아서 매어 두라고 눈살을 찌푸리며 꾸짖었다.

전면의 위급한 상황에 꾸짖고 있을 여유가 어디 있었을까. 그만큼 그날의 공방은 그지없이 치열하였다. 오시午時가 되었을 때에는 양군의 시체에서 뽑은 피로 성벽은 붉게 물들었고 흐린 물에는 시체로 온통 덮여 있었다.

이와 같은 격전이 계속되다가 해가 질 무렵에는 공격군도 지쳐서 멀리 퇴각하였다. 여포는 적이 퇴각한 것을 보자 긴장이 약간 풀리며 동시에 피로가 일시에 엄습해서 몸을 도저히 지탱할 수 없었다. 이른 아침부터 물 한 모금, 음식 한 점 먹지 못하고 싸움을 계속하였기 때문이었다. 긴 숨을 한 번 내쉬고 의자에 앉아 이마의 땀을 닦으며 잠시 쉬고 있었다. 그리고 의자에 몸을 기댄 채 꾸벅꾸벅 졸다가 잠이 들었다.

이런 기회를 노리는 사람이 있었다. 송헌과 위속이었다.

의자 밑에 여포의 방천화극의 자루가 보였다. 위속은 손을 뻗쳐 극의 자루를 힘껏 잡아당겼다. 졸고 있던 여포는 갑자기 몸의 균형을 잃으면서 절반가량 상체가 앞으로 기울어졌다. 위속이 뺏은 화극을 뒤로 던지자 그것을 신호로 송헌이 뛰어 들어 여포의 등을 떼밀었다. 여포는 마룻바닥에 나뒹굴면서도 두 발로 두 사람을 걷어찼지만 이 때 위속, 송헌의 부하들이 어느덧 방안에 가득 밀려들어 날뛰는 여포를 겹겹으로 포승지어 묶어 놓았다.

두 사람은 그를 내려다보며 발길로 걷어찼다.

"이놈아! 죽는 줄도 모르고 무슨 잠을 이렇게 멍청하게 잔단 말이냐."

"아무도 없느냐. 어서 내 몸을 풀어라!"

그 소리를 듣고 성 아래 있던 자가 더러는 성 위로 뛰어 올라오려고 하였다. 그러나 송헌과 위속이 떡 버티고 서서 위협하니 아무도 가까이 오는 자가 없었다.

여포는 있는 힘을 다해 빠져나오려 하였지만 워낙 밧줄이 굵어서 뼈 부러지는 소리만 났다. 위속은 재빨리 성 위에 올라가서 성 밖을 내다보고 흰 기를 흔들었다. 그것을 보고 조조군이 일제히 함성을 지르며 성 아래로 달려들었다. 하후연이 지휘하였다.

그는 성이 너무 조용하여 의심이 가 머뭇거렸다. 그것을 보고 위속은 성 아래를 내려다보며 큰 소리로 외쳤다.

"우리가 지금 막 여포를 사로잡았소이다."

마침내 하후연이 앞장을 서서 성 안으로 들어가자 조조군은 그 뒤를 따라 일시에 성안으로 들이닥쳤다.

드디어 조조는 대군을 이끌고 입성하였다. 그는 들어오는 길로 영을 내려 기수와 사수 두 강물을 막아 성 안의 물을 빼게 하고 사대문에 방을 내걸어 백성들을 안심시켰다.

다음으로 그는 유비와 함께 성 위로 올라갔다.

여포는 조조를 보자 고개를 저으며 부르짖었다.

"아파 죽겠으니 제발 이 밧줄 좀 늦추어 주시오"

그러나 조조는 웃으면서 말했다.

"범을 잡는데 아프게 결박하지 않고 어떻게 하겠느냐."

후성과 송헌, 그리고 위속 등이 다락 위로 올라와서 옆에 섰다. 여포는 그를 보자 이를

득득 갈면서,

"내 너희들을 그다지 야박하게 대접하지 않았는데 어찌 이렇게 배반할 수가 있단 말이냐."

다른 사람은 가만히 있는데 송헌이 화난 말투로 대꾸하였다.

"계집들에게 빠져 장수의 말은 조금도 들어주지 않고서 야박하게 대접하지 않았다하니 무슨 개소리냐."

여포는 더 이상 할 말이 없었는지 입을 봉하고 말았다.

이 때 서황이 진궁을 잡아가지고 들어왔다. 진궁은 묵묵히 조조를 잠시 쳐다보며 생각하였다.

"만일 그 옛날 조조를 중모의 관문에서 살려주지만 않았던들 오늘날 나의 운명도 이렇게는 되지 않았을 것이다."

그의 눈동자는 과거에 대한 후회와 원망이 역력히 나타나고 있었다.

조조는 그를 보자 조소하였다.

"그대는 그간 별 일 없이 잘 지냈는가?"

진궁은 그 말에 조조를 노려보더니,

"네 심술이 하도 사악하여 내가 너를 버렸다."

"내가 심술이 사악해서 나를 버렸다면서 공은 어떻게 포악무도한 여포는 섬겼나?"

"여포는 포악하기는 하지만 너처럼 간악하지는 않은 사람이다. 그에게는 정직함이 있다."

조조는 속으로 매우 괘씸하여 물었다.

"공은 스스로 자기 입으로 재주가 많다고 자랑하던 사람인데 오늘은 어찌된 일인고?"

그러나 진궁은 여포를 돌아보며 응수했다.

"이 사람이 내 말을 듣지 않아 이렇게 된 것이다. 만약 내 말만 들었어도 내가 너에게 사로잡히지는 않았을 것이다."

조조는 진궁이 좀처럼 굽히지 않자,

"오늘 일은 어찌하였으면 좋겠나?"

그러나 진궁은 음성을 높여,

"오늘은 내게 오직 죽음이 있을 따름이다."

조조는 또 한 번 진궁의 제일 아픈 곳을 찔렀다.

"공이 내게 이렇게 하는데 공은 그렇다 치고 공의 노모와 처자는 어쩔 셈인가?"

"사람의 도리를 이렇게 배웠다. 효로써 천하를 다스리는 사람은 남의 부모를 해치지 않고, 어진 정사를 천하에 베푸는 자는 남의 후사를 끊지 않는다 하였다. 그러니 내 노모와 처자의 사느냐 죽느냐는 오직 너의 마음에 달려 있을 뿐이다. 나는 이미 사로잡힌 몸이라 오직 죽기를 각오하였으니 마음에 꺼리길 것이 없다."

그 말에 조조는 진궁의 사람됨에 매우 감동하였다. 어떻게 하든 조조는 그를 살리고 싶은 마음이 간절하였다. 그러나 진궁은 그런 조조의 마음을 저버리고 천천히 다락 아래의 형장으로 내려갔다.

좌우 장수들이 차마 그것을 볼 수가 없어서 그 소매를 붙들었다.
그러나 진궁은 옷깃을 뿌리치고 끝내 걸음을 멈추지 않고 형장을 향하였다.
조조는 몸을 일으키더니 눈물로써 그를 보내지 않을 수 없었다. 진궁은 한 번도 뒤를 돌아보지 않았다. 조조는 눈물을 머금고 곧 이런 분부를 내렸다.
"곧 진궁의 노모와 처자를 허도로 보내 봉양하게 하라. 태만히 하는 자는 참하리라."
진궁은 그 소리를 듣고도 역시 입을 열려고 하지 않고 형리를 재촉하여 마침내 스스로 형을 받았다.
조조는 관을 준비해서 그 시체를 허도로 보내 성대하게 장사지내게 하였다.
조조가 다락 아래로 내려가고 잠시 다락 위에는 유비와 그 배후에 호위하고 있는 관우와 장비 세 사람만 남았다. 여포는 그 틈을 타서 유비를 쳐다보며 조용히 간청을 하였다.
"오늘날 공은 상객이 되어 높은 자리에 계시고 여포는 조금 있으면 형장으로 끌려가는데 어찌 공은 나를 위해서 한 마디 말씀도 없습니까?"
유비는 알겠다는 듯 묵묵히 고개만 끄덕였다.
조금 후 조조는 다시 다락 위로 올라와서 자리에 앉았다. 여포는 그를 보자 큰 소리로 외쳤다.
"일찍이 명공이 제일 근심거리였던 이 여포가 오늘날 이렇게 사로잡혀 항복을 드리오니 명공은 저를 물리치지 마시고 수하에 거두어주십시오. 그래서 명공이 대장군이 되시고 내가 그 다음이 되면 천하를 장악하기는 식은 죽 먹기가 아니겠습니까. 여포는 이미 복종할 각오가 되어 있습니다."
조조는 그 여포의 말에는 한마디 대꾸도 없이 유비를 돌아보며 물었다.
"어떻게 했으면 좋겠소?"
유비는 여포를 애써 외면한 채 말했다.
"승상은 정원과 동탁의 운명을 보지 못하셨습니까? 이 자는 양아버지 정원을 살해하고 동탁에게 충성을 맹세하였는데 다시 동탁을 죽이지 않았습니까?"
그러자 여포는 얼굴이 사색이 되어 유비를 노려보며 소리쳤다.
"이 악당아. 정말이지 그럴 줄 몰랐다. 네놈이 세상에서 제일 무정한 놈이로구나. 언젠가 내가 활을 쏘아 네 목숨을 구해주었더니 그 은혜도 모르고"
조조는 마침내 좌우에 명해서 여포의 목을 베라고 하였다.
여포는 사지를 묶인 채 다락 아래로 끌려가며 유비를 돌아보고 원망을 하였다.
"이 귀 큰 놈아. 이럴 수가 있단 말이냐? 은혜를 모르는 놈."
이 때 누군가가 큰 소리로 여포를 꾸짖었다.
"졸장부 여포야, 죽으면 죽었지 무엇이 두려워 그리도 앙탈을 부리느냐."
여포는 목이 잘릴 때까지 살려 달라고 울부짖었으나, 끝내 길거리에 목이 내걸리고 말았다.
반면에 충성심이 강한 장료는 유비와 관우의 권유에 따라 조조가 밧줄을 직접 풀어주자 감격하여 순순히 항복하였다.

어리석은 자의 최후

여포의 죽음은 살아가는데 있어 지혜가 얼마나 중요한가를 단적으로 보여준다. 지혜와 판단력이 없으면 지도자가 되어서는 안 된다는 것을 그대로 보여주고 있다. 여포와 같이 아무리 뛰어난 무술을 가지고 있어도 어리석으면 그것을 제대로 사용할 수가 없다. 여포는 어리석어서 진규 부자의 아부를 좋아하고 진궁의 충언을 극도로 싫어해 진궁을 멀리했다.

아부는 어리석은 사람의 주식으로 판단력이 없는 사람에게 통하는 마약과도 같은 것이다. 처음에는 듣기 좋아 듣지만 시간이 지나면 그것이 독이 되어 온몸에 퍼지는 것이다. 그는 이런 사실도 모르고 조조의 사신으로 가서 조조를 따르기로 한 진규 부자가 침이 마르도록 자신을 칭찬하니 여포는 그들의 말이라면 전혀 의심하지 않고 그대로 따랐다. 여포는 아부에는 독이 들어 있고, 아부하는 자가 가장 무서운 적이라는 사실도 모르는 것이다. 그래서 진규 부자의 아부를 좋아하지 말라는 여포의 유일한 책사인 진궁의 충고마저 통하지 않았다. 이처럼 여포는 어리석어서 똥오줌조차 가리지 못했다. 상황이 이러니 진궁의 '죽을 일만 남았다.'는 한탄은 현실이 되고 말았다.

진규 부자의 농간에 놀아나 유비에게 뺏은 서주성과 소패성을 버리고 하비성으로 쫓겨난 여포는 그래도 정신을 차리지 못했다. 조조가 `하비성을 포위했음에도 주색에 빠져 아무런 대비를 하지 않았다. 왕윤의 죽음과 함께 유명을 달리한 초선을 못 잊어 가짜 초선을 만들어 주색잡기에 여념이 없었다. 조조가 쳐들어 온 긴급한 상황임에도 진궁의 충언과 장수들의 말에는 아랑곳 하지 않고 여자들의 말만 듣고 그저 술과 여자들 틈바구니에서 세월을 낚고 있었다. 게다가 자신의 잘못은 생각하지 않고 술을 먹지 말라는 자신의 명령을 어겼다는 이유로 부하들을 너무나 가혹하게 다루었다. 현명한 지도자라면 형벌은 명령이라 하더라도 상황에 맞게 융통성을 발휘했어야 했지만 어리석은 여포는 그렇게 하지 않았다. 용서 없는 가혹한 법은 냉혹한 것이어서 왕윤처럼 거센 반발이 부딪힌다는 사실을 간과한 것이다. 그러니 여포의 불행은 스스로 자초한 것이다. 그래서 솔로몬은 "훈계를 수용하는 사람은 복된 길로 들어서지만, 훈계를 싫어하는 사람은 그릇된 길로 빠져든다."고 하였다.

진궁이 스스로 죽음을 자처한 것도 조조를 버리고 어리석은 여포를 선택한 자신의 선택이 잘못되었다는 것을 깨달았기 때문이라고 생각한다. 진궁은 어리석은 사람을 자신의 주군으로 택했으니 입이 열 개라도 할 말이 없었던 것이다. 관우가 칙사의 횡포를 보면서 봉황은 가시덤불에 앉지 않으니 유비에게 떠나자고 하여 떠났지만 진궁은 스스로 가시덤불을 선택하는 바람에 죽음을 택할 수밖에 없는 운명이었던 것이다. 자신의 탐욕을 위해 두 양아버지를 죽여 영원한 배신자라는 딱지가 붙은 여포는 죽을 때조차 자신의 잘못을 인정하지 않고 남을 탓만 하고 '살려달라'고 외쳤다. 이런 가련한 모습을 보면 여포가 얼마나 어리석은 사람인가를 판가름할 수 있다. 그라시안은 진궁의 불행한 선택을 예언이라도 하듯 다음과 같이 충고한다.

> 선택할 줄 알라. 삶의 대부분은 여기에 달려 있다. 선택할 수 있기 위해서는 좋은 분별력과 판단이 필요하다. 학식이나 지성만으로 충분하지 않다. 선택이 없으면 완전성도 없다. 선택은 선택할 수 있는 능력을, 더욱이 최선의 것을 선택할 있음을 포함한다.

지혜의 날을 세워 분별력을 키우자

무지는 불행의 문에 다가가게 하지만 반대로 지혜는 불우한 운명을 개척하여 행복의 문에 다가갈 수 있는 길을 제공한다. 그러니 무엇보다 지혜가 중요하다. 그래서 석가모니는 인간의 가장 근본적인 불행의 원인은 욕심이 아니라, 어리석음 즉 '무명無明'이라고 하였다. 사람들이 돈에 집착하고 금지된 사랑에 빠지는 것도 알고 보면 어리석기 때문이다. 사람은 태어나서 죽는데도 그것을 깨닫지 못하고 욕심을 부려 많은 것을 움켜지려고만 한다. 그렇기 때문에 여포처럼 배신자가 되어 탐욕에 살다가 탐욕스럽게 죽어 가는 것이다. 그래서 공자는 배우지 않으면 다음과 같은 상황이 벌어짐을 다음과 같이 강조한다.

> 사랑하기를 좋아하면서 배우기를 싫어하면 우매해지고, 영리하되 배우기를 싫어하면 방탕해지고, 신의를 좋아하면서 배우기를 싫어하면 남을 해치게 되고, 정직을 좋아하면서 배우기를 싫어하면 각박해지고, 용기를 좋아하면서 배우기를 싫어하면 난폭해지고, 강직하기를 좋아하면서 배우기를 싫어하면 망동하기 쉽다.

인간은 아는 만큼 행복할 수 있기 때문에, 우리는 무엇보다도 아는 데 힘써야 한다. 지혜롭지 못하면 무모하게 모든 것을 투자하여 한순간에 가진 것을 날리기도 하며, 탐욕스럽게 온갖 향락을 좇다 몰락하기도 한다. 문제는 지혜롭지 못하면 이러한 결과를 초래하면서도 자신의 무모함과 탐욕이 원인이라는 사실을 잘 모른다는 사실이다. 많은 것을 가지고 있으면서도 더 가지고려고 악착같이 살며 남의 것까지 빼앗으려고 발버둥치고, 자신의 잘못에는 용서하면서 남의 잘못은 용서하지 않는 태도는 매우 어리석다. 이런 불합리한 일이 자꾸만 벌어지는 것은 여포처럼 어리석어 자기 자신과 인생에 대한 성찰이나 반성이 전혀 없기 때문이다. 무조건 많이 가지면 좋은 것으로 착각하는 것이다. 그렇기 때문에 탈무드에서는 "사람들은 남들의 가벼운 피부병은 걱정하면서도 자기 자신의 깊은 병은 알아차리지 못한다."면서 사람들의 어리석음을 꼬집고 있다. 특히 여포와 같이 어리석은 사람일수록 같은 잘못을 반복하면서도 후회하지 않으며 남의 잘못만을 탓하며 자신의 잘못을 모른 채 살아가게 된다. 그러니 어리석은 여포는 스스로 제 무덤을 판 것이다.

그러므로 평상시 인생을 살아가는 데 필요한 지혜를 쌓기 위해 반성하고 성찰하는 자세가 중요하다. 자신의 잘못을 통해 인생의 진리에 보다 깊게 접근할 수 있기 때문이다. 진리나 진실은 깊은 곳에 있어 쉽게 찾을 수 없다. 수많은 시행착오를 하며 자기를 반성하고 성현이나 다른 사람들의 고견에 귀를 기울일 때 비로소 진리에 가까이 다가갈 수 있다.

우리는 바른 길을 가기 위해서라도 깊은 곳을 꿰뚫어 볼 수 있는 참다운 눈을 갖도록 노력해야 한다. 비록 불완전할지라도 이런 눈이 여포처럼 아예 없다면 삶의 장애물이 나타났을 때 잘못된 길을 선택하여 불행의 나락으로 떨어지고 말 것이다. 지혜가 없다면 선택해야 할 것을 버리고 선택하지 말아야 할 것을 스스로 선택하는 최악의 상황이 벌어지고 마는 것이다. 그래서 그라시안은 "지식이 없는 인간은 어둠의 세계에 사는 것과 같다."라고 하였다. 그러면서 그는 지식은 길고 인생이 짧기 때문에 자신이 지혜롭지 못하면 도움을 받을 수 있는 지혜로운 사람을 곁에 둘 것을 당부한다. 지혜로운 사람의 말에 귀를 기울이면 자신이 모르는 지혜를 얻어 살아가는데 엄청난 힘이 될 수 있기 때문이다. 여포처럼 책사인 진궁을 곁에 두고도 제대로 듣지 않는 것은 스스로 어리석다는 것을 그대로 표출한 것이다. 어리석을수록 불통과 오만으로 가득차고 독선적이다. 그래서 같이 하는 사람까지도 결국에는 등을 돌리게 된다.

어리석은 사람은 여포가 진규 부자에게 놀아난 것처럼 다른 사람에게 속기 쉽다. 남을 해치려는 마음을 가져서도 안 되겠지만, 남에게 속는 것 또한 어리석은 일이다. 세상에는 악의를 품은 자가 널려 있는 법이며 아부하는 사람은 상대방을 위해서 일을 하는 것이 아니라 자신의 이익을 위해서 일을 하는 것이다. 달콤한 것에는 독이 묻어 있는 법인데 듣기에 좋다고 다른 사람을 전적으로 믿는 것은 지극히 어리석은 것이다.

우리는 분별력을 통해 상대방이 어떤 의도를 갖고 접근하는지를 간파하는 능력을 가져야 한다. 아무리 친분이 두터워도 거래를 할 때는 반은 의심하고 접근해야 큰 탈이 없다. 세상에는 공짜가 없는 법인데 무료로 무엇을 준다는 사기꾼처럼 상대방이 나에게 왜 접근하는지 그 사람의 말대로 행했을 때 그것이 누구를 위한 것인지를 면밀히 따져보아야 할 것이다. 특히 큰돈이 오고갈 때는 무조건 믿고 맡긴다면 반드시 큰 불행이 닥쳐오고 말 것이다. 타인에게 속임을 당한 것은 혹하는 마음에 자기 꾀에 자기가 넘어간 것이 대다수다. 그래서 거래를 할 때는 반드시 분별력을 통해 상대방이 속임수를 쓰는지를 항상 경계하는 것이 자신을 위한 길이다. 스스로 인생의 책임은 자신밖에 질 수 없다. 남을 곧이곧대로 믿는 것은 자신의 인생을 헐값에 팔아 망쳐버리는 것과 같다. 남을 쉽게 믿는 어리석음이야말로 자기 파멸의 지름길이다.

11. 왜 바보처럼 살아야 할까 - 조조의 영웅론과 유비의 현명한 대처

　우리는 자기 PR시대에 살고 있다. 그래서 그런지 각종 정보와 광고가 넘쳐나고 있다. 너무나 정보와 광고가 넘쳐나다 보니 자신을 알리기란 만만치가 않다. 그렇지만 자신을 알리는 것은 자신의 가치를 위한 생존을 위한 노력이다. 가만히 있으면 남들이 알아주지 않으니 자신을 알리고자 무척이나 노력한다.
　허나 우리는 이런 과정에서 조심할 것이 있다. 자신의 장점을 드러내는 것은 좋지만 그것이 남들에게 너무 튀지 않도록 조심하라는 것이다. 자신이 타인보다 낫다는 것을 과도하게 드러내는 것은 위험한 불꽃놀이와도 같다. 자신이 잘났다고 하는 것은 상대를 그만큼 무시하는 처사로 상대의 분노를 살 수 있다. 오히려 자신의 생존력을 높이기 위해서는 자신을 잘났다고 자랑할 것이 아니라 때로는 자신을 낮출 줄 알아야 한다. 자신을 낮추는 것은 자신이 못 나서가 아니다. 그것은 일보 전진을 위한 일보 후퇴일 뿐이다. 특히 자신의 처지가 불리할 때는 철저하게 자신을 낮춰 자신의 실체가 잘 드러나지 않도록 해야 한다.

노자는 '물같이 살라.'고 했다. 왜 노자가 물같이 살라고 했을까? 물은 상대를 거스르지 않고 남들이 싫어하는 낮은 곳으로 흘러가지만 흘러들어 간 깊은 강물은 모든 것을 집어 삼킬 수 있는 강력한 힘을 가지고 있다. 물이란 상대에 맞게 형체를 바꾸는 아주 약한 것 같으면서도 상대를 통째로 삼킬 수 있는 아주 강한 것이다. 그래서 노자는 물 같이 살라고 한 것이다.

〈삼국지〉에 나오는 인물 중 물처럼 자신을 잘 낮출 줄 아는 인물이 있다. 바로 유비다. 유비의 특허 품목은 바로 겸손이다. 그는 노자가 강조한 물처럼 겸손을 주특기로 한다. 그는 튀는 행동을 하는 조조와는 달리 나서거나 앞장서지 않는다. 보기가 민망할 정도로 항상 뒤로 뺀다. 때로는 어리석은 바보처럼 행동한다. 자신의 재능을 자랑하며 절대 콧대를 내세우지 않는다. 이런 그의 성품을 보면 답답하다는 생각이 들 정도이고 그런 성격 때문에 찾아온 기회를 놓치는 경우도 있다. 반면에 조조는 어떠한가? 유비와는 정반대의 인물이다. 그는 대범하여 앞장서기를 주저하지 않는다. 때로는 자신을 드러내 보이기도 하고 자신의 야망을 가감 없이 숨기지 않는다. 조조는 유비에게 '이 시대의 진정한 영웅은 누구인가.'를 유비에게 묻는다. 그러나 유비는 바보스러운 짓을 하며 질문을 회피한다. 과연 이 둘 중에 진정한 영웅은 누구인가? 황제를 능멸하는 조조를 보면서 조조에게서 벗어나려고 발버둥치는 유비를 보자.

> 마침내 여포를 제거한 조조의 개선군은 하비를 떠나 허도로 향하였다. 그 일행이 서주를 지나게 되자 백성들이 구름처럼 모여들어 진심으로 그들을 환영하였다. 조조가 지나가자 그 많은 사람들이 앞으로 모여들어 무엇을 말하는 모양인데 너무나 시끄러워 그것을 알아들을 수가 없었다. 그래서 조조는 한 노인에게 물어 보자 그 노인은 나서서 유비를 이곳의 태수로 봉할 것을 건의하였다.
> 그러자 조조는 그 소리를 듣고 옆에 있는 유비를 돌아보고 나서 사람들에게 말하였다.
> "그리 걱정할 것이 없소이다. 이번 유공의 공로가 매우 크니 허도로 올라가 황제를 알현한

후에 서주로 돌아와도 늦지 않을 터이니 조금만 참고 기다리도록 하시오."
　백성들은 그 소리를 듣고 환호성을 지르며 머리가 땅에 닿도록 조아리며 길을 비켜섰다.
　마침내 조조군은 허도에 개선하였다. 조조는 관례에 따라서 곧바로 이번 싸움에 공이 많은 장병들에게 상을 내리고 유비를 승상부 바로 좌편에 있는 객사에 머물러 있게 하면서 정중히 대접하였다. 뿐만 아니라 이튿날 조조는 유비의 공을 치하해 크게 상을 주고 동시에 자신의 마차에 유비를 태워 대궐로 들어가 천자를 알현하게 하였다.
　마침내 유비는 조복을 갖추고 황제를 알현하였다. 그런데 황제는 특별히 유비를 전각 위로 올라오게 한 후 몇 가지 칙문을 읽은 다음 이렇게 물었다.
　"경의 조상은 누구신지요?"
　유비는 마음을 가라앉히며 대답하였다.
　"신은 중산정왕의 후예로서 효경황제 각하의 현손이옵고, 바로 유웅의 손자이며 유홍의 아들입니다. 중흥의 조상 유정은 한 때 탁현의 육성정후까지 올라간 적이 있었으나 가세가 기울어 신의 대에 이르러서는 더욱 조상의 명예를 떨어뜨리고 있습니다."
　"아, 그렇다면 경이 바로 우리 한실의 종친이란 말씀이오?"
　하고 황제는 놀라면서도 반색을 하며 말하였다.
　황제는 그것을 모두 듣고 나서 항렬을 따져보더니 마침내 유비가 황제의 바로 아저씨뻘이 되므로 크게 기뻐하며 유비를 편전으로 청해 숙질의 예를 다하였다. 그리고 조조도 청하여 주연을 열었다.
　천자는 평소와는 달리 술잔을 거듭하였다. 천자는 조조가 권력을 휘어잡고 뒤흔들고 있는 이 때에 영웅인 숙부를 얻게 된 것을 속으로 매우 든든하게 생각하였다. 마침내 황제는 특사로 유비를 좌장군 의성정후에 봉하고 잔치를 베풀어 환대하였다.
　이런 일이 있은 뒤부터는 사람들은 유비를 유황숙이라 높이 불렀다. 이것을 보고 조조의 심복들이 가만히 있지 않았다. 순욱을 비롯한 일반 책사들이 조조를 찾아가 자꾸 입방아를 찧었다. 그러나 조조는 그들에게 냉소하듯 그것을 일소에 부쳤다.
　"제가 오늘날 황제로부터 숙부 대접을 받게 된 것도 모두 다 내 덕인데 현덕이 내게 더욱 고마워했으면 했지 설마하니 딴 맘이야 먹겠나. 그리고 나와 현덕 사이는 형제지간이나 다름이 없으니 걱정들 말아라."
　이 때 책사 정욱이 하루는 조조를 찾아와 은밀하게 말하였다.
　"승상! 승상의 이름이 날로 높아가고 있습니다. 지금 승상께서는 주저하지 마시고 패권을 잡는 일을 꾀하셔야 합니다."
　그러나 이 일에 관해서는 누구보다도 조조 자신이 더 많이 생각하고 있었다.
　조조는 정욱의 이 말을 듣자, 손을 저어 입을 봉해버렸다. 그리고 가만히 자기 속셈을 정욱에게 말하였다.
　"아직은 시기가 아니니 경거망동하지 말게. 아직도 조정에는 힘 있는 황제의 심복 중신들이 많아. 일을 섣불리 하다가는 큰일이 나네. 때가 무르익기도 전에 일을 벌이면 해를 입는 것은 뻔한 것이야. 내 며칠내로 황제를 모시고 사냥을 나가 이 사람들의 동정을 은밀히 살펴볼 생각이니 조금만 기다려 보게."

드디어 그 날이 왔다. 조조는 좋은 말을 가려 고삐를 갈고 길들인 매와 날쌘 개를 모으고 활과 살을 가다듬는 등 만반의 사냥 준비를 갖추었다.

마침내 천자가 사냥터에 가까이 이르자 대기하고 있던 유비가 말에서 내려 황제를 맞이하였다. 황제는 유비를 보자 매우 마음이 든든하여 웃음을 지으며 말하였다.

"황숙, 짐은 한 번 황숙께서 사냥하는 솜씨를 보고 싶소"

천자가 그 많은 사람 가운데 유독 자기를 지적하자 유비는 황송하였다. 곧 말에 올라 화살을 뽑아서 활에 고정하고 몇 걸음 앞으로 나아갔다. 그 때 마침 덤불 속에서 토끼 한 마리가 뛰어나왔다. 유비가 시위를 당기자 토끼는 화살에 맞고 풀 위에 나뒹굴었다.

"참 솜씨가 좋으시구려."

천자는 칭찬하면서 말하였다.

"저쪽 언덕으로 갑시다. 그리고 황숙은 짐의 곁을 떠나지 마시오."

일행이 그 근처를 몇 바퀴 돌아 언덕 하나를 넘어서자 문득 가시덤불 속에서 큰 사슴 한 마리가 뛰어 나왔다. 헌제가 곧 조궁에 금비전을 들어 잡아당기자 다른 사람들은 모두 들었던 활을 멈추고 황제의 사냥모습을 지켜보았다.

그러나 헌제가 쏜 금화살 첫 번째는 달아나는 사슴의 뿔을 스치고 지나갔다. 두 번째 화살, 세 번째 화살마저 멀리 빗나가고 말았다. 사슴은 언덕 아래로 도망쳤으나 몰이꾼의 고함소리에 놀라서 다시 뛰어 올라 왔다.

그러자 헌제는 옆에 있는 조조를 돌아보며 말하였다.

"경이 한번 쏘아 보시오."

그 말이 떨어지기가 무섭게 조조는 앞으로 나와 헌제의 손에서 그 금화살을 받아 들더니 말을 몰아 몇 걸음 사슴을 쫓다가 활의 시위를 당겼다. 사슴이 쓰러지는 것을 보고 그 근방에 있던 군신 장교가 우우하며 함성을 지르고 그 쪽을 향하여 뛰어갔다. 그리고 사슴을 맞힌 화살이 금비전인 것을 보자 모든 장병들은 천자가 맞힌 것으로 알고 모두 환호성을 지르며 천자를 향해 두 손을 높이 들고 만세를 불렀다.

그러자 조조는 갑자기 말을 몰아 천자의 어전을 막아서며 금비전을 높이 들고 그 환호를 자기가 받았다. 그것을 보고 천자를 모시고 있던 모든 사람의 얼굴빛이 일순간에 변하였다. 그 중에서도 유비의 등 뒤에 서 있던 관우는 누에 같은 눈썹을 찌푸리며 작은 실눈을 부릅뜨더니 칼자루를 쥐고 앞으로 말을 몰아가는 자세가 단칼에 조조의 머리를 베고 말 기세였다.

그것을 본 유비는 당황하였다. 유비는 관우를 막으며 손을 뒤로 돌려 관우에게 손을 들어 저으며 관우를 말렸다. 관우는 그것을 보자 분노를 억누르며 이내 멈추고 말았다. 이 순간 조조가 유비 쪽을 바라보았다.

그러자 유비는 엉겁결에 미소 띤 얼굴로 조조를 축하하였다.

"참으로 승상의 사냥솜씨야말로 세상에 따를 사람이 없습니다."

조조는 환하게 웃었다.

"칭찬을 받으니 민망하구려. 나는 무인이지만 활 쏘는 데는 별 취미가 없소. 나는 삼군을 수족처럼 움직이고 백성을 편안하게 살 수 있도록 하는 것에 관심이 있소. 그런데 오늘 사슴을 잡은 것은 모두 다 폐하의 크나크신 은혜라고 생각합니다."

하고 공을 천자의 덕으로 돌리면서도 자신의 야망을 은연중에 내뱉고 있었다.

그러면서도 조조는 잊어버린 듯이 금화살을 천자께 돌려줄 생각도 하지 않고 꼭 자신의 몸에 지니고 다니는 것이었다.

이렇게 사냥을 끝내자 넓은 들판에 불을 피워놓고 그 날 사냥한 짐승을 통으로 구워 크게 잔치를 벌였다.

어가는 허도로 향하였다. 맨 뒤에서 천천히 걸음을 옮기고 있던 관우는 아직도 조조의 그 요망한 행동에 비위가 상하였다. 그는 한 번 주위를 살펴보고는 유비에게 물었다.

"조조가 안하무인격으로 날뛰는 꼴을 더는 볼 수 없어 없애려고 하는데 어째서 형님은 말리시는 겁니까."

"말하자면 쥐를 잡는데 그릇을 던져 그것만 깰까 염려해서 그런 것일세. 그 때 조조와 함께 바로 옆에 폐하가 계실 뿐만 아니라 그 주위를 겹겹이 싸고 있는 무리가 모두 조조의 심복이야. 그런데 만일 자네가 일시적인 울분을 참지 못하고 가볍게 행동했다가 일이 실패하는 날에는 어떻게 되겠나? 그 화는 곧 천자께 미칠 것이고 우리 역시 죽을 것이 뻔하지 않겠나."

"하지만 오늘 이 도적을 죽이지 않으면 그 화가 반드시 크게 미칠 것이니 두고 보십시오."

유비는 그 입을 막아 다시 한 번 좌우를 돌아 살펴보았다.

황제는 낮에 사냥터에서 일어난 사건 때문에 분을 참을 수 없었다. 언젠가 조조가 역모를 꾸밀 것이 뻔한 일이었기 때문이다. 그래서 그것을 복황후에게 말하며 대책을 강구했고, 국구인 동승을 불러 대책을 논의해 보기로 하였다.

다음 날 헌제는 동승을 불러 들였고 동승에게 도포와 옥대를 내렸다. 그 속에는 조조를 제거하라는 황제의 칙서가 들어 있었다. 그 칙서를 본 동승은 오자란, 충집, 오석 등과 함께 뜻을 함께 하기로 맹세했다. 서량 태수 마등까지도 그들에게 합류하였다. 그리고 마등은 그런 일에 꼭 유비가 필요하다고 생각하여 유비를 천거하였다.

황제의 장인인 동승은 낮에는 사람의 눈이 많아 밤이 되기를 기다렸다. 천자께서 조조를 도모하라는 조서를 깊이 간직하고 머리를 두건으로 가린 다음 어둠을 틈타 노새를 타고 유비의 객관 앞에 멈추었다.

문지기가 들어와서 유비에게 아뢰기를,

"어떤 사람이 이름을 밝히지 않고 황숙을 찾아뵙자고 합니다."

유비는 직감적으로 무슨 까닭이 있어 찾아 온 것 같아 공관 정문 앞에까지 나가서 자기를 찾아온 사람을 맞아들였다. 그리고 나서 그 사람을 살펴보니 바로 황제의 장인인 동승이라 깜짝 놀라 먼저 물었다.

"이 밤중에 국구께서 어인 일로 여기까지 납시셨습니까?"

"밝은 대낮에 황숙을 찾아오면 혹시나 조조가 의심을 할까봐 내가 일부러 어두운 밤을 골라 찾아온 것이오."

"아무튼 이처럼 찾아주시니 반갑습니다."

하고 유비는 술을 내오게 하여 크게 환대하였다.

동승은 두어 잔 말없이 술을 받아 마시더니 전혀 뜻밖의 질문을 하였다.

"다름이 아니라 전에 사냥터에서 사냥을 할 때 관우가 칼을 빼어 조조를 죽이려 하는데 장군은 손짓을 하고 머리를 가로저으며 관우를 말리는 것을 보았습니다. 그 때 왜 그렇게 하셨는지 그 까닭을 알고 싶어 왔습니다."

유비는 말을 듣고 깜짝 놀랐다.

"공이 그것을 어떻게 아셨습니까?"

"다른 사람은 보지 못했을지 모르지만 이 사람만은 이 두 눈으로 똑똑히 보았지요."

유비는 더는 감출 수가 없어서 실토하는 수밖에 없었다.

"저의 아우가 충성심이 강하고 단순하여 승상의 태도가 무례한 짓이라 생각하고 아무런 생각도 없이 격분하여 그랬다고 봅니다."

그 말을 듣자 동승은 갑자기 얼굴색이 변하며 일어섰다.

"공은 한조의 황숙이라면서 무슨 말을 그렇게 합니까? 귀공은 저를 조조의 밀정으로 생각하시는 모양인데 그런 의심은 하지 마시오 저 역시 천자의 장인인데 무슨 거짓이 있겠소."

그리고 동승은 자리를 고쳐 앉고 소매 속에서 천자의 밀령을 꺼내어 유비에게 보였다.

"자, 이것을 보고도 나를 의심하시겠소?"

유비는 불을 밝힌 다음 그것을 한참 동안 보더니 몹시 분개하며 눈물을 흘렸다. 그것을 보고 동승은 더욱 안심을 하고 비단 두루마리를 펴고 그에게 의장을 꺼내 보였다. 거기에는 동승, 왕자복, 충즙, 오석, 오자란, 마등 등의 명단이 적혀 있었다.

유비는 그것을 보고 나서 한숨을 크게 내쉬며 말했다.

"공이 이미 조칙을 받들고 도적을 치신다는 데 이 유비가 어찌 목숨을 아끼겠습니까."

유비는 붓을 들어 일곱째에다 좌장군 유비라 썼다. 그러고 나서 넌지시 당부를 하였다.

"생명이 아까워서가 아니라 공께서 서둘러서는 결코 아니 됩니다. 무엇보다도 일을 매우 은밀히 진행하여 밖으로 일이 새나가지 않도록 하는 것이 더 중요합니다."

이날 밤 두 사람은 늦게까지 이야기하고 닭 우는 소리가 들려서야 헤어졌다.

그 뒤부터 유비는 혹시나 조조의 의심을 살까봐 몸가짐을 극도로 조심하였다. 그는 후원에 있는 채소밭에 배추씨를 뿌리고 손수 물을 주며 가꾸는 척하였다. 그런 속마음을 눈가림하려고 하였던 것이다. 아무 영문도 모르는 관우와 장비 두 사람은 유비가 농부처럼 매일 밭에 나가 일하는 것을 보고 속으로 안타까웠다.

그러다가 하루는 똥통을 메고 거름을 주고 있는 유비를 보고 두 사람이 나서서 한심한 듯 말하였다.
"형님, 이게 뭡니까? 요즘 형님은 천하 대사에는 뜻이 없으시고 소인이나 하는 채소밭 가꾸기에만 정신이 없으신 것 같으니 대체 어쩌려고 그러십니까?"
그러나 유비는 툭 한 마디 뱉고는 다시는 말 한마디 없었다.
"두 아우는 상관하지 말게. 자네들은 자네일이나 해."
두 사람은 형님의 그 속을 알 수 없어 잠시 물끄러미 배추밭에 물을 주고 있는 뒷모습을 바라보았다.
그 후 그들은 다시는 더 물으려 하지 않았다.
하루는 마침 관우와 장비 두 사람이 어딜 가고 없고 유비 혼자서 역시 채소밭에 물을 주고 있는데 허저와 장료 등이 수십 명의 부하를 거느리고 밭 가운데로 들어섰다. 그것을 보자 유비는 속으로는 마음이 찔끔하였으나 못 본 척 하고 천연덕스럽게 물만 주고 있었다.
그들은 잠시 멈추고 파릇파릇 돋아나는 떡잎을 바라보면서 허저가 말하였다.
"승상께서 사군을 모시고 오시라 하십니다."
유비는 그 소리에 깜짝 놀라 물었다.
"무슨 긴급한 일이라도 생겼습니까?"
"우리야 뭘 압니까? 그저 모시고 오란 분부가 있어서 왔으니까요."
거절할 수도 없어 유비는 그들을 따라 조조가 있는 승상부로 들어갔다.
조조는 기다리고 있다가 유비를 보자 웃으며 말하였다.
"그 동안 집에서 무슨 일을 하고 지내시었소?"
유비는 조조가 벌써 눈치를 챘을까봐 얼굴빛이 변하였다.
그러나 조조는 여전히 태연하게 유비의 손을 잡고 후원으로 들어가면서,
"그래 농사 일만 하고 있다는데 채소밭 가꾸기가 그렇게도 재미가 좋소"
유비는 그때서야 겨우 마음을 놓고 속으로 긴 안도의 숨을 내쉬었다.
"승상께서 잘 베풀어 세상이 태평합니다. 그래서 심심풀이로 소일거리 하는 것이지요."
"내 사군을 청한 것은 다름이 아니라 때마침 가지 끝에 매화 열매가 치렁치렁 열린 것을 보니 문득 작년에 장수를 치러 갈 때 일이 생각납니다. 행군하는 도중에 마침 물이 떨어져 군사들이 모두 고생을 하고 있었습니다. 나는 그것을 보고 내 한 가지 꾀를 내어 거짓으로 저 앞에 매화 밭이 있다고 소리쳤더니 군사들이 그 소리를 듣고 모두 입 안에 침이 고여 잠시 갈증을 면한 일이 있었습니다. 그래서 오늘 이 매실을 보니 좋아 보이기도 하지만 또 마침 담근 술이 있어서 내 사군을 맞아 정자에서 하루 놀까 해서 청한 것이오."
유비는 그 말을 듣자 마음을 놓고 그를 따라 정자로 올라갔다.
조조와 유비 두 사람은 그 술상을 가운데 놓고 마주앉아 서로 권하며 흉금을 털고 술을 마셨다. 술이 어느 정도 올랐을 때 갑자기 구름이 몰려오며 소낙비 한 줄기가 쏟아졌다.
그러자 술시중을 들고 있던 하인이 갑자기 하늘을 가리키며 소리쳤다.
"저기 좀 보세요. 저기 용이 승천하고 있습니다."

"어딘가?"

조조와 유비는 같이 난간에 기대어 비를 피하면서 이것을 쳐다보았다.

그 때 갑자기 조조가 옆의 유비를 돌아보며 물었다.

"사군은 용에 대해 아시오."

"아직 잘 모릅니다."

"용의 변화무쌍함은 바로 영웅과도 같다고 할 수 있습니다. 용이란 것은 본래 커지고 작아지기를 자유자재로 할 뿐만 아니라 위로 올라가고 아래로 숨기를 또한 마음대로 합니다. 이렇듯 용은 바로 인간 세상의 영웅과 비교하여 말할 수 있는데 현덕은 오래 동안 천하를 두루 돌아 다녀보았으니 반드시 영웅이 누구인가를 잘 알고 계실 것입니다. 한 번 누가 천하를 일으킬 영웅인지 말해 볼 수 있겠소."

"글쎄요. 저의 좁은 소견으로 어찌 영웅을 알아볼 수 있겠습니까?"

유비는 조조의 날카로운 눈을 피한 채 발뺌을 하였다.

그렇지만 조조는 계속 추궁하였다. 유비는 조조의 집요한 추궁에 더는 피할 수 없음을 알고 한동안 생각하는 척 하다가 생각나는 대로 이름을 뇌까렸다.

"회남의 원술은 어떻습니까? 군사와 군량이 넉넉하니 가히 영웅이라 할 수 있겠죠."

조조는 그 말을 듣자 큰 소리로 웃었다.

"원술 따위가 어찌 영웅이라 할 수 있소? 그 자는 살아있는 영웅이 아니고 무덤 속에 있는 죽은 용이지. 나중에 내가 사로잡아 직접 보여주리라."

"그럼 하북의 원소는 어떻습니까? 4대에 걸쳐 3공의 자리에 오른 명문에다가 문하에는 좋은 인재가 많이 있지요. 그리고 지금 기주를 터로 삼고 많은 책사와 장수들을 거느리고 있으니 가히 그를 영웅이라 할 수 있습니다만."

조조는 또 한 차례 웃으며 말하였다.

"원소는 겉모습은 그래도 반듯하나 담력이 없고 기교를 쓰기 좋아하지만 결단성이 없는 졸장부요. 큰일에 임해서는 진작 몸을 사리고 적은 일에 생명을 거니 어찌 그런 사내를 영웅이라 할 수 있겠소?"

유비는 형주의 유표와 강동의 손책, 그리고 익주의 유장을 말했으나 조조는 이들은 허울 좋은 이름 뿐 영웅이 될 수 없다고 반박하였다.

마침내 유비는 손을 들고 말았다.

그러자 조조는 자신 있게 말하였다.

"그럼, 내가 말하리. 영웅이란 큰 뜻을 품고 뛰어난 계략을 짜는 머리와 시대를 알고 과감히 행동에 망설이지 않는 자를 말합니다. 그리고 우주의 기운을 갖고 하늘과 땅의 뜻과 함께 하는 자를 가리킨 말이오."

"이 넓은 천하에 어디 그만한 사람이 있겠습니까?"

"멀리서 찾으려고 하지 마시오. 바로 이 방안에 앉아 있지 않소이까?"

유비는 놀라서 눈을 크게 떴다. 그러자 조조는 천천히 손을 들어 유비를 가리키고 그 다음에 다시 자기 자신을 가리키며 말을 맺었다.
"천하 영웅은 여기 앉아 있는 귀공과 오직 나뿐이오."
그 소리를 듣고 나니 유비는 눈앞이 아득하였다. 수저마저 무의식중에 상 밑으로 떨어뜨리고 말았다. 그러고 보니 유비는 조조에게 완전히 속 보이고 말았던 것이다. 유비는 어떻게 수습할지 몰라 쩔쩔매고 있는 상황이었다.
그 때 마침 갑자기 비가 쏟아지며 요란한 천둥번개가 바로 머리 위에서 벼락을 쳤다. 그러자 유비는 놀라는 표정을 지으며 목을 움츠리고 두 손으로 귀를 막았다. 그 모양이 하도 우스워서 조조는 큰소리로 웃었다.
"그래 사내대장부가 번개와 천둥소리를 그렇게도 무서워하오?"
유비는 얼굴에 두려운 빛을 역력히 나타냈다.
"나는 천둥번개 소리만 들으면 어려서부터 무서워서 견딜 수가 없습니다. 성인께서 번개가 치고 바람이 강하게 불면 반드시 변괴가 있다고 하셨으니 어찌 무섭지 않겠습니까?"
조조는 그것을 보고 미심쩍은 눈으로 유비를 다시 보며 생각하였다.
'이 자도 형편없는 졸장부에 지나지 않는구나.'
조조는 속으로 이렇게 판단하고 더 이상 유비의 심중을 파헤쳐보려고 하지 않았다. 유비는 천둥소리에 바보스럽게 귀를 막으며 벌벌 떠는 시늉을 해서 겨우 조조의 의심으로부터 벗어날 수 있었다.

자신의 세를 과시하는 것은 위험하다

조조는 황제의 권위에 도전하여 자신의 세를 과시한다. 그래서 황제를 모시는 가신들에게 많은 분노를 일으키고 만다. 국부 동승을 중심으로 한조를 위협하는 조조를 제거하려고 모의한다. 그런 가운데 조조는 유비를 불러 누가 영웅인지를 유비에게 물어 본 다음 유비가 바보스럽게 엉뚱한 대답을 하자 직설적으로 유비와 자신이 영웅이라는 것을 말하면서 둘 중의 누가 진정한 영웅인가를 유비에게 말하도록 한다. 그 때 유비는 스스로 못난 행세를 하여 진정한 영웅은 조조라는 것을 간접적으로 말한 뒤 위기에서 탈출한다. 그래서 솔로몬은 "교만에는 재난이 따르고 겸손에는 영광이 따른다."고 했다.

이것을 볼 때, 조조처럼 자신을 드러내거나 자신을 자랑하는 것은 아주 위험천만한 일이다. 자신을 과시하는 것은 사람들로 하여금 경계심을 갖게 하여 자신의 몰락을 부를 수 있다. 조조처럼 어느 정도 확고한 기반이 있으면 그래도 괜찮겠지만 유비처럼 아직 기반이 다져진 상태가 아니라면 자신의 세를 과시하는 것은 반대에 부딪혀 스스로 무덤을 파는 꼴이나 다름이 없다. 보통 사람들은 자신의 품위를 높이려고 자신의 세를 노골적으로 자랑하지만 자칫 반감을 불러 올 수 있는 것이다. 특히 이 일화의 조조처럼 자신의 세력이 커지면 커질수록 세를 드러내려고 오만함과 교만이 고개를 든다. 조조의 거드름에 관우가 무의식적으로 칼을 빼들려고 한 것도 바로 자신을 드러내는 일이 다른 사람에게 얼마나 많은 분노를 자아나게 하는가를 단적으로 보여주는 예이다.

자랑은 상대에게 잠자고 있던 질투와 시기심에 부채질할 뿐만 아니라 경쟁적인 상대에게는 위기의식을 심어준다. 그래서 다른 사람이 자신의 세를 과시하거나 자랑을 늘어놓으면 듣는 척 하면서도 속으로는 적대감을 뿜는다. 왜냐하면 자기 자랑은 결국에는 상대방을 깔보는 것으로 상대의 자존심을 자극하기 때문이다. 그러므로 아무리 자랑할 일이 있어도 자랑하는 것을 자제해야 하고 자랑거리가 있으면 자연스럽게 알려지도록 해야 한다. 그래야 사람들로부터 존경을 받을 수 있다. 그래서 노자는 "훌륭한 지도자는 일을 해도 자신이 했다고 자랑하지 않고 공적을 세워도 자랑하지 않는다."라고 했다. 예수도 "자신을 높이는 자는 낮아지고 자신을 낮추는 사람은 높아질 것이다."라고 하였다.

스스로 좋은 점을 드러내지 않는다면 상대방 역시 상대의 나쁜 점을 드러내지 않을 것이다. 일을 처리하고도 그의 재능을 숨겨도 분명 재능을 알아보고 주목하는 사람이 어디엔가 반드시 있다. 영웅은 영웅을 알아보기 마련이다. 조조가 유비를 알아본 것처럼 말이다. 그러므로 굳이 자신의 재능이나 세를 조조처럼 노골적으로 드러내려고 노력할 필요가 없다. 세를 과시하더라도 은근히 하며 남이 알아줄 때까지 때를 기다려야 한다.

진정 현명한 자는 어리석은 체 하는 자이다

자신을 위해서도 자신을 드러내지 않으려고 노력하는 것이 중요하다. 특히 유비와 같이 상황이 여의치 않는 때는 현명함을 드러내지 않고 어리석은 체하며 기회를 엿보는 것이 좋다. 이는 어리석어서가 아니라 상대를 방심하게 하여 기회를 낚아채기 위해서다.

유비가 왜 어리석은 짓을 했는가. 겁이 많아서가 아니다. 그는 조조의 손아귀에 자신의 운명이 달려 있다는 것을 누구보다도 잘 알고 있었다. 그런 상황에서 자신이 잘났다고 하고 것은 아주 위험천만한 일이다. 상사가 제일 경계하는 것은 부하의 똑똑함이다. 그 똑똑함으로 인해 주객이 전도될 수 있기 때문이다. 조조는 이미 유비가 자신 못지않게 그릇이 크다는 것을 알고 있었다. 그만큼 조조에게는 사람을 보는 눈이 있다는 것이다. 조조 부하들도 유비의 그릇이 보통이 아님을 알고 조조에게 제거할 것을 자꾸만 주문하고 있었다. 그래서 조조는 그것을 확인하고자 유비가 당대의 영웅이라며 유비를 은근히 떠보았다. 그 순간 유비는 아주 재치 있게 바보짓을 하여 위기로부터 탈출하였다. 그래서 유비는 조조의 경계에서 벗어날 수 있었고 살 길을 찾은 것이다.

보통 사람들은 자기보다 잘났다고 생각하는 사람들을 자기 마음대로 할 수 없다고 생각해 경계하지만, 바보 같은 사람은 자신들이 마음대로 할 수 있다고 생각하여 좀처럼 경계하지 않는다. 조조가 유비를 형편없는 졸장부라고 생각하여 경계를 푼 것처럼 말이다. 그래서 바보스러운 행동을 하면 생각지도 않은 좋은 기회를 얻을 수 있다. 바보짓을 진하게 하면 할수록 큰 기회가 오는 것이다. 고종의 아버지 이하응은 밥버러지 같은 '상갓집 개' 행색을 하고 미친 척하여 마침내 허수아비 노릇을 할 대원군을 찾던 세도가들의 눈에 들어 하루아침에 대원군이 될 수 있었다. 〈삼국지〉에 등장하는 사마의도 왕의 의심을 피하기 위해 고향 땅에 내려가 아픈 척하여 위기를 넘기고 권력을 잡았다. 그래서 장자는 난세에는 다름과 같이 처신하도록 하였다.

> 곧은 나무는 먼저 잘리고 달콤한 샘물은 먼저 말라 버리는 법이니, 선생께서도 자신의 지식과 지혜를 감추고 어리석은 척하며 깨끗한 몸가짐으로 밝게 행동하여 떳떳하면 아무런 해도 입지 않을 것이오.

12. 오만의 끝판왕 - 원술의 처참한 최후

요즘 우리사회에 '갑질'이 문제가 되고 있다. 사소한 개인적인 갑질에서부터 국가적인 갑질인 국정농단까지 갑질의 폐해는 이루 형언할 수 없을 정도로 크다. 갑질이란 우월한 권력을 이용하여 강자인 갑이 권리 관계에서 약자인 을에게 하는 부당 행위를 통칭하는 개념이다. 아파트 경비원에 대한 주민들의 갑질, 대한항공의 땅콩회항, 모 백화점 모녀사건, 서울대 수리과학부 어느 교수가 교수 직위를 이용해 제자와 인턴 여학생을 성추행한 혐의, 재벌 2세들의 추악한 갑질들, 황교안 총리의 갑질, 최순실 국정농단, 도를 넘은 검찰 수사 등 이른바 '갑질' 논란이 신문지상에 끊임없이 오르내리고 있다.

갑질은 자신이 잘났다는 오만한 감정에서 온다. 특히 자신은 보통의 사람과는 본질적으로 다르다는 특권의식에서 비롯된다. 그래서 오만한 감정은 주로 잘 나가거나 우월한 위치에 있을 때 찾아오는 법이다. 사람은 잘나갈 때면 자신도 모르게 목에다 힘주기 마련이다. 지위가 높으면 높을수록 자신은 별 나라에 사는 사람으로 착각하는 경향이 있다. 그래서 밑에 있는 사람을 사람 취급하지 않으려 한다. 운전기사에게 "'모든 법규를 무시하고 달려라.'"와 같은 재벌들의 갑질 논란과 교통 법규를 위반하면서 시민들을 불편하게 한 황교안 전 총리의 갑질, 그리고 국민을 상대로 한 김건희의 국정농단 등은 오만이 빚어낸 비극이다.

이런 사람들에게는 법 앞에서 만인이 평등하다는 생각은 머릿속에 조금도 없다. 자신은 본질적으로 다른 사람이므로 다른 사람과는 다른 특별한 대우를 받고 살아야 한다고 생각한다. 그들은 '나는 다른 사람과는 근본적으로 다르다.'는 생각을 갖고 있어 불평등을 당연한 것으로 받아들인다. 그리고 다른 사람은 자신을 위해 존재한다고 생각하고 노예처럼 부리려 한다.

허나 조금만 현명해도 이런 오만한 생각은 누구에게도 도움이 되지 않는 최악의 상황을 연출할 수 있다는 것을 깨닫게 될 것이다. 최순실과 김건희의 국정농단처럼 오만하면 할수록 횡포가 극에 달해 다른 사람들로 하여금 분노를 자아나게 하기 때문이다. 갑질은 궁극적으로 자기 파멸로 가는 지름길이다.

〈삼국지〉에도 갑질의 주인공이 있다. 바로 원술이다. 원술은 명문귀족 출신이라 평상시부터 특권의식과 계급의식이 강한 사람이었다. 그는 사람을 능력에 따라 평가하기 보다는 신분이나 출신을 더 중요시하였다. 게다가 대세를 무시하고 강동의 손책이 맡겨놓은 옥새를 가지고 황제 노릇까지 하며 온갖 갑질을 저질렀다. 그는 황제가 버젓이 살아있을 뿐 아니라 중원을 정벌하지도 않은 상태에서 무리하게 자신을 황제라고 칭하였다. 황제랍시고 막대한 세금을 거둬들여 궁전을 거대하게 짓는 바람에 민심이 흉흉해졌다. 과연 그의 오만은 어디까지 갈 것인가? 원술의 오만함의 종말을 두 눈 뜨고 똑똑히 보자.

원소는 동탁을 치기를 포기하였으면서도 발해로 돌아가지 않았다. 형세를 파악하기 위해 하내에 머무르고 있었다.

기주는 돈과 곡식이 넉넉하여 장차 큰 뜻을 펼치는데 많은 도움이 된다고 생각하여 먼저 공손찬에게 밀서를 보내 기주를 협공하여 나누어 가지자고 하였다. 그리고 한복에게는 공손찬이 기주를 치려한다고 하여 한복이 원소의 도움을 요청하도록 하였다.

원소의 밀서를 받은 공손찬은 크게 기뻐하며 군사를 일으켜 기주로 향하였다. 한복은 공손찬이 쳐들어온다는 소식을 듣고 곧 바로 원소에게 도움을 청하였다. 모든 것이 원소가 원하는 바대로 돌아갔다.

그런데 기주성에서 경무라는 자가 원소를 끌어들이는 것을 반대하였다. 그런데 한복은 경무의 말을 듣지 않고 원소를 끌어들였다. 원소는 성안에 들어서자마자 검은 속셈을 드러내 스스로 기주목이 되고 한복을 내치고 말았다. 그제야 속은 줄 안 한복은 기주성을 빠져나가 진류 태수 장막에게 갔다.

이 소식은 기주로 향하고 있는 공손찬에게도 그대로 알려졌다. 공손찬은 동생 공손월을 사신으로 원소에게 보내 약속대로 기주의 반을 내놓으라고 하였다. 그러나 원소는 사신으로 간 공손월마저 죽이고 말았다.

그 때서야 원소에게 속은 것을 깨달은 공손찬은 크게 분노하여 모든 군사를 총동원하여 기주성으로 나아갔다. 원소도 즉시 대군을 거느리고 공손찬을 맞이하러 나갔다.

원소와 공손찬은 반하의 상류를 사이에 두고 서로 진을 치고 대치하였다. 마침내 싸움이 벌어졌으나 공손찬은 문추의 상대가 되지 않았다. 문추는 공손찬의 군사들을 닥치는 대로 베고 진영을 뚫고 나가며 공손찬을 추격하였다.

공손찬은 도망가다가 말이 넘어지는 바람에 문추에게 죽임을 당할 처지에 놓이게 되었다. 그때 소년 장사 조자룡이 나타나 문추를 물리치는 바람에 공손찬은 간신히 목숨을 건질 수 있었다.

조자룡은 원래 원소의 휘하에 있었으나 원소가 나라를 위하는 마음은 조금도 없고 사심이 가득 찬 소인배라는 생각에 공손찬에게 오고 있는 중이었다. 그러다 마침 공손찬이 곤경에 처해 있는 것을 보고 그를 구해 주었던 것이다.

공손찬은 다시 군사를 수습하여 원소와 대적하였다. 원소와 공손찬은 일진일퇴를 거듭하며 공방전이 계속 되었다. 공손찬은 얻은 지 얼마 되지 않았다 하여 조운을 후군에 있게 하고 철기병을 앞세워 공격하였으나 병법이 변변치 못하여 다시 쫓기는 몸이 되었다. 다시 조운이 앞장서서 원소군을 무찌르니 전세가 역전되었다.

하나 그것도 잠시였다. 원소가 죽기를 각오하고 적진 속으로 뛰어들자 원소의 군사들도 힘을 얻어 죽기를 각오하고 싸웠다. 조운에게 밀렸던 안량과 문추도 힘을 합하여 공격하니 전세는 다시 원소에게로 기울었다. 공손찬은 거의 막판에 밀려 쫓기는 신세가 되었다.

그 때 갑자기 유비 삼 형제가 나타났다. 기세등등하게 공손찬을 몰아붙이던 원소는 전혀 예상하지 못한 유비 삼 형제의 등장으로 깜짝 놀라 그만 기가 꺾이고 말았다. 유비 삼 형제는 원소를 몰아치기 시작하였다. 원소는 들고 있던 보검마저 버린 채 어쩔 줄 몰라 하며 도망가기에 바빴다.

공손찬은 유비군의 도움으로 원소를 몰아붙여 원래의 진영을 회복하였다. 그리고 유비의 노고를 치하하며 며칠 전에 자신의 목숨을 살려준 조운 자룡을 유비에게 소개하였다. 유비와 자룡은 서로를 보자마자 서로가 서로를 알아보고 속으로 기뻐하였다. 그 때부터 유비는 자룡을 자기의 사람이라고 생각하였고, 자룡 또한 유비를 자신이 섬길 주공이라고 생각하였다.

유비가 공손찬의 세력에 합류한 뒤로 원소와 공손찬은 서로가 서로를 경계하며 대치하기만 하였다. 싸움은 장기전으로 돌변하였다. 결국 이 지루한 싸움은 승산이 없다고 서로 생각하여 화해하라는 동탁의 권유에 끝이 나고 말았다.

유비도 별 소득이 없이 떠나야 할 처지가 되었다. 그 때 조운 자룡이 유비를 찾아와 수하로 받아줄 것을 요청하였다.

"저는 공손찬을 영웅으로 생각했는데 원소와 다를 것이 조금도 없습니다. 저를 받아주십시오?"

"조 장군! 잠시만 공손 태수를 모시고 계시오. 반드시 만날 날이 있을 것이오."

그런데 헤어진 지 얼마나 지나지 않아 공손찬이 원소에게 쫓겨 자기 가족을 죽이고 스스로 목숨을 끊었다는 소식이 전해졌다. 유비는 공손찬의 은혜를 생각하면 실로 가슴 아프기 짝이 없었다. 그리고 또한 조자룡이 어떻게 되었는지 그것이 무척 궁금하였다.

이런 상황에서 원술이 원소하고 합세한다는 소식까지 조조에게 전해졌다.

만총은 말했다.

"이제 원소의 영토는 공손찬의 군대까지 합쳐 군사는 엄청나게 증강되었습니다. 뿐만 아니라 최근에 그의 아우 회남의 원술도 형 원소에게 전국 옥새를 바쳐 형에게 황제라는 칭호를 주고, 자기는 실리를 얻으려고 원소와 합세하려고 합니다. 이렇게 형제간이 합세하면 더욱더 세력이 커져 감히 누가 상대할 수 있겠습니까?"

그 말을 듣자 조조는 매우 불쾌하였다. 반면에 유비는 조조의 불쾌한 얼굴을 바라보며 조조에게 이렇게 말하였다.

"저에게 군대를 주십시오. 만약 원술이 원소를 찾아가자면 반드시 서주를 지나치게 될 것입니다. 저에게 군사를 주신다면 서주로 가는 길목에서 원술을 기습하여 그를 반드시 사로잡을 것입니다."

조조는 만족해서 쾌히 승낙하였다.

이튿날 조조는 유비를 데리고 대궐로 들어갔다. 그리고 천자에게 아뢰어서 유비에게 정식으로 5만의 총독권을 주었다. 천자는 유비가 5만 명 군사의 통수권자가 되는 것을 기뻐하면서도 한편으로는 그를 멀리 보내는 것을 못내 아쉬워하였다. 유비가 그 앞을 물러나자 천자는 궁문까지 친히 나와서 유비를 전송하였다.

유비는 장군의 인장을 허리에 차고 그 길로 자기 사관으로 돌아가서 밤새도록 행군할 준비를 하였다.
 이 때 주령과 노소 등 조조의 수하 장수 두 사람이 찾아왔다. 유비는 두 사람씩이나 감시인을 보내는 조조의 속셈을 뻔히 알아차렸지만, 그것을 내색할 수 없는 일이었다.
 마침내 유비는 장군인을 허리에 차고 말에 올라타 앞으로 나서며 행군령을 내렸다. 5만의 군사는 움직이기 시작하였다.
 유비는 관우와 장비 두 아우를 비롯해서 여러 부장들을 돌아보고 명령하였다.
 "각 군 장수들은 각별히 군사들을 재촉해서 빨리빨리 행군하도록 하여라."
 관우와 장비는 그것을 보고 좀 이상한 생각이 들어 유비에게 물었다.
 "형님은 평상시와는 달리 무엇 때문에 출정을 이처럼 서두르시는 것입니까?"
 유비는 소리 없이 웃으며 대답하였다.
 "지금이니까 말하지만 내 허도에 있을 때는 하루도 마음이 편한 날이 없었네. 거기에 머무르는 동안에 내 신세는 마치 새장에 갇힌 새, 그물에 걸린 물고기나 다름이 없었네. 언제 조조가 본색을 드러내 죽일지 몰라 바늘방석에 앉아 있는 것만 같았었네. 이제는 고기가 큰 바다에서 놀고 새가 창공을 나는 것같이 자유로이 거닐 수 있게 되었네."
 관우와 장비 두 사람도 유비를 따라 웃었다.
 그리고 주령과 노소 등을 돌아보며 다시금 걸음을 재촉하였다.
 이 때 허도에서는 유비를 보내놓고 공론이 한참 들끓었다.
 곽가와 정욱 등은 군량 검사를 나갔다가 돌아와서 조조가 유비에게 군사를 주어 서주로 보냈다는 소식을 듣고 펄쩍 뛰었다.
 "어떻게 이런 일이! 승상께서 유비 현덕에게 군사를 주어 내보내셨다하니 대체 이것이 어떻게 된 일입니까?"
 "내 원술을 칠 생각으로 그랬네."
 "그게 무슨 말씀입니까?"
 "예전에 유비가 예주목으로 있을 때 이 사람은 승상께 그를 죽이라고 건의하였으나 승상은 기어코 그 말을 묵살하였습니다. 그런데 오늘 또 그에게 군사를 주어 놓아주시니 이것은 바로 용을 바다에 놓아주고 범을 산에 풀어놓은 셈이 아니고 무엇이겠습니까?"
 조조는 말문이 막혀 멍하니 바라만 보고 앉아 있었다.
 "오늘 큰 범을 놓쳤으니 차후에 다시 잡아들이려 해보았자 그 때는 이미 늦습니다. 앞으로는 현덕을 잡을 수 없으니 두고 보십시오."
 하고 정욱이 펄쩍 뛰는데 곽가가 옆에 있다가 또 한 마디 덧붙였다.
 "승상이 유비를 죽이시기는 너무 심한 일이지만 그대로 놓아 보내신 것은 아무리 생각해도 잘못하신 일 같습니다. 옛말에도 이르기를 하루 도적을 잃었다가 그 때문에 세상에 근심거리를 만든다는 말이 있습니다. 승상은 깊이 생각해서 헤아려보셨으면 합니다."
 조조는 이렇게 두 사람에게 추궁을 당하고 보니 사실 할 말이 없었다.
 유비가 허도를 벗어나자 이와 때를 같이하여 급히 허도의 성문 밖으로 몸을 피한 사람이 있으니 그는 다름 아닌 유비와 더불어 의장에 이름을 올린 서량태수 마등이었다. 그는 유비가 서주로 내려갔다는 소식을 듣자 그날 밤으로 아무에게도 알리지 않고 자기 본거지인 서량을 향해 길을 떠났다.

한편 유비의 군사는 마침내 서주성 가까이에 이르렀다. 멀리 성 밖까지 자사 차주가 나와 맞았다. 자사 차주는 조조가 일시적으로 주둔시킨 태수였다. 차주는 유비가 아무런 예고도 없이 대군을 이끌고 온 것에 대해 속으로 매우 당황하였다. 유비는 차주의 그 불안한 안색을 보자 그가 묻기도 전에 자기가 먼저 자초지종을 알렸다. 그 때서야 비로소 차주는 얼굴빛이 환해지면서 성중에 크게 잔치를 벌여 유비와 그의 일행을 맛있는 술과 음식으로 후히 대접하였다.

그 자리에 손건과 미축 등이 들어와 인사를 하였다. 유비는 그들을 반겨 잡은 손을 놓을 줄 몰랐다. 잔치가 끝나자 곧바로 유비는 자기 가족들이 있는 처소를 찾아갔다.

유비는 한편으로 사람을 놓아 원술의 동정을 염탐하게 하였다. 그 이튿날 염탐하러 나갔던 자가 돌아와서 원술의 근황을 이렇게 알렸다.

"원술은 사치가 심해 마침내 심복 부하들에게까지 신망을 잃었습니다. 그의 부하인 뇌박과 진란 등이 그를 버리고 승산방면으로 달아났다 합니다. 설상가상으로 흉년이 들어 국정은 완전히 거덜 나고 말았습니다. 이로 인해 원술의 기세는 날로 쇠잔해져서 마침내 원술은 자기 스스로 오래 버틸 수 없음을 알고 형 원소에게 글을 보내 제호와 전국의 옥새를 넘길 생각을 전하자, 원소가 또 사람을 보내 아우 원술을 불렀답니다. 그래서 원술이 인마와 황제가 쓰는 물건 수백 대의 마차를 먼저 원소에게 보내기로 하였는데, 그 선발대가 벌써 서주 근방에 왔다고 합니다."

유비는 정색을 하더니 칼을 들고 자리에서 일어나면서 중얼거렸다.

"자. 드디어 때가 왔다."

그리고 곧 관우와 장비 두 아우와 주령과 노소 등과 더불어 5만 군사를 거느리고 나아갔다. 유비군은 서주 지경 근방에서 원술군과 마주쳤다. 원술군의 선봉으로 나선 적장은 다름 아닌 기령이었다. 그가 앞으로 나오자 장비가 말 한마디 없이 앞으로 뛰어나가 무쇠창을 휘둘러 기령과 싸웠다. 기령은 장비의 적수가 되지 못하였다. 겨우 10여 합에 장비의 장팔사모는 기령의 가슴을 꿰뚫어 기령을 말 아래로 떨어뜨리고 말았다. 그것을 본 나머지 군사들은 혼비백산해서 달아나기 시작하였다.

그러자 이번에는 원술 자신이 손수 군사를 이끌고 나왔다. 마침내 유비와 원술 두 장군은 각기 자기편의 흥망과 명예를 짊어지고 싸우지 않을 수 없었다.

"반역 무도한 원술은 듣거라. 내 이제 조서를 받들고 너를 치러 왔으니 조금이라도 염치가 있는 놈이라면 지금 당장이라도 항복을 하거라. 그러면 네 죄를 용서해 줄 수도 있다."

그러자 원술도 유비의 말을 맞받아치며 곧바로 쳐들어왔다.

"네 촌구석에서 돗자리나 치고 짚신이나 삼던 놈이 어찌 나를 그렇게 업신여기느냐."

유비는 그 기세에 눌려 못이기는 척 하면서 잠시 말머리를 돌려 후퇴하였다. 원술은 이것을 보고 사기가 충천하여 큰 소리를 치며 추격해왔다.

그러나 이 때 방포 소리가 한 번 크게 울리자 불시에 좌우에서 유비가 이끄는 군사들이 파도처럼 밀고 나왔다. 원술은 당황하였다. 원술군은 졸지에 오도 가도 못하는 신세가 되어 전후좌우에서 협공을 받게 되었다. 왼쪽에서는 주령과 노소의 군사가, 오른쪽에서는 관우와 장비가, 그리고 정면에서는 도망치던 유비 군사가 뒤돌아서서 공격하니 원술군은 당해낼 방법이 없었다. 한바탕 싸움에서 원술군을 대패하였다. 시체가 즐비하게 광야를 덮고 피는 고여 냇물이 되었다. 원술군의 장수와 졸병들은 죽지 않으려고 모두 도망을 가는데 그 수는 이루 헤아릴 수가 없었다.

이 때 설상가상으로 난데없는 한 떼의 인마가 나타나 원술의 중군을 정면으로 공격하였다. 그들은 다름 아닌 얼마 전 까지만 해도 원술의 수하 장수였던 뇌박과 진란 등의 무리였다. 그들은 어쩔 줄 모르는 원술의 나머지 군사들을 단칼에 물리친 다음 원술군의 생명과도 같은 모든 군량 등을 모조리 약탈해 가지고 산중으로 달아나 버렸다.

이렇게 되고 보니 원술은 앞으로 더 나아갈 엄두조차 내지 못하고 도로 수춘으로 돌아갈 생각을 하고 군사를 후퇴시켰다.

그러자 이번에도 정체 모를 도적의 무리가 나타나 길을 막고 나머지 군량과 인명을 빼앗아갔다. 원술은 겨우 목숨만 건져 강정이란 곳에 이르러 급한 숨을 돌렸다. 비로소 원술은 자기 주위를 돌아보니 따르는 자가 겨우 1천여 명밖에 안되었다. 그것도 기운깨나 쓸만한 사람은 한 명도 없었고 모두 늙고 병든 무리뿐이었다.

"아아, 십만 명의 정예군은 다 어디 가고 이제 나를 따르는 자가 겨우 이 노약한 무리들뿐이란 말이냐."

원술은 탄식을 하였다.

때는 찌는 듯한 삼복더위였다. 불같은 더위에 몸을 쉴만한 그늘 하나 없고 양식까지 떨어져 허기와 갈증이 이루 말할 수 없었다. 주방에 있는 양식이라 해보았자 겨우 보리가 조금 남아 있어서 군사에게 나누어 주고 보니 원술의 집안 식구까지 먹을 것이 없어서 굶주리게 되었다. 그래서 더위 먹어 죽기도 하고, 배고파서 죽는 자가 수 없이 많았다.

원술은 피로와 허기와 갈증이 심해 몸을 도저히 지탱하지 못할 지경이었다.

"얘들아, 뭐 먹을 것 좀 없느냐?"

하고 좌우를 돌아보며 기진맥진해서 물었다. 좌우에서 그를 모시고 있던 사람들은 한숨만 쉴 뿐 아무 대답이 없었다. 얼마 후에 겨우 음식이라고 갖다 바치는 것을 보니 멀건 보리죽 한 그릇인데 음식이 거칠어 목에 넘어가지 않았다. 그는 몇 술 뜨다 말고 숟가락을 내던지며 소리쳤다.

"이것도 사람이 먹는 음식이라고 가져왔느냐?"

하더니 주방의 포인을 불러 호통을 쳤다.

"야, 꿀물이 있으면 꿀물 좀 내 오너라."

"옛? 꿀물을 달라고요?"

하고 포인은 어이가 없어 비웃으며 말하였다.
"이런 판국에 도대체 꿀물이 어디 있습니까. 핏물은 있어도 꿀물은 없습니다."
원술은 포인의 조롱 섞인 대답에 기가 막힌 듯 말 한 마디 않고 앉아 있다가 갑자기 외마디 소리를 지르고는 그대로 땅바닥에 피를 토하면서 쓰러져 숨을 거두고 말았다.
나머지 사람들은 주군의 비참한 최후를 보고서도 곡할 기운도 없었다.

오만은 패망의 지름길이다

오만방자한 원술은 겸손을 무기로 삼는 유비에게 패하면서 패망의 길로 간다. 원술은 동탁과의 싸움에서 관우가 신분이 낮다는 이유로 출전하지 못하도록 하였으며 황제가 엄연히 있는데도 자칭 황제 노릇을 하니 유비조차 원술을 극도로 싫어하였다. 원술은 죽을 때조차 오만하기 그지없었다. 죽는 순간에도 먹을 물도 없는데 꿀물을 찾았다. 죽을 때까지도 그는 자신이 별난 사람으로 생각한 것이다. "휘황찬란한 집에서는 그곳에 사는 하인들조차 거만하기 짝이 없다."는 고대 로마 시인 유베날리스의 말에 딱 어울리는 사람이다.

그는 조조가 말한 대로 본래 영웅이 아니었다. 단지 부유한 명분 가정에서 자라서 풍요롭고 사치스런 삶을 살았던 사람이다. 이런 절제되지 않은 화려한 삶은 자신이 남보다 잘 낫다는 오만한 생각을 낳았고, 스스로 황제가 되어 온갖 갑질을 일삼다 결국 패망하고 만 것이다. 부자가 3대 가기 어려운 이유 중에 하나도 이러한 오만한 감정 때문이다. 오만한 감정은 특권의식을 만들고 그런 특권의식으로 인해 많은 사람들의 분노를 사는 것이다. 그래서 세네카는 잘 나갈 때 갑질하지 말라고 다음과 같이 경고하고 있다.

행운이 크면 클수록 그만큼 큰 분노가 따르는 것을 그대로 알 것이다. 특히 부자나 명문의 귀족, 정무관에서 볼 수 있는데, 마음속에 경박하고 공허한 것밖에 없는 자가 순풍에 돛을 달고 날아오는 때이다. 거만한 귀를 한 무리의 아첨꾼에게 기울일 적에 행운은 분노를 자아내게 한다.

자신을 낮출 줄 알아야 남이 인정해준다

우리는 자신이 잘났다고 생각하는 버릇이 있다. 이것은 인간의 본성 중 하나로 무조건 나쁘다고 말할 수 없다. 누구나 자신을 존중하는 마음을 갖고 있기 때문이다. 자기 존중은 자신의 존재 이유이며 자신감을 가지고 세상을 살아가는 근거이기도 하다. 허나 지나친 자기 존중은 오만한 감정으로 발전한다. 특히 자신이 잘나갈 때는 원술이나 조조처럼 자기 존중이 지나쳐 기고만장해지기 쉽다. 기고만장해지면 지나치게 자신을 높이고 상대방을 깔본다. 오만한 사람은 무엇이든 남보다 잘 되어야 직성이 풀린다. 돈도 많아야 되고, 지위와 명예도 높아야 된다. 더 나아가 자신이 가진 것에 만족하지 못하고 남보다 많거나 남위에 군림하고자 하는 것이다. 다른 사람이 자신보다 잘난 것을 절대 용인하지 않는다. 자신보다 잘 났다고 생각한 사람은 수단 방법을 가리지 않고 제거하려고 한다. 조조가 오만해져 유비와 같은 경쟁자를 제거하려 하고 황제를 능멸하려는 것처럼 말이다.

그러나 세상을 자세히 보면 자신이 잘난 것도 별로 없고 상대방이 자신보다 못난 것도 별로 없다. 한 면은 잘날 수 있어도 모든 면에서 잘날 수는 없는 것이다. 설령 잘났다고 해도 도긴개긴이다. 위대한 사람이라고 해도 허점투성이고 못난 사람이라고 해도 나름대로 잘하는 점도 있다. 그런데도 자신이 잘났다고 상대방을 깔보는 것은 참으로 위험한 발상이다. 아무리 잘났다고 하더라도 극히 한 분야이며 다른 사람의 도움 없이 살 수도 없다. 그러므로 잘난 척하는 자만심과 남을 업신여기는 오만함은 다른 사람에게 역겨운 환멸을 가져올 뿐이다. 그래서 예수는 "자기만 옳다고 남을 업신여기지 말라."고 하였다.

오만한 사람들 중에는 특별히 잘난 것도 없으면서도 자신이 잘났다고 생각하여 자신의 잘못을 개선하려고 노력하지 않는다. 어떤 충언도 통하지 않는다. 오로지 자기 고집대로만 한다. 그러니 오만한 자들의 개과천선은 참으로 어려운 것이다. 스스로 자신의 잘못을 인정하고 낮출 줄 알아야 자신을 고칠 수 있지만 오만한 자들은 자신의 잘난 맛에 살기 때문에 절대 스스로를 채찍질 하지 않는다. 오히려 오만한 사람은 항상 자신의 잘못을 인정하지 않으면서 남의 탓만 한다. 그리고 짓밟기를 좋아한다. 그래서 칼 힐티는 "아마도 겸손은 인간 마음의 온갖 속성 중에서도 가장 자연성에서 멀리 떨어져 있는 것 같다."고 하였다. 아우구스티누스도 "겸손은 인간을 천사로 만들지만 오만은 인간을 악마로 만든다."고 하였다.

게다가 우주적 관점에서 볼 때 인간이란 아주 가냘픈 존재에 지나지 않는다. 언제 와서 언제 가는지 모르는 존재일 뿐이다. 그냥 스치고 지나가는 먼지와도 같은 아주 미미한 존재일 따름이다. 그런데도 이런 사실을 모르고 남보다 조금 잘 나간다고 자만심과 오만함에 빠진 사람들은 모든 것을 자기 마음대로 처리하고자 한다. 그러나 세상은 오만방자한 자를 가만히 두지 않는다. 행복이 차고 넘치면 불행으로 기울듯이 오만함이 차고 넘치면 원술처럼 쇠락의 길로 가게 만드는 것이다. 이것이 바로 세상의 작용 반작용 법칙이다. 그러니 자신이 잘난 것처럼 보여도 자신을 낮출 줄 알아야 한다.

자신을 낮추는 겸손은 언뜻 보기에는 자기 존중의 원칙에 어긋나는 것처럼 보인다. 하지만 자신을 낮추면 그만큼 타인을 존중함으로 오히려 타인이 그 이상으로 자신을 존중해준다. 결국 겸손이야말로 다른 사람을 위하는 동시에 자기를 위한 자기 존중의 길인 것이다. 그래서 톨스토이는 "우리가 자기를 타인보다 우월하다든가, 타인이 자기보다 우월하다든가 하는 식으로 생각하지 않을 때, 비로소 우리는 다른 사람과 더불어 마음 편히 살 수 있다."고 했다.

　알고 보면 오만한 사람이 겉으로는 강한 자처럼 보일지라도 겸손한 자가 진정으로 강한 자이다. 진정으로 강한 자가 되고 싶다면 자신을 좀 내려놓아야 하지 않을까. 그래서 노자는 겸손하라고 다음과 같이 말한다.

> 자신이 옳다고 하지 않기에 오히려 다른 사람들이 인정해 준다. 자신을 과시하지 않기에 오히려 다른 사람들이 추켜세운다. 자신의 공적을 자랑하지 않기에 오히려 다른 사람들이 칭송한다. 자신의 재능을 과시하지 않기에 오히려 다른 사람이 존중한다.

13. 진정한 우정 - 조조의 짝사랑과 관우의 일편단심

　우리는 '친구'라는 말을 즐겨 쓴다. 같이 어울리면 친구 아닌 사람이 없을 정도이다. 어린 시절 같은 동네에서 발가벗고 놀던 깨벅쟁이도, 학교를 함께 다니던 학교 동창도 모두 '친구'라 한다. 청춘을 함께 했던 대학시절 동기도, 사회에서 만난 동료도 모두 '친구'에 속한다. 나이가 같고 술자리를 함께 한 또래라면 '친구'가 아닌 사람이 없을 정도로 친구라는 말은 우리들 생활에서 아주 폭넓게 사용되고 있다. 때로는 나이를 떠나 친구 관계가 성립되기도 한다. 나이가 많건 적건 마음이 맞으면 친구라고 하기도 한다. 그만큼 '친구'란 존재는 세상에서 없어서는 안 될 소금 같은 귀중한 존재라는 것이다.
　우리는 왜 이렇게 친구를 좋아하는 것일까? 우리는 완벽하지 않게 태어났기 때문이다. 그래서 누구에게 의지해야 한다. 의지할 사람이 없으면 왠지 불안하고 외로움을 느낀다. 아무리 강한 사람도 홀로 살 수 없다. 혼자라는 생각만큼 우리를 슬프게 하는 것도 없다. 그래서 자족력을 강조하는 에피쿠로스조차 "식탁에 친구가 없는 것은 짐승이 먹고 있는 것과 같다."고 하였다. 반대로 누군가 옆에 있으면 든든하다. 절망 속에서도 같이 할 사람이 있으면 그 절망을 얼마든지 이겨낼 수 있다. 그래서 친구 없는 삶은 결코 행복한 삶이라고 할 수 없다.

그러나 사람들은 친구가 많다고 하면서도 너도 나도 할 것 없이 진정한 친구가 없다고 다들 하소연하고 있다. 세상에 '나홀로족'이 주류를 이룰 정도다. 왜 우리는 친구를 필요로 하면서도 이구동성으로 다들 외롭게 살고 있을까? 친구가 되려면 최소한의 의리는 있어야 하는데 세상에는 잇속을 챙기는 사람이 많아서 서로 각자의 길을 가기 때문이라 생각한다. 친구가 어려움을 당하면 그 친구를 도와주어야 하지만 오히려 자신에게 피해가 올까봐 그 친구를 외면하는 것이다.

이렇게 이익에 죽고 사는 우리에게 본을 주는 인물이 있다. 바로 관우다. 〈삼국지〉에 나오는 관우는 '의'의 화신처럼 보인다. 그는 조조에게 포로가 되었지만 조조가 황금을 주고 미녀를 주어도 유비와의 약속을 저버리지 않는다. 유비와 관우는 의로 맺어진 형제지만 나이가 비슷해 동고동락하는 친구나 다름이 없다. 관우는 진정한 우정이 무엇인지를 보여주고 있다. 그래서 〈삼국지〉에 등장하는 인물 중 사람들로부터 가장 추앙받는 인물이다. 관우는 왜 이토록 추앙받게 되었는가? 〈삼국지〉를 보자.

> 원술을 물리친 유비는 조조가 걱정이 되었다. 조조가 언제 쳐들어올지 몰라 마음이 혼란스러웠다. 그런 와중에 장비가 후환을 없앤다고 서주를 다스리고 있는 조조의 심복 차주까지 죽이고 말았다.
> 게다가 동승이 유비의 함께 모의한 조조를 제거하려는 계획이 탄로나 조조는 동승 일파를 제거하였다. 동승 일파를 제거하고도 조조는 아직 마음이 놓이지 않았다. 아직 유비가 서주에

서 민심을 완전히 얻지 못했다는 소식을 듣고 마침내 조조는 20만 대군을 일으켜 서주를 향해 진군하였다.

첩자가 이 정보를 알고 곧바로 서주로 달려가 손건에게 급보를 알렸다. 손건은 깜짝 놀라 먼저 가까운 하비로 달려가서 관우에게 급보를 알리고 다시 그와 더불어 소패로 가서 유비에게 알렸다.

유비 또한 그 소식을 듣고 크게 낙담하였다. 세 사람이 곧 머리를 맞대고 그 대책을 강구하였으나 별 뾰족한 수가 없었다. 세 사람이 모두 원소에게 구원을 청해보는 수밖에 다른 도리가 없다고 생각하였다.

그래서 유비는 서둘러 한 통의 편지를 써서 손건에게 주어 하북으로 보냈다. 손건은 기주에 당도하여 먼저 전풍을 찾아가 자세히 사정 이야기를 하면서 원소를 만나러 가 주기를 청하였다. 전풍이 한마디로 쾌히 승낙하고 손건과 더불어 원소를 만나서 손건이 가지고 온 유비의 서신을 올렸다.

전풍은 대답을 기다리는 동안 고개를 들어 당상에 앉아 있는 원소의 얼굴을 쳐다보고 그만 깜짝 놀랐다. 원소의 모습이 너무나 초췌하였고 머리에 쓴 갓이 비뚤어지고 옷고름이 풀어져 앞가슴이 헤져 있었다.

"주공께서는 오늘 무슨 일로 이런 모습을 하고 계십니까?"

"나는 아주 자식 복이 없는 모양이야. 자식들은 많으나 제대로 된 놈이 하나도 없어. 내 아들놈 중에 막내둥이를 가장 애지중지하는 데 글쎄 그놈의 생명이 지금 경각에 달려 있으니 이런 상황에서 어떻게 남의 일까지 생각할 수 있겠나?"

"아니, 그게 무슨 말씀이십니까? 지금 조조가 현덕을 친다면 바로 허창이 텅 비어 있을 것입니다. 만약 주공께서 이때를 놓치지 않고 허도를 치는 것은 위로는 천자를 보호하는 것이고, 아래로는 만백성을 구하는 일입니다. 아마 지금보다 더 좋은 기회는 다시 찾아오지 않을 것입니다. 그런데 주공은 자식이 아프다는 이유로 군사를 일으키려 하지 않으십니까?"

"나도 그런 줄은 알지만 내 어쩐지 심난해서 안 될 것만 같네."

전풍은 다급하였다.

"무엇이 그리 심난하단 말씀입니까?"

"내 아들놈 형제 중에 끝의 놈을 제일 사랑하는데, 만약 이 놈을 잃게 되면 나도 따라 죽을 것만 같네."

그러면서 출병할 생각이 조금도 없다는 듯 원소는 일신상의 푸념만 늘어놓았다. 전풍이 하도 어이가 없어서 입을 벌리고 있는데 원소는 손건을 향해 잘라 말하였다.

"그대는 올라가 유공을 뵙거든 말씀을 잘 전해주시오 만약 조조의 대군을 감당하기 힘들면 좌우간 내게로 오라고 하시오. 그 때는 내가 언제든지 받아준다고."

전풍은 성문을 나와 무거운 걸음을 옮기며 긴 탄식을 하였다.

"아아, 아깝다. 이렇듯 다시 얻기 어려운 좋은 때를 놓고도 자식의 병을 핑계로 천하를 얻을 좋은 기회를 놓치니 이런 원통하고 애석할 데가 또 어디 있단 말인가."

이것을 보고 속에 불이 붙은 사람은 손건이었다. 원소가 끝내 출병하지 않을 것으로 보이자 그 날 밤 걸음을 재촉해서 소패로 돌아왔다. 손건이 유비에게 사실대로 자세히 말을 전하자 유비 또한 실망이 이만저만 아니었다. 모든 사람이 대처할 길을 몰라서 침묵을 지키고 있는데 장비가 조조군이 먼 길을 왔으니 당도하면 불의의 습격을 하면 승산이 있다고 하자, 유비도 그렇게 하기로 결정하였다.

허나 조조는 이것을 눈치 채고 즉시 군사를 아홉 진으로 나누어 그 중 한 진만 앞에 놓고 여덟 진은 깊숙이 매복시켜 놓고 때가 오기를 기다렸다.

이날 밤 유비는 군사를 두 대로 나누어 한 대는 유비 자신이 거느리고 왼편에 서고, 장비는 나머지 한 진을 거느리고 오른편에 서서 진군하기 시작하였다. 이날 장비는 자기가 낸 계책이 인정되어 스스로 작전에 옮기는 것이라 더욱 득의만만하였다.

그런데 조조의 진영으로 거침없이 군사를 몰아가는데 적병은 한명도 보이지 않았다. 모두가 어리둥절해 우왕좌왕하고 있었다. 그런데 갑자기 사방에서 불빛과 함께 요란한 함성이 일어났다.

그제야 적의 함정에 빠진 것을 알고 깜짝 놀라 한걸음 진 밖으로 뛰어나왔는데 사방에서 조조 군이 일시에 함성을 지르며 쇄도하였다.

장비는 이렇게 팔방에서 적의 공격을 받자 성난 호랑이처럼 소리를 지르고 무쇠창을 휘두르며 좌충우돌해서 앞으로 막고 뒤로 막고 하였다. 그런데 그가 거느린 군병이란 원래 조조의 수하군인지라 형세가 급한 것을 보자 무기를 버린 채 항복해서 흩어져버리고 말았다.

장비 혼자 한참 정신없이 싸우고 있는데 서황이 도끼를 휘두르며 정면에서 달려왔다. 마침내 장비와 서황 두 장수가 어울러서 싸움을 하고 있는데 뒤에서 악진이 또 긴 창으로 겨누고 왔다. 이처럼 앞뒤로 강적에 둘러 싸여 고전하다가 장비는 겨우 살길을 열고 달아났다. 하늘의 도움으로 간신히 포위망을 벗어난 장비는 망탕산을 향하여 외롭게 말을 몰았다.

한편 유비 또한 비참한 운명에 빠져 있었다. 대군에게 둘러싸인 채 하후돈과 하후연에게 협공을 받으며 힘도 한 번 써보지 못하고 지리멸렬하게 참패하고 말았다. 유비는 깜짝 놀라 겨우 포위망을 뚫고 달아나는데 이번에는 하후연이 소리를 치며 뒤를 쫓았다.

유비는 달아나며 뒤를 돌아보니 겨우 자기를 따르는 군사는 30여 명에 지나지 않았다. 소패에서 서주와 하비 쪽으로 말머리를 돌리려 하다가 보니 산과 평야에 모두 조조의 군사였다. 유비는 마땅히 돌아갈 곳이 없어서 길 가운데 외로이 말을 세우고 생각을 하였다. 그 때 문득 원소가 조조와 싸워서 불리하거든 자기에게 찾아오라는 말이 떠올라 원소에게 가서 잠시 몸을 의탁하고 있다가 기회를 엿보기로 하였다.
 이렇게 작정하고 마침내 청주 길을 향해 말을 몰았다.
 유비 일행이 평원 계구에 이르렀을 때 원소가 친히 무리들을 이끌고 30리 밖에까지 나와서 유비를 영접하였다. 유비가 감격해서 땅에 엎드려 인사를 하자 원소는 그것을 보고 황급히 말에서 내려 마주보며 답례를 하였다.
 "예전에 내 자식 놈의 병 때문에 구원해 드리지 못해서 여간 미안하지 않았소. 다행히 이렇게 뵙게 되니 이제야 내 평생의 원하던 소원을 푼 것 같소이다."
 "유비는 일찍부터 장군의 문하에 의지하고 싶었으나 그런 기회가 마땅히 없었습니다. 이번에 조조에게 패하여 처자를 모두 잃고 나서야 문득 장군이 받아주신다는 말이 생각났기에 이처럼 부끄럼을 무릅쓰고 찾아와 의지하고자 합니다. 장군은 이 몸을 물리치지 마시고 문하에 거두어 주십시오. 이 은혜는 꼭 보답하겠습니다."
 원소는 그 말을 듣고 매우 기뻐하며 그를 맞아 극진히 대접하고 같이 익주에 있게 하였다.
 조조는 이렇게 어렵지 않게 서주를 함락하자 곧 대군을 이끌고 입성해서 성내로 들어갔다. 그리고 사방에 방문을 내걸어 백성을 안심시킨 뒤 진부자로 하여금 다스리게 하여 백성을 안심시키는데 성공하였다.
 조조는 다음 계획을 착수하였다. 장수들을 모아 놓고 하비를 칠 일을 협의하였다. 관우는 유비와 장비의 소식도 모른 체 혼자서 외롭게 하비를 지키고 있었다.
 순욱이 먼저 말하였다.
 "하비는 지금 관운장이 현덕의 처자들을 보호하며 죽기를 각오하고 성을 지키고 있습니다. 만약 그곳을 빨리 치지 않는다면 원소의 수중에 들어갈 염려가 있습니다. 이미 원소는 북방에 대군을 동원하고 있습니다."
 "그래 그 말이 맞다. 하지만 내 운장의 무예와 인재를 정말로 아끼고 사랑한다. 그래서 그 사람을 꼭 내 사람으로 만들고 싶다. 누가 운장을 잘 설득해서 항복할 수 있도록 할 수 없겠는가?"
 이번에는 곽가가 나서서 말하였다.
 "운장은 심기가 굳고 강한 사람이라 어려울 것입니다. 그래서 운장에게 사람을 보내 보았던들 그 사람만 억울하게 죽을 것입니다."
 그러자 장료가 재빨리 끼어들었다.
 "이 사람과 운장과는 일찍부터 안면이 있사오니 제가 한 번 나서 보겠습니다."
 정욱은 그 장료의 얼굴을 비웃듯 힐끗 쳐다보면서 말하였다.
 "비록 운장과 구면이라고 하지만 제가 보기에는 이 사람의 말만 가지고는 운장을 설득할 수 없습니다. 그러지 말고 내게 한 가지 계책이 있으니 그 계책대로 하면 어떻겠습니까?"

"그래. 그렇다면 그것이 무엇인지 어서 말해 보아라."

"관우가 용맹하다는 것은 천하가 다 아는 사실입니다. 그래서 싸워서 죽이기도 쉽지 않습니다. 지략으로 상대하지 않고는 관우를 쉽게 이길 수 없습니다. 그러니 먼저 유비 수하에 있던 투항병을 하비로 보내 그 때서야 돌아온 척 한다면 관우도 그들을 당연히 받아들일 것입니다. 그리고 성중에 조용히 있다가 안에서 우리와 내통하게 하고 한편으로는 관우를 밖으로 끌어내어 거짓으로 지는 척 하면서 멀리 유인하여 돌아가는 길을 막는 다음 장료가 가서 설득한다면 일이 잘될 것으로 생각합니다."

그 소리를 듣고 조조는 기뻐하면서 곧 항복한 서주병 수십 명을 하비로 보내 거짓으로 투항하게 하였다.

관우는 그들이 잘 아는 병사들이라 조금도 의심하지 않고 받아들였다.

다음날 하후연이 5천 명을 이끌고 싸움을 걸었으나 운장은 꼼짝도 하지 않았다. 정당한 방법으로는 운장을 불러낼 수 없음을 알자 그는 입이 험한 한 사람을 골라 성 아래로 보내어 성 위를 쳐다보며 마음껏 관우에게 욕설을 퍼 붓도록 하였다.

관우는 처음에는 거들떠보지도 않다가 하도 심하게 욕을 하니까 나중에는 열을 받아서 3천 명의 군사를 이끌고 성을 나섰다.

마침내 관우와 하후연 두 장수가 어울려서 싸우다가 한 10합쯤 되자 갑자기 하후연이 말머리를 돌려 달아났다. 여전히 욕설을 퍼부었다. 관우가 열을 받아 여유를 주지 않고 쫓아가자 재빨리 돌아서서 몇 합을 싸웠다. 관우는 그럴수록 화가 나서 적을 쫓기에만 정신이 없었다.

그러다가 문득 깨달은 바가 있어 뒤를 돌아 하비성을 바라보았다. 이미 성은 보이지가 않았다. 아차 하고 서둘러 군사를 돌리려 하는데 한 차례 크게 방포가 울리더니 왼편에서는 서황, 오른쪽에서는 허저가 나와 좌우 양편에서 길을 막으며 퇴로를 차단하고 말았다. 관우는 아찔하여 80근 청룡언월도를 휘두르며 길을 찾아 정신없이 달아났다. 그러나 그 길을 양편에서 복병이 활을 쏘아대는데 화살은 마치 메뚜기 튀듯이 쏟아졌다.

관우는 더는 앞으로 나아가지 못하고 다시 군사를 돌이키려 하는데 다시 서황과 허저 등이 달려와서 앞을 막아섰다. 관우는 죽을 힘을 다해서 싸워 겨우 두 사람을 물리치고 군사를 이끌고 하비를 향해 걸음을 재촉하였다. 그러자 이번에는 다시 하후돈이 길을 막았다. 두 편 군사는 해가 저물도록 백병전을 버리다가 겨우 땅거미가 질 무렵에야 싸움을 멈추었다.

그러나 관우의 눈에는 모든 산과 평야에 조조 군사의 그림자만 보여 돌아갈 곳이 없었다. 겨우 토산이란 산기슭에 당도하여 군사를 이끌고 산마루로 올라가서 잠시 쉬려고 하였다. 관우의 군사가 토산으로 올라가는 것을 보고 조조의 군사가 사슴을 모는 몰이꾼처럼 산 둘레를 빙빙 돌아 겹겹이 둘러쌓았다. 관우가 가만히 그것을 지켜보고 있다가 멀리 하비성을 바라보고는 깜짝 놀랐다.
　성중에서 갑자기 불길이 치솟더니 삽시간에 불바다가 되었다. 이것은 다름이 아니라 거짓 투항병들이 성중에 있다가 가만히 성문을 열자 밖에서 대기하고 있던 조조의 군사가 순식간에 입성하고 만 것이다. 그리고 조조는 입성하자마자 곧 성중에 불을 놓게 해서 밖에 있는 관우가 이것을 보고 항복하도록 유인하려 한 것이다.
　아닌 게 아니라 관우는 하비성의 불길을 보자 매우 놀라며 당황하지 않을 수 없었다. 밤새도록 몇 번이나 산 아래로 내려가 포위선을 돌파하려고 했지만 그 때마다 빗발치게 쏟아지는 화살을 견디지 못하고 다시 쫓겨 올라오고 말았다.
　마침내 아침이슬이 내리고 날이 밝기 시작하였다. 관우는 죽기를 각오하고 마지막 전투를 위해 군사를 정돈하고 있는데 문득 산 아래에서 한 사람이 서둘러 산위로 올라오고 있었다.
　관우는 그 사람을 발견하자 내려다보았다. 자세히 내려다보니 올라오는 사람은 장료였다. 관우는 몸을 일으켜 나아가 맞으며 물었다.
　"문원은 내 목을 가져오라는 조조의 명령을 받고 왔소?"
　"아니올시다. 지난날의 정과 의리를 생각하여 찾아와 뵙는 것입니다."
　두 사람은 인사를 마치고 서로 자리를 정하고 앉았다.
　"그럼, 문원은 이 사람을 조조에게 항복하라고 오신 게 아니오?"
　"아닙니다. 옛날에 귀공의 구원을 받은 일도 있는데 귀공이 곤경에 처한 것을 보고 어찌 가만히 있을 수 있겠습니까?"
　"그럼 나와 함께 싸우러 오신 거요?"
　"그것도 아닙니다."
　"그것도 아니면 어인 일로 오셨소?"
　장료는 천천히 입을 열었다.
　"현덕 공의 생사가 어찌 되었는지도 모르고 장비 또한 생사를 모릅니다. 어젯밤 조공이 하비를 이미 점령하였습니다만 한 사람의 군민도 다치지 않았을 뿐만 아니라 사람을 보내 현덕 공의 가솔들을 엄히 호위하는 것을 보고 내 귀공께 이것을 알리고자 온 것입니다."
　그 말을 듣고 나서 관우는 크게 노하였다.
　"그 말은 나더러 항복하라는 소리잖소? 정말 가소로운 소리요. 지금 비록 절대 절명의 위기에 처해 있기는 하나 죽기는 매 한가지요. 속히 돌아가시오 곧 산을 내려가 싸우겠소"
　그러자 장료는 관우의 그런 모습을 보고 일부러 크게 웃었다.
　"귀공의 지금 그런 말씀을 다른 사람이 듣는다면 천하의 웃음거리가 됩니다."
　"뭣이 어째? 내 충의를 위해서 죽으려 하는데 어찌 천하의 웃음거리가 된단 말이오?"
　"귀공이 지금 죽으면 그 죄가 세 가지가 있습니다. 그것을 한 번 들어보시겠습니까?"

"내가 무슨 세 가지 죄가 있는지 어디 한 번 말해보시오."

장료는 손가락으로 세며 말하였다.

"유사군이 공과 더불어 도원에서 의형제를 맺을 때 생사를 같이하기로 맹세했습니다. 또 귀공이 패하여 전사하면 다음날 사군이 다시 돌아와 귀공의 도움을 청하고자 해도 다시는 안 될 것이니 어찌 귀공이 그 때의 맹세를 저버렸다 아니할 수 있겠소? 그러니 그 죄가 하나요. 또한 귀공을 믿고 유사군은 자기 가솔들을 부탁한 것인데 지금 귀공이 만약 싸우다 죽는다면 두 부인이 의지할 곳이 없게 될 것입니다. 그러니 그 죄가 둘이요. 귀공은 무예가 출중하시고 병법에도 능통하셨습니다. 장차 사군과 더불어 한실을 바로 잡을 생각은 아니하시고 헛되이 혈기의 용맹을 부리려 하니 어찌 충절을 위할 줄 아는 사람이라 하겠습니까? 그래서 그 죄가 셋이니, 귀공에게 이 세 가지 죄가 있는 것을 알고도 내 어찌 말씀드리지 않을 수 있겠습니까?"

관우는 그 말을 듣고 침통한 표정으로 물었다.

"세 가지 죄를 따지니 그럼 나더러 어떻게 하라는 말씀이오?"

"사방이 조조의 군사로 포위된 상황에서 만약 형님이 항복하지 않고 버티다가는 반드시 죽고말 겁니다. 그래서 헛되이 죽느니보다 일단 조조에게 항복하였다가 유사군이 있는 곳을 알게 되거든 어디든지 찾아가도록 하십시오. 그것이 곧 두 부인을 보호하는 일이기도 합니다. 둘째는 도원결의를 지키는 일이며, 셋째는 나라를 위해 보람 있는 일을 할 수 있도록 몸을 연장하는 것입니다. 이런 세 가지 좋은 점을 고려하여 귀공은 잘 생각해 보십시오."

관우는 가만히 그 말을 듣고 있더니 입을 열었다.

"공이 그처럼 세 가지 좋은 점을 말하니 나도 세 가지 약속을 맺고 싶소. 그런데 만약 승상이 이것을 들어주면 당장이라도 갑옷을 벗고 항복하겠지만, 그렇지 못하면 이 몸은 차라리 세 가지 죄를 짓고 죽어버리겠소?"

"승상은 매우 관대하고 도량이 넓은 분이니 무슨 말씀이든 용납하시리라 생각합니다. 세 가지 요청이 무엇인지 어서 말씀해 보십시오."

관우는 다음 세 가지 조건을 들어 말하였다.

"첫째는 내가 일찍이 황숙과 더불어 한나라 황실을 돕고자 맹세하였으므로 내가 항복하는 것은 한나라 천자께 하는 것이지 조조에게 하는 것이 아니라는 것을 알아줄 것이며, 둘째로는 두 분 형수씨에게 황숙에게 주시는 봉록을 내리시도록 하고 그 분들이 머무는 곳에는 상하를 막론하고 허가 없이 누구도 드나들지 못하도록 금할 것이며, 셋째로는 만일 유 황숙이 계신 곳을 알게 되는 날이면 천만리라도 곧 하직하고 떠나겠다는 것입니다. 만일 이 세 가지 중 하나만 빠져도 항복하지 않겠으니 문원은 가능한 한 빨리 승상의 회답을 알려주시오."

장료는 그렇게 하기로 답하고 곧 말에 올라 조조의 장중으로 갔다.
조조는 장료가 내려오는 것을 보자 급한 마음에 먼저 물었다.
"그래, 결과가 어찌 되었는가?"
"관우의 말이 세 가지 약속을 들어주지 않으면 항복을 못하겠다고 합니다."
"그래. 그럼 그 세 가지 조건이 무엇인가?"
장료는 관우가 내세운 조건을 조목조목 얘기하였다.
조조는 관우가 현덕이 있는 곳을 아는 날에는 불원천리라도 찾아가겠다는 셋째 조건을 듣고 나더니 난색을 표하였다.
"그렇다면 내 관우를 데리다가 무엇에 쓰겠나? 이것만은 들어 줄 수 없겠는데."
"승상은 예와 양의 사람들이 하는 말을 듣지 못하셨습니까? 사람은 모름지기 자기를 알아주는 사람을 위해서 죽습니다. 관우는 현덕을 따르는 것도 현덕이 관우에게 잘 해주었기 때문입니다. 만일 승상께서도 관우를 옆에 두고 더 큰 은혜를 베푸신다면 어찌 관우인들 복종하지 않겠습니까?"
그 말을 듣고 보니 과연 그럴 것 같아서 아주 기쁜 마음으로 승낙하였다.
조조는 관우가 온다는 소리를 듣고 몸소 원문 밖에까지 나가서 그를 애인처럼 맞았다. 관우는 조조를 보자 말에서 내려 땅에 엎드려 절을 하자 조조는 급히 앞으로 나아가 마주 답례하였다.
관우는 예를 다하여 조조에게 말하였다.
"패장으로서 죽이시지 않은 은혜에 대해 감사드리는 바입니다."
"항상 운장의 충의를 사모하여 오늘날 이처럼 뵙게 되니 내 평생의 소원을 이룬 것 같소이다."
"제가 문원을 통해서 세 가지 조건을 말씀드려 승상의 윤허를 받은 터이오니 다시는 거기에 대해서 딴 말씀이 없으시기를 바랍니다."
"내가 한 번 입 밖에 낸 말을 뒤집기야 하겠소"
관우는 그 앞에서 나아가 두 번 절을 하였다. 조조는 관우를 맞이하는 예로써 잔치를 베풀고 크게 환대하였다.
이튿날, 조조는 마침내 진을 풀고 군사들을 회군해서 허창으로 돌아갔다. 관우도 뒤를 따라가는데 먼저 두 분 형수씨를 청해 수레 위에 모시고 자기는 말에 올라 친히 호위하며 갔다.
그날 저녁이었다. 도중에 날이 저물어 일행은 관역에 들게 되었는데 조조는 군신 사이의 예절을 어지럽게 해 볼 생각으로 관우를 두 부인과 같이 한방에 들게 하였다. 그렇게 해 놓고서 관운장이 하는 양을 보고자 하는데 관우는 두 부인이 들어 있는 방문 밖에서 촛불을 밝혀 손에 들고 서서 그날 저녁부터 그 이튿날 아침까지 지키고 있었다. 그러나 조금도 얼굴에는 피로한 기색이 없었다. 조조는 그것을 보고 속으로 공경하는 마음이 더욱 커졌다.

조조는 허도로 돌아가서 관우가 거처할 곳을 마련하여 한 채의 저택을 비워주었다. 그러나 관우는 그 집을 두 채로 나누어 안채에는 두 분 형수가 머물러 있게 하고 늙은 병정 수십 명으로 파수를 보게 한 다음 자기는 바깥채에서 기거하였다.

이튿날 조조는 또 크게 잔치를 베풀고 모든 군사들을 모아 손님으로써 관공을 맞아 상좌에 앉히고 환대하며 동시에 또 비단과 금은 기명 등을 보내주었다. 관우는 그것을 받아 모두 안으로 들여보내 두 분 형수에게 그것을 간직하게 하였다.

또 한 가지 특이할만한 것은 조조가 허도로 돌아온 후 관우를 대우하기를 사흘에 한 번 소연을 열고 닷새에 한 번 대연을 열며 두텁게 대접하는 동시에 또 미녀 열 명을 뽑아 보내어 관공을 모시라고 하였다.

그러나 관우는 그 계집들을 모두 안으로 들여보내 두 분 형수의 시중을 들게 하였다. 그리고 사흘에 한 번 대문 밖에서 황제께 절하고 두 분 형수에게 문안을 드리는데 부인이 돌아가라는 말이 있어야 비로소 물러나곤 하였다.

그 말을 듣고 조조는 탄복해 마지않았다.

하루는 또 이런 일이 있었다. 조조는 관우가 입고 있는 전포가 낡은 것을 보고 곧 그 몸에 꼭 맞도록 전포 한 벌을 지어 그에게 내렸다. 그러자 관공이 감사해서 받기는 하였으나 그것을 속에 입고 겉에는 전처럼 그 헌 전포를 입었다. 그것을 보고 조조는 웃으며 말하였다.

"운장은 매우 검소하구려."

"옷을 아끼기 위해서가 아닙니다. 이 헌 전포는 유황숙이 내게 주신 것으로 내가 늘 이것을 입고 형님을 대하듯이 해왔습니다. 만일 그것을 버리고 승상이 주신 새 것으로 갈아입으면 형님을 잊지나 않을까 염려해서 겉에 입은 것입니다."

조조는 그 말을 듣고 탄식하며 입으로는 칭찬을 하면서도 속으로는 서운하기 그지없었다.

"참으로 운장은 충직한 의인이구려."

하루는 조조가 잔치를 벌이고 관우를 청해 즐겁게 놀았다. 잔치가 끝나 관우가 돌아가려 하는데 조조는 그를 전송하려고 승상부 밖에까지 따라 나왔다.

그런데 그는 관우의 말이 매우 마른 것을 보고 물었다.

"공의 말이 어째 이렇게도 말랐소? 먹을 것을 많이 주지 않았나 보구려."

"제 몸이 워낙 무거워서 말이 견디지 못하고 이렇게 비쩍 말랐나 봅니다."

"그래서야 되겠소."

하더니 조조는 좌우를 불러 분부를 내렸다.

"곧 가서 말 한 필만 끌고 오너라."

조금 후에 한 필의 말을 끌고 왔는데 그 말은 전신이 불붙은 숯덩이처럼 빨갛고 두 눈이 금방울처럼 빛나고 크기 또한 굉장하였다.

조조는 그 말을 손가락질해 가리키며 물었다.

"공은 이 말을 아시겠소?"

"아, 여포가 타던 적토마가 아닙니까?"

"그렇소"

하더니 고삐와 안장을 지워 관우에게 주었다.

"이 말은 준말이지만 말의 버릇이 사나워 아무도 길을 들이지 못하고 있소 어디 한번 길들여 타보시겠소?"

관우는 그 말에 활짝 웃더니 고맙다고 두 번 절을 하였다.

그것을 보고 조조는 또 한 번 실망해서 물었다.

"내가 미녀와 금백을 주었을 때는 공이 한 번도 절하고 받는 일이 없었소 그런데 말을 받자 이처럼 두 번씩이나 절하며 기뻐하니 그래 관운장은 말이 사람보다 더 귀하단 말씀이오?"

그러자 관우가 대답하였다.

"이런 천리마만 있으면 형님이 계신 곳만 알게 되면 하루에 달려가 뵈올 수 있으니 왜 아니 기쁘겠습니까?"

조조는 그 말을 듣고 깜짝 놀라 말을 준 것을 매우 후회하였다.

관우는 그 적토마에 올라타고 좋아서 돌아가는 것을 보고 조조는 곧 장료를 불러 이런 말을 하였다.

"내가 운장에게 참 잘 해주고 있는데도 운장은 항상 내 곁을 떠날 생각만 하고 있으니 어떻게 했으면 좋겠나?"

장료는 책임감을 통감하고 자청하여 관우에게 가기를 청하였다.

"제가 한 번 운장의 속을 떠보겠습니다."

"그럼, 그렇게 해보게."

장료는 이튿날 관우를 찾아갔다.

인사를 마치고 자리에 앉자마자 장료가 먼저 입을 열었다.

"내 귀공을 설득하여 승상께 와 계시고 더욱이 귀공이 승상으로부터 특별한 대우를 받으시니 좋아 보입니다."

관우는 그 말의 속뜻을 얼른 알아차리고 있는 그대로 대답하였다.

"내 어찌 승상이 후히 대접하시는 줄을 모르겠습니까. 그런데 몸은 비록 여기 있으나 마음은 항상 황숙 곁을 떠나지 않아 문제지요. 여기 있는 관우는 매미 껍질이나 다를 바가 없소."
"허어, 귀공의 말씀이 도가 지나치십니다. 사람이 세상을 살아가는데 가벼움과 무거움을 가릴 줄 모른 데서야 어찌 대장부라 하겠습니까? 황숙이 아무리 귀공을 후히 대접하였다고 해도 승상보다 더하지는 못했을 것입니다. 그런데 그처럼 황숙을 못 잊는 이유를 도무지 모르겠습니다."
"승상께서 내게 잘 해주시는 것을 내 모르는 바가 아닙니다. 그러나 그것은 마음과 마음으로 맺어진 것이 아니라 물건으로 맺어진 것이오. 일찍이 유황숙의 후한 은혜를 입은 나로서는 한날한시에 죽기를 맹세한 그 약속을 저버릴 길이 없구려. 그리고 내 반드시 공을 세워 조공께 빚을 갚은 다음에 이곳을 떠나기로 하겠소."
"만약 현덕이 이미 세상을 떠났다면 그땐 어디로 가시렵니까?"
"그땐 나도 지하까지 따라갈 것이오."
장료는 더는 마음을 돌릴 수 없다는 것을 알고 그대로 물러가 조조에게 사실대로 말하였다.
조조는 그 말을 듣고 나서 노하는 기색도 없이 길게 한숨을 토하였다.
"주인을 섬기는데 있어서 그 근본을 잊지 않는 관운장이야말로 정말 천하에 의로운 사람이구나. 아야, 더 이상 어쩔 수가 없구나."
관우는 한동안 조조를 위해 유비가 있는 원소군과 싸워 큰 공적을 세웠다. 그것 때문에 원소에 의탁하고 있던 유비가 난처해졌다.
그럴 즈음 관우는 유비가 원소에게 몸을 의탁하고 있다는 소리를 듣고 조조를 떠나기로 하였다. 조조는 관우와의 약속을 지키기 위해 그를 풀어주면서도 어떻게든 관우를 붙들고 싶었으나 관우의 의지를 꺾을 수는 없었다.
조조는 하는 수 없이 약속대로 관우가 유비에게 가도록 허락하였다. 관우가 떠나갔다는 소리에 다른 장수들보다 유독 채양만이 관우와 사이가 좋지 않았기 때문에 이제 관우가 떠났다는 소리를 듣고 분개해서 그를 쫓아가 잡겠다고 하였다.
그러나 조조는 채양을 말리며 감탄하였다.
"아니다. 그럴 필요는 없다. 관우는 옛 주인을 잊지 않고, 오고가는 것도 이렇듯 분명하니 참으로 장부로다. 너희들은 모두 그를 본받아야 한다."
채양이 한 마디 하였다가 멀쑥해져 쫓겨나가는 것을 보고 정욱이 나서서 말하였다.
"승상께서 운장을 그토록 대접을 후히 하였는데도 조금도 감사하는 마음도 없이 떠났으며, 종이 조각에 어지러운 글만 써서 함부로 승상의 존위를 모독하니 그 죄가 클 뿐만 아니라, 이제 이 자를 그대로 놓아주어 원소에게로 가게 하는 것은 마치 범에게 날개를 달아주는 격이나 마찬가지입니다. 따라서 지금 쫓아가 그 자를 죽이는 것이 후환을 없애는 제일 좋은 방법입니다."

그러나 조조는 고개를 가로저으며 말하였다.

"내가 그 전에 승낙한 일을 지금에 와서 어찌 믿음을 저버릴 수 있겠나? 만일 그를 죽인다면 천하가 나를 비웃지 않겠는가! 그리고 사람도 다 주인이 있는 법이야. 그 역시 주인을 위해 하는 일이니 굳이 쫓아갈 것 없다."

그러고 나서 조조는 다시 장료를 돌아보고 말하였다.

"운장이 황금과 인수를 초개같이 버리고 떠났다니 실로 그 사람만은 재물과 벼슬로도 그 마음을 움직일 수 없구나. 그러니 내가 이런 사람을 어찌 존경하지 않을 수 있겠나? 갔어도 아직 멀리 가지는 못했을 것이다. 내가 친히 나아가 마지막으로 인정이나 쓰고 싶으니 그대는 먼저 가서 내가 갈 때까지 좀 기다리게 하게. 내가 그에게 길 가면서 쓸 재물과 옷 한 벌을 내려 다음날 징표로 삼을까 하네."

장료는 그 명을 받들고 앞서 가고 조조는 좀 뒤늦게 수십 명을 거느리고 그 일행을 쫓아갔다.

한편 관우가 탄 적토마는 본래 하루에 천 리를 달리는 말이라 한 번 달리고자 하면 따를 자가 없겠지만, 두 부인이 탄 수레를 호위하므로 어쩔 수 없이 천천히 가고 있었다.

그러자 문득 뒤에서 크게 소리쳐 부르는 사람이 있었다. 장료였다.

관우는 말을 세우고 청룡언월도를 든 채 장료가 가까이 오기를 기다렸다.

"문원은 혹시 나를 추격해 오는 것이 아니오?"

"다름이 아니라 승상께서 귀공이 먼 길을 떠나시는 것을 알고 친히 나와 배웅하시겠다고 합니다. 특히 나를 먼저 보내 잠시 걸음을 멈추게 하라는 것 이외엔 별다른 뜻이 없습니다."

그러나 관우는 미심쩍은 듯 말하였다.

"만약 승상이 무장병을 이끌고 온다면 나는 죽기를 맹세하고 싸울 것이오."

관우는 잡으러 온다고 생각하여 사생결단하여 싸우기로 마음먹었다.

한편 조조는 관우가 다리 위에 청룡언월도를 비껴들고 서 있는 걸 보고 자신을 의심하고 있음을 짐작하였다. 함께 온 장수들에게 말을 멈추고 좌우로 벌려 서게 하였다.

그러자 관우는 가까이 가서 그자들의 수중을 자세히 보았다. 아무도 무기를 갖지 않은 것을 보고서야 관우는 안심하고 의심을 풀었다.

조조는 관우의 앞으로 가까이 가서 목소리를 부드럽게 하여 물었다.

"장군, 어찌 그리 급하게 떠나시오? 이렇게 헤어지는 것은 너무 섭섭하오."

관우는 말위에 앉은 채 정중히 인사를 한 뒤 대답하였다.

"지난날에도 여러 차례 말씀드린 바 있습니다만, 이제 옛 주인께서 하북 땅에 계신 것을 안 이상 어찌 급히 떠나지 않을 수 있겠습니까? 여러 번 승상부로 찾아갔사오나 뵈올 수가 없는 까닭에 부득이 글을 써서 하직을 고하였습니다. 그동안 승상께서 내리신 모든 것을 도로 보내드렸으니 승상께서는 부디 지난날의 약조를 잊지 마시고 저를 이대로 가게 해주십시오."

"내가 신의로써 천하를 얻을 생각인데 어찌 지난날에 한 약조를 저버리겠소 다만 장군께 길 가는 도중에 용돈이 궁색하지나 않을까 해서 약간의 노자를 좀 가지고 왔소이다."

그러자 곧 한 장수가 황금 한 쟁반을 받쳐 들고 와서 바쳤다.

그러나 관우는 사양하였으나 조조는 웃으며 말하였다.

"내가 더는 운장을 붙들지는 않겠소 내 운장을 천하 의인으로 존경하는 터이므로 이것으로나마 그 뜻을 조금이나마 표하려 하오."

그러자 또 다른 장수가 금포 한 벌을 두 손에 받쳐 들고 나왔다.

그러나 관우는 혹시 무슨 변고가 생기지 않을까 염려해서 말위에서 그대로 앉은 채 청룡언월도 끝으로 그 금포를 받아서 몸에 걸치고는 머리를 돌려 조조에게 인사를 하며 그대로 말을 몰아 북쪽을 향해 떠나갔다.

그것을 보고 허저가 분개해서 말하였다.

"저렇듯 무례한 놈을 어찌 그냥 보내십니까?"

그러나 조조는 좌우의 여러 장수를 향하여 말하였다.

"저자는 한 사람이고, 우리는 수십 명이니 그 사람은 어찌 의심하는 마음이 없겠나? 그것을 이해해야 해. 그리고 내 이미 한 번 승낙한 것이라 쫓는 것은 옳지 않아. 우리는 관우의 그런 무인다운 태도를 배워야 해. 얼마나 우리에게 감동을 주는가."

하고 말머리를 돌려 무리들을 이끌고 허도로 돌아갔다. 조조는 돌아오는 길에 계속 관우를 생각하며 탄식해 마지않았다.

행복의 제1조건은 무엇인가

이런 관우의 의로운 모습을 보면 시대를 초월하여 조조의 감탄처럼 참으로 멋있다는 생각을 떨칠 수 없다. 아무리 조조가 잘 해주어도 유비와의 의리를 저버리지 않는 관우의 모습은 우리와는 사뭇 다르다. 관우는 유비와는 마음과 마음으로 맺어진 관계지만 조조와는 물건과 물건으로 맺어진 관계이므로 참다운 인간관계가 아니라는 것이다. 그래서 그런지 의로움을 주는 유비에 대한 그리움과 애정을 담은 관우의 말 한마디 한마디가 새록새록 가슴에 와 닿는다. 특히 지금과 같이 이익에 따라 움직이는 혼탁한 자본주의 사회에서 인간미 넘치는 관우의 의로움은 청량제 역할을 한다는 생각이 든다. 그리고 관우의 의로움에 탄복하며 관우와의 약속을 지키며 살려주는 조조의 대범함이 돋보이는 부분이기도 하다. 왜 조조를 단순히 간웅이라 할 수 없는지를 보여주는 대목이고, 사람이 커야 남을 포용하는 큰 그릇이 된다는 것을 조조는 그대로 보여주고 있다.

  현대인들은 의를 강조한 그 당시와는 달리 돈과 이익을 중시하는 자본주의 사회에서 이익을 전면에 내세우고 이익에 따라 행동한다. 그러니 사람들 사이의 사소한 약속 하나라도 이득이 되지 않으면 방금 자신이 한 약속까지도 스스로 저버리고 만다. 이익을 좇는 사회에서는 배신은 불문율이 아니라 당연한 것처럼 되었다. 누구 하나 제대로 믿을 사람이 주변에 없다. 속칭 친구라는 사람조차 뻔뻔스럽게 거짓말을 하는 사람이 많다. 거짓말을 참말처럼 인식하게 하는 우리 사회에 무슨 의리란 것이 있겠는가. 그래서 현대인들은 화려한 문명 속에서도 정 줄 곳도 마음 줄 곳도 없다. 현재의 우리들에겐 의리나 우정, 진정한 사랑은 찾아보기 힘들고 이익을 좇아 삭막한 각자도생의 길을 가고 있다. 그래서 '활동형 외톨이', '나 홀로족' 들이 넘쳐나고 있는 것이다.

  허나 사랑과 우정이 없는 곳에 과연 행복이 존재할 수 있을까? 인간은 아무리 가진 것이 많아도 같이 할 사람이 없으면 행복할 수 없다. 실제로도 사회심리학자들은 인간 행복의 제1조건은 사회적 성공이나 부유함, 젊음, 아름다움과 같은 외적인 조건이 아니라 편안한 인간관계와 단란한 결혼 생활이라고 말하고 있다. 돈벌레처럼 외형적인 것을 중시하는 우리를 비웃기라도 하듯, 우정과 사랑이 행복의 제1조건인 셈이다. 진정으로 잘 사는 것은 돈이 많거나 권력이 높아 잘 사는 것이 아니라 사람과 사람 사이의 인간관계를 원활하게 하여 사는 것을 말한다. 장관까지 한 이어령 교수가 자신의 인생을 회고하면서 자신이 실패한 삶을 살았다고 고백한 것은 인생을 같이할 친구가 주변에 없었기 때문이라고 말한다. 그만큼 우정이 없는 인생은 삭막한 것이다. 많은 것을 갖고도 나눌 사람이 없다면 무슨 재미가 있겠는가. 나눔의 법칙에 따라 사랑과 우정을 나눌 수 있는 사람이 있어야 행복은 배가 되고 불행은 반으로 줄어들기 때문이다. 반면에 사회적 성공을 했어도 사랑과 우정을 나눌 수 없는 사람은 같이 할 사람이 없기에 행복은 반으로 줄어들고 불행은 두 배로 커지고 만다.

  왜 겉으로는 가장 행복해야 할 왕들이 고독한 삶을 사는가? 지위가 높으면 인간관계 자체가 이해관계로 얽혀 인간적으로 정을 주고받을 사람이 그만큼 적기 때문이다. 수많은 사람들이 줄을 서서 왕을 찾는 것은 그 사람이 좋아서가 아니라 그 사람이 갖고 있는 막강한 권세를 좋아하여 왕을 만나려는 것이다. 사람들은 자신을 찾는 사람들이 많을 때 흔히 자신이 입고 있는 관복이 좋아서가 아니라 자신을 좋아해서 찾는 것으로 착각한다. 많은 사람들이 조조를 따르는 것도 조조 자체가 좋아서가 아니라 관우를 자기 사람으로 만들기 위해 황금, 여자, 거대한 저택 등 물질적 혜택을 주는 것처럼 그럴 수 있는 자리에 있기 때문이다. 그래서 행복의 가장 중요한 요건은 사회적 성공에 있는 것이 아니라 바로 인간미에 있고 그 인간미를 바탕으로 진정한 사랑과 우정을 나누는 것이다.

  공자는 죽을 때가 되어서야 비로소 착해진다고 한다. 모든 것을 내려놓으려 하니 움켜쥐려고만 했던 자신의 잘못을 깨달았기 때문이다. 그래서 사람들은 죽을 때가 되어서야 비로소 가까이 해야 할 친구를 멀리한 것, 사랑해야 할 사람을 사랑하지 못한 것, 감사의 말조차 건네지 못한 것을 가장 후회한다고 한다. 그만큼 우정과 사랑은 인간에게 소중하다는 것을 의미한다. 그래서 에피쿠로스는 "인간이 일생을 행복하게 살기 위한 가장 위대한 지혜는 우정을 얻는 것이다."라고 말했고, 몽테뉴 역시 "친구의 잦은 왕래는 생활에 꼭 필요한 물보다 더 달콤하고, 불보다 더 필요하다."라고 하여 우정의 소중함을 강조하고 있다. 그러니 이들은 친구를 얻는 것이 인생을 행복하게 사는 비결임을 말하고 있다.

진정한 친구는 누구인가

그럼 진정한 친구는 무엇인가? 진정한 친구는 진심으로 자신을 알아주는 사람이다. 지위가 있고 없고 간에, 돈이 있고 없고 간에, 있는 그대로의 자신을 알아주는 사람이 진정한 친구인 것이다. 유비와 관우는 생사고락을 함께 나누며 살아왔다. 유비가 상사지만 엄밀하게 위아래가 없었다. 같이 논의하며 같이 행동했다. 어려울 때 같은 집에서 먹고 같은 방에서 잤다. 뿐만 아니라 죽음의 문턱을 넘나들며 수많은 전투를 하면서 그들은 일심동체가 되었다. 그들은 서로 다르지만 유비를 훌륭한 지도자로 장비와 관우를 훌륭한 장수로서 서로를 인정하며 수많은 죽음의 고개를 넘었다. 그러니 그들의 우정은 뗄래야 뗄 수 없었다. 조조의 유혹이 관우의 마음을 파고들 여지가 없었다. 그들이 죽을 때까지 30년 이상을 같이 한 것도 서로를 존중하는 마음으로 맺어지지 않으면 불가능한 것이다.

이처럼 진정한 친구는 친구라는 존재를 단순히 '세속적 가치'로 상대방을 평가하지 않는 법이다. 사람들은 잘 나갈 때는 누구나 친구가 되려고 하지만 갑자기 형편이 어려워지면 발길을 뚝 끊지만 진정한 친구는 지치고 힘들 때 도와주는 친구다. 그러므로 진정한 친구는 유비와 관우처럼 인격 대 인격의 만남이고 영혼과 영혼의 결합이다. 돈이 있어 친구로 삼는 것은 돈을 좇은 것이지 깊이 있게 사람을 사귀려고 한 것이 아니다. 이런 경우 친구가 돈이 없어지면 자동으로 그 친구도 멀어진다. 그러니 돈을 좇는 우정은 진정한 친구가 아니라는 것이다. 오히려 진정한 친구는 친구가 어려울 때 떠나는 것이 아니라 함께 할 수 있는 친구다. 관중과 포숙의 우정이 빛나는 것도 같이 장사를 하면서도 사장격인 포숙이 직원인 관중에게 관중의 처지가 어렵다는 이유로 더 많이 가져가도록 배려했기 때문이다. 그래서 진정한 우정이란 '큰 재산으로도 받을 수 없는 사랑과 존경을 받을 수 있는 것'을 의미하는 것이다.

그래서 키케로는 우정에는 반드시 유비와 같은 후덕한 덕이 있어야 함을 말하고 있다. 유비가 평상시 관우와 장비보다 윗사람이지만 그냥 친구처럼 동고동락하며 지냈고 그러다 보니 관우는 유비를 좋아하고 흠모하게 되었다. 그러므로 키케로는 "미덕이 우정을 지켜주며, 미덕이 없이는 우정이란 어떤 형태로도 존재할 수 없다."고 하였다. 그는 공자처럼 성실과 정직을 강조하면서도 모름지기 친구라면 공정하고 아량이 있어야 한다고 말하면서 '탐욕과 방종 그리고 파렴치한 행동과 거리가 먼 사람'이 친구가 될 수 있는 자격이 있다고 말한다. 관우가 조조를 받아들이지 않은 것도 조조라는 사람이 유비처럼 후덕하기 보다는 이익에 밝은 인간이고 때로는 황제를 능멸하는 것처럼 술수에 능한 인간이라는 것을 보았기 때문이다.

또한 친구를 사귀려면 모름지기 선해야 하며 "도의에 조금이라도 어굿난 것을 친구에게 요구해서도 안 되며, 설령 그러한 요구를 받더라도 그것을 들어주어서는 안 된다."고 했다. 아무리 친한 친구라도 우정을 잃지 않기 위해서도 무리한 부탁이나 청탁은 하지 말아야 한다는 것이다. 세상은 돈을 잃고 사람을 잃는 경우가 많다. 그래서 친할수록 금전거래는 피하는 것이 좋고 친구가 어려울 때 보상을 바라지 않고 무리하지 않는 선에서 도와주는 것이 진정한 친구라 할 수 있다. 한마디로 인생을 행복하게 하는 우정 역시 인간성과 도덕성이 없이는 이룩될 수 없다는 것을 의미한다. 우정도 인간성과 도덕성을 기반으로 형성될 때 더 값지고 보람된 삶을 살 수 있게 한다는 것이다.

14. 또 하나의 산고, 역경 - 유비 삼 형제의 재회

 사람은 쾌락주의자들의 말처럼 쾌락과 행복을 좋아하고 고통이나 불행을 무척이나 싫어한다. 허나 고통이나 불행은 피할 수 있는 것이 아니다. 세상은 자신이 원하는 바대로 결코 흘러가지 않는다. '나에게 이런 끔찍한 일은 절대 일어나지 않는다.'라는 생각은 그다지 현명하지 않다. '나에게도 이런 끔찍한 일이 항상 일어날 수 있다'고 생각하고 인생을 항상 대비하는 것이 현명하다.
 삶의 과정에는 굴곡이 있기 마련이며 반드시 실패의 쓴 맛을 보게 된다. 실패로 인한 좌절과 절망은 참으로 고통스러운 것이지만 오히려 그것을 기화로 인생을 도약하는 새로운 계기가 된다. 힘들다고 자포자기 하는 것은 인생을 잘 모르는 어리석은 짓이다. 괴테의 말처럼 눈물 젖은 빵을 먹어보지 못한 사람이 어찌 인생을 논할 수 있겠는가. 사마천은 황제에게 충언을 하다가 남근이 제거되는 굴욕적인 상황에서도 좌절하지 않고 역사서를 완성했으며, 정약용은 날개 잘린 상황에서도 세상을 원망하지 않고 자신의 에너지를 완전히 소진하며 책을 집필하여 나라를 바로 잡으려했다.

이들의 위대함은 좌절과 역경을 딛고 일어나서 탄생한 것이다. 인간의 위대한 힘은 세상을 원망하지 않고 바로 이런 역경을 딛고 일어서는 데 있다. 큰일을 하는 사람은 누구도 원망하지 않으며 그런 환경에 순응하며 무언가를 하려고 한다. 그리고 불굴의 집념을 갖고 역경을 딛고 자신의 세계를 완성한다. 그래서 〈채근담〉의 저자 홍자성은 "역경이나 빈곤은 인간을 훌륭하게 연마시키는 용광로 같은 것이다. 이 속에서 단련되면 심신이 모두 강해진다. 단련된 기회를 가지지 않으면 좋은 인간으로 성장할 수 없다."고 했다.

〈삼국지〉의 주인공격인 유비 삼 형제도 예외는 아니다. 인생의 최대 경쟁자인 조조에게 패하여 서로 생사를 모르는 채 뿔뿔이 헤어져 지냈다. 겨우 소식을 알고 맨주먹으로 먼 길을 가야만 했다. '무'에서 출발한 그들에게는 이런 역경은 이미 예고된 것인지도 모른다. 문제는 고생을 하더라도 조금도 그것에 굴복하지 않고 진취적으로 꿋꿋하게 살아가느냐 하는 점이다. 많은 사람들은 역경에 부딪히면 세상을 원망하거나 현실과 적당히 타협하는 비굴한 삶을 택한다. 과연 유비 삼 형제도 그럴 것인가? 아니면 굳건하게 그 어려움을 헤치고 그들만의 새로운 둥지를 틀 것인가? 위대한 인간은 가장 어려울 때 역경을 이겨낼 작심을 한다고 한다. 그들이 과연 용틀임을 하는지 삼 형제의 재회를 보자.

> 관우는 조조와 헤어지고 두 부인과 일행을 따라잡기 위해 20여리를 급히 달려 왔다. 그러나 앞서간 두 형수님이 보이지 않아 심히 당혹스러웠다. 그래서 더 나아가지 않고

그 근방을 샅샅이 뒤지고 있는데, 황건적 복장을 한 도적 떼들 중의 두목 격인 사람이 관우에게 다가와 말을 걸었다.
"저는 양양 사람으로 요화라고 합니다. 먹고 살기가 너무 힘들어 떠돌다 보니 그만 산적이 되어 지금까지 살아 왔습니다. 그런데 우리 패거리 중 두원이라는 자가 산을 내려갔다가 조금 전에 두 부인이 탄 수레를 산채로 잡아 왔습니다. 저는 수레에 타고 있는 사람들이 유 황숙의 부인들인 것을 알고 산 아래로 모시려고 했지만 두원이란 자가 흑심을 품고 가로막기에 그놈을 죽였습니다. 일단 두원의 목을 바쳐 두 부인에게 심려를 끼친 죄를 빌고자합니다."
"너는 산적 두목이면서도 나에게 왜 너와 한 패거리인 자의 목을 바치는 것이냐?"
"유 황숙과 관 장군에 대해서는 익히 들어 잘 알고 있습니다. 아무리 도적질을 하며 살아간다고 하지만 어찌 그 정도도 알지 못하겠습니까?"
"그렇다면 두 부인은 어디에 계시느냐?"
"지금 산채에 계십니다. 여기서 잠시만 기다려 주시면 바로 모셔오겠습니다."
요화는 얼마 지나지 않아 다른 산적들과 함께 두 부인의 수레를 호위하며 내려왔다. 관우는 수레를 보자 형수들에게 엎드려 절하며 안부를 물었다.
"요화 장군이 아니었다면 우리는 정말 큰 변을 당하고 말았을 것입니다."
이 말을 듣자 관우는 요화에게 다가가 절하며 감사하다는 인사를 했다.
그러자 요화는 관우에게 자신들을 거두어 주어 수레를 호위하도록 허락해 주기를 원했다. 그러나 관우는 황건적의 잔당을 끌고 다닌다는 소문이 난다면 유비에게 폐를 끼칠까봐 그들과 함께 가기를 거부하고 훗날을 기약했다.
관우는 다시 두 형수님이 탄 수레를 이끌고 길을 떠났다.
그러나 유비가 있다는 기주로 가는 길은 멀고도 험난하였다. 각 성문을 지키고 있던 장수들은 관우 일행이 통행증이 없다는 이유로 관우의 길을 막아섰다. 그 때마다 관우는 홀로 장수들의 목을 베고 성문을 어렵게 통과하였고, 마지막으로 하후돈의 부장 진기를 죽이고 무사히 황하를 건널 수 있었다.
관우는 황하를 건너면서 속으로 이렇게 탄식하였다.
'허도를 떠나면서 너무 많은 사람을 죽였구나. 이것을 알면 조승상이 나를 은혜도 모르는 놈이라고 여길 텐데.'
배에서 내린 관우 일행은 유비가 있는 기주를 향해 발걸음을 재촉했다.
그 때 손건이 나타나 관우에게 유비에 관한 소식을 전해 주었다.
"황숙께서는 하북을 떠나 여남으로 가셨습니다. 황숙께서는 장군께서 이 사실을 모르고 하북으로 가셨다가 원소에게 해를 입을실까 걱정하시어 저를 급히 보내셨습니다."

관우는 손건의 말을 듣고 한숨을 돌렸다.
그 때 마침 하후돈의 군사들이 나타나 관우의 길을 막았다.
관우는 손건에게 수레를 이끌고 앞서 가게 한 다음 하후돈과 맞섰다.
"승상께서 이미 허락하신 것인데 어째서 나의 길을 막는단 말이오?"
"네가 여기까지 오면서 한 짓을 아신다면 승상께서도 달라지실 것이다. 너는 오는 도중에 많은 사람을 죽였고, 게다가 너는 나의 부장인 진기까지 죽였으니 내 너의 목을 승상께 바쳐 죄를 물으려고 하여 왔노라."
그 말을 마치자 하후돈이 창을 들고 덤비자 마침내 둘이는 싸움을 벌였다. 한참 싸움을 하고 있을 때 조조가 보낸 사자가 와서 서신을 보여 주며 말했다.
"승상께서는 관 장군이 모든 관문을 무사히 지나가기를 바라십니다. 혹시 군사들이 길을 막을까 봐 걱정하여 저를 보내신 것입니다."
그러나 하후돈은 조조의 명을 받들려 하지 않고 덤비자 관우도 이에 맞섰다. 조조의 맹장 하후돈과 관우의 싸움은 한창 불을 뿜었다.
그 때 또 한 명의 사자가 멀리서 달려오며 싸움을 멈추라고 큰 소리로 외쳤다. 그는 장료였다.
"승상께서는 이 자가 우리 장수들의 목을 벤 사실을 모르고 계시지 않소?"
"아닙니다. 승상께서는 이미 그 소식을 들으셨고, 그 문제로 다른 장수들이 관 장군을 막지 않도록 저를 보내신 것입니다."
"관우가 죽인 진기는 채양의 조카요. 채양이 특별히 나에게 당부하였소."
"채양 장군께는 제가 잘 말씀드리겠습니다. 승상이 큰 아량을 베풀어 운장을 보냈으니 승상의 명을 거역하지 마시고 관 장군을 보내드리시오."
마침내 하후돈은 군사를 물리고, 관우가 장료에게 감사의 표시를 했을 때 장료가 물었다.
"장군께서는 이제 어디로 가실 겁니까?"
"잘 모르겠소. 황숙께서는 이미 원소의 곁을 떠나 여남으로 가셨다는데, 정확한 행선지는 알 길이 없소."
"그렇다면 승상께 돌아가시는 것이 어떻겠습니까?"
"사내대장부가 한 번 길을 정하고 떠났는데 어찌 다시 되돌릴 수 있겠소? 세상을 다 뒤지는 한이 있어도 나는 형님을 찾고 말겠소. 승상께 돌아가서 내가 장수들을 어쩔 수 없이 죽였다는 말이나 잘 전해 주시오."
하고 손을 모아 인사를 한 다음 길을 떠났다.
길고 긴 여행은 계속 되었다.
관우 일행은 주창과 함께 길을 떠난 후 어느 덧 여남 땅에 도착하였다.

관우는 지나는 길에 말 위에 앉아서 산천을 바라보다가 옛 성을 바라보았다. 그리고 길가는 농부를 불러 저쪽 산마루를 가리키며 물었다.

"저기 보이는 산성은 무슨 성이오?"

"고성이라고 합니다."

"지금 저 성에는 누가 살고 있소?"

"몇 달 전에 장비라고 하는 장군이 수십 명의 부하를 거느리고 와서 무력으로 관리들을 내쫓고 성을 점거하였습니다. 그 이후로 장군은 가까운 마을로부터 군량미를 거두어들이고 마필을 사들여 지금은 그 수가 3천 명이 넘는다고 합니다. 손님께서도 그 곳을 피해가는 것이 좋을 것으로 생각합니다."

관우는 그 소리를 듣고 크게 기뻐하며 손건에게 말하였다.

"아, 장비로구나. 이 얼마만인가. 빨리 장비에게 달려가 이 소식을 알리고 두 형수님을 모시고 가라고 하시오"

손건은 달려가 장비를 만나보고 그동안 있었던 일을 자세히 말했다.

그러나 장비는 아무런 대꾸도 없이 몸을 일으켰다. 그리고 서둘러 갑옷을 입더니 장팔사모창을 집어 들고 말에 뛰어 올라 1천 명 군사를 이끌고 북문으로 나갔다. 그 모습이 워낙 험악하여 형이나 형수를 맞이하러 나가는 사람으로 보이지 않았다. 손건은 너무 놀랐으나 감히 물을 엄두가 나지 않아 묵묵히 장비의 뒤만 따라 성을 나섰다.

관우는 장비가 달려오는 것을 보자 기쁨을 참지 못해서 손에 들고 있던 칼을 주창에게 주고 앞으로 말을 몰아 나아갔다. 그러나 가까이 이르러 보니 장비의 기색이 예사롭지가 않았다. 고리눈을 부릅뜨고 범의 수염을 치켜세우며 우뢰와 같은 소리로 고함을 치더니 무쇠창을 휘둘러 바로 관우의 앞가슴을 겨누고 내질렀다.

관우는 몹시 놀라 한편으로 창을 피하며 크게 외쳤다.

"이게 무슨 짓인가. 자네 도원의 결의를 잊었단 말인가?"

"입이나 닥쳐라! 너같이 의리 없는 인간이 무슨 낯짝으로 날 보러 오는 것이냐? 형님을 배반하고 조조에게 항복하여 벼슬과 녹을 받고도 부족해서 또 이번에는 나까지 팔아먹고 싶어 왔느냐. 의형제를 맺었지만 개돼지 같은 인간을 형으로 모실 수는 없다. 오늘 너와 사생결단을 내고 말겠다."

"이 사람아, 그건 자네가 잘 모르고 하는 소릴세. 나는 변명하고 싶지 않네. 저기 계신 두 분 아주머님께 여쭈어 보아라."

그 소리를 듣고 두 부인이 발을 걷어 올리고 장비를 불렀다.

"셋째 아주버님! 제발 그러지 마시오. 어찌 충성스런 분에게 그렇게 하시오"

"두 분 아주머님은 잠깐만 기다리십시오 내가 이 의리 없는 놈을 어떻게 죽이나 좀 보십시오. 그리고 나서 두 분을 모시겠습니다."
그러자 감 부인은 떨리는 목소리를 가다듬어 말하였다.
"둘째 형님이 잠시 조조에게 몸을 의탁한 것은 아주버니가 어디 계신 줄 몰랐던 까닭이어요. 사실 이제 형님이 계신 곳을 알고 여기까지 오는 동안만 해도 얼마나 무서운 우여곡절을 치른 줄 아시오? 셋째 아주버님, 제발 오해를 푸셔요."
그래도 장비가 들으려 하지 않자 보다 못한 미 부인과 손건이 말렸지만, 장비는 막무가내였다.
관우는 정말 기가 막혔다.
"내가 자네를 잡으러 왔다면 어째서 군사를 이끌고 오지 않았겠나?"
그러자 장비는 손을 들어 저쪽을 가리키며 소리쳤다.
"저기 오는 저건 군사가 아니고 뭐란 말이냐?"
장비가 가리키는 쪽을 돌아보니 과연 한 떼의 군사가 먼지를 일으키며 달려오는데 바람에 나부끼는 깃발은 분명 조조군의 것이었다.
장비는 더욱 노해서 꾸짖었다.
"이 나쁜 놈아! 이래도 나를 속이려 드느냐?"
하고 장팔사모창을 뽑아들고 정면으로 겨누며 덤벼들었다.
관우는 급히 그것을 피하며 대답하였다.
"아우는 잠깐만 참고 기다리게. 저기 오는 놈의 목을 베어 진심을 보여주겠네."
"그게 정말이라면, 내가 북을 세 번을 칠 동안에 저놈의 목을 베어 가지고 오라."
"알았다."
조만간에 조조군이 다가왔다. 앞장 선 장수는 다름 아닌 채양이었다. 채양은 앞으로 말을 몰아 칼을 휘두르며 소리쳤다.
"네깐 놈이 내 조카를 죽이고 도망을 가면 어디로 갈 테냐? 나는 승상의 분부를 받들고 너를 잡으러 왔다."
관우가 말도 없이 칼을 들고 달려가자 장비는 몸소 북을 쳤다. 두 번째 북소리가 멎기도 전에 관우의 칼이 한 번 번쩍 번뜩이자 채양의 머리가 굴렀다. 세 번째 북소리의 여운이 끝나기 전에 관우는 채양의 머리를 가지고 왔다.
나머지 군사들은 그것을 보자 모두 혼비백산하여 달아나는데 관우는 그 중의 보병 하나를 잡아 와서 어찌 된 영문인지 물었다.
"정말 조승상이 채양을 내게 보냈단 말이냐?"
"그런게 아니라 채양은 자기 조카가 죽은 것을 알고 분을 참지 못해서 하북으로 장군을 쫓아가 싸우겠다고 했습니다. 그러나 승상이 허락하지 않고 여남으로 유벽을 치러 보내 지금 여남으로 가는 길인데 여기서 생각지 않게 장군을 만나게 된 것입니다."
관우는 다시 그 보병을 장비 앞으로 끌고 가서 말했다.
"자. 내 말을 아직 곧이듣지 않거든 이자에게 자세히 알아보게."
장비는 다른 말은 묻지 않고 관우가 허도에 있을 때 일을 꼬치꼬치 캐물었다. 그 보병의 대답이 시종일관 똑같은지라 장비는 비로소 의심을 풀었다. 그러나 그 일을 알고 나자 몸 둘 바를 몰랐다. 그 때 마침 성중의 군사가 급히 뛰어오며 급보를 알렸다.
그 때 수십 명의 인마가 달려와 장비를 보자 허둥지둥 말에서 내렸다.
자세히 보니 다름 아닌 미축과 미방 등이라 장비 역시 말에서 내렸다.
"아니, 이게 웬일이오?"
"서주를 잃은 후로 우리 형제가 정처 없이 유랑하다가 마침 이곳을 지나는 길에 들으니 장씨라는 성을 가진 장군이 고성을 점거해 있다는 소리를 듣고 반드시 장 장군이 틀림없을 것이라 생각하고 찾아온 길이지요."
"오시기를 잘했소 지금 막 관우 형님이 두 분 아주머니를 모시고 형님을 찾아가는 길에 여기를 들렀구려."
"이게 꿈이요, 생시요."
미축과 미방은 매우 기뻐하며 그 길로 관우가 있는 산 아래로 내려갔다.
드디어 장비는 두 부인을 성중으로 맞아들였다. 두 부인은 위중에 자리를 정하고 앉자 넋두리하듯 관우가 겪은 가지가지 우여곡절을 이야기하였다. 장비는 비로소 오해를 풀고 감격해서 엉엉 울며 관우에게 사죄하였다. 장비는 크게 잔치를 벌이고 또한 그 동안 자기가 겪은 이야기를 한바탕 늘어놓았다.
이튿날 장비는 아침 일찍이 길 떠날 행장을 갖추었다.
관우는 그것을 보고 말렸다.
"자네는 어디를 가려고 아침부터 서두르나?"
"어디는 어디요. 큰형님이 여남에 계시다면 빨리 가서 만나 뵈어야 할 것이 아니오?"
"그 일은 내게 맡기고 자네는 두 분 아주머니를 모시고 성을 지키고 있도록 하게. 내 손건과 함께 먼저 형님의 소식을 알아보도록 하겠네."
"그럼, 그렇게 하시오."
이래서 장비는 성중에 남아 있고 관우와 손건 두 사람은 그 날로 4~5명의 기마병만 거느리고 여남을 향해 떠났다.
그러나 막상 여남에 당도해 보니 유비는 이미 그곳에 없었다.
유벽과 공도 두 사람이 말하였다.
"황숙이 오기는 하였습니다만, 아마 우리의 군사가 적은 것을 보고 낙심한 모양입니다.

며칠 묵다가 하북으로 올라갔소이다."
관우는 실망했지만, 다시 하북으로 가는 수밖에 없었다.
하북 가까이 이르자 손건은 말을 멈추더니 잠시 망설이다가 말하였다.
"아무래도 장군은 여기서 기다리고 계시는 것이 좋겠습니다. 나 혼자 기주에 들어가서 황숙을 뵙고 상의해 보겠습니다."
관우는 혼자 남아서 그 근처를 소요하다가 먼 곳에 있는 한 채의 장원을 발견하였다. 관우가 부하들과 함께 그 집을 찾아가서 주인을 부르니 한 노인이 지팡이를 끌며 나왔다.
관우가 공손히 이름을 밝히고 온 뜻을 말하자 노인은 말했다.
"나 역시 성은 관이요 이름은 정이라 합니다. 장군의 고명하신 이름은 오래전부터 알고 있었습니다. 여기서 뵙게 되어 반갑습니다."
하고 못내 기뻐하며 자기의 아들을 불러 그들 일행을 맞아들이게 하였다.
한편 손건은 혼자서 기주에 들어가 유비를 만나 자세한 얘기를 하였다. 유비는 손건의 말을 듣고 나서 간옹을 불러 세 사람은 진지하게 탈출계획을 의논하였다.
이튿날 유비는 원소를 만났다.
"오늘은 좋은 계책을 하나 가지고 왔습니다. 형주 유 경승은 형주의 9개 군을 모두 장악하고 있을 뿐 아니라, 정예군사가 많으니 어떻게 해서라도 그와 동맹을 맺어 조조를 치도록 해보시는 것이 어떠할까 합니다."
"그랬으면 오죽 좋겠소만 내가 여러 번 사자를 보냈지만 실패하였습니다. 그런데 사군은 무슨 뾰족한 수라도 있소이까?"
"그 사람은 저와 같은 종씨라 제가 한 번 가기만 하면 꼭 설복시킬 자신이 있습니다."
"만약 유표를 얻게 된다면 그까짓 유벽에게 비하겠소 그럼 당장이라도 가보도록 하시오"
유비가 나가자 이번에는 간옹이 들어오더니 은밀하게 말하였다.
"이번에 현덕이 가면 돌아올 것 같지 않은 불길한 생각이 드니 이 사람이 현덕과 함께 가도록 허락해 주십시오 현덕과 동행하여 한편으로는 유표를 설득하겠고, 다른 한편으로 현덕을 감시하겠습니다."
원소는 그 말을 옳다고 생각하여 간옹이 유비와 동행하도록 하였다.
한편 유비는 먼저 손건을 시켜 관우에게 알리는 동시에 자기는 간옹과 더불어 천천히 말에 올라 성을 나섰다.
유비가 지경 가까이에 이르자 손건이 먼저 와서 기다리고 있다가 관정의 장원으로 안내하였다. 관우는 한걸음에 달려와 유비의 손을 잡고 그저 울기만 하였다.
그러나 그보다 더 소리 높여 울고 싶은 사람은 유비 자신이었다.
유비와 관우가 재회의 기쁨을 맛보고 있을 때 관정은 두 아들을 불러 절을 올리도록 했다. 큰 아들은 관녕으로 글을 익혔고, 둘째 관평은 무예를 익혔다.
관정이 말했다.
"둘째 놈을 관 장군이 받아주셨으면 합니다."
그러자 유비가 대답했다.
"내 아우 관우가 아직 자식이 없습니다. 아예 둘째 아드님을 양자로 삼게 하는 것이 어떨까 합니다."
그러자 관정은 매우 기뻐하며 관평에게 말하면서 절을 올리게 하였다.
"얘야, 앞으로는 관 장군님을 아버지로 모시고, 유 황숙님을 큰아버지로 모시도록 하라."
관평은 유비와 운장에게 큰 절을 올렸다.
그들은 다음날 이른 새벽부터 서둘러 길을 재촉하였다. 관우가 앞장서서 길을 안내하며 와우산을 향해 갈 때 갑자기 길 저편에서 주창이 수십 명의 군마를 이끌고 오는데 유혈이 낭자하였다.
"이게 어찌된 일인가?"
관우가 놀라서 묻자 주창은 어이가 없다는 듯 자초지종 말하였다.
"와우산을 가기 전에 한 장수가 홀로 코를 골며 자고 있었습니다. 선두에 있던 배원소가 비키라고 소리를 지르자 배원소를 한창에 찔러 죽였습니다. 그리고 수하병사들이 사력을 다해 싸웠습니다. 그런데 싸우면 싸울수록 그 자의 힘은 더 솟아났습니다. 세상에 태어나서 저토록 힘이 강한 자는 지금껏 보지 못했습니다."
유비가 그 말을 듣고 나서 물었다.
"아무튼 함께 와우산으로 가보세."
관우가 주창을 데리고 앞서 가자 유비가 천천히 뒤를 따라갔다.
마침내 와우산 밑에 이르자 주창이 앞으로 나서서 산 위를 쳐다보고 큰 소리로 외쳤다.
"도적놈은 어서 와서 이 칼을 받아라!"
그러자 산 전체가 쩌렁쩌렁 울리는 소리와 함께 말을 몰아 산비탈의 돌을 굴리며 부하들과 함께 한 장수가 쏜살같이 내려왔다. 그것을 보자 뒤에 오던 유비가 말을 채찍질해서 앞으로 뛰어나오며 크게 소리쳤다.
"아니, 조자룡이 아닌가?"
그러자 저편에서도 유비를 알아보고 급히 말에서 뛰어내려 그대로 길바닥에 엎드려 절을 하였다. 그는 과연 조자룡이었다.
유비와 관우는 너무나 반가워서 곧 말에서 내렸다. 자룡도 유비를 보자 너무나 반가워서 소년처럼 눈물을 흘리며 지난 얘기를 하였다.
"저는 사군과 헤어진 후 공손찬에게 가 있었는데 공손찬께서 남의 말을 듣지 않으시다가 결국 비참한 최후를 당하고 말았습니다. 그 후 원소가 몇 번 사람을 보내 저를 불렀습니다만, 원소의 사람됨을 알기 때문에 가고 싶은 생각이 없었습니다. 다시 서주로 갈까 하던 차에 사군께서 원소에게 가 계시다는 말씀을 듣고 저도 하북으로 갈까 생각했으나 원소가 어떻게 나올지 몰라 정처 없이 떠돌아 다녔습니다. 그런데 장비가 고성에 있다는 말을 듣고 그곳에 갈려고 이곳까지 오게 되었습니다."

유비도 그 동안에 겪은 일을 하고 나서 말했다.

"내 처음 자룡을 보았을 때부터 마음이 끌리었네. 언젠가는 꼭 인연을 맺고 싶었네."

"소인도 그렇습니다. 저 역시 여기저기 주인을 찾아다녔으나 장군만한 사람을 만나지 못하였습니다. 이제야 소원을 이루었으니 이제 죽어도 여한이 없습니다."

일행이 고성 가까이 이르자 장비와 미축, 그리고 미방 등이 나와서 맞이하였다. 오랫동안 흩어졌던 형제와 군신이 모였을 뿐 아니라 유비가 자룡을 얻고, 또 관우는 관평과 주창을 얻었으니 비록 병마의 수는 적지만 큰 경사라 아니할 수 없었다. 이에 소 잡고 말 잡아 먼저 하늘과 땅에 배사하고 삼형제와 군신이 어울려 술을 마시며 며칠 동안을 즐겼다.

유비 휘하에는 관우·장비·손건·간옹·미축·미방·관평·주창 등의 장수들과 군사의 수가 4~5천 명이 되었다. 이만하면 군단을 이룰 수 있어서 고성은 너무 좁다고 느끼게 되었다. 그래서 고성을 버리고 여남으로 자리를 옮길까 하는데 마침 유벽과 공도 등이 사람을 보내 유비 일행이 그곳으로 오기를 청하는 것이었다.

시련은 무엇을 의미하는가

유비 삼 형제도 조조에게 대패하여 뿔뿔이 흩어지는 아픔을 맛보았다. 엄청난 시련이었다. 자신의 운명조차 자신의 것이 아니었다. 불가항력이었다. 조조의 권세가 막강하니 그 권세 앞에 그들은 추풍의 낙엽이었던 것이다. 그런데 그들은 떨어져 있으면서도 어떻게 해서라도 다시 결합하기를 갈망하였다. 운명조차 그들의 의지를 꺾을 수 없었다. 마침내 그들은 의로써 다시 만날 수 있었다. 그리고 새로운 장수를 얻을 수 얻었다. 특히 서로가 만나기를 갈망한 담이 크고 용맹한 자룡을 얻을 수 있었고, 관우는 관평이라는 양아들도 얻었다. 마지막으로 유비 3형제 스스로 작으나마 자신의 군대를 비로소 만들 수 있었다. 마침내 홀로서기에 성공한 것이었다. 큰 시련을 겪었지만 큰 수확이 아닐 수 없다.

그럼, 이런 유비 삼 형제의 시련은 무엇을 의미하는가? 시련은 사람을 강건하게 만들고 새로운 도약의 계기가 된다는 것이다. 가난이나 시련만큼 많은 것을 가르쳐 주는 것이 없다. 삶의 지혜란 고난과 역경을 헤쳐 나오면서 싹트는 것이다. 실패는 자신들이 가지고 있는 문제점을 가르쳐주고, 시련은 그런 문제점을 극복하는 현명함을 가르쳐준다. 그래서 위대함이란 시련과 역경을 먹고 자라는 것이다. 니체는 다음과 같이 말한다.

> 가장 훌륭하고 가장 알찬 결실을 남긴 사람들의 삶을 찬찬히 뜯어보면서, 그대 자신에게 악천후와 폭풍을 견디지 못하는 나무들이 장래에 거목으로 훌쩍 자랄 수 있을지 한번 물어보라. 불운과 외부의 저항, 어떤 종류의 혐오, 질투, 완고함, 불신, 잔혹, 탐욕, 폭력. 이런 것들이 성장하는데 호의적인 조건에 속하지 않는지 곰곰이 따져봐라. 이런 것들을 경험하지 않고는 어떠한 위대한 미덕의 성장도 좀처럼 이룰 수 없다.

그러나 사람들은 시련을 받는 그 속에서 인생의 지혜를 얻는다는 생각은 못하고 고통스러운 나머지 좌절하는 경우가 많다. 그리고 자신의 운명의 박약함을 탓하기 쉽다. 왜 하필이면 자신에게 한순간에 모든 것을 잃는 이런 끔찍한 일이 일어났을까 하고 하늘에 불평불만을 늘어놓기 쉬운 것이다. 허나 알고 보면 우리가 만나는 모든 사람들이 나름대로 고단한 삶을 살고 있다. 누구도 편안하게 사는 사람이 없다. 잘 살면 잘 사는 대로 못살면 못사는 대로 살아가는데 있어 모두가 힘겨운 싸움을 하고 있는 것이다. 지위가 높고 가진 것이 많다고 고민이 없는 것이 아니다. 오히려 더 큰 고민을 하고 살고 있다고 해도 과언은 아니다. 가장 높은 자리에 앉으면 비가 안 와도 걱정 비가 많이 와도 걱정이다. 그것은 높은 자리에 가면 갈수록 경쟁이 치열할 뿐만 아니라 해야 할 일이 태산같이 많기 때문이다. 그럼에도 부정적인 마음의 소유자들은 자신만 불행한 것처럼 남에게 하소연하며 신세타령을 한다. 허나 자신의 잘못을 깨닫지 않고 세상을 탓하는 것은 자신의 발전에 전혀 도움이 되지 않는다. 좀 더 현명하다면 세상을 원망할 것이 아니라, 반성을 통해 불행을 인생의 새로운 계기로 삼아야 한다.

성공과 행복은 고통을 먹고 자란다

사람은 불행을 겪어보아야 비로소 인생의 진면목을 알게 된다. 불행을 당해 보지 못한 사람은 인생의 깊이도 모르고 돈과 사람의 소중함을 모른다. 젊을수록 인생은 쉽게 생각하지만 시간이 지날수록 인생은 결코 내편이 아니라는 것을 깨닫게 된다. 조금만 방심하면 여지없이 시련이 찾아온다. 방심하는 사이 행복 속에 숨겨 있던 불행이 불쑥 튀어나와 순항하던 배라도 갑자기 악천후를 만나 언제든 뒤집힐 운명에 처하는 것이다. 특히 자신이 잘 낫다고 기고만장하는 순간 하늘에서 벼락까지 떨어지는 것이다. 왜 '주여, 나를 버리고 어디로 가시나이까?'라는 한탄이 나오는가? 인생은 승부로 먹고 사는 승부사의 운명처럼 참으로 냉혹하기 짝이 없기 때문이다.

그런데 우리는 불행해 빠졌을 때 우리는 어떻게 하는가? 대개의 경우 자신의 실수와 오만함을 탓하기 이전에 운명의 박약함을 탓한다. 인품이 없을수록 가혹한 운명 앞에 뉘우치기는커녕 남을 탓하며 도리어 화를 낸다. 그러나 인품이 훌륭할수록 불행에 빠졌을 때 운명을 탓하기 이전에 잘못에 대한 뉘우침이 크고 깊어 이러한 반성을 통해 세상을 깨달고 인생의 새로운 도약을 발판을 마련한다. 자신이 무엇을 잘못하여 실패했는지를 곰곰이 따져 보아야 하는 것이다. 그래서 괴테는 "고난이 있을 때마다 그것은 참다운 인간이 되어가는 과정이라는 것을 기억하라."고 하였다.

먼저 우리는 삶이 순탄하기만을 바라는 망상부터 버려야 한다. 인생을 살다보면 거친 바다에서 항해할 수 있고, 뜨거운 사막을 외로이 걸을 수도 있다. 〈삼국지〉가 보여주는 것처럼 경쟁이 치열한 사회에서는 그만큼 살아남기가 어렵다는 것이다. 조조나 유비처럼 높은 고지에 올라가려고 하면 할수록 유비 3형제의 시련처럼 때론 목숨을 내놓아야 하는 처지까지 내몰리는 것이다. 그래서 사회에서 성공이라는 것도 홀로 가시밭길을 가지 않으면 주어지는 것이 결코 아니며, 행복이라는 것도 커다란 불행의 터널을 지나지 않고는 오는 것이 결코 아니다. 고통과 절망과 싸워 이기지 않으면 성공과 행복이란 있을 수 없는 것이다. 성공과 행복이란 알고 보면 고통의 대가로 얻은 결과물인 것이다. 그러니 지금 어렵다고 포기하는 것은 성공과 행복을 포기하는 것이나 마찬가지다.

인생에는 고통과 절망, 그리고 불행이라는 사막만 있는 것이 결코 아니다. 고통과 절망 그리고 불행이 있는 만큼 이에 상응하는 대가로 기쁨과 희망, 행복 또한 세상의 오아시스처럼 항상 있는 것이다. 그러니 지금 당장 힘들다고 인생을 포기하는 것은 그리 현명하지 않다. 얼마든지 절망 속에서도 희망의 싹을 볼 수 있고, 견딜 수 없는 불행 속에서도 결코 포기하지 않는다면 행복의 씨앗을 언제든지 발견할 수 있다.

실패와 위험을 감수하지 않으면 우리는 아무 것도 할 수 없는 것이다. 큰일일수록 실패할 확률이 크고 위험성이 높다. 그러므로 큰일을 하고자 하는 사람은 그만큼 삶의 고단함을 감내해야 하는 것이다.

그리고 인생에는 언제나 반작용의 법칙이 작용한다고 본다. 흐린 날이 있으면 갠 날이 있고, 미워할 때도 있지만 사랑할 때도 있는 것이다. 그러므로 우리는 지금 당장 불행하다고 절망하지 말고 미래를 위한 반전 드라마라고 생각하는 현명함이 있어야 한다.

물론 절망적인 상태에서 인생의 반전 드라마를 꿈꾸는 일은 결코 쉽지 않은 일이다. 극단적인 상황인 경우 홀로 이겨낼 수 없는 경우도 있다. 유비 3형제처럼 서로 동고동락할 수 있는 친구가 있다면 조금은 낫겠지만 불행한 상황에서 희망의 싹을 본다는 것은 결코 쉽지 않기 때문이다. 절망에 빠지면 희망의 탈출구가 정말 보이지 않기 때문이다. 절망적인 사람의 눈에는 오로지 세상의 검은 그림자만 보인다. 자살은 바로 어두운 그림자만 보일 때 발생하는 것이다.

그렇지만 그 어떤 것이 생명보다 소중할 수 있겠는가. 아무리 험악한 세상이라지만 누울 자리란 있는 법이다. 좀 누추할 뿐이다. 우리가 찾으려고 노력하지 않아 보이지 않을 뿐이다. 초가삼간에도 빛은 드는 법이다. 그러므로 아무리 힘들어도 주어진 인생을 굳건하게 붙들려고 노력해야 한다. 절망적이라고 속단하고 포기하면 할수록 더욱 깊은 수렁으로 빠져들 뿐이다. 일단 힘들면 자신이 짊어진 모든 것을 내려놓고 차분히 생각하자. 그러면 뭔가 탈출구가 보인다. 힘들 때일수록 남과 비교하지 않고 내게 주어진 음식이나 의복, 그리고 주택 등 최소한의 생활에 만족할 줄 알아야 하고, 어떤 고난도 당당하게 참아낼 줄 알아야 한다.

〈삼국지〉에서처럼 전쟁 중에는 생사를 넘나드는 가혹한 시련이 있다. 그런 만큼 패배의 아픔도 큰 것이다. 유비가 원소에게 목숨을 걸고 의지하고 관우가 조조에게 목숨을 걸고 항복하여 산 것처럼 말이다. 그러면서 희망의 불씨를 피우면서 때를 조용히 기다리는 것이다. 그래서 톨스토이는 "아무런 희생 없이 좋아지기를 바라는 것은 헛된 욕망일 뿐이다. 그림자가 있는 곳에는 반드시 빛이 있다."고 말한다. 결국 성공과 행복은 거저 굴러오는 것이 아니라 고통의 대가로 얻어지는 결과들이다. 커다란 성공과 행복, 그리고 인격까지도 크나큰 위험을 감내하지 않고 얻어질 수 없는 것들이다. 그래서 맹자는 "훌륭한 인격과 빼어난 재능은 어려운 환란 속에서 연마된다."고 하였다.

역(逆)도 생각해야 한다. 불행을 가져보지 않은 사람은 진정으로 행복할 수 없고, 불행을 가져 보아야 비로소 불행을 차단할 수 있는 지혜를 터득할 수 있는 것이다. 잘 나갈 때는 경거망동해지기 쉬워 불행의 나락으로 떨어지기 마련이다. 자만심과 오만함이 고개 들어 안하무인이 되어 어렵게 얻은 성공과 행복을 발로 차는 것이다. 그래서 어렵사리 쟁취한 행복에도 항상 어두운 불행의 그림자가 따라다닌다는 것을 명심해야 잘 나간다고 흥청망청 하지 않는다. 찾아온 행복도 아낄 줄 알아야 한다. 뜨거운 사랑도 남용하는 순간 증오로 변하며 행복도 금방 고갈되고 만다. 그래서 절제와 인내의 미덕은 인생에서 가장 소중한 미덕 중에 하나인 것이다. 절제와 인내 없이는 진정한 행복이란 존재하지 않는다. 쇼펜하우어는 '지혜의 진수'에 대해 다음과 같이 말한다.

> 행복한 때는 불행을, 우애에는 반목을, 갠 날에는 흐린 날을, 사랑에는 증오를, 신뢰와 흉금의 토로에는 배신과 회한을 반드시 머릿속에 그려보아야 한다. 이것이 지혜의 진수를 터득하는 방법이다.

15. 말하기 참 어렵다 - 원소의 몰락

　박근혜 정부에 이어 윤석열 정부가 들어 선 직후부터 또 다시 '불통'이 우리 사회의 큰 이슈가 되고 있다. 대통령이라는 사람이 야당 대표도 만나지 않고 야당 대표에 대해서 압수수색만 하고 있고 '언론 길들이기'를 하면서 야당과의 대화를 거부한 채 대통령 거부권만 행사하고 있기 때문이다. 민주주의에서의 소통은 우리들의 존재 양식이다. 허나 '자유'를 강조하는 사람이 소통을 거부하는 것은 자가 모순이다. 다른 사람들의 삶의 양식을 거부하기 때문이다. 사람들은 서로 입장이 다르기 때문에 삶의 방식은 다양하다. 노사갈등처럼 자신의 이익을 위해 서로가 추구하고자 하는 것들이 다르기 때문이다. 그래서 갈등과 대립은 불가피하지만 그것을 해결하기 위해 대화와 타협이라는 것이 있다. 이런 대화와 타협을 통해 서로 얽혀 있는 문제를 풀어가는 것이 우리들의 삶의 주 양식인 것이다. 윤석열처럼 대화를 거부한 채 힘이 있다고 일방적으로 강요해서는 갈등의 골만 깊어지고 나라가 산으로 가고 만다.
　우리 주변에도 이런 불통인 사람이 의외로 많다. 이런 사람과는 말이 통하지 않는 것이다. 대개 불통인 사람은 지극히 무지하고 오만하여 대화 자체가 되지 않는다. 여느 독재자들처럼 자기 자신을 신격화하여 오로지 자신의 뜻과 주장만 있을 뿐이다. 다른 사람의 충언조차 듣기를 거부한다. 오만한 사람일수록 충언은 자존심을 상하게 할 뿐만 아니라 자신의 적으로 간주한다. 독재 본능이 강한 사람일수록 스스로가 아무리 잘나도 인간일 뿐이고 내 생각은 언제든 틀릴 수 있다는 사실을 인정하지 않는다. 무지 몽매하여 충언은 듣기에 거북하고 쓰지만 자신에게 약이 되고 반대로 아부는 달콤하지만 자신에게 독이 된다는 사실을 모르는 것이다. 조금이라도 현명하다면 아부가 결코 자신을 위한 것이 아니라는 것을 알고 아부하는 자를 멀리하고 충언하는 자를 가까이 하여야 하지만 그 알량한 자존심 자만심 때문에 그것이 결코 쉽지 않다. 그래서 한비자는 "말하기 어렵다."고 했다.

원소는 충언을 거부하는 대표적인 사람이다. 아마 그가 명문가 출신이라 오만하여 그런 것으로 추정할 수 있다. 원소는 명문가문의 집안으로 안팎으로 명망이 높아 누구보다도 천하를 호령할 수 있는 유리한 입장에 있었다. 조조는 원소에 비할 바가 아니었다. 허나 천하에 용이 두 마리가 있을 수 없다. 조조와 원소는 어린시절 막역한 사이였지만 결국 전국의 패권을 놓고 싸움을 한다. 그러나 전쟁이 진행될수록 약했던 조조군은 강해지고 강했던 원소군은 약해지는 결과를 낳는다. 결국 대 세력가인 원소는 초반의 승세를 굳히지 못하고 조조에게 대패하여 대세가 조조에게로 기울고 만다. 왜 이런 비극이 일어나는 것일까? 결론적으로 조조는 귀를 항상 열어놓고 사는데 비해 원소는 충언을 듣지 않고 도리어 충신을 죽였기 때문이다. 어떻게 원소가 몰락해 가는지 보면서 충언을 거부하는 자의 결말이 어떻게 되는지 똑똑히 보자.

원소의 사신 진진은 손책에게서 원소와의 동맹을 약속받았으나, 손책이 죽은 지금에 와서는 아무 것도 얻은 것 없이 하북으로 돌아갔다.

한편 조조는 손책이 죽은 지금 강동을 달래는 것이 민심이라는 장굉의 말을 들어 천자께 상주해 손책의 동생 손권을 회계 태수에 임명하였다.

손권이 조조로부터 벼슬을 받았다는 소식을 들은 원소는 조조를 치기 위해 곧 바로 동원령을 내렸다. 원소가 70만의 대군을 일으켜 관도를 향해 출전하려고 할 때였다.

공손찬을 물리치는데 공을 세운 전풍은 조조가 먼 길을 오기 때문에 농사를 지으며 서두르지 않으면 조조군은 스스로 고사하니 서두르지 말라는 글을 올렸지만 원소의 분노를 사서 감옥에 갇히는 신세가 되었다. 그렇지만 그것에 굴하지 않고 전풍은 서두르는 원소를 보고 원소에게 서두르면 큰 화를 초래한다는 글을 다시 한 번 올렸다. 원소는 그 글을 보고 화를 내며 전풍을 죽이려 하였다. 그러나 봉기가 말리는 바람에 전풍은 간신히 목숨을 구할 수 있었다.

마침내 서로가 먼저 기선을 잡기 위해 원소의 70만 대군과 조조 15만군의 대격전이 치러졌다. 군량과 마초가 불리한 조조군이 빨리 승부를 내기 위해 먼저 싸움을 걸어 왔다.

처음 전투에서 원소군에게 싸움이 유리하게 돌아갔다. 조조군이 서둔다는 것을 이용해 매복을 시켜 놓고 달려오는 조조군을 궁노수로 공격하니 조조의 병사들은 대군에 겁을 잔뜩 집어 먹은데다가 매복 공격에 당황하여 싸워보지도 못하고 도망가기에 바빴다.

쫓기던 조조군과 쫓던 원소군은 간도에서 강을 사이에 두고 대치하며 공방전을 주고받았다.

그런데 설상가상으로 조조군은 이미 군량이 바닥이 나고 있었다.

그래서 조조는 허창으로 사람을 급히 보내 순욱에게 속히 군량을 조달하여 빨리 보내도록 독촉하였다.

그런데 공교롭게도 그 편지를 가진 사자가 30 리도 못가서 원소군에게 붙잡히고 말았다.

원소의 책사 허유는 그것을 보고 깜짝 놀랐다. 허유의 자는 자원이라 하는데 어릴 때 조조의 벗이었다. 그러나 성년이 되어 서로 갈라서는 바람에 지금은 원소에게 와 책사를 하고 있었다.

허유는 사자의 몸을 뒤져 그 밀서를 얻자마자 곧바로 원소에게 달려갔다.

"조조란 자가 관도에 머문 지 오래이므로 허창은 반드시 텅 비었을 것입니다. 이 때를 놓치지 않고 급습한다면 쉽게 허창을 얻게 될 것이며 남은 군사로 조조를 들이친다면 틀림없이 조조를 사로잡을 수 있을 겁니다."

그러나 원소는 고개를 가로저었다.

"조조란 원래 잔꾀가 많은 자인데, 아무래도 이것은 우리를 유인하려는 수작일 것이야."

"만일 지금 공격하지 않으신다면 다음에 반드시 그 해를 받게 될 것입니다. 그러니 이 기회를 놓쳐서는 아니됩니다."

이렇게 원소와 허유가 한창 옥신각신하고 있는 판에 마침 업군에서 사자가 와서 허유가 민간인의 재물을 약탈하고 공금을 횡령했다는 심배의 글을 올렸다.

원소는 그 글을 읽고 나서 두 눈을 부릅뜨고 호통을 쳤다.

"네 이놈! 네깐 놈이 무슨 낯짝으로 내게 계책을 말한다는 것이냐. 네 놈이 조조와는 죽마고우라고 하더니 조조에게 뇌물이라도 받아먹고 간사한 계책을 꾸며서 나를 죽일 셈이로구나. 네 놈을 당장 베고 싶지만 그래도 그것이 도리가 아닌 것 같아 잠시나마 네 목을 붙여두는 것이니 잔말 말고 썩 물러가거라."

그리고 또 한 마디 덧붙였다.

"다음부터는 아무런 허락도 없이 함부로 내 앞에 나타나지도 말아라."

허유는 분노를 억누르며 할 수 없이 돌아 나왔다.

"충언이 도리어 귀에 거슬린다고 하니 원소라는 자는 말할 상대가 도저히 안 되는구나. 자식 놈과 조카 놈이 이미 심배에게 해를 입었으니 지금부터 내가 무슨 면목으로 기주사람을 볼 수 있단 말인가?"

그러면서 칼을 빼어 자결을 하려 하였다. 그것을 본 좌우에 있던 사람들이 깜짝 놀라 허유에게서 칼을 빼앗고 충고하였다.

"진정하시오. 원소가 공의 진언을 듣지 않으니 결국에는 조조의 손에 사로잡히고 말 것입니다. 공은 이전부터 조공과 친분이 있다면서 왜 그를 찾아볼 생각을 하지 않는 것이오?"

이 말에 허유는 깨달은 바가 있었다. 그날 밤 오륙 명의 부하를 데리고 원소의 진을 빠져 나와 조조군의 진영을 향해 걸음을 재촉하였다.

마침내 백기를 흔들고 영채 앞에 이르니 군사가 나와서 그 앞을 가로막았다.

이 때 조조는 옷깃을 풀고 편히 잠자리에 들려고 하는 순간 군사가 들어와서 이 사실을 아뢰었다.

"영채 밖에서 남양의 허유란 사람이 찾아와 승상을 뵙자고 합니다."

조조는 너무나 기쁜 나머지 허둥지둥 신발도 신지 않고 맨발로 뛰어나가 허유를 맞았다. 조조는 멀리서부터 허유를 보자 얼굴에 웃음을 머금고 허유의 손을 잡아 맞아들이고 군막 안에 들어서자마자 먼저 땅에 엎드려 허유에게 절을 하였다.

허유는 당황해서 그 손을 잡아 일으키며 말하였다.

"공은 한나라 승상이고, 나는 한낱 포의에 지나지 않는 사람입니다. 겸손이 너무나 지나치십니다."

그러자 조조는 더욱 자신을 낮추었다.

"자네는 옛날 이 조조의 친구인데 어찌 벼슬로 위아래를 가리겠나."
"저라는 사람은 주인을 잘못 골라 원소의 부하가 되었소 그런데 원소는 옳은 말을 해도 듣지 않고 좋은 책략을 말해도 쫓지 않으니 저는 이제 어쩔 수 없이 그 사람을 버리고 옛 친구를 찾아왔으니 버리지 말고 이 몸을 거두어주시오."
"자원이 이처럼 찾아주니 이젠 내 앞이 탁 트이는 것 같네. 자네는 그 동안 원소에게 있었으니 잘 알거야. 부디 원소를 무찌를 대책이 있으면 말해주지 않겠나."
그러자 허유는 빙그레 웃으며 말하였다.
"승상이 적은 군세로 적의 대군을 대항할 때에는 속전속결의 방법을 취하지 않는다면 이는 자멸할 수밖에 없을 것이오. 내게 한 가지 계교가 있는데 이 계교야말로 장군께서 취하신다면 불과 사흘 안에 원소의 백만 대군과 싸우지 않고도 원소의 대군을 자멸시킬 수 있을 것이오. 승상은 내 말에 따르시겠소?"
"듣다 뿐이겠나. 어서 말해보게."
"여기서 40리가량 떨어진 곳에 오소라는 곳이 있는데 그 곳에는 원소의 군량미가 쌓여 있소 지금 순우경이 거기를 지키고 있는데 순우경은 본래 술을 좋아하고 부하들 역시 기강이 해이해져서 방비가 허술할 것이오. 그러니 승상께서는 정병을 거느리고 가서 원소의 수하 장수 장기의 군사가 양식을 지키러 왔노라고 사칭한 다음 그 사이에 군량미와 마초를 모조리 불살라 태워버린다면, 원소군은 불과 3일도 못가 저절로 무너질 것입니다."
조조는 너무도 기뻐서 어쩔 줄 몰랐다. 그리고 곧 그 일을 실행에 옮겼다.
조조는 허유를 후히 대접하고 영채에 그대로 머물러 있게 하고 자기 자신은 그 이튿날 마보군 5천 명을 이끌고 오소를 떠났다.
조조군은 모두 원소의 깃발을 내걸고, 군사들은 각기 마른 풀 한 단씩을 짊어지게 하고는 사람과 말의 입을 완전히 봉한 후에 황혼이 깃들 무렵 오소 깊숙이 파고들었다.
같은 날 밤, 원소의 노여움을 받아 군중에 감금되어 있던 책사 저수는 옥중에 홀로 앉아 창틈으로 하늘을 바라보고 있었다. 그러다가 문득 하늘을 살펴보니 홀연 태백성이 역행해서 북두성과 견우성을 침범하고 있었다. 그것을 바라본 저수는 크게 탄식하였다.
"아! 아무래도 오늘밤으로 큰 변이 일어나겠구나."
그것을 알고 나자 저수는 잠시도 가만히 있을 수 없었다. 그러나 갇힌 몸이라 들어가서 원소를 찾아갈 수도 없어서 옥리를 보내 원소에게 할 말이 있다고 전하였다.
이 때 원소는 술이 취해서 자리에 누워 있다가 그 말을 듣고 저수를 불러오도록 하였다. 저수는 원소 앞으로 다가가 조용히 말하였다.
"제가 뵙고자 한 것은 다름이 아니오라 마침 오늘 저녁 하늘을 보니 태백성이 유성과 귀성 사이를 역행하며 흐르는 빛이 북두성과 견우성의 영역을 침범하고 있어 적이 기습하는 형상을 하고 있습니다. 오늘 저녁부터 내일 새벽에 분명히 적의 야습이 있을 것입니다. 생각해보면 오소는 군량이 있는 곳으로 지략이 있는 적이라면 반드시 공격할 것입니다. 이런 때일수록 먼저 방비를 튼튼히 해야 합니다. 곧 맹장과 강한 군사를 급파하여 오소로 가는 길목을 지키도록 하심이 이 난관을 뚫고 나가는 유일한 길이 아닐까 합니다."

그러나 원소의 귀에는 저수의 충언이 도리어 거슬렸다. 그는 그 말을 듣자마자 양미간을 찌푸리며 자리를 박차고 일어서며 크게 꾸짖었다.

"죄를 진 놈이 무슨 권리로 감히 해괴한 소리를 지껄여서 사람 마음을 헷갈리게 하느냐?"

그리고는 저수의 탄원을 주선한 옥리를 다그친 다음 그 옥리의 목을 베게 하고 다른 사람으로 대체하여 저수를 엄히 단속하도록 하였다.

저수는 통곡하였다.

"이제는 모든 것이 끝났다. 아! 이제 이 몸이 죽어서 어느 곳에 묻힐까?"

한편 조조는 군사를 이끌고 행군하는데 마침 원소군의 별채 앞을 지나게 되었다.

그 일행을 보고 보초병이 소리쳐 물었다.

"어디서 오는 군사냐?"

"우리는 장기 장군의 군사로 영을 받들어 오소로 군량미를 지키러 가는 길이오."

원소군은 살펴보니 틀림없는 자기편의 깃발이라 더는 의심하지 않고 그대로 통과시키고 말았다. 조조의 군사들은 몇 군데 영채를 모두 장기의 군사로 행세하면서 무사통과하고 마침내 오소에 이르렀다.

때는 이미 사경을 막 지나고 있었다. 조조는 군사들에게 명령해서 각기 등에 짊어진 나뭇단을 풀어 그 나뭇단을 쌓아올리고 나서 일시에 불을 지르고 장수와 군사가 아울러 북을 울리며 적진을 향해 밀물처럼 돌진하였다.

이날도 그곳을 지키던 순우경은 부하들과 밤새껏 술타령을 하다가 돌아와 막사 안에서 코를 골고 있었다. 북소리와 함성 소리에 깜짝 놀라 자리를 박차고 일어났다.

"대체 무슨 일이냐?"

그 말이 끝나기가 무섭게 벌써 조조의 군사들이 들이 닥쳐 순우경을 사로잡았다. 이 때 순우경의 부장인 휴원진과 조예 등이 다른 곳에서 마침 양곡을 운반해 오다가 자기편 진영에서 불길이 솟아오르는 것을 보고 말을 급히 몰아 구원하려고 달려오고 있었다.

그러자 조조의 군사가 그것을 보고 나는 듯이 달려가 조조에게 알렸다.

"후방에서 적병이 나타났습니다. 어서 막도록 하십시오."

그 말을 듣고 장수들은 어쩔 줄 모르고 있었다. 그 때 조조는 채찍을 들어 앞을 가리키며 소리쳤다.

"모두들 그저 앞만 보고 달려라. 그러다가 적이 바로 등 뒤에 오거든 그 때 싸워도 늦지 않다."

조조의 명령에 장수와 군사들은 모두 앞을 다투어 달려가 적을 초토화시켰다. 잠시 후에 불꽃이 사방에서 일어나고 연기는 하늘을 뒤덮었다. 그것을 보고 휴원진과 조예 두 장수는 더욱 말을 급히 몰아 달려왔다.

조조군은 그들이 가까이 오기를 기다리고 있다가 갑자기 말머리를 돌려 일시에 사방에서 아우성을 치며 공격하기 시작하였다. 그러자 그들 두 장수는 공격 한 번 해보지 못하고 조조군에게 섬멸당하고 말았다.

조조는 나머지 군량을 모조리 불살라 재로 만들어 놓고 비록 적의 장수이기는 하나 경계와 방비를 소홀히 한 죄로 사로잡은 순우경의 코를 베고 열 손가락을 모조리 자른 후에 안장 없는 말 잔등에 결박한 채 원소의 진영으로 보냈다.

한편 원소는 장중에 있다가 북쪽 하늘에 불길이 치솟는다는 말을 듣자 이미 오소가 함락된 것을 알고 급히 장 밖으로 나아가 문무제관을 불러 그 대책을 강구하였다.

그 회의에서 조조가 오소를 공격했기 때문에 조조의 본진이 텅 비어 있을 것이라는 봉기의 말에 따라 원소의 장수 장합과 고람은 그곳을 공격하기로 하였다.

그러나 조조군의 매복에 걸려 군사 태반을 잃고 도망가기에 바빴다. 그런데 갑자기 자신의 말을 듣고 출전한 장합과 고람이 두려운 봉기는 원소에게 그 두 사람이 항복하려고 한다는 거짓말을 했다.

그 소리를 들은 원소는 대노하여 돌아오면 그들의 목을 베기로 하였다. 그 소리는 곽도를 통해 장합과 고람의 귀에 들어가고 말았다. 마침내 그 두 사람들이 조조에게 가 항복하니 조조는 그들을 반갑게 맞이하며 벼슬까지 내렸다.

승기를 잡은 조조는 지질에 밝은 장합과 고람을 선봉에 세워 기습하였고 원소군은 전혀 손을 쓸 수 없었다.

더군다나 조조는 원소의 대군을 분산시킨 후 원소가 있는 본진을 집중 공격한다는 계책을 써서 원소의 본진을 급습하니, 원소는 관도대전에서 대패하고 말았다. 결국 원소는 관도 싸움에서 수십만 대군을 잃고 갑옷도 못 입은 채 겨우 8백여 명의 군사만 거느리고 달아나는 신세가 되었다.

조조는 원소가 패주해 달아나는 것을 보자 조금도 숨을 쉴 여유를 주지 않고 계속해서 원소의 본거지인 기주까지 진격하였다.

한편 쫓기는 원소가 여양 북쪽 산기슭에 도착하자 대장군 장의거가 나와서 원소를 영접하였다.

원소의 초라한 모습을 보고 장의거는 놀라서 물었다.

"주공께서 대체 어찌된 일입니까?"

"아이고, 말도 말게."

원소는 말에서 내려 땀을 씻으며 호소하듯 그 동안 벌어졌던 일을 얘기하였다.

장의거는 그 말을 듣고 곧 나서서 원소의 흩어진 군사를 불러들였다.

그 소문이 한 번 퍼지자 흩어졌던 군사들이 무리를 지어 개미떼처럼 모여들었다.

원소군은 삽시간에 군세를 회복해서 다시 깃발을 내걸 수 있었고 군세를 재정비하여 장의거와 함께 기주로 회군하였다.

그 행진은 계속 되다가 황산가에 이르렀을 때 잠시 쉬었다. 원소는 밤늦도록 장중에 홀로 앉아서 잠을 못 이루고 있었다. 그런데 어디서인지 곡하는 소리가 들려왔다.

'저 울음소리는 대체 무슨 소리일까.'

원소는 가만히 밖으로 나가서 소리 나는 쪽으로 갔다. 들판에서 불을 피우고 한 떼의 사람들이 모여 있었다. 자세히 보니 자기 편 군사들이었다.

그들은 싸움터에서 부모형제를 잃고 서로 뿔뿔이 헤어진 부모형제들의 이름을 부르며 넋을 잃고 울부짖고 있었다.

그들의 입에서 나오는 소리는 모두 전풍의 말을 듣지 않은 자신을 원망하고 있었다.

"만약 원소가 전풍의 말만 들었어도 우리가 이렇게까지 화는 입지 않았을 것이다."

원소는 그 말들에 양심에 찔려 후회했다.

'내가 전풍의 말을 듣지 않는 바람에 이처럼 많은 군사를 잃고 장수를 죽였으니 무슨 면목으로 그 사람들을 볼 것인가.'

원소는 이튿날 행군을 하면서도 계속 그 생각만을 하였다. 도중에서 대장 봉기가 군사를 이끌고 와 구원하러 나왔다.

원소는 봉기를 보자 또 그 얘기를 하였다.

"내가 전풍의 말을 듣지 않다가 결국 이런 패배를 하고 말았으니 기주에 가서 얼굴을 들고 전풍을 어떻게 본단 말인가."

그러나 봉기는 코웃음을 치며 일러 바쳤다.

"전풍은 옥중에서 주공께서 패전했다는 소식을 듣고 말한 대로 되었다고 말하면서 큰 소리로 웃었다고 합니다."

원소는 그 소리를 듣자 화가 머리끝까지 났다.

"되어 먹지 못한 놈 같으니라고 감히 어떻게 나를 비웃는단 말이냐. 반드시 그놈을 죽이고 말리라."

원소는 끝내 사자를 시켜 옥중의 전풍을 죽이도록 명령하였다.

전풍이 옥에 갇혀있을 때 어느 날 옥리가 와서 이런 말을 했다.

"이번에는 좋은 일이 있을 것 같습니다."

"대체 지금 내게 무슨 좋은 일이 일어난단 말인가?"
"이번에는 원장군이 대패해서 돌아오시니 공을 보면 다시 중용하실 것이 아닙니까?"
그러자 전풍은 씁쓸하게 웃으며 말했다.
"좋은 일은 고사하고 이번에는 죽게 될 것이다."
전풍의 말을 듣고 옥리가 놀라서 물었다.
"사람들 모두가 경사가 났다고 하는데 죽는다고 하시니 그게 무슨 말씀이오?"
"원장군이 겉으로는 관대한 것 같으나 속은 몹시 좁은데다 시기가 많고 신하의 충성심을 잘 알지 못하네. 그러니 이번에 승리하였다면 혹시나 나를 용서할 수도 있었겠지만, 싸움에 패했으니 자신이 부끄러워서도 나를 그대로 살려둘 수 없을 테니 나는 곧 죽게 될 것이네."
옥리는 도무지 그 말을 믿으려고 하지 않았다.
그런데 조금 후에 원소가 보낸 사자가 와서 전풍에게 칼을 주며 목을 베어 바치라 하였다. 옥리는 어이가 없었다.
그러나 전풍은 오히려 태연히 말했다.
"대장부가 한 번 태어나서 주인을 잘못 알고 섬기었으니, 내가 지금 죽임을 당한다 하더라도 누구를 원망한단 말인가!"
하고 이내 옥에서 자기 손으로 목숨을 끊고 말았다.
전풍이 죽었다는 소문이 한 번 퍼지자 그 소식을 듣고 눈물을 흘리지 않는 사람이 없었다.
원소는 기주로 돌아온 이후로는 몸과 마음이 피로하고 심란하여 정사를 돌볼 의욕을 잃고 말았다. 마음의 병은 곧 외모로 나타나서 원소는 나날이 눈에 띄게 몸이 수척해졌다.
그런 가운데 아내 유 씨는 후사문제를 거론하였다.
본래 원소는 아들 삼 형제를 두었지만 막내둥이 원상은 그 중에서 가장 잘생겼고 총명함이 남달라 원소는 삼 형제 중에서 그 막내를 가장 사랑해 자기 곁에 두고 잠시도 떠나지 못하게 하였다.
관도전쟁에서 패한 후로 유 씨는 자기 아들 상으로 하여금 부친의 대를 잇게 하고자 매일같이 독촉을 하였다. 하지만 대신들의 속셈이 달라 암투만 계속되었다.
그래서 원소는 모사 심배 · 봉기 · 신평 · 곽도 등 네 사람을 불러 그 일을 상의하였다.
그런데 원래 심배와 봉기 두 사람은 원상을 지지하는 편이었고, 신평과 곽도 두 사람은 원담을 마음에 두고 있었기 때문에 합의가 이루어지지 않았다. 네 사람은 각각 속셈이 달라 보이지 않게 암투를 벌이고 있었다.
그러자 곽도가 나서서 막내를 후계자로 정하시는 것은 바로 집안싸움을 일으킬 계기를 만드는 것이라고 반대하니 원소는 곽도의 말을 듣고 보니 일리가 있어 결정을 못하고 망설였다.

이 때 조조는 원소가 또다시 3명의 자식들의 군대와 합세하여 대군을 동원했다는 소문을 듣자 승리한 여세를 몰아 4만여 군사를 이끌고 하상으로 나아갔다.

그 소문을 듣고 근처에 사는 주민들이 음식을 마련하여 조조군을 맞이하였다.

그 중에서 제일 나이가 많은 노인들이 따로 모여 조조를 보자고 청하였다.

조조가 몸소 만나보니, 모두 머리와 수염이 백발인 노인들이었다.

"노인장들께서는 춘추가 얼마나 되셨습니까?"

하고 조조가 묻자, 한 사람씩 나서서 나이를 말하는데 모두 백 살 가까이 되었다.

"저희 군사가 노인들의 마을을 시끄럽게 해서 매우 미안한 생각이 듭니다."

하고 조조가 인사를 하자, 그 중 한 노인이 나서며 이런 말을 했다.

"저희는 승상께서 마을에 오신 것을 환영할 따름입니다. 저희 마을 사람들은 예언이 이루어졌다고 모두 기뻐하고 있습니다. 지금으로부터 50년 전 요동 사람 은규라는 사람이 우리 마을에서 하룻밤을 묵다가 별을 보고 이런 말을 한 적이 있습니다. 황성이 건상에 비치니 이는 앞으로 50년 후에 천자가 될 사람이 양주나 패주에서 나타날 징조라 말하였습니다. 그런데 올해가 바로 그가 말한 50년이 되는 해입니다. 저희들 생각에는 원소가 백성들을 못살게 굴어 만민의 원망을 사고 있지만 승상은 의로운 군사를 일끄키시어 죄 많은 원소를 치시려고 이 마을에 오셨으니 은규의 예언이 맞는가 봅니다."

하고 찬사를 아끼지 않으니 조조는 그 말을 듣고 매우 기뻐하며 말했다.

"당치 않은 말씀입니다. 제가 어찌 감히 어른들의 말씀을 감당할 수 있겠습니까?"

조조는 노인들에게 잔치를 베풀고, 또 각각 비단 한 필씩을 주어 돌려보냈다.

그와 동시에 조조는 삼군에 군령을 내려 만약에 마을에 들어가 노략질하거나 백성을 괴롭히는 자는 극형에 처하겠다고 군령을 내렸다.

한 번 추상같은 명령이 내려지자 군사들은 모두 엄격히 명령에 따랐다.

그래서 조조의 군사는 가는 곳마다 크게 인심을 얻었다.

그러니 원소는 조조를 이길 수가 없었다. 원소가 위급하자 둘째 원희가 6만 대군을 이끌고 유주에서 올라오고, 맏이 원담이 5만 대군을 이끌고 청주에서 올라오고, 뒤를 이어서 조카가 되는 고간이 병주로부터 군사 5만을 이끌고 올라왔다. 그것에 고무되어 원소는 후사 문제는 뒤로 미루고 재차 인마를 정돈하여 3명의 아들과 합세하여 조조와 전투를 벌였지만 원수군은 숫자만 많았지 조조의 상대가 되지 못하고 막판에 조조의 기습작전에 말려들었을 뿐만 아니라 원소의 아들들은 허저・조홍・하우연・악진・고람 등과 같은 백전노장의 장수들의 싸움 상대가 되지 않아 완전히 초토화 되다시피 했다.

원소는 이 쓰라린 패배에 매우 괴로워하면서 세 아들을 껴안고 통곡하다가 정신을 잃고 말았다.

좌우에 있던 사람들이 급히 원소에게 달려와 응급치료를 했다. 겨우 정신은 깨어났으나 입에서 붉은 선혈을 토하였고 멎지가 않았다.

스스로 일어나지 못할 것을 알고 원소는 세 아들을 돌아보며 크게 탄식을 하며 말하였다.

"내가 지금껏 평생을 전쟁터에서 보낸 사람인데 이토록 낭패한 적이 없구나. 아무래도 하늘이 나를 버리신 모양이다. 너희들은 이 길로 각기 맡은 주로 돌아가 다음날 기필코 조조와 한 번 결전을 치르도록 하여라."

하고 이어 신평과 곽도에게 급히 원담을 따라 먼저 청주로 가서 군사를 정돈하게 하였다.

그리고 조조가 다시 지경을 침범할까 두려워 둘째아들 원희를 곧 유주로 보내는 동시에, 고간을 급히 병주로 돌려보내 각기 인마를 수습해서 만일의 사태를 준비하게 하고, 원소 자신은 막내둥이 원상만 데리고 기주로 돌아가 병을 요양했다.

지난번에 유비가 유벽과 공도와 손을 잡고 여남에서 허도로 진격하는 바람에 원소는 간신히 조조의 공격에서 벗어날 수 있었다. 그 때 조조는 허도로 진격하는 유비를 공격하기 위해 여남으로 갔다.

그런데 수적으로 너무나 부족한 유비는 그 싸움에서 힘 한번 써보지 못하고 맥없이 무너졌다. 유비는 패배하여 갈 곳을 잃고 방황하다가 형주의 유표에게 의지하는 신세가 되었다.

한편 유비와의 싸움에서 승리한 조조군이 군사를 정비하여 미구를 거쳐 기주를 들이칠 태세라는 급보가 원소에게 날아왔다. 병에서 회복한 원소가 곧 조조군을 맞아 싸우러 가려하자 막내아들 원상이 나서서 막아보겠다고 나섰다. 원소는 아들의 말이 기특하기도 하거니와 사실 건강에 자신도 없어서 아들에게 대사를 맡겨보았다.

그리고 이어 청주와 유주, 그리고 병주로 각각 사람을 보내 원담과 원희, 그리고 조카 고간 등에게 조조를 협공하라고 하였지만, 원상은 전에 적장 사환을 죽인 후로는 자기의 용맹을 자만하여 형 원담의 군사가 오기를 기다리지 않고 수만 군사를 이끌고 여양으로 갔다. 그리고 조조군의 선봉군 장료를 향해 달려들었으나 원상의 젊은 패기만으로는 백전노장의 장료를 당해낼 수가 없었다. 겨우 3합에 벌써 승부가 나서 원상은 말머리를 돌려 달아나는 참패를 당하고 말았다.

원소는 원상이 패배했다는 소식을 듣고 크게 충격을 받아 그만 피를 토하며 쓰러지고 말았다. 유 부인은 그것을 보고 서둘러 남편을 자리에 눕혔다.

병세는 점점 위독해졌다. 유 부인은 남편이 마침내 일어나지 못할 것을 알고 급히 심배와 봉기 등을 불러 후사 문제를 제의했다.

그러나 원소는 이미 기력이 다하여 손만 놀릴 뿐 말 한마디도 못하였다.

심배와 봉기 등이 귀에 입을 대고 큰 소리로 물었으나 그는 답답한 듯 손을 내저으며 입만 벙긋거리는데 아무리 귀를 기울여도 알아들을 수 없었다. 묻는 사람과 말하는 사람이 동시에 속이 답답하였다.
유 부인이 옆에서 그 광경을 보다가 큰소리로 물었다.
"상으로 후사를 잇게 하라는 말씀이시지요?"
그제야 원소는 그렇다고 고개를 끄덕였다. 여기서 후사 문제는 결정이 되고 만 것이다. 심배와 봉기 두 사람은 원소의 유언을 받아 글로 옮겼다.
그 절차가 끝나자 원소는 갑자기 몸을 일으키더니 다시 많은 피를 토하고 마침내 숨을 거두고 말았다.

충언하기 어렵다

대 세력가인 원소는 초반의 승세를 굳히지 못하고 결국 조조에게 대패하여 대세가 조조에게로 기울고 만다. 특히 그는 허유나 저수, 전풍, 등의 말을 듣지 않고 봉기와 같은 간신배의 말을 듣고 오히려 세가 불리한 조조에게 처절하게 패하고 만다. 특히 장기전을 치루면 반드시 싸우지 않고도 이긴다는 전풍의 말이 옳다는 것을 알면서도 전풍과 같은 충신을 죽인 것은 원소가 얼마나 오만방자하고 속이 좁은 인간인가를 한 눈에 알 수 있다.

원소는 지도자로서 갖추어야 할 지도력이 너무 부족하다. 금수저 출신이라 오만 방자하여 남의 말을 듣지 않을 뿐 아니라 판단력이 흐리고 결단성이 없는데다 속이 너무 좁아 남을 포용할 수 없는 인간이었다. 한 마디로 바록 금수저 출신이지만 리더로서는 자격이 없는 무지 무능한 인간이었다. 원소는 3대에 걸친 명문가 출신이어서 능력만 있으면 얼마든지 클 수 있었지만 그것뿐이었다. 전풍과 저수의 말도 듣지 않았지만 결정적으로 조조의 약점을 알고 칠 것을 강조했던 허유를 조조의 친구라는 이유로 쫓아냄으로써 오히려 원소는 자신의 목줄을 스스로 죄고 말았다. 그것만이 아니었다. 봉기의 시기 어린 모함을 진실로 받아들여 자신의 군사 장합과 고람마저도 죽이려 함으로써 패착에 패착을 거듭함으로써 원소는 스스로 패배를 자초하게 된 것이다. 원소의 무능력으로 70만 대군이 15만 조조군에게 어이없게 패배한 것이다.

반면에 조조는 적은 군사로 원소의 대 군단을 치려는 대담함, 그리고 군사를 제대로 움직이는 빠른 판단력과 결단력, 그리고 적군이었던 허유를 포용하는 포용력에서 원소와 비교가 되지 않았다. 조조는 여러 사람의 말을 들어보고 정확히 판단하고 신속하게 대처했으며, 적군이라도 완전한 배반자가 아니면 자기 사람으로 만드는 포용력이 있었다. 그러다 보니 원소의 세력은 점점 작아졌지만, 조조의 세력은 날로 커졌던 것이다. 어찌 보면 원소의 몰락은 원소 스스로가 자초한 것이다.

우리는 이것을 통해 빠른 판단력과 결단력, 포용력 등이 인생에서 얼마나 중요한지를 알 수 있다. 특히 충신의 말을 거부하는 불통과 판단력 부재는 원소가 망한 이유 중의 치명적인 것이다. 몰락한 원소는 여포처럼 판단력이 흐려 바른 말을 하는 것인지, 아첨을 하기 위한 말인지를 제대로 분간하지 못했다. 그리고 자신의 생각과 다른 말을 하면 들어주지 않고 오히려 죽이려 했다. 어리석으니 말이 통하지 않고 망하는 것은 당연한 것이다.

이것을 볼 때 참으로 윗사람에게 충언하기가 어렵다는 것을 알 수 있다. 자칫 전풍처럼 옳은 말 하다가 윗사람의 심기를 건드려 죽을 수 있기 때문이다. 그래서 한비자는 "임금에게 득이 되는 충언은 귀에 거슬리고 마음을 뒤집어 놓는 것이기 때문에 지극히 성스러운 임금이 아니고서는 바로 듣지 않는다. 그렇기 때문에 군자는 말하는 것을 어렵게 여긴다."고 하였다. 두터운 신임이 있어야 비로소 할 수 있는 것이다. 두터운 신임이 없는 상태에서 충언을 하다가는 전풍 같은 상황에 빠질 수 있으니 함부로 충언하기를 삼가야 한다. 그래서 공자는 "임금의 신임을 얻은 후에 바른 말로 간할 지니, 신임이 없이 간하면 자기를 비방하는 줄로 여길 것이다."라고 하였다.

무지가 불통의 원인이다

사실 원소와 같은 불통은 근본적으로 자신의 무지함을 드러내는 것이다. 책사인 전풍이나 저수, 그리고 허유말만 들었어도 승리가 눈앞에 있었지만 오히려 그 사람들의 말을 모두 차단하고 말았다. 사람인 이상 우리들의 판단은 원소처럼 우물 안의 개구리나 마찬가지일 수 있다. 상황에 대해 좀 무지할 수도 있고 자신만의 가치판단이나 편견이 들어가기 때문이다. 그래서 아무리 지혜롭다고 해도 완벽할 수는 없다. 언제든 예측은 빗나가게 되어 있다. 세상은 너무나 변수가 많고 변화무상하기 때문이다. 그래서 진리에 좀 더 가까이 접근하기 위해서는 조조처럼 자신의 부족함을 알고 다른 사람의 생각을 들어보는 열린 사고가 필요하다. 열린 사고가 있어야 자신이 미처 보지 못한 세상의 밑그림을 그려 볼 수 있는 것이다. 우리가 지혜의 책을 보는 것도 자신이 미처 깨닫지 못한 세상을 책을 통해 보기 위해서고 책사나 참모를 옆에 두는 것도 자신의 한계를 극복하기 위해서다.

지혜는 무조건 많이 배웠다고 생기는 것은 아니다. 산전수전을 다 겪어야 비로소 세상의 흐름을 조금 알 수 있을 뿐이다. 그래서 남의 말을 잘 경청할 줄 알아야 비로소 복잡다단한 세상을 헤쳐 갈 수 있는 지혜를 비로소 얻을 수 있다. 많이 배웠다고 하여 우월감에 사로 잡혀 상대방을 무시하는 순간 지혜는 날아가고 만다. 오히려 배우지 못했어도 칭기즈 칸처럼 그 분야의 전문가들의 말을 듣는 사람이 더 현명한 것이다. 내 인생을 살아가는데도 지혜가 있어야 하지만 세상을 다스리려고 한다면 더욱 많은 지혜가 필요한 법이다. 그래서 지혜로운 사람을 우대하고 귀를 활짝 열고 그들의 말을 경청해야 하는 것이다. 원소처럼 금수저라 생각하여 아집에 사로잡힌 사람은 이런 사실을 무시하고 자신의 생각만이 옳다고 생각하고 귀를 막아버리기 때문에 진리에 도달하기 어렵다. 불통인 사람은 독단에 사로잡혀 가지 말아야 할 길을 가 스스로를 불행에 빠트릴 뿐만 아니라 주변 사람들을 고달프게 하는 것이다. 지위가 높으면 높을수록 그 피해는 크고 깊다. 그래서 괴테는 "활동하는 무지만큼 무서운 것은 없다."고 하였다. 몽테뉴도 "어리석음은 좋지 못한 소통이다."라고 하였다.

불행하게도 사람은 높은 자리에 올라갈수록 아집이 강해지는 경향이 있다. 그만큼 높은 자리에 올라가면 스스로 잘났다고 생각하여 오만이 고개를 들기 때문이다. 거기에다가 높은 자리에 올라가면 갈수록 아부의 간사한 목소리가 커져 오만함을 더욱 부추긴다. 그래서 높은 자리에 있는 사람은 사실을 바로 알기가 어렵다. 영원할 것 같은 대제국이 멸망할 때는 아부하는 자들이 세상을 흔들었기 때문이다.

반대 없는 한 사람의 판단보다 좌충우돌하는 여럿 사람의 판단이 비록 번거롭지만 덜 위험하다. 충언이 잘못을 견제하기 때문이다. 가장 위험한 것은 마찰 없는 강제성과 반대 없는 독재이다. 잘못된 길을 가도 막을 방법이 없다. 상소할 길은 없고 오로지 상관의 명령만 있기 때문이다. 그래서 몽테뉴는 "명령조로 나오는 상전의 손에 걸리면, 내 판단력은 타락할 뿐 아니라 내 양심은 썩어버린다."고 하였다.

망한 원소를 보면서 활동하는 무지와 불통이 얼마나 무서운지 알 수 있다. 공평하고 올바른 판단을 하여 정의를 실현하고 싶다면, 자신의 아집부터 버려야 하고 그리고 나서는 아부하는 간사한 자들에게 철퇴를 가해야 한다. 이런 악몽 같은 세상을 막으려면 어리석음에 앞서 일단 마음 속 교만함부터 벗어나야 한다. 허심탄회하게 다른 사람의 의견을 수용하는 사람만이 시행착오를 줄이는 동시에 큰 성취를 이룰 수 있다.

대개 어리석은 사람일수록 다른 사람으로부터 충고를 받을 때 화를 내고 만다. 그러나 지혜로운 사람은 충언 속에서 자신이 미처 보지 못한 것을 배우려고 한다. 설령 그 사람이 비난하고자 하는 숨겨진 의도가 들어 있어도 그 속에서 자신의 부족함을 보고자 하는 것이다. 인생을 살아가는데 원수가 친구보다 낫다는 말은 바로 원수는 자신의 약점을 철저히 알려 주기 때문이다. 그래서 플루타르코스는 "타인의 말을 잘 듣는 법을 배우도록 하라. 나쁜 말을 하는 사람에게도 무언가를 얻을 수 있다."고 하였다.

충언이나 자신에 대한 비판은 참으로 쓸 수 있다. 특히 상황이 안 좋을 때 충언이나 비판의 목소리를 듣는 것은 보통의 사람으로서는 견디기 어려울 만큼 쓰디쓸 수 있다. 하지만 진정 인생의 보약을 먹고 싶다면 그것을 달게 받도록 노력하는 것이다. 그래서 한비자는 "충언은 입에 쓰다. 그러나 지혜로운 사람은 그 약을 애써 삼킨다. 그렇게 해야 병이 낫는다는 사실을 알기 때문이다."라고 하였다.

16. 재능을 자랑하면 공功을 잃는다
   - 허유의 허망한 죽음

　사람들은 자존감 때문에 실제보다 자신을 높이 평가하는 경향이 강하다. 그래서 사람들은 잘난 척 하기를 좋아한다. 자만심에 빠진 사람일수록 자신이 잘 낫다는 것을 노골적으로 뽐내려 한다. 그래서 톨스토이는 "자만하는 사람은 자기만이 타인보다 낫다고 생각한다. 더더욱 자만하는 사람은 자기 자신을 가장 탁월한 인간이라 생각한다."고 하였다.
　허나 잘난 척하는 것은 자신을 높이기 위한 것이지만 실은 그것은 자신의 품위를 손상시키는 어리석은 짓이다. 자랑은 상대에게 잠자고 있던 질투와 시기심에 부채질할 뿐만 아니라 상대를 깔보는 것과 같기 때문이다. 그래서 다른 사람이 자랑을 늘어놓으면 듣는 척 하면서도 속으로는 적대감을 뿜는 것이 사람들의 마음이다.
　특히 어떤 일을 할 때 자신의 업적이 탁월하다고 하여 자신을 공치사하는 것은 참으로 위험하다. 공을 독차지하려는 것은 함께 했던 사람들을 완전하게 무시하는 것이기 때문이다. 사람은 이기적이어서 공은 같이 하기가 무척 어렵다. 하물며 공치사하며 공을 독차지 하려는 것은 반드시 다른 사람의 적개심을 몰고 온다. 왜 창업공신들이 공을 쌓았음에도 죽음을 면치 못하는가? 왕들조차 공신들과 공을 함께 나누려 하지 않기 때문이다. 공신들이 사는 비결은 공을 내세우지 않고 적당한 선에서 물러날 때이다. 그렇지 않고 끝까지 자신의 공을 내세우는 것은 스스로 무덤을 파는 꼴이다.

원소를 무너뜨리는데 일등공신인 허유는 바로 이런 사실을 망각하고 자신의 공치사에 여념이 없었다. 특히 조조가 원소를 제거한 다음 조조를 앞에 두고도 골육상쟁만 일삼는 원소의 아들들을 완전하게 제압하고 원소가의 본거지인 기주성에 들어 갈 때 허유는 노골적으로 자신을 공치사하기 시작하였다. 친구라고 조조에게 반말까지 하고 목숨을 걸고 싸운 장수들을 대놓고 무시하며 자신이 아니었으면 원소를 정복할 수 없었다고 노골적으로 공치사하였다. 과연 이런 허유의 운명은 어떻게 되는 것일까?

> 원소가 죽고 이듬해 조조군은 여러 길로 군사를 풀어 하북을 총공격하기 시작하였다. 그러자 한 번의 전투에서 원담·원희·원상·고간 등 4군데 전선이 모두 무너져 그들 연합군은 마침내 여양을 버리고 패주하고 말았다.
> 조조는 그 뒤를 쫓아 기주까지 추격하였다.
> 그러자 원담과 원상 두 형제는 재빨리 기주성 안으로 들어가서 굳게 성을 지키고, 원희와 고간 등은 성에서 30 리 떨어진 곳에 머물러 있었다.
> 조조군은 매일 공격을 가했으나 기주는 본래 양식이 넉넉하고 성곽이 튼튼해서 조금도 흔들리지 않았다. 조조는 자기편의 양식이 먼저 떨어질 것이 뻔하기 때문에 일단 군사를 거두었다. 그리고 조조는 곽가의 말에 따라 원씨 형제들 간에 집안싸움을 벌일 때를 기다려 다시 공격하기로 결정하였다.

원담과 원상 형제는 조조군이 제풀에 지쳐 물러가는 것을 보고 승전이라도 한 것처럼 기뻐하였다. 원희와 고간 등이 각기 군사를 거두어 돌아가고 좀 한가로워지니 과연 곽가의 말대로 집안싸움이 시작되었다.
　원담은 큰 아들인 자신이 대를 잇지 못하는 자기의 초량한 신세를 측근인 곽도와 신평 등을 상대로 하소연하자, 곽도는 원상과 심배 등을 초청하여 도부수들을 매복해 죽이자는 제안을 했고 원담은 그 음모를 받아들였다. 그리고 원상을 초대하였다.
　허나 원상은 담의 제안에는 반드시 그 간계가 들어 있으니 이번 기회에 쳐서 후환을 없애 버리라는 심배의 말을 받아들여 곧 5만 대군을 이끌고 나갔다.
　이 때 원담은 술상을 차려놓고 원상이 오기만 기다리고 있는데 난데없는 누런 먼지가 하늘을 가리며 대군사가 오는데 앞선 장수를 보니 원상이라 형 원담은 크게 놀랐다.
　마침내 형과 아우는 분을 참지 못하여 서로 창을 겨누어 결전을 벌였으나, 아우 되는 상이 형보다 우세하여 형인 담은 한 번 싸움에 패하여 달아났다.
　원상은 형 원담이 패군을 이끌고 멀리 평원으로 달아나는 것을 보고야 군사를 거두어 기주성으로 개선해 돌아갔다.
　원담은 크게 패하고 보니 분하기 이를 데 없었다. 궁지에 몰린 원담은 조조에게 구원을 요청하였다. 조조는 인심이 사납고 형제끼리 싸우는 화북을 평정하는 아주 좋은 기회라고 생각하고 그 날로 군사를 이끌고 기주로 향해 떠났다.
　이 때 원상은 조조가 대군을 이끌고 강을 건너오는 것을 보고 크게 놀랐다. 급히 군사를 거두어 업성으로 철수하고 곧 대장 여광과 여상 형제를 내보내 뒤에 오는 원담과 조조의 군사를 막도록 하였다.
　한편 원담은 원상이 퇴각해 가는 것을 보고 곧 그 뒤를 바짝 추격해 갔다.
　한 30리쯤 왔을 때, 갑자기 요란한 방포 소리가 크게 울리더니 양쪽 산에서 복병이 쏟아져 내려와 길을 막았다. 왼편은 여광이고, 오른 편은 여상이었다.
　원담은 말을 몰아 앞으로 나가더니 그들 형제를 보고 말하였다.
　"내가 아버님이 살아계실 때 두 장군을 그리 박하게 대접하지 않았는데 오히려 아우를 따르고 나를 이처럼 핍박하니 이게 도대체 어떻게 된 것이오?"
　그 말을 듣고 여광과 여상은 매우 양심이 찔렸다. 두 형제는 서로 얼굴을 쳐다보더니 동시에 말에서 내려서 원담 앞으로 나아가 엎드렸다.
　"잠시나마 주인을 잘못 택하였으니 용서해 주십시오."
　그러자 원담은 말했다.
　"나에게 항복할 것이 아니라 먼저 조 승상에게 하도록 하시오."
　하고 조조의 군단이 오기를 기다려 두 장수를 조조 앞으로 데리고 갔다.

조조는 크게 기뻐하였다. 두 장수의 항복을 받은 일보다 원담의 진심을 안 것 같아서였다.
조조는 마침내 원담을 자기 사랑하는 딸의 사위로 삼을 생각으로 곧 여광과 여상에게 명해서 정식으로 중매를 서게 하였다.
그러나 원담은 그런 호의를 버리고 여광과 여몽 형제들을 구슬려 조조를 제거할 거사를 꾸몄다. 그런데 여광과 여상 형제는 이미 조조에게 매수되어 그 사실을 일러 바쳤다.
이 때부터 조조는 원담을 죽일 생각을 하게 되었다.
한편 원담은 원상의 군사가 접근해 오는 것을 알자 곧 조조에게 급보로 알렸다.
조조는 그 보고를 듣자 무릎을 치며 기뻐했다.
"이번이야말로 정말 기주를 얻는 것 같구나."
하고 조홍으로 하여금 업성을 치게 하고, 조조 자신은 모성을 공격하러 직접 나섰다.
조조군의 허저와 장료가 윤해와 저곡의 군사를 잇달아 격파하자, 조조는 그 광경을 보고 신이 나서 몸소 군사를 이끌고 총공격을 퍼부었다.
조조는 그 승세를 타서 그대로 대군을 몰아 기주까지 쳐들어갔다.
그러나 예상외로 기주는 난공불락이었다. 좀처럼 조조 앞에 굴복할 기세를 보이지 않았다.
조조는 삼군에 명령해서 성 둘레에 빙 둘러 토산을 쌓아올리게 하는 한편, 또 땅 속으로 굴을 파는 등 만반의 공격 태세를 갖추었다.
한편 그 기주성을 지키고 있는 심배 역시 보통이 아니었다. 치밀한 계획과 엄한 법령으로 물샐 틈 없는 방비를 했다.
조조는 초조해지기 시작하였다.
한편 원상은 평원을 치고 있다가 조조가 이미 윤해와 저곡 등을 격파하고 대군이 기주를 포위하고 있다는 소식을 듣고 급히 군사를 거두어 돌아오고 있었다. 그러자 도중에서 부장 마연이 간청했다.
"큰길로 가다가는 반드시 조조군의 복병을 만나기 쉬우니 샛길로 가도록 하시오 서산을 거쳐 부수구로 나아가 조조의 영채를 습격하면 제아무리 조조라 한들 포위를 풀지 않고는 못 베길 겁니다."
원상은 그 말에 따라 스스로 대군을 거느리고 앞서 나가고 마연과 장의 등은 뒤에서 추격하는 원담의 뒷길을 끊게 하였다.
이 때 조조의 정탐꾼이 그것을 알고 나는 듯이 달려가 조조에게로 가서 그 정보를 알렸다.
그러나 조조는 대수롭지 않게 생각하였다.
"그 놈이 큰길로 해서 올 것 같으면 나는 피하겠지만, 제깐 놈이 만일 좁은 길로 온다면 단번에 그 놈을 사로잡을 절호의 기회. 원상이 반드시 불을 들어 신호를 보내 성중에서 저희들 군사들과 연락을 할 것이니 우리 군사를 두 패로 나누어 공격하면 될 것이다."

그리고 이미 군사를 나누어 요소요소에 배치하고 대기하였다.

한편 기주를 향해 오는 원상은 영을 내려 군사들로 하여금 나뭇가지고 마른 풀이고 불이 붙을 수 있는 것이면 논에 쌓아놓고 봉화를 올려 기주 성에 있는 심배와 내통하여 문을 열도록 하였다.

이튿날 그것을 본 심배는 기주성 위에 흰 기를 꽂고, 조조에게 거짓 항복을 하였다. 그런데 여전히 성은 전과 같이 철저히 하는데 다만 성 위에 백성들이 올라서서 모두들 배고파 죽겠다고 아우성치는 바람에 조조는 심배의 속셈을 간파하고 장료와 서황 등에게 각각 5천 군마를 주어 성 양편에서 매복하고 있게 했다.

이윽고 성문이 열리자 수만의 굶주린 백성들이 백기를 들고 아우성치며 쏟아져 나왔다. 조조가 몸소 성 아래로 나아가 말위에 앉아서 그 광경을 관망하고 있었다. 그런데 아니나 다를까, 백성들이 마지막까지 나오자 그 꼬리를 물고 성중의 군사들이 일시에 돌진해왔다.

조조는 곧 손짓을 해서 붉은 기를 들게 했다. 그러자 그것을 신호로 좌우 양편에서 장료와 서황 군사들이 일제히 뛰어나와 적을 쳤다. 성중 군사들은 전혀 뜻하지 않은 복병을 만나 변변히 한 번 싸워보지도 못하고 대패해서 우왕좌왕하면서 모두 성중으로 다시 쫓겨 들어왔다.

조조는 손수 앞장서서 말을 몰아 그 뒤를 추격했는데 조교 근처에 이르자 갑자기 성중에서 화살이 비 오듯 쏟아졌다. 그 중에 화살 하나가 조조의 투구를 정통으로 맞혔다. 하마터면 화살이 머리를 관통할 뻔하였다. 조조가 주춤하고 걸음을 멈추자 이번에는 조조를 향해 화살이 빗발치듯 쏟아졌다.

그 광경을 보고 주위에 있던 장수들이 달려들어 육탄으로 조조를 호위하여 조조는 간신히 위기를 면했다. 조조는 기민한 사람이었다. 빨리 기주를 격파하기는 힘들 것 같다고 생각하고 곧 옷을 바꾸어 입고 말을 갈아 탄 후에 방향을 바꾸더니 장수들을 이끌고 나아가 바로 원상의 진을 치기 시작하였다.

원상은 결국 대패해서 나머지 패군을 이끌고 서산으로 달아나 영채를 세웠다. 이제 남은 길은 항복하는 것뿐이었다. 그는 하는 수없이 예주자사 음기를 보내 조조에게 항복을 청해 보았다.

그러자 조조는 즉석에서는 들어주는 척하고 그날 밤에 장료와 서황 등을 보내 급습하게 하였다.

원상은 설마 조조가 영채를 덮칠 줄은 전혀 생각하지 못해 귀중품은 그대로 둔 채 중산 방면으로 달아나버렸다.

조조는 그 때 군사를 돌려 다시 기주를 치기 시작하였다.

그러자 모사 허유가 한 가지 계교를 알리었다.

"왜 장하의 물을 터서 기주가 물에 잠기게 하지 않으십니까?"
"아하, 자네 말이 맞네."
조조는 그 말에 탄복하며 군사를 보내 성 밖에 40 리 둘레나 되는 호를 파게 하였다.
심배가 성 위에서 내려다보니 조조의 군사들이 호를 파고 있는 것을 보고 깊이가 겨우 두어 자밖에 안 되게 얕게 파는지라 속으로 은근히 비웃으며 대수롭지 않게 여기고 더 방비할 생각을 하지 않았다.
그 날 밤이었다. 조조는 주위가 어두워지자마자 갑자기 낮의 열 배가 넘는 군사를 더 동원해서 급히 호를 파게 하였다.
밤새도록 땅을 파는 괭이 소리는 40 리 주변에 울려 퍼졌고 동이 틀 무렵에는 그 호의 깊이와 넓이는 20척에 이르렀다.
그러자 심배도 당황하였다. 그러나 이미 때는 늦어 속수무책이었다. 장하의 흙탕물이 그 호를 따라 홍수처럼 용솟음치며 떠내려 오는 모양을 바라볼 뿐이었다.
마침내 성중에 물이 들기 시작했고, 식량까지 끊어져 굶어죽는 군사만도 수도 없었다. 결국 기주는 함락되었고 원소의 충신 심배는 항복하지 않고 끝까지 저항하다 스스로 죽음의 길을 택했다.
승전장군 조조는 좌우에 수하 장수를 거느리고 곧장 기주성으로 향했다.
성안으로 들어가려 할 때 도부수들이 한 사람의 포로를 끌고 와서 그들의 걸음을 멈추게 했다.
조조가 보니 전에 격문을 써서 조조의 조상을 욕보였던 바로 진림이었지만, 조조는 승자의 너그러움을 보이며 웃더니,
"너를 죽여야 마땅하나 네 재주가 아까워 살려주겠다."
하고 진림이 종사를 보도록 하였다.
한편 조조의 맏아들 조비는 자를 자환이라 하는데 방년 18세이었다.
조비는 날 때부터 보통이 아니어서 청자색 한 조각구름 같은 기운이 산실 근처에서 서리더니 온종일 사라지지 않았다. 그것을 본 사람은 그 구름 같은 기운을 천자의 기운이라 하였다.
이 아이는 자라자 과연 범상치 않았다. 나이 열여덟에 벌써 학문에 통달하고 말 타기와 칼 쓰기도 잘하였다.
조비는 아버지 조조를 따라 기주 공격전에 참가해서 군중에 있다가 병사 몇 명만 거느리고 먼저 성중으로 들어갔다.
그 길로 원소의 집으로 갔다. 그러자 그 문을 지키고 있던 장수가 팔을 벌리며 그 앞을 가로막았다.

"승상께서는 어느 누구도 들이지 말라고 하셨습니다."
"네 이놈 감히 뉘 앞인 줄 알고 그런 소리를 하느냐?"
조비가 한 번 눈을 부라리자 문을 지키던 장수는 슬며시 길을 열어 주었다.
성큼성큼 후원 별당으로 들어가자 그 넓은 집안에 사람의 그림자라곤 볼 수 없었다. 다만 대청 위에 두 계집이 서로 얼싸안고 슬피 울고 있었다.
조비는 불문곡직하고 칼을 들어 치려 하다가 문득 손을 멈추고 그 여인의 앞으로 가까이 가더니 허리를 굽혀 자세히 그 얼굴을 들여다보았다.
흐트러진 머리와 때 묻은 얼굴이지만 이목구비가 수려하여 그는 옷자락으로 그녀의 얼굴을 닦아 주었다. 그리고 다시 보았다. 옥 같은 살결이며 꽃 같은 용모가 바로 절세미인이라 조비는 유씨를 돌아보며 한 눈에 반해 당상에 올라가 앉아서 그 집에는 아무도 얼씬 못하게 하였다.
한편 조조는 여러 장수와 모사를 거느리고 기주성으로 들어왔다. 그가 막 성문으로 들어서려 하는데 허유란 자가 말을 몰아 조조 앞으로 가까이 오더니 채찍을 들어 성문을 가리키며 조조에게 크게 소리쳤다.
"아만아, 내가 아니었다면 오늘날 네 어찌 이 성문을 들어갈 수 있었겠느냐!"
조조는 그 말을 듣자 그저 소리를 높여 크게 웃을 뿐이었지만, 좌우에 있던 모든 장수들은 허유의 오만방자한 태도를 매우 못마땅해 하였다.
원씨의 집 앞에 당도한 조조는 자기보다 먼저 그 집 문지방을 넘은 자가 있는지라 크게 노했다.
그러나 그가 큰 아들 조비라는 것을 알고 잠시 어리둥절하더니 곧 조비를 불러내어 꾸짖었다.
그러자 안에서 유 씨가 나와서 엎드려 절하며 간청했다.
"공자가 아니었으면 저희들은 온전하지 못했을 것입니다. 제 둘째 며느리 진 씨를 바치겠으니 공자의 시중을 받들도록 하옵소서."
조조는 그 말을 듣고 진 씨를 불러 오게 했다.
이윽고 진 씨는 다소곳이 고개를 숙이고 조조 앞으로 나와서 절을 했다.
조조는 선을 보더니, 며느리 감으로 손색이 없다고 생각하여 아들 조비로 하여금 거두게 하였다.
조조는 황금과 비단과 쌀 등을 원소의 처 유 씨에게 내리는 한편, 영을 내려 하북 백성들이 오랜 전쟁에 시달려 고생이 심했다 하여 금년에 한하여 과세를 탕감해주었다.
백성들은 조조를 하늘같이 우러러 보았다.
이어 기주에서 이긴 것을 조정에 표를 올린 다음 조조 스스로 기주목이 되었다.

그러던 어느 날 허저가 말을 타고 동문으로 들어오다가 마침 허유를 만났다.
허유는 허저를 보고 거드름을 피웠다.
"허저야, 너희들은 내가 아니었다면 어떻게 이 기주성을 마음대로 드나들 수 있겠느냐?"
본래 원소의 모사였지만 조조한테 왔던 허유는 조조의 장수를 만날 때마다 자신을 뽐내기 위해 스스로 공치사가 대단하였다.
허저는 성이 왈칵 났다.
"이놈아, 우리들이 천 번이고 만 번이고 죽음을 무릅쓰고 피를 흘려 얻은 성인데 어떻게 너 혼자만 잘 나서 그렇게 되었다고 떠벌이는 것이냐."
허유는 여전히 깝신대며 허저를 놀리기 시작하였다.
"이놈들아, 너희들은 모두 보잘것없는 필부들이다. 힘만 가지고 되는 줄 아느냐. 자고로 지혜가 있어야 하는 법이다."
허저는 허유의 놀림에 더 참을 수가 없어 허리에 찬 칼을 빼어 허유의 목을 탁 잘라 버렸다.
허저는 허유를 죽여 놓고 나니 그대로 있을 수 없었다. 허유의 목을 들고 조조한테로 가서 사실대로 고하였다.
조조도 허유가 입을 함부로 놀리는 것과 공치사가 한두 번이 아닌 것도 잘 알고 있었다. 처음 기주성으로 자기가 입성할 때도, 위아래도 없이 자기한테 반말하면서 제 공 때문에 입성하게 되었다고 까불어 대던 일도 있었다.
그러나 조조는 깜짝 놀라는 체하며 허저를 크게 꾸짖었다.
"허유는 옛날부터 내 친구이다. 그래서 나와도 서로 농담을 주고받으며 지내 왔다. 그런데 어떻게 그런 사람을 죽였느냐? 아까운 사람을 죽였구나. 이미 죽어 살릴 방도가 없으니 예를 갖추어 후하게 장사지내 주어라."
조조는 허유의 장례를 후하게 치르라 하고 허저에게는 7일간 근신하라고 하였다.

공을 내세우는 것은 화의 근원이다

원소의 집안은 3대에 걸쳐 명문 집안이었으나, 부자 3대 가기 힘들다는 것을 여실히 보여주었다. 원소는 명문가의 후손에 힘입어 어렵지 않게 기주를 중심으로 한 화북 지방을 쉽게 손에 넣을 수 있었다. 그렇지만 조조와의 싸움이 벌어지는 순간부터 원소의 집안은 기울기 시작하더니 마침내 원소 아들들의 형제간의 집안싸움을 하면서 마침내 마침표를 찍고 말았다.

그것의 근본적인 원인도 원소에 있다. 원소는 불통인데다 판단력과 결단력까지 부족하여 후계자를 정하는데 있어서도 먼 미래를 생각하지 않고 미루다가 죽음에 임박하여 자신이 좋아하는 막내를 후계자로 지목함으로써 형제간의 골육상쟁을 키우고 만 것이다. 더군다나 형제간들끼리 합해도 이미 대세가 기울어 조조를 감당할 수 없었는데도 그들은 권력욕에 사로잡혀 서로 철전지 원수처럼 싸우고 그것도 모자라 큰 아들 원담은 적인 조조와 손을 잡고 동생을 치려한 것이다. 그래서 원소가는 원소의 무능력과 아들들의 골육상쟁 때문에 완전히 몰락하고 말았다.

조조의 친구 허유는 원소가를 무너뜨리는데 있어 누가 뭐래도 일등공신이었다. 첫 번째 싸움에서는 원소의 식량창고를 태워 조조가 승기를 잡게 했고, 두 번째는 장하의 물을 끌어들여 기주를 점령하는 데 결정적인 기여를 하였다. 그렇지만 이런 공로에도 불구하고 조조의 장수 허저에게 허망하게 죽고 말았다. 그는 지나치게 자신의 공을 크게 보고 잘난 척 했기 때문이다. 자만심이 지나쳐 공석에서 보란 듯이 나라의 승상인 조조에게조차 반말까지 하며 자신의 공치사를 했다. 그것으로 끝나지 않았다. 목숨을 걸고 싸운 장수들을 깔보며 자신의 공을 내세웠다. 그래서 허저는 허유의 오만방자한 행동을 보다 못해 허유를 그만 죽이고 말았던 것이다. 허유는 공을 내세우다가 자신의 목숨을 잃고만 것이다. 조조차 허유의 죽음에 허저에게 거의 책임을 묻지 않았다. 한마디로 허유는 큰 공을 세우고도 개죽음을 당한 것이다. 자신의 공로를 자랑하다 그 공을 상실한 것이다.

이것을 보면 공치사 하는 것이 얼마나 어리석은가를 금방 할 수 있다. 세운 공을 앞세우는 것은 화의 근원이다. 공은 함께 하기도 어렵다. 서로 간 이해관계가 얽혀 있기 때문이다. 공을 함께 나누려는 순간 서로가 공을 더 차지하려고 분란이 일어난다. 오늘의 동지가 내일의 적이 되는 것도 공을 서로 차지하려고 하기 때문이다. 하물며 허유처럼 남의 공을 인정하지 않으면서 자신의 공을 내세우는 것은 발상 자체부터가 아주 위험한 행동이다. 다른 사람이 보기에 허유의 그런 행동은 공을 독차지하려는 속셈으로 보이기 때문이다.

옛말에 "공이 천하를 덮는 사람은 상을 받지 못한다."고 하였다. 공이 너무 크다면 위정자는 은혜를 갚을 길이 없다. 갚을 길이 없다면 공이 큰 사람은 어떻게 되겠는가? 이런 사람은 위정자에게 아주 부담스러운 존재가 된다. 역사 속에 수많은 공신들의 목이 달아난 것은 바로 갚을 수 없는 공로 때문이다. 그러므로 공이 너무 많은 사람은 가만히 있거나 위정자가 욕심이 많다면 떠나는 것이 사는 길이다. 그래서 노자는 "공을 세운 뒤엔 물러나는 것이 도리이다."라고 하였다.

월나라의 구천을 도와 오나라를 멸망시키는데 일등공신인 범려가 산 것도 공을 생각하지 않고 바로 구천을 떠났기 때문이다. 허나 같이 고생했던 문종은 범려가 떠나자는 말을 무시하고 구천 밑에 있다가 결국 자결해야만 했다. 범려는 '높은 자리에 오래 있는 것은 화의 근본'이라 생각해 제나라의 재상 자리도 거절하였다. 한나라를 세우는데 일등공신인 장자방이 산 것도 유방의 천하통일과 함께 바로 유방을 떠났기 때문이다. 반면에 한신은 유방 밑에 있다가 토사구팽 당해 처참하게 죽임을 당하고 말았다. 문종과 한신은 큰 공을 세웠어도 허유처럼 대놓고 자신들의 공을 내세우지 않았다. 허나 이들의 큰 공은 위정자에게 크나큰 부담으로 작용하여 스스로 비극적인 삶을 살다가 간 것이다. 하물며 공을 내세웠다고 허유처럼 자랑하는 것은 스스로 무덤을 파는 꼴이다. 그러니 공을 세웠어도 공을 정확히 나눠 그 대가를 얻으려 하지 말고 적당한 선에서 미련 없이 물러나야 한다. 그것이 지혜롭게 살아가는 처세의 한 방법이다.

진정으로 인정받고 싶다면 허유처럼 잘난 척하지 말고 상대를 먼저 인정하도록 노력해야 한다. 상대를 인정하지 않으면서 자신이 인정받고자 한다면 이것은 자기모순이다. 그래서 그라시안은 다음과 같이 말한다.

> 잘난 척하지 마라. 재능이 많을수록 자기 과시를 삼가라. 그것은 가장 비천하고 볼품없는 짓이다. 잘난 척은 역겨움을 가져오고 젠 체하는 사람은 고통을 준다. 자기 과시에 많은 신경을 쓰는 사람은 고문을 하는 사람이다. 일을 잘 하는 사람일수록 그것에 들인 노고를 숨겨야 한다.

자기 자신을 존중하는 '자존'은 인간의 기본적인 욕구이다. 그래서 사람들은 누구나 남에게 존중 받고 인정받기를 바란다. 사람들이 잘난 척 하는 것도 바로 이런 간절한 바람에서 시작한다. 허나 잘난 척하는 것은 자신의 바람과는 맞지 않는다. 오히려 다른 사람으로부터 인정받기 보다는 다른 사람의 분노를 가져올 수 있다. 자기가 인정받고 싶다면 상대를 먼저 존중해 주어야 한다. 그래서 예수는 "남에게 대접받고 싶은 대로 남을 대접하라."고 했다. 맹자도 "자신이 대접받고 싶으면 상대방을 먼저 대접해야 한다."고 하였다. 다른 사람을 무시하거나 비난함으로써 자신의 불만족을 채우려 하는 것은 어리석은 행동에 지나지 않는다. 남들로부터 조롱거리가 되지 않고 싶다면 먼저 상대방을 무시하지 않아야 한다. 허유처럼 상대를 조롱하면 반드시 상대도 나 자신을 조롱하게 된다. 그러므로 존경의 싹을 피우려거든 상대방을 내가 먼저 존중해야 한다.

17. 최고의 사업은 사람을 얻는 것이다 - 삼고초려

　세상을 살아갈 때 사람을 얻는 것은 매우 소중하다. 세상을 살아갈 때 사람만큼 훌륭한 자산이 없기 때문이다. 아무 것도 가진 것이 없어도 훌륭한 사람이 옆에 있으면 그 어려움을 헤쳐 갈 수 있다. 반면에 주변에 사람이 없으면 어려움에 빠졌을 때 그것을 헤쳐 나가기란 참으로 어렵다. 그래서 사람들은 인재를 얻으려고 한다. 특히 지도자라면 당연히 곁에 최고의 지성을 가진 사람을 얻으려고 한다. 인생의 승패는 바로 지혜로운 자를 얻느냐 얻지 못하느냐에 달렸기 때문이다.

　오자의 병법에도 성현을 스승으로 모셔야 나라가 위태롭지 않다고 하였다. 진정한 스승을 찾아 신하로 만들 수 있고, 벗이 될 자격이 있는 자를 신하로 만들 수 있을 때 비로소 왕이 될 자격이 있다고 하였다. 그렇지 않고 왕이 혼자서 똑똑하면 나라가 위태롭다고 하였다. 왕이 미처 보지 못한 곳을 지적하고 잘못된 길로 들어서지 못하도록 하고, 또한 왕이 올바른 길을 갈 수 있도록 왕을 보필하는 신하가 있어야 나라의 장래가 밝기 때문이다.

유비가 제갈공명을 얻기 위해 삼고초려를 한 것도 바로 이런 의미라고 생각한다. 지금까지 유비는 항상 딜레마에 빠져 왔다. 이름은 세상에 어느 정도 알려졌으나 변변한 거처도 마련하지 못했다. 그러다 보니 자연 인재도 구하기 어려웠다. 조조는 원소를 제거하고 자신의 자리를 굳건히 하여 수많은 인재들이 들끓고 있는 마당에 유독 유비만은 자리를 잡지 못하고 떠돌이 생활을 하다 보니 인재를 얻을 수가 없었다. 이것이 악순환이 되어 인재가 없는 유비는 확고하게 자리를 잡지 못하고 거의 쫓겨 다니는 신세로 일관하였다. 이런 찰나에 뜻하지 않게 수경 선생을 만나 인재를 등용하는 것만이 살 길이라는 것을 유비는 알게 되었다. 그 말은 들은 유비는 뭔가를 깨닫고 인재를 얻기 위해 백방으로 알아본다. 그의 결과는 무엇인가?

한편 유비는 원소를 도우려다가 조조에게 패해 형주의 태수 유표에게 의지하고 있었다. 같은 집안인 유표는 유비에게 천리마까지 선물하며 아들이 있지만 미덥지 않다고 유비에게 형주를 맡아달라고 했다.

그 사실을 안 유표의 부인은 동생 채모를 불러 당장 유비를 죽이라고 하였다. 채모는 홀로 신야에 있는 유비를 형주로 초정하여 제거하려고 하였다. 결국 가지 말라는 가신들의 만류에도 불구하고 간 유비는 결국 채모의 계략에 빠져 간신히 홀로 탈출하였다.

채모를 피해 달아나던 유비는 낭떠러지에서 주인에게 해를 끼친다는 천리마가 그 강물을 뛰어넘는 바람에 위기에서 벗어날 수 있었다. 그런 와중에 우연히 수경 선생을 만나 다음과 같은 소리를 듣게 되었다.

"공께서 정이 많아 주위 사람들을 감싸려 하지만, 그것은 결코 옳은 일은 아닙니다. 관우와 장비, 조운 같은 장수야말로 참으로 만 명을 상대할 장수들이오 하지만 애석하게도 공께는 그런 인물을 적재적소에 쓸 만한 인물이 없다는 점이오 손건과 미축 같은 사람이 있기는 하지만, 그 사람들은 오직 글만 알지 세상물정을 모르는 사람이오. 이들만으로는 대업을 이루기는 어렵습니다."

"이 사람도 늘 초야에 묻혀있는 어진 선비를 찾은 지 오래되었습니다만 아직까지 그런 사람을 만나지를 못했습니다. 어떻게 하면 그런 사람을 만날 수 있겠습니까?"

그러자 수경은 나무라듯 말하였다.

"공께서는 공자 말씀을 한 번 생각해 보시오 한 10호밖에 안 되는 작은 마을에도 반드시 충신이 있다고 하였는데, 어찌 이곳이라고 사람이 없겠소이까?"

유비는 그 말을 듣자 뭔가 짚어지는 것이 있었다.

"제가 어리석은 탓에 인물을 알아보지 못한 것 같습니다. 제발 선생님께서는 그런 안목을 가르쳐 주십시오."

수경은 소리를 내어 웃으며 말하였다.

"장군의 말씀이 사람을 가릴 줄 모른다 하셨지만, 천하의 재주꾼이 모두 이곳에 있으니 장군은 그런 사람들을 찾아가 도움을 청하시오."

유비는 성급히 물었다.

"그런 천하의 기재가 대체 누굽니까?"

"와룡과 봉추 두 사람 중에 한 사람만 얻게 되어도 여유 있게 천하를 바로잡을 수 있을 것이오."

"와룡과 봉추란 사람은 대체 누구입니까?"

그러자 수경은 손뼉을 치며 웃을 따름이었다. 유비는 더욱 의아해서 거듭 물었으나 수경은 대답을 다음 날로 미루었다.

그러나 그 다음 날도 수경 선생은 와룡과 봉추가 누구인지 알려 주지 않았다.

이런 말을 들은 뒤 유비는 얼마 지나지 않아 자신을 찾아온 서서 단복을 만났다. 인재를 구했던 유비는 단복을 보자 반가워 자신이 찾던 인물일 것이라고 생각하여 그를 중용하였다.

서서 단복은 유비의 기대를 저버리지 않았다. 그의 지략은 정말 뛰어났다. 그의 지략으로 쳐들어 온 조조군을 어렵지 않게 무찌를 수 있었다.

그러자 유비에게 지략가가 있다는 소식이 조조에게 들어갔고 그것을 안 조조는 서서 단복이 효자라는 사실을 이용해 어머니를 볼모삼아 단복이 자신에게 오도록 만들었다.

지략의 위력을 보고 인물이 없이는 절대 큰일을 할 수 없다는 것을 깨달은 유비는 단복에게 자신의 곁에 있어 주기를 간곡히 말했지만 효자인 그는 유비의 간청을 뿌리치고 어머니가 있는 조조에게로 가기로 하였다. 그렇지만 유비의 인품에 반한 서서 단복이 유비를 떠나면서 유비에게 커다란 선물을 주고 말았다.

유비는 그와 말을 나란히 하며 정자까지 나와 배웅하였다.

"나는 복이 없는 사람이라 오래 동안 선생을 모시지 못하고 마는구려. 이번에 새 주인을 모시거든 그 분을 잘 섬겨 이름을 떨치도록 하시오."

그 말에 서서는 울면서 대답하였다.

"저 같은 재주 없는 사람을 사군께서 중용하여 큰 은혜를 입었으나 오늘 불행히 어머니 문제로 도중에 헤어지게 되어 마음이 아픕니다. 어머니를 모시고 싶은 마음은 간절하지만 조조를 위해서는 어떠한 일도 하지 않을 것입니다."

"선생이 가시고 나면 이 유비도 세상을 버리고 깊은 산 속에 들어가 버릴까 합니다."

서서는 그 말을 듣자 펄쩍 뛰었다.

"무슨 그런 나약한 말씀을 하십니까? 제가 사군과 함께 대업을 도모하고자 한다면 지금 이곳에 있다고 하더라도 도움이 되지 않을 것입니다. 사군께서는 부디 보다 높은 선비를 구하시어 천하를 도모하실 생각을 하십시오."

그러자 유비는 한숨을 쉬며 물었다.

"세상에 높은 선비가 있다고 한들 어디 선생만한 분이 또 있겠소?"

"천만의 말씀입니다. 저 같은 미천한 재주를 과찬하지 마십시오. 양양성에서 한 20 리 떨어진 융중이란 곳에 한 고명한 선비가 살고 있습니다. 사군은 제가 떠난 후에 한탄만 하지 마시고 그 사람을 꼭 찾아보도록 하십시오."

그 때서야 유비는 귀가 번쩍 뜨였다.

"그럼 수고스럽지만 원직이 한 번 이 사람을 위해서 그 사람에게 청해 주실 수 없겠소?"

"그 사람은 절대 부른다고 올 사람이 아니옵니다. 사군께서 몸소 찾아가 보도록 하십시오. 만약에 이 사람만 얻게 된다면 옛날에 주나라가 여망을 얻고 한나라가 장량을 얻은 것이나 조금도 다를 바가 없습니다."

"그렇다면 그 사람은 선생과 견주어 본다면 재주와 덕이 어떠하오?"

그러자 서서는 망설이지 않고 대답하였다.

"어찌 저 같은 사람에게 견주겠습니까? 굳이 저와 비교한다면 마치 제가 느리고 둔한 말이라면 그는 기린이라 할 수 있으며, 제가 보잘것없는 까마귀라면 그는 봉황이라 말할 수 있을 것입니다. 그 사람이 항상 자기를 스스로 관중과 악의에게 비합디다만 제가 보기에는 그 두 사람이 합쳐도 그 한 사람만 못할 것입니다. 그는 정말로 천하를 움켜질 수 있는 재주를 가졌으니 세상에는 그런 재주를 가진 사람은 오직 이 한 사람밖에 없습니다."

그 말을 듣고 유비는 크게 기뻐하며 서서를 물고 늘어졌다.

"대체 그 사람은 어떤 사람인지 말 좀 해 주실 수 있겠소?"

"제가 알기로는 그는 낭야 양도 사람으로 이름은 제갈 양이고, 자는 공명이라 합니다. 바로 한나라 사예교위 제갈 풍의 후손으로 그 부친의 이름은 규고, 자는 자공인데 태산의 군승으로 있다가 일찍이 죽어서 양은 그 아우 제갈 균과 함께 이 곳에 살고 있는 그의 숙부 제갈 현 밑에서 자랐습니다. 커서는 동생과 함께 남양에서 몸소 밭을 갈고 노래 부르기로 세월을 보내고 있습니다만, 그가 살고 있는 곳에 와룡강이라고 하는 언덕이 하나 있어 그 언덕의 이름을 따 그를 '와룡 선생'이라고도 하지요 이 사람의 재주가 천하에 둘도 없는 빼어난 인물이오니 사군은 서둘러 찾아가 뵙도록 하십시오 만약 이 사람이 사군을 보좌한다면 천하를 평정하는데 큰 어려움이 없을 줄 압니다."

유비는 그 말을 듣고 수경 선생의 말이 불현 듯 떠올랐다.

"얼마 전에 수경 선생이 말씀하시길 와룡과 봉추 중에 한 사람만 얻어도 천하를 다스릴 수 있다고 하셨는데 그럼 그 사람이 바로 와룡과 봉추 중 한 분이 아니시오?"

"봉추란 양양에 사는 방통이라는 분을 말하고, 와룡은 바로 이 제갈 공명을 가리키는 말입니다."

"오늘에야 비로소 수경 선생이 말한 와룡과 봉추란 수수께끼를 풀었구려. 이처럼 대현을 바로 지척에 놓아두고 이렇게 헤맬 줄 누가 알았겠소? 정말 선생이 말하지 않았다면 이 유비는 눈 뜬 장님으로 살 뻔하였소"

"그럼 잊지 말고 꼭 공명을 찾아가 보도록 하시지요."

유비는 천하를 얻은 듯 너무나 기뻐 어쩔 줄 몰랐다.

이튿날 유비는 관우와 장비 등과 하인 몇 사람을 데리고 공명을 만나기 위해 융중을 향해 길을 떠났다. 물어물어 와룡강에 도착하였다. 드디어 유비는 공명이 살고 있는 초가집에 당도하였다.

유비는 말에서 내려 친히 그 집 싸리문 앞으로 가서 주인을 불렀다.

한참 있다가 어린 동자가 나와서 맞았다.

"어디에서 오셨는지요?"

"나는 한나라 좌장군 의성정후이고, 예주목이자 황숙인 유현덕이다. 꼭 좀 선생님을 뵙고자 왔다고 여쭈어라."

그러자 동자는 유비가 댄 그 긴 이름을 기억할 수 없어 이름을 다시 물었다.

"그렇게 긴 이름을 소인이 어떻게 한 번에 알 수 있겠습니까? 다시 한 번 말씀해 주세요"

"그러고 보니 내가 실수했구나. 그럼 유비가 찾아뵈러 왔다고만 여쭈어라."

"죄송합니다만 조금 전에 선생님은 밖에 나가시고 안 계십니다."

"어딜 나가셨는지 모르겠느냐?"

"원래 선생님은 가시는 곳이 일정하지 않아서 어딜 가셨는지 잘 모르겠습니다."

"그럼 언제쯤이나 돌아오시느냐?"

"그것도 잘 모르겠습니다. 한 번 나가시면 한 3~4일 만에 돌아오실 때도 있고 때로는 10여 일 만에 돌아오시기도 하시니까요."

유비는 매우 낙심하여 그 싸리문 앞에 넋을 잃고 서 있는데 장비가 보다 못해 소리쳤다.

"형님! 없다는데 뭘 그러십니까? 그만 가십시다."
그러나 유비는 장비의 손을 완강히 뿌리치며 말하였다.
"여기까지 와서 어찌 그대로 돌아가겠나. 잠시 기다려 보도록 하세나."
그러나 관우까지 장비를 거들었다.
"그럴 것이 아니라 오늘은 이대로 돌아가셨다가 훗날 사람을 보내 있는 것을 확인하고 찾아뵙도록 하십시다."
할 수 없이 유비는 그 말에 따랐다.
"그럼, 선생께서 돌아오시거든 유비가 다녀갔다고 잊지 말고 여쭈어라."
유비는 미련을 떨쳐버리지 못하고 얼마쯤 가다가는 잠시 말을 멈추고 돌아서서 한 번 주위의 경치를 쳐다보았다. 과연 산은 그리 높지는 않았으나 빼어나게 아름답고 물이 깊지는 않았으나 아주 맑고 깨끗하였다.
그 때 건너편 산기슭에서 한 사람이 이쪽을 향해 오고 있었다. 머리에는 소요건을 썼고 몸에는 검은 도포를 입었으며 긴 지팡이를 짚고 있었는데 그 용모가 준엄하면서도 날렵하게 보였다.
유비는 그를 와룡 선생으로 생각하고 허겁지겁 말에서 내려 그 앞으로 다가가 공손히 절을 하면서 물었다.
"혹시 와룡 선생이 아니십니까?"
그 사람은 어리둥절하여 그 말에 대답은 하지 않고 되물었다.
"장군은 뉘시오?"
"저는 유비라고 합니다."
"그러시오?" 저는 공명이 아니고, 공명의 친구가 되는 박릉에 사는 최주평이란 사람입니다."
그 말을 듣고 유비는 반색을 하며 맞았다.
"선생의 대명을 들은 지 오래 되었습니다. 여기서 다행히 뵙게 되어 기쁩니다. 이런 땅바닥에서라도 잠시 선생의 높으신 말씀을 듣고 싶습니다."
두 사람은 숲 사이 바위 위에 마주앉았고 관우와 장비는 그 뒤에 서 있었다.
그러자 주평은 느닷없이 물었다.
"그래, 장군은 무슨 일로 공명을 보려 하시는 겁니까?"
"이처럼 천하가 어지럽고 사방에 풍운이 잠잘 날이 없는 이때에 공명 같으신 분을 찾아뵈옵고 한 번 나라를 안정시킬 계책을 구하고자 그러합니다."
그러자 주평은 소리를 높여 한바탕 웃었다.
"왜 선생께서는 그렇게 웃으시오?"

"내가 달리 웃는 것이 아닙니다. 장군께서는 이제 어지러운 천하를 바로 잡으시려고 하는 것은 비록 어진 마음에서 우러나온 일이겠지만, 그러나 알고 보면 그것은 참으로 부질없는 일이오. 고조께서는 의로운 군사를 일으켜 잔인무도한 진나라를 치셨지만, 얼마 지나지 않아 다시 이렇게 혼란에 빠지게 되었습니다. 그래서 나라를 바로 잡기란 결코 쉽지 않을 것이오. 공명이 아무리 하늘과 땅을 뒤흔드는 일이 있다 하더라도 나라를 바로 잡지 못하고 몸과 마음을 부질없이 허비하지나 않을까 두렵습니다. 하늘의 뜻을 따르는 자는 편안하지만 하늘의 뜻을 거역하는 자는 그렇지 못하니 하늘에 순응하는 자는 안일함을 얻게 되지만 하늘을 거역하는 자는 그 반대이니 하늘이 정한 이치를 사람의 힘으로 어찌 바꿀 수 있겠습니까?"

유비는 매우 어색하게 말하였다.

"선생의 말씀이 모두 옳으십니다. 하지만 이 유비는 한나라의 후예로서 한나라를 일으켜 세워야 합니다. 어찌 사람이 운명에 모든 것을 맡기고 있겠습니까?"

그러자 주평은 더 이상 말하기를 피하였다.

"나 같은 시골뜨기가 어떻게 천하사를 함부로 논할 수 있겠습니까? 장군에서 듣고자 하시기에 한 마디 좁은 소견을 말했을 뿐입니다."

"천만의 말씀이십니다. 참으로 선생의 가르침이 훌륭하였습니다. 그런데 공명께서 어디로 가셨는지 모르시겠습니까?"

"나 또한 그를 보러 가는 길입니다만 어딜 갔는지 알 수가 없습니다."

유비 일행도 말에 올라타고 돌아섰다.

장비는 불평을 하였다.

"에이! 공명은 만나지도 못하고 공연히 썩어빠진 선비를 만나 쓸데없이 시간만 허비했네."

유비가 한마디 하였다.

"은자의 말이라도 알고 보면 들을만한 가치가 있는 것이네."

이래서 세 사람은 허탕을 치고 신야로 돌아갔다.

유비가 신야에 온 뒤 세월은 물 같이 흘러 어느덧 해가 바뀌어 이듬해 봄이 되었다. 유비는 제갈공명을 두 번 찾아갔지만 끝내 만나보지 못하였다. 그러나 그러는 중에도 유비는 하루도 공명을 잊은 적이 없었다.

하룻밤 사이에 비가 내리더니 먼 산의 흰 눈이 녹았고 그것을 보자 유비는 갑자기 다시 와룡강을 찾아가기로 마음먹었다. 그래서 유비는 길일을 택해 목욕재계하고 기도를 올린 뒤에 3일 동안 몸을 정갈하게 다스려 새 옷으로 몸단장을 한 다음 세 번째로 와룡강을 찾아 나섰다.

그것을 보고 장비뿐만 아니라 관우까지 매우 못마땅하게 생각하였다. 두 사람 모두 토라져 있다가 관우가 먼저 입을 열어 열을 올렸다.

17. 최고의 사업은 사람을 얻는 것이다 - 삼고초려 237

"형님께서 이미 두 번이나 몸소 찾아가셨는데도 그 사람으로부터 아무런 연락이 없었습니다. 그것을 보고 생각해보면 제갈 양이란 사람은 이름만 있을 뿐 학식도 없는 별 볼 일 없는 사람 같습니다. 그래서 형님을 일부러 피하는 것이 아닌가 합니다. 그런데 그런 사람을 형님께서는 세 번씩이나 찾아가신다니 왜 이렇게도 형님은 유독 그 사람에게 정신을 빼앗겨 정신을 못 차리는 것입니까?"

"그것은 꼭 그렇지가 않네. 옛날 제나라 환공은 동곽에 살고 있는 초야에 묻혀 있는 야인을 찾아가 다섯 번째 겨우 만났다지 않는가. 이제 내가 큰 인물을 찾아가려 하는데 세 번이면 어떻고, 열 번이면 어떻단 말인가?"

그러자 이번에는 장비가 팔을 걷어붙이고 나섰다.

"형님 말씀은 가당치도 않습니다. 그까짓 촌놈이 무슨 큰 사람이란 말씀이오. 형님은 더는 가실 것도 없소. 한 번 불러서 안 오거든 내가 가서 그 촌놈을 잡아 오리다."

이 말을 듣고 유비는 얼굴색이 변하며 장비를 꾸짖었다.

"너는 옛날 주나라 문왕이 강태공을 보러갔다는 얘기를 듣지도 않았느냐? 옛날 문왕도 어진 선비를 그처럼 모셨는데 너는 어찌하여 그렇게 무례하기 짝이 없느냐? 너는 이 번에 따라올 것도 없다. 관우만 데리고 다녀오겠다."

그 말에 장비는 움찔하고 수그러들었다.

"두 분 형님께서 가신다는데 어찌 저만 떨어져 있겠습니까?"

그러자 유비는 단단히 장비의 다짐을 받았다.

"네가 따라가겠다면 데리고 가겠지만 지금부터는 꼭 예의를 지켜야 한다."

"명심하겠습니다."

이래서 세 사람은 융중을 향해 떠났다. 세 사람은 와룡강이 바라보이는 먼 곳에서부터 말에서 내려 천천히 걸어 들어갔다. 얼마쯤 가니까 저편에서 제갈 균이 왔다. 유비는 급히 그 앞으로 나아가 먼저 인사를 하면서 말하였다.

"오늘은 선생이 댁에 계십니까?"

"네, 어제 저녁에 돌아오셨습니다. 오늘은 장군께서 우리 형님을 만나 보실 수 있을 겁니다."

제갈 균은 말을 마치자마자 그대로 자기 갈 길을 갔다.

그 말을 들은 유비는 매우 기뻐하였으나 장비는 또 투덜거렸다.

"아니, 저 사람이 어찌 그리 무례하단 말이오. 우리를 함께 장원까지 안내하는 게 아니라 그래 저 볼일 보러 그냥 가 버린단 말인가?"

"볼 일이 있어서 그러는데 같이 가자고는 할 수 없지 않은가?"

그러면서 유비는 장비를 달랬다.

드디어 세 사람은 장원 앞에 이르러 그 집 싸리문 앞에 섰다. 전에 보았던 그 어린 동자가 문을 열고 나와 맞이하였다.

"수고스럽겠지만 들어가서 이 유비가 찾아왔다고 말씀 좀 여쭈어라."

"지금 초당에서 낮잠을 주무시고 계십니다."

"그러면 내가 왔다고 아직 말씀드리지 말거라."

유비는 관우와 장비에게 잠시 기다리게 해놓고 혼자서 천천히 안으로 들어갔다. 햇볕이 따사로운 마당을 지나 초당을 들여다보니 선생은 침상 위에 반듯이 누워서 코를 골고 있었다. 유비는 그가 잠에서 깨어 날 때까지 밖에서 서 있는 수밖에 없었다.

한편, 유비가 한번 안으로 들어가고는 반나절이 지나도 아무런 소식이 없자 문 밖에서 기다리고 있던 두 사람은 적이 조바심이 났다.

귀를 기울여 안의 인기척을 살펴보았으나 닭 우는 소리가 한가롭게 들릴 뿐 빈 집처럼 인기척 하나 없었다. 아무래도 안에서 무슨 일이 있는 것 같아 두 사람은 서로 얼굴을 바라보다가 장비가 동정을 살피려고 안으로 들어갔다. 관우도 장비가 들어가는 것이 불안해서 자기도 그 뒤를 따라 안으로 들어갔다. 초당 안에는 아직까지 공명이 코를 골며 자고 있는데 유비는 섬돌 아래서 두 손을 마주잡고 장승처럼 서 있었다.

그 광경을 보자 장비의 눈에서 불길이 솟았다.

"허허, 선생이란 놈이 어떻게 저렇게 뻔뻔할 수 있단 말인가. 우리 형님을 저렇게 세워놓고 저는 세상모르고 코만 골고 자고 있으니 도저히 참을 수가 없다. 어디 한 번 내가 집에 불을 질러도 이 놈이 일어나지 않고 그래도 잠만 자는가 보자."

장비가 이렇게 심술을 부리려고 하자 관우가 간신히 말렸다. 유비도 질겁을 하며 두 사람을 문 밖으로 내쫓았다. 그리고 문득 초당 위를 보니 마침 공명이 자리 위에서 한 번 몸을 뒤척이더니 다시 벽을 향해 돌아누웠다. 동자는 그것을 보고 앞으로 나아가 손님이 기다리고 있다는 것을 알리려 하였다. 그러자 유비는 손을 저어 공명을 깨우지 못하게 하고는 그대로 선 채 공명이 스스로 잠에서 깨기만 기다렸다.

한참만에야 공명은 잠에서 깨어나 한 번 기지개를 켜면서 동자에게 물었다.

"혹시 나를 찾아 온 손님이 있느냐?"

"네, 계십니다. 아까부터 유 황숙께서 오셔서 기다리고 계십니다."

그제야 놀라 그는 자리에서 벌떡 몸을 일으키며 동자를 꾸짖었다.

"어째서 미리 알리지 않았느냐? 옷을 갈아입고 나올 것이니 손님께 먼저 초당에 가 계시라고 여쭈어라."

그로부터 한참 후에야 공명은 겨우 의관을 정제하고 유비를 맞이하였다. 유비는 눈을 들어 공명을 보니 신장이 8척이나 되었고 얼굴은 관옥 같이 하얗고 머리에는 윤건을 썼으며 몸에는 학창의를 입었는데 그의 의젓한 모양이 바로 신선의 모습이었다.
　유비는 절을 하고 나서 말하였다.
　"저는 한실의 보잘 것 없는 후예이며 두메산골에 사는 어리석은 시골뜨기에 지나지 않습니다. 선생님의 높으신 이름을 들은 지 오래 되었습니다. 예전에 두 차례나 찾아 왔지만 한 번도 뵙지 못하고 그냥 글만 몇 자 적어놓고 돌아갔습니다. 혹시 보기나 하셨는지요?"
　"저야말로 남양의 한 시골뜨기로 천성이 게으르기 짝이 없는 사람입니다. 이처럼 장군께서 저 같은 사람을 여러 차례 방문을 하여주시니 부끄럽기 짝이 없습니다."
　두 사람이 이처럼 인사를 나누고 자리에 앉자 동자가 차를 날라 왔다. 공명은 천천히 차를 마시며 먼저 말하였다.
　"전에 두고 가신 글을 보니 장군께서 백성과 나라를 위해 얼마나 걱정하시고 있는가를 잘 알았습니다. 그러나 아직 제가 나이도 어리고 재주도 없으니 장군께서 저를 찾아주시는 뜻을 그르칠 것만 같아 지금까지 찾지 않았습니다."
　"전에 저에게 말했던 사마휘 선생이나 서원직의 말이 어찌 거짓이겠습니까? 선생께서는 제가 어리석고 미천한 사람일지라도 제발 버리지 마시고 어서 가르침을 주십시오."
　"사마휘 선생이나 원직으로 말하면 천하의 높은 선비들입니다만, 저는 한낱 밭이나 갈아 먹는 촌부에 지나지 않는 사람입니다. 어찌 감히 저의 작은 소견으로 천하사를 논하겠습니까? 두 사람이 저를 잘못 알고 천거한 것입니다. 장군은 어찌하여 두 분 같은 아름다운 보석을 버리시고 저 같은 하찮은 돌덩이를 구하려 하십니까?"
　유비는 은근히 짜증을 내며 공명을 나무랬다.
　"돌을 구슬같이 보이려고 해도 되지 않는 것처럼 구슬을 돌 같이 보이려 해도 믿을 사람 없는 법이오 지금 선생께선 세상을 다스릴 수 있는 큰 재주를 품었으면서도 어찌하여 젊은 나이에 산속 깊숙이 파묻혀 부질없이 세월만 낚고 계시는 겁니까? 선생께서는 천하를 바로잡고 새롭게 열기 위해서라도 저의 우둔한 생각을 깨우쳐주셔야 하지 않겠습니까?"
　그제야 공명은 소리를 내어 웃으며 대답하였다.
　"장군! 그렇다면 일단 장군의 뜻부터 알고 싶습니다."
　유비는 공명이 마음을 열자 대견하다는 듯 앞으로 가까이 다가앉으며 자기 뜻을 밝혔다.
　"한나라 사직은 기울어만 가고 간신배들이 창궐하여 천명을 농락하고 있으니 어찌 한나라 사람으로서 가만히 앉아서 바라만 볼 수 있겠습니까? 그래서 이 유비는 그것을 보다 못해 대의를 천하에 떨쳐보려고 했으나 지략이 얕고 재주가 모자라 무엇 하나 이룬 것이 없습니다. 제발 선생께서는 저의 어리석은 점을 깨닫게 해주시고 닥쳐올 위험에서 구해주시어 천하를 구할 수 있도록 도와주시오."
　공명은 유비의 말을 조용히 듣고 있다가 말문을 열었다.

"동탁이 한 번 반역을 한 이후로 천하의 호걸들이 너도나도 벌 떼처럼 들고 일어났습니다. 그 중에도 하북의 원소가 가장 강하였다고 볼 수 있었습니다. 그런데 원소와는 도저히 상대도 안 되는 조조가 마침내 그 원소를 무찔렀습니다. 이것을 단지 운으로만 볼 일이 아닙니다. 역시 사람의 지략으로 이룬 결과라고 보아야 할 것입니다. 오늘날 조조가 백만 대군을 거느리고 있을 뿐만 아니라 천자를 대신하여 천하의 제후들을 호령하고 있으니 그와 맞상대한다는 것은 불가능한 일입니다. 한편 손권은 강동에 이미 3대에 걸쳐 자리를 잡았고 또 나라가 험준하나 물자가 풍부하고 백성들이 모두 따르므로 그와 친교를 맺어 후원을 받도록 하실지언정 손권과 싸워 그를 없애려고는 하지 마십시오."

유비는 가만히 고개를 숙이고 열심히 귀를 기울였다.

"그렇다면 장군이 계실 곳이 어디이겠습니까? 여기 장군이 계실 곳이 두 군데가 있습니다. 하나는 형주이고, 또 하나는 익주입니다. 먼저 형주를 보시지요. 북으로는 한수와 면수라는 강으로 둘러싸여 수로의 이점을 이용하여 남해 일대의 이익을 독점할 수 있고, 동으로는 오회의 땅과 인접해 있고, 서쪽으로는 파촉으로 통하고 있어 이곳이야말로 영웅이 활보할 수 있는 땅이라고 할 수 있죠. 그런데 그 땅은 임자가 있어야 지킬 수 있는 땅입니다. 내가 보기에는 이 형주 땅은 하늘이 바로 장군을 위해 내리신 것이라고 생각합니다."

공명은 잠시 고개를 숙이고 말없이 듣고 있는 유비의 이마를 바라보다가 다시 말을 이었다.

"또 한 곳 익주로 말하면 그곳은 천연의 험한 요새인데다가 장강이 흘러 기름진 들판이 천리나 되고 생산물이 풍부하여 하늘이 내린 복된 곳이지요. 일찍이 한고조께서도 이 땅을 기반으로 제국을 건설하였습니다. 그런데 이 땅의 주인인 유장은 현명하지 못하고 우유부단하여 비록 백성이 많고 나라가 부강해도 백성을 제대로 다스리지 못하니 뜻있는 자들은 모두 현명한 군주를 간절히 찾고 있습니다."

공명은 숨을 돌리고 계속하였다.

"장군은 한실 종친으로서 신의를 사해에 떨치고 있고 천하의 영웅들을 모으시며 어진 이를 목마른 것같이 찾으시므로 만약 형주와 익주 두 곳을 근거로 하여 서쪽으로는 오랑캐들과 화친을 맺고 남으로는 이월 등을 어루만지며 밖으로는 손권과 친교를 맺는다면 무엇이 두렵겠습니까? 또 안으로는 다스리기를 힘쓰면서 천하에 한 번 변란이 있기를 기다렸다가 한 장수에게 명하시어 형주 군사를 이끌고 나아가 원성과 낙양을 치게 하시고, 장군은 몸소 익주의 군사들을 이끌고 진천으로 나아가시면 백성들이 모두 나와서 음식을 차려 놓고 장군을 맞을 것이 아닙니까? 이렇게만 되신다면 곧 대업도 이룰 것이고 한실을 다시 일으킬 수 있을 것입니다."

그러고 나서 동자를 시켜 한 폭의 지도를 내다가 벽 한가운데에 걸게 하였다. 그리고 그 그림을 손가락으로 가리키며 말을 계속하였다.

"이 그림은 서천 51주의 지도입니다. 장군께서 패업을 이룩하시자면 북은 하늘이 조조에게 맡겨준 것으로 생각하시고 남은 손권이 지리상의 이점을 살려 차지하고 있다고 생각하시고, 장군은 먼저 형주를 얻어 자리를 잡으신 후 서천에 얻어 대업의 기반으로 삼으신 다음 중원을 도모해야 할 것입니다."

유비는 공명의 말을 듣고 자리에서 일어나 두 손을 잡고 감사하듯 답례하였다.

"선생의 말씀을 듣고 나니 마치 구름을 헤치고 맑은 하늘을 바라보는 듯 속이 다 후련합니다. 정말 감사합니다."

그리고 얼굴에 주저하는 빛을 감돌았다.

"하지만 형주의 유표라든지 익주의 유장이 다 한실 종친인데 어찌 땅을 빼앗을 수가 있겠습니까?"

그러나 공명은 웃으며 말했다.

"걱정하실 것 없습니다. 제가 밤하늘을 보니 유표는 오래잖아 세상을 떠날 것이고, 또 유장은 패업을 이룰 인물이 못되니 시간이 지나면 형주와 익주가 장군에게 자연스럽게 되돌아오게 될 것입니다."

유비는 그 말을 듣고 머리가 땅에 닿게 절을 하였다. 유비가 볼 때 공명은 이미 천하가 삼등분 된다는 것을 알고 있었으니 참으로 기막힌 일이었다.

유비는 다시 공명에게 절을 하며 간청했다.

"제가 비록 이름이 없고 덕이 박약한 사람이오나 선생께서는 제발 저를 버리지 마시고 가르쳐 주십시오."

"이 사람은 농사짓는 것을 낙으로 삼고 세상과 등진지 오래입니다. 저 같은 위인이 어찌 장군의 청을 받들 수 있겠습니까?"

유비는 낙심하여 시무룩하게 말했다.

"선생께서 끝내 청을 거절하신다면 저 불쌍한 백성들을 누가 돌보겠습니까?"

그러더니 눈물을 흘리며 옷깃을 적셨다.

공명은 마침내 뜻을 정하고 말했다.

"장군께서 그처럼 청하시는데 어찌 저라고 가만히 있겠습니까? 장군을 위해 있는 힘을 다하겠습니다."

유비는 말할 수 없이 기뻤다. 그는 관우와 장비 등을 불러들여 공명에게 인사를 시키고 곧 가지고 온 금백 등을 예물로 바쳤다.

그러나 공명이 받으려 하지 않자 유비는 말했다.

"이것은 이 유비의 조그마한 정성을 보여드리고자 함이니 제발 물리치지 마시고 받아주시기 바라오."
 공명은 더 사양하려 하지 않았다. 그 날 밤 유비를 비롯해서 관우와 장비도 공명과 함께 하룻밤을 보냈다.
 다음 날 제갈 균이 돌아왔다. 그런데 그는 형 제갈 양이 길을 떠날 차비를 하는 것을 보고 깜짝 놀라 그 이유를 물었다. 그러자 공명이 말했다.
 "나는 유 황숙께서 이처럼 세 번씩이나 찾아주신 삼고지은을 저버릴 수 없었다. 그래서 오늘부터 집을 떠나겠다. 내가 없어도 너는 부지런히 밭을 갈아서 농사일에 힘쓰도록 하여라. 내가 공을 쌓은 후에 언젠가는 다시 이곳으로 돌아와 편안하게 쉴 날이 있을 것이다."
 한편 조조는 삼공의 제도를 없애고 승상이 그 세 가지 직을 겸임하기로 하여 사실상 권력을 독점하였다. 그와 동시에 직제를 개편하여 모개를 동조연에, 최염을 서조연으로, 사마의를 문학연으로 삼아 자신의 일을 돕도록 하였다.
 사마의의 자는 중달로 하내온의 사람으로 영주 태수 사마전의 손자이고 경조윤 사마방의 아들이며, 주부 사마랑의 아우가 되는 사람이었다. 그는 문관들에게는 존경의 대상이었으나 아직 군사 방면에서는 두각을 나타내지 못하고 있었다.
 문무백관의 틀이 제대로 짜여지자 조조는 곧바로 장수들을 모아놓고 남쪽을 정벌할 일을 논의하였다. 하후돈이 먼저 말하였다.
 "듣자하니 요즘 유비가 신야에 있으면서 매일같이 군사들을 맹훈련시키고 있다는데 그대로 가만히 두었다가는 반드시 후환이 되겠다는 생각이 듭니다. 유비의 세력이 더 커지기 전에 미리 손을 쓰는 것이 옳지 않을까 합니다."
 조조는 그 생각이 옳다고 생각하여 즉시 부서를 작성해서 하후돈을 도독으로 삼아 그에게 총지휘권을 주고, 우금과 이전 그리고 하후란과 한호 등을 부장으로 삼아 십만 대군을 이끌고 신야를 공격하게 하였다.
 그러자 다른 사람은 모두 말이 없는데 유독 순욱이 나서서 매우 근심스럽게 간청하였다.
 "유비는 영웅입니다. 그리고 거기에다 비범한 제갈 양을 군사로 삼았으니 마치 용이 여의주를 얻은 것이나 마찬가지이니 얕보지 마십시오. 섣불리 대들었다가는 큰 코 다치실 것입니다."
 그러나 하후돈은 그것은 한낱 기우에 지나지 않는다고 큰소리쳤다. 그리고는 곧장 신야를 향해 달려갔다.
 곧 하후돈을 대장으로 한 십만 대군이 신야를 향해 쇄도해온다는 급보가 신야에 날아왔다. 그 소식을 들은 장비는 관우를 찾아보고 코웃음을 치며 빈정거렸다.
 "공명을 보내 적을 막으면 되겠구먼."
 마침 이런 말을 하고 있는데 유비가 그 두 사람을 불렀다.

두 사람이 유비에게 가자 그는 매우 당황한 얼굴을 한 채 그들에게 황급히 물었다.
"하후돈이 대군을 이끌고 쳐들어온다고 하네. 두 아우는 어떻게 했으면 좋겠는가?"
장비는 비꼬는 투로 퉁명스럽게 말하였다.
"아니, 형님은 물고기가 물을 얻었다면서 뭘 근심하십니까? 물을 보내 막으면 될 것이 아닙니까?"
"물론 지혜는 공명에게 의지하지만 용맹은 두 아우에게 의지하고 있는데 어찌 익덕은 모든 일을 남에게 미루려 하는가?"
유비는 좋은 말로 관우와 장비를 타일러 보았지만 그들은 선뜻 나서려 하지 않았다. 그래서 그 두 사람이 나가자 유비는 곧 공명을 불러 그 대책을 상의하였다.
"선생의 말씀대로 조조의 대군이 습격해온다니 이 일을 어찌하면 좋겠소?"
"하후돈의 십만 대군은 그리 두렵지 않습니다. 단지 두려운 것이 있다면 그것은 관우와 장비 두 아우님입니다."
유비는 깜짝 놀라 물었다.
"그건 무슨 말씀이오?"
"두 아우님이 내 명령에 따르지 않을까 두렵습니다."
"그럼 어찌하면 좋겠습니까?"
"주공께서 만약 이 사람에게 진정 군사를 다스려 적을 막게 하시려면 주공의 검과 대장인을 제게 잠시 맡겨주십시오."
그 말을 듣자 유비는 조금도 망설이지 않고 그 자리에서 자신의 검과 인을 공명에게 내주었다.
공명은 그것을 받아 한 손에는 검을 쥐고 한 손에는 인을 쥐고 당상에 나가 장수들을 모아 군령을 들으라는 전갈을 보냈다.
그러자 그 전갈을 받은 장비는 관우를 향해 빈정거리며 일어섰다.
마침내 공명은 관우와 장비가 당도하자 자리에서 일어나 군령을 내려 군사 배치와 작전 계획을 상세히 일러주었다.
"이곳 신야성을 나가면 박망파라는 험준한 곳이 있고 그 박망파 왼쪽에는 예산이, 오른쪽에는 안림이라는 숲이 있는데 군마를 매복하기 제일 적당한 곳이오."
그리고 관우에게 매복하고, 조운에게 선봉에 서도록 하고, 유비에게 후원을 하도록 했다.
이렇게 물샐 틈 없는 배치를 하고나자 공명은 일동을 돌아보며 각 군은 치밀한 계획에 따를 것이며 조금도 어긋남이 없도록 하라고 또 한 차례 단단히 주의를 환기시켰다.
그러자 관우가 나서서 한 마디 물었다.
"우리들은 나아가 적을 막아 싸우는 동안 군사는 무엇을 하시렵니까?"

공명은 뜻하지 않은 질문에 잠시 어리둥절하였으나 곧 바로 대답하였다.
"나는 이 곳 신야성을 지키겠소."
장비는 공명을 비웃으며 큰 소리로 웃었다.
"아니, 그래 우리들은 모두 나가서 목숨을 걸고 적과 싸우는데 선생은 성 안에 편안히 앉아 있을 생각만 하셨단 말씀이오? 그것 참 좋은 생각이시구려."
그러자 공명은 정색을 하고 장비를 엄하게 꾸짖었다.
"검과 인이 여기 있는 것을 보지 못하느냐. 명령을 어기는 자는 오직 참할 뿐이다!"
공명의 눈은 장비를 무섭게 쏘아보았다. 장비가 반항하려 했으나 유비가 황급히 끼어들어 그 사이를 가로막고 관우와 장비 두 아우를 꾸짖었다.
"진중에 앉아 있어도 작전을 잘 써서 천리 밖의 싸움을 이기도록 한다는 말도 듣지 못하였느냐? 두 아우들은 제발 영을 따르도록 하게."
유비가 신신당부를 하자 장비는 마지못해 밖으로 나갔다.
관우도 장비를 따라 나가며 장비를 달래려는 듯 말하였다.
"일단 이번은 그 자의 계책이 맞나 안 맞나 관망하기로 하세. 그랬다가 만일 맞지 않거든 그 때가서 혼내주기로 하세."
그 말에 장비는 겨우 심기가 풀렸다.
관우와 장비 두 사람이 나가자 남은 장수들도 그 곳을 떠났다. 그러나 다른 장수들도 공명의 지략을 아직 모르는 까닭에 비록 영을 따르기는 하나 모두들 마음속의 의혹이 자못 컸다.
공명은 다시 유비를 보고 이런 영을 내렸다.
"주공께서는 지금 군사를 이끌고 나가셔서 박망산에 주둔하고 계십시오. 그러면 내일 저녁때쯤이면 반드시 적군이 나타날 것이니 주공께서는 처음에는 달아나십시오 그런 다음 불길이 치솟거든 그 때 군사를 되돌려 적을 치십시오. 이 사람은 미축과 미방 등 5백 명 군사를 거느리고 이 현을 지키고 있겠습니다. 그리고 손건과 간옹 등에게 명령을 내리시어 승전군을 맞이할 잔칫상이나 준비해 놓도록 하십시오."
유비 또한 그 영에 따라 행동으로 옮기고는 있지만 내심 공명의 지략에 대해 적지 않게 의심을 품었다.
한편 하후돈과 우금 등을 선두로 한 조조의 대군은 이미 박망파 부근에 이르렀다.
때는 마침 가을이라 갑자기 돌개바람이 몰아쳤다. 하후돈은 앞장서서 걸음을 재촉하며 나아가는데 문득 저만큼에서 먼지가 자욱이 일어나며 인마가 움직이는 기색이 보였다.
하후돈은 그것을 보고는 우금과 이전 등에게 진에 머물러 있게 하고는 손수 군사를 거느리고 진 밖으로 나가 좀 높은 언덕 위에 올라 적의 동태를 살펴보다가 갑자기 큰 소리로

17. 최고의 사업은 사람을 얻는 것이다 - 삼고초려

웃었다.
좌우에 서 있던 장수들은 의심스러워 물었다.
"장군께서는 무엇 때문에 그렇게 큰 소리로 웃으십니까?"
"서원직이란 자가 승상 앞에서 제갈 양이 신선과도 같은 사람이라고 허풍을 떨었는데 지금 그의 용병술을 보니 정말 웃기기 짝이 없구나. 이 따위 적은 군마를 가지고 우리 대군을 맞을 생각을 하다니 이것은 마치 개나 양을 데리고 범과 싸우려는 것과 다름이 없다."
그러고는 상대를 비웃기라도 하듯 스스로 말을 몰아 적진으로 뛰어들었다.
마침내 하후돈과 조운 두 장수는 창을 겨누고 마주서게 되었다.
하후돈은 싸우기 전에 먼저 비웃기부터 하였다.
"네놈들이 유비를 따르는 것은 마치 외로운 혼불이 귀신을 따르는 것과 다름이 없다. 어서 내 칼을 받아라."
조운은 불같이 노하여 단창에 요절을 낼 기세로 덤벼들었다.
그러나 그는 몇 번 마주쳐 창끝을 번득이더니 못이기는 척 꽁무니를 빼고 달아나기 시작하였다.
처음부터 상대를 얕잡아보던 하후돈은 호통을 치며 쫓아갔다.
그러나 하후돈의 부하 장수 한호가 가만히 보고 있다가 그 행동이 미심쩍어 정신없이 앞서 가고 있는 하후돈을 쫓아가 이를 말렸다.
"아무래도 조운의 행동이 수상합니다. 조운이 우리를 유인하는 것을 보니 아무래도 복병이 있는 것 같습니다."
"제깐 놈들이 사방팔방에 매복을 했으면 했지 무엇이 두렵단 말이냐. 복병까지도 섬멸하면 될 것이 아니냐."
하후돈은 그것을 건성으로 들으며 더욱 조운의 뒤를 급히 쫓아갔다.
하후돈이 박망파에 이르렀을 때였다. 그러자 갑자기 요란한 방포 소리가 울리며 동시에 함성이 일어났다. 하후돈은 깜짝 놀라 걸음을 멈추었다.
그리고 자세히 주위를 살폈다. 유비가 몸소 한 무리의 군마를 이끌고 숲 사이에서 나타났다. 그런데 그 수가 겨우 5~6백 명에 지나지 않았다. 하후돈은 웃음이 또 터지며 그대로 군사를 밀고 나아갔다.
유비와 조운이 합심하여 한번 싸우는 척하다가 달아나므로 하후돈은 더욱 기고만장하여 그 뒤를 쫓았다.
날은 이미 저물어 땅거미가 지기 시작하였다. 하후돈의 뒤에 떨어져서 천천히 따라오고 있던 우금과 이전 등은 박망파에 당도해 보니 갈수록 길은 좁아지며 주위 일대가 전부 키가 넘는 갈대밭이라 부쩍 불안하였다.

"적을 업신여기면 반드시 패하는 법이오 지금 이곳은 길이 좁고 산과 천이 너무 가깝고 나무가 무성합니다. 만일 적이 불을 지르고 공격해 온다면 큰일이 아니겠소."

이전이 우금을 보고 걱정스럽게 말하자, 우금은 비로소 깨달아 병사들을 정지시키고 하후돈에게 달려가 서둘러 말하였다.

하후돈도 그제야 정신이 번쩍 들어 사방을 돌아보았다. 과연 자기를 둘러싸고 장수와 군사들이 모두 키가 넘는 갈대밭 속에 들어서 있었다. 만일 적이 불로 공격한다면 꼼짝없이 타 죽을 판이었다.

하후돈은 그것을 보자 등줄기에 식은땀이 흘러 내렸다. 곧 말머리를 돌려 퇴군령을 내렸다. 그러나 그 말이 끝나기도 전에 등 뒤에서 함성이 일어났다. 깜짝 놀라 고개를 돌려보니 함성과 함께 여기저기서 불꽃이 피어나기 시작하였다. 그 불은 금방 갈대밭으로 번지더니 삽시간에 사방팔방이 모두 불바다가 되었다.

때마침 몰아치는 회오리바람에 불길은 더욱 거세졌다. 그 일대는 금방 생지옥으로 변하였다. 조조군의 장수와 군사들은 마치 불 가운데 뛰어든 메뚜기처럼 불을 피하려다 서로를 쓰러뜨리고 짓밟으며 불에 타죽은 자만도 그 수를 모를 지경이었다.

이 때 달아나던 조운이 말을 돌려 덮쳐왔다. 긴 창을 휘둘러 닥치는 대로 불구덩이 속에서 갈팡질팡하는 적병의 등판을 꿰뚫었다.

한편 이전은 자기가 예상했던 대로 형세가 불리한 것을 보고 부랴부랴 군사를 이끌고 박망성을 향해 달아나려 하였다. 그러나 그 때 난데없이 불 가운데에서 한 무리의 군마가 뛰어나왔다. 바로 관우였다.

관우는 기다리고 있었다는 듯이 80근의 청룡언월도를 휘두르며 앞으로 달려 나왔다. 이전은 산중에서 호랑이를 만난 사람처럼 기를 쓰고 그 청룡언월도를 막으면서 겨우 활로를 열어 달아났다. 관우는 공명이 말한 대로 굳이 이전을 쫓지 않고 군량과 마초를 태웠다.

우금은 그 중에도 제일 걱정되는 것이 군량이었다. 그래서 겨우 불구덩이 속을 벗어나자 허둥지둥 말을 몰아 그곳부터 가 보았다. 그러나 벌써 거기도 불길이 충천했으므로 그대로 샛길로 빠져 도망치고 말았다.

그것도 모르고 하후란은 군량을 건지려고 박망성을 향하고 있었다.

한편 장비는 공명이 일러준 대로 남쪽에서 불길이 솟아오르는 것을 보고 박망성쪽으로 나아가 단숨에 적병을 물리치고 군량을 모조리 불살라버렸다.

그리고 누군가 또 구원하러 올 것 같아 기다리고 있었다. 그 때 마침 하후란이 왔다. 그러자 장비가 범처럼 뛰어나갔다. 하후란은 칼을 들어 몇 번 창칼을 막아내다가 마침내 창에 찔려 말 아래로 떨어지고 말았다. 그 광경을 보고 한호는 혼비백산하여 급히 말을 몰아 달아나 버렸다.

이윽고 날이 밝기 시작하였다. 아직도 조조군의 시체는 마산평야를 뒤덮고 이글이글 타고 있었다.

관우와 장비는 만나자마자 감격해서 서로 손을 마주잡았다. 장비가 먼저 입을 열어 공명을 칭찬하였다.

"형님, 공명은 참으로 뛰어난 분입니다."

"그래, 정말 지모가 참으로 뛰어난 분이다."

두 사람은 어제의 전과를 살피며 비로소 고개를 끄덕이며 감탄하는 것이었다.

관우와 장비는 공명의 전략에 감탄하며 많은 전리품을 싣고 돌아가고 있었다.

그러자 마침 저만큼에서 미방과 미축 등이 군사를 거느리고 가운데 작은 수레를 옹위하며 오고 있었다. 그 수레 위에 단정히 앉아 있는 사람은 바로 군사 공명이었다.

관우와 장비 두 사람은 그를 보자 자신도 모르게 말에서 내려 수레 앞으로 다가가 땅에 엎드려 절을 하였다.

인간관계술은 최고의 정치술이다

유비의 삼고초려는 큰 결실을 맺었다. 공명의 조조, 손권, 유비에 의한 천하 삼분지계에 감명을 받은 유비는 관우 장비의 만류에도 불구하고 공명을 군사에 임명하였다. 그런 유비에 보답이라도 하듯 공명의 신출귀몰한 지략은 조조군과 싸움에서 완전한 승리를 가져왔다. 허나 관우와 장비는 처음부터 유비가 자신들보다도 공명에게 마음 쓰는 것을 보고 매우 고깝게 생각하였다. 특히 유비가 어린 공명에게 스승처럼 대하는 것을 보고 매우 실망하였다. 그래서 관우와 장비는 유비에게 섭섭한 마음을 노골적으로 드러내고 처음부터 공명을 인정하지 않으려 했다. 그렇지만 관우와 장비는 공명이 지휘한 전쟁이 끝나자 자신도 모르게 나이어린 공명에게 그만 넙죽 절을 하고 말았다. 그들은 공명을 보면서 자신의 용맹보다도 지략이 얼마나 중요한 일인지를 비로소 깨닫게 되었던 것이다. 그래서 관중은 "천하를 쟁취하고자 하는 사람은 반드시 사람 얻기를 최우선으로 한다."고 했다.

플라톤이 지혜, 용기, 절제라는 3가지 미덕을 강조하면서도 그 중에 제일은 '지혜'라는 것도 이 같은 맥락에서 이해할 수 있다. 아무리 인간이 살아가는 과정에서 용기가 중요하지만 지혜가 따라야 비로소 제 힘을 발휘할 수 있기 때문이다. 이것은 공명의 지략 덕분에 크게 피를 흘리지 않고도 조조의 군사를 간단히 물리쳤던 것을 쉽게 이해할 수 있다. 지형지물을 이용한 뛰어난 지략과 신기에 가까운 용병술이 함께 어울려서 만들어진 작은 힘이 조조군의 압도적인 군사력을 제압한 것이다.

공명의 등장과 함께 전투의 커다란 변화였다. 지형지물과 사람만 제대로 활용하는 지략인 전략 전술이 전쟁에서 얼마나 큰 힘으로 바뀔 수 있는지를 관우와 장비는 공명이 지휘한 전쟁을 통해 직접 눈으로 보고 실감한 것이다. 공명의 지략이 용맹과 무력이 싸움에서 절대적이라고 생각한 관우와 장비의 코를 아주 납작하게 만들어 버렸다. 공명이 등장한 순간부터 전쟁이 장수 위주의 백병전이 아니라 전략과 전술 위주의 전쟁으로 돌변한 것이다.

이런 변화는 유비가 사람을 얻어서 얻은 결과이다. 이만큼 사람을 얻는 것이 소중하다는 것을 일깨워 주는 것이다. 그래서 '유비의 삼고초려'는 인간 경영에 있어서 인재를 얻는 것이 곧 성공으로 가는 지름길임을 의미하는 것으로 회자되고 있다. 유비는 공명이 퇴짜를 놓아도 포기하지 않고 공명을 얻기 위해 의형제의 반대에도 불구하고 세 차례에 걸쳐 무거운 발걸음을 한 것이다. 그만큼 인재는 얻기가 힘들기 때문에 많은 공력이 필요하다는 것이고, 뛰어난 인재일수록 자신의 뜻을 펼 수 없는 사람에게는 가지 않는다는 것을 의미한다.

공명이 유비를 삼고초려 하게 한 것도 유비의 그릇과 속마음을 파악하기 위함이다. 그래서 장자는 "오동나무가 아니면 봉황새는 내려 앉지 않는다."라고 말하였고, 진나라 의사 예양은 "선비는 자신을 알아주는 사람을 위해 죽는다."라고 말했다. 이들은 지도자로서 인재를 얻기 위해서는 인재를 포용하는 마음 뿐만 아니라 인재가 자신의 뜻을 펼칠 수 있도록 배려하는 통 큰 사람이 되어야 한다는 것을 강조한 예이다. 한비자는 군주의 도에 대해 다음과 같이 말한다.

> 현명한 군주가 되는 길은 지혜로운 자로 하여금 그의 지혜를 다하게 하고, 군주는 그들의 지혜로 나라 일을 결정하니 군주의 지혜가 무궁해질 것이다.

순자도 "나라를 부흥시킨 왕에게는 반드시 스승이 있었고 그를 존경했다."고 말한다. 지략가의 한 사람인 오자도 왕이 성인을 스승으로 모셔야 국가의 장래가 위태롭지 않으며, 반대로 성인이 없는 나라는 선견지명이 없어 결국 앞날을 내다볼 수 없다고 한다. 오자가 들려주는 다음의 일화는 이것을 잘 보여준다.

> 왕인 무후가 신하들과 함께 국가 대사를 논의하고 있었다. 그러나 누구 한 사람 왕인 무후보다 나은 의견을 내는 사람이 없었다. 논의를 끝내고 물러났을 때 무후는 매우 만족스럽게 생각하였다. 이 때 오기가 나서서 왕에게 말하였다.
> "옛날 초나라 장왕이 국사를 신하에게 물었더니, 누구 한 사람 장왕보다 좋은 의견을 내는 사람이 없었습니다. 그래서 신공이라는 신하는 물었습니다.
> '왜 그렇게 표정이 어둡습니까?'
> 장왕은 이렇게 대답하였습니다.
> '어떤 시대나 성인이 있고 어떤 나라에도 현자가 적지 않다. 진정한 스승을 찾아 신하로 만들 수 있는 자는 임금이 되었고, 벗이 될 자격이 있는 자를 신하로 만들 수 있는 자는 황제가 될 수 있다고 들었다. 내가 지금 특별히 잘 난 것도 아닌데 나를 능가하는 자가 없으니, 초나라의 앞날이 어떻게 될 것인가?'
> 장왕은 이렇게 걱정하였는데, 지금 임금님께서는 언짢게 생각하기는 고사하고 거꾸로

기뻐하고 계십니다. 저는 위나라와 임금님의 앞날이 무척 걱정이 됩니다."

인재는 어떻게 구할 것인가?

그럼 인재를 어떻게 얻어야 하는가? 한비자는 인재를 선발할 때는 용모나 개인의 좋고 싫음으로 선발해서는 안 된다고 하였다. 용모와 능력은 전혀 별개이다. 용모를 보고 인재를 선택하는 것은 바람직한 방법이 아니다. 수경 선생이 추천한 방통처럼 못생겨도 얼마든지 훌륭한 재능을 가진 사람이 있을 수 있다.

또 지도자의 취향을 떠나 제갈공명과 같은 재능과 지혜로움을 겸비한 인재를 선발을 하는 것이 무엇보다 중요하다. 개인적인 잣대로 인재를 선발하는 것은 사적인 감정이 작용하기 쉽다. 사적인 감정이 앞서다 보면 능력이 없어도 자신의 마음에 드는 사람은 인재로 보고 능력이 있어도 마음에 들지 않는 사람은 인재가 아니라고 보는 것이다.

그럴 경우 어떻게 되겠는가? 자신의 구미에 따라 인재를 선발하게 되면 자신에게 아부를 잘하고 파벌을 만드는 사람을 선발하게 된다. 이럴 경우 능력이 거의 없는 기회주의자들이 중용되고 득세하게 된다. 이런 사람들 때문에 결국 재능과 덕을 겸비한 인재들이 발을 들여놓지 못하고 매장당하게 된다. 그래서 한비자는 지도자가 사람을 기용할 때는 반드시 공적인 입장에 서서 상대가 유능한 인재라면 친인척이거나 원한관계에 상관없이 기용할 것을 주장한다. 그래서 그는 "밖으로 천거함에 있어 원한 관계를 꺼리지 않고, 안으로 천거함에 있어 친인척이라도 꺼리지 않는다."고 말하였다.

특히 가까운 관계만 고집하거나 출신을 따지는 것은 그리 현명한 방법이 아니다. 인재를 구하려면 출신성분을 떠나 널리 구해야 한다. 가까운 사람과 출신을 따지면 외부에 있는 진정한 인재를 배척하고 능력 있는 인재를 외면하고 출신성분이 같거나 친분이 있는 사람들과 파당을 만들어 가까운 사람의 잘못을 눈감아 주는 부조리가 발생한다. 결국 친분이 없는 우수한 인재는 일할 의욕을 잃고 다른 곳으로 떠나가기 마련이다. 그래서 결국 조직에 새로운 피를 수혈할 수 없어 점점 조직이 죽어간다. 게다가 능력이 없는 지도자의 측근들이 자꾸 와서 설치게 되면 경영은 정상화되기 매우 어렵다. 설상가상으로 측근들의 부정부패까지 발생하면 그 조직은 몰락의 길을 가게 된다. 그러므로 한비자는 개인의 기호에 따라 인재를 선발하지 않고 그 사람의 재능과 지혜로움을 보고 선발하는 것은 지도자의 책임이자 성공조건이라고 말한다.

18. 인간미는 사업의 방해꾼이다 - 유표의 태수 자리 제안을 거부하는 유비

　인간 사이의 도리는 사람과 사람을 맺어주는 끈이고 인간에게 훈훈함을 준다. 정이 많다는 것은 인간미가 있다는 것이고 인간미가 있다는 것은 사람을 끄는 매력이며 리더의 조건이기도 하다. 허나 사람 사이의 도리가 때로는 걸림돌이 된다는 것을 알아야 한다. 도리 때문에 웃기도 하지만 도리 때문에 울기도 하는 것이다. 도리에 얽매이는 사람은 때론 현실을 직시하지 못하고 찾아온 기회를 발로 차버리기 쉽다.

　형주의 태수 유표는 죽음을 맞이하여 유비에게 계속 태수 자리를 제안하지만 계속해서 그 자리를 거부하였다. 유언이나 다름없는 유표의 절실한 요청을 거부하였다. 인간의 도리나 덕을 내세워 굴러들어온 호박을 발로 찬 것이다. 그것도 모자라 유비는 조조에게 형주를 바친 유종을 치자는 제의까지 죽은 유표를 무슨 면목으로 볼 수 있냐고 반문하면서 거부하였다. 공명조차 유비의 이런 행동에 탄식할 뿐이었다. 과연 이런 무능하게 보이는 유비의 선택은 어떻게 될 것인가.

하후돈이 패하고 돌아오자 조조는 더 이상 유비를 놓아두는 것은 유비를 더 키우는 것이나 마찬가지라 생각하여 즉시 침공할 준비를 하였다.
각대의 군사를 10만 명씩으로 배정하고 나서, 또다시 허저를 절충장군으로 삼아 군사 3천을 이끌고 나아가 선봉에 서게 하였다.
건안 13년, 드디어 조조의 50만 대군은 출사를 하게 되었다.
조조는 순욱에게 허창을 맡겨 지키도록 하고 5개 부대를 이끌고 진군하기 시작하였다.
한편 형주에 있는 유표는 조조가 몸소 대군을 이끌고 남하한다는 소식이 꼬리를 물고 떠도는 가운데 더욱 병이 위독해져서 사람을 보내 유비를 부르자 유비는 관우와 장비 두 아우를 데리고 형주로 유표를 만나러 갔다.
유표는 유비를 맞이하자 겨우 입을 열어 쓸쓸한 표정을 지으며 간곡히 부탁하였다.
"내 아들놈 형제가 있다고는 하나 다 아비의 유업을 이을만한 놈들이 못 되네. 내가 죽은 후에는 부디 아우가 이 나라를 물려받았으면 하네. 그대와 나는 한나라의 종친이며 친동생이나 다름이 없다고 생각하고 있네."
유비는 굳이 사양하였다.
"그렇다고 제 어찌 감히 딴 마음을 갖겠습니까? 귀공에게는 아드님이 있습니다. 제가 어찌 감히 이 나라를 이어받아야 합니까? 그저 저는 힘이 닿는 데까지 돕겠습니다."
"아니오. 애들의 장래까지도 그대에게 맡겨야 안심할 수 있소. 부디 철부지들을 도와 그대가 이 형주를 이어받도록 하시오."
유언이나 다름이 없는 절실한 요청을 유비는 막무가내로 거부하였다.
한참 이러는 판국에 밖에서 사람이 들어와 조조가 대군을 이끌고 온다는 급보를 알렸다.
좌우에 있는 사람들은 긴장했다.
"아우는 일단 신야로 가보아야겠습니다."
유비는 불현듯 일어서서 한 마디 말만 남기고 부랴부랴 밤에 신야를 향해 떠났다.
유표는 자기의 운명과 함께 형주의 운명이 막다른 곳에 다다른 것을 깨닫고서 마지막 유서를 썼다.
'현덕이 승낙해 주지 않는다면 그대는 큰아이 유기를 보좌하여 형주 주인이 되도록 도와주시게.'
이로써 형주의 통치자는 유기로 정해졌다.
그러자 그 사실을 알고 채 부인이 펄쩍 뛰며 곧 오라비인 채모와 장윤을 불러 자기 아들 유종으로 대를 이을 흉계를 꾸미고 있었다.

그런 줄도 모르고 유표의 장남 유기는 부친의 병이 위독하다는 소식을 듣고 부랴부랴 강하에서 형주로 올라왔다. 유기는 주막에서 잠시 쉴 겨를도 없이 성으로 왔으나 성문이 굳게 닫혀 있었고, 성문을 지키고 있던 문지기들도 자기를 보고도 못 본체 하였다.

유기는 하도 어처구니가 없어서 멍하니 서 있는데 성 위에서 이번에는 바로 채모가 얼굴을 내밀었다.

유기는 그를 보자 반색을 하며 애원했지만 채모는 돌아가라고 꾸짖기만 하였다.

유기는 뻔히 그것이 채모의 간계인 줄은 알았지만 어쩔 수 없이 되돌아 설 수밖에 없었다. 그는 성 밖에서 한바탕 땅을 치고 통곡을 하다가 그대로 말을 탄 채 강하로 돌아가는 수밖에 없었다.

유표의 병은 더욱 위태로웠고 병자는 시간을 다투어 아들 유기가 나타나기를 기다렸다. 강하로 통하는 외성에 매일같이 사람을 보내 소식을 물었지만 유기를 성 밖으로 쫓아 보낸 채모의 말은 한결같이 강하에서는 아무런 소식이 없다는 것이었다.

깊은 절망에 빠진 유표는 8월 무신일에 아들의 이름을 크게 부르며 마침내 숨을 거두었다. 유표의 시체가 채 식기도 전에 채 부인은 오라비 채모와 장윤 등과 함께 제2단계의 흉계를 꾸몄다. 유표가 임종 시에 남긴 유언장을 슬쩍 없애버리고 그것 대신에 가짜 유언장을 만들었다.

'둘째 아들 유종을 형주의 주인으로 삼노라.'

이리하여 채모는 결국 유종을 형주 주인으로 삼고 채씨 일가 문중에게 각각 형주 군사들을 나누어 주었다.

이어 유표의 관을 양양으로 모셔다가 양양성 동편 한양벌에 장사지냈다. 물론 유기와 유비 등에게는 알리지 않았다.

유종이 양양에 이르러 겨우 몸의 피로가 풀릴 만하니까 조조가 대군을 이끌고 바로 양양을 향해 대거 쳐들어온다는 급보가 들어왔다.

유종은 크게 놀라서 곧 채모와 괴월 등 사람을 불러 상의했으나 좌중은 모두 조용하기만 하였다. 그 때 한 사람 동조연 부손이 나서서 말하였다.

"조조의 병사가 온다는 것은 그리 염려될 것이 없습니다. 그보다도 지금 대 공자는 강하에 있고 현덕은 신야에 있는데 우리가 그 두 사람에게 다 부고를 보내지 않았습니다. 그것을 기화로 만약 그 두 사람이 군사를 일으켜 쳐들어온다면 형양은 몹시 위태롭게 될 것입니다. 이 사람에게 한 가지 계교가 있기는 있습니다. 형양 아홉 군을 조조에게 바치는 것입니다. 그렇게 하면 조조가 얼마나 주공을 중히 대접하겠습니까?"

유종은 잠시 어안이 벙벙해 할 말을 잊었으나 화가 나 꾸짖었다.

"아니, 그게 무슨 말씀이오? 내 선친의 기업을 물려받은 지 얼마나 되었다고 남에게 내주란 말이오?"

그러자 괴월과 왕찬이 나서 부손의 손을 들어주고 말았다.

이렇게 여기저기서 집중 공격을 받자 어린 유종은 어쩔 도리가 없었다.

채 부인까지 나타나 그 말이 옳다고 하니, 유종인들 어쩔 수 없이 뜻을 결정하고 항복문서를 썼다. 그리고 송충에게 그것을 주어 비밀리에 조조에게 갖다 바치도록 하였다.

송충은 곧 바로 원성으로 가 조조에게 가지고 간 항복문서를 바쳤다.

조조가 그것을 보고 크게 기뻐하였다. 그는 사자로 온 송충에게 크게 상을 내리고 이런 말을 하였다.

"유종 자신이 성을 나와 우리를 영접하라 하시오. 그러면 유종이 영원토록 형주의 주인이 되게 하리다."

조조 앞을 물러나 형양 길로 달리던 송충은 강가에 이르러 잠시 걸음을 멈추고 나룻배를 기다리고 있었다. 그러자 마침 한 무리의 인마가 달려왔다.

앞선 장수는 바로 관우였다. 송충은 가슴이 철렁 내려앉아 소매로 얼굴을 가렸지만 그것으로 자기 얼굴을 숨길 수는 없었다. 곧 관우에게 발견되어 그 앞으로 끌려가게 되었다.

관우는 문초를 엄히 하는데 송충은 처음에는 본색을 숨기고 허튼 소리를 하였으나 끝까지 숨길 수 없다는 것을 알고 지금까지 일어난 일을 낱낱이 자백하였다. 관우는 송충의 말을 듣고 보니 너무나 큰일이라 깜짝 놀라 송충을 이끌고 급히 신야로 갔다.

관우는 유비를 보자마자 조급하게 말했다.

"큰일 났습니다. 유종이 조조에게 항서를 보냈답니다."

유비는 그 말을 듣고 너무도 놀란 나머지 그만 땅을 치고 통곡하였다.

장비는 몹시 흥분해서 고래고래 소리 질렀다.

"형님! 일이 이렇게 된 바에야 가만히 있을 수 없습니다. 먼저 이 송충이란 놈을 죽이고 군사를 일으켜 곧 바로 양양성을 탈취합시다. 그래서 채씨 일족과 유종을 죽인 다음에 조조를 맞아 싸워보도록 합시다."

그러나 유비는 서두르는 장비를 말리고 깊은 수심에 잠겨 있을 때, 마침 공자 유기가 이적을 보내 지금 문 밖에 와 있다는 전갈이 들어왔다.

유비는 옛날에 자기를 구해준 은혜를 생각하고 너무나 기쁜 나머지 계단 밑으로 뛰어 내려가 그를 맞아들였다. 그리고 재차 옛날의 은혜를 치사하였지만 이적은 그 말을 듣지 않고 자기의 할 말부터 하였다. 이적은 채 부인과 채모가 유기를 젖혀 두고 아우 유종을 군주로 삼은 데 대해 통분을 하였다.

유비는 묵묵히 그 말을 듣고 나서,

"귀공이 아는 건 그것뿐이겠지만 그보다 더 통탄할 일이 있소이다. 태수가 돌아가시고 아직 분묘의 흙이 마르기도 전에 유종이 형양 아홉 군을 통틀어 조조에게 바치려는 것은 모르시는 모양이오."

그러자 이적은 소스라치게 놀라서 물었다.

"아니, 사군은 그 사실을 어떻게 아셨습니까?"

유비는 송충을 잡은 일부터 이적에게 자세히 얘기해 주었다. 이적은 유비로부터 그 말을 듣고 하늘을 우러러 탄식하였다.

"그게 사실이라면 사군께서는 문상을 가신 척 양양으로 가십시오. 그래서 유종이 성을 나와 사군을 맞이하게 한 다음 그를 사로잡은 연후에 그 잔당을 모조리 소탕하면 형양이 조조에게 넘어가기 전에 먼저 사군의 소유가 될 것이 아닙니까."

그러자 공명 역시 이적의 말이 옳으니 그 말대로 하라고 옆에서 계속해서 권하였다. 그러나 유비는 눈물을 흘리며 말했다.

"우리 형님께서 임종하실 때에 그처럼 자기 아드님의 장래를 내게 부탁하셨는데 이제 와서 내 손으로 그 아드님을 사로잡은 후에 그 성지를 빼앗는다고 한다면, 다음날 죽어 구천지하에서 내 무슨 얼굴로 다시 형님을 뵙는단 말씀이오."

공명은 매우 딱한 듯이 탄식했다.

"그럼 그 일을 그만두신다면 지금 조조의 군사가 이미 완성까지 왔는데 어떻게 적을 막으실 생각이십니까?"

그러자 유비가 대답하기를,

"이렇게 된 이상 신야를 버리고 번성으로 가서 잠시 난을 피하기로 합시다."

공명은 또 한 번 탄식할 뿐 다시는 더 권하지 않았다.

기회는 결코 두 번 오지 않는다

'덕장'으로 불리는 유비는 인간의 도리를 앞세우는 인간미 때문에 실패를 거듭하였다. 서주 도겸이 넘겨주는 인장을 거부한 데 이어 유표가 넘겨준다는 형주의 인장마저 거부하였다. "전쟁할 때 제일 큰 해는 우물쭈물 하는 것이다."라는 오자의 말을 유비는 철저히 외면하고 있는 것이다. 도리를 앞세워 결단력을 포기하는 것은 패배를 자초하는 것이다.

공명조차 유비의 이런 결단력 없는 비현실적인 태도에 탄식할 정도다. 유비는 인간의 도리를 앞세워 자꾸만 날아온 기회를 발로 차는 바람에 자기에게 굴러들어온 기회조차 날려 버리고 있는 것이다. 유비와는 대조적으로 능력 위주로 사람을 선별하는 조조는 그다지 인간미에 얽매이지 않았다. 능력이 있으면 과감하게 기용했고 아무리 유능한 사람이라고 여포처럼 해악을 가져오거나 원소처럼 자신이 가고자 하는 일에 방해가 된다고 생각하면 친구처럼 막역한 사이라도 과감하게 정리하는 냉엄한 현실주의자였다. 그가 승승장구할 수 있었던 것도 인간미에 얽매이지 않고 현실을 직시하는 이런 냉엄한 승부사적 기질 때문이었다. 유비를 제거하려고 하는 것도 바로 하늘 아래 두 영웅이 살 수 없다는 냉엄한 현실적 판단에서 비롯된 것이다.

허나 이런 조조에 비해 유비는 너무나 도덕주의에 치우쳤다는 생각을 떨칠 수 없다. 유비는 더할 나위 없이 사람은 좋은 것 같지만 인간미에 치우쳐 대세를 그릇 치는 전형적인 무능한 인물처럼 보이는 것이다. 그는 조조처럼 권력을 위해 사람을 속일 줄도 모르고 정치 흥정조차 할 줄 몰랐다. 아니 아예 군자처럼 그렇게 하려고도 하지 않았다. 그렇기 때문에 속고 속이는 전쟁과 같은 냉엄한 승부 세계에서 결단력이 부족하여 밀려날 수밖에 없었다. 유비는 유표가 준다는 자리조차 발로 차 대세를 그르치고 먼 길을 돌아가는 떠돌이 생활을 선택하고 만 것이다. 굳건한 믿음과 겸손을 내세워 공명, 관우, 장비, 자룡과 같은 사람을 잡을 수는 있었지만 지나친 도덕성 때문에 자신이 처한 현실을 고려하지 않아 사서 고생하는 형국을 자초하였다. 도덕도 현실을 바탕으로 이루어져야지 현실을 무시한 도덕성은 전쟁에서 패배를 자초하는 것이다. 냉혹한 현실 앞에 지나친 도덕주의가 얼마나 무기력한 것인가를 실감나게 보여주는 대목이다.

　승부의 세계에서는 도덕보다는 현실적 이익을 고려한 과감한 결단력이 더 필요한 법이다. 인생에서는 이익을 고려하지 않고 살 수 없기 때문이다. 자신이 살아가고자 한다면 어쩔 수 없이 인간적인 아픔을 맛보아야 할 때도 많다. 유표의 죽음과 같이 이러한 아픔을 피할 수 없는 것이라면 그것을 달게 받아들이고 과감히 결단을 내려야 하는 것이다. 인간적인 아픔 때문에 때를 놓치면 도리어 자신이 곤란한 처지에 빠진다. 특히 인생의 중대한 위기에 빠졌을 때, 결단력은 인생의 명암을 엇갈리게 한다. 그래서 되도록 빨리 결단을 내려야 한다. 그렇게 하면 저절로 힘이 생겨 위기를 탈출할 수 있으나, 그렇지 않고 주어진 기회를 거부하는 것은 스스로 위기 속에 빨려 들어가 파멸은 불 보듯 뻔하다. 한비자는 일은 과감하고 결단력 있게 해야 한다는 것을 다음과 같이 강조하고 있다.

> 군주가 문제를 결정하지 못하고 망설이며, 본성이 유약하고 결단력이 없고, 좋고 나쁨을 구별하지 못하고 자기의 입장을 고수하지 않으면, 나라가 망할 것이다.

결단력을 어떻게 길러야 할까?

　기회는 사람을 결코 기다려 주지 않는다. 기회는 결단력이 있는 사람에게 손짓하지만 우유부단한 사람에게는 그냥 지나가 버린다. 그래서 전쟁을 떠나 무엇을 할 때건 간에 우유부단하여 때를 놓쳐서는 안 되며 시기를 포착하여 과감하게 판단을 내려야 한다.

　결단력이 없는 것은 자신감이 없거나 의지가 박약하여 행동력이 떨어지기 때문에 발생할 수 있으나, 유비처럼 인간적인 아픔이나 도덕적 죄책감 때문에 발생하는 경우가 있다. 유비가 형주를 맡아달라는 유표의 유언을 무시하고 죽어가는 유표를 두고 떠나는 것은 욕을 얻어먹을까 하는 양심적인 두려움, 즉 죄의식 때문이다. 그것은 분명 유표의 유언이 었기 때문에 욕을 먹을 상황이 아니었음에도 유비는 도덕의식이 지나쳐 두려워한 것이다. 이런 상황에서는 도덕적인 죄책감과 인간적인 두려움을 극복하는 것이 무엇보다도 중요하다. 그래서 알렉산드로스는 "두려움을 정복하는 자가 세상을 정복할 수 있다."고 했다. 지나치게 인간적이고 도덕적이어서 죄의식에 사로잡히면 유비처럼 대세를 그릇 칠 수 있는 것이다. 도덕은 이상이지 현실이 아니다. 그런데도 다른 사람에게 욕을 먹을까봐 기회를 놓치는 유비를 보면 무능하다고 밖에 볼 수 없다.

하지만 결단력이 있어도 최선의 것을 선택할 수 있는 판단 능력이 없다면 결단력은 최악의 상황을 불러올 수 있다. 이것저것 재다보면 선택할 때 최악의 카드를 빼들 수 있기 때문이다. 특히 유비처럼 인간미나 도리에 이끌려 올바른 판단을 하지 않으면 최악의 선택을 할 수 있다. 그러므로 결단력이 날개를 달려면 선택할 수 있는 판단 능력이 반드시 따라 주어야 한다. 지식과 경험이 풍부한 사람일수록 일을 결정할 수 능력이 탁월하지만 경험과 지식이 부족한 사람은 결정할 수 있는 능력이 부족하다. 특히 세상을 살아가는 데는 도덕적이고 이상적인 판단보다 현실적인 판단력이 아주 중요하다. 특히 전쟁과 같은 최악의 상황에서는 무엇보다도 사는 것이 우선이기 때문이다. 그래서 우리는 많이 배우고 익히는 것도 중요하지만 경험을 많이 하는 것도 현실적인 판단력과 행동력을 기르는데 아주 중요하다. 백면서생처럼 학식이 많은 학자들이 의외로 판단력과 행동력이 떨어지는 것은 경험이 부족하여 현실적인 판단 능력이 떨어지기 때문이다.

　세상일을 판단하는 데는 관념적인 학식이나 도덕보다는 현실적인 감각과 판단력이 세상의 물결을 더 잘 감지한다. 경영면에서 조조가 유비보다 우월한 것은 유비는 너무나 도덕성과 인간미에 집착하여 대세를 그르쳐 떠돌이 생활을 해왔지만 조조는 빠른 판단력과 강력한 결단력으로 난관을 극복하고 자신의 입지를 다졌기 때문이다. 그래서 나폴레옹은 "가장 훌륭한 지혜는 의연한 결단이다."라고 말했다.

　우리는 전쟁과도 같은 현실에서 유비처럼 지나치게 도덕적일 필요가 없다. 도덕적 감정에서 오는 죄의식은 결단력을 약화시킨다. 도덕적 감정도 지나쳐 현실을 무시하면 헛된 이상에 불과하며 사서 고생을 한다는 사실도 알아야 한다. 세상은 이익을 먼저 취하는 자가 앞서 나가는 법이다. 그래서 홍자성의 〈채근담〉에는 도덕적 감성에 흔들리지 말라고 "청렴하면서도 포용력을 가지고 동정하면서도 결단력을 가져라."고 하였다.

19. 용기 없는 영광은 없다 - 의로운 자룡과 용감한 장비

우리는 안전한 길을 좋아하고 불완전한 길을 싫어한다. 두려움이 있기 때문이다. 두려움은 확실한 것이 아니면 하지 않도록 하는 습성을 우리에게 준다. 두려움이 있는 것은 좋게 말하면 생명을 보전하기 위해서다. 우리가 모험을 싫어하고 안전한 길을 선호하는 것도 바로 이런 두려움을 갖고 있기 때문이다.

허나 세상이 확실한 것이 어디 있겠는가? 그 어디에도 확실한 것은 없다. 누구나 살다 보면 어려움을 겪는다. 사람은 늘 크고 작은 어려움에 시달리게 되어 있다. 경쟁이 치열한 사회에서 안전한 길이란 어디에도 없고 모험을 할 수밖에 없는 운명을 타고 났다. 태어나는 순간부터 정해진 것은 아무것도 없다. 선택의 갈림길에서 무언가를 과감히 선택해야 한다. 선택의 순간에 바로 용기가 필요하고, 좀 더 큰일을 하고 싶다면 과감한 용기가 필요하다. 작은 용기로는 커다란 일을 할 수 없다.

모험을 하지 않는 것은 그저 평범한 삶을 살아야 한다. 성장통이 있을 수 없다. 무언가를 일구려고 한다면 반드시 큰 용기가 있어야 한다.

우리가 큰일을 할 수 없는 이유는 무엇인가? 우리는 세네카의 말처럼 '어려우니까 손대지 못하는 것이 아니라 과감히 손대지 않으니까 이룰 수 없는 것'이라는 격언을 받아들여야 한다. 영광은 거저 오는 것이다. 때로는 목숨마저도 추상같이 버릴 각오로 살 때 비로소 영광이 찾아오는 것이다. 두려움에 떠는 자는 그 무엇도 이룩할 수 없다. 두려움을 떨치고 과감히 앞으로 나아갈 때 자신이 하고자 하는 일을 성취할 수 있고, 커다란 영광도 따라오는 것이다.

큰일을 하는 사람은 어려울 때 결코 포기하지 않는다. 이들은 두둑한 배짱으로 어려움에 맞서며 그 어려움을 이겨낼 방법을 찾는다. 〈삼국지〉에도 두둑한 배짱을 가진 용기의 화신이 있다. 조자룡과 장비다. 이들은 맨몸 하나로 조조의 대군과 맞서 싸운다. 조자룡은 자신의 임무를 다하기 위해 홀로 적진 속에 뛰어 들어가 감 부인을 구하고 유비의 아들 아두를 구하고, 장비 또한 홀로 장판교를 지키는 대범한 행동을 하여 조조의 대군이 도망가도록 만들었다. 감히 대장부가 아니면 누구도 할 수 없는 일이다. 이제 그들을 위대하게 만드는 이들의 배짱을 한 번 감상해 보자.

> 조조는 곧 군사를 거느리고 유비가 있는 번성으로 갔다.
> 한편 번성에 있던 유비는 이 소식을 듣고 제갈 량과 의논하였다.
> 그러자 제갈 량은 말했다.
> "수비하기 위해서는 이곳 번성보다 양양성으로 옮겨야 합니다."
> 유비가 양양으로 옮긴다는 방이 붙자 모든 백성들은 죽기를 각오하고 유비를 따랐다.
> 배가 부족해서 백성들이 다 탈 수 없었다.
> 그것을 보고 유비는 눈물을 흘리며 통탄하였다.

"아아! 무능한 나 때문에 수많은 백성들이 이 고통을 당하는구나."
유비 일행은 힘들게 양양성에 도착하였다. 그러나 양양성에 있던 채모는 문을 열어주지 않고 궁수를 시켜 유비를 죽이려 하였다.
이때 성안에 있던 위연이 그런 채모에 반대하고 일어났다.
마침내 성 안에서는 군사들이 두 패로 나뉘어 싸우기 시작했다. 마침내 위연이 채모를 물리치고 문을 열어 유비가 성안으로 들어오기를 바랬다.
하지만, 유비는 백성들이 다칠까봐 양양성을 포기하고 강릉으로 발길을 돌리고 말았다. 성안에서 채모군과 홀로 싸우던 위연도 유비가 떠나자 더 이상 버틸 수 없어 장사태수 한현에게 몸을 의탁하려고 성을 도망쳐 나왔다.
양양을 떠난 지 열흘이 넘은 유비로서는 아직도 강릉으로 가는 길이 멀기만 하였다. 수만의 백성을 데리고 개미처럼 힘겨운 행진을 하자니 몸과 마음이 한결같이 무겁기만 하였다. 수하의 군사는 겨우 2천 명에 지나지 않았다.
유비는 말 위에 앉아있으면서도 생각이 꼬리에 꼬리를 물었다.
"강하로 원군을 부탁하러 간 관우가 왜 소식이 없는가? 선생이 친히 가보시는 게 어떻겠소?"
"제가 가보도록 하겠습니다. 어떤 사정이 있어서 그런지는 모르나 지금은 그 병력밖에 믿을 수 없으니까요."
"선생이 가셔서 원군을 청한다면 유기도 거절하지는 못 할 것이요. 선생의 도움으로 계모 채 부인의 난을 면해 목숨을 건졌으니까 말이오."
"그럼 여기서 작별하기로 하겠습니다."
공명은 군사 5백 명을 거느리고 도중에서 방향을 바꾸어 강하로 떠나갔다.
공명과 작별한 지 이틀째 되는 날 낮이었다. 유비는 여전히 말을 몰아 걸어가고 있었다. 어느 벌판을 지나려 할 때 일진광풍이 불어와 뒤돌아보았더니 티끌이 일며 알 수 없는 소리가 들려오는 것이었다.
"현덕을 놓치지 마라!"
하는 소리가 벌써 어느 모퉁이에서 말발굽 소리에 섞여 들려왔다. 적에게 철통같이 포위되었던 것이다. 유비는 수하 장수들과 함께 적의 포위에서 벗어나려고 안간 힘을 썼다.
뒤돌아보니 뒤따라오던 장비가 필사적으로 적에 대항하였다.
유비는 밤새도록 달리고 달렸다. 날이 밝자 조조군은 더 이상 보이지 않았다.
뒤돌아보니 유비를 뒤따르는 군사란 고작 1백 명 정도였다. 유비의 처자와 난민을 비롯하여, 조운·미축·미방·간옹 등의 장수들도 언제 어떻게 뿔뿔이 헤어졌는지조차 몰랐다.
이 때 미방이 몸에 화살이 꽂히어 피투성이가 된 채 뒤따라와서 유비의 앞에 무릎을 꿇고 통곡하였다.

"정말 통탄할 일입니다. 조운이 우리를 배신하고 조조에게로 가버렸습니다."

그러자 유비는 처음에 소스라치게 놀랐으나 잠시 후 다시 어조를 부드럽게 하여 미방을 꾸짖었다.

"그럴 리 없어. 조운과 나와는 온갖 고난을 같이 한 형제나 다름이 없소. 그리고 그의 지조는 흰 구름과 같고 강철 같은 무인이요. 나는 믿소. 그가 부귀영화에 흔들릴 사람이 아니야. 미방, 나는 조운을 믿고 싶소."

"이 미방의 두 눈으로 조운이 우리를 떠나 적진으로 말을 몰아가는 것을 분명히 보았습니다."

그러자 다른 장수들 가운데서도 보았다는 무리가 있었다.

이 때 마침 장비가 헐레벌떡 뒤쫓아 왔다. 장비는 이 말을 듣자 고리눈을 치켜뜨고 말했다.

"그렇다면 내가 직접 가서 조운이 형님을 배반했는지 확인해서 만일 그게 사실이라면 한 칼에 조운의 목을 베어 버리겠소."

"너는 지난날 실수로 관우에게 칼을 들이대더니, 그런 실수를 다시하려 하느냐? 조운은 이 비를 버릴 자가 아니야. 그리고 자룡이 조조에게 갔다면 분명 이유가 있을 것이다."

하고 유비가 꾸짖었다.

"형님은 알지도 못하면서 뭘 그러시오?"

장비는 말을 듣지 않고 20명가량 되는 부하를 이끌고 되돌아 달려갔다.

한참 나아가니 장판교라고 쓰인 다리가 나타나자 장비는 부하 20명을 부근 밀림 속에 숨어 있게 하였다. 말꼬리에 나뭇가지를 묶어 왔다 갔다 하게 하여 군사들이 많이 있는 것처럼 위장하였다.

장비는 그 특이한 고리눈에 웃음까지 지어보이며 자기의 계책을 뽐내더니, 홀로 말위에 올라앉은 채 무쇠창을 옆에 끼고 서쪽을 바라보고 있었다.

한편 조운은 양양을 떠날 때부터 유비의 가솔들을 보호하는 책임을 맡았다.

그런데 어젯밤 조조군의 불의의 습격으로 수만 명 피난민과 일행이 어디로 흩어졌는지 알 길이 없었다. 조운은 말을 몰아 돌아서려 하다가 문득 오던 길을 되돌아보며,

'나 혼자 간다면 주공의 얼굴을 어떻게 본단 말이냐.'

하고 생각하니 가슴이 꽉 막히는 듯했다.

그는 적진인 것도 생각지 않고 불과 30명뿐인 부하를 이끌고 어젯밤 흩어졌던 장소로 나는 듯이 말을 몰았다.

조운은 죽기를 각오하고 사방을 헤맸다. 가는 곳마다 수만 백성이 화살에 맞고, 말에 채이어 뒹굴며 우왕좌왕 하는 꼴이란 그야말로 생지옥이었다.

조운은 다시 말을 몰아 장판교 쪽으로 달렸다. 또 한 떼의 난민이 허둥지둥 정처 없이 걸어가고 있었다.

"감 부인, 미 부인, 어디 계십니까?"

그 때 울부짖으며 조운의 말머리 앞에 몸을 던지는 부인이 있었다. 감 부인이었다. 조운은 말 위에서 재빨리 뛰어내려 무릎을 꿇고,

"이처럼 참변을 당하시게 한 죄로 말하면 백 번 죽어 마땅합니다. 미부인, 아두님께선 어디에 계신지요?"

하고 조운은 머리를 조아리며 사죄하며 말했다.

"아두와 미 부인도 처음엔 함께 떠났습니다만 적병을 만나 그만 흩어지고 말았습니다."

감 부인이 눈물을 흘리며 조운에게 말하는 사이에 피난민들은 또 어디론지 사라졌다. 조운이 감 부인을 일으켜 막 떠나려 하는 순간이었다. 먼지가 일며 1천여 명의 인마가 이쪽으로 달려왔다.

조인의 부하 순우도라는 장수가 유비의 한 장수임을 알고 온 것이었다.

"조운은 게 섰거라. 미축도 이렇게 사로잡혔으니 냉큼 목을 내놓아라."

하고 소리치는 순우도는 정말로 미축을 말에 결박하여 비끄러매고 있었다.

"아니, 미축이."

조운은 말을 채 마치기도 전에 창을 겨누며 순우도를 향하여 달려 나갔다. 겨우 2합에서 조운의 날카로운 창은 순우도의 등판을 뚫어 말 아래에 떨어뜨리자 남은 무리들은 도망가고 말았다.

조운은 미축을 구하여 순우도의 말을 빼앗아 주고 감 부인도 다른 말을 얻어 장판교를 향하여 걸음을 빨리하였다.

조운이 장판교에 이르니 장비가 말 위에 높이 앉아 떡 버티고 서 있었다. 고리눈을 치뜬 채, 80근 장팔사모창을 비껴들고 있는 모습이란 당당하기 짝이 없었다. 조운이 오는 것을 보고,

"게 오는 것이 사람이냐, 짐승이냐?"

장비가 다리가 무너질 듯이 크게 호통을 쳤다.

"장장군은 무슨 헛소리를 하는 것이오. 지금 감 부인이 오고 계시니 썩 물러서시오."

장비의 호통에 조운도 노기를 띠고 말하였다. 장비는 조운의 뒤에서 오고 있는 감 부인을 보고,

"조운, 자네는 진정 조조에게 항복한 것이 아니었나? 사실은 그런 소문이 있기에 무쇠창으로 내려치려고 기다리고 있었지."

"말도 안 되는 소리는 그만하시오. 지금까지 아두님과 두 부인의 행방을 몰라서 지금껏

헤매다가 겨우 감 부인만을 모시고 왔소. 지금 주공께선 어디 계십니까?"
"저 앞 산기슭에서 쉬고 계시네. 형님께서도 아두님과 부인들의 안부가 궁금한 모양이야."
"장 장군, 그럼 감 부인을 주공이 계신 데까지 모셔다 드리시오. 조운은 다시 아두님과 미 부인을 찾아 떠나겠소."
하고 조운은 말을 마치자 다시금 홀로 적진으로 되돌아갔다.
조운이 한참 정신없이 말을 몰아갈 때 갑자기 먼지가 일며 10여 명의 군사가 이쪽으로 달려오고 있었다.
선봉에 나선 장수를 보니 홍안 소년이었다. 등에다 서슬이 푸른 장검을 차고 화려한 창을 쥐고 오는 모습이 첫눈에도 적의 장수임을 알 수 있었다.
"어디로 가는 무리들이냐?"
조운의 말이 떨어지자 젊은 장수를 에워싼 무리들이 조운을 향하여 달려들었다.
조운이 한 합에 젊은 장수의 등판을 창으로 꿰뚫자 다른 무리들은 혼비백산하여 달아났다.
"아, 근사한 검이로구나."
하고 조운은 젊은 장수의 주검에서 칼을 빼어들고 매만졌다. 칼자루에는 금으로 청공이란 글자가 새겨져 있었다.
"아, 이자가 조조의 충신인 하후은이었구나."
조운은 보배로운 칼을 얻은 것을 크게 기뻐하였다.
하후은은 조조군 중에서도 뛰어난 장수인 하후돈의 아우이며, 조조에게 총애를 받는 한 장수였다. 청공이라 새긴 보검은 조조가 비밀히 간직하고 있던 것을 하후은에게 주었던 것이다.
조운은 푸른 빛이 서리는 검을 옆에 차고, 다시 말을 몰아 적진을 향해 달려갔다.
가는 곳마다 조조군이 길을 막았지만, 조운은 사력을 다해 몰려드는 적을 쳐부수며 아두 공자와 미 부인을 찾아 헤매었다.
어느 벌판을 지나 초가를 스치려 할 때였다. 한 농부가 조운을 쳐다보는지라 조운은 말을 멈추고 서서 물었다.
"여기 한 부인이 아기를 안고 가시는 걸 보지 못하였소?"
"지금 막 귀부인 한 분이 한쪽 다리를 끄시며 어린 걸 안고 이쪽으로 갔습니다."
조운은 나는 듯이 말을 몰아 농부가 알려 주는 방향으로 달려가 보았다. 어느 담 벽 안에서 아기의 울음소리가 들려왔다. 조운은 말에서 뛰어내리자, 아두 공자를 안고 사지를 떨고 있는 미 부인 앞에 엎드려 인사를 드렸다.
"여기 조운이 왔사옵니다. 진정하십시오."
하고 말하는 조운의 목소리는 떨리기까지 하였다.

"아, 조장군께서 오셨구나. 제발 아기를 주공이 계신 데까지만 데려다 주셔요."
"물론이지요. 얼른 일어나십시오. 적이 이 근방에 있사옵니다."
"아니오, 내가 이제 주공이 계신 곳으로 간다손 치더라도 생명은 건지지 못할 테니 빨리 아기를 데리고 가시오. 나를 데리고 가다가는 장군의 몸이 위태로울 뿐만 아니라 아기가 편할 수 없을 것이니 빨리 가셔요. 아, 고함 소리가 들려오는군요. 조 장군, 중한 아기를 안고 왜 망설이는 겁니까? 빨리 떠나셔요."
"제가 어찌 홀로 떠나겠습니까?"
하고 조운이 머리를 숙이고 아두 공자를 물끄러미 내려다보는 사이에, 미부인은 곁에 있는 우물로 몸을 던졌다.
조운은 목메어 울었다. 그리고 푸성귀로 우물을 가리고 갑옷 끈을 풀어 아두 공자를 가슴 속에 끌어안고 다시 말위에 올랐다.
이때 아두 공자의 나이는 겨우 3살이었다.
조운이 포위망 안에 들어있음을 알고 있는 조조군은 그를 사로잡으려고 매복하고 있었다. 그러나 조운은 조금도 두려워하지 않고 밖으로 뛰어나갔다.
조운이 지나는 길마다 조조군이 안개처럼 깔려 있었다. 그는 바람같이 적을 피하며 닥치는 대로 치며 달렸다.
한 곳에 이르니 장합이라 쓴 깃발을 높이 등에다 메고 갑자기 앞을 가로막는 적장이 있었다.
조운은 아두 공자 때문에 말머리를 돌려 장합을 피하여 달아났다.
그것을 본 장합이 무섭게 추격해 왔다.
그 때 조운은 아두 공자와 함께 구멍 속에 빠지고 말았다. 장합은 하늘이 준 기회라 생각하고 말 위에서 몸을 앞으로 솟구쳐 조운을 내리쳤다. 순간 조운은 번개같이 몸을 솟구쳐 청공 보검으로 장합의 어깻죽지를 내리쳤다. 장합은 비명 소리와 함께 말 아래로 떨어지고 말았다.
조운은 갑옷 속에 든 아두 공자를 다시 껴안으며, 말을 잽싸게 몰아 곧장 장판교를 향하여 질풍처럼 달려 나갔다.
이 때 조조는 경산 봉우리에 올라가서 싸움을 보고 있다가 문득 손가락질 하며 말했다.
"도대체 저자가 누구인가? 나의 군사들을 추풍낙엽처럼 베며 들판을 휩쓸고 가는 자가 누구냔 말이야?"
대답이 없자 조조가 답답하다는 듯이 다시 재촉하자, 조홍은 말을 몰아 조운이 오는 길을 앞질러가서 그가 가까이 오기를 기다렸다가 큰 소리로 물었다.
"그대의 이름은 무엇인가."

"나는 상산의 조자룡이다. 누가 감히 내 앞 길을 막으려 하느냐?"

조운은 청공보검을 춤추듯 흔들며 앞으로 돌진하였다.

조홍이 황급히 돌아와서 조조에게 말하자 조조는 무릎을 치며 외쳤다.

"아! 저 용맹한 장수가 말로만 듣던 조자룡이던가! 적이지만 정말 훌륭한 장수다. 저런 장수를 얻는다면 천하를 얻지 못한다고 해도 무슨 한이 있겠는가. 각 진영에 알려 활을 쏘지 말게 하고 조운을 사로잡아 오도록 전하라."

여러 장수들은 날쌘 부하 30여 명을 풀어 사방에서 먼지를 일으키며 달려갔다.

원래 조조는 훌륭한 장수를 보면 적이라도 가리지 않고 자기 휘하에 두려고 하였다. 지난번에 관우에게 톡톡히 당하고도, 지금 조운을 휘하 장수로 두고 싶어 안달이 났던 것이다.

조운을 사로잡으려 한 조조의 계획은 조운에게 큰 도움이 되었다. 조운은 적군이 활을 쏘지 않기 때문에 악전고투하면서도 적의 포위를 뚫을 수 있었다.

조운은 가까스로 허허벌판을 지나 장판교 가까이 있는 좁은 산길로 막 말을 몰아오고 있었다. 그 때 갑자기 한 무리의 군사가 나타나 길을 가로막으며 달려들었다. 종진과 종신 두 형제와 그들의 군사들이었다. 그러나 형제는 조운의 적수가 되지 않았다. 조운의 창이 번득이는 순간 두 형제는 개울가로 굴러 떨어졌다.

이어서 장료와 허저의 무리가 바짝 추격해 왔다. 조운은 온몸이 피와 땀으로 뒤범벅된 채 간신히 산모퉁이를 돌아 장판교까지 단숨에 달려갔다.

조운은 완전히 탈진하여 장비에게 구원을 청하였다.

"조 장군! 빨리 다리를 건너게. 저것들은 내가 맡을 테니."

장비는 장팔사모창을 다시 잡으며 고리눈을 크게 부릅뜨고 앞을 노려보았다.

조운이 유비가 쉬고 있는 산기슭까지 갔을 때는 완전히 녹초가 되었다. 그는 힘없이 말에서 내린 다음 유비의 앞으로 나아가 피투성이가 된 몸으로 땅에 엎드려 꺼질 듯한 긴 숨만 내쉴 뿐이었다.

"조운, 어쩌다 이렇게 피투성이가 되었는가?"

"아두 공자입니다."

조운은 겨우 들릴 듯 말 듯한 소리로 말하였다.

"아두라고?"

"이 몸은 백번 죽어 마땅합니다."

"왜 그러는가? 그럼 아두가 죽기라도 하였단 말인가?"

"아니옵니다. 공자께선 무사하십니다. 처음엔 몹시 울었습니다만 지금은 우실 힘조차 없는 것 같습니다. 어서 죽여주옵소서. 미 부인께서 돌아가셨습니다. 깊은 상처를 입으셔서 아두 공자만 부탁하시며 우물에 몸을 던지셨습니다."

"아! 아두를 대신하여 어미가 갔단 말이지."

"우물은 가려 놓았습니다. 그 어머님 신령으로 공자께서 무사한 줄 믿습니다. 그런데 지금 공자께서 너무 조용합니다."

하고 조운은 갑옷 끈을 풀고 아두 공자를 유비의 앞에 내놓았다. 아두 공자는 세상모르고 자고 있었다.

유비는 물끄러미 아두 공자를 내려다보더니 풀 위에다 아무렇게나 내동댕이쳤다.

그러자 조운이 황급히 아두 공자를 주워 얼른 주워 안았다.

유비는 꺼질 듯이 긴 숨을 내쉬더니 다시 조용히 말을 이었다.

"못난 내 자식 하나 때문에 하마터면 내가 가장 아끼는 장수를 잃을 뻔 했네. 아이는 또 낳을 수 있지만 출중한 장수는 얻기 어려운 법이네. 더욱이 이곳은 싸움터인데 아이 울음소리가 범부의 가슴을 흔드니 던졌을 따름이네. 다른 뜻은 없네."

유비의 이 말에 다른 장수들도 감격해 마지않았으나 조운은 더욱 이마를 땅에 대고 유비를 위하여 죽기로 맹세하였다.

한편 멀리 전세를 바라보던 조조가 경산을 내려오자 군사들도 구름같이 계곡을 따라 내려오고 있었다. 조인, 이전, 하후돈, 악진, 장료, 허저 등의 군사들도 물밀 듯이 장판교를 향해 달려오고 있었다.

조운이 달아난 방향에 분명 유비가 있을 것으로 짐작한 조조는 완전히 섬멸시킬 생각으로 전군을 집결시켰던 것이다.

군을 정비하고 한참 여유 있게 나아가고 있을 때 저쪽에서 문빙을 선봉으로 한 군사들이 패하여 도망쳐 오고 있었다.

"무슨 일인가?"

조조가 물었다.

"장판교까지 조운을 추격해갔습니다만, 장비란 자가 장팔사모창을 휘두르는 바람에 조운을 놓쳐버렸을 뿐만 아니라 이렇게 되었습니다."

문빙의 말에 허저와 악진 등이 이를 갈며,

"그게 무슨 소리요. 제아무리 장비가 용맹하다고 해도 이 대군을 뒤에 두고 패하여 오다니 말이 되는가."

하고 장수들은 서로 앞을 다투어 말을 몰아갔다.

이 장판교야말로 패배당한 군사들에게는 둘도 없는 방어선이었다. 조조군도 이 다리만 넘으면 유비를 사로잡는다는 계산을 하고 있었다.

그러나 조조군이 생각했던 것과는 달리 너무나 조용한 풍경이었다. 수양버들이 길게 늘어져 있었고, 다리 밑으로 맑은 물이 유유히 태양을 받으며 흐르고 있을 뿐이었다.

이 다리 위에 혼자 우뚝 서 있는 사람의 그림자는 오히려 운치가 있어 보였다.
조조군은 멈칫하여 서서히 다리 어구에 접근했다.
과연 장비는 보기에도 무시무시한 장팔사모창을 비껴들고, 투구를 벗어 쥔 채 말 위에 앉아 눈을 부릅뜨고 있었다.
조조군이 다리를 반쯤 건너왔어도 장비는 못으로 박아놓은 듯 버티고 있었다. 쭉 찢어진 두 눈은 화경처럼 빛나고 있었고, 입을 꾹 다문 채 호랑이 수염과 머리칼을 빳빳이 곤두세운 채 서 있었다. 그 모습은 금방이라도 하늘이라도 찌를 듯한 기세였다.
제 아무리 장비라 한들 혼자서 어쩔 수 있겠냐는 생각에 일제히 앞으로 나가려 할 때였다. 이전, 조인, 하후돈 등이 뒤쫓아 오며 소리를 질렀다.
"승상의 명령이다. 서둘지 마라."
이윽고 중앙에서 오색찬란한 군사들의 행렬이 나오더니 찬란한 친위대의 호위를 받으며 흰 말에다 누런 안장을 받쳐 타고 서서히 앞으로 나오는 장수가 있었다. 그는 바로 조조였다.
"함부로 날뛰어 공명의 꾀에 넘어가지 마라. 다리 위의 사내는 적이 만들어 놓은 허수아비이다. 숲에는 적병이 오가고 있어. 조용히 군사를 뒤로 물리도록 하여라."
조조를 보자 장비는,
"저기 오는 자가 조조가 아니더냐. 나는 유황숙의 의제 연인 장비다. 가까이 와서 장부답게 승부를 내자."
하고 소리를 지르며 눈을 부릅떴다. 천둥 번개 같은 고함 소리에 조조를 호위하던 군사들은 고개를 떨어뜨리고 뒤로 물러서려 했다. 조조의 수십만의 군사들은 삽시간에 파랗게 질려 쥐죽은 듯 침묵을 지켰다.
조조도 장비의 위세에 눌려 군사들 속에 자신의 몸을 숨기며 말했다.
"모두들 전에 관우가 하던 말이 생각이 나느냐? 관우는 의제 장비가 있는데 장비에 비하면 자신은 아무것도 아니라고 말한 적이 있었다. 그가 한 번 노하면 백만 대군도 당하기 어렵다 했었지. 과연 용맹한 장수로군."
조조가 경탄해 마지않자 곁에 있던 하후패가 말을 잽싸게 몰아 장비를 향하여 달려갔다.
그러자 청천벽력 같은 소리와 함께 장비의 장팔사모창이 허공을 가르니 하후패는 말에서 떨어졌다.
이 광경을 보고 수십만 대군은 더욱 간담이 서늘해져 감히 앞으로 나가는 자가 없었다. 조조도 전군의 사기가 떨어짐을 알자 퇴군하라는 명령을 내렸다.
조조군은 서로 앞을 다투며 퇴각하기 시작했다. 수십만 군사가 한꺼번에 움직이자 산사태가 난 것처럼 산이 무너지는 듯하였다.
조조 자신도 그 중에 끼어 허겁지겁 말을 몰아올 때였다. 뒤에서 따라오던 장료가 조조와 말머리를 가까이하자 말을 했다.
"승상께선 장비 하나를 이렇게 무서워하시다니 이게 웬일입니까? 지금이라도 군사를 돌려 장비를 치고 유비를 사로잡아야 합니다."
"내가 두려워한 건 한 사람의 장비가 아니라 다리 저쪽 숲 사이에 매복한 대군이 두려웠네. 반드시 공명이 계책을 쓴듯하여 퇴각한 것이네."
조조의 말이 채 끝나기도 전에 장판교에서 검은 연기가 하늘을 찌를 듯 솟아올랐다.
"아아, 적이 다리를 불을 지르고 달아나는구나. 대병력이 없었구나. 장비의 꾀에 속았다. 빨리 다리를 놓아라."
하고 조조는 발을 구르며 재촉했다.

용기 있는 자만이 천하를 얻을 수 있다

자룡과 장비의 담력이 유비를 어려움에서 탈출하는 계기를 만들었다. 용기는 결코 위험을 무릅쓰지 않고서는 나올 수 없는 것이다. 자룡은 자신의 책임을 다하기 위해 적진 속으로 들어가 사투를 벌이며 감 부인을 구했고 아두 공자마저 구하였다. 그러면서도 자룡은 유비에게 자신의 책임을 다하지 못한 것에 책임을 느끼고 스스로 처벌을 바랐다. 참으로 충성스런 장수였다. 장비 역시 다리에서 홀로 자신의 목숨을 걸고 조조의 대군을 상대하였다. 참으로 크나큰 담력이 없이는 불가능한 일이었다. 과연 자룡과 장비의 이러한 행동은 우리에게 무엇을 주는가?
경쟁적인 차원에서 보면 인생은 전쟁터와 크게 다르지 않다. 안전한 곳은 그 어디에도 찾아보기 힘들다. 이런 전쟁터에서 적과 부딪혔을 때 자룡과 장비와 같이 맞서 싸우지 않고 후퇴한다면 결과는 패배다. 그래서 뭔가를 하기 위해서는 자신에게 주어진 임무를 회피하지 않고 용감하게 성실히 수행해야 하는 것이 무엇보다 중요하다. 그래야 조금이라도 성공의 문이 보인다. 성공과 행복, 그리고 행운조차 용감한 자의 편에 서기 때문이다.

때로는 자신의 임무를 다하기 위해 자룡과 장비처럼 자신의 희생을 감수하거나 목숨을 걸어야 하는 때도 있다. 이런 일은 바로 용기 없이는 할 수 없는 일이다. 용기 있는 자만이 호랑이 굴속을 들어갈 수 있다. 바로 자룡과 장비가 이것을 정확히 보여주고 있다. 그들은 자신을 희생해서라도 자신에게 주어진 소임을 다하고자 하였다. 자신의 자유와 행복을 소중히 여긴 나머지 자신의 의무를 소홀히 하는 우리의 세태와는 너무나 다른 모습이다.

세상에는 공짜가 없다. 어려움을 헤쳐 나가야 자신이 얻고자 하는 것을 얻을 수 있다. 나약한 겁쟁이는 어려움을 회피하기 때문에 결코 자신이 얻고자 하는 것을 얻을 수 없다. 설사 일이 어긋나 자신이 얻고자 하는 것을 얻지 못했다 하더라도 난관을 극복하고자 하는 용기는 가상한 것이다. 그렇지만 일이 순조롭게 전개되어 자신이 원하는 바를 얻으면 다른 사람으로부터 칭송받는 대상이 되고 많은 사람이 따르게 된다.

인생은 항상 어려움에 부딪히게 되어 있다. 어려움에 봉착했을 때 두려워하지 말고 그것을 단련하는 단련장으로 삼는 것이 좋다. 아무리 노력해도 어려움은 모두 극복할 수는 없지만, 이를 헤쳐 나가는 과정에서 인생에 필요한 용기와 지혜를 얻을 수 있다. 그 용기와 지혜는 결국 시련을 딛고 일어설 수 있는 자신감과 능력을 준다.

맹자는 이렇게 용기 있는 사람을 대장부라 하였고, 대장부야말로 올바른 일을 할 수 있는 성인군자의 자격이 될 수 있는 사람이라고 하였다. 무언가를 얻으려면 실천해야 하고 그것을 실천하려면 강인한 용기가 없이는 불가능하다. 그래서 용기는 성인군자가 되는 필수조건이다.

허나 용기가 어찌 성인군자에만 국한되겠는가? 성인군자를 떠나서 무언
가를 하고자 한다면 용기 없이는 불가능하다. 작은 일을 하는데도 용기
는 필수다. 용기 있는 자만이 천하를 얻을 수 있다는 말이다. 그래서 나
폴레옹은 "승리하고자 한다면 모든 것을 걸고 도전하라."고 했다.

두둑한 배짱이 위대함을 만든다

세상은 결코 우리 편이 아니다. 아무리 사전에 만반의 준비를 하더라
도 갑자기 거대한 태풍이 몰아쳐 삶을 최악의 상황으로 몰고 갈 수 있
다. 언제라도 최악의 경우가 발생할 수 있기 때문에 사람들은 망설이며
새로운 길을 가기를 두려워한다. 하지만 두렵다고 피한다면 아무 것도
이룰 수 없다. 피하면 피할수록 더욱 어려워진다. 그래서 처칠도 "위험
을 내버려두면 두 배로 커지지만 용기를 갖고 해결하면 반으로 줄어든
다."고 하였고, 역사가 투키디데스는 "용감한 사람은 미래에 대한 청사
진을 들고 위험과 영광이 공존하는 세상을 향해 힘차게 나아간다."라고
말했다.

용기는 지혜 다음으로 소중하다. 용기도 지혜의 도움을 받아야 성취
에 도달할 있기 때문이다. 그렇다고 용기를 낮게 평가해서는 곤란하다.
아무리 아는 것이 많아도 강철 같은 마음이 없으면 전쟁터 같은 세상에
서 한 발짝도 앞으로 나아갈 수 없기 때문이다. 그래서 지혜와 용기는
대등할 정도로 삶에 있어서 소중한 것들이다. 게다가 아는 것에 치중하
면 실천력이 떨어져 용기가 사라질 수 있다. 그래서 평상시 책만 읽을
것이 아니라 실천에 힘써 담력을 키우도록 노력해야 한다.

사람이 착실하고 충실하기만 해도 평상시에는 무슨 일을 맡더라도 훌

륭히 해낼 수 있다. 평상시 성실이 중요한 이유다. 하지만 어려움에 부딪히면 배짱이 없는 사람들은 세파에 굴복하거나 밀려나고 만다. 비범한 재능을 가졌다 해도 꺾을 수 없는 용기를 지니지 못했다면 재능을 제대로 펼쳐 보지도 못하고 생을 마감할 수 있는 것이다.

그러나 배짱이 두둑한 사람은 자룡과 장비처럼 어려운 일에 부딪히면 감히 누구도 흉내 낼 수 없는 놀라운 힘을 발휘하여 어려움을 헤쳐 나갈 수 있다. 카이사르가 로마의 일인자로 등극할 수 있었던 이유도 5천 명 정도의 적은 숫자의 군인을 가지고 6만이라는 대군을 상대하기 위해 죽음을 두려워하지 않고 루비콘 강을 과감히 건너 난공불락의 로마로 진격했기 때문이다. 시대의 영웅들은 필요한 경우에는 자신의 목숨을 버려서라도 자신의 뜻을 펼치고자 하는 대범함이 있다. 그러므로 천하를 얻는 불멸의 영웅이 되려면 두둑한 배짱을 지녀야 한다. '두렵다는 생각에 지레 겁을 먹는 것이야말로 우리가 가장 두려워야 할 대상'이다.

그럼 용기 있는 행동을 위해 어떻게 해야 할까? 첫째로 자신감을 갖고 안 된다는 부정적인 생각과 두려움을 극복해야 한다. 자신감을 갖기 위해서는 무엇보다도 자신의 능력을 키워야 한다. 아무리 자신감이 있어도 능력이 따라주지 않는다면 자신이 하고자 하는 일을 성취할 수 없다. 전쟁에서는 실패는 곧 죽음을 의미함으로 배짱을 부리다 개죽음을 당할 수 있는 것이다. 능력 없는 용기는 만용이며 무모한 것이다. 그러므로 능력을 길러 일에 대한 자신감을 가질 수 있도록 끊임없이 노력해야 한다. 자신감은 괜히 생기는 것이 아니라 끊임없는 노력과 인고의 산물이라는 것을 알아야 한다.

능력을 바탕으로 용기를 키운 사람은 자룡과 장비가 홀로 대군을 상대하는 것처럼 설령 대다수가 반대한다고 해도 자신의 길을 갈 수가 있다. 다수가 항상 옳은 길을 간 것이 아니다. 오히려 인류의 역사를 돌이켜 보면 소수의 천재들이 진리를 발견해 왔다. 대중은 편안함을 좋아하지만 소수만이 진리를 위해 열정을 불살랐기 때문이다. 코페르니쿠스 지동설처럼 언제나 몇 사람의 소수의 사람들에 의해 진리가 밝혀져 왔다. 그래서 세상의 등불이 되기 위해서는 용기를 갖고 어리석은 대중보다는 올곧은 소수가 되도록 노력하는 것이 낫다. 그래서 볼테르는 "신도 다수의 편이 아니라 용감한 자의 편이듯 많은 책은 무용지물이고 좋은 책은 소수뿐이다."라고 말했다. 스피노자도 "고귀한 모든 것은 매우 드물고도 어렵다."라고 하였다

용기가 있으려면 소심함을 버리고 통 큰 배포 있는 사람이 되도록 각별히 노력해야 한다. 천성적으로 소심한 사람은 호박이 덩굴 채 들어와도 당황스러워 그것을 어떻게 할지 모른다. 그들에겐 큰 것을 받아들일 마음의 공간이 없다. 그래서 소심한 사람은 작은 것에 연연하여 큰 것을 놓친다. 그래서 공자는 "겉으로는 꽤 위엄 있는 척하면서 마음이 유약하기 짝이 없는 것을 소인에 비유한다면 담벼락을 뚫고 담을 넘는 좀도둑과 같다."라고 하였다. 반면, 배포가 있으면 항상 더 큰 것을 받아들일 마음의 공간이 있어 작은 것에 집착하지 않고 커다란 기회가 와도 놀라거나 당혹스러워 하지 않는다. 오히려 자신감이 있어 기회가 왔을 때 망설이지 않고 낚아채려 한다. 특히 위험스런 일이 벌어져 다른 사람들은 도망가거나 관망만 하고 있을 때 자룡과 장비처럼 사생결단을 하고 앞으로 나아가 결국 큰 명성을 거머쥐는 것이다. 하진의 대장군 밑에 있던 조조가 하루아침에 큰 나라의 주인이 될 수 있었던 것도 조조가 홀로 한실을 농락한 동탁을 제거하려는 배포가 있었기 때문이다. 반면 대장군 하진은 어떻게 되었는가? 나라를 농락한 십상시를 제거하기 위해 군

사들까지 등원해놓고 환관 몇 사람을 제거하고 일이 커질 것에 지레 겁먹어 그 일을 그만 중단하고 말았다. 그 바람에 하진은 환관을 제거할 수 있는 절호의 기회를 날려 버렸고, 도리어 환관들에게 역공당하여 참수당하는 비극을 맞이하였다. 그래서 배포가 없는 사람은 굴러들어온 기회마저도 소심함에 날려 버리고 만다.

  위대함이란 무엇인가? 위대함이란 남들이 회피하거나 도망갈 때 사명감을 갖고 앞으로 나아가 더 큰 것을 받아들이는 배포가 있을 때 탄생한다. 그러니 배포가 있으려면 우선 자룡이 유비의 가솔을 구하기 위해 목숨을 거는 것처럼 사명감을 키우도록 노력해야 한다. 특히 의로운 일을 행하기 위해 위험을 무릅쓰고 앞장 서는 것이야말로 진정한 큰 용기이고 대장부만이 할 수 있다. 그래서 우리는 소심함을 버리고 사명감으로 무장하여 위험까지도 끌어안는 배포 있는 사람이 되도록 노력해야 한다. 그래야 자룡과 장비처럼 진정으로 큰 사람이 될 수 있다. 그래서 처칠은 "인간의 잠재력은 힘이나 지능이 아니라 끈질긴 노력과 용기에 의해 드러난다."고 하였다. 더 나아가 니체는 위대한 삶을 위해서는 "운명아 비켜라. 내가 간다!"고 외치며 대범하게 사는 것이 우리들의 인생의 목적이라고 말하고 있다.

20. 자만심은 재앙의 근원이다
- 적벽대전

미국의 16대 대통령이었던 링컨은 자신의 어린 시절 기억을 회상하며 이런 말을 덧붙였다.

> 어떤 일을 할 때 아예 시작도 하지 않고 불가능하다고 생각하여 일찌감치 포기하려는 사람들이 있다. 하지만 대다수의 경우 불가능하다는 생각은 인간의 머릿속에서부터 만들어진다.

링컨 아버지가 밭을 사놓고도 돌을 치우지 않고 방치하였다. 그렇게 방치한 이유는 링컨 아버지의 불가능하다는 부정적 생각 때문이었다. 만일 그가 할 수 없다는 부정적 생각 대신에 할 수 있다는 긍정적 생각을 했다면 언제든 할 수 있는 일이었지만 링컨의 아버지는 지나치게 할 수 없다는 강한 부정적인 신념을 가졌기 때문에 가족끼리 합심하면 몇 시간이면 할 수 있는 일을 할 수 없었던 것이다. 이것을 볼 때 할 수 있다는 자신감이 얼마나 중요한지를 알 수 있다.

　자신감이 큰일을 하는데 중요한 이유는 무엇일까? 일을 하는데 긍정적인 생각을 하도록 한다는 것이다. 자신감이 없으면 부정적인 생각이 들어 일을 할까 말까 망설이지만, 자신감이 있으면 긍정적인 마음을 갖고 일을 강력하게 밀어 붙일 수 있기 때문이다. 그래서 자신감은 사람들이 불가능하게 생각하는 일조차 가능하게 만드는 것이다. 돈이 없으면 반절을 잃은 것이지만 자신감이 없으면 모든 것을 잃는다는 것과 같다는 것을 알 수 있다.

　나폴레옹 역시 자신감의 화신이다. 그는 "내 사전엔 불가능이 없다!"고 단언하였다. 그는 "1%의 가능성이 나의 희망이다."라고 할 정도로 희망만 있다면 무엇이든지 성공할 수 있다고 생각하였다. 그래서 그는 이런 자신감을 통해 일개 시골뜨기에서 일약 황제가 될 수 있었다. 허나 자신감으로 무장한 나폴레옹이 몰락하는 것처럼 자신감이 모든 일을 성공시키는 것은 아니다. 오히려 지나친 자신감, 즉 자만심 때문에 망하는 경우도 흔히 볼 수 있다. 자만심이 생기면 상대를 무시하고 자신의 능력을 과대평가해 일을 쉽게 생각하고 너무나 안일하게 일을 대처하게 된다. 거대한 댐도 쥐구멍 때문에 무너질 수 있기 때문에 어떤 일이고 꼼꼼히 따져 사소한 일까지 챙겨야 함에도 불구하고 자만심에 빠져 안일하게 대처하여 망하는 경우는 있다.

　삼국지에 등장하는 최고의 영웅 조조가 적벽대전에서 왜 그토록 처절한 패배를 하게 되었는가? 그는 싸움에 진 적이 별로 없어서 그런지 싸움도 하기 전에 자신감이 넘쳐 승리를 예감하고 승리감에 빠져있었다. 정욱이라는 책사가 위험성을 경고했음에도 불구하고 조조는 자만심에 빠져 그럴 리가 없다며 그냥 흘려 지나치고 말았다. 지나친 자신감이 순간적으로 조조의 귀를 막은 것이다. 조조는 한 발 더 나아가 곧 승리가 눈앞에 펼쳐질 것으로 생각하고 축배까지 들었다. 과연 그 결과는 어떻게 되었을까? 삼국지의 최대 격전장 적벽대전으로 가보자.

조조군에 쫓기는 유비 일행은 공명의 기지로 배를 타고 마중 나온 유기의 도움으로 무사히 강하에 도착할 수 있었다. 그래서 마침내 유비 일행은 강하에 자리를 잡게 되었다.
한편 유비를 놓친 조조는 서둘러 강하를 취하기 위해 강릉으로 말을 몰았다. 강릉의 치중, 등의, 별가, 유선은 조조의 대군이 온다는 소식을 듣고 성문을 열고 항복하였다.
형주가 손에 들어오자 조조는 동오를 취할 생각을 하였다. 그런 다음 유비까지 완전히 섬멸할 생각을 하였다.
"지금 강하로 간 유비는 손권과 손을 잡을 것이 뻔하니 그 전에 동오를 쳐 없애야 한다."
하고 조조는 손권에게 항복하라는 사자를 보내는 한편, 모든 군사를 강동으로 진군시켰다.
조조의 동태를 엿보고 있던 손권은 더 이상 가만히 있을 수 없어 노숙의 말에 따라 유비와 동맹을 맺기로 하였고 조조와 대적하기로 하였다. 손권은 예물을 준비하여 노숙을 강하의 유비에게 가도록 하였다.
그 즈음 유비도 공명의 말에 따라 일단 손권과 손을 잡아야겠다고 마음먹고 있었다.
마침내 공명은 불리한 여건 속에서도 동오와 손을 잡기 위해 동오에 갔다. 사신으로 간 공명은 대신뿐만 아니라 손권 앞에서도 당당하면서도 자신감을 잃지 않고 망설이는 손권의 마음을 돌려 손권과 손을 잡는데 성공하였다.
손권은 주유를 총대장으로 임명하고 공명과 함께 조조의 침략에 대비하도록 하였다. 그리고 그들은 마침내 화공을 써 조조군을 섬멸하기로 계획을 짰다. 공명은 머지않아 동남풍이 불 것이라는 것을 알고 제단을 쌓아 동남풍이 불도록 기도하였다.
주유는 먼저 오나라의 충신 중에 충신인 황개에게 곤장 100대를 때리라고 명하였다. 충신 황개를 때린 것은 고육계를 서서 황개를 투항하게 하여 조조를 제거하기 위한 첩자로 보내기 위해서였다.
그리고 해전에 능한 채모와 장윤의 가짜 서찰을 만들어 그들이 주유와 내통한 것처럼 꾸며 조조 스스로 그들의 목을 베도록 하였다. 해전에 능한 장수를 없애기 위한 방법이었다.
이런 주유의 행동이 그대로 공명에게 노출되었고, 공명이 이 모든 사실을 알고 있다는 사실에 주유는 공명이 두려웠다. 그래서 공명을 제거하고자 주유는 음모를 꾸몄다.
며칠 후 진중 회의가 열렸다. 동오의 장수들은 물론 공명도 그 자리에 앉아 있었다. 주유는 이미 계획된 대로 회의를 진행하다가 불쑥 화제를 돌려 공명에게 물었다.

"선생, 강에서 싸울 땐 어떤 무기가 많아야 합니까?"
"그야 물론 화살이지요."
"나도 같은 생각이오. 하지만 우리 진영에는 화살이 많이 부족합니다. 옛날 주나라 태공망은 친히 진중에서 무기를 만들었다하니 선생도 동오를 위해 10만개의 화살을 만들 수는 없겠소?"
"만들지요."
"열흘의 말미를 주면 충분하겠지요."
노숙은 주유의 말을 듣고 공명을 죽이기로 작심했다는 생각이 들어 기분이 무거웠다. 그런데 공명이 말하는 것을 보고 더욱 놀랐다.
"언제 쳐들어올지도 모르는데 열흘씩이나 기다릴 필요가 있습니까? 사흘 안에 해치우도록 하지요."
"사흘이라니, 설마 농담은 아니겠지요?"
"어찌 진중에서 농담을 할 리가 있겠소. 사흘 안에 반드시 화살 10만개를 바치겠습니다."
노숙은 회의에서 물러 나와 주유와 마주 앉자 먼저 말을 꺼냈다.
"오늘 공명의 말을 믿을 수 있겠습니까?"
"여러 사람 앞에서 어찌 거짓말을 하겠소."
이튿날 아침 일찍이 노숙은 공명의 처소로 찾아가 보았다.
공명은 밖에 나와 강물에서 세수를 하고 있었다. 노숙을 보자 다른 때와 달리 명랑한 얼굴로 말했다.
"제가 그렇게 부탁했는데 왜 주 도독께 사실을 말씀드려 저를 위태롭게 하신단 말이오?"
"죄송하게 되었습니다."
"노숙 공이 그렇게 생각한다면 나의 부탁이나 좀 들어 주시오."
"부탁? 그게 무엇이오?"
"사흘째 되는 날 밤 군사 5,6백 명하고 함선 20척만 빌려주시면 됩니다."
"어떻게 하려고 그러십니까?"
노숙은 의아해서 물었다.
"함선마다 군사 40명씩 싣고 볏짚을 속에 넣고 푸른 천을 선체에다 감아서 강에 내려주신다면 사흘 만에 화살 10만 개를 가져다 쌓아놓지요. 이 번에도 주 도독께 사실을 알린다면 이 공명은 죽음을 면치 못할 것이니 저를 살리고자 한다면 반드시 비밀을 지켜주시오."
노숙은 걸음을 옮겨놓으며 아무리 생각해 보아도 알 수 없는 일이라서 고개를 갸우뚱거렸다. 그는 주유를 만나자 해괴한 일이라는 듯 그 말을 했다.
그러자 주유도 무슨 일인지 알 수는 없었지만 그렇게 해주라고 노숙에게 말하였다.

약속한 이틀이 지나고, 사흘째 되는 밤이었다. 공명이 시키는 대로 짚과 필목으로 위장이 끝나자 각각 40명씩 군사를 싣고 떠나려 했다.

노숙이 공명의 동정을 살피려고 왔을 때 공명은 노숙의 손을 잡아 이끌고 배에 태웠다.

어두운 밤인데다가 강 위에는 안개가 짙게 끼어 있었다.

20척 함선이 길게 한 줄을 지어 북으로 가고 있었다.

그 중 한 배에서 등잔불을 켜고 공명과 노숙은 술잔을 기울이고 있었다. 가끔 뱃머리를 치는 파도소리가 들려올 뿐 밤은 고요했다. 노숙은 초조했지만 공명은 태연자약하게 술만 마셨다.

노숙은 그럴수록 조바심이 나고 가슴이 조여들었다. 노숙은 혹시나 공명이 20여 척의 함선과 군사를 이끌고 하구로 가는 것이 아닌가 생각되었기 때문이었다.

이 때 조조는 깊이 들어앉아 있으면서도 경계를 게을리 하지 않았다.

사경이 가까웠을 때였다. 어디서 함성이 들려오고 북소리가 요란하게 울렸다.

조조와 함께 이야기를 주고받던 서황과 장료 두 장수가 문을 박차고 뛰어나갔다.

"오군의 야습입니다."

장료의 당황한 말소리였다.

이미 짐작하고 있었다는 듯이 조조는 말에 올라, 장료와 서황에게 3천의 노궁수를 주어 일제히 공격하라고 명령했다.

출렁이는 파도 소리와 함께 날이 환히 밝으며 동천에 붉은 햇살이 솟아올랐다. 그러나 밤새도록 쏘아대 화살이 꽂혀 있는 오군의 함선이 어디론지 사라졌다.

이미 공명은 화살을 가득 담은 20척 함선을 이끌고 강을 내려온 지 상당한 시간이 흘렀다.

"아, 속았구나."

조조는 후회하며 날랜 군사를 풀어 뒤를 쫓게 하였으나 이미 때는 늦었다.

한편 공명이 얼마만큼 내려왔을 때는 조조군의 그림자조차 보이지 않았다.

"어떻습니까? 화살을 셀 수 있을까요?"

하고 공명은 너털웃음을 터뜨렸다. 노숙은 어젯밤부터 공명의 행동을 보아온지라 그의 뛰어난 지모에 탄복하고 말았다.

"주 도독의 목적이 화살이 아니라 이 공명의 목숨이었지 않습니까?"

"그것마저 아십니까?"

"어찌 그것을 짐작 못했겠소"

공명은 담담하게 다른 사람을 이야기하듯 말했다. 아침 햇살을 받아 한결 수려한 공명의 얼굴에는 약간의 미소까지 떠올라 한없이 마음이 가벼운 눈치였다.

오군 진중에 무사히 당도하자 군사들을 시켜 화살을 뽑으니 십만 개는 훨씬 넘었다.

"공명의 지모를 어찌 미워할 수 있겠습니까? 그는 참으로 신과 같은 사람이오. 어찌 그의 놀라운 재주를 내가 따를 수 있겠소."

주유는 노숙을 시켜 공명을 데려오게 하였다. 이윽고 공명이 온다는 말이 전해지자, 예전과는 달리 주유는 원문까지 나아가 영접했다.

"오늘까지의 무례한 짓을 넓은 마음으로 용서하시오. 숙공에게 듣자니 적의 화살을 십만 개도 넘게 가져 오셨다니 그 묘계에 고개를 숙일 따름입니다."

자리를 옮겨 주연석으로 갔다. 잔이 오고가고 술이 거나해지자 주유는 거듭 정중한 어조로 말했다.

"어제 주공에게서 사람이 왔습니다. 하루바삐 조조를 칠 것을 분부하였습니다. 그런데 도저히 이 주유의 능력으로는 승산이 없습니다. 더욱이 조조의 대군과 함선을 보니 기가 막힐 따름입니다. 공께서 가르침을 주십시오."

"어리석은 공명에게서 무슨 가르침이 나올 수 있겠습니까."

"겸손한 말씀입니다. 내가 직접 조조의 진을 살펴보았는데 모든 전선이나 진용이 완벽해서 접근하기조차 힘듭니다."

"그러면 주 도독께서 생각하시는 바와 내가 생각하는 바를 각자 손바닥에 글로 써서 확인해 보면 어떠하겠습니까?"

"아! 그것 참 재미있겠군요."

하고 먹을 갈아 쓰더니, 공명이 먼저 손을 폈다. 주유도 따라서 폈다. 공명의 손바닥에도 '불'자가 쓰여 있고 주유의 손바닥에도 같은 글자가 쓰여 있었다.

"이렇게 우리 두 사람의 뜻이 같으니 더는 의심할 것이 없습니다."

주유가 말하면서 웃자 공명도 따라 웃으며 권하는 술잔을 받았다.

그들은 서로 비밀을 지키기를 약속하고 밤이 늦어서야 헤어졌다.

한편 조조는 화살 10만개를 오나라에 바쳤다는 소리를 듣고 복수를 할 생각을 하였다. 주유는 아무래도 이런 준비만 가지고는 부족하다는 생각에 수경 선생이 유비에게 추천했던 뛰어난 인물 방통을 조조의 첩자로 보내 화공의 계책을 보완하기로 했다.

방통은 항상 인재를 좋아하는 조조를 자연스럽게 만나는 것처럼 위장하여 조조를 위해 일하겠다는 속내를 비쳤다. 조조는 방통과 밤샘 술을 마시며 방통의 지략에 탄복하였다.

조조는 영채로 돌아오자 다시금 주연을 베풀고 방통을 환대했다.

밤이 깊도록 손자와 오자의 병법을 말하는데 끝이 없었다. 술맛이 한결 좋았다.

방통은 말하는 중에도 가끔 실례한다는 말을 남기고 밖에 나갔다가 돌아와서 이야기하곤 하였다.

"어디 불편하신 것 같은데?"

"배 안이라 피로한 것 같습니다. 지금 구토가 나서 그렇습니다."
"그러십니까? 의원을 부를까요?"
"아닙니다. 그런데 의원이 많다고 들었습니다만."
"의원이 많다는 걸 어찌 아십니까?"
"승상의 군사가 대부분 물에 익숙하지 못한 북쪽 태생이 아닙니까? 그걸 그냥 그대로 둘 경우, 이 사람처럼 병에 걸려 심신이 피로할 것입니다. 만일 그렇다면 갑자기 대결전이 벌어졌을 때 어떻게 하시겠습니까?"

방통의 말은 조조의 가슴을 찌르는 듯하였다.

실은 지금 진중에 병든 군사가 날로 늘어가는 것 때문에 조조는 골치를 앓고 있었다.

"이를 어찌하면 좋습니까?"

조조는 처음 방통의 말에 놀라기도 하고 낭패한 기색을 보였으나 이렇게 물었다.

"북쪽 태생이란 물에 익숙하지 못하여 오래 땅을 밟지 않는데다가 풍랑이 심해 심신의 피로를 느낄 것입니다. 따라서 식욕이 없어지고 혈액 순환이 잘 되지 않아 병이 생깁니다. 이것을 없애려면 군사들을 이따금 땅에 내리게 하는 것이 상책입니다. 그렇게 하기 위해선 우선 크고 작은 함선들을 풍랑이 적은 곳에 집결시켜 배들을 연결시킨 뒤 그 위에 널빤지를 깔아 파도가 심해도 배가 흔들리지 않게 해야 군사들이 뱃멀미를 하지 않을 것입니다. 뿐만 아니라 배와 배 사이는 사람은 물론이고 말까지 자유롭게 이동할 수 있습니다."

하고 방통이 자신 있게 말하자 조조는 머리를 끄덕이며 자리에서 물러앉으며 방통에게 경의를 표했다.

조조는 그 다음날 방통의 말을 그대로 받아들여 주야로 일을 하여 배와 배들을 쇠사슬로 묶은 다음 널빤지를 깔아 서로 서로를 연결하였다. 방통은 조조와 함께 거닐며 이 광경을 물끄러미 바라보고 속으로는 웃고 있었다.

연일 작업을 계속하여 거의 완성되는 날이었다. 방통은 조조와 마주앉아서 이야기하면서 말하기를,

"저는 지금에야 명군을 얻었다는 생각이 듭니다. 죽을 힘을 다하여 승상을 받들도록 하겠습니다. 이 사람이 요즘 생각하는 일이 있습니다. 지금 오군 진중에 주유를 원망하는 장수가 다섯이나 있습니다. 저는 지금부터 그들을 찾아가 승상께 투항하도록 하겠습니다. 일이 그렇게 되면 주유를 사로잡고 현덕을 없애는 일은 그리 어렵지 않을 것입니다. 동오도 동오지만 현덕이 훗날 큰 화근이 될 것입니다. 빨리 그 싹을 제거해야 할 것입니다."

하고 방통은 맑은 목소리로 나지막하게 말했다. 조조에게는 방통의 한마디 한마디가 가슴을 파고드는 말이었다.

"그렇게 하신다면 더 이상 좋을 데가 있겠소 이 사람을 위하여 그처럼 생각해 주시니

일이 잘만 되면 선생을 삼공으로 추대하겠소."
　방통은 눈을 지그시 감고 머리를 흔들며 말했다.
　"말씀은 고맙습니다만, 이 사람은 부귀영화를 바라지 않습니다. 다만 승상께서 하루 빨리 오나라를 정벌하여 불쌍한 백성을 구해주시는 것을 바랄 뿐입니다. 부디 부탁이 있다면 백성들을 함부로 죽이지 말라는 것이옵니다."
　조조로서는 눈물이 나도록 고마운 말이었다.
　"걱정 할 것 없소 나는 하늘을 대신해서 동오를 제거하기 위해 군사를 일으킨 것이지 백성들을 죽이기 위해 군사를 일으킨 것이 아니요."
　조조는 몇 차례나 무릎을 일켜 세우며 사의를 표했다.
　방통으로서도 어떻게 해서 이렇게 되었는지 모를 만큼 일이 순조롭게 되어 갔다.
　"그럼 이만, 저는 동오를 다녀오겠습니다."
　방통은 공손히 예를 차리고 조조와 하직하려 했다.
　조조는 친히 원문 밖까지 나아가서 어두컴컴한 속으로 사라지는 방통을 배웅했다.
　때는 건안 11년, 살을 에이는 듯한 차가운 바람이 부는 11월이었다.
　조조는 이날 거함을 타고 나가 사방을 살피며 앞으로 닥쳐올 전투를 머릿속에 그렸다.
　대장기를 높이 올리고 수천의 활과 쇠뇌를 실은 거함에 높이 앉아 둘러보니 그 위세가 사뭇 당당하였다. 그래서 조조는 여러 장수들과 주연을 열기도 하였다.
　꿈틀거리는 강물이 긴 비단을 펴놓은 것같이 달빛에 아른거리고 있었다. 멀리 남쪽에는 동오의 자상산과 번산이 보이고, 북쪽에는 오림 영봉과 서쪽에는 하구 강어구가 술잔 안에 비치는 것 같았다.
　조조는 유난히 술맛이 좋았다. 얼마 지나지 않아 이 아름다운 풍경도 자신의 손아귀에 들어올 것이라는 생각에 조조의 마음은 흥에 겨워 질탕하게 춤이라도 추고 싶은 심정이었다. 그는 취기가 도는 불그레한 얼굴을 들더니,
　"내가 군사를 일으킨 것은 간악한 무리를 없애고 천하를 태평하게 하기 위함이다. 그 동안 이 강남땅을 얻지 못하여 아쉬움이 남았지만, 이제 백만 대군을 거느렸을 뿐만 아니라 그대들까지 있으니 아무리 장강이 험하다 해도 어떻게 강남을 정복할 수 없겠는가? 아, 즐겁도다. 강물에 달이 비치니 술이 어찌 달지 않겠는가."
　하고 조조는 큰 술잔을 들어 단번에 쭉 들이켰다.
　다른 장수들도 조조의 이런 말에 흥에 겨워 한결같이 머리를 숙여 충성을 맹세했다.
　조조는 취기가 농후하면서도 장수들의 사기를 돋우려고 주위를 돌아보며 이런 말을 하였다.
　"이제 주유의 부하들이 투항하여 주유 네 놈에게 칼을 들이댄다 하니 이제 네 놈의 명도

다하였구나. 이것이 모두 하늘이 나를 돕는 징조가 아니고 무엇이겠는가."

"황송하오나 승상께서는 그런 말씀을 삼가십시오. 일이 밖으로 새어나갈 수도 있습니다."

하고 순유가 간청했다.

"허허, 그게 무슨 말인가? 지금 이 자리에는 충성스러운 신하들뿐인데 내 어찌 그런 말도 못 한단 말인가."

조조는 더욱 취기가 돌아 말이 귀에 들어오지 않는 모양이었다.

"동오를 치고 나면 그 다음은 유비 차례다. 오나라에 의지해 목숨을 부지하는 한심한 인간, 이제 오나라가 망하면 그 놈은 대체 어디로 갈 것인가?"

장수들은 조조의 말을 듣자 수군거리고 웃었다.

조조는 그날 밤 늦게까지 잠이 오지 않았다. 방통이 오군 장수들을 데리고 투항해 오리라는 생각이 미치자 오군은 머지않아 내분이 일어나서 스스로 멸망할 것이라는 생각이 떠나지 않았다.

이튿날 훤히 동이 틀 무렵, 조조는 전군에 추상같은 명령을 내렸다.

그 날로 즉시 오군 진지를 향하여 진격하기로 하였다. 천지를 뒤흔드는 북소리에 맞추어 넓은 수채가 열리며 함선은 일렬로 서서 큰 강물 위를 유유히 나아갔다.

이 날은 서풍이 심하게 부는 날이었다. 풍랑이 심하여 파도가 키를 넘게 튀어 올랐다. 그러나 배와 배를 엮어놓았으므로 그리 큰 흔들림은 없었다.

"방통의 말이 정말 틀림없구나. 이렇게 바람이 부는데도 마치 고요한 호수 위에 있는 것 같다."

하고 조조도 만면에 웃음을 띠었다.

그러나 풍랑이 너무나 심해 전함대는 얼마 가지 않아 오림 어구에 정박하였다. 여기까지는 조조군의 요새였다.

날씨가 맑은 날이라면 오군 진영이 보일 만큼 가까운 거리였다.

그 때 정욱이 다가와 말했다.

"승상께서는 짚이시는 것이 없습니까? 어찌 불길한 생각이 듭니다."

"어째서 불길하단 말인가?"

"함선을 묶어놓아 흔들리지 않는 것은 다행스런 일이지만 만일 적이 화공계를 쓴다면 큰일이 아닙니까?"

"하하! 과히 걱정하지 마라. 지금은 11월이어서 서풍이 불기는 하지만 우리 포진은 북에 있고 오군은 남쪽에 있다. 저들이 화공을 하려면 동남풍이 불어야 하는데 지금은 겨울이라 남동풍이 불고 있어, 만일 화공을 한다면 거꾸로 뒤집어쓸 것이 아닌가. 아무리 오군에 사람이 없다고는 하나 그렇게까지 기상과 병법에 어두울 리 있겠나. 나도 지금이 여름이었다면 결코 이런 진영을 하지 않았을 것이야."
그 말을 듣고 장수들은 조조의 지략에 더욱 감탄해 마지않았다.
조조는 그런 장수들을 보며 말을 이었다.
"우리 군은 아직까지도 수전에는 익숙하지 않다. 그러니 배를 묶어서 장강을 건너야 한다."
그러자 원소의 부하였던 조표와 장남 두 장수가 뛰어 나와서 간청했다.
"소신들은 어려서부터 물에 익숙합니다. 바라옵건대 20척 함선을 주시오면 선봉으로 나아가서 북강구에 쳐들어가 적장을 베고 깃발을 빼앗아 오겠습니다."
조표가 더욱 애원하자 조조는 조표와 장남을 내보내고, 문빙에게 함선 30척에다 군사 5백 명을 주어 그 뒤를 따르게 하였다.
한편 오군 진중에서도 만반의 전비를 갖추어 주야를 가리지 않고 삼엄히 망을 보고 있었다.
이 무렵 두 줄로 갈린 적함이 남하하고 있다는 보고를 받은 주유는 전군에 알린 다음 원문 밖에 나가서, 적의 기세부터 꺾어야겠다 싶어 좌우를 돌아보며 말했다.
"적이 기습해 오고 있다. 누가 저들을 막겠는가?"
"저희들에게 맡겨주십시오."
한당과 주태가 약속이나 한 것처럼 앞으로 나섰다.
주유는 믿을만하다고 생각하여 한당과 주태에게 각기 군선 5척을 주어 출진시켰다.
오래 대기만 하고 있었기 때문에 군사들은 북소리가 요란스럽게 나자 싸움을 기다리고 있었다는 듯이 팔을 휘두르며 적함을 향하여 돌진해 나갔다.
허나 오의 주태의 칼에 삽시간에 두목을 잃은 조조군 함선은 갈피를 잡지 못하며 흩어져 달아났다. 오군은 더욱 바싹 추격하여 무찌르니 그 태반이 목숨을 잃고 말았다.
힘 한 번 써보지도 못하고 패망하였다는 급보에 조조는 노발대발하여 단숨에 무찔르는 듯 대함선을 몰고 오군 진지를 향해 내려오고 있었다.
주유는 조조의 대함선을 보고 기겁하였다.
바로 그 때 조조가 지휘하고 있던 기함의 깃대가 뚝 부러졌다. 이런 일이 생겼다는 것은 크게 불길한 일이라 생각하여 조조는 오림으로 되돌아가기로 결정하였다.
"아! 하늘이 도와주는구나!"
하고 기뻐한 사람은 주유였다. 다른 장수들도 함께 기뻐하고 있을 때 주유가 갑자기 소리를 지르며 쓰러졌다.
사령기의 깃대가 광풍에 맞아 두 동강이 나면서 주유는 그 사이에 끼어 쓰러졌다.
주유는 붉은 피를 토하며 기절하고 말았다.
이날부터 주유는 병상에 드러누워서 시름시름 앓기 시작했다. 또 손권에게 사람을 보내어 급히 사연을 올렸다.
　이에 큰 싸움을 앞둔 동오군의 사기가 떨어지는 것이 완연했다. 누구보다도 가장 걱정이 많은 사람은 다름 아닌 노숙이었다.
　노숙은 손권의 소식을 기다리다가 공명을 찾아갔다.
　"조조가 이 땅을 호시탐탐 노리고 있는데 도독의 병세는 호전될 기미가 보이지 않으니 참으로 걱정입니다. 의원에게 맡겨도 차도가 없으니 어찌 걱정되지 않겠습니까?"
　그러나 공명은 별로 걱정하는 기색도 없이 태연히 말했다.
　"의원은 필요 없습니다. 도독의 병은 나 혼자서도 능히 고칠 수 있습니다."
　"그것이 정말이오?"
　"우리 함께 주 도독께 한번 문병 가 봅시다."
　공명은 먼저 자리에서 일어났다. 공명과 노숙이 주유의 병실을 찾아 가까이 가도 주유는 세상 모르고 앓는 소리만 내고 있었다.
　"병세는 좀 어떠하신지요? 제가 도독께 좋은 약을 하나 바쳐도 될까요?"
　하고 공명은 주유를 물끄러미 바라보며 말했다.
　"좋은 약이라니요? 약은 효험이 없다 하지 않았소?"
　"아닙니다. 제 처방에 따르시면 도독께서 틀림없이 자리를 박차고 일어나실 겁니다."
　"그럼 공명 선생께 좋은 생각이라도 있단 말이오?"
　"그럼 처방을 해 볼까요? 이 비방은 다른 사람이 들어서는 안 되니 주위 사람을 물리시도록 하시지요."
　공명이 말하자, 주유는 좌우 사람을 물리치고 노숙만을 남게 하였다.
　그러자 공명은 천천히 한 걸음 물러나서 종이와 붓을 가져다 백지에 다음같이 써서 주유 앞에 내놓았다.
　'조조를 깨려면 반드시 화공을 써야 하는데 모든 것이 갖추어져 있건만 동남풍이 빠졌구나.'
　"도독께서 병이 나신 이유가 바로 이거 아닙니까?"
　주유는 공명의 말에 할 말을 잃었으면서도 한편으론 가슴이 후련하였다.
　원래 주유의 병은 대장기에 머리를 맞아 쓰러졌다기보다는 그 당시 바람 부는 방향을 보고 실망했기 때문이었다. 지금은 계절로 보아 북동풍만이 거세게 불 때였다. 북쪽에 있는 조조군에게 화공을 써서 공격한다면 오히려 남쪽에 있는 오군이 먼저 십중팔구 피해를 볼 것이 뻔한 이치였다.
　공명은 주유가 병으로 신음하고 있는 것이 이 점이라는 것을 잘 알고 있었다. 주유로서는 비책을 강구하려고 하였으나, 그 때 조조의 대함선을 목격하는 바람에 주유는 눈앞이 캄캄하였다.

"선생께서 이미 내 병의 원인을 아셨으니 어떤 약으로 다스리겠소? 일이 위급하니 빨리 좋은 가르침을 주시오."

"일찍이 내가 도인을 만나 둔갑술에 관한 책을 얻어 공부한 적이 있는데 그 책에는 비와 바람을 부르는 비법이 들어 있었습니다. 만일 도독께서 동남풍을 원하신다면 남병산에 북두칠성을 모시는 제단을 하나 쌓아 주십시오. 제가 그 곳에서 기도하고 술법을 부리면 3일 동안 동남풍이 불 것입니다."

"3일은 필요 없소. 단 하루만 불어 주어도 화공은 성공할 것이오."

주유는 머리까지 숙였다.

사실 공명은 매년 11월이면 하루 이틀 동안은 으레 동남풍이 분다는 것을 잘 알고 있었다. 일찍이 와룡강에서 병서는 물론 천문까지도 세심히 연구한 공명의 식견으로 볼 때 이 때쯤이면 반드시 동남풍은 불어오게 되어 있었다. 올해도 머지않아 동남풍이 불 것이라고 공명은 확신하였던 것이다.

이미 공명의 처방에 병이 씻은 듯이 나은 주유의 얼굴은 화색이 돌았다. 그리고 남병산에다 제단을 쌓으라고 명령했다.

제단이 완성되자 공명은 이날 좋은 시를 골라 목욕재계한 다음 도의로 갈아입고 맨발에 머리를 풀고 제단에 나타났다.

공명은 제단에 오르기 전에 노숙에게 부탁했다.

"지금부터 제단에 오르겠습니다. 다행히 하늘이 이 공명을 도와 3일 내로 바람이 불면 때를 놓치지 말고 적을 무찌를 수 있도록 주 도독께 만반의 준비를 하고 있으라 하시오."

공명은 천천히 걸음을 옮겨 제단에 올라섰다. 그리고 조용히 눈을 감고 남쪽을 바라보았다.

이윽고 공명은 향로에 향을 올리고 물을 뿌려 하늘을 우러러보며 주문을 외웠다.

그러나 밤이 깊어갈 뿐 아무런 징조는 보이지 않았다.

이 때 노숙은 주유에게 알려 만반의 준비를 하게 하는 한편, 손권에게도 급히 사람을 보내 그런 사유를 올렸다. 그리고 동남풍이 부는 대로 총공격하기를 대비하고 있었다.

한편 황개는 이미 계획한 대로 20여 척 함선의 뱃머리에 대못을 수없이 박아 놓아 적선과 부딪쳐도 절대로 떨어지지 않게 하였다. 배 안에는 마른 풀과 유황을 몰래 싣고 그 위에 기름먹인 천으로 덮어두어 언제든지 불만 붙으면 활활 타오를 수 있도록 하였다. 그리고 3백 명 군사를 각기 배치하여 대기하고 있었다.

황개는 감녕과 감택과 비밀리에 협의하여 조조와 짜고 거짓으로 항복해 온 채화와 채중과 함께 매일 술을 마시면서 조조에게 항복할 일을 숙의하였다.

아주 검은 어둠이 장강을 포근히 덮고 있었다.
전 동오군이 출동한 가운데 대도독 주유의 명령만을 기다리는 긴장된 시간이 흘렀다. 밤은 깊어갈수록 고요하기만 하였다. 별이 총총히 빛나며 흐를 뿐 바람 한 점 없었다.
"어허, 이제 때가 되었는데 공명은 도대체 무얼 하고 있는지 알 수가 없군."
하고 주유가 말하자 공명을 굳게 믿는 노숙이 곁에서 좋게 말했다.
"조금만 더 여유를 가지고 기다려 보시지요. 지금까지 공명이 허튼 말 한 적은 한 번도 없었습니다."
"그렇지만 이 한겨울에 어떻게 동남풍이 분단 말이오."
주유는 초조하고 떨리는 마음으로 하늘만 바라보고 있을 때 하늘 모양이 달라지더니 훈훈한 바람이 일기 시작했다.
그러자 주유와 노숙은 소스라치게 놀라서 원문 밖으로 뛰어나갔다.
진중에 수천수만의 깃발이 서북을 향하여 펄럭이고 있었다.
"아! 동남풍이다."
주유는 노숙의 얼굴을 바라보며 감탄했다. 그리고 한편으로는 전신을 부르르 떨며 걱정스러웠다.
"공명은 정말 귀신같은 자로구나. 바람까지 원하는 대로 하다니 공명을 이대로 살려 두었다가는 오나라에 큰 화근이 될 것이다. 어떤 일이 있어도 반드시 죽여 없애야 한다."
하고 서성과 정봉을 시켜 공명을 죽이도록 하였다.
그러나 이미 공명은 그것을 알고 미리 피하였다. 조운은 공명이 오라는 날에 와서 기다리고 있다가 공명을 모시고 가는 중이었다. 뒤쫓아 온 서성과 정봉은 조운의 위세에 눌러 어쩔 수 없이 물러나야 했다.
한편 조조와의 대격전을 앞두고 유비는 오와 손을 잡으려고 간 공명을 눈이 빠지도록 돌아오기만 기다리고 있었다. 유비는 공명이 돌아온다고 약속한 날이 되자 조운으로 하여금 마중 나가게 하고 성루에 올라 초조하게 공명을 기다렸다. 이윽고 한 척의 작은 배가 강을 거슬러 올라오고 있었다. 공명을 태우고 오는 배가 틀림없었다.
유비는 너무나 기쁜 나머지 공명이 배에서 내리자 달려가서 공명의 손을 잡았다. 공명은 유비와 나란히 걸으며 하구성에 올라갔다. 유비가 공명에게 오와 조조군의 상황을 물어보자 공명이 대답하였다.
"주공, 시간이 없습니다. 자세한 이야긴 다음으로 미루시고 지금 우리 상황은 어떻습니까?"
"언제 어느 때나 출동할 수 있도록 수륙 양군을 대기해 놓고 군사가 오기만을 기다리고 있었소"

"그러시다면 군령부터 내려주십시오. 주공께서 다른 특별한 일이 없으시면 그 일부터 했으면 합니다."

"모든 일을 군사에게 맡기겠으니 군사께서 알아서 하시오."

공명은 장수를 불러 각자에게 군령을 내렸다.

그리고 유기에게 말했다.

"무창은 매우 요충지입니다. 공자께서는 빨리 돌아가시어 강변을 굳게 지키시고 도망쳐 오는 조조군을 사로잡도록 하시오."

유기가 서둘러 돌아가자 이어서 유비에게 말하였다.

"주공은 저와 함께 번구에 가서 주유가 벌이는 싸움 구경이나 하시지요. 빨리 준비하시어야 합니다."

유비가 공명의 말에 서둘러 갑옷을 입고 공명과 함께 밖으로 나왔다.

이 때 아무 군령도 받지 않은 채 한구석에 우두커니 서 있는 장수 한사람이 있었다. 바로 관운장이었다. 공명은 운장을 보고도 모른 체하였다. 운장은 큰 눈을 부릅뜨고 불만스러운 표정을 지으며 공명에게 따지듯 물었다.

"아까부터 군령이 내리기를 기다리고 있었습니다만 한마디 말씀도 없으시니 웬일이오? 일찍이 형님을 따라 수많은 전투를 해 왔지만 결코 실패하는 일은 없었소 그런데 이번 같은 큰 싸움에 이 운장을 빼버리니 제게 무슨 원한이라도 있는 것이오?"

"그렇지 않습니다. 화내지 마십시오 나 또한 관운장께 가장 중요한 곳을 맡기려 했는데, 마음에 걸리는 부분이 있어 망설이고 있는 중입니다."

"마음에 걸리는 부분이라니 그게 무슨 말씀이시오? 이 운장이 충절이라도 부족하다는 것이오?"

"아니, 장군의 충절을 의심할 사람은 천하에 아무도 없을 것입니다. 그러나 지난날 장군께서는 조조의 환대를 받고 떠나올 때 훗날 그 은혜를 갚는다고 맹세하지 않았습니까? 이제 조조는 오림에서 대패하여 화용도로 도망갈 것입니다. 그 곳을 장군께 맡기려 했으나 아무래도 장군께서는 조조를 살려줄 것이 분명합니다. 그래서 장군을 그곳으로 보내지 못하고 이 곳에 머무르도록 한 것입니다."

"그것은 군사의 지나친 걱정이십니다. 이미 조조에게는 은혜를 갚은 지 오랩니다. 원소의 장수 안양과 문추를 베어 그에게 승전보를 올렸으니 지금에 와서 조조에게 무슨 은혜가 있겠습니까? 만일 사사로이 행동한다면 군령을 달게 받겠습니다."

그러고 나서 운장은 머리를 숙인 채 더욱 출전하기를 간절히 요청하였다. 곁에 있던 유비가 그 광경을 보다 못해 공명을 향해 나무라듯 말하였다.

"군사의 말씀도 일리가 있습니다만 이런 큰 싸움에서 운장에게 성을 지키게만 한다는 것은 대내외적인 체면도 있고 하니 운장에게 군사를 주어 출전하도록 하시오"
"그렇다면 군령을 어긴다면 어떤 죄라도 달게 받겠다는 서약을 하고 가시오."
하고 공명은 냉정히 잘라 말하였다.
운장은 즉석에서 군령장을 써 공명에게 주면서 말하였다.
"말씀하신 대로 하겠습니다만, 만일 군사의 말씀처럼 조조가 화용도로 오지 않는다면 군사께서는 어떻게 하시겠습니까?"
운장은 눈을 부릅뜨고 공명을 뚫어지게 바라보았다. 공명은 조용히 미소를 지으며 대답하였다.
"만일 조조가 화용도로 도망치지 않는다면 반대로 나도 책임을 지고 벌을 받겠습니다."
공명은 잠시 먼 곳을 쳐다보다가 다시 얼굴을 돌려 운장을 바라보며 엄한 명령을 내렸다.
"화용도에 도착하는 즉시 산등성이에 불을 피워 연기를 낸 다음 군사를 매복시키고 있으면 반드시 조조가 올 것이니 단칼에 목을 베도록 하시오."
"연기를 피운다고? 연기가 나면 적이 있는 걸 알고 조조는 다른 길로 가지 않을까요?"
공명은 웃으며 깨우쳐 주었다.
"그렇지 않습니다. 조조는 원래 계략에 밝아 자기 꾀에 자기가 넘어가는 사람입니다. 그가 연기를 보면 적이 위계를 쓰는 것이라 착각하고 제 꾀에 넘어가 오히려 단숨에 그 길로 올 것이 분명합니다. 적을 치려면 상대의 지략을 알아야만 합니다. 그 점은 염려하지 말고 얼른 떠나시오."
"알겠소이다. 반드시 조조의 목을 가지고 오겠소"
운장은 양자인 관평과 심복인 주창을 선두로 5백 명을 데리고 화용도로 떠났다.
이때 조조는 오림에 웅거하여 오의 장수 황개가 오기를 기다리고 있었다. 그런데 갑자기 바람의 방향이 바꾸어 동남풍이 불어오더니 키가 넘도록 풍랑이 일렁거렸다.
"이것은 불길한 징조가 아닐 수 없습니다. 뭔 일이 금방 일어날 것 같습니다."
정욱이 출렁이는 파도를 바라보다가 조조에게 하는 말이었다.
"어째서 우리에게 불길하단 말이냐? 지금은 동지야. 만물이 추위에서 새로 소생하는 때이니만큼 동남풍이 부는 건 당연하지 않나."
조조는 위엄을 부리면서 대수롭지 않게 받아 넘겼다.
이 때 군사 한명이 황개로부터 사람이 왔다고 하며 한 장의 서신을 가져왔다. 조조는 황개의 서신을 보고 크게 기뻐한 나머지 장수들에게 황개가 군량을 싣고 오군 진중을 탈출하여 온다는 소식을 알렸다. 조조 자신도 손수 수채로 나아가 기함에 올라가서 황개가 오기를 기다렸다.
그런데 아무래도 정욱의 말처럼 불길한 예감이 머리 속에서 떠나지 않았다. 날이 저물자 바람이 구름을 타고 천지를 뒤흔들 뿐만 아니라 수천의 황룡이 강에서 씨름하는 것처럼 파도가 사납게 출렁거렸다.

이미 초경이 가까웠다. 오군이 키를 넘게 높이 솟아오르는 사나운 파도를 헤치며 강을 오르고 있었다. 황개가 타고 있는 기함에는 '황'자를 표시한 큰 깃발이 펄럭이고 있었고 그것의 앞뒤에는 크고 작은 함선들이 그를 따르고 있었다.

이 때 조조는 거나하게 취하여 멀리 강을 바라보고 있었다.

"남쪽에서 함선이 보입니다."

조조와 마주 앉아 있던 장수들이 자리에서 일어서며 선로로 올라가기도 하고 갑판으로 달려가기도 하였다. 큰 선단이 이쪽을 향하여 성난 파도를 가르며 확실히 오고 있었다. 조조는 입이 찢어지도록 만면에 웃음을 지으며 자신이 배 위로 올라가서 희망을 가득 담고 그곳을 바라보았다.

"뒤에 오는 선단 가운데 '황'자를 쓴 큰 깃발이 보입니다."

조조는 무릎을 탁 치며 흥분하였다.

"바로 황개가 탄 배다. 그가 내게 약속을 지켜 오는 것은 하늘이 나를 돕고 있다는 뜻이다!"

조조는 더욱 기고만장하여 좌우에 있는 수하 장수들에게 말하였다.

"실컷 즐겨라. 오군은 이미 패한 것이나 마찬가지고 오의 기름진 땅은 내 손안에 있는 것이나 마찬가지다."

동남풍을 받아 밀려오는 선단의 속력이 무시무시하리만큼 빨랐다. 아무리 생각해도 믿을 수 없어서 배들을 찬찬히 바라보던 정욱이 주위를 둘러보며 다급한 목소리로 말하였다.

"승상 이상합니다. 아무래도 속임수가 있는 것 같습니다."

"어째서 자네는 그렇게 생각하는가?"

"무기와 군량을 실은 배라면 무게 때문에 더 깊이 가라앉아야 합니다. 그런데 저기 보이는 배들은 마치 빈 배처럼 가볍게 떠 있으며 빠른 속도로 달려오고 있습니다. 이것이 속임수가 아니고 무엇이겠습니까?"

조조는 정욱의 말을 듣고 모든 것을 깨달았다. 병법에 있어 능히 그럴 수 있는 일이라는 생각이 번개같이 머리를 스치고 지나갔기 때문이었다.

조조는 그제야 황급히 소리 질렀다.

"아, 일이 급하게 되었다. 바람이 세차니 적이 화공을 쓴다면 우리가 막을 도리가 없다. 수채를 단단히 잠그고 배가 안으로 들어오지 못하도록 하라."

"빨리 대책을 강구하소서."

그렇게 말하면서 급히 자리를 뜨는 사람은 문빙이었다. 문빙은 병선 10여 척을 이끌고 파도를 뚫고 나아가 밀려오는 선단을 향해 가며 큰 소리로 외쳤다.

"승상의 명령이다. 강남에서 오는 배들은 수채 밖에서 돛을 내리고 기다려라."

그러나 선단은 들은 척도 하지 않고 밀고 들어왔다. 이때 오군 기습함대의 가운데에 있던 황개의 기함이 수채를 부수고 덮쳐왔다. 황개는 선루에 올라와 칼을 빼들고 명령을 내렸다.

"때가 왔다. 조조의 함선을 닥치는 대로 쳐라!"

오군의 선봉에 선 함선들은 불에 잘 타는 기름이나 염초, 섶나무를 가득 싣고 있었다. 그곳에 불을 붙여 선봉에 선 배들이 일제히 불꽃을 일으키며 조조군 함선에 뛰어들었다. 삽시간에 바람을 타고 불바다가 되었다. 파도 소리와 함께 함선이 화약처럼 타오르는 소리가 세 개의 강을 뒤덮었다.

불새와 같이 빠른 작은 함선들은 물살을 가르며 도처에서 도망하는 적을 닥치는 대로 섬멸하였다.

조조의 수채는 눈 깜짝할 사이에 불이 번져 거대한 함선이 물속으로 침몰하였다. 더욱이 함선과 함선을 묶어 놓았기 때문에 한 척이 불이 붙으면 연이어 다른 배로 불이 계속 번져 배를 차례로 침몰시키는 것이었다.

그 뿐만이 아니었다. 배를 맹렬히 삼키는 불길은 곧 거센 동남풍을 타고 육지에 있는 진지까지 번져갔다. 오림과 적벽 두 강기슭에 있는 바위와 수풀까지도 태우며 조조의 영채까지도 불바다가 되어 타오르고 있었다. 그야말로 천지가 불바다가 되었던 것이다.

"이 기회를 놓치지 말고 북군을 섬멸해라!"

하고 황개가 호령하였다. 이렇게 오군의 전세가 유리하다보니 오군의 사기는 하늘을 찌르는 듯 했으나 조조군은 무참히 짓밟히면서 큰 혼란에 빠져 있었다.

"작은 배를 내려라. 어서 작은 배를."

누구인지는 알 수 없으나 조조 수하의 장수의 찢어지는 듯한 목소리가 들렸다.

여러 장수들과 조조도 황급히 작은 배로 뛰어 내렸다. 곧 배가 움직이려는 순간이었다.

"조조를 사로잡아라!"

하고 외치는 소리가 파도소리와 함께 사방에서 들려 왔다.

출렁이는 물결 위에는 시꺼멓게 탄 시체와 타고 남은 선체가 물결치는 대로 움직이고 있었다. 조조는 그 사이에서 파도와 싸우면서 빠져나갈 길을 찾고 있었다.

어느새 오군 장수 황개가 큰 소리를 지르며 조조를 바짝 뒤쫓아 왔다. 사면팔방이 오군이어서 조조는 눈앞이 캄캄하였다.

그 때 조조의 곁에 있던 장료가 벌떡 자리에서 일어나더니 힘껏 화살을 날렸다. 순간 황개는 외마디 소리를 지르며 물 속에 떨어졌다. 황개와 함께 탔던 다른 군졸들이 물에 떨어진 황개를 구하는 사이에 조조는 오림 언덕까지 빠져나왔다.

그러나 그곳 역시 불바다가 되어 어디를 가나 얼굴이 활활 달아올랐다.

"아! 꿈이 아니구나. 하늘도 무심하구나."

불타오르는 적벽과 오림을 물끄러미 바라보던 조조는 탄식을 하며 말에 뛰어올랐다. 정병 80만의 조조의 군사는 하룻밤 사이에 고기밥이 되어 삼분의 일도 못되었고, 조조는 혈혈단신으로 도망치는 길이었다. 또한 짓밟히고 타죽고 화살을 맞아 죽은 자가 이루 헤아릴 수 없었다. 이렇게 조조군은 거의 전멸을 당했고 오군의 희생도 적지 않았다.

조조는 이 처참한 상황에서 도망치기에 여념이 없었다.

"승상, 전포 소매에 불이 붙었습니다."

뒤따르고 있던 장료가 말 위에서 말하였다. 앞서 달리던 조조는 얼른 불을 꺼버리며 다시 채찍질하기에 여념이 없었다.

조조는 계속해서 오군이 추격하니 패잔군 무리들을 이끌고 동북을 향하여 달아나는데 여념이 없었다.

밤은 이미 오경도 지났다. 한참 가서 뒤돌아보니 적벽 일대의 불길도 어느 정도 가라앉았다. 조조는 땀에 흠뻑 젖어 있었다.

"이곳이 어디냐?"

"오림의 서쪽이고 의도로 보면 북쪽입니다."

조조는 부근 지형을 두리번거리며 살펴보았다. 그곳은 첩첩 산중이었고 수풀은 우거졌고 길은 험하기 짝이 없었다.

조조는 그래도 빛나는 눈동자를 돌려 먼 하늘을 바라보며 한바탕 크게 웃었다.

"아하하하……."

곁에 앉아 있던 여러 장수들이 힐끗 힐끗 쳐다보며 물었다.

"승상께서는 왜 웃으십니까?"

"공명과 주유가 재주는 있어 보이나 지혜가 모자란 것 같아서 웃었네. 나 같으면 이런 기회를 놓칠 리가 없네."

그 말이 끝나기가 무섭게 조운이 나타나 길을 막았다.

조조는 서황과 장합에게 조운을 막게 하고 도망치기에 바빴다.

다행히 조운이 치기만 하고 뒤를 쫓지는 않았으므로 조조는 가까스로 위기를 모면하였다. 조조의 군사들은 마을에서 밥을 지어 먹은 뒤 허저와 이전을 만나 길을 떠났다.

조조군은 행군을 하다가 호로구에 도착하여 옷도 말리고 허기를 달래기 위해 잠시 쉬기로 하였다.

그 때 조조는 다시 한 바탕 웃었다.

"승상, 이번에는 어인 일로 웃는 것입니까?"

"공명과 주유의 재주가 모자란 것 같아서 웃었다. 나라면 반드시 이곳에다 매복을 시키겠다."
그런데 이번에도 조조의 말이 떨어지기가 무섭게 북소리가 요란하게 울리면서 큰 함성이 일었다. 나무 사이에서 복병이 쏟아져 나왔다.
"조조 너 잘 만났다. 연인 장비가 너를 기다리고 있었다. 꼼짝 말고 게 섰거라!"
산이 무너질듯한 호령 소리와 함께 장비가 장팔사모창을 겨누고 기름기가 흐르는 검은 말을 몰아 바람처럼 달려왔다.
장비를 보자 군사들은 혼비백산하여 어쩔 줄을 몰라 했다. 갑옷을 벗고 불을 쪼이던 무리들은 너무나 놀라 갑옷도 입지 않은 채 그대로 달아났다.
허저가 안장도 없는 말을 집어타고 장비를 맞아 싸웠다. 그러나 그것은 싸우는 것이 아니라 무서운 기세로 쳐들어오는 장비를 잠시 멈추게 하려는 수작에 지나지 않았다.
조조는 겁을 잔뜩 집어먹고 채신머리도 잊은 채 달아나기에 여념이 없었다.
서황과 장료가 합심하여 동시에 장비에게 달려들었다. 그러나 장비의 장팔사모창을 견뎌내기란 쉬운 일이 아니었다. 이리 몰리고 저리 몰리며 싸웠으나 그것은 그 사이에 조조가 조금이라도 멀리 달아나기를 바라는 마음에서 하는 짓이었다.
조조가 눈을 감은 채 있는 힘을 다하여 수십 리 길을 단숨에 달려갔다. 그 뒤를 휘하 장수들이 뒤따라 왔으나 반수도 안 되었고 거의 태반이 피투성이었다.
"또 길이 두 갈래니 어디로 가야만 하나?"
하고 조조가 힘없이 물었다.
"어느 쪽으로 가든 남군으로 가는 길입니다. 넓은 길로 가려면 한 50리가량 돌아서 가야만 합니다."
조조는 부하를 시켜 동정을 살피고 오라고 명령하였다. 부하는 돌아와서 보고 하였다.
"산길 쪽을 보니 계곡마다 연기가 오르고 있었습니다. 아마 적이 매복하고 있는 가 봅니다."
"음! 그렇다면 산길로 가라."
"산길은 험하기도 하지만 복병이 있는 것을 알면서도 왜 하필이면 그 길로 가려고 하는 것입니까?"
장료가 의심스럽다는 듯 눈을 크게 뜨고 말했다.
"내가 일찍이 들은 바가 있어서 하는 말이야. 본래 이 화용도는 험난하여 복병을 숨겨놓을 만한 마땅한 곳이 없다. 그래서 산길로 가자는 것이다."
"지금 적이 연기를 올리고 있고 지형도 험악하다 하시면서 그 길로 간다는 것은 정말로 위험천만 일이 아닙니까?"
"허허허. 그렇지 않다. 모두들 잘 들어라. 병서에는 없는 것이 있는 것이고, 있는 것이 없는 것이라 하였다. 공명은 꾀가 많아서 적은 군사를 시켜 연기를 지피게 한 다음 큰 길에는 많은 병사를 매복시키고 우리를 유인함이 틀림없다. 저기 피어오르는 연기 속에는 살기가 없지 않느냐. 인기척이 없다고 큰 길로 간다면 완전히 포위되고 말 것이다. 아무 소리 말고 산길로 가자."

조조는 말을 마치자마자 앞장서서 나아갔다. 그러자 부하들은 조조에게 감탄하지 않는 사람이 없었다. 조조의 군사들은 조조의 뒤를 쫓아 왔다.

그러나 인마가 먹지 못하고 지칠 대로 지친데다가 부상한 자가 많아서 좀처럼 속도를 낼 수가 없었다. 해가 구름에 가려져 날씨마저 잔뜩 찌푸려 있었고 눈까지 간간이 뿌리고 있었다.

산중턱에 이르렀을 때부터 지형이 아주 험난하여 악전고투하며 겨우 가장 험난한 곳을 넘어섰다. 군사들을 헤아려보니 불과 3백 명 밖에 되지 않았다. 더욱이 무기와 장비를 가진 자는 불과 몇 명에 지나지 않았다. 군사들은 진흙 속에서 건져낸 목상처럼 온 몸이 흙투성이가 되어 있었다.

그런데 조조는 무엇인가 생각하더니 다시 소리 내어 실성한 사람처럼 웃었다.

"하하하, 으하하하······."

"승상께선 왜 이리 웃으십니까?"

허저는 가슴이 섬뜩하여 다시 물었다.

"주유와 공명이 얼마나 우둔한지 또 다시 알았네. 적벽 싸움에서 나를 패배시켰다고는 하나, 그것은 발길에 채인 돌맹이처럼 조그마한 상처에 지나지 않아. 만일 군사들을 이곳에다 매복시켰다면 틀림없이 나를 사로잡지 않았겠나? 쓸데없이 연기만 피어오르게 하여 헛수고만 하였으니 얼마나 어리석은 사람들이냐 말이야. 이것이 우습지 않다면 무엇이 우스운가. 하하하."

조조는 어깨까지 흔들며 웃었다. 이 때 난데없는 방포소리가 천지를 뒤흔들었다. 길 앞뒤에서 군사들이 밀려오고 있었다. 앞서서 달려오는 장수는 관운장이었는데 청룡언월도를 높이 들고 적토마를 타고 있었다.

"이젠 정말 마지막이다. 꼼짝없이 죽었구나."

조조는 이렇게 중얼거리며 정신 나간 사람처럼 우두커니 서 있었다. 다른 장수들도 어쩔 줄을 모르고 있을 뿐이었다.

다만 정욱만이 조조 곁으로 바짝 다가와서 위로하였다.

"승상, 너무 걱정하지 마십시오 운장이 허도에 있을 때 알았습니다만 그는 의리가 있고 약한 자를 가엾게 여기는 사람으로 보았습니다. 아마 천하가 의리 있는 사람이라고 알고 있으니 아마 운장은 승상께서 베푸신 은덕을 지금도 잊지 않고 있을 것입니다."

조조는 아무런 말도 없이 가까이 다가오는 적을 바라보고 있을 뿐이었다. 조조 앞으로 운장이 눈을 부릅뜬 채 다가오고 있었다.

"아. 관운장이 아니신가."

조조가 자신도 모르게 먼저 입을 열고 태연히 말을 몰아 관우에게 다가갔다.

"정말 오랜 만이군. 이렇게 만나니 반갑소. 그 동안 별고 없으셨는지."

조조는 말하면서도 잔뜩 겁을 먹고 관우의 눈치를 살폈다. 지금까지 염라대왕 같이 눈을 부릅뜨고 살기등등했던 관우는 말을 세우고 목례를 하면서 냉정히 말하였다.

"전혀 뜻하지 않은 곳에서 만났습니다. 오늘은 주공 유 황숙의 명령으로 여기서 승상을 기다리고 있었습니다. 오늘의 이 관우가 사사로운 정으로 명을 어길 수 있겠습니까?"

순간 조조는 눈앞이 캄캄했으나 묘한 웃음을 지으며 애원하기 시작하였다.

"그렇기는 하지만, 관 장군! 영웅도 패하고 나면 보잘것없는 법이오. 지금 이 몸은 패하여 험난한 산골에서 진퇴유곡에 빠졌소. 대장부 한 번 죽는 것은 두렵지는 않지만 아직도 할 일도 제대로 못하고 말로가 이렇게 된다면 정말 슬픈 일이 아니겠소 만일 장군께서 옛일을 잊어버리지 않으셨다면 목숨만은 살려주시오"

"그 말씀은 너무나 비겁한 말씀이오. 허도에 있을 때 백마 싸움에서 이미 보은한 것으로 생각했는데 이제 와서 무슨 말씀이오?"

"아니오. 지난 일이기는 하지만 그 때 장군이 주군인 현덕의 행방을 모르고 두 부인을 모시고 적중에 있었던 것은 나를 위해서라기보다는 두 부인을 위한 일이었소 그런데도 이 조조가 넉넉하지는 않지만 작은 인정을 베푼 것은 장군의 그 의리에 감동했기 때문이오 어찌 이것을 사정이라 하겠소 장군은 춘추에 밝다고 들었습니다. 옛날 유공이 자탁을 쫓아갔으나 입은 은혜를 갚기 위해 살려주었다는 고사를 잘 알고 있을 것입니다. 대장부는 무엇보다도 신의가 중요하오. 신의를 저버리지 않았다면 어찌 서운하다고 하겠소"

그러면서 조조는 관우에게 바싹 달라붙었다. 관우는 조조의 말을 들으면서 고개를 떨구고 말았다. 조조를 죽일 것이냐 살릴 것이냐 고민하는 눈치였다.

그러다가 관우는 공명의 말을 생각하고 머리를 번쩍 들어 한칼에 조조를 베려하였다. 그러나 조조의 뒤에는 패잔군 무리들이 말 위에서 내려 땅위에 무릎을 꿇고 눈물을 흘리며 관우에게 절을 하고 있었다.

관우는 속으로 몸부림쳤다. 벌써 그의 머릿속에는 보내야 된다는 생각이 들끓고 있었다. 관우는 갑자기 말을 돌리고 자기 군사들에게 큰 소리로 명령하였다. 조조는 비로소 눈치를 챘다.

조조는 수하 장졸들에게 손짓하며 재빨리 고개 마루로 빠져 달아났다.

관우의 손아귀에서 벗어난 조조는 저녁 때가 되어서야 겨우 남군에 도착할 수 있었다.

한편 조조를 살려준 관우는 스스로 군령에 따라 벌을 받으려고 했지만 유비의 간청으로 군령의 시행을 미루기로 하였다.
"관 장군은 주공의 청에 의해 목 베는 일은 잠시 미루도록 하겠소 하나 또 다시 군령을 어길 때는 즉시 이를 시행할 것이오."
"명심하겠습니다."

자만심은 화의 근원이다

조조는 적벽대전에서 참담한 패배를 하고 말았다. 조조는 너무나 자신만만한 나머지 정욱과 같은 책사들의 말을 듣지 않았다. 대개의 경우 패배할 때를 보면 이런 자신만만함이 원인이 된다. 전에도 조조는 혼자서 동탁을 쫓다가 죽을 고비를 넘겼고, 진궁을 무시해서는 안 된다는 모사들의 말을 듣지 않다가 전위의 도움으로 간신히 살아났기도 했었다. 그리고 이 적벽대전에서도 정욱의 말을 가볍게 생각하다가 거의 조조의 군사는 전멸하다시피 하였다. 우리는 이것을 보고 지나친 자신감, 즉 자만심이 재앙의 근원임을 알 수 있다.

그렇다면 왜 사람들은 다른 사람을 말을 귀담아 듣지 않고 흘려들을까? 지나치게 자만심에 빠져 상대를 얕잡아 보기 때문이다. 특히 자신이 잘 나갈 때 자만심에 빠지기 쉽다. 별로 힘을 들이지 않고 승승장구하기 때문이다. 그래서 그럴 때는 누가 옆에서 뭐라고 해도 귀에 들어오지 않는 것이다.

조조는 평상시 여러 모사들의 의견을 청취한 뒤 할 일을 결정하는 편이다. 조조의 이런 태도가 성공할 수 있는 원동력 중의 하나가 되었다 해도 틀린 말은 아닐 것이다. 인재가 많다 보니 다양한 의견을 청취하여 대사를 추진하였다. 그래서 조조는 승승장구하며 천하를 평정할 수 있는 기반을 닦은 것이다.

그런데 적벽대전을 준비하는 과정에서 조조는 사신이나 첩자의 말을 쉽게 믿었지만 자기 자신의 수하 사람인 정욱의 말을 가볍게 넘기고 말았다. 게다가 조조는 자기 확신이 지나쳐 축배까지 들었다. 속된 말로 김치국부터 먼저 마시고만 것이다. 이것이 바로 조조가 자신감이 아니라 자만심에 빠졌다는 징후다. 자만심은 성취 가능성을 확실성으로 착각하는데서 비롯되는 것으로 자신을 높게 보고 상대를 얕잡아 보는 자기도취인 것이다. 그렇지만 그 대가는 관우에게 목숨을 구걸하는 처절한 패배였다. 그래서 우리는 판단을 할 때 자만심에 빠져 속단하지 말아야 한다는 것을 알 수 있다. 반드시 일을 추진할 때 반대자가 있으면 신중하게 그 사람의 말을 곱씹어 볼 필요가 있다. 그래야 조조처럼 최악의 경우를 피할 수 있다. 그래서 그라시안은 "자만을 보이지 말라. 자신에게 불만을 품는 것은 소심한 것이지만, 자신에게 만족하는 것은 어리석은 것이다. 자만은 분별없는 자의 행복이다."라고 하였다.

확신감은 금물이다

세상은 언제나 자신의 뜻대로 움직이지 않지만 조조처럼 잘 나갈 때는 우리의 상상력은 장밋빛 청사진을 펴 보이며 앞서 나가고 만다. 확신이 지나쳐 모든 일이 잘될 것이라고 속단하고 안 될 것이라는 배수진을 치지 않고 모든 것을 걸고 큰 모험을 나서지만, 다시는 재기할 수 없는 낭떠러지로 추락할 수 있다.

드넓은 인생 바다를 항해할 때는 언제나 거센 풍랑을 만날 수 있다. 그래서 확신해 차 있어도 돌다리도 두드리며 항해해야 하는 것이다. 나폴레옹은 "불가능은 바보의 사전에만 볼 수 있는 단어이다."라고 하지만 세상에는 불가능이 널려 있다. 세상은 넓고 세상에는 나보다 뛰어난 사람도 많다. 그래서 지나치게 확신감을 갖는 것은 어리석은 것이다. 무식하면 용감하다는 말과 상통하는 말이다. 무식한 사람일수록 주변을 살피지 않고 앞만 보고 달리는 것이다.

우리는 어려운 상황에서도 가능성과 희망을 보아야 하지만 반대로 낙관적인 상황에서도 부정정적인 면을 보아야 한다. 그렇지 않으면 천길 낭떠러지가 기다리고 있을 수 있다. 확신감에 찬 나폴레옹도 결국에는 전쟁에 패배하여 유배지에서 쓸쓸히 살다가 갔다. 그러므로 자만심은 금물이다. 어떤 일이 있어도 정신 빠짝 차리지 않으면 안 되는 것이다. 그런데도 자만심은 내 자신의 상상력을 부풀려 확신감이라는 환상에 빠지게 한다. 누가 무슨 말을 해도 들리지 않는다. 한마디로 자기 확신에 차 홀리는 것이다. 지금까지 잘 나갔으니 앞으로도 잘 될 것이라고 속단하는 것이다. 그래서 자만심에 빠지면 세상의 다양한 변수를 고려하지 않고 쉽게 생각하여 일을 처리하는 것이다. 대부분 어느 정도 성공을 하고 난 사람들이 우쭐해져 이런 실수를 하는 경우가 많다. 그래서 조조처럼 자만심에 빠져 안일하게 대응하다 폭망하는 것이다. '설마'가 완전 사람 잡는 것이다. 그래서 그라시안은 자만심에 빠져 지나치게 확신감을 갖지 말라고 다음과 같이 충고한다.

> 어떤 일에서도 지나친 확신은 금물이다. 어리석은 자는 늘 지나친 확신에 사로잡히며, 지나친 확신은 모두가 어리석은 짓이다. 판단이 그를수록 고집만 세진다. 분명 자신이 옳을 때도 양보하는 것이 미덕이다.

21. 첫 인상에 속지 말자
- 봉추선생, 방통

　지금 대한민국뿐만 아니라 세계적으로 성형이 유행하고 있다. 성형미인 대회가 있을 정도다. 이것은 그만큼 사람들이 '미'를 좋아한다는 징조다. 특히 여성들은 미의 욕구가 아주 강하다. 남성들이 미인을 좋아하기 때문이다. 그래서 여성들 중에는 미인이 되기 위해 10번 이상 성형하는 경우도 있다. 성형미인 중에는 20번 이상 얼굴에 칼을 대는 모험을 감행하는 사람도 있다. SBS '백 투 마이 페이스'에 출연한 10명의 성형미인들은 평균 11회(최소 2회, 최대 23회) 이상의 성형수술 감행하였다.

　이렇게까지 하면서 예뻐지고자 하는 이유는 무엇일까? 그것은 사람을 끌기 위해서다. 아름다움은 사람을 끄는 마력이 있다. 반면에 흉측한 외모는 비호감을 준다. 취업 준비생까지 성형을 하는 것은 좋지 못한 외모로 인해 불이익을 받지 않기 위해서다. 그래서 사람들은 비싼 돈을 들여서라도 외모를 가꾸려 한다. 연예인이 되려면 성형은 반드시 해야만 하는 필수조건이 된 지 오래다. 후유증은 두 번째 문제로 치부한다.

허나 이 시점에서 우리는 '외모지상주의'에 대해 생각해 보아야 한다. 외모는 단지 외모일 뿐이다. 외모와 인간성, 그리고 능력과는 전혀 상관 관계가 없다는 것이다. 드라마나 영화를 보면 주인공이나 선한 역할을 하는 사람은 외모가 뛰어난 사람을 주로 쓰고 악역을 하는 사람은 외모가 좋지 않은 사람을 주로 쓴다. 허나 이런 이분법은 우리의 현실에는 통하지 않는다. 외모가 뛰어나다고 하여 결코 선하거나 인간성이 좋다고 말할 수 없으며, 능력 또한 뛰어나다고 할 수 없다. 그래서 우리는 첫인상에 속지 말고 그 사람의 됨됨이를 면밀히 살펴보고 나서 사람을 판단해야 한다고 말한다.

문제는 그게 말 같이 쉽지 않다는 것이다. 적벽대전에 화공으로 뛰어난 활약을 한 방통도 그의 추한 용모 때문에 줄곧 푸대접을 받는다. 얼굴은 검고 들창코에 다소 기괴한 외모로 출세에 지장이 많았다. 손권은 거들떠도 보지 않았고, 인간성 좋은 유비조차 방통이 찾아 왔을 때 그의 추한 생김새를 보고 매우 실망하였다. 과연 방통은 그의 용모만큼 쓸모 없는 인간인가?

적벽대전에서 승리한 주유는 손권에게 소식을 알리는 한편 수많은 포로를 데리고 본진영으로 되돌아오고 있었다. 오군은 다시 군대를 편성하니 일약 거대 군단이 되었다. 주유는 다시 군사를 몰고 강북을 향해 달려가 조조의 군대와 피 터지는 싸움을 계속하였다.

동오와 조조의 군대가 열심히 싸우는 틈을 타서 유비는 피도 흘리지 않고 형주, 양양, 남군을 얻은 다음 무릉과 계양, 영릉도 손쉽게 얻었다.

주유는 비로소 공명의 계책에 말려들었다는 것을 알고 하는 수 없이 이를 갈며 말머리를 돌리지 않을 수 없었다.

주유는 진중에 돌아오자마자 막료 장수들과 상의하여 감녕을 형주로, 능통을 양양으로 각각 급파하였다. 유비의 군사들이 그곳을 점령하기 전에 그 두 성을 접수하자는 심산이었다.

그러나 이튿날 사자가 급히 달려와서 아뢰었다.
"형주성에도 이미 장비가 들어와 있습니다."
주유는 펄쩍 뛰며 소리쳤다.
"무엇이라고?"
그러나 그 말이 끝나기도 전에 양양에서 온 사자가 달려와 알렸다.
"양양성에는 관운장이 들어가 현덕의 기를 높이 꽂아 놓고 있습니다."
"뭐야! 대체 피 한 방울 흘리지 않고 양양과 형주성을 얻었다고!"
한편 공명은 조인의 병부를 가지고 형주에 사람을 보내 남군성이 위급하니 급히 구원하러 오라고 요청하였고, 형주 수장은 병부만 믿고 구원하기 위해 남군성을 비우자 그 사이 장비를 보내 그곳을 점령하게 하였다. 양양도 그러한 방법으로 관우를 급히 보냈다.
주유는 땅이 꺼질 듯 길게 탄식하였다.
"대체 조인의 병부(도장)가 어떻게 공명의 손에 들어갔단 말인가?"
"공명이 형주성에 들어가서 조인의 모사 진교를 사로잡은 모양입니다. 병부는 늘 진교가 지니고 있었다고 합니다."
정보가 머리를 숙여 주유에게 말하였다.
"아! 이렇게 원통할 수가 있나. 하늘도 무심하구나."
주유는 말도 끝맺지 못하고 그 자리에 쓰러졌다. 울화가 치밀어 오르자 조인군의 함정에 빠져 독화살에 아물었던 상처가 재발하며 쓰러지고 말았다.
결국 주유는 형주를 찾으려고 갖은 노력했지만 실패하는 바람에 화가 도져 손권에게 유서를 쓰다가 피를 토하며 죽고 말았다.
마침내 천하는 공명이 말한 대로 셋으로 나누는 천하삼분지계가 이루어지게 되어 유비도 조조, 손권과 어깨를 나란히 하며 천하를 호령하게 되었다.
장사를 아무리 호화롭게 치렀다고는 하나 주유의 죽음을 가장 애통해 하는 사람은 바로 손권이었다. 주유를 대신하여 노숙을 대도독으로 삼았으나 이런 난국을 타개해 나가는 데는 노숙의 온후한 성품만 가지고는 어렵다는 것이 손권의 말 못할 고민이었다.
노숙은 누구보다도 이러한 손권의 마음속을 훤히 꿰뚫어보고 있었다.
"소신은 정말로 평범하기 짝이 없는 인간입니다. 그런데도 주 도독께서는 주공께 저를 천거하였습니다. 주 도독의 유언이시니 잠시 동안만 그 일을 맡겠습니다. 바라건대 공명을 능가하는 인재가 있사오니 그를 중용하시어 쓰시는 것이 어떨까 합니다."
손권도 노숙의 말을 그대로 받아들였다. 그러나 손권은 그러한 인물이 있을지 의심부터 갔다.
"도대체 이 땅에 그럴만한 인물이 있을까?"

"오직 한 사람 있습니다. 양양의 명문인 방통이라는 사람인데 자는 사원이라 하고 사람들은 그를 봉추 선생이라 부르지요."

"아! 봉추 선생. 이름은 이미 많이 들었습니다. 주유와 비교해 본다면 어떻습니까?"

"고인에 대해서는 더 이상 말을 하지 않겠습니다. 공명도 그 사람에 대해서는 높이 평가하고 있습니다. 양양에서는 두 사람을 봉황과 청룡에 비유하기도 합니다."

노숙의 말을 듣자 손권은 방통을 급히 불러들이라고 명령하였다.

바로 다음 날 방통은 손권의 앞으로 인도되었다. 손권은 기대를 잔뜩 했으나 그를 보고 첫눈에 실망하였다. 방통에게는 선비다운 모습도 전혀 보이지 않았다. 까만 얼굴에 코는 납작했으며 수염이 얼굴을 뒤덮고 있었다.

손권은 방통을 물끄러미 바라보다가 언짢은 말투로 물었다.

"공이 가지고 있는 재주는 무엇이오?"

"한 가지에 목숨 걸지 않고 상황이나 변화에 따라 대응해 나가는 것이지요."

방통은 손권에게 퉁명스럽게 대답하였다.

그러자 손권은 더욱 업신여기며 물었다.

"그대와 주유를 비교한다면 어떻다고 생각하오?"

"구슬과 기와라고나 할까요? 저의 재주는 주유 공과는 크게 다릅니다. 어찌 비교할 수 있겠습니까?"

"그럼, 어느 쪽이 구슬이고, 어느 쪽이 기와요?"

"그것은 판단에 맡기겠습니다."

분명히 봉추의 이 말은 구슬을 자기에게 비유하고 기왓장은 주유를 비유한 것이라는 생각이 미치자, 손권은 화가 머리끝까지 치밀어 벌떡 일어나 안으로 들어가 버리고 말았다. 그리고 손권은 노숙을 불러 노기를 띠고 소리를 버럭 질렀다.

"저놈을 냉큼 내쫓아버리시오."

그러나 노숙은 젊음이 넘쳐서 사람을 몰라보는 손권의 마음을 돌리려고 애를 써보았다.

"그렇지 않습니다. 방통은 언뜻 보면 미친 사람 같습니다만, 그는 남다른 재주가 있는 사람입니다. 적벽대전에서 주 도독에게 연환계를 쓰도록 권하여 대공을 이루게 한 숨은 공로자는 바로 저 방통입니다. 그렇다고 고인의 공로를 깎아 내리자는 뜻은 분명 아닙니다."

"듣기 싫습니다. 나는 맹세코 그를 쓰지 않겠소이다. 이만 물러가시오."

노숙은 진정으로 민망하였다. 그래서 그날 노숙은 손수 방통을 멀리 성 밖까지 배웅하였다. 인기척이 없는 조용한 곳에 이르자 노숙이 말을 꺼냈다.

"오늘 일을 용서하시오. 선생도 매우 불쾌할 것으로 압니다."

"아니올시다."

그러면서 방통은 싱글벙글 웃기만 하였다.
"선생은 이제 오를 떠나실 작정이시지요?"
"아마 그럴 것입니다."
노숙은 미리 준비해 두었던 서한을 꺼내며 방통에게 권하였다.
"형주로 현덕을 찾아가십시오. 반드시 선생을 중히 기용할 것입니다."
노숙은 유비를 찾으라고 부탁하면서 추천장을 내주며, 방통의 손을 꼭 잡았다 놓으며 말하였다.
"부디 큰 공을 세우도록 빌겠습니다."
방통도 노숙과 작별하고 어둠 속으로 사라졌다.
공명은 벌써 달포나 형주에 있지 않고 새로운 영지의 민정을 살피고 이 지역의 특산물을 시찰하고 다녔다.
이럴 즈음 방통이 갑자기 유비를 찾아왔다.
"봉추 선생이 아닌가? 어서 안으로 정중히 모시도록 해라."
유비는 의심스럽지만 정중히 예를 갖추어 방통이 들어오기를 기다리고 있었다. 이미 공명을 통해 방통에 대한 이야기를 듣고 있었다. 방통은 곧 안내되어 유비가 앉아 있는 방에 들어왔으나 허리를 굽혀 예를 올리는 일조차 없었다.
유비는 이런 사람이 명망 높은 봉추 선생이라는 것에 무척 의심이 갔다. 풍기는 인상도 천해 보였고 얼굴도 형편이 없었다. 그래서 유비는 부하를 대하듯 약간 얼굴을 찌푸리며 퉁명스럽게 물었다.
"무슨 일로 왔소?"
방통은 공명과 노숙에게서 받은 추천장을 가지고 있지만 내놓지 않았다.
"유황숙께서 이 형주를 얻고 선정을 펴시며 널리 인재를 구한다는 소문을 듣고 왔습니다."
"그거 참 안됐습니다. 형주는 이미 질서가 잡혀 자리가 빈 곳이 마땅히 없습니다. 그렇다면 이곳에서 동북쪽에 있는 내양현의 현령 자리가 하나 비어 있는데 그곳이라면 어떻겠습니까?"
"촌 현령 말입니까? 오히려 그곳이 조용하고 좋겠습니다."
방통은 현령을 받아 그날로 길을 떠났다. 형주에서 2백여 리나 떨어진 벽촌이었다.
방통은 내양현에 부임해온 뒤로 손 하나 까딱하지 않고 있었다. 일이라야 고작 고발해오는 일뿐이었다. 그런 일도 처리하지 않고 술만 마시다 보니 일은 엄청나게 쌓여만 갔다. 그러다 보니 백성들의 원성이 갈수록 높아만 갔다.
이러한 소식이 마침내 유비의 귀에까지 들어갔다. 인자하기로 소문난 유비까지도 화가 나 장비와 손건을 시켜 방통을 순시하도록 하였다.
장비와 손건은 10여 명의 부하를 이끌고 내양현으로 갔다. 장비는 들어서자마자 방통이 묵고 있는 사관으로 가 방통을 찾았다.

방통은 의관도 갖추지 않은 채 머리도 빗지 않고 잠에서 깬 듯한 몽롱한 눈을 반쯤 뜨고 쳐다보면서 술 냄새를 풍기며 퉁명스럽게 대답하였다.

"내가 현령 방통이오. 왜 그러시오?"

"이 무슨 꼬락서니냐?"

"그렇게 고막이 터지도록 소리만 칠 것이 아니라 일단 앉아서 이야기 합시다. 당신이 바로 장비란 친구요?"

방통은 눈썹하나 까딱하지 않고 물었다. 장비는 속으로 뜨끔하였다. 지금까지 자기의 얼굴을 보고 놀라지 않는 사람이 없었으나 방통만은 그렇지 않았다. 대담하기가 이만저만이 아니었다.

"한잔 하면서 이야기할까요?"

방통은 또 아무렇지도 않게 태연하게 말하였다.

"한잔 하는 것이 문제가 아니다. 나는 의형 유황숙의 명을 받고 관을 바로잡기 위해 온 것이다. 여기 부임한 이후로 넌 아무 일도 하지 않고 술만 처먹고 있었다니 이것이 도대체 어떻게 된 일이야?"

"이제야 슬슬 해볼까 하는 참이오."

"그 무슨 말이냐? 송사가 산더미같이 밀려 있다고 하는데."

"일을 하자면 당장 할 수는 있지만 하는 날에 하면 문제가 없소. 정사는 사무와는 다른 법이오. 그것은 백성의 어진 성품을 기르고 악한 성품을 누를 줄만 알면 그만이오. 그렇지 않소?"

"주둥아린 살아가지고"

장비는 호랑이가 기지개를 켜듯 큰 소리로 말했다.

"그럼 내일 중으로 일을 처리하도록 하라. 그렇지 않으면 포박하여 백성 앞에 꿇어 앉혀 문초를 할 테다."

"그렇게 하지요."

하고 방통은 곁에 놓았던 술그릇에서 술을 따라 죽 들이켰다.

장비와 손건은 어느 민가에서 하룻밤을 묵었다.

이튿날 나가 보니 현청에서부터 한길까지 사람이 쭉 늘어서 있었다.

"무슨 일인가?"

장비가 의심스러워 물어보았다. 새벽부터 현령 방통이 갑자기 재판하기로 하고 백성들에게 사건을 일일이 묻고 있다는 것이었다. 사건은 가지각색이었다.

방통은 문제를 듣고는 즉석에서 해결해 주었다. 해가 기울기도 전에 대부분의 문제들이 물 흐르듯 결말이 났다. 판결을 받은 백성들은 만족해하며 모두 엎드려 방통에게 절을 하였다.
방통은 장비에게 웃음을 지으며 물었다.
"익덕 장군, 어떻습니까?"
장비는 방통에게 넙죽 엎드려 절을 하며 사죄하였다.
"아직까지 선생 같은 명석한 재판관을 뵌 적이 없습니다."
방통은 그 이튿날 장비가 떠나려 할 때 한 장의 종이를 쥐어 주며 부탁하였다.
"꼭 주공에게 올려주시오."
장비는 노숙의 추천장을 보고 크게 놀라며 물었다.
"선생께서는 왜 이것을 형님께 보이지 않았습니까?"
"그것을 내놓으면 마치 그것을 의지하여 온 것으로 보일 것 같아 싫었소이다."
유비는 장비가 돌아와서 바치는 노숙의 편지를 뜯어보고 크게 놀랐다.
"아, 하마터면 큰 사람을 잃을 뻔하였구나. 사람이란 외모만 따질 일이 아니구나."
유비는 혼자서 뉘우치고 있을 때 공명이 돌아와 물었다.
"방 사원은 잘 있다고 합니까?"
유비는 난처한 표정을 지으며 내양현 현령으로 보냈다는 이야기를 공명에게 하였다.
"사원은 큰 그릇입니다. 그런 사람을 작은 현령으로 내보내면 할 일이 없어 술이나 일삼을 것입니다."
하고 공명은 나직이 말하였다.
유비가 장비와 손건을 보냈던 이야기를 자세히 들려주었다.
"소신도 주공께 방통을 천거하는 글을 적어주었는데 주공께서는 보시지 않았습니까?"
"지금까지 본 적도 들은 적도 없소. 오늘에야 노숙이 천거한 글만을 보았소."
"큰 인물을 가볍게 대접하니 술이나 마시고 일을 보지 않았을 것입니다. 어쨌든 현령으로 다른 사람을 보내고 빨리 그 사람을 불러오도록 하시지요."
공명의 말에 따라 그 이튿날로 방통을 형주로 불러들였다. 유비는 방통을 보자 계단을 내려가 맞으며 자신의 어리석음을 너그러이 이해해 달라는 사죄를 하고 공명과 더불어 밤이 깊도록 술잔을 나누었다.
유비는 술기운이 올라 자리에 누워서도 여러 가지 생각에 몰두하였다.
'옛날 사마휘나 서서 선생께서 와룡과 봉추 두 사람 가운데서 한 사람만 얻어도 천하를 얻기가 그리 어렵지 않으리라는 말이 떠올랐다. 그런데 뜻밖에도 그 두 사람이 모두 나를 돕고 있으니 이제 한실을 일으키는 것도 어렵지 않겠구나.'
유비는 방통을 곧 바로 부군사 중랑장으로 삼고 공명과 함께 계책을 내고 군사를 조련하도록 하였다.

겉모습은 가면일 경우가 많다

방통은 적벽대전에서 보여주었듯이 최고의 전략가 중에 한 사람이지만 외모가 좋지 않아 크게 기용되지 못했다. 인재를 중히 여기는 손권조차 방통을 가듭떠 보지 않았고, 유비마저 첫인상에 속아 크게 쓰려고 하지 않았다. 노숙의 추천장을 보고 공명이 방통을 추천하자 그때서야 비로소 유비는 방통을 크게 기용했다. 유비는 방통을 통해 사람을 외모로만 따져서는 안 된다는 사실을 깨달은 것이다. 만일 상대의 능력을 보지 않고 외모로만 평가했다면 아마 방통처럼 걸출한 인물 중 상당수가 큰 업적을 이룩하지 못했을 것이다.

이처럼 사람을 볼 때 외모로 사람을 쉬 판단하지 말아야 한다는 것을 알 수 있다. 외모는 실질적인 능력을 반영하지 못하기 때문이다. 이솝도 "화려하고 아름다운 겉모습에 속지 말라."고 하였다. 이것은 사회생활을 하면서 반드시 주의해야 할 점이라고 생각한다. 외모가 못생긴 사람이 가장 선량할 수도 있으며 절세의 미인 중에는 독사보다 더 독한 독기를 품을 수 있다. 그리고 나폴레옹처럼 키가 작고 어깨가 좁다고 마음이 좁은 것이 아니며, 항우처럼 키가 크고 어깨가 넓다고 마음이 넓은 것도 아니다. 정작 해맑은 얼굴에도 살기를 띠고 있는 것이 인간의 보이지 않는 얼굴이다. 그래서 우리는 외견상 유익하거나 아름다운 것처럼 보이는 것 때문에 마음의 혼란을 일으키는 경우가 종종 있다. 소크라테스는 못생겼지만 지혜로워 서양철학의 아버지가 되었다. 그리고 나폴레옹은 키는 작았으나 야망은 한없이 컸다. 그래서 나폴레옹은 "비록 땅에서 재면 내 키는 작지만 하늘에서 재면 누구보다도 키가 크다."라는 역설적인 말을 하였다. 키가 작다고 깔보지 말라는 것이다. 첫인상은 많은 것을 속이니 첫인상에 속지 말라는 것이다.

사람을 겪어보고 판단해야

　물론 사람의 외모와 마음 사이에는 어느 정도 상관관계가 있다는 것이 사실이다. 나이가 들수록 인간의 외모는 때때로 내면세계를 반영하고 표현하기도 한다. 그 사람의 표정 속에 나이테처럼 인생의 굴곡이 새겨지기 때문이다. 그래서 그 사람의 표정을 보고 그 사람의 내면을 어느 정도 읽을 수 있다. 허나 외모로 나타난 인상과 사람의 속마음이 전혀 다른 경우가 얼마든지 있다. 감정을 전혀 드러내지 않는 사람도 있으며 마음속에 품고 있는 것을 숨기는 사람도 있다. 자신의 감정을 숨기는데 능한 사람이 얼마든지 있을 수 있다. 더구나 사악한 사람일수록 가면을 쓰고 다닌다. 그러므로 첫 인상을 믿고 상대방을 함부로 신뢰해서는 결코 현명하지 못한 처사이고, 외모가 뛰어나다는 이유로 높은 점수를 주는 것은 지양해야 한다. 첫인상만으로 사람 됨됨이를 알 수 없는 법이다. 우리는 '얼굴값을 한다'는 말을 마음속에 늘 새겨야 한다.

　그러므로 사람을 판단할 때 한 번 보고 판단할 것이 아니라, 여러 번 겪은 뒤에 신중하게 판단해도 늦지 않다. 하물며 외모 지상주의에 빠져 얼굴을 뜯어고치는 지금에 있어서는 말할 것도 없다. 공자도 언변에는 능하나 공부에 힘쓰지 않는 재여를 겪어 보고 "지금까지 나는 사람을 대할 때 그의 말을 듣고 그의 행실을 믿었으나 이제부터는 그의 행실을 본 뒤에야 믿어야겠으니 재여가 나의 생각을 바꾸어주었다."라는 깨달음을 얻었다고 한다. 한비자도 "사람의 용모와 복장을 살펴보고 언변만을 들어서는 제아무리 공자라도 그 능력을 판단할 수 없다."고 하였다. 지혜의 전도사 그라시안도 첫인상에 속지 말라고 다음과 같이 말한다.

　　첫인상으로 우리의 의지와 분별력을 잃어서는 안 된다. 이것은 정신의 비천함을 말하는 것으로 그 비천함이 알려지면 찾아오는 것은 오로지 파멸뿐이다. 악의를 품은 자가 그 기회를 결코 놓치지 않기 때문이다. 나쁜 의도를 지닌 자는 쉽게 믿는 자들을 재빨리 속여 자기 사람으로 만든다. 그러니 항상 두 번째 세 번째의 소식을 들을 준비를 하라. 첫인상을 쉽게 받아들이는 것은 하찮은 재능과 비천한 열정에서 비롯된다.

그래서 공자는 "좋은 말로 꾸미고, 얼굴빛을 좋게 하고, 지나칠 정도로 공손한 태도를 보이는 사람을 경계하라."고 하였다. 겉으로 인간성이 좋아 보이면서 나에게 호의를 베푼다고 하여 진정 나를 아끼고 사랑한다고 믿는 것은 자칫 어리석은 일일 수 있다. 그리고 상대방이 겸손하다고 하여 자신을 높이 평가한다고 쉽게 단정 짓지 않는 것이 좋다. 지나친 겸손 속에 치명상을 줄 수 있는 비수를 숨기고 있는 경우도 있기 때문이다. 특히 지금과 같이 이미지를 마음대로 만드는 시대에는 이미지에 속지 않는 것이 매우 중요하다.

상대의 인상이 좋다고 가볍게 믿거나 승낙하는 것은 신중하지 못한 처사이며 자칫 최대의 재앙을 불러올 수 있다. 한번의 속임수로 인해 평생을 후회스런 삶을 사는 것이 보통의 우리들의 인생이다. 달콤한 말이나 예쁜 미모에 속지 않는 것, 그 또한 자신을 지키는 삶의 소중한 자산이자 지혜이다. 지혜를 쌓아 인생을 아름답고 풍요롭게 가꾸자.

22. 생명의 지킴이, 지혜 - 마초의 비애

요즘에는 유언비어나 허위 사실을 유포하면 처벌을 받는다. 그만큼 유언비어나 허위 사실의 피해가 많다는 반증이다. 유명인의 경우 유언비어 하나로 치명타를 받는 경우를 흔하게 볼 수 있다. 한때 이름을 떨친 연예인 최진실의 죽음도 이것과 무관하다고는 말할 수 없다. 그만큼 유언비어나 허위 사실의 유포는 피해가 크다. 특히 지금과 같이 정보 시대에는 유언비어는 한순간에 전세계에 퍼질 수 있다. 그러니 잘못된 정보는 한 사람을 생매장시킬 수 있는 힘을 지니고 있다.

유언비어나 허위 사실은 근거 없는 소문에 불과하지만, 그것이 유포되는 순간 점점 사실처럼 퍼진다. 뜬소문이라도 자꾸 반복되다 보면 사람들은 자신도 모르게 세뇌되어 쉽게 믿는 습성이 있다. 증자의 어머니는 하루에 세 번이나 아들이 사람을 죽였다는 소리를 들었다. 처음에는 믿지 않았다. 허나 세 번째 사람이 똑같이 말하자 증자의 어머니는 두려움에 떨며 담을 넘어 달아났다. 그래서 한비자는 "저잣거리에는 호랑이가 출몰하지 않는 것은 명백하다. 허나 세 사람이 호랑이가 있다고 말하면 정말 호랑이가 나타났다고 믿는 사람이 생긴다."고 하였다.

문제는 사람이 어리석을수록 유언비어를 쉽게 믿는다는 데 있다. 생각이 없고 판단력이 없기 때문이다. 그러나 현명한 사람에게는 유언비어는 잘 통하지 않는다. 현명한 사람은 경솔하지 않아 다른 사람의 말을 무조건 믿지 않으며 미심쩍을 경우 그 진의를 파악하여 진상을 밝히려 한다.

사실 유언비어는 저절로 생기는 것이 아니라 사람을 의심하고, 미워하며, 시기하고, 질투하기 때문에 발생한다. 사람 사이를 갈라놓는 이간책도 사람의 이러한 약점을 교묘하게 이용한 전략이다. 따라서 지도자라면 의심하지 않고 유언비어를 믿지 않는 것이 중요하다. 사람을 일단 믿었으면 그 사람을 충분히 신임해야 하며, 절대로 근거도 없이 쉽게 상대를 의심하는 것은 참으로 위험하다. 상대방을 의심하면 지금까지의 동지가 일순간의 적으로 변하기 때문이다. 유언비어에 흔들리지 않을 때 유언비어는 조용히 사라진다.

강직과 우직의 차이는 무엇인가? 공자의 말처럼 강직한 사람도 지혜롭지 못하면 우직한 사람이 되고 만다. 강직한 사람은 이간책에 흔들리지 않지만 우직한 사람은 이간책에 쉽게 흔들린다. 강직한 사람은 일을 행함에 있어 부하뇌동하지 않고 자신의 일을 굳건히 밀고 나가지만, 우직한 사람은 부화뇌동하며 자신의 우직한 생각을 그대로 밀고 나간다. 결국 지혜롭지 못한 우직한 사람은 상황 파악을 제대로 하지 못하고 자신의 잘못된 생각을 불도저처럼 밀어붙이다가 자신을 파멸로 이끌어간다.

마등의 아들 마초는 비록 천하의 둘도 없는 무장이었지만 우직한 성격을 지녔다. 이런 성격 때문에 마초에게 어두운 그림자가 다가온다. 마초와 한수는 둘도 없는 사이였다. 한수는 조조에게 패해 죽은 마초의 아버지와 의형제를 맺은 사이였고, 그래서 마초는 한수를 숙부님이라고 부르며 따르던 사이였다. 그런데 이런 사이도 조조의 이간계에 빠져 금이 가고 만다. 과연 그들의 운명은 어떻게 되겠는가?

조조는 유비가 방통을 부군사로 삼고 군사력을 키우니 걱정이었다. 언제 유비가 동오와 손을 잡고 쳐들어올지 몰라 심히 불안하였다. 그래서 먼저 군사를 내 유비를 치려고 하였다. 그런데 문제가 있었다. 조조가 군사를 이끌고 나간 사이 마등이 이끄는 서량의 군사들이 허도로 쳐들어온다면 그야말로 큰일이기 때문이었다. 지난 적벽대전에서도 서량의 군사들이 쳐들어온다는 헛소문에 조조군이 많이 흔들렸다. 그래서 조조는 먼저 마등을 제거하는 것이 일의 순서라 생각하여 마등을 제거할 계책을 냈다.

조조는 마등의 벼슬을 올려주면서 천자의 조사를 내려 허도로 올라오도록 하였다. 마등이 허도로 올라오면 그 즉시 그를 제거하기 위해서였다.

마등은 서량태수로 키가 크고 용감한 몽골의 피가 섞인 용맹스러운 기마민족으로서 마음이 착하고 어질어 많은 사람으로부터 공경을 받고 있었다. 영제말년 강족의 난이 났을 때 마등은 의병을 일으켜 난을 평정하였고 그 공으로 정서장군에 올랐고, 진서장군 한수와는 의형제를 맺고 지냈다.

조조는 용감한 군사들을 많이 거느리고 있는 서량의 마등이 언제나 마음에 걸렸다. 특히 마등이 동승과 함께 자신을 제거하려는 역모에 가담한 뒤로 더욱 조조에게는 눈의 가시였다.

한편 마등은 허도로 올라오라는 조조의 서신을 보고 천자의 칙명을 거절할 수 없어 마침내 허도로 출발하였다. 허도로 출발하기 전에 아들 마초는 아버지가 걱정되어 아버지 마등에게 주의를 주었다.

"아버님이 허도에 가더라도 허도성 안으로 들어가지 마십시오. 먼저 조조의 움직임을 살펴보도록 하십시오."

마등은 마초에 말에 따라 허도성에 들어가지 않고 허도의 근처에 머무르면서 조조의 움직임을 예의주시하였다.

그 때 조조의 사신으로 온 황규라는 자가 왔다. 그런데 황규는 내일 성안으로 들어와 천자를 알현하라는 조조의 말을 전하지 않고 조조를 제거할 것을 주문하였다.

"내일 성 안으로 들어오는 것은 죽는 것이나 다름이 없으니 내일 성에 들지 말고 군사를 성 아래 사열을 하여 조조에게 점검하도록 하고, 그 사이 천자를 속이는 역적 조조를 친다면 뜻을 이룰 것이오."

마등은 황규가 진심으로 말한다고 생각하고 그렇게 하기로 하였다.

그러나 황규는 그것을 비밀로 하지 않고 애첩인 이춘향에게 말하는 바람에 사전에 누설이 되고 말았다. 이춘향은 정을 통하고 있는 황규의 처남 묘택에게 이 사실을 알려주었다.

춘향에게 황규와 마등의 음모를 들은 묘택은 황규를 없애고 춘향을 자신의 것으로 만들려고 이 사실을 조조에게 고해바치고 말았다.

조조는 곧 바로 군사들을 시켜 황규와 그 식솔들을 잡아들이게 하였다.

그리고 다음 날 군사들을 동원하여 마등을 공격하게 하였다. 마등은 죽기를 각오하고 싸움을 하였지만 수적으로 많은 조조의 군사들을 당해낼 수 없었다. 마등은 결국 사로잡혔고 조조 앞으로 끌려갔다.

"천자를 능멸하는 조조야! 나는 죽지만, 하늘이 너를 결코 용서하지 않을 것이다."

마등은 죽음 앞에서도 기개 높은 무인답게 조조를 꾸짖으며 당당하게 죽었다. 또한 조조는 매부를 밀고하고 누이의 집안사람을 모두 죽게 한 의리 없는 묘택도 그 자리에서 목을 베게 하였다.

한편 서량의 군사들과 대기하고 있던 마등의 아들 마대는 더 이상 조조와 대적할 수 없다는 것을 알고 밤을 틈타 서량으로 달아났다. 그리고 이 사실을 마등의 큰 아들 마초에게 알렸다.

마초는 그 소식을 듣고 분을 삭이지 못하고 이를 갈고 있었다.

"조조 이놈! 내 반드시 이 원수를 갚으리라!"

그 때 마침 유비로부터 서신이 왔다. 역적 조조를 사로잡아 원수도 갚고 한실을 부흥시키자는 글이었다.

마초는 유비의 글을 보고 유비와 손을 잡아 아버지의 원수를 갚으리라고 속으로 다짐하였다.

이 때 마등과 의형제를 맺은 서량태수 한수가 마초를 불러들였다. 한수는 자기에게 마초를 치라는 조조의 서신을 보여주며 함께 힘을 합쳐 조조를 치자고 하였다.

"숙부님께서 그렇게 말씀하시니 아버님이 살아오신 것 같이 기쁩니다."

마초는 마침내 한수와 손을 잡고 20만 대군을 이끌고 장안을 향하였다. 장안성에 있는 종요는 조조에게 이 사실을 알리고 밖으로 나가 서량군을 맞아 싸웠다. 그러나 종요는 서량군의 기세에 눌러 한 순간에 패하고 말았다. 그리고는 종요는 장안성을 나오지 않았다.

서량군은 기세를 올려 성을 포위하고 총공세를 펼쳤으나 성은 쉽사리 함락되지 않았다.

마초는 작전을 바꿨다. 마초는 장안성이 물이 부족하다는 사실을 알고 군대를 일단 물러서게 하였다. 장안성에서 물을 구하기 위해 문을 열고 나오도록 유도하였던 것이다. 만일 사람들이 물을 길러 나온다면, 그 때 군사를 시켜 장안성 사람들 틈에 끼어 성으로 숨어들어 가려는 계책이었다.

그 계책은 그대로 적중하였다. 마초의 부하 장수 방덕은 장안성 사람들 사이에 끼여 성으로 숨어들어가 성에 불을 지르고 문을 열었다. 마초는 그 틈을 이용하여 크게 힘들이지 않고 장안성을 쉽게 정복할 수 있었다.

한편 장안성을 빼앗긴 종요는 동관으로 도망갔다. 그리고 그 사실을 조조에게 보고했다. 조조는 그 소식을 듣고 대노하며 조홍과 서황에게 동관으로 빨리 가 자신이 갈 때까지 열흘간만 버티라고 명령하였다.

동관에 간 조홍과 서황이 처음에는 조조의 명을 받들어 마초와 맞서지 않으니 마초로서도 어떻게 할 방법이 없었다.

마초는 조조가 오기만을 기다릴 수 없어 욕을 잘 하는 군사를 시켜 밤낮으로 조홍을 욕하도록 하였다. 처음에는 어느 정도 인내를 가지고 참았던 조홍은 시간이 흐르자 그것을 보고 더는 참을 수 없었다. 더군다나 서량군은 무기를 버린 채 풀밭에서 편히 쉬고 있었다. 그것을 보자 더는 참을 수 없어 조홍은 그대로 성 밖으로 뛰쳐나갔다.

조홍이 성 밖으로 나갔다는 소식을 듣고 서황도 서둘러 뒤쫓았다. 서황이 달려가 조홍을 돌아오라고 외쳤지만 이미 마초의 함정에 빠진 뒤였다. 조홍과 서황은 마초의 계략에 빠져 순식간에 많은 군사를 잃고 동관까지 빼앗기고 말았다.

조조는 명령을 어긴 조홍의 목을 베려 하였으나 신하들의 간청으로 용서해 주고 손수 동관 앞에 새로이 진지를 세우고 마초와 대치하였다.

조조와 마초의 첫 번째 싸움은 마초의 승리로 끝났다. 처음에 우금이 나와 마초와 자웅을 겨루었으나 역부족이었다. 그 순간 장합이 달려 나와 마초와 대항해 주는 바람에 우금은 간신히 목숨을 건질 수 있었다. 그러나 마초와 맞서던 장합은 그만 마초의 창에 찔려 말에서 떨어지고 말았다.

그 바람에 조조군은 사기가 떨어져 마초군에게 쫓기게 되었고 조조마저 마초에게 쫓겨 도망가는 신세가 되었다.

조조의 전포를 보고 쫓아오자 전포를 벗고 도망갔고, 수염이 길다고 쫓아오자 칼로 수염을 베면서 도망갔다. 그러나 조조는 마초가 던진 창에 하마터면 맞을 뻔 하였으나 그 창은 살짝 빗나가 조조가 지나가고 있는 나무에 꽂히고 말았다.

그리고 그 순간 조홍이 마초를 막아서는 바람에 조조는 간신히 줄행랑을 쳐 살 수가 있었다.

조조는 마초와의 첫 번째 전투에서 패한 후 위수의 건너편에 진영을 세우고 마초와 대치하였다. 조조는 진지를 지킬 뿐 나가 싸우지 않았다.

그리고 얼마 지나지 않아 조조와 마초와의 공방전은 계속되었다. 밀고 밀리는 싸움은 계속되었으나, 마초군이 매일같이 쳐들어 와 임시로 만든 진영을 불태워 버리니 조조는 점점 힘들어 갔다.

조조는 마초가 이끄는 기마병을 무기력하게 하기 위해서는 튼튼한 진지를 구축하는 것이 무엇보다 시급하였다. 순유의 계책에 따라 강변의 흙과 모래를 퍼다 토성을 쌓아 진지를 구축하기로 하고 그것을 곧 바로 실행하였다.

그러나 그것마저 마초가 상류를 막았다가 폭우가 오자 막았던 둑을 무너뜨리자 일순간에 그 토성은 무너지고 말았다.

조조는 진지를 구축하지 못한 채 세월만 흘러 어느덧 차가운 겨울을 맞이했다.

그런데 어느 날 몽매 거사라는 노인이 찾아와 조조에게 진지를 구축할 수 있는 방법을 알려주었다.

"차가운 북풍이 불기를 기다려 군사들에게 토성을 쌓게 한 다음 그 위에 물을 뿌리면 물과 흙이 함께 얼어붙어 튼튼한 토성을 쌓을 수 있습니다."

그날 밤 군사들에게 엄명을 내려 오늘 밤 안으로 반드시 성을 쌓도록 하였다.

다음 날 마초는 하루아침에 만들어진 토성을 보고 깜짝 놀랐다. 한수 역시 조조의 지략에 감탄할 수밖에 없었다.

조조는 놀란 눈으로 토성을 바라보고 있는 마초를 향해 항복하라고 큰 소리쳤다.

그 순간 마초는 조조 곁에 서 있는 조조군의 맹장 허저를 보자 허저에게 싸움을 걸었다. 그러나 승부가 나지 않자 조조는 불안하여 먼저 하후연과 조홍에게 허저를 도우라는 명령을 했다. 그러자 마초군도 동시에 뛰어 나와 마침내 두 군사들 사이에 전투가 벌어졌다.

그런데 조조군은 기마병으로 구성된 마초군을 꺾을 수 없었다. 조조는 싸움에서 크게 패하여 진지로 돌아와 성문을 굳건히 걸어 잠그고 움직이지 않았다. 그리고 다른 군사를 강 건너 하서에 보내 마초군의 후방을 노리도록 하고 기회만 엿보고 있었다.

마초는 앞뒤로 적이 있는데다 더 나아갈 수 없어 조조에게 빼앗은 땅을 되돌려 주고 일단 화친을 맺기로 하였다.

조조도 순순히 마초의 뜻을 받아들였다.

그러자 가후는 조조에게 한 가지 계책을 내 놓았다.

"싸움에는 언제든지 속임수가 있게 마련입니다. 화평을 받아들인 다음 한수와 마초를 이간시켜 서로 다투도록 한다면 마초를 사로잡을 수 있을 것입니다."

"서로 뜻이 통하는 것 같네."

하고 조조는 가후의 계책에 따르기로 하였다.
한수의 막사에 뜻밖에도 조조의 사자가 왔다.
한수는 사자가 들고 온 글을 펴 보았다. 조조의 친필임에는 틀림없었다.
'그대와 이 사람과는 원래 원수지간이 아니며 그대의 아버님은 이 사람의 선배이며 내 자신이 그대의 아버님을 항상 숙부님처럼 따랐소 뜻하지 않게 얼마 전부터 갈라서 서로 싸우고는 있으나 옛정은 하루도 잊을 수가 없었소 이제 다행히 화해가 이루어져 위수의 진중에서 편안히 지내고 있소 원하건대 옛 친구 한수로서 한 번 찾아주기를 간절히 바라오'
"아아, 그도 나를 잊지 않고 있었구나!"
한수는 옛정에 감동되어 다음 날 갑옷도 입지 않고 병사들도 따르지 않게 하고서 혼자서 조용히 조조를 방문하였다.
조조는 무슨 일인지 한수를 안으로 인도하지 않고 자기 스스로 진 밖에까지 나와 매우 친절하게 평상시 멀리 지냈던 것을 사과하였다.
그리고 이어서 말했다.
"그대와 함께 벼슬길에 올랐는데 관직에 나아간 연후에는 서로가 멀어져 만나지 못했는데 세월이 많이 흘렀구려. 그래, 그대의 나이가 몇이나 되시오?"
"이 몸도 벌써 사십이 되었소이다."
"옛날에 도성에 있을 때에는 한창 때였는데 이미 중년이 되었구려. 언젠가 다시 태평성대를 얻어서 옛날의 동심으로 돌아갈 수 있다면 얼마나 좋겠소 오늘 이 몸이 서신을 보냈면서도 공교롭게도 막사 안에서 장수들과 중요한 회합을 하는 중이어서 대접을 하지 못했소 미안하오."
"천만에 말씀입니다. 다시 만나 뵙도록 하겠습니다."
한수는 가벼운 기분으로 돌아갔다.
누가 이것을 보았는지 마초에게 이 사실이 그대로 전해졌다.
불쾌한 안색을 하고 있던 마초는 다음날 다른 일을 핑계 삼아 한수를 찾아왔다.
"어제 위수 강변에서 조조와 밀담을 하셨다는 소문인데, 대체 그게 무슨 소리입니까?"
한수는 눈을 크게 뜨고 손을 들어 흔들었다.
"그게 무슨 말인가? 조조와 밀담 따위를 주고받은 일은 없었네. 또 군사 일에 대해서는 전혀 이야기 하지 않고, 옛적에 함께 지내던 일을 잠시 얘기하였네."
"그렇습니까? 그와는 오래 전부터 친한 사이였습니까?"
마초는 의아스러운 눈으로 한수를 바라보았다.
그러나 한수는 아무런 거리낌이 없었던 까닭에 마초와 우스갯소리와 농담만 주고받고 말았다.

조조는 그날 밤에 가후를 불러들였다.
"오늘 한수와의 일을 어떻게 보았는가?"
"참으로 절묘합니다. 허나 한 가지가 부족합니다. 그것만 가지고는 마초가 한수를 진심으로 의심하게 만들었다고는 할 수 없습니다."
"부족하다? 그렇다면 어떻게 하는 것이 좋겠는가?"
"승상께서 다시 한 번 친서를 한수에게로 써서 보내십시오 마초는 용맹은 하지만 지략이 없으니 편지를 보냈다는 것이 마초의 귀에 들어가면 마초는 한수에게 편지를 보여 달라고 할 것입니다. 그러니 편지를 쓰실 때 중요한 곳은 군데군데 흐리게 쓰거나 먹으로 지우면서 얼른 보기에 굉장히 중요한 뜻이 내포되어 있는 것처럼 보이게 하면 되는 것입니다."
"호오, 그럴 듯 하군."
"기필코 글을 받은 한수도 도대체 무엇인가 하고 괴이하게 여겨 틀림없이 마초에게는 숨길 것입니다. 여기까지 이루어진다면 이미 계략은 성공하였다 해도 과언이 아닐 것입니다. 결국 둘은 다툼이 일어날 것이니 그 때 한수를 달래 마초를 죽이면 됩니다."
그 후 마초는 심복 부하를 몰래 한수의 진중으로 보내어 그 출입을 엿보게 하였다.
"오늘 밤에 또 조조의 심부름꾼 같은 자가 한수의 영내로 편지를 전하고 갔습니다."
심복 부하가 이렇게 알린 까닭에 마초는 자기의 의심이 들어맞았다고 생각이 들자 저녁 식사도 하지 않고 휙 밖으로 나서서 한수의 영문을 두드렸다.
한수는 놀라 마초를 맞이하였다.
"조조가 숙부님에게 편지를 보냈다는 소리를 들었습니다. 제게도 그 편지를 한 번 보여주었으면 합니다."
하고 탁자 위에 놓여 있는 글에 눈을 보내면서 대답하였다.
"그 편지를 보면 무슨 말을 쓴 것인지 통 알 수가 없을 것이네. 나 역시 알 수가 없으니."
마초는 대답도 하지 않고 다만 글만을 보고 있었다. 글의 구절도 분명하지 않았고 여러 곳을 붓으로 지워버린 괴이한 편지였다.
마초는 그것을 보고 물었다.
"어찌하여 군데군데 흐려지거나 지워져 있는 것입니까?"
"원래 그렇게 편지가 왔는데 내가 어떻게 알겠나."
"설마 남이 알아볼 수 없게 해서 보낼 리가 없지 않습니까? 혹시 숙부님께서 지워버리신 것은 아닙니까?"
"무슨 말을 하는 건가? 아마 조조가 편지를 잘못 보낸 것일 거야."
"그건 말이 되지 않습니다. 조조는 매사에 빈틈이 없는 자입니다. 숙부님이 제게 무얼 속이고 있는 것은 아닙니까?"

"자네가 정히 내 말을 못 믿겠다고 하면 진심을 보여 주겠네. 내일 내가 조조의 성을 찾아가 전과 같이 진 밖에서 조조를 불러내어 말을 할 테니, 그 때 자네가 그 부근에 숨어 있다가 달려 나와 조조를 죽이도록 하게. 그러면 나의 진심을 알 것 아닌가?"

한수는 다음 날, 막하의 이담, 마원, 양추, 후선 등을 데리고 태연히 조조의 진중을 찾았다. 조조는 앞서부터 예의 빙성으로 돌아와 있었다. 그 전갈을 듣자 조조는 조인더러 대신 나가라고 하였다. 그리고 조조는 자리를 같이 하고 있던 조인의 귀에다 무엇인가 소곤거렸다.

조인은 여러 장수를 데리고 점잖게 성문을 나서자 말 위에 앉은 채로 한수 옆으로 다가가 말하였다.

"어제 편지는 감사하였습니다. 승상도 매우 기뻐하셨소. 그러나 사전에 일이 새어 나가는 날이면 큰일이오. 그러니 항상 마초의 눈을 조심하시기 바랍니다."

말을 마치고는 날쌔게 그 자리를 떠나 아무 말도 없이 성문을 그대로 닫아 버렸다. 그늘 뒤에 숨어 있던 마초는 크게 노하여 한수가 돌아오자마자 한수와 결판을 내려고 하였다. 그러나 장수들이 만류하는 바람에 화를 누르고 칼을 도로 거두었다.

한수는 초연한 모습으로 자기의 진중으로 돌아왔다.

팔기 중에서 다섯 장수들이 그의 뒤를 따라와서 위로해 주었다.

"우리들은 장군의 심중에 딴 마음이 없다는 것을 너무나 잘 알고 있습니다. 그런데 마초는 자신의 용맹만 믿고 주공을 업신여기고 있습니다. 설령 조조와 싸움에서 이기더라도 마초는 주공을 높이 받들지 않을 것입니다. 그러니 차라리 장군께서도 이 기회에 조조에게 항복하시어 몸을 편안히 하시는 것이 어떻겠습니까?"

"무슨 말을 그렇게 하는가? 나는 마초의 아비와 의형제를 맺은 사이인데, 이제 와서 어찌 마초를 버릴 수 있단 말인가?"

"그것은 주공의 일방적인 생각입니다. 마초 편에서는 도리어 장군을 눈의 가시처럼 여기고 있으니, 주공의 의리는 도대체 누구를 위한 것입니까?"

양추, 이담, 후선이 한수에게 번갈아 가며 마초에게서 떠날 것을 권하였다.

마침내 한수도 그들의 뜻에 따르기로 하였다. 양추를 시켜 그날 밤에 비밀리 조조에게 항복의 편지를 보냈다.

조조는 손뼉을 치고 기뻐했다.

그리고 조조는 마초를 칠 계책을 보냈다.

'내일 저녁 마초를 초대하여 잔치를 베풀라. 장막의 둘레에 기름칠하고 마른 풀을 쌓고 불을 질러라. 그러면 달려가 마초를 생포하리라.'

한수는 이튿날 심복 다섯 장수를 모아 놓고 어떻게 마초를 끌어들일 것인가를 의논하고 있었다. 그래서 장막에 기름칠을 하고 마른 풀을 숨기고서 잔치 자리를 마련하였다. 그리고 한수를 중심으로 우선 축배를 들어 한 잔 나누고 세밀한 계획을 짜고 있을 때였다.
그 때 소리를 지르며 뛰어든 자가 있었다.
그 사람을 보니 마초였다.
한수는 불의의 습격을 받아 그만 허둥지둥하고 있는 동안 마초는 검을 빼어 들자마자 한수에게 달려들어 칼을 휘둘렀다.
한수는 방패를 잡을 틈조차 없어 왼팔을 들어 칼을 막았다. 순간 그의 팔은 떨어져 나갔다.
마초가 한수의 뒤를 쫓아가니 오기의 대장들이 좌우에서 마초를 향하여 덤벼들었다.
장막은 불로 뒤덮였다. 마초는 피가 흐르는 칼을 들고 한수를 혈안이 되어서 찾는 것이었다.
마초 앞을 가로 막은 마원은 당장에 죽었고, 그를 따라 온 방덕, 마대들도 한수의 부하들을 닥치는 대로 죽였다. 이 때 갑자기 위수를 건너 온 기병대가 아무 말도 없이 불꽃 속으로 뛰어 들어 왔다.
그 중에는 허저를 비롯하여 하후연, 서황, 조홍 등의 조조군 맹장들이 모두 섞여 있었다. 마초는 너무나 놀란 나머지 황급히 진 밖으로 뛰어 나갔으나 이미 방덕은 보이지 않았고 마대도 눈에 띄지 않았다.
마초조차도 이렇게 놀랄 정도이니 다른 서량의 군졸들의 혼란이야 말로는 표현할 수가 없었다. 각처의 영문에서는 검은 연기가 치솟고 있었다.
날은 저물었으나 불길은 하늘로 솟구쳤고 위수의 흐름은 새빨갛게 물들었다.
마초는 하는 수 없이 도망 갈 곳을 찾았다. 마초가 도망친다는 소식을 듣고 조조는 군사들에게 큰 상금을 걸고 마초를 잡아오도록 하였다. 그 만큼 조조가 마초를 두려워했다는 방증이었다.
조조의 추격을 받은 마초는 방덕과 마대를 거느리고 농서의 임조 땅으로 달아났다.
조조는 마침내 마초를 치고 허도로 개선하였다. 그 때 헌제는 친히 성 밖까지 나와 맞이하였으며 조조에게 특전을 내렸다.
이제 조조는 천자 앞에서도 허리를 굽히지 않아도 되었으며, 칼을 차고 신을 신은 채 황제 앞에 설 수 있게 되었다.
이렇게 세상은 점점 조조의 천하로 옮겨가고 있었다.

지혜의 날을 세우자

마초는 싸움을 잘 하는 장수였지만 한마디로 우직하였다. 가후가 지적한 대로 속고 속이는 전쟁에서 이간책에 걸려들어 동지를 의심하였다. 조금의 융통성도 없었다. 한수를 의심하니 다른 가능성은 생각하지 않고 끝까지 의심하고 또 의심하였다. 세상은 많은 가능성이 공존한다. 그래서 지혜로운 사람은 모든 가능성을 열어두고 생각하지만 지혜롭지 못한 사람은 자신의 생각에 갇혀 오로지 하나의 가능성만 생각하는 어리석음을 범하는 것이다. 전쟁 중이므로 마초가 그것이 조조의 농간일 수 있다는 생각을 조금만 했었어도, 마초의 운명은 분명 달라졌을 것이다. 그런데 운명의 장난이었는지 마초는 너무나 우직하여 자신의 무덤을 파고 말았다. 우직함이 부른 화였다. 이간계라는 병법만 좀 알았어도 이런 비참한 꼴은 당하지 않았을 것이다.

우리는 적어도 조조처럼 꾀가 있어야 절망적인 상황에서도 빠져 나올 구멍을 찾을 수 있다. 반면 마초처럼 우직하면 절망적인 상황으로 스스로 빨려 들어간다. 이와 같은 상황은 무엇을 말하는가? 이는 우리가 아는 만큼 행복할 수 있고 모르는 것만큼 불행할 수 있다는 것을 의미한다. 지혜롭지 않으면 일생을 흐리멍덩하게 보내거나 제멋대로 행동하여 아무 것도 이루지 못한다는 것이다. 반면 지혜롭다면 인생을 멋지고 아름답게 살아갈 수 있다. 그래서 공자는 배우지 않으면 다음과 같은 상황이 벌어짐을 강조한다.

> 사랑하기를 좋아하면서 배우기를 싫어하면 우매해지고, 영리하되 배우기를 싫어하면 방탕해지고, 신의를 좋아하면서 배우기를 싫어하면 남을 해치게 되고, 정직을 좋아하면서 배우기를 싫어하면 각박해지고, 용기를 좋아하면서 배우기를 싫어하면 난폭해지고, 강직하기

좋아하면서 배우기를 싫어하면 망동하기 쉽다

공자의 이 말은 배우지 않으면 상황 파악을 제대로 못해 언제든 잘못된 길을 간다는 것을 의미한다. 사랑한다면서 맹목적 사랑으로 자식을 망칠 수 있고, 영리한 머리로 탐욕적인 삶을 살다가 갈 수 있고, 신의를 앞세우다 조폭 같은 삶을 살 수 있고, 정직을 앞세워 인정머리 없는 삶을 살기 쉬우며, 용기 있는 행동을 한답시고 무례한 행동을 일삼기 쉽고 강직함을 내세워 남의 말을 듣지 않아 천덕꾸러기가 될 수 있다는 사실이다. 잘잘못을 가릴 줄 알아야 비로소 올바른 행동을 할 수 있다. 즉 사람은 배워서 이성적인 사람이 되어야 비로소 인간다운 행동을 할 수 있다는 것이다. 공자의 이 말은 이성을 통해 중용적인 삶이 가능하다는 아리스토텔레스의 말과 상통한다. 이성과 지혜 없이는 제대로 된 삶을 가질 수 없고, 지도자로서 자질도 없다. 그래서 공자는 인간이 되기 위해서는 무엇보다도 배움을 강조하였다.

그러나 세상은 넓고 변화무쌍하여 그때 그때 어떻게 해야 제대로 믿고 사랑하며 용기 있는 행동을 하는지를 알기가 어렵다. 대부분 사람들은 '사랑하라'고 말하지만 제대로 남을 사랑하는 사람은 보기가 어렵다. 그래서 공자는 인생을 헛되게 보내지 않기 위해 "아침에 도를 깨달으면 저녁에 죽더라도 여한이 없다."고 말하였다.

공자의 말을 곱씹어 보면 마초는 장수로서는 용감했지만 어리석은 것이 문제였다. 한수만을 의심할 것이 아니라 조조가 왜 그렇게 했는지도 함께 생각했어야 했다. 그리고 한수와 마초 자신이 서로 대립했을 때 누가 웃는가를 판단했어야 했다. 결국 마초는 그러지 못하고 한수만을 의심해 그를 치려다 파국을 맞이한 것이다. 그러니 공자의 말처럼 배우지 않으면 미초처럼 강직한 것처럼 행세하지만 알고 보면 강직이라는 미명 하에 폭력으로 남을 해치기까지 하고 만다. 그래서 탈무드에서도 "눈으로 볼 수 없는 것보다 마음으로 볼 수 없는 것이 더 두려운 것이다."라고 하였다.

인간은 아는 만큼 행복할 수 있기 때문에, 무언가를 이루기 위해서는 무엇보다도 아는 데 힘써야 한다. 그래야 진영에 앉아서 천리 길을 내다볼 수 있는 것이다. 지혜롭지 못하면 마초처럼 지금 눈앞에서 일어나는 일조차 해결할 수 없다.

그러므로 평상시 인생을 살아가는 데 필요한 지혜를 쌓아야 한다. 진리나 진실은 깊은 곳에 있어 쉽게 찾을 수 없다. 게다가 안타까운 것은 우리는 눈을 갖고 있어도 우물 안의 개구리처럼 우물 속에서 세상의 질서와 운행을 본다. 그러므로 우리가 안다는 것은 극히 적은 일부분에 지나지 않는 것이다.

지금 자신이 알고 있는 것은 극히 적은 일부분이라고 생각해 자신을 부단히 채찍질해야 한다. 비록 우리의 눈이 우물에 가려 완벽할 순 없다 하더라도, 세상 깊숙이 있는 진실이나 진리를 바라볼 수 있는 눈을 가지도록 노력해야 할 것이다. 이런 눈이 없다면 삶의 장애물이 나타났을 때 어떻게 할 지 몰라 마초처럼 불행의 나락으로 떨어지고 말 것이다. 지혜가 없다면 선택해야 할 것을 버리고 선택하지 말아야 할 것을 스스로 선택하는 어리석음을 범한다는 사실이다. 그래서 그라시안은 "지식이 없는 인간은 어둠의 세계에 사는 것과 같다."라고 하였다.

통찰력과 분별력이 있어야 비로소 지혜로울 수 있다

이 세상에서 사는 문제만큼이나 어려운 문제도 없다. 그 어렵다는 수학 방정식은 있어도 인생 방정식은 없다. 그만큼 삶의 문제는 복잡하고 고차원적이어서 삶의 문제가 난해하다는 이야기다. 알고 보면 친구를 도와주는 일조차 결코 쉬운 것이 아니다. 도와주어야 하는지도 문제일 수 있으며, 도와준다면 언제 어떻게 무엇을 도와주어야 진정 친구를 위하는 일인가를 판단하기가 참으로 어렵다.

인생에는 수학처럼 딱 떨어지는 정답은 없으나 삶을 잘 헤쳐 나갈 수 있는 지혜는 있다. 그것은 숱한 시행착오와 절망 속에서 피어나는 꽃과 같다. 노력하지 않는 자에게 지혜는 절대 모습을 드러내지 않는다. 진지하게 생각하고 노력하지 않는 한 지혜의 날을 세우기 어렵다. 지혜를 통해 분별력과 사고력을 길러야 한다. 그래야 인생의 탈이 생기지 않는다.

통찰력을 통해 사물의 본질을 파악하고, 분별력을 통해 무엇이 옳고 그른가를 파악해야 한다. 이 두 가지는 말하고 행동할 때 반드시 뒷받침 되어야 하는 쌍두마차이다. 통찰력과 분별력이 없다면 세상의 진실을 볼 수 없어 우리는 행복의 문을 도저히 열 수 없다.

통찰력은 사물의 본질을 파악하는 아주 중요한 역할을 한다. 우리는 통찰력을 통해서 문제의 핵심을 짚어낼 수 있다. 조조와 대적하는 큰 틀에서 보자면 마초는 한수를 의심하지 않고 왜 조조가 한수에게 접근했는지 조조의 행동을 의심했어야 했다. 그런데 큰 틀을 생각하는 그런 통찰력이 없으니 동지인 한수부터 의심한 것이다. 통찰력은 여러 가지 헷갈리는 상황에서 지금 이 순간에 가장 중요한 임무가 무엇인지를 파악하여 자신의 과업을 성공적으로 수행하게 한다. 헤겔이 나폴레옹이 행군하는 모습을 보고 "저기, 시대정신이 지나간다."고 말한 것도 영웅이란 일반 사람과는 달리 통찰력을 통해 그 시대의 본질을 꿰뚫어 본다고 생각했기 때문이다. 그래서 자신의 시대적 과업을 풀어나가기 위해서는 통찰력을 기르는 것은 무엇보다 중요하다고 생각한다.

분별력 또한 일을 훌륭히 수행하는 데 있어 없어서는 안 될 아주 소중한 정신 능력이다. 분별력이 없으면 무엇이 중요하고 긴급한지를 알 수 없다. 우리는 대부분 분별력이 부족하여 무엇이 중요한지를 몰라 우리에게 다가온 기회를 날려 보내고 나서 뒤늦은 후회를 한다.

그뿐만 아니라 분별력이 없는 사람은 다른 사람에게 속기 쉽다. 남을 해치려는 마음을 가져서도 안 되겠지만, 조조에게 속은 마초처럼 남에게 속는 것 또한 어리석은 일이다. 세상에는 악의를 품은 자가 널려 있다. 그래서 다른 사람을 전적으로 믿고 속는 것은 지극히 어리석은 것이다. 우리는 분별력을 통해 상대방이 어떤 의도를 갖고 접근하는지를 간파하는 능력을 가져야 한다.

23. 인명은 재천 - 방통의 최후

 우리는 세상이 우리 편이라 생각하고 산다해도 틀린 말이 아닐 것이다. 지금 당장은 운명이 우리 편이 아닐 지라도 언젠가는 그럴 것이라는 희망을 갖고 살아간다. 때로는 죽음조차 자신은 피해갈 것이라고 생각한다.
 허나 누가 운명을 피해 갈 수 있는가? 그 누구도 운명을 비껴갈 수 없다. 변화는 우주의 기본 법칙이며 상실은 우주의 근본적인 변화 중에 하나다. 따라서 운명을 피한다는 것은 불가능하다. 피하려고 하면 할수록 고통만 가중될 뿐이다.
 이런 상황에서 바라는 것이 많으면 많을수록 절망과 고통 속에 더욱 빠지기 쉽다. 운명이 우리에게 그리 호락호락하지 않기 때문이다. 운명은 우리가 원하고 바라는 것을 쉽사리 허용하지 않는다. 수많은 능선을 넘고 넘어야 비로소 원하는 것을 조금 줄 뿐이다.
 그래도 이런 운명은 우호적인 편이다. 잔인한 운명은 원하는 것을 하나도 이루지 못하도록 하는 경우도 심심찮게 볼 수 있다. 죽음조차 재빨리 찾아와 자신을 덮칠 수 있다.

우리는 자신의 박약한 운명에 왜 분노하고 슬퍼하는가? 운명에 기대하는 것이 많기 때문이다. '어찌 이런 일이 내게 일어난다 말인가?'와 같은 한탄은 운명에 대해 잘 이해하지 못한 결과에서 비롯된 것이다. 〈성경〉 속의 욥처럼 하루아침에 모든 것을 잃어버릴 수 있다. 언제든 이런 불행한 일이 나 자신에게도 일어날 수 있다.

방통에게도 가혹한 운명이 찾아온다. 방통이 서천을 치려고 길을 나서는 순간 방통의 말이 넘어지는 바람에 방통도 말과 함께 고꾸라지고 만다. 유비는 이것을 보고 재앙을 가져온다는 자신의 천리마를 방통에게 주고, 대신 유비는 방통의 말을 타고 서천의 정복 길에 오른다. 과연 방통에게 어떤 운명이 닥칠 것인가?

조조의 세력과 유비의 세력 사이에 놓여 있는 촉의 장송은 풍전등화에 빠져 있는 촉의 운명을 놓고 조조에게 찾아 갔으나 실망만 하고 발길을 유비에게로 돌렸다. 조조가 너무 성공에 도취하여 인간미를 상실했기 때문이었다.

반면에 유비의 겸손함과 인간미에 감동하며 마침내 장송은 촉을 유비에게 바치려고 하였다. 일은 성사되었으나 유비는 속으로 그것을 반인륜적인 일이라 하여 또 다시 망설였다.

어떻게 자신을 믿고 구원의 손길을 내미는 종친인 촉의 태수 유장을 칠 수 있느냐는 것이다. 이 때 방통은 유비 특유의 망설임에 반대하며 유장이 폭정을 하고 있으니 대의를 위해서는 반드시 촉을 손에 넣어야 한다고 강력히 주장하였다.

이런 방통의 강력한 주장에 유비는 촉을 치기로 마음먹었다. 유비로서도 홀로 설 수 없는 기회를 결코 포기할 수 없었다.

유비는 방통의 말대로 촉에 쳐들어가는 것은 개인적으로는 슬픈 일이지만, 대의를 위해서 어쩔 수 없는 일이라고 생각하였다. 그렇지 않으면 촉의 땅은 조조에게 넘어 가 유비가 크나큰 위협을 받기 때문이다. 그럴 바에는 차라리 방통의 말대로 유장을 치는 것이 더 낫다고 유비는 생각하였다.

마침내 유비가 유장을 치기 위해 칼을 빼들었다는 소리에 유장은 황권의 말에 따라 유괴, 냉포, 장임, 등현 네 장수에게 군사 오만을 이끌고 낙현으로 나가 유비를 막으라 했다.

네 장수는 즉시 군사를 이끌고 갔다. 낙현으로 가는 중에 유괴가 말을 꺼냈다

"낙성이란 곳은 성도를 막아 주는 중요한 길목이오. 만약 우리가 그곳을 잃는다면 성도를 지키기가 어렵소. 그러니 두 사람은 성을 지키고 두 사람은 밖으로 나가 낙성 앞산을 끼고 진을 쳐 성 앞으로 가까이 오지 못하도록 하는 것이 좋겠소."

유괴의 말이 떨어지기가 무섭게 냉포와 등현이 말했다.

"우리 두 사람이 성 앞으로 나가 영문을 세우겠소."

유괴는 기뻤다. 곧 군사 이만을 주어 한 사람이 만 명씩 거느리고 성밖 육십 리 떨어진 곳에 진영을 세우게 하여 낙성을 지키게 하였다.

한 편 유비는 부수관을 점령한 후에 방통과 낙성 공격할 일을 의논하였다.

두 사람이 의논하고 있을 때 염탐하고 온 군사가 들어와 보고를 하였다.

"유장은 유괴, 장임, 냉포, 등현 네 장수에게 오만의 군사를 주어 낙성을 지키게 했고, 냉포와 등현은 각각 일만 군사를 거느리고 성밖 육십 리 떨어진 곳에 두 채의 큰 진을 치고 있습니다."

유비는 보고를 받자 곧 장수들을 모이게 했다.

"누가 앞장서서 냉포, 등현 두 적장을 쳐서 첫 공을 세우겠소?"

노장 황충이 씩씩하게 말했다.

"이 늙은이가 한 번 가 보겠습니다."

첫 싸움에서 유비는 노익장을 과시하는 황충의 눈부신 활약으로 어렵지 않게 적장 냉포를 사로잡았다. 그리고 유비는 영을 내렸다.

"서천 군사 중 항복해 오는 자는 누구든 죽이지 말라. 만일 항복해 오는 자를 죽이는 자는 목을 벨 것이다."

유비는 또다시 항복한 군사를 회유하려고 말문을 열었다.

"너희 서천 군사들은 모두 다 부모가 계시고 처자가 있는 몸이다. 항복하기를 소원하는 사람은 우리 군사로 받아줄 것이요, 항복하기를 원치 않는 사람도 놓아 줄 것이니 고향으로 돌아가도록 하여라."

군사들은 기뻤다. 만세를 소리 높여 부르니 천지가 진동하였다.

유비는 황충에게 후한 상을 주어 늙은 명장의 빛난 무예를 찬양한 다음, 냉포를 가까이 불렀다.

유비는 손수 묶은 끈을 풀어주고 술을 내려 냉포의 놀란 가슴을 진정시킨 뒤 천천히 물었다.

"그대는 항복할 뜻이 없소?"

"죽이지 아니하시고 살려 주셨는데 어찌 항복하지 아니하겠습니까? 유괴와 장임은 소장과 생사고락을 같이 할 것을 맹세한 사람들입니다. 만일 놓아 주신다면 두 사람에게 항복할 것을 권고하여 낙성을 바치도록 하겠습니다."
유비는 크게 기뻐하며 냉포에게 좋은 의복과 말과 안장을 주어 낙성으로 돌아가게 했다.
그러나 낙현으로 돌아간 냉포는 돌아오지 않았다. 그곳에 간 냉포는 유괴와 장임에게 큰 소리까지 쳤다.
"죽긴 왜 죽어. 그 깐 놈들. 적군 십여 명을 죽이고 말을 빼앗아 타고 달려오는 길이야."
유괴는 냉포까지 오고 보니 다시 싸울 마음이 생겨 급히 성도로 사람을 보내서 구원병을 청했다.
유장은 유괴의 편지를 받아 보고 나서야 등현이 죽은 줄 비로소 알았다.
깜짝 놀라 백관들을 모아 놓고 상의했다.
큰아들 유순이 앞에 나와 아버지한테 아뢰었다.
"소자가 군사를 이끌고 가서 낙성을 지키겠습니다."
유장은 혼자 보낼 수 없어 아내의 친정아버지 오의를 동행시키기로 결정하였다.
유장은 곧 아들 유순에게 군사 이만을 주어 오의와 오란, 그리고 뇌동과 함께 낙성으로 향하게 했다.
유장의 아들 유순이 이만 군사를 거느리고 외할아버지 되는 오의 장군과 함께 낙성으로 나가니 유괴와 장임과 냉포는 반갑게 젊은 주인을 맞아 들였다.
장군 오의는 낙성에 있는 장수들한테 앞으로의 계책을 묻자, 냉포가 앞으로 나와 대답했다.
"제게 한 가지 계책이 있습니다. 이곳 지형이 산은 험하고 물살은 대단히 사납고 빠릅니다. 저한테 오천 명만 주신다면 상류에 있는 부강의 둑을 무너뜨려서 지금 유비가 진을 치고 있는 곳을 물바다로 만들겠습니다."
오의는 손뼉을 쳐 기뻐하며 곧 군사 오천을 냉포에게 주어 둑을 무너뜨릴 준비를 하였다.
유비와 맹달이 제각기 떠난 후에 방통은 관사로 돌아와 쉬고 있으려니 문을 지키는 군사가 들어와 아뢰었다.
"웬 길손이 와서 군사를 꼭 뵙기를 청합니다."
방통은 창문을 열고 나가 보니 한 사람이 뜰 앞에 서 있는데, 신장은 팔 척이나 되고 머리는 짧게 삭발하였고 의복마저 누추하기 그지없었다. 그런데 얼굴만은 보통 사람이 아니었다. 광대뼈는 튀어 나왔지만 눈빛은 초롱초롱하였다. 방통은 손님에게 정중히 물었다.
"선생은 누구십니까?"
그 괴상한 사람은 묻는 말에 대답도 없이 거침없이 대청으로 올라 방통의 침상 위에 벌러덩 드러누워 버렸다.
방통은 해괴하고 의심스러워 두 번 세 번 이름을 물었다.

그러자 그 괴상한 사람은 귀찮다는 듯이 대답했다.
"웬 잔소리가 그리 많은가? 내 그대에게 천하사를 가르쳐 주러 왔으니 좀 기다리시게!"
방통은 어이가 없었지만 함부로 대할 수가 없었다.
슬며시 시종을 불러 술상을 챙기도록 하였다.
이윽고 술상이 나오자 그 사람은 벌떡 일어나 방통에게 권하지도 않고 게걸스럽게 술을 마시고 음식을 먹었다.
한참을 먹고 마시던 나그네는 다시 침상으로 기어올라 벌떡 자리에 누워 코를 골며 잠이 들고 말았다.
방통의 궁금증은 더해갔다. 가만히 사람을 법정한테로 보내서 법정을 불렀다.
법정은 방통을 만나 대강 나그네의 행동을 듣고 그 사람은 팽양 같다고 하였다.
그리고 법정은 손님이 누워 있는 방으로 들어갔다. 그러나 누웠던 사람이 먼저 알아보고 벌떡 일어나 큰소리로 말했다.
"법정은 그 동안 별고 없었는가?"
"자네인 줄 알았네. 그런데 웬일인가?"
두 사람은 서로 손을 잡고 반갑게 인사했다.
방통이 법정을 따라 들어왔다가 두 사람의 행동을 보고 넋을 잃고 바라보다가 법정에게 물었다.
"두 분이 아주 가까운 사이로구려!"
법정이 대답했다.
"이 친구는 광한 사람 팽양이라 합니다. 서천의 인재 중의 인재입니다. 예전엔 유장의 신하였는데 입 바른 소리만 해서 유장한테 미움을 받아 머리를 깎이고 종살이를 해서 저렇게 된 것입니다."
방통은 비로소 팽양이 유장에게 도움을 줄 사람이 아니라는 것을 알고 손님으로서 대접하는 예를 취했다.
"선생께서는 어디서 오시는 길입니까?"
방통이 공손히 물었다.
"나는 당신네들 수만 명의 목숨을 구하러 온 길이오. 유 황숙을 직접 만나 뵙고 말씀드리겠습니다."
법정은 방통과 의논하고 유비에게 급히 일을 알렸다.
유비는 지체하지 아니하고 친히 와서 팽양을 만났다.
팽양은 유비에게 물었다.
"황숙께서는 낙성 앞에다 군사를 얼마나 배치했습니까?"

유비는 위연과 황충이 군사를 거느리고 있는 것을 숨김없이 모두 말했다.
팽양은 빙긋 웃으며 말했다.
"장수된 몸으로 지리를 이렇게도 몰라가지고 어떻게 장수 노릇을 하겠습니까? 그 두개의 진지는 부강을 의지하고 있습니다. 만약 부강 물을 터놓고 군사를 앞뒤로 막는다면 당신의 군대는 싸움도 한 번 하지 못 하고 모조리 물에 빠져 죽고 말 것입니다. 이러하니 어찌 지리를 안다고 할 수 있겠습니까? 어젯밤 하늘을 보니 북두칠성이 서쪽에 있고 금성에 이곳에 나타났으니 불길한 일이 있을 듯합니다. 각별히 조심하십시오."
유비는 그 말을 듣고 깨달음을 얻었다. 유비는 팽양을 귀한 손님으로 모시는 한편 곧 사람을 위연과 황충한테 보내서 아침저녁으로 순찰을 돌아 적병이 강둑 끊는 것을 방지하라고 일렀다.
한편 서촉 장수 냉포는 당야에 바람과 비가 크게 일어나는 것을 보고 오천의 군사를 거느리고 강변으로 나가 강둑을 끊으려 할 때 별안간 뒤에서 고함 소리가 천지를 진동했다.
냉포는 복병이 있는 것을 짐작하고 급히 퇴군하여 군사를 물리려 하였으나, 냉포는 얼마 싸워보지도 못하고 위연에게 사로잡히고 말았다.
이것을 본 서천 군사 오란과 뇌동은 급히 구하러 쫓아오다가 황충의 군사와 한바탕 혼전을 벌이다 크게 패했다.
위연은 냉포를 묶어 부관에 당도하니 유비는 냉포를 꾸짖었다.
"나는 인의로써 너를 대했거늘 너는 어찌하여 나를 배반했더냐? 이번엔 맹세코 용서하지 아니하리라."
그리고는 곧 형리를 불러 목을 베게 하고 위연에게 큰 상을 내려 위로했다.
그 때 마침 형주에서 마량이 찾아와 하늘을 보니 유비에게 좋지 않은 일이 일어날 징조이니 조심하라는 공명의 편지를 전했다.
유비는 공명의 편지를 본 후에 자기도 형주로 곧 돌아갈 뜻을 말했다.
그러나 방통은 공명의 편지를 보고 공명이 자신이 서천에서 홀로 성공하는 것을 시기해서 편지를 썼다고 생각하고 유비에게 말했다.
"방통 이 사람도 천문을 볼 줄 압니다. 북두칠성이 서편에 나타난 것은 주공께서 서천을 취하실 것이라는 조짐입니다. 그리고 금성이 낙성에 비쳤다 하나, 적장 냉포의 목을 벤 것으로 흉조를 갈음하니 주공께서는 공연히 걱정하지 마시고 이 여세를 몰아 서천을 함락시켜야 합니다."
"알겠소 내 군사의 말에 따르도록 하겠소"
유비는 방통이 두 번 세 번 재촉하는 것을 보고 그대로 군사를 거느려 앞으로 나가기로 했다.

방통이 정한 낙성으로 가는 길을 묻자, 법정은 땅에 지도를 그려 방통과 유비에게 설명했다.

방통은 그 말을 듣고 유비한테 아뢰었다.

"저는 위연으로 선봉을 삼아 남쪽의 작은 길을 취하여 나갈 테니 주공께서는 황충으로 선봉을 삼으시어 북쪽의 큰길로 가십시오 그리고 낙성에 도착하여 전군이 함께 공격한다면 낙성을 취할 수 있을 것입니다."

방통의 말에 유비가 대답했다.

"나는 어려서부터 말을 타고 좁은 길을 많이 다녔소 군사께서 큰 길로 가도록 하오. 또한 소로에는 복병이 많소 내가 작은 길로 가서 서문을 취할 테니 군사는 큰길로 가서 동문을 취하시오."

방통이 대답했다.

"아니옵니다. 대로에는 반드시 큰 군사가 있어 우리를 대항할 것입니다. 주공께서 전쟁에 익숙하시니 큰길로 가십시오. 저는 작은 길을 취해 가겠습니다."

방통은 자꾸 고집을 피웠다. 유비가 가만 생각해 보니 작은 산골길은 위험하기 짝이 없는 길이었다. 지략은 많으나 병기를 다루지 못한 방통을 보내서는 아니 되겠다고 생각했다.

유비는 방통을 향하여 다시 말했다.

"군사! 큰 길로 가도록 하시오 꿈자리도 좋지 않지만 공명의 편지를 보고 걱정이 돼서 말하는 것이오. 군사는 돌아가서 부관이나 지켜 주었으면 좋겠소."

방통은 소리를 높여 깔깔 웃었다.

"주공께서는 너무나 공명의 글에 신경을 쓰고 계십니다. 그 사람은 방통이 크게 성공하는 것이 두려워서 그런 편지를 보내 주공의 마음을 흔들어 논 것입니다. 마음에 걱정이 있으면 꿈은 꿔지는 법입니다. 방통은 충성을 다하는 마음으로 아뢰는 것입니다. 다시 더 긴 말씀을 하지 않았으면 합니다."

다음 날 아침 황충과 위연이 선봉이 되어 출발하였다. 방통은 당일로 삼군에 출동령을 내렸다.

유비는 방통과 함께 말을 타고 전략을 의논하며 나갈 때 방통의 말이 별안간 무엇에 놀랐는지 날뛰는 바람에 방통은 말 아래로 굴러 떨어져 버렸다.

유비는 깜짝 놀랐다. 급히 말에서 뛰어내려 방통을 부축해 일으키며 물었다.

"다친 데는 없으시오? 군사께서는 하필 이런 용렬한 말을 타셨소?"

"아닙니다. 이 말을 탄지 오래 되었습니다. 전에는 이런 일이 없었는데 어찌 된 셈인지 모르겠습니다."

"만일 싸움에 임하여 이런 일이 일어났다면 군사의 목숨은 위태로울 뻔 했습니다. 내가 타고 있는 백마는 성미가 극히 순하니 군사는 내 말을 타도록 하시오. 내가 군사가 타던 말을 타도록 하겠소."

"주공은 크신 은혜를 생각하면 이 몸이 만 번 죽은들 어찌 다 갚을 수 있겠습니까?"

방통은 감격했다.

이윽고 서로 말을 바꾸어 타고 유비와 방통은 제각기 정한 길로 나갔다.

유비는 방통을 보내 놓고도 마음이 편치 않았다. 불길한 예감이 스치며 앞으로 나아갈 수밖에 없었다.

한편 낙성에 있는 오의와 유괴는 냉포가 전사했다는 소식을 듣고 여러 장수를 불러 상의했다.

"서촉의 맹장 한 사람을 잃었고 준비했던 계책도 소용없게 되었으니 이제 어떻게 했으면 좋겠소?"

장임이 나와 말했다.

"틀림없이 적은 성 동편 남산 기슭에 있는 작은 샛길로 올 것입니다. 그 곳은 매우 중요한 곳이니 소장이 군사를 거느리고 지킬 테니 여러분은 낙성을 굳게 지켜서 실수가 없도록 하시오. 낙성이 함락되면 성도까지 위험해진다는 것을 명심하였으면 합니다."

장임이 의견을 말하고 있을 때 성을 지키는 군사는 유비의 군사가 두 갈래 길로 쳐들어온다는 급한 소식을 전했다.

장임은 급히 삼천 군마를 거느리고 낙성 동남 쪽 작은 길로 달려가서 군사들을 매복시키고 있었다.

이 때 선봉에 선 위연의 군사들이 위세 좋게 지나갔다.

장임은 숲 속에 숨어서 가만히 군사한테 영을 내렸다.

"위연이 거느린 선발대가 지나갈 때까지 그대로 내버려 두어라."

장임의 군대들은 숨을 죽이고 위연의 군대를 통과시켰다.

다음엔 방통이 군사를 거느리고 나타났다.

앞선 대장은 눈같이 흰 백마를 타고 나왔다. 장임의 군사들이 바라보니 유비가 타고 다니던 말이었다.

군사들은 숲 속에 엎드려 손가락으로 백마를 가리키면서 수군거렸다.

"야, 이번에 나오는 대장은 유비이다."

장임은 군사들의 말을 듣고 숲 속에 몸을 숨겨 바라보니 과연 한 장수가 백마를 타고 앞에 서서 나오는데 틀림없는 유비였다.

장임은 군사들에게 일제히 흰말을 탄 장수를 겨냥하도록 하였다.

한편 방통은 군사를 거느리고 좁은 산골짜기로 접어들었는데 양쪽 산등성이는 나뭇가지와 잎이 무성했다.
 방통은 마음이 왠지 불안했다. 말을 멈추고 군사들한테 물었다.
 "이곳이 대체 어디냐?"
 군사들 중에 항복한 측의 군사가 대답했다.
 "이곳은 낙봉파라고 합니다."
 방통은 깜짝 놀랐다.
 "나의 호가 봉추인데 이곳 이름이 낙봉파라니, 낙봉파는 봉황이 떨어지는 언덕이란 말이란 뜻이 아닌가? 아야, 기분이 매우 불길하구나."
 그리고 방통은 급히 전령을 내렸다.
 "군사를 뒤로 물러나도록 하라!"
 방통의 군령이 채 떨어지기 전에 갑자기 함포 소리가 천지를 진동하면서 화살이 일시에 빗발치듯 쏟아졌다.
 방통은 피할 수가 없었다. 방통은 어지럽게 쏟아지는 화살을 맞고 쓰러지니 이 때 방통의 나이는 겨우 36세였다.
 방통이 죽었다는 소식이 유비에게도 전해졌다. 그 소식을 전해들은 유비는 크게 놀라며 급히 군사들을 수습하여 부관의 성문을 굳게 닫고 수비에 치중하였다. 그리고 관평을 시켜 이 곳 소식을 공명에게 알리도록 하였다.
 며칠이 지나지 않아 방통의 죽음이 공명에게도 알려졌다. 소식을 들은 공명은 울음을 터트렸고, 다른 사람들은 공명의 혜안에 놀라는 한편, 방통의 죽음을 애도했다.
 공명은 유비가 위험에 빠져 있다고 생각하고 바로 서천으로 가려고 했다. 서천에 가기 전에 관우에게 형주를 맡기며 말했다.
 "형주는 매우 중요한 곳입니다. 형주의 운명은 관장군의 손에 달렸다고 해도 과언이 아닙니다."
 관우는 결의를 다지 듯 말했다.
 "대장부가 책임을 맡은 이상 이 몸을 바쳐서라도 형주를 지킬 것입니다."
 공명은 목숨부터 건다는 관우의 말에 뭔가 불길한 예감이 들었다. 하지만 못 들은 체하고 말을 이었다.
 "만일 조조가 쳐들어오면 어떻게 하시겠습니까?"
 "사력을 다해 막아내야지요."
 "만일 조조와 손권이 동시에 쳐들어온다면 어떻게 하시겠습니까?"
 "군사를 둘로 나누어 조조와 손권을 동시에 칠 것입니다."
 그러자 공명이 가르치듯이 말했다.

"그렇게 한다면 이 형주는 틀림없이 위태로워질 것입니다. 동오의 손권과 손을 잡고 북의 조조를 막아야 합니다."

관우는 그 때야 다짐하듯이 말했다.

"군사의 말씀, 가슴 깊이 새기도록 하겠습니다."

인명은 하늘의 뜻

방통의 죽음을 볼 때, 사람의 운명은 때로는 가혹하며 정말로 누구도 알 수 없다는 것을 알 수 있다. 아무리 똑똑해도 자신의 운명이 어떻게 될지 알 수 없었고, 방통을 생각하는 유비의 덕스런 행동은 오히려 방통에게는 곧 죽음을 의미하였다. '주인에게 재앙을 몰고 온다.'는 천리마 때문에 생명의 명암이 완전히 뒤바뀌고 말았다. 유비의 배려로 방통은 재앙을 몰고 온다는 천리마를 타서 결국 처참한 재앙을 맞이하고 말았다. 아무리 훌륭한 전력가라도 자신의 운명에 대해서는 어떻게 할 수 없었다. 그의 나이 겨우 36세였다. 안타깝게도 방통은 꿈을 펴 보기도 전에 죽고 말았다. 그 기막힌 운명 속에는 유비와 공명의 말을 듣지 않았던 방통의 자만도 한 몫을 했다. 전쟁을 오랜 경험한 유비와 천리 길을 보는 공명의 말에 조금이라도 주의를 했다면 이런 일은 충분히 방어할 수 있었다. 그러나 방통은 자신만을 믿다가 처참한 최후를 맞이한 것이다.

사람들은 이런 상황을 '인명은 하늘의 뜻에 달렸다.'는 말과 '우연이 세상을 지배한다.'는 말로 설명한다. 아무리 방통처럼 똑똑한 사람도 가혹한 운명을 빗겨갈 수 없다. 그래서 사람들은 복이 있어야 행복하고 평탄한 길을 갈 수 있다고 흔히들 말한다. 아무리 똑똑하고 현명해도 하늘이 도와주지 않으면 행복한 삶을 살기가 어렵다는 것이다.

그가 유비와 함께 직접 전쟁에 참여한 것 자체가 큰 불행을 예고한 것이나 마찬가지다. 그는 공명과 같은 전략가이지 장비나 조운과 같은 장수가 아니다. 유비가 말렸지만 방통은 스스로 장수의 길을 택했던 것이다. 그가 늦게 출사했기 때문에 무언가를 빨리 보여주고 싶다는 조급함이 있었던 것으로 보인다. 공명의 조심하라는 당부의 말도 시기와 질투로 받아들이는 것만 보아도 방통은 승리에 대한 자신감과 조급함이 함께 있었던 것으로 보인다. 능력을 차분하게 서서히 발휘해야 하는데 그는 조급함으로 단기간에 무언가를 보여주려다 사단이 나고 만 것이다. 방통은 아우구스투스의 "천천히 서둘러라."라는 말의 진의를 깨닫지 못한 것으로 보인다.

명줄을 늘리려면

우리는 방통이 보여주는 것처럼 운명이 언제나 주사위를 사납게 던질 수 있다는 것을 알고 조심하고 또 조심할 필요가 있다. 방심은 금물이며 예외는 없다.

인간을 포함한 모든 존재는 세네카의 말처럼 '운명의 여신이 내리는 온갖 모욕에 고스란히 노출된, 허약하고 부서지기 쉬운 명줄'을 가지고 태어난 것이다. 언제 어느 때 세상의 부조리가 내 심장에 칼을 겨눌 줄 모른다. 그러니 그런 일을 당하지 않도록 평상시 운명을 재촉하는 행동을 하지 말아야 한다. 과도하게 일을 하여 몸을 혹사 시킨다든지 혹은 향락적인 생활을 즐기면서 운동을 아예 하지 않는 등 명줄을 스스로 앞당기는 일을 하지 않아야 한다.

아무리 강철 같은 체력도 세월 앞에는 장사가 없다. 평상시 자신을 몸을 사랑하지도 않으면서 운명의 여신에 천수를 누리도록 기대하는 것 자체가 어리석은 것이다. 특히 방통처럼 젊었을 때는 죽음이 멀리 있는 것처럼 착각하지만 운명의 여신은 자신이 한 눈을 파는 사이 조용히 찾아올 수도 있다. 거칠게 표현하자면 젊다고 객기부리지 말라는 이야기다. 그러므로 가혹한 운명에서 조금이라도 벗어나고자 한다면 위험에 노출되는 일을 삼가고 평상시 자신의 몸을 돌보는 일을 게을리 하지 않아야 한다. 가장 어리석은 것은 바빠 살다 허망하게 가는 것이다.

요즘과 같은 바쁜 세상에서 적당량의 운동과 산보는 운명의 신으로부터 자기를 지키는 가장 좋은 방법이라고 생각한다. 그래서 서양 의학의 아버지 히포크라테스는 "인생에서 가장 소중한 것은 건강이다."라고 말하면서 건강을 위한 "최고의 운동은 걷기이고 최고의 명약은 웃음이다."라고 하였다.

24. 가장 무서운 적, 탐욕 - 한중의 몰락

　인간의 탐욕만큼 무서운 것이 없다. 욕망은 현재에 만족하지 못하고 더 큰 욕망을 생산한다. 인간 본능은 한번 자극을 받으면 쉽사리 만족할 줄 모르고 무한히 영역을 확장하려고 하는 것이다. 욕망은 그 끝을 알 수 없다. 많은 것을 가지고도 탐욕은 만족할 줄 모르기 때문이다. 부자들이 가난한 사람보다 더 탐욕스러운 것은 만족하기보다는 욕망에 길들여져 더욱더 많은 것을 가지려 하기 때문이다. 그래서 사람들 중에는 탐욕 때문에 부조리와 타협하고 다른 사람을 해하고자 하는 무리가 반드시 있다. 오늘 날 일어나고 있는 김건희 사건은 탐욕의 극치를 그대로 보여주고 있다고 해도 과언이 아니다.

　이러한 행동은 조만간 탄로가 나 불행을 자초하게 되지만 탐욕스런 사람은 눈앞의 이익에 눈이 멀어 가지 말아야 할 길을 가고 만다. 적어도 합리적인 인간이라면 어느 선에서 만족할 줄 알아야 탈이 나지 않는다. 자신의 한계와 분수를 지키고 만족할 줄 안다면 편안한 삶을 살 수 있다. 그렇지 않고 탐욕에 빠지는 순간 위태로운 삶을 살 수밖에 없다.

한중의 양송은 참으로 아주 탐욕스런 사람이었다. 그는 금은보화에 눈이 멀어 나라까지 팔아먹는 아주 파렴치한 사람이었다. 조조의 뇌물을 받은 한중의 양송은 조조와 내통하여 자신의 나라인 한중을 무너뜨리는데 결정적인 기여를 하였다. 그리고 조조가 한중에 입성하자 자신의 공로를 인정받고자 조조에게 잔뜩 기대를 하였다. 그러나 탐욕스런 양송의 운명은 어떻게 되었을까?

유비는 마침내 서촉을 평정하였다. 장비와 조운, 황충의 맹활약으로 서촉의 맹장들은 하나씩 쓰러져갔다. 조조에게 도망쳤던 마초까지 유비에게 투항하여 힘을 보태니 더 이상 유장은 유비의 적수가 되지 못했다. 마초의 권유에 의해 서촉의 유장이 결국 유비에게 항복하였다.

유장은 유비의 신하 간옹을 단상으로 맞아 상빈의 예를 갖추고 하룻밤 묵게 하였다. 그리고 온밤을 뜬 눈으로 세웠다. 사태가 어찌할 수 없음을 깨달았음인지 유장은 이튿날 아침 간옹에게 인수며 문서와 장부를 주고 성문을 열어 항복할 뜻을 밝혔다.

유비는 몸소 나아가 유장의 손을 잡고 말했다.

"개인적으로는 인의를 잊은 것은 아니지만 어쩔 수 없었네. 대의를 위해 성도를 쳤으니 너무 이 현덕을 야속하다 말게."

하고 유비의 눈에서는 뜨거운 눈물이 흘러내렸다.

유장은 일찍부터 항복하지 않은 것을 속으로 후회하였다. 그리고 유비의 손을 부여잡고 감격의 눈물까지 흘렸다.

성도의 백성들은 모두 집에서 나와 유비와 형주의 군사들을 환영하였다. 향불을 올리고 꽃을 따서 길을 장식하였다. 유비와 유장은 말머리를 나란히 하여 성 안으로 들어갔다.

"촉은 오늘을 기점으로 새로운 날을 맞는다. 어제와 같은 생각에 사로잡히거나 불평이 있는 자는 멀리 가도 좋다."

높다란 단상에 올라 유비는 이렇게 선언하였다.

촉의 문무백관들은 모두 단상 아래에서 아무 불평이 없다는 듯 엎드려 있었다.

공명의 권유에 유비도 결단을 내렸다. 유장을 진위장군에 봉하여, 처자 일족을 형주로 보냈다. 이리하여 유장은 촉을 떠나 형주 남군인 공안에 옮기는 몸이 되었다.

유비는 은작 수여의 큰 영을 내렸다. 더욱 곤궁한 촉의 백성들에게는 창고를 열어 양식을 주고 효자와 정절이 있는 사람을 표창을 주었다. 노인들에게는 수미를 주어 선정을 베풀었다.

유장이 있을 때의 폭정에 비하여 유비를 칭송하는 소리가 널리 퍼져 갔다.

촉이 생기고 나서 처음으로 광명이 산천에 넘쳐흘렀다. 나라뿐만이 아니었다. 이 때처럼 유비의 좌우에 인물이 모인 때도 드물었다.

얼마 후에 국법ㆍ군법ㆍ형법 등의 조례가 선포되었다. 촉 41주에 걸쳐 병부를 두었다. 안으로는 백성을 다스리고 밖으로는 국방에 힘을 써서 촉은 비로소 한 나라의 위엄을 갖추게 되었다.

한편 조조가 동오를 칠 준비를 끝내고 출정하려고 할 때, 조조의 휘하의 많은 신하들은 조조를 왕으로 받들려 하고 있었다. 특히 동소는 조조에게 위왕에 오르고 황제가 공이 큰 제후에게 내리는 9가지 특혜를 말하는 구석을 더하기를 간청하였다.

그러자 순욱은 그것은 도리가 아니라며 반대하였다.

"승상께서는 원래 의로써 한실을 일으켜 세웠습니다. 처음의 곧은 뜻을 지키셔야 합니다."

그러나 천자는 조조를 위공으로 높이고 구석까지 내리고 말았다. 그러자 순욱은 조조에게 충성을 바쳐온 지난 날을 부끄러워하였고, 그것이 조조의 귀에 들어가자 순욱에 대한 조조의 태도는 아주 차가웠다.

그런데 황제와 복 황후는 조조가 천자의 자리까지 노릴 것으로 생각하고 조조를 없애려고 하였다. 그러나 조조의 철통같은 감시망에 걸려 복 왕후와 그의 소생인 두 왕자까지 처참한 최후를 맞았다.

조조는 이런 일을 겪고 나서 두 번씩이나 황후가 국구와 모반을 꾀했던 화근을 잘라 없애기 위해 딸을 천자에게 주고 스스로 국구가 되었다.

궁궐이 어느 정도 안정을 되찾자 조조는 남쪽 지방에서 세력을 넓히고 있는 유비와 손권을 치려고 하후돈에게 물었다.

"오와 촉은 갑자기 치기 어려우니 먼저 한중을 쳐서 촉을 드나들 수 있는 길을 만든 후 촉을 치는 것이 순리입니다."

마침내 조조는 하후돈의 뜻을 받아들여 유비를 없애기 전에 촉의 길목이 되는 한중의 정복에 나섰다.

조조의 군사는 한중의 지세가 험악하여 처음에는 양앙과 양임이 이끄는 한중의 군사에게 번번이 패했다.

하지만 조조는 계책을 써 단숨에 양평관을 점령하고 남정관까지 쳐들어왔다. 한중의 운명은 다급하였다. 장로는 사태의 위중함에 잔뜩 겁을 집어 먹고 문무백관에게 언성을 높여 물었다.

"조조군이 바로 코 밑까지 왔으니 이 일을 어떻게 하였으면 좋겠소?"

"방덕 밖에는 없습니다. 마초와 함께 온 장수입니다."

한중의 장수 염포가 장로의 앞에 나아가 말하였다.
"오, 그가 그렇게 대단한 장수인가?"
"그렇습니다. 그는 마초의 부하 장수이나 병으로 누워 있어서 마초와 함께 가지 못했습니다. 그동안 주공의 은덕을 입고 이곳에 머무르고 있으니 그를 보내 조조를 막으면 될 것입니다."
그러자 장로는 방덕에게 군사를 주어 출진하도록 하였다.
방덕은 중대한 사명을 받자 쾌히 승낙하고 군사를 이끌고 나아갔다.
방덕이 온다는 소문을 듣자 조조는 전군의 장수에게 명령하였다.
"그는 서량 용장으로 마초가 가장 신임한 장수였다. 나는 방덕을 얻고 싶으니 천천히 싸워 지치게 하여 사로잡도록 하라."
이리하여 조조군은 선봉이 나아가 싸우다가는 거짓으로 패하고 또 다음 진이 나가 마주 싸우는 전법을 썼다.
그러나 방덕은 네 명의 장수와 싸웠는데도 조금도 피로한 기색이 없었다. 그 뿐만 아니었다. 하루는 허저와 어울려서 50여 합을 싸웠으나 승부가 없이 헤어졌어도 더욱 전비를 굳게 하였다.
"과연 서량의 방덕이다. 정말 예사 장수가 아니로구나."
적이지만 조조군 안에서도 방덕을 두고 칭찬하였다.
"어떻게 사로잡을 방도가 없을까?"
조조는 엷은 웃음을 띠며 좌중을 둘러보았다.
이 때 가후가 한 가지 계책을 조조에게 말하였다.
다음날 조조군은 적과 싸우다가 수십 리로 흩어져 달아났다. 방덕은 조조군의 본진을 점령했으나 방덕의 눈에는 적이 거짓으로 패한 것으로 보였다. 방덕은 방심하지 않고 군량과 군수품을 모조리 싣고 남정관으로 먼저 옮겼다.
아니나 다를까, 밤이 되면서부터 조조군은 사방에서 벌떼처럼 달려들었다.
그럴 줄 알았다는 방덕은 얼른 남정관으로 돌아가고 말았다.
한편, 방덕은 장로에게 조조군의 본진을 점령하여 막대한 군수품을 남정관에 옮겼다는 기쁜 소식을 전하기까지 하였다.
그런데 이 군수품을 옮기고 있을 때, 병졸 사이에는 조조군의 첩자가 변장하고 성내로 침투하였다. 그리고 그 첩자는 몰래 양송을 찾았다.
그는 양송 앞으로 나아가 황금으로 된 가슴받이와 조조의 친필로 된 서한을 내놓았다.
한중의 양송은 본래 재물에 탐욕이 많은 사람이었다. 더욱이 황금과 조조의 서한을 눈으로 보았을 때, 양송은 부귀영화가 눈앞에 어른거려 첩자에게 두말없이 내응하기로 약속하였다.

이튿날 양송은 장로를 찾아갔다.

"방덕은 역시 마초의 부하임에 틀림없습니다. 방덕은 진심으로 싸우고 있지 않습니다. 조조군 본진을 점령했지만 적에게 돌려보내고 남정관으로 달아나고 말았습니다. 아마도 조조와 내통하고 있을지 모릅니다. 한 번 조사해 보심이 어떻겠습니까?"

그러자 장로는 곧바로 방덕을 불러들이라고 명령하였다.

방덕은 무슨 영문인지도 모르고 장로에게로 헐레벌떡 달려 왔다.

"이 배은망덕한 놈아, 네 어찌 조조와 내통하여 나를 팔아먹으려 하느냐? 저 자를 끌어내 목을 베도록 하라!"

뜻밖에도 노기를 띠어 장로가 하는 말이었다.

"이러실 일이 아닙니다. 화만 내실 것이 아니라 일단 방덕의 얘기를 들으시고 그가 결백하다면 다시 한 번 공을 세우게 하는 것이 어떠하겠습니까?"

옆에 있던 염포가 장로에게 하는 말이었다.

결국 장로는 염포의 말을 받아들여,

"그렇다면 목숨을 살려 주니 큰 공을 세워라. 그렇지 않으면 참수할 것이니 명심하라."

하고 방덕을 돌려보냈다.

방덕은 말없이 싸움터로 돌아왔다. 그저 가슴이 막힐 것 같은 설움뿐이었다.

방덕은 그 이튿날부터 거의 무모한 싸움을 하였다. 비장한 전사를 각오한 모양이었다. 혼자서 적진 깊이 들어가 돌아오려 하지 않았다.

그 때 언덕 위에서 조조가 말을 타고 내려다보며 방덕을 부르는 것이었다.

"방덕아! 그대는 어찌하여 죽음을 서두르는가? 나에게 항복하여 대장부의 일을 함께 할 생각은 없는가?"

그 소리를 듣고 화가 난 방덕은 말을 급히 몰아 언덕을 뛰어오르며 한칼에 조조를 베려하였다.

그러나 조조는 간 곳이 없었다. 그 순간 방덕은 갑자기 눈앞이 캄캄해지며 몸이 아래로 떨어지는 것 같았다. 사람과 말이 20여 척이나 되는 함정에 빠지고 말았던 것이다.

방덕은 조조 앞에 끌려 나갔다. 조조는 방덕을 보자 만면에 미소를 띠고 방덕의 손을 잡아 일으켜 세우며 방덕의 훌륭한 무예를 칭찬하는 것이었다. 이리하여 방덕은 어리석은 장로를 섬기느니 조조를 택하기로 하여 조조의 장수가 되었다.

"양송이 말한 것이 틀림이 없었구나."

하고 장로는 방덕을 저주하였고 그 대신 양송을 둘도 없는 충신으로 삼았다. 이때는 이미 외곽이 거의 무너지고, 병졸은 뿔뿔이 달아나 더 이상 싸움을 계속하기가 어려웠다.

"조조에게 항복한다 하더라도 살아남기 어려우니 한중의 성 전부를 불을 질러 초토화

한 다음 끝까지 싸워 나라를 지켜야 할 것입니다."
장로의 동생 장위가 초토화 전술을 주장하였다.
"더 이상 싸우는 것은 무모합니다. 항복하는 수밖에 없습니다."
양송이 피를 흘리지 않고 넘겨 줄 것을 주장하였다.
장로는 갈피를 잡지 못하면서도,
"국가의 재물은 백성의 피땀으로 만들어진 것이다. 어찌 불을 지른단 말이냐? 하늘이 무섭지도 않느냐?"
하고 창고마다 쇠를 잠그고 봉인한 후 일족의 남녀노소를 이끌고, 그날 밤 남문을 빠져 달아나고 말았다.
그 이튿날 남정관을 점령한 조조는,
"창고에 봉인을 하여 병화와 약탈을 막은 것은 장로의 칭찬할만한 선행이라 할 것이다."
하고 장로를 갸륵하게 생각하였다.
한편 파중으로 사람을 보내 항복하면 일족을 보호해 주겠다고 전하였다.
이때에도 양송은 조조에게 항복할 것을 주장했으나, 장위는 듣지 않았다. 장위는 패잔병을 이끌고 나아가 싸웠으나 그날로 전사했다는 소식이 들어왔다
바람처럼 휩쓸고 조조군이 파중까지 쳐들어오자, 장로는 성문을 열어 조조의 말 앞에 엎드리고 말았다. 양송도 그 곁에 꿇어앉아 있었다. 이 자리에서도 양송은 자기의 공로를 알아달라는 듯한 표정을 짓고 있었다.
조조는 눈썹 하나 까딱하지 않고 말 위에서 내려 장로의 손을 잡아 일으켰다.
"창고를 봉인하여 병란을 피한 것은 천도를 어기지 않은 일이오 이 조조는 그 뜻에 감동하여 진남장군으로 봉하니 나를 따라 주시오."
더욱이 장로의 옛날 신하에서 다섯 사람을 뽑아 제후에 봉하였다.
양송은 마음속으로 더욱 높은 벼슬이 내려질 것이라 기뻐하였다. 그러나 조조는 양송을 보고 소리쳤다.
"저자는 바른 사람을 모함하고 주인까지 팔아 저만 잘살려고 하는 놈이다. 내가 너를 죽여 자기 주인을 배반한자는 어떻게 되는가를 보여주겠다."
장로를 배반하고 한중을 조조에게 바친 양송은 사람들이 보는 앞에서 무참히 참수를 당하고 말았다.
이렇게 하여 한중도 마침내 조조의 손에 넘어가게 되었다.
조조가 한중을 평정하자 주부 사마의가 진언하였다.
"이 여세를 몰아 유비를 치시는 것이 좋을 듯합니다. 민심이 아직 그에게 쏠리지 않고 있습니다. 이 때 군사를 모아 공격하면 반드시 성공할 것입니다."

그러나 조조는 그 말을 들으려 하지 않았다.
"아니야. 지금은 군사들이 지쳤으니 쉬어야 한다."
이미 조조도 젊은이의 패기가 점점 사라지고 있었다.

탐욕은 패망의 지름길

한중의 양송은 아주 탐욕스런 사람으로 자신의 부귀영화에 눈이 먼 사람이었다. 먼 미래를 내다본다거나 다른 사람을 생각해본다는 것은 그 사람의 생각으로는 불가능한 일이다. 그래서 조조가 준 금은보화에 넋을 잃고 자신의 나라까지 팔아먹고 만다. 조조는 비록 자신에게 협력했지만 자신의 영달을 위해 나라까지 팔아먹는 파렴치한 양송을 가차 없이 처단하고 만다. 양송은 지난날의 여포처럼 자신의 부귀영화를 위해 또다시 배신할 것이라고 생각하기 때문이다. 조조가 볼 때 양송은 지극히 탐욕스런 사람으로 사람의 탈을 쓴 악마였던 것이다.

사람은 개인이자 동시에 사회의 일원이다. 그래서 혼자서만 잘살려고 해서는 안 되며 어디까지나 더불어 살아가려고 노력해야 한다. 세상에서 가장 안전한 길은 정도를 걷는 생활이다. 양송처럼 정도를 걷지 않고 눈앞의 부귀영화를 좇는 것은 일시적인 즐거움이 있을지 모르지만 언젠가는 반드시 그 대가를 지불하게 되어 있다.

이처럼 고삐 풀린 우리들의 욕망은 폭주하기 쉽다. 하나를 먹으면 하나를 더 먹고 싶고, 하나를 가지면 하나를 더 갖고 싶은 것이 인간 욕망의 속성이다. 그래서 욕망이 날 뛰도록 놔주면 욕망의 노예가 되어 불행의 나락으로 떨어지게 된다. 욕망의 노예가 되어 부귀영화를 좇는 사람은 폭주하는 기관차나 마찬가지다. 폭주하지 않으려면 만족할 줄 알아야 하며, 적당한 선에서 자족하며 욕망을 만족시킬 줄 알아야 한다. 그래서 맹자는 "마음을 바르고 곧게 가지려면 욕심이 적어야 한다."고 했다.

폭주를 막는 길은 절제하는 것이다. 절제가 없으면 탐욕스러워 스스로 불행해질 뿐 아니라 타인까지 불행하게 만들기 때문이다. 세상이 전쟁터를 방불케 하는 것은 100개를 가진 부자가 1개를 가진 가난한 자에게 베풀기는커녕 가지고 있는 하나라도 빼앗으려하기 때문이다.

무엇이든 과하면 화가 되는 법이다. 사람이 욕심이 커지면 마음이 바르지 않고 사회 구성원으로서 자신이 해야 할 도리를 저버리기 쉽다. 탐욕을 위해 서로를 배신하고 온갖 추악한 악행을 저지르며 인간을 바로 잡아주는 도덕성을 경멸하고 능멸하기도 한다. 그래서 인품에 오점을 남기고 앞날을 망친다. 더욱이 양송처럼 인간으로서 마땅히 해야 할 도리나 의무가 무너지면 사회 정의와 질서는 사라진다. 결국에 나라까지 병들고 썩어 급기야 망하고 마는 것이다.

과연 이런 부조리한 사회에서 누가 행복할 수 있겠는가? 진시황은 아방궁을 짓기 위해 얼마나 많은 사람을 죽였는가? 탐욕이야말로 인간이 가장 경계해야 할 죄악의 근원지다. 그러므로 우리는 욕심을 없음을 보배로 생각해야 한다. 그래서 노자는 "너무나 사랑하면 반드시 정열을 탕진하며, 많이 가지면 반드시 크게 잃게 된다. 그렇기에 만족할 줄 알면 수치스럽지 않고 멈출 곳을 알면 위험하지 않다."고 말한다.

정도의 길을 가라

행복하려면 역설적으로 절제하고 근신하도록 노력해야 하며 정도의 길을 가도록 노력해야 한다. 정도를 걷는 길은 자기 스스로 만족하는 데서 출발한다.

오늘날과 같은 자유가 넘치는 사회에선 그 어느 때보다도 사람들의 욕망이 날뛰기 쉽다. "오늘 즐길 수 있으면 즐기라."는 말은 이 시대의 구호처럼 들린다. 허나 욕망이 극대화 되면서 '나'만 생각하는 이기주의는 있지만 '너'를 생각하는 이타주의는 없다. 오로지 자신만 잘살면 그만이라는 생각에 무슨 일이든 하려고 한다. 가진 것이 많아도 더 갖기 위해 온갖 투기와 편법을 동원하고 있다.

이런 불행한 사태를 방지하기 위해서는 너와 내가 공존할 수 있는 중용의 정신이 필요하다. '나'라는 존재는 단순한 개인이 아니다. 개인인 동시에 사회인이다. 그러니 혼자서만 잘살려고 하는 것은 잘못된 것이다. 나와 내가 공존할 수 정도의 길을 가야 한다.

그 정도의 길은 중용의 길이 아닌가 한다. 중용은 나와 내가 공존을 지향하는 중간 지점이면서 지나친 것과 부족한 것을 지양하고 적당한 선에서 자기만족을 하는 것이다. 그래서 한편 자기 자신을 위한 욕망을 적당히 채울 것을 주장하면서도, 때로는 자신과 타인을 위해 욕망을 적절히 절제할 것을 강력하게 권고한다. 욕망을 만족시키면서도 스스로 선을 넘지 않는 중용의 미덕 속에 삶의 그윽한 향기가 있는 것이다.

아무리 지위가 높고 재능이 뛰어나도 중용의 덕을 통해 스스로 만족하지 않는다면 자신의 불행을 초래할 뿐만 아니라 모두의 파멸을 초래할 수도 있다. 천하를 손에 넣었던 나폴레옹도 전쟁을 일으켜 많은 사람들을 죽음으로 몰아갔고 자신도 유배지에서 쓸쓸히 죽어갔다. 이런 비극적 상황을 막기 위해서는 중용의 지혜를 통해 스스로 근신하고 자족하여 적당한 선에서 내려놓을 줄 아는 것이 필요하다. 그래야 나 자신도 편안한 삶을 살 수 있고, 타인과 내가 함께 공존할 수 있다. 중용의 미덕 속에는 자신뿐만 아니라 상대에 대한 배려의 깊은 뜻이 담겨져 있다. 그래서 공자는 "진정으로 강한 것은 겉으로 드러난 용맹이 아니라 마음속으로 단호하게 참으며 정도를 걷는 것이다."라고 하였다. 절제하며 정도를 걷는 중용적인 삶 속에 바로 인류의 지혜와 삶의 지혜가 들어 있다.

25. 상사가 가장 두려워하는 자, 똑똑한 부하 - 계륵

우리는 능력이 있으면 드러내고자 하지만 이것은 위험천만한 일이기도 하다. 한 개인이 능력을 드러내면 타인들은 겉으로는 인정할 줄 모르지만 속으로는 경계하는 법이다. 특히 윗사람은 똑똑한 부하를 보면 자기를 치고 올라올까 두려워 지극히 경계하는 법이다.

실제로 이런 현상은 직장생활에도 그대로 드러난다. 잡코리아에서 실시한 '가장 경계하는 부하직원에 대한 상사들의 반응'을 보면, 차장급은 '능력이 출중해 콩나물처럼 쑥쑥 크는 엘리트'를, 과장급은 '노련한 센스로 부서원을 빠르게 포섭하고 장악하는 직원'을 가장 경계하는 것으로 나타났다. 상사의 입장에서는 뛰어난 능력과 인간관계로 성장하는 부하직원은 상사의 자리를 언제든 넘볼 수 있는 두려움의 대상인 것이다. 그래서 부하직원의 능력이 출중할수록 상사의 '경계대상 1호'이다. 그 밖에도 '사소한 일도 자신이 부각하도록 포장을 잘하는 직원', '남모르게 항상 공부하고 수시로 스카우트 제의를 받는 직원'들도 경계의 대상으로 뽑았다.

　상사는 자신의 자리를 위협하는 사람을 결코 가만두지 않는다. 이러한 모습이 직장상사들의 속성이라면, 직장에서의 처세술은 상사의 눈 밖에 나지 않도록 적절하게 일해야 한다. 폭군 밑의 간신과 다를 바가 없는 이러한 모습이 우리들이 살아가는 세상의 참모습인 것이다. 상사들이 귀에 거슬리는 충언보다 달콤한 아부를 좋아하는 것도 바로 상사로서 인정받고 싶은 강한 충동에서 비롯되기 때문이다.

　그러므로 능력이 있어도 함부로 그것을 드러내는 것은 그리 현명하지 못하다. 특히 상사가 위협적으로 느낄 만큼 능력이 있다면 자신의 능력을 드러내지 말고 자신이 어느 정도 성장할 때까지 숨기는 것이 좋다. 쓸모 있는 나무가 쉽게 잘리 듯, 유능한 사람은 꺾이기 쉽다. 진급을 빨리 한 사람은 대체로 빨리 회사를 그만 두는 경우가 많다.

　〈삼국지〉에도 너무나 총명하여 꽃이 피기도 전에 잘린 사람이 있다. 대표적 인물이 양수이다. 양수는 재주가 너무나 뛰어나 다른 사람이 전혀 해독할 수 없을 때에도 양수만은 그것을 해석할 수 있었다. 조조는 어렵게 취한 한중을 버리자니 아깝고 무리하게 취하자니 희생이 많을 것 같아 이러지도 저러지도 못한다고 생각하여 조조는 자신이 먹고 있던 닭갈비에 비유하여 무심결에 군호를 '계륵'이라 하였다. 군사들은 군호가 왜 계륵인지 모르고 설왕설래 하고 있을 때 양수는 그것을 판독하고 바로 행동으로 옮기고 말았다. 양수가 조조의 생각을 정확히 읽고 행동을 했을 때 과연 조조는 양수에 대해 어떻게 했을까?

　　　조조는 한중을 정복하고 군사를 합비에 머무르게 하였다. 동오의 손권을 방비하기 위해서였다.

한편 촉의 성도에서는 조조가 한중을 점령하였다는 소식을 듣고 조조군이 서천으로 밀고 올까봐 유비와 공명은 대책을 강구하였다.

그래서 유비는 말 잘하는 이적을 시켜 손권에게 형주에 있는 강하, 장사, 계양 3군을 양보하는 대신 손권으로 하여금 군사를 일으켜 합비를 치도록 하여 한중에 있는 조조군을 남쪽으로 돌리려고 하였다.

손권은 유비의 제의를 받아들여 합비로 군사를 보내는 일을 승낙하였다.

손권은 군사를 이끌고 출동하여 조조의 보급로인 환성의 땅을 먼저 손에 넣었다. 손권은 환성을 깨트린 여세를 몰아 장료가 지키고 있는 합비로 나아갔다. 그러나 장료의 계책에 걸려들어 손권은 군사의 태반을 잃고 크게 패하고 말았다.

손권은 다시 유수에서 군사들을 정돈한 뒤 군사를 이끌고 다시 합비로 쳐들어 갔다. 장료는 이 소식을 듣고 조조에게 사람을 보내 구원을 청하였다.

한중에 있는 조조는 어느 정도 자리를 잡고 조조의 공격을 대비하고 있는 유비를 공격하기보다는 위험해 처해 있는 합비를 구하는 것이 우선이라는 생각이 들어 군사를 급히 합비로 돌렸다.

손권이 유수에 머물면서 조조와 서로 겨룬 지 한 달이 지났지만 승패는 나지 않았다. 유수는 조조를 막기 위해 여러 가지 준비를 하였기 때문에 지키기는 쉬워도 뺏기는 어려운 곳이었다.

일이 이렇게 되자 장소가 손권에게 권했다.

"조조의 세력이 워낙 크니 우리 힘으로 이기기는 힘들 것 같습니다. 더욱이 싸움을 오래 끌다보면 군사들만 상하게 될 뿐입니다. 차라리 조조와 화친을 하고 인마를 더욱 조련시켜 백성들을 안정시키는 것이 좋을 듯싶습니다."

"알겠소. 내 경들의 말을 따르겠소."

해마다 조공을 바치겠다는 손권의 편지를 읽게 된 조조는 못이기는 척하며 군사를 물리었다.

손권도 유수 땅을 주태와 장흠에게 지키게 하고 밀릉으로 돌아갔다.

그러자 허도의 문무백관들은 조조를 더욱 떠받들게 하였다.

"위공을 위왕으로 받들어야 하지 않겠습니까?"

"이거 무슨 말씀들을 하고 계시는 겁니까? 위왕이라니요? 말도 안 되는 소리는 하지들 맙시다!"

"최염공! 말조심하시오 공은 순욱의 일을 잊어버리셨단 말이오?"

최염이 인품이 곱고 학문이 빼어났기 때문에 당장 어떻게 할 수 없었다.

그런데 그날 최염과 사이가 좋지 않던 관리 하나가 조조에게 일러 바쳤다.

최염은 결국 옥중에서 고문 끝에 죽었다.
그 후, 누구도 조조를 위왕으로 세우는 데 반대하지 않았다. 결국 조정의 문무백관은 건안 27년 천자에게 조조를 위왕으로 봉해야 한다는 표문을 올렸다.
천자는 어두운 얼굴로 어쩔 수 없다는 듯 명을 내려 위공을 위왕으로 세운다는 조서를 쓰게 했다.
천자의 조서가 내려지자 조조는 세 번이나 사양하는 척하더니 다시 조서가 내려지자 결국 절하며 왕위를 받았다.
그 날 이후, 조조는 열두 줄 황금 면류관을 쓰고 여섯 마리 말이 끄는 황금 수레를 타고 행차하였고, 천자가 거동할 때 입는 의복과 의장을 그대로 입어 그 모습이 참으로 화려하기 그지없었다.
그 무렵 조조는 궁궐을 짓고 후계자를 정하는 일로 고심하고 있었다.
'네 아들 중 누구를 후계자로 세워야 하나. 셋째 식이가 총명할 뿐 아니라 글 솜씨가 빼어나니 나의 피를 가장 많이 물려받은 것 같구나.'
조조가 조식을 총애하는 모습을 바라보며 맏아들 조비는 세자 자리를 뺏길까 봐 조식에게 조바심이 났다.
조비는 곧 가후를 찾아가 계책을 묻자 가후는 조비에게 계책을 일러 주었다. 조비는 가후의 계책에 따라 조조가 멀리 싸움을 나가게 되면 조비는 눈물을 흘리며 절을 올리며 배웅하니 조조는 조비의 효성에 크게 감동하였다.
거기에다가 조비는 아버지를 가까이에서 모시는 신하들을 몰래 재물로 매수하니 그들은 기회가 있을 때마다 조비의 덕을 입이 침이 마르도록 칭송하였다.
고민에 빠져 있던 조조는 가후를 불렀다.
"가후 공, 이제 후사를 정하고자 하오. 조비와 조식 중 누구를 세자로 세우는 것이 좋겠소? 지금 그대의 의견을 듣고 싶소."
한동안 말이 없던 가후가 입을 열었다.
"잠시 원소와 유표가 후계자를 고르던 일을 생각해 봤습니다."
"원소와 유표가 장남을 후계자로 세우지 않아 골육상쟁하여 망했다는 소리군."
결국 조조는 맏아들 조비를 왕세자로 삼았고, 건안 21년 10월이 되자 조조가 머물 궁궐도 완성되었다.
이런 일이 있은 후 얼마 지나지 않아 장비와 마초가 한중을 쳐들어온다는 보고가 들어왔다. 조조는 조홍을 보내 한중에 있는 하후연과 장합을 돕게 하였다.
조홍은 그 곳의 사정을 들은 후 하후연과 장합에게 중요한 요지를 지키게 하고 자신은 대군을 이끌고 적을 맞섰다. 장비는 그 때 파서에 있었고, 마초는 하판을 지키며 오란에게 앞길을 살피게 하였는데 오란은 뜻하지 않게 조홍의 대군과 맞서게 되었다.

오란은 조홍의 군사가 많은 것을 보고 돌아가려 하였으나 오란과 같이 갔던 임기가 적진 속으로 달려갔지만 이내 목이 떨어지고 말았다.

조홍은 여세를 몰아 오란의 군대를 덮치자 오란의 군대는 힘 한 번 써보지 못하고 크게 대패하고 말았다.

오란이 패하여 마초가 있는 곳에 당도하였다. 마초는 의논도 하지 않고 군사를 움직인 임기를 크게 나무라며 지금부터는 지키기만 하고 절대로 허락 없이 군대를 움직이지 못하도록 하였다.

조홍은 마초가 전혀 움직이지 않자 무슨 꿍꿍이속이 있다고 생각해 남정으로 군사를 철수하였다.

장합은 그런 조홍에게 물었다.

"장군! 장군을 정말 이해할 수 없습니다. 장군은 첫 싸움에서 이겼는데 왜 철수를 하시는 것입니까? 제가 한 번 싸워보겠습니다. 이 장합이 파서를 빼앗아 보지요. 만일 파서를 빼앗는다면 서천을 빼앗는 것도 그리 어렵지 않을 것입니다."

조홍은 장비를 깔보는 장합이 아무래도 위태롭게 보였다.

"파서를 지키는 장수는 다름 아닌 장비입니다."

그러나 장합은 자신만만하여 끝까지 싸우기를 고집하는 바람에 조홍은 어쩔 수 없이 군사 3만을 그에게 주었다.

장합은 파서로 향하여 삼개소의 진지를 구축하고 병력의 절반은 남겨 두고 절반만 뽑아서 파서를 향해 출동하였다.

이 사실을 알게 된 장비는 뇌동을 불러 대책을 의논하였다. 뇌동이 말하였다.

"낭중은 지세가 험악하여 매복하기에 적당합니다. 장군께서 나아가시면 저는 중간에 매복해 있다가 적의 뒷덜미를 치겠습니다."

그 말에 따라 장비는 뇌동에게 5천 군사를 주어서 먼저 출발시켰다. 그리고 자신은 1만 명을 거느리고 출발하였다. 그러자 낭중에서 30리쯤 떨어진 산간에서 장합의 군사와 딱 마주치고 말았다.

마침내 싸움이 시작되었다. 장합과 장비가 맞부딪쳐 싸웠을 때, 장합군의 뒤쪽에서 함성이 일어났다.

깜짝 놀란 장합이 뒤를 돌아보니 계곡뿐만 아니라 산 위에도 촉군의 깃대가 꽂혀 있었다. 장합이 당황하여 말 머리를 돌려 달아나기 시작하였다.

장비가 그것을 놓칠세라 그 뒤를 바짝 추격하였다. 장합은 조홍 앞에서 큰 소리 친 것도 잊어버리고 채찍이 부러져라 말을 재촉하였다.

이런 기회를 노리고 매복해 있던 뇌동의 군대가 앞쪽에서 불쑥 튀어 나왔다. 장합은 앞으로 나아갈 수도 뒤로 물러설 수도 없는 판국이었다.

결국 장합은 간신히 목숨을 부지하며 도망쳤고 돌문을 꼭 닫은 채 나와 싸우려 하지 않았다.

장비는 암거채에서 10리쯤 떨어진 지점에 진을 치고 나오기만 기다리고 있었다. 그러나 장합은 나와서 싸우려 하지 않고 산 위에서 장수들과 술만 마시고 있었다.

다음 날, 장비는 뇌동을 시켜 싸움을 걸게 했다. 뇌동이 산 아래에 가서 욕설을 퍼부었다. 그러나 아무런 반응이 없었고, 다음 날도 계속하였으나 군사들만 피곤하였다.

이튿날 장비는 하는 수 없이 자신이 나갔다. 장비가 가서 욕설을 퍼부었으나, 적들은 들은 척도 하지 않았다. 하는 수 없이 장비는 되돌아오고 말았다.

50여 일을 이런 상태로 보내게 되자, 장비도 더는 참을 수가 없었다. 그는 산 바로 앞에 진을 치고 날마다 술을 마셨다. 그리고 술이 거나하게 취하면 산 위를 올려다보며 욕을 퍼부었다. 장합은 장비의 이런 모습을 보고 장비가 자포자기 하고 있는 것으로 생각하였다. 그래도 장합은 나가서 싸우려 하지 않았다.

한편 성도에 있던 유비는 이런 소식을 듣고 깜짝 놀라 공명을 불러 물었다.

"장비가 적진 앞에서 날마다 술타령만 하고 있다니, 어찌하면 좋겠소?"

그러자 공명은 웃으면서 말했다.

"낭중에는 좋은 술이 없을 겁니다. 그러니 성도의 명주를 수집하여 50통쯤 급히 보내 실컷 술을 마시도록 하시지요."

그 말에 유비는 상을 찡그리며 못 마땅하다는 듯 말했다.

"군사께서는 장비가 술 때문에 여러 번 실수한 것을 알면서도 그런 말씀을 하시오?"

공명은 다시 빙그레 웃으며 말했다.

"주군께서는 의형제를 맺어 오랫동안 함께 지내 오셨으면서도 그의 본심을 꿰뚫어 보지 못하는 모양입니다. 언젠가 촉에 들어올 때 장비가 엄안을 우리 편으로 만든 일 등을 생각해 보십시오. 그 때의 깊은 계략은 보통 사람으로선 상상하기 힘든 것이었습니다. 지금 적진 앞에서 50일이 넘도록 술타령만 하고 있다는데, 그것은 아마 그의 본심에서 나온 행동이 아닐 것입니다. 장합을 속이려는 계책이 분명한 듯하오니, 모른 체하고 술이나 보내 주는 게 좋을 것 같습니다."

유비는 비로소 납득이 가는 듯 고개를 끄덕였지만 그래도 왠지 불안하여 말했다.

"그 말을 듣고 보니 그럴 듯은 하지만, 술을 보내는 것은 아무래도 불안합니다. 그러니 위연으로 하여금 술을 가지고 가서 만일의 경우에 장비를 도와주라고 하십시오."

공명은 유비의 명을 받고 곧 위연을 불러 술 50통을 세 마차에 나누어 싣고 장비에게 가라고 명령했다. 그리고 그 수레에는 '싸움터에서 마시는 좋은 술'이라고 쓴 누런 기를 각각 꽂게 하였다.

위연은 술 마차를 끌고 장비가 있는 낭중으로 갔다. 술통을 실은 이상한 마차의 행렬을 보고 길가의 백성들은 무슨 좋은 일이 있는 모양이라고 수군거렸다. 마침내 탕거산에 도착한 위연은 장비에게 술을 전하였다. 장비는 선물을 받자 기뻐하며 위연과 뇌동에게 말하였다.

"위연은 우측, 뇌동은 좌측에 진을 치고 있다가, 내가 붉은 기를 흔들면 그것을 신호로 하여 일제히 돌격하시오."

장비의 진에서는 곧 큰 잔치가 벌어졌다. 장비는 병사들에게 마음껏 먹고 마시라고 일렀다. 모든 군졸들은 오랜만에 맛보는 좋은 술에 흥이 나고 신이 났다.

그 광경을 자세히 산 위에서 내려다본 적의 파수병이 재빨리 장합에게 보고하였다. 장합이 이상하다 생각하고 몸소 나와 보니, 과연 장비는 본진에 앉아 술잔을 기울이며 병사들에게 씨름을 시켜 놓고 그것을 즐기고 있었다.

"장비란 놈이 나를 아주 우습게 본 모양이구나! 네 이놈을 오늘밤 산을 내려가 단번에 짓밟아 줄 테다."

하고 장합은 몽두채와 탕석채에 있던 두 장수에게 전투 준비를 명하였다. 장합은 밤이 되자 달빛을 이용하여 군사를 이끌고 산을 내려가 장비의 진 가까이로 접근하였다.

그 때까지도 장비는 술자리에 앉아 있었다. 장합은 그것을 보고 돌격 명령을 내림과 동시에 적진으로 돌진하였다. 그래도 장비는 꼼짝도 하지 않았다. 장합은 장비에게 덤벼들어 있는 힘을 다하여 창으로 찔렀다.

그 순간 장합은 깜짝 놀랐다. 그것은 장비가 아니라 다름 아닌 짚으로 만든 인형이었던 것이다. 계략에 빠진 것을 알고 후퇴하려 할 때 돌연 포성이 울리며 한 장수가 군대를 몰고 나왔다. 그가 바로 장비였다.

장비는 고리눈을 부릅뜬 채 장합의 앞길을 가로막으며, 긴 창을 휘두르며 우레 같은 소리를 질렀다.

"이 놈. 장합아, 연인 장익덕이 여기 있다! 자 나와 결판을 내자."

두 장수는 어울려 50여 합이나 싸웠으나 쉽게 승부가 나지 않았다. 그 동안 위연과 뇌동은 몽두채, 탕석채의 군사들을 무찌르고 이쪽으로 오고 있었다. 장합은 이것을 보면서도 계속하여 싸우고 있었으나, 산위에서 불이 나고 주위가 모두 적군뿐임을 알자 그만 말머리를 돌려 달아나기 시작하였다. 장합은 간신히 포위망을 뚫고 와구관으로 달아났다.

장비는 이 대승리의 소식을 곧 성도에 보고하자 유비는 크게 기뻐하였다.

"사람의 마음을 꿰뚫어보는 군사 공명의 능력에 새삼 탄복하였다. 그리고 그보다 더욱 탄복하게 하는 것은 내 아우 장비가 계략을 써서 적을 유인하여 대파한 것이다."

한편 조조는 노장 황충에 의해 하후연이 죽었다는 말을 듣고 대성통곡하였다. 하후연의 장례가 끝나자 하후연의 원수를 갚기 위해 서황을 선봉으로 삼아 크게 군사를 일으켰다.

조조가 한수가에 이르자, 정군산에서 쫓겨나 그 곳에서 진을 치고 있던 장합이 조조를 맞이하였다. 조조는 그들을 차갑게 대하면서 그들에게 사정을 묻고 군량과 마초를 북산으로 옮기도록 하였다.

남정도 이미 장비와 위연에게 빼앗겨 그 곳으로 가는 다섯 갈래의 길목이 모두 막혀 있었다. 할 수 없이 조조는 양평관으로 갔다.

유비가 군사들을 시켜 조조군의 식량 보급로를 차단하려고 하자 조조는 허저를 시켜 양초를 싣고 오는 군사를 호위하도록 하였다.

허저는 명을 받아 길을 가는 도중 양초를 싣고 오던 관원과 만나게 되었다.

허저가 오자 관원들은 안심하였으나, 허저가 술을 흠뻑 마신 다음 홀로 일만 명을 대적할 수 있다고 호언장담하며 부하들의 만류를 뿌리치고 밤길을 나섰다.

이경 무렵 허저가 포주길에 들어섰을 때 장비와 마주치고 말았다. 장비가 창을 들고 기다리고 있었다. 허저는 장비를 맞아 싸우려 했으나 워낙 술에 취해 있어서 그를 당해낼 수가 없었다. 허저가 장비의 한 창이 어깻죽지를 찌르자 몸을 가누지 못하고 말에서 떨어지고 말았다. 군사들은 있는 힘을 다해 급히 허저를 구해 달아나 버렸다.

허저의 부주의로 양초를 빼앗긴 조조는 유비와 결판을 내기 위해 대군을 이끌고 유비에게 싸움을 걸어왔다.

유비는 유봉에게 출전 명령을 내려 서황을 맞서 싸우게 하였다.

서황과 싸우던 유봉은 자신이 없는 듯 슬쩍 말머리를 돌려 달아났다.

그것을 본 조조는 군사를 몰아 추격하기 시작했다. 그런데 촉의 진영 가까이 도착했을 때 갑자기 포 소리가 요란하게 울렸다.

조조는 복병이 있다고 생각하고 급히 후퇴하라는 명령을 내렸다. 앞만 보고 달리던 군사들에게 갑자기 후퇴하라는 명령이 떨어지자, 제각기 다투어 달아나며 떠미는 가운데 짓밟혀 죽거나 다치는 자가 부지기수였다.

조조는 뒤돌아볼 틈도 없이 양평관으로 달아났지만 유비군은 급히 그들을 뒤쫓아 뒤쳐진 군사들을 베고 짓밟았다.

유비군의 거센 공격에 양평관까지 포기한 조조가 유비군을 겨우 따돌리고 야곡으로 들어서고 있었다. 조조는 자신도 모르게 끝장이라는 생각을 하면서 탄식을 하였다.

그러나 다행히도 앞장서 달려온 장수는 둘째 아들 조창이었다.

조창은 변 부인이 낳은 둘째 아들로, 어릴 때부터 말타기와 활쏘기를 잘했다. 뿐만 아니라 힘이 천하장사라 호랑이를 맨손으로 때려잡기도 했다.

조조는 이런 아들이 걱정되어 학문에도 힘쓰라고 항상 타일렀건만, 조창은 말을 듣지 않았다.
"대장부로 태어났으면 군사를 거느리고 천하를 누벼야 하는데 어찌 한가롭게 책만 읽고 있겠습니까?"
조조로서는 그것을 이해할 수 없었지만 아들의 당당함에는 할 말이 없었다.
지난 해에 큰 반란이 일어났을 때, 조조는 아들 창에게 5만의 군사를 주어 반란군을 진압하도록 하자, 조창은 오래잖아 상건 땅까지 밀고 들어가서 반란을 평정하였다.
이번에는 조창이 아버지가 양평관에 있다는 소식을 듣고 도우러 온 것이다.
조조는 아들 창이 온 것을 보고 매우 기뻐하였다.
"나의 아들이 왔으니 내 반드시 유비를 깨트릴 수 있게 되었구나."
이 소식은 곧 유비의 귀에 들어갔다.
"그럼, 누가 조창과 싸우겠소?"
유봉이 재빨리 나섰다.
"제가 가 보겠습니다. 지난번 조조가 친아들이라고 조창을 잔뜩 치켜세우고 저는 수양아들이라고 깔보던 것을 반드시 후회하게 하겠습니다."
그러자 맹달이 나서며 말했다.
"이번에는 저도 보내주십시오."
"그럼, 두 사람이 함께 가도록 하라. 각기 군사 5천씩 주겠다. 유봉이 선봉에 서고 맹달은 그 뒤를 따르도록 하시오"
유봉은 기세 좋게 달려 조창과 맞섰으나, 조창의 맞수는 되지 못 했다. 채 3합도 못해 조창에게 밀려 달아나기 시작하였다.
그것을 본 맹달이 급히 말을 몰아 거들어 주지 않았으면 유봉은 목숨을 잃었을 것이 뻔하였다.
맹달이 조창을 대적하는 사이 오란이 군사를 몰고 와 조조군의 후미를 치자 조조군은 큰 혼란에 빠져 쫓기기 시작하였다.
하지만 조창은 쫓기는 중에도 뒤돌아서서 오란을 보자 창을 찔러 오란을 말에서 떨어뜨렸다. 거기서 사기가 오른 조조군은 다시 돌아서서 싸우기 시작하였다.
그런데 잠시 후에 또다시 유비군이 몰려와 앞뒤에서 조창을 공격하기 시작하였다.
조조는 앞뒤로 적을 맞는 아들이 걱정되어 일단 군사를 철수하도록 하였다. 군사를 물리는 조조의 심정은 앞으로 어떻게 해야 할지 판단이 서지 않아 매우 착잡하기 그지없었다.
싸움이 끝나자 조창과의 싸움에서 진 유봉은 양아버지인 유비의 얼굴을 마주대할 생각조차도 없었다. 그러면서도 조창을 쓰러트리지 못한 것은 맹달이 옆에서 뛰어나와 조창을 쫓았기 때문이라고 구차하게 변명하였다.

이런 일이 있은 후부터 유봉과 맹달은 사이가 좋지 않았다. 유봉은 그 무용에 있어서나 지혜에 있어서도 유비의 양자라 하기에는 모자라는 데가 많았다.

한편, 조조군은 첫 싸움 이후로 매일처럼 사기가 떨어졌다. 시시각각으로 들어오는 전황도 말이 아니었다. 촉의 장비, 위연, 마초, 황충, 조운 등의 명장들은 싸우는 대로 이겨 드디어는 야곡 가까이까지 밀고 들어 왔다.

거듭되는 패전에 조조는 초조해졌다. 이곳은 허도에서 멀리 떨어진 한중의 야곡의 땅이었다. 많은 장수를 잃고, 허도로 돌아가지 못할까봐 조조는 조바심이 났다.

'군사를 거두어 그냥 돌아간다면 천하의 웃음거리가 될 것이고, 그렇다고 야곡을 지키자니 잘못하다가는 저승으로 가지 않을지 걱정이구나. 물러갈 수도 나아갈 수도 없으니 이것 참 괴롭기 짝이 없구나.'

조조가 관성 깊숙이 틀어박혀 턱을 괴고 고민하고 있을 때 저녁상이 들어왔다. 그 상을 받아먹으면서도 머리 속에는 번거로운 생각으로 꽉 차 있었다.

조조가 상위의 그릇 중에서 두꺼운 합뚜껑을 여니, 거기에는 통째로 삶은 연한 닭 한 마리가 들어 있었다. 조조가 그것을 먹어도 맛을 모르고 무심히 닭갈비를 입에 넣고 씹고 있을 때였다.

하후돈이 휘장을 젖히고 들어와 물었다.

"오늘밤은 군호로 무엇으로 할까요?"

"계륵, 계륵."

조조는 자기도 모르게 이렇게 중얼거렸다. 닭갈비를 씹고 있었기 때문에 무의식중에 한 말이었다. 그러나 하후돈은 조조의 말이기에 무슨 뜻이 있는 말로 생각하고 대답하고 나와서 성중의 여러 장수들에게 알리고 돌아다녔다.

여러 장수들은 서로 얼굴을 마주 바라보며 이상히 여겼다. 그 누구도 그 뜻을 아는 사람이 없었다. 서로 의아해서 가만히 있을 뿐이었다.

그러나 행군주부인 양수가 부하를 모아 놓고 갑자기 명령하였다.

"너희들은 곧 돌아갈 준비를 하라. 짐과 행장을 차리고 어명을 기다리고 있도록 하여라."

이 말을 전해들은 하후돈은 깜짝 놀랐다. 그래서 그는 자기가 포령한 것이지만 실은 자기도 몰랐으므로 양수를 불러 까닭을 물어 보았다.

"그것은 계륵이라는 포령을 생각해서 그렇게 한 것입니다. 닭갈비란 먹자니 먹을 것이 없고, 버리자니 아까운 것입니다. 지금 우리가 처해 있는 싸움이 마치 닭갈비와 비슷하다고 생각하심이 틀림없습니다. 군대를 거두어 이대로 돌아갈 수도 없고, 이대로 버티자니 아무 이익도 없고, 그래서 여기 머물러 있어도 이득이 없을 바엔 하루라도 빨리 돌아가는 게

좋다고 생각하시는 것 같습니다. 군사들에게 짐을 챙기라고 한 것도 바로 이런 이유에서
입니다."

"과연 참으로 용하십니다. 공이야말로 전하의 마음을 훤히 보고 있는 것 같소이다."

하후돈은 탄복하였다. 위왕의 마음을 정확히 본 것으로 생각하고 하후돈은 여러 장수들에게도 이야기하여 철군 준비를 하도록 하였다.

그 날 밤도 조조는 이런저런 생각에 잠이 오지 않아 몸소 나와서 은도끼를 잡고 진중을 거닐다가 깜짝 놀라 하후돈을 찾았다. 하후돈이 나타나자마자 이렇게 물었다.

"여러 장수들이 갑자기 철군 준비를 하니 이게 어찌된 일이냐? 도대체 누가 철군 준비를 하라고 했는가?"

"양수가 전하의 뜻을 헤아려 준비를 하였기에 저도 이처럼 준비하였습니다."

"무엇이, 양수가? 어서 그 자를 불러오라."

도끼를 지팡이로 삼고 조조는 미간을 찌푸리며 소리쳤다.

이윽고 양수는 조조 앞에 나와서 기탄없이 말하였다.

"오늘밤의 군호를 계륵이라 하시어 여러 사람들이 그 뜻을 몰라 갈팡질팡하기에 소신이 그 뜻을 헤아려 돌아갈 준비를 했습니다."

조조는 등골이 오싹하였다. 양수가 자기의 속마음을 거울을 보듯 훤히 꿰뚫어보았기 때문이었다.

"네 어찌 제대로 뜻도 모르고 망발을 일삼는 것이냐. 무례한 놈 같으니."

하고 격노하여 하후돈을 돌아보고 명령하였다.

"군법을 어긴 자니 즉시 목을 잘라라. 그리고 진문 밖에 걸어 망발을 하는 자의 본보기로 삼아라."

새벽 한기가 싸늘한 진문에는 양수의 머리가 걸려 있었다. 어제의 뛰어난 인재가 오늘 아침엔 까마귀의 밥으로 변하고 만 것이다.

장수들도 전율을 느끼며 조조의 냉혹한 처사에 분노하며 남다른 재질이 있는 양수의 죽음을 못내 슬퍼하였다.

참으로 양수의 일생은 재기에 차 있었다. 그러나 이 뛰어난 재질도 그리 빛나지는 못했다. 언제나 양수의 재질이 조조를 능가하고 있었기 때문에 조조는 항상 양수의 재질을 두려워한 나머지 그를 마음속으로 미워하기까지 하였다.

촉군의 공격은 그 날도 다음 날도 야곡 함락이 멀지 않았다는 듯이 맹공격을 가해 왔다. 군사들이 크게 동요하여 혼란에 빠지자, 조조는 칼을 뽑아 들이 대고 호통을 쳤다.

"누구든지 후퇴하는 자는 그 자리에서 목을 자를 것이다."

그렇지만 촉의 위연과 장비 등에 밀려 이러지도 저러지도 못할 상황에 빠져버리고 말았다.

이 때 방덕이 나타나서 조조의 앞을 가로막고 서로 앞을 다투어 오는 촉병들을 일사불란하게 막고 있었다.

촉군 진영에서는 조조를 발견한 위연이 재빨리 조조를 향해 활시위를 당겼다. 조조는 비명을 지르며 말에서 떨어졌다. 그리고 양손으로 입을 막고 있었다. 멀리서 날아온 그 화살에 맞아 앞니 두 개가 부러졌던 것이다. 선혈이 낭자했다.

방덕이 튀어나와 그를 끌어안아 말에 태워 달아났다. 이미 야곡의 관성은 온통 불길에 휩싸여 계속 타오르고 있었다.

위군은 완전히 패하고 말았다. 조조는 아픈 몸을 이끌고 도망하면서 새삼스럽게 양수의 말이 떠올랐다.

조조가 겨우 목숨만 살아날 정도로 위의 세력은 완전히 무너졌다. 이와 반대로 유비의 촉군은 한중을 완전히 장악하였다. 상용도 함락되고 금성도 항복하였다.

신탐과 신의 등의 옛날 한중의 장수들도 조조가 한중을 버리고 달아나자 유비에게 투항하고 말았다.

유비는 여러 지방의 태수들을 보며 말했다.

"이젠 한중의 백성들은 나의 백성들입니다. 그대들은 나를 대신하여 전과 같이 백성들을 다스려 주었으면 합니다."

유비는 포고문을 내려 군민의 지지를 얻은 다음 정치, 군사, 경제 삼면에 걸쳐 개혁을 단행하니 만백성은 기뻐하며 촉을 따랐다.

이리하여 유비는 일약 사천과 한천이라는 광활한 지역을 얻게 되었다. 이제 비로소 촉은 강남의 오와 북방의 위에 필적할 만한 커다란 세력을 형성한 강대국이 되었다.

때를 기다리고 있던 공명은 여러 장수들과 상의하여 유비가 제위에 오를 것을 입 밖에 꺼내자 여러 장수들도 이의 없이 공명의 말에 찬성하였다.

그러나 유비는 깜짝 놀라 공명을 바라보며 머리를 좌우로 흔들었다.

"군사! 그게 무슨 말씀이시오 제가 한실의 혈통인 것만은 틀림없습니다만, 아직 허도에는 황제가 계시옵고, 어느 자리에 있어도 아직까지 이 몸은 신하의 본분을 잊어 본 적이 없습니다. 만일 왕위를 사칭하여 조조같이 방자하게 군다면 무슨 낯으로 역적을 치겠소"

허지만 공명은 강력히 권하였다. 그러나 유비는 아무리 신하와 양천의 백성들이 그것을 원한다 하더라도 천자에서 칙명을 내리지 않는 한 스스로 왕이라 칭할 수 없다고 하였다.

이런 이야기를 들은 장비가 하루는 유비를 찾아 가서 고리눈을 치켜뜨고 소리를 질렀다.

"유씨 성도 아닌 말 뼈다귀 같은 놈들도 임금이 되려 하는데 어째서 형님은 안 된다는 것이오? 종실로서 한중왕이 아니라 천잔들 못 오를 일이 무엇이오?"

"네가 무엇을 안다고 큰 소리냐? 너는 여러 말 하지 말라."

유비가 조용히 장비를 꾸짖자, 장비는 발길로 문을 차다시피 하고 밖으로 나가 버렸다.
"먼저 한중왕에 오르시고 훗날 황제께 상주해도 늦지 않을 것입니다."
공명이 다시 권하였다. 유비는 계속 사양했으나, 공명을 비롯하여 법정, 장비, 조자룡 등이 끈질기게 권유하자 마침내 그도 왕위에 오를 것을 승낙하였다.
이렇게 하여 한중왕이 된 유비는 아들 유선을 왕세자로 삼고, 허정을 태부, 법정을 상서령에 각각 봉하고, 제갈량을 군사로 삼아 모든 병무를 맡아 처리하게 하였다.
그리고 그 밑에 관우를 비롯하여 장비, 조자룡, 마초, 황충을 오호대장군을 삼는다는 뜻을 밝히고, 위연은 한중 태수에 봉하였다. 그 밖의 사람들에게도 각기 그 공훈에 따라 벼슬을 내렸다.
한중왕이 되고 나서, 유비는 표문을 지어서 허도의 황제에게 올렸다.
이로써 유비는 한 나라의 왕이 되었고, 한 나라를 다스리는 세력으로 성장하였다.

똑똑함을 드러내는 것은 위험하다

조조는 마침내 왕이 되고 세자까지 책봉하였다. 그 때 유비 군이 한중을 쳐들어오는 바람에 한중 쟁탈전이 벌어졌다. 싸움은 조조에게 불리하게 돌아갔다. 그 때 조조는 닭갈비를 먹으면서 무심결에 '계륵'이란 포고령을 내렸다. 양수는 조조가 무심코 내린 '계륵'이란 포고령을 정확히 해독하였다. 그래서 군사들로 하여금 철군 준비를 시켰다. 하지만 조조가 이 사실을 알고 상을 주기는커녕 크게 노하고 양수를 참수하고 말았다. 양수가 자신의 생각을 전혀 틀리지 않고 꿰뚫어 보고 있다는데 심히 두려움을 느낀 조조는 양수를 그만 제거하고 말았다. 양수는 조조의 마음을 꿰뚫어 보았다는 것 이외에는 아무런 잘못도 없이 죽고만 것이다.
문제가 있다면 양수가 너무나 자신의 재주를 믿고 조조의 의중을 묻지도 않고 너무나 가볍게 처신했다는 것이다. 양수가 조금만 현명했다면 재주가 있어도 그것을 너무 드러나지 않도록 조심스럽게 행동했어야 했다. 그래서 노자는 "모든 일을 조심스럽게 대처해야만 난처한 경우를 당하지 않는다. 사람들의 선두에 서지 말아야 거꾸로 지도자로 추앙받는다."고 역설하였다.

우리는 양수의 불행한 운명을 보면서 똑똑함을 드러내는 튀는 행동을 하지 않도록 평상시 조심하는 것이 좋다. 특히 윗사람의 마음까지 꿰뚫어 보는 똑똑함을 드러내는 행동을 하는 것은 설령 그것이 옳다고 하더라도 자칫 윗사람의 역린을 건드리는 경우가 될 수 있다. 그래서 평상시 튀지 않도록 신중하게 처신해야 한다. 한비자 역시 윗사람을 꿰뚫어 보는 것은 위험천만하다는 것을 다음과 같은 예를 들어 충고하고 있다.

> 습사미가 전성자를 알현했을 때에, 전성자는 그와 함께 누각에 올라 사방을 둘러보았다. 삼면이 모두 탁 트였는데, 남쪽을 보자 습사미의 집에 있는 나무가 시야를 가렸다. 그 때 전성자는 아무 말도 하지 않았지만, 습사미는 돌아와서 사람을 시켜 그것을 베도록 했다. 도끼질을 해 나무가 좀 파였을 때에, 습사미는 나무 베는 일을 그치게 했다. 그러자 그의 집사가 말했다.
> "어찌 그렇게 빨리 변하셨습니까?"
> 습사미가 말했다.
> 옛날 속담에 '깊은 연못 속의 물고기를 아는 사람은 불길하다.'는 말이 있다. 전성자가 장차 큰일을 꾸미고 있는데, 내가 그의 미묘한 부분까지 보고 안다면 나는 반드시 위험해질 것이다. 나무를 베지 않는 것은 죄가 되지 않지만, 다른 사람이 말하지도 않은 것을 알고 있다면 그 죄가 클 것이다. 그래서 베지 못하게 하는 것이다."
> 이에 나무를 베지 않았다.

주군을 떨게 한 자는 위태롭다

물론 각자의 능력을 살리는 것은 중요하다. 능력은 창조력을 발휘하여 새로운 세상을 여는 데 결정적인 기여를 하기도 한다. 그래서 능력은 존중되어야 하지만 '능력'이라는 명목으로 너무나 튀는 행동을 하면 오히려 사회에서 외면당하기 쉽다. 하급자의 능력은 윗사람들과 기득권자들에게는 위협이 되기 때문이다.

　세상에는 윗사람과 기득권자들이 반드시 있기 마련이다. 그들은 보수적 가치를 내세우며 자신들이 안정된 길을 가기를 희망한다. 그들은 자신들의 권리를 보호받기 위해 틀을 파괴되는 것을 결코 원하지 않는다. 마찬가지로 상사도 자신의 위치가 흔들리지 않기를 바란다. 특히 조직이 거대하면 할수록 조직을 깨는 행위는 환영받지 못한다. 그러므로 능력 있다고 자신을 드러내는 것은 자칫 항명으로 비쳐질 수 있다.

　옛말에 "주군을 떨게 한 자는 목숨이 위태롭다."라는 말이 있다. 그만큼 신하는 조심스럽게 처신하지 않으면 안 된다는 것이다. 충언조차 조심하지 않으면 생명이 위태롭다. 아무리 충언이 옳다고 해도 신하의 똑똑함을 드러내는 것으로 생각해 주군의 역린을 건드는 것으로 비쳐질 수 있기 때문이다. 그래서 홍자성 역시 지위와 재능과 행실에 대해 지나치지 말 것을 다음과 같이 말하고 있다.

　　지위는 지나치게 높지 말아야 하나니, 지나치게 높으면 곧 위태로워진다. 뛰어난 재능을 다 쓰지 말아야 하나니, 다 쓰면 곧 쇠퇴한다. 행실은 지나치게 고상하지 말아야 하나니, 지나치게 고상하면 비난과 욕이 돌아온다.

26. 큰 화를 면해주는 양보의 미덕
– 관우의 의연한 죽음

　우리가 살아가면서 '인간관계를 어떻게 할 것인가?'하는 문제만큼 중요한 문제도 없다. 이것을 잘못하면 다른 사람의 원한을 사고, 뜻하지 않는 곳에서 보복을 당할 수 있다. 개인뿐만 아니라 거대한 조직도 인간관계를 잘 하느냐 못하느냐에 따라 흥망성쇠가 좌우된다. 더불어 사는 세상에서 무엇보다도 상대를 이해하고 상대를 인정하는 겸양의 미덕이 필요하지만 우리들의 대다수는 그렇지가 못하다. 대다수 자신의 입장에서만 산다. 그러니 갈등의 골이 깊어지고 다툼이 잦아진다.

　인간관계에서 갈등만큼이나 서로에게 상처를 주는 것은 없다. 친절하게 대한 것이 간섭으로 받아들여지거나 그냥 불쑥 튀어나온 말이 상대의 마음에 상처를 준다. 특히 자만심에 빠지거나 오만해지면 다른 사람의 입장을 잘 고려하지 않는다. 오로지 자신의 입장에서 세상을 보고 상대를 냉혹하게 대한다.

허나 눈에 핏발을 세우며 남을 꾸짖는 결과는 무엇인가? 그것은 많은 적을 만든다는 점이다. 맹자는 "죽을 때까지 길을 양보해도 백 보에 이르지 않네." 말하고 있다. 그만큼 우리의 도량은 평상시 넓지 않다는 이야기다. 일생 동안 길을 양보한다고 해도 그 합계는 백보에 못 미칠 정도로 우리들의 마음 씀씀이가 너무나 인색하고 협소하다는 것이다. 하물며 도량이 없는 사람은 어찌 하겠는가. 조금이라도 남에게 양보한 줄 아는 사람 보다 협소한 도량을 가진 사람에게는 당연히 적이 많다. 남을 조금도 인정하지 않고 배려하지 않기 때문이다. 그래서 서로 간 다툼이 일어나고 그 피해는 고스란히 자신에게 되돌아온다.

〈삼국지〉에서 가장 추앙 받는 관우는 어떤가? 관우는 의협심은 아주 강했으나 우직할 정도로 겸양과 양보의 미덕은 없었다고 본다. 관우는 성질이 대쪽 같아 의협심이 있는 것처럼 보였지만 상대를 배려할 줄도 타협할 줄도 몰랐다. 세상을 살려면 흥정할 줄 알아야 하지만 관우는 전혀 흥정할 줄도 몰랐다. 오로지 자신의 입장에 서서 말했다. 유비가 약속했던 동오에서 3개의 군을 돌려받기 위해 사신으로 온 제갈근을 협박하다시피 하여 돌려보냈고, 손권이 서로가 손잡기 위해 관우에게 자식들이 정혼을 할 것을 제의해왔을 때에도 손권을 '개'라고 하면서 모독까지 하였다. 이런 관우의 협소한 도량 때문에, 손권은 마침내 조조와 손을 잡아 관우를 치기로 마음먹었다. 그 결과는 어떻게 될 것인가?

> 마침내 유비는 한중을 평정하고 유비가 한중왕에 올라 성도에 궁성을 건립하였다. 문무백관의 직제를 세우고 성도에서 백수까지 4백여 리가 되는 곳에 역사를 짓고, 관을 양창과 상공업의 진흥을 위해 교통을 편하게 하는 일도 거의 끝마쳐 갔다.
> 한편 허도에서는,
> "유비가 표문을 올렸다고? 돗자리나 짜서 팔던 촌놈이 한중왕이라니, 이게 말이나 되는 소리냐. 모든 군사들은 전투 채비를 갖추도록 하라. 내 유비 그놈과 결판을 내고야 말리라!"

그러자 한 사람이 나서서 그런 조조를 말리며 말했다.

"대왕께서는 한순간의 노여움으로 대군을 이끌고 나가셔서는 안 됩니다. 제게 좋은 계책이 있습니다. 손권을 움직여서 유비와 먼저 싸우게 하면 됩니다. 손권은 유비에게 그 누이를 시집보냈으나 사이가 벌어지자 몰래 그 누이를 불러들였고, 유비 또한 손권에게 형주를 돌려주겠다고 약속을 했으나 돌려주지 않았습니다. 그러니 사람을 보내 손권을 달래보도록 하십시오. 손권이 형주를 치면 유비는 반드시 한중과 서천의 군사를 이끌고 형주를 구하러 갈 것입니다. 그 틈을 노려 대왕께서는 한중과 서천을 치시면 유비는 앞뒤로 몰려 틀림없이 곤경에 빠지고 말 것입니다."

"좋다! 그럼 내 당장 오나라로 사람을 보내기로 하겠다."

한편 오나라에서는 조조의 사신으로 만총이 왔다고 하자, 곧 손권은 사람을 보내 만총을 불러오도록 하였다.

"위왕께서 보내신 글입니다. 본래 오나라와 위나라는 원수진 일도 없는데 유비 때문에 사이가 벌어지게 되었습니다. 이제 위왕께서는 장군께서 형주를 치기를 바라고 있습니다. 만약 장군께서 형주를 치시면 위왕께서는 서천으로 군사를 내시겠다고 하였습니다. 이는 유비의 머리와 꼬리를 동시에 치는 꼴이 됩니다. 이렇게 해서 유비를 친 후에는 그 땅을 반반씩 나눈 뒤 서로 침범하지 말자고 맹세하셨습니다."

"무슨 말인지 잘 알겠소. 답은 좀 더 생각해 본 후에 주겠소."

위나라의 사신이 물러가자 손권은 여러 신하들을 불러 의견을 물었다.

제갈근이 나서며 말했다.

"제가 듣기로는 관운장이 형주로 온 뒤로 유비가 관운장을 장가를 보내 주어 아들과 딸 하나씩을 두었다고 합니다. 관우의 딸이 아직 어리긴 하지만 주공의 아드님과 정혼을 하도록 청해 보겠습니다. 관우가 허락하면 관우와 힘을 합쳐 조조를 치고, 만약 거절하면 그 때 가서 조조를 도와 형주를 치는 것이 어떨까 합니다."

"조조의 뜻대로 된다 해도 조조가 약속을 지킨다는 보장은 없다. 유비 역시 못마땅하지만 제갈근의 말대로 합시다."

손권은 만총을 허도로 돌려보낸 후, 서둘러 제갈근을 형주로 보냈다.

제갈근은 지난번에 유비가 허락하여 세 군을 돌려 달라고 관우에게 갔을 때,

"아무리 형님의 글을 가져왔더라도 나는 결코 허락할 수 없소이다. 옛말에 장수는 밖에 나와서는 임금의 명을 받지 않을 수도 있다고 하였소"

라고 하면서 제갈근을 위협하여 쫓아내다시피 하였다. 그래서 제갈근은 형주에 가면서도 마음이 몹시 무거웠다.

제갈근이 형주에 도착하여 마침내 관우를 찾아가 만났다.

"우리 주공께 아드님 한 분이 계시는데 매우 총명하십니다. 마침 장군께서도 따님이 한 분 계신다는 말을 듣고 저를 보내셔서 정혼을 청하게 하셨습니다. 양쪽 집안이 맺어져 힘을 합해 조조를 친다면 그보다 더 좋은 일이 있겠습니까?"

"호랑이의 딸을 어찌 개의 자식에게 시집보낼 수 있겠느냐! 그대 아우의 얼굴을 보아 살려주는 것이니 아무 소리 말고 썩 물러가라!"

제갈근은 관우의 호통에 쫓겨나다시피 하여 동오로 돌아갔다.

제갈근의 보고를 들은 손권은 불같이 화를 냈다.

"개의 자식이라니! 그놈이 어찌 그리 건방을 떤단 말인가!"

손권은 다음 날 급히 대신들을 불러들였다.

"관우와 손잡는 것은 더 이상 생각해 볼 것도 없소. 내 당장 형주를 칠 것이오."

그러자 보질이 나서며 말렸다.

"신중해야 합니다. 조조는 오래 전부터 황제가 되고 싶었으나 유비가 두려워 함부로 하지 못하고 있습니다. 이번에 우리에게 사자를 보내 촉을 치라고 하는 것은 동오와 촉을 싸우게 하려는 수작에 불과합니다. 지금 조인은 양양과 번성에 주둔하고 있으니, 장강이 가로막혀 있는 우리와는 달리 조인은 뭍으로 직접 형주를 치러 갈 수도 있습니다. 그런데 왜 조조는 주공께 그 일을 떠넘기려 하겠습니까? 조조의 속셈은 뻔합니다. 오히려 주공께서는 조조가 조인을 시켜 먼저 형주를 치게 만드십시오. 그러면 관우는 반드시 번성을 공격할 것이고, 그 틈을 타 주공께서 한 장수를 시켜 형주를 치면 됩니다."

"그것 참 좋은 생각이오. 위나라의 군사를 우리 동오를 위해 쓰자는 말이군."

손권은 급히 조조에게 밀서를 보냈다.

조조는 동오가 군사를 움직인다는 말에 기뻐하며 만총을 번성으로 보내 조인을 도와 형주를 치게 했다.

하지만 관우가 조조의 장수 우금을 사로잡고 방덕을 베었다는 소식은 멀리 허도에까지 전해졌다. 관우의 위엄이 온 천하에 퍼졌고, 조조도 이 소문을 듣고 크게 놀라 황급히 신하들을 불러 모아 놓고 도읍을 옮기는 것이 어떠냐고 물었다.

이 때 조조 밑에 있는 뛰어난 모사 사마의는 그것에 반대하며 계책을 내놓았다.

"제게 좋은 계책이 있습니다. 지금 손권과 유비의 사이가 그리 좋지 않을 것입니다. 관우가 크게 이겼으니 손권의 마음은 더더욱 편치 않을 것입니다. 그러니 빨리 동오로 사자를 보내 손권을 달래 보도록 하십시오. 그런 뒤 손권으로 하여금 군사를 일으켜 관우의 뒤를 치게 하고, 그 뒤에 강남땅을 손권의 영토로 인정하십시오. 그렇게만 된다면 번성의 위태로움도 저절로 사라지게 될 것입니다."

조조는 서둘러 동오로 사람을 보내는 한편 번성을 구하기 위해 그 날로 서황을 번성으로 보냈다.
　서황은 양릉파에 이르러 군사를 주둔시키고 움직이지 않았다. 촉군의 기세가 오를 대로 올랐으니 기회를 엿보자는 것이었다.
　이 때 조조가 보낸 사자가 동오에 도착해서 손권에게 조조의 서신을 전했다. 조조의 뜻을 받아들이겠다는 답신을 보낸 후 손권은 문무백관을 불러 의논하고 있을 때 사람이 들어와 여몽이 급히 손권을 뵙고자 한다고 알렸다.
　"들라 하라. 무슨 일로 이렇게 급히 왔소?"
　"지금 관우가 번성을 에워싸고 있습니다. 주공께서는 이 기회를 놓치지 말고 텅 비어 있는 형주를 손에 넣으셔야 합니다."
　"실은 나도 그렇게 생각하고 있었소 장군께 모든 권한을 줄 테니 형주를 빼앗도록 하시오."
　여몽은 즉시 형주를 치기 위해 장수들을 불러 모아 하나하나 명령을 내렸다.
　밤이 되자, 여몽은 첫 번째 봉화대가 있는 곳을 향해 진격 명령을 내렸다.
　여몽의 군사들은 밤낮을 가리지 않고 열심히 노를 저어 심양강을 거쳐 봉화대가 있는 형주의 북쪽 언덕에 닿았다.
　먼저 장사꾼으로 변장한 군사 몇 명이 타고 있는 배가 봉화대 가까이 다가갔다.
　형주의 군사들은 장사꾼으로 변장한 동오의 군사들이 재물을 주자 별로 의심하지 않고 강변에 배를 대는 것을 눈감아 주었다.
　한 이경 쯤 선창가에 숨어 있던 동오군은 뛰쳐나와 형주군을 모두 사로잡아 꽁꽁 묶어 배로 이동시켰다.
　강변 근처의 사람들의 아무런 의심 없이 동오군의 배는 무리지어 형주로 향했다.
　형주에 다다르자 여몽은 봉수대에서 사로잡은 형주의 군관들을 달래 모두 따르게 했다.
　"너희들은 싸움 한 번 해 보지 못하고 사로잡힌 몸이다. 만약 살아서 돌아간다 해도 그 죄를 면하기 어려울 것이다. 차라리 우리를 도와 성문을 열게 한다면 너희는 목숨을 구하고 후한 상도 받게 될 것이다. 자, 어떠냐! 우리를 도와 목숨을 부지하겠느냐, 아니면 죽음을 택하겠느냐?"
　"후한 상까지는 바라지도 않습니다. 어떤 일이든 하겠으니, 시켜만 주십시오."
　여몽은 군사들에게 성문에서 불이 오르거든 일제히 공격하라는 영을 내리고 자신은 군관들을 앞장세워 성문 앞으로 갔다. 한밤중에 성문 앞에 이른 여몽은 사로잡은 군관들을 시켜 소리쳐 부르게 하였다.
　그 소리를 듣고 성문 안의 병사들은 자기편 군관인 것을 알고 별 의심 없이 성문을 열어 주었다.

사로잡힌 군관들을 앞세우고 왔던 동오병들이 크게 함성을 지르며 성문 안으로 들어가 불을 질렀다. 형주 군사들은 너무도 갑자기 당한 일이라 제대로 싸워 보지도 못하고 달아나기에 바빴다. 쉽게 형주성을 빼앗은 여몽은 장졸들에게 영을 내렸다.
"함부로 사람을 죽이는 자나 함부로 백성들의 재물을 빼앗는 자는 모두 군법에 따라 엄히 다스리겠다!"
그리고 형주의 관리들이 모두 전과 같이 자기가 하던 일을 계속하도록 하였다.
어렵지 않게 형주성을 손에 넣은 여몽은 손권에게 사람을 보내 형주성을 빼앗았음을 알렸다.
며칠 후 손권이 형주에 도착했다. 손권은 크게 기뻐하며 여몽의 공을 높이 치하했다. 손권은 그토록 바라던 오랜 소망을 이루어서인지 그 기쁨은 말할 수가 없었다.
한편 조조는 허도에서 여러 모사들을 모아 놓고 형주의 일을 의논하고 있을 때 동오에서 사자가 왔다는 전갈이 들어왔다. 조조가 사자를 불러들이자 사자는 조조에게 손권이 보낸 글을 올렸다.
조조가 읽어 보니 동오가 형주를 들이칠 것이니 함께 협공하자고 하면서 아울러 관우가 대비할 수 없도록 비밀을 지켜달라는 당부를 하고 있었다.
그걸 읽은 조조는 기뻐하며 여러 모사들 앞에서 거기에 따른 대책을 묻자, 동소가 일어나 말했다.
"지금 번성의 군사들은 매우 지쳐 있기 때문에 먼저 사람을 시켜 곧 구원병이 온다는 것을 알려 성 안 군사들의 마음을 안정시키십시오. 그런 다음 관운장에게 사람을 보내 동오가 형주를 들이치려 한다는 소문을 흘리십시오. 그러면 그는 형주를 잃을까봐 반드시 군사를 그리로 물릴 것입니다. 그 때 서황을 시켜 그 뒤를 치게 하면 승리는 틀림없이 우리 것이 될 것입니다."
조조도 그 말을 옳다고 생각하고 서황에게 글을 보내 싸움을 재촉하는 한편 자신도 몸소 대군을 이끌고 낙양 남쪽 양릉파로 나아갔다.
사자가 와 관우를 치라는 명령을 서황에게 전할 때 관평과 요화가 언성과 사총에 진을 세우고 있다는 보고가 들어 왔다.
서황은 그들을 치기 위해 군사를 둘로 나누기로 했다. 먼저 서상과 여건 두 부장에게 자신의 대장기를 주어 관평을 공격하도록 한 다음, 자신은 빠른 군사 5백의 정예부대와 함께 지름길로 돌아가 관평의 뒤를 공격하기로 했다.
관평은 서황이 군사를 몰고 온다는 소식을 듣고는 군사를 이끌어 진을 세우고 적을 맞았다.
그러나 좌우에서 공격하는 위나라군을 당할 재간이 없어 관평과 군사들은 뒤로 밀리기 시작했다.
 관평과 요화는 죽음을 각오하고 싸워 가까스로 서황의 군사들을 뚫고 따돌리고 보니 살아 남은 군사는 겨우 몇 백에 불과했다. 관평은 관우의 진지에 도착하여 그 동안의 일을 고했다.
 "지금 서황은 언성을 비롯하여 여러 진지를 빼앗았고, 조조도 직접 대군을 이끌고 세 갈래 길로 번성을 구하러 오고 있다 합니다. 또 소문에는 형주가 이미 여몽에게 넘어갔다고 합니다."
 "그게 무슨 소리냐? 그것은 적이 우리 군사들의 마음을 어지럽게 하기 위해 헛소문을 퍼뜨린 것이다. 동오는 여몽이 병들어 위중한 까닭에 어린 육손이 그 일을 대신하고 있는데, 이게 무슨 헛소리냐?"
 관우가 목소리를 높여 관평의 말문을 막아 버렸다. 그 때 군사 하나가 급히 뛰어와 서황의 군사들이 이르렀음을 알렸다. 관우가 그 말을 듣고 자기 말에 안장을 얹도록 하였다. 관평은 그런 관우를 말렸다.
 "아버님께서는 아직 상처가 아물지 않았으니 나가 싸우셔서는 아니 됩니다."
 그러나 관우는 듣지 않았다.
 "서황은 예전에 나와 가까이 지낸 적이 있는 사람이다. 그의 용맹을 누구보다 잘 알고 있다. 만약 그가 스스로 물러나지 않는다면 먼저 그의 목을 베 위나라 장수들을 깨우쳐 주겠다."
 그 말과 함께 갑옷을 걸친 뒤 청룡언월도를 잡고 말 등에 뛰어올라 분연히 달려 나갔다.
 관우가 세 갈래 수염을 흩날리며 나타나자 위의 군사들은 그 모습만 보고도 모두 두려워 떨었다.
 관우는 먼저 서황과의 옛 교분을 이야기하려 했으나, 서황은 나라의 일을 하러 온 것이지 사사로운 정에 얽매일 수 없다 하며 도끼를 휘두르며 싸움을 걸어왔다.
 관우는 그 소리를 듣고 화가 치밀어 청룡언월도를 휘두르며 서황을 맞었다.
 두 장수는 불꽃 튀는 싸움을 벌였으나 좀처럼 승부가 나지 않았다. 관평은 혹시 무슨 일이 일어나지 않을까 걱정되어 징을 울려 관우를 불렀다.
 관우가 말을 돌리려 하자 돌연 사방에서 함성이 일며, 조인이 군사를 이끌고 나타난 것이었다.
 조인과 서황이 양쪽에서 일시에 공격하니, 촉나라군은 힘을 쓰지 못하고 갈팡질팡할 뿐이었다. 관우가 혼란에 빠진 촉나라군을 이끌고 패주하니 위나라군은 더욱 거센 기세로 뒤쫓았다.
 관우가 한창 말을 달리고 있을 때, 맞은 편에서 촉나라 군사 한 명이 관우를 향해 달려왔다.

"장군! 큰일났습니다. 형주가 이미 여몽의 손에 넘어가고 관 장군의 가족들도 모두 사로잡혔다고 합니다."

"뭐라고? 항간에 떠돌던 소문이 사실이었단 말인가?"

관우는 형주가 떨어졌다는 말에 양양으로 갈 수 없게 되자 공안으로 가기로 했다. 그 때 기가 막힌 소식이 전해 왔다.

"장군! 공안을 지키던 부사인이 동오에 항복했다고 합니다."

관우는 잇따르는 나쁜 소식에 속이 와락 끓어올랐지만 조금 뒤에 들려온 소식에 완전히 넋이 나가고 말았다.

"미방에게 군량미를 요청하러 간 사자의 목을 베고, 부사인과 미방 모두 동오에 투항했다 하옵니다."

관우는 오랫동안 함께 고생한 미방마저 동오에 투항했다는 소리에 화가 치밀어 상처가 도져 정신을 잃고 쓰러지고 말았다.

잠시 후 정신이 든 관우는 왕보를 보며 탄식하고 말았다.

"내가 그대의 말을 귀담아 듣지 않았다가 오늘 이 꼴을 당하고 말았소"

그리고는 좌우를 돌아보며 물었다.

"강변에 세워 놓은 봉화대에서는 어째서 불을 피워 알리지 않은 것이냐?"

내막을 안 군사는 그 동안 일어난 사실을 있는 대로 관우에게 말해 주었다.

관우는 그 소리를 듣고 탄식하며 말했다.

"어리석게도 여몽과 육손의 계책에 내가 놀아났구나. 내 어찌 얼굴을 들고 형님을 뵈올 수가 있단 말인가."

"형세가 매우 위태롭습니다. 빨리 사람을 성도로 보내 구원을 청하셔야 합니다. 그리고 서둘러 형주도 되찾아야 합니다."

조루의 말에 정신이 든 관우는 곧 마량과 이적에게 글을 주어 성도의 유비에게 달려가 구원병을 청하게 한 다음, 스스로 선봉에 서서 군사를 이끌고 형주로 향했다.

번성을 포위하고 있던 관우가 물러나자 조인은 조조를 찾아가 절한 후 용서를 빌었다.

조조는 그런 조인을 위로하고 관우를 물리친 서황을 칭찬하며 직접 사총 땅의 진지를 둘러본 후 크게 감탄했다. 조조는 천하제일의 용장이라 할 수 있는 관우를 내쫓은 것이 무엇보다 기뻤다.

한편, 관우는 형주로 군사들을 이끌어 가고는 있었지만 나아갈 수도, 물러설 수도 없는 사면초가에 빠졌다. 앞뒤로 완전 적군에게 차단되어 있었다. 관우는 부하인 조루에게 물었다.

"지금 우리의 앞에는 동오군이, 뒤에는 조조의 대군이 가로막고 있는가?"

"그렇습니다."

"그런데 구원병 소식도 없으니 앞으로 이를 어쩌면 좋겠나?"

"장군께서 시험 삼아 여몽에게 편지를 보내면 어떻겠습니까? 일찍이 여몽이 육구에 있을 때에는 그가 밀서를 보내 때가 오면 서로 손을 잡고 위나라를 치자고 해놓고, 지금에 와서는 도리어 조조와 손을 잡고 우리를 공격하니 이것이야말로 분명히 배신행위입니다. 그러니 잠시 여기에 머물러 있으면서 여몽의 회답을 기다려 보시는 것이 어떨지요."

관우의 부하인 조루가 말했다.

궁지에 몰린 관우는 그렇게라도 해서 활로를 찾아봐야겠다고 생각하여 사자에게 편지를 주어 형주로 보냈다. 그리하여 곧 관우의 편지를 지닌 사자가 형주를 향해 떠났다.

여몽은 관우가 사자를 보냈다는 소식을 듣고 몸소 성 밖에까지 나와 그 사자를 맞아들였다.

여몽은 성에 들어가자 편지를 펴 보고 말했다.

"관장군의 형편은 잘 알겠소. 또 옛날의 교분도 잊지 않았소. 그러나 친교는 나 개인의 사사로운 정에 지나지 않습니다. 그것에 얽매여 국가의 명령을 어길 수 없는 노릇이니, 아무쪼록 이 곳의 사정을 장군께 잘 말씀드려 주시오."

하고 여몽은 사자를 후히 대접하고, 금포를 주어 성문 밖까지 배웅하였다.

형주의 백성들은 돌아가는 사자를 보자 편지와 위문품을 손에 들고 나와 전해 달라고 아우성이었다.

그리고 한결같이 말했다.

"저희들은 여몽 장군의 인정으로 잘 지내고 있으니 안심하라는 말도 전해달라고 부탁했다."

그러니 사자는 괴로웠다. 귀를 틀어막고 달아나고 싶었다. 사자는 관우에게 여몽의 말을 그대로 전하자, 관우는 길게 탄식을 하였다.

"아, 나는 도저히 여몽의 계책을 당할 도리가 없구나. 형주의 백성들의 마음을 그 정도로 돌려놓다니 참으로 무서운 사람이다."

사자가 관우의 앞을 물러 나오자, 군사들이 몰려와 자기 가족들의 안부를 물었다. 사자는 여몽의 보살핌으로 형주 백성들이 모두 무사히 잘 지낸다고 말하고 부탁받은 편지와 위문품을 전해 주었다.

들판에서 야영하면서 오래 머물 수 없었다. 큰 비라도 내리면 주위가 늪으로 변하기 때문이다. 이제는 전군이 목숨을 걸고 형주에 돌입하여 여몽과 싸우는 방법밖에 없다고 생각한 관우는 곧 군령을 내렸다.

"내일은 형주로 돌진할 것이니, 무장을 든든히 하고 기다려라."

그러나 날이 밝은 후에 보니, 군사들의 대부분이 밤을 틈타 달아나고 남은 수는 얼마 되지 않았다.

"아! 이럴 줄 알았다면 형주에서 가져온 편지와 위문품을 나누어 주지 말 것을."

하고 사자로 형주에 다녀온 장수가 후회하였으나 이미 때는 늦었다.

남은 군사들의 얼굴에도 싸울 의사는 전혀 보이지 않았다.

"갈 사람은 다 가라. 나 혼자서라도 형주로 갈 것이다."

관우는 단호한 어조로 말하고 말을 몰아갔다.

그러나 도중에 오의 장흠과 주태 두 장수가 험로에서 관우를 기다리고 있었다. 들판과 산에는 삽시간에 아수라장으로 변했다. 이 때 오의 서성이 금고를 울리며 복병을 일으켜 달려 나왔다.

"백만 적이면 어떠냐? 내 절대 여몽만은 살려 두지 않겠다."

관우는 호통을 치며 청룡언월도를 휘두르며 다가오는 적을 섬멸했다.

그러나 장흠과 한당, 주태가 번갈아 가며 공격하자 물러설 수밖에 없었고 얼마 지나자 않아 관우는 동오의 군사들에게 완전히 포위되고 말았다.

날이 저물자, 근처 산에 형주 백성들이 몰려와 아버지는 아들을 부르고 아들은 아버지를 불렀다. 혹은 형을 찾고 아우를 찾았다.

그 애절한 부르짖음에 군사들은 관우가 불러도 듣지 않고 여기저기서 흰 깃발을 날리며 형주 쪽으로 달려갔다.

'아, 이것도 여몽의 계책이었던가.'

관우는 장승처럼 달을 쳐다보며 다시금 이 무참한 광경을 바라보았다. 싸울 생각을 버리고 향수에 빠져 도망치는 군사들의 마음을 되돌릴 수는 없었다.

"모든 일은 끝났다."

관우는 중얼거리며 그 자리에서 움직이지 않았다. 이제 남은 군사는 겨우 5백 명에 지나지 않았다.

그러나 요화와 관평은 얼마 되지 않는 군사를 이끌고 적의 포위를 뚫고 들어와 겨우 탈출구를 열었다.

"일단 맥성으로 가서 구원병을 기다리는 것이 어떻겠습니까?"

맥성은 멀지 않은 곳에 있었기 때문에 관평의 말에 따라 관우는 남은 군사들을 재촉하여 맥성으로 가서 성문을 굳게 닫았다. 토산에 남아있는 진나라 때의 작은 고성에 지나지 않았다. 물론 사람도 살고 있지 않고 성은 무너져 있었다.

맥성에 들어가자 요화가 사기를 진작시키려고 말했다.

"여기 남은 장사들은 그야말로 대장부뿐이오 한 명이 천 명을 상대할 수 있는 군사들이오 병력이 적고 많음은 문제가 되지 않소"

그러나 관평도, 요화도 사태가 최악의 상태라는 것을 마음속으로 가늠하고 있었다. 두 장수는 관우 앞으로 나아가 말했다.

"여기서 상용까지는 멀지 않습니다. 상용성에는 유봉과 맹달이 있습니다. 그들에게 구원을 청하여 조조군을 쳐버리고 형주를 다시 찾도록 하시지요."

"응, 그 방법 밖에 없구나."

이때 오나라 군사가 성을 포위했다는 보고가 들어왔다. 관우는 성루에 올라가 밖을 내려다보았다. 천지가 오의 깃발이오, 오의 군사로 성이 완전히 둘러싸여 있었다. 개미 한 마리 뚫고 갈 구멍조차 보이지 않았다. 더욱이 사기는 하늘을 찌를 듯하였다.

"누가 저 포위를 뚫고 상용에 갔다 오겠느냐."

관우가 좌우를 돌아보며 말하자 요화가 대답했다.

"제가 가겠습니다. 만일 이 곳을 벗어나지 못하고 제가 죽으면 곧 다음 사자를 보내십시오."

그날 밤, 요화는 갑옷 속에 관우의 편지를 꿰매어 붙이고 사람들의 배웅을 받으며 비장한 각오로 고성의 문을 열고 나섰다. 그와 동시에 징 소리가 요란하게 울리면서 동오군 장수 정봉의 부하들이 요화의 뒤를 추격했다. 그 광경을 본 관평은 성문을 나가 그들을 대신 상대했다. 그 틈을 타서 요화는 겨우 죽을 고비를 넘기고 빠져 나갈 수 있었다.

요화는 천신만고 끝에 거지 행색을 해가며 상용에 이르렀다. 그리고 곧 유봉을 만나 자세한 이야기를 하면서 몸을 덜덜 떨었다.

"그렇듯 용맹하신 관장군께서도 지금 맥성에 계신 채 진퇴유곡에 빠져 있습니다. 만일 구원이 늦어진다면 관장군은 최후를 맞게 되실 지도 모릅니다. 그러니 한 시각도 지체할 수 없습니다. 빨리 구원병을 보내 주시기 바랍니다."

그러나 유봉은 머리를 갸웃해 보이더니, 요화를 기다리게 하고 급히 맹달을 불러오게 하였다.

유봉은 맹달을 만나 관우가 곤경에 처했음을 말하였다. 그러나 맹달은 의외로 냉정하게 거부하였다.

당연히 구원병을 보내 줄 줄 알았던 요화는 크게 놀랐다. 아무리 애원해도 소용이 없었다. 요화는 그 냉정한 태도에 분통을 터뜨리며 성도를 향해 말을 달렸다.

한편 관우는 구원군이 오지 않아 어떻게 해야 할지 몰랐다.

그 때 동오에서 제갈근이 와 싸움에 승산이 없고 귀순하면 예전처럼 형주와 양양 땅을 다스리게 해 준다고 하면서 관우에게 항복하라고 했다. 관우는 그런 제갈근에게 불호령을 내려 쫓아내 버렸다.

관우는 성을 탈출하여 성도로 가기 위해 군사들이 적은 북쪽으로 탈출을 시도했다. 그러나 그것 또한 동오의 계략이었다.
　　관우는 마침내 군사들에게 명령하여 북쪽을 향해 나아갔다. 관우가 청룡언월도를 휘두르며 달려가자 동오군은 모두 흩어져 도망치고 말았다. 관우가 군사를 이끌고 20여리를 달렸다. 그 때 동오의 군사들이 공격하여 왔다. 청룡언월도를 휘둘러 겨우 혈로를 뚫고 다시 달렸다.
　　그러자 얼마 자나지 않아 복병이 또 나타나 뒤를 쳤다
　　관우는 하늘이 자신을 버린다고 생각하며 재빨리 임저 땅으로 군사를 돌렸다. 산을 넘고 또 넘었다. 그 사이 날이 칠흑같이 어두워지고 있었다. 험한 산길을 오르기에 관우와 관평의 말은 몇 번이나 돌을 차고, 덩굴에 걸려 넘어질 뻔하였다.
　　그러나 벌써 관평의 자취도 보이지 않고, 뒤따르던 병졸도 보이지 않아 관우는 험한 오솔길로 접어들었다. 이곳은 임저의 좁은 길이라 하여 나무꾼도 제대로 다니지 못하는 길이었다.
　　그 때였다. 갑자기 산 위에서 바위가 와르르 무너지는 것이었다. 말발굽이 파묻힌 것을 느끼는 순간 뒤따르던 병졸들이 바위에 짓눌려 쓰러졌다.
　　관우는 실수했다고 생각하고 급히 말머리를 돌렸으나, 오의 장수 반장이 이끄는 복병이 횃불을 던지며 벌떼처럼 일어났다. 관우가 혼자서 그야말로 진퇴양난에 빠졌다고 생각할 때였다. 북 소리가 산이 떠나갈 듯이 울려오며 함성이 일어나는가 싶더니 짐승을 잡으려는 몰이꾼처럼 아우성을 치며 몰려들었다.
　　어디선가 관평의 소리가 들렸다.
　　관우는 머리칼이 쭈뼛이 서며 외쳤다.
　　"관평과 조루는 대체 어디 있느냐?"
　　"운장군! 운장군! 조루의 목은 이미 잘렸습니다. 깨끗하게 갑옷을 벗고 천명을 오나라에 맡기십시오"
　　반장이 뒤따르며 관우에게 말하였다. 긴 수염을 바람에 날리며 관우는 말을 돌려 세워 급히 나오더니 눈을 부릅뜨고 청룡언월도를 휘둘렀다. 10여 합을 어우러져 싸우다가 반장은 달아났다. 관우가 반장을 쫓아 밀림 사이로 추격해 갈 때였다. 나무 사이에서 갈고리가 달린 밧줄이 비 오듯 쏟아졌다. 관우의 말은 무엇에 걸려 넘어졌다. 관우도 말에서 굴러 떨어졌다.
　　그 때를 노리고 있던 반장의 부하 마충이라는 자가 갈고리로 끌어당기는 순간 관우는 포위한 동오군에게 사로잡히는 몸이 되고 말았다.
　　관평도 관우를 구하기 위해 달려들었으나 주연과 반장의 무리들에게 사로잡히고 말았다. 밧줄에 묶인 채 손권에게 끌려가면서도 관평은 아버지 관우의 이름을 쉴 사이 없이 부르며 억울함과 분함을 삼키지 못하고 몸부림치고 있었다.
　　이 반가운 소식을 듣고 손권은 이튿날 날이 새자 마충에게 관우를 끌어오라 하였다. 그리고 미소를 지으며 관우를 바라보았다.

"나는 전부터 장군을 사모하고 있었소 장군의 딸을 내 자식과 혼인시키려고 한 일이 있었소. 어찌하여 장군은 나의 호의를 물리쳤소?"

손권이 묵묵히 바라보며 말하여도 관우는 입을 꾹 다물고 있을 뿐이었다.

"장군은 언제나 천하의 무적인 사람인 줄 알았더니, 어찌 오늘 이처럼 사로잡혔단 말이오 나에게 항복하여 오를 도우라고 하늘이 점지한 모양이오."

관우는 가만히 눈을 치켜뜨더니 큰소리로 꾸짖었다.

"쓸데없는 소리 하지 말고, 벽장 안의 쥐새끼는 참된 장수의 말을 들어라. 유 황숙과 이 사람은 도원에서 의형제를 맺고 천하의 어지러움을 바로잡으려는 뜻을 품고 그 후에도 백번을 싸우고, 백번의 어려움을 맞이하였어도 의심한다든지 배신한다는 말은 꿈에도 생각할 줄 모르는 사이다. 오늘 실수하여 오의 간계에 떨어져, 내 한 목숨을 잃을지라도 땅속에도 아직 도원의 맹세가 있고, 땅위에도 관우의 영혼이 있다. 그대들 역적 무리들을 가만히 둘 줄 아느냐? 항복하라는 말을 하여 나를 우습게 만들지 말아라. 빨리 목을 쳐라."

그리고 관우는 입을 다물고는 다시는 입을 열지 않았다. 마치 바위가 앞에 놓여 있는 것 같았다. 손권은 관우의 기세에 눌려 더는 말을 못하고 좌우를 둘러보며 말했다.

"일대의 영웅을 나는 아끼고 싶다. 어찌 다른 방법이 없을까?"

그러자 주부 좌함이 관우를 죽이기를 권하였다.

"그만 두십시오. 죽으면 죽었지 아마 이 사람은 항복하지는 않을 것입니다. 전에 조조도 이 사람을 잡았을 때 환심을 사려 하였으나, 결국은 다섯 관문의 대장을 죽이고 현덕에게 다시 돌아간 예도 있습니다. 조조에게까지 그랬는데 하물며 어떻게 오나라에 붙어 있겠습니까? 고배를 마신 조조도 나중에 크게 후회하였답니다. 지금 그를 죽이지 않으면 우리 오에 큰 해가 될 것이 틀림없을 것입니다."

손권은 그 때까지도 아무 말도 하지 않고 있다가 벌떡 자리에서 일어나 큰소리로 말했다.

"베어라. 끌어내어 목을 잘라라. 관우를 끌어내라."

장수들은 관우를 끌고 나가서 넓은 곳에 꿇어 앉혔다. 그리고 관평도 나란히 그 곁에다 세우고 목을 잘라 버렸다.

때는 건안 24년 10일 관우 58세였다.

이미 늦가을의 구름은 맥성의 들판을 낮게 덮었고, 비인지 안개인지 모를 것이 뽀얗게 대지를 감싸고 있었다.

"마충에게 상으로 관우가 타던 말을 줄 것이니 관우에 못지않는 공을 세우도록 하여라."

손권은 관우의 적토마를 마충에게 주었다. 관우의 적토마는 천하에 이름난 명마였다. 또 손권은 반장에게는 관우의 청룡언월도를 주었다.

오의 장수들은 관우의 유물이라면 노끈 하나라도 가졌으면 하였다.

마충과 반장은 여러 사람의 부러운 대상이 되기도 하였다.

그런데 4~5일이 지난 다음 마충은 고민이 생겼다. 관우가 타던 적토마는 관우가 세상을 떠난 날부터 먹이를 먹지 않았다. 가을볕에 이끌어내어 아무리 향기로운 먹이를 주고, 물을 주어도 먹지 않고 맥성을 향하여 머리를 흔들고 슬프게 울기만 하다가 며칠 후에 죽고 말았다.

덕으로 서야 안전하다

관우는 마침내 동오와 위의 협공에 말려 포로가 되고 마침내 아들 관평과 함께 스스로 의연한 죽음을 선택하고 말았다. 어째서 관우는 이렇게 비참한 최후를 맞이하게 되었는가? 그것은 그가 유비와의 약속을 지킨 점에서 의연하긴 했지만 우직한 그의 협소한 도량 때문이었다고 본다. 유비가 손권에게 약속한 땅을 돌려주기만 했어도 이런 일은 최소한 방지했을 것이다. 그런데 관우가 유비의 명령조차 어겨 가며 자기 임의로 약속한 땅도 돌려주지 않고 손권을 모독까지 했으니 촉과 동오의 동맹관계를 스스로 깨고 만 것이다. 그것은 관우가 승리에 취한 나머지 유비의 왕명을 어길 정도로 오만해졌고 너무나 자신의 능력을 과신했기 때문이다. 그는 지나친 자신감 때문에 자신이 설치한 봉화대를 너무 믿었을 뿐만 아니라 자신의 수하 장수들을 지나치게 믿었다. 그래서 공명이 반드시 동오와 협력해야 형주를 지킬 수 있다는 말을 깜빡하고 손권을 모욕하며 화해의 손짓조차 거절한 것이다.

그 모욕감에 손권이 조조와 손을 잡고 조조와 함께 양쪽에서 공격하니 제 아무리 용장이라도 해도 당해낼 수가 없었던 것이다. 게다가 관우는 동오의 여몽과 육손을 너무 얕잡아 보았다. 지모가 뛰어난 육손을 나이가 어리다는 이유로 애송이 취급을 하였다. 대쪽 같은 성격과 협소한 도량, 그리고 자만이 어우러져 관우를 죽음으로 몰고 간 것이다. 관우가 〈채근담〉의 다음 구절만 마음에 새겼다면 그런 허무한 죽임은 당하지 않았을 것이다.

> 어떤 일에서건 여유를 가지고 조심스럽게 대처하라. 그렇게 하면 다른 사람은커녕 천지의 신들도 위해를 가하거나 재난을 내리지는 않는다. 사업에서도 공명에서도 철저히 추구하기만 하고 그칠 줄 모른다면 어떻게 되겠는가? 안에서 배신당하거나 밖에서 무너져서 실패를 면할 수 없다.

관우처럼 이런 불행한 일을 당하지 않으려면 상대를 배려하는 겸양의 덕이 필요하다. 그렇지 않으면 이기심과 사악한 마음은 동지마저 등을 돌리게 한다. 그래서 덕으로 무장하지 않으면 개인의 탁월한 재능도 제대로 실력 발휘를 할 수 없다. 작은 이익 때문에 덕을 잃는 것은 소탐대실할 위험성이 크다. 형주만 손권에게 돌려주었어도 관우는 죽지 않고 영원한 명장으로 살아남았을 가능성이 높다. 그런데 관우는 형주라는 작은 이익에 집착하여 형주뿐만 아니라 자신의 목숨까지 버리게 된 것이다. 그래서 관우는 협소한 도량을 가진 인물이라는 비난을 피할 수 없게 된 것이다.

맹자는 "임금이 신하 대하기를 자기의 손발같이 대하면 신하도 임금의 배와 가슴처럼 여기고, 임금이 신하 대하기를 쓰레기같이 대하면 신하도 임금을 원수처럼 대한다."고 말하며, "자신이 대접받고 싶으면 상대방을 먼저 대접해야 한다."고 하였다. 이것이 바로 겸양의 미덕이다. 이 겸양의 미덕에는 단순히 양보하는 것이 아니라 더불어 살자는 속 깊은 의미가 담겨져 있다. 〈채근담〉에는 양보하는 마음가짐의 필요성에 대해 다음과 같이 이야기하고 있다.

인정은 변하기 쉽고 세상을 살아가는 길은 험악하다. 그렇기 때문에 험준한 곳에서 한 걸음 물러서서 길을 양보하고, 수월하게 지나갈 수 있는 곳에서도 십분의 일은 다른 사람에게 양보하는 마음가짐이 필요하다.

겸양은 자신을 위한 것이다

이런 겸양의 덕은 단순히 상대방에 대한 배려라고만 생각해서는 곤란하다. 겸양의 덕 속에는 자신을 위한다는 깊은 속뜻이 들어 있다. 이런 양보에는 당장 양보하여 잃는 것보다 장기적으로 얻는 것이 더욱 많다는 확실한 계산이 숨어 있는 것이다. 인간의 심리에는 일부 예를 제외하고 근본적으로 은혜를 입으면 이에 상응하는 보답하는 성질이 있다. 기본적으로 인간의 심리 밑바탕에는 주는 사람의 얼굴에 침 뱉기가 어렵다는 것이다. 그래서 한 걸음 물러서는 것이 한 걸음 나아가기 위한 전제가 되는 것이다. 이것이 바로 인간관계에서는 되도록 관대하게 대하도록 노력하는 것이 좋은 이유다. 다른 사람을 위해 조금 양보하는 일이 언젠가는 자신의 이익이 되어 되돌아오지만 반대로 눈앞의 이익만 좇는 사람이 큰 이익을 놓친다는 것이다.

관우가 손권에게 한 것처럼 지나치게 상대를 무시하고 욕까지 하는 것은 어리석은 행동에 지나지 않는다. 이것은 지극히 오만한 감정에서 나오는 것이며 오만한 감정은 증오를 낳을 뿐이다. 잘 나간다고 상대를 깔보는 것은 상대를 원수로 만드는 격이다. 반드시 상대를 인정하고 흥정을 하여 줄 것은 반드시 주어야 한다. 그러므로 남과 더불어 살고자 한다면 기꺼이 나누어야 하고 존경의 싹을 피우려거든 상대방을 내가 먼저 존중해야 한다. 톨스토이는 남의 비난하지 말라고 다음과 같이 말하고 있다.

> 마주보고 다른 사람을 비난하는 것은 좋지 않다. 그를 모욕하는 일이 되기 때문이다. 또 뒷전에서 비난하는 것도 나쁘다. 그를 속이는 일이기 때문이다. 가장 좋은 것은 다른 사람의 나쁜 점을 찾지 않는 것이다. 타인의 나쁜 점을 잊어버리고 자신의 나쁜 점을 깊이 기억할 일이다.

예의는 돈이 들이지 않는 매우 큰 성과를 얻는 투자다. 예의가 바르면 최고의 자리에 예약해 두는 것과 같다. 반면, 무례함은 모든 사람들의 반감을 사서 멸시의 대상이 된다. 무례함과 오만불손함은 상대방을 무시하는 것이므로 경멸의 대상이 된다. 그러므로 다른 사람으로부터 사랑을 받으려면 예의 바른 사람이 되도록 노력해야 한다. 싫어도 싫은 내색을 하지 않는 것이 상대방에 대한 기본 예의이다.

자신의 적이라 해도 정중하게 대하는 것이 낫다. 그러면 상대도 무례하게 행동하지 않을 것이다. 다른 사람을 존경하는 자는 존경을 받는 것처럼 다른 사람에게 정중한 사람은 정중한 대접을 받는다. 그래서 쇼펜하우어는 "예절은 지혜로운 자가 지키는 일이고, 무례는 어리석은 자가 지키는 일이다."라고 하였다.

27. 피할 수 없는 죽음 - 조조의 죽음

생명체라면 다들 죽음을 두려워하지만 인간만큼 죽음을 두려워하는 존재도 없다고 생각한다. 의학이 발달하면 할수록 건강한 백세수명은 기본이고 영원한 삶에 도전하고 있다. 허나 이것은 비단 인간의 꿈에 불과하다. 죽음은 누구도 피할 수 없다. 단지 빨리 죽느냐 좀 늦게 죽느냐의 시간차만 있을 뿐이다. 아무리 절대 권력을 가진 자라도 죽음 앞에 무력할 뿐이다. 죽음 앞에는 자신이 살아온 삶의 희미한 추억과 아련한 발자취만 있을 뿐이다.

사람들은 죽음을 두려워하고 피하지만 죽음이야말로 실은 삶이 소중하다는 것을 깨닫게 해주는 중요한 역할을 한다. 죽음이 있기 때문에 삶이 소중한 것이다. 만일 죽음이 없다면 우리의 삶은 어떻게 되겠는가? 아마 똑같이 반복되는 지겨운 생활에 삶이 지긋지긋하게 느껴질 수도 있을 것이다. 더욱이 나이가 들어 추한 모습을 하고 죽지 않고 영원히 산다면 생각하기도 싫은 삶이 될 것이다. 죽음은 바로 이런 고통과 권태로움을 벗어나 영원한 안식처를 제공하는 단서가 된다. 허나 죽음을 평안하게 맞이하는 것은 자신의 인생을 소중하게 생각하며 최선을 다해 산 사람들에게 주어지는 특권이다. 최선을 다하지 못한 사람에게는 인생에 대한 깊은 회한만 남을 것이다.

마침내 황제 노릇을 한 조조도 관우의 주검을 본 뒤 마침내 병이 들고 말았다. 처음에 관우가 죽었을 때 '좋아라'고 박수를 쳤지만 관우의 시신을 보면서 그만 충격을 받은 것이다. 비록 적장이지만 한 때 좋아했던 사람이었다. 조조가 드러눕자 조조를 치료하기 위해 명의 화타가 왔지만 소용이 없었다. 오히려 조조는 치료하러 온 화타를 의심하여 옥에 가둔 다음 결국 죽이고 말았다. 조조는 악몽에 꾸며 자신이 죽인 망령들에 시달리다 마침내 신하들에게 후일을 부탁하고 생을 마감하였다. 왜 조조는 대왕의 권세를 지녔으면서도 악몽에 시달리다 간 것일까?

손권은 여몽이 죽은 날부터 관우의 혼령이 자신에게도 해를 끼칠까 봐 불안에 떨며 하루하루를 보내고 있었다.

그 때 손권은 건업에서 장소가 오자 자신의 속마음을 털어놓았다.

"내가 관우 부자의 목을 벤 것은 알고 있을 것이오. 그 후로 형주를 빼앗는 데 큰 공을 세운 여몽에게 관우의 혼령이 달라붙어 나를 심하게 꾸짖은 후, 여몽도 세상을 떠났소. 그 후로는 아무런 이유 없이 놀라니 이를 어쩌면 좋겠소?"

"이거 정말 큰일입니다. 주공께서 관우 부자를 죽이신 일은 크게 잘못하신 것입니다. 그로 인해 이 강동에도 화가 미치지 않을까 걱정이 됩니다. 관우는 유비와 함께 도원결의를 한 의형제입니다. 따라서 이 일을 알게 되면 반드시 유비가 가만히 있지는 않을 것입니다. 지금 조조는 1백만 대군을 거느린 채 천하를 차지하려고 합니다. 또한 유비가 단숨에 원수를 갚으려고 한다면 조조와 손을 잡을 것은 불 보듯 뻔한 데, 그렇게 된다면 동오는 바람 앞의 촛불처럼 위태로워집니다. 먼저, 관우의 목을 조조에게 보내십시오. 관우의 목을 조조에게 바치고, 유비에게는 이번 일을 조조가 시켜서 한 것처럼 알리십시오. 그러면 유비는 반드시 조조에게 원한을 품고 위나라를 치려 할 것입니다. 우리는 그 싸움의 형세를 보아 가며 유리한 쪽을 택하여 움직이면 됩니다."

손권은 장소의 말이 옳다고 생각하여 관우의 머리를 나무 상자에 담아 곧 바로 조조에게 보냈다.

조조는 그 때 마파에서 군사를 돌려 낙양에 머물고 있었다.

이윽고 동오의 사자가 나무 상자 하나를 조조에게 바쳤다.

조조는 관우가 죽었다 하자 이제 편안히 발 뻗고 잘 수 있다고 좋아하였다.

그러자 사마의 중달이 그 소리를 듣고 손권이 관우의 머리를 보낸 것은 조조에게 책임을 떠넘기는 수작이라고 말했다.

"과연 중달의 말이 옳소 그렇다면 어떻게 하면 되겠소?"

"그것은 어렵지 않은 일입니다. 대왕께서는 관우의 목에 좋은 향나무로 몸을 깎아 붙인 다음 정성을 다해 후히 장례를 치러 주십시오 그러면 유비도 우리 위나라를 원망하지 않을 것입니다. 또한 유비는 반드시 손권을 원망하며 있는 힘을 다해 동오를 칠 것입니다. 그 때 우리는 싸움을 지켜보다가, 촉나라가 이기면 오나라를 치면 될 것이고, 오나라가 이기면 촉나라를 치면 될 것입니다. 두 나라 중 한 나라만 빼앗게 되면 나머지 한 나라는 저절로 무너지게 될 것입니다."

"중달이야말로 참으로 나의 가려운 곳을 잘도 긁어 주는구나."

곧 그대로 따르기로 하고 동오의 사자를 불러들이게 했다.

사자가 들어와 관우의 목이 든 나무상자를 바치자 조조는 그 뚜껑을 열고 들여다보았다. 관우의 얼굴이 살아 있을 때나 똑같은 것 같아 조조가 웃음을 띠고 관우의 목을 향해 물었다.

"운장은 그 간 별일 없으셨소?"

그때, 갑자기 관우가 눈을 번쩍 뜨고 입을 벌리며 수염을 올올히 뻗쳤다.

깜짝 놀란 조조는 잠시 정신을 잃고 신하들의 부축을 받으며 침상으로 옮겨졌다.

그 때 동오의 사자가 동오에서 일어난 일을 낱낱이 말하였다.

사자의 말을 들은 조조는 더욱 놀랐다.

조조는 좋은 향나무를 구해 관우의 몸을 조각하도록 하고, 좋은 날을 골라 장례를 치러 주기로 하였다.

장례를 치러 주던 날 모든 관리들이 낙양성 남문 밖에 모이자, 관우의 시신을 실은 수레가 도착했고, 조조는 몸소 제사를 맡아 진행했다. 조조는 예를 다해 장례를 치른 후 관우를 형왕이란 칭호를 붙였으며 묘소에 관리를 두어 지키게 하였다.

관우의 장례를 치른 뒤 조조는 몸이 여기저기 아프기 시작하였다. 흐르는 세월은 막을 수 없었다. 그의 나이도 어느 덧 예순 다섯이었다.

"눈만 감으면 관우의 모습이 아른거리니 아무래도 관우의 넋이 씌어진 게 아닐까?"

시의가 모든 약을 써 보았지만 아무런 효과도 없었다.
조조를 문병 하러 온 화흠은 이렇게 말했다.
"시의의 백가지 약이 효험이 없으시다면 지금 금성에 살고 있는 화타를 불러 보이심이 좋으리라 생각합니다. 화타는 천하의 명의옵니다."
"명의 화타의 말을 전부터 들어 알고 있다. 패국 초군 사람으로 이전에 오의 주태를 치료한 사람이 아닌가?"
"그러하옵니다. 아시는 바와 같이 그의 손이 닿는 곳이면 어디든지 씻은 듯이 낫는답니다. 만일 오장 육부에 병이 생겨 썩어서 약을 먹어도 치료되지 않을 때에는 마폐탕을 먹여 마취시킨 다음, 칼로 배를 갈라 약물로 내장을 씻어 내어 바늘로 꿰매면 불과 20일 사이에 낫게 한 경우도 있다고 합니다."
"음, 그렇게 거칠게 치료를 하는가?"
"아닙니다. 치료하는 동안에 환자는 조금도 아픔을 모른다고 합니다."
"그렇게 명의라면 빨리 데려 오도록 하라."
조조는 희망의 빛을 띠면서 화타를 데려오기를 명령하였다. 화흠은 즉시 사자를 보내어 위왕의 이름과 권세로 멀리 금성에 있는 화타를 낙양에 불러오도록 하였다.
화타는 낙양에 도착하자. 그날로 즉시 등정하여 조조의 병실로 들어갔다. 그리고 신중히 눈과 맥을 진맥하고 나서,
"이것은 풍이 틀림없사옵니다."
하고 진단을 내렸다.
조조는 끄덕이면서 말했다.
"그럴 거야. 짐의 병은 편두풍이라 하여, 그것이 발작하면 언제나 머리가 아프고 며칠을 음식도 제대로 먹을 수가 없어. 모처럼 명의가 멀리서 왔으니 어떻게 질병을 빨리 치유할 방법은 없을까?"
화타는 몹시 어렵다는 듯한 표정을 지어 보이면서 말했다.
"불가능한 건 아닙니다만 매우 어려운 수술입니다. 대왕의 질병은 뇌 속에 있기 때문에 약을 드셔도 아무 효과가 없습니다. 다만 한 가지 방법은 마폐탕을 드시고 의식을 잃으시게 한 다음 뇌를 열어 골에 괴어 있는 풍기를 없애버리는 것입니다. 그렇게 하면 십중팔구는 완치됩니다."
"만일 성공하지 못하면 어찌되는가?"
"아뢰옵기 황송하오나, 여생을 포기하시는 길밖에 없사옵니다."
갑자기 조조는 화를 내며 펄쩍 뛰었다.
"이놈! 감히 의사의 칼을 가지고 짐의 생명을 시험하려드는 것이냐?"

"하하하. 천만의 말씀입니다. 저는 자신이 있습니다만 겸손하게 말씀드린 것뿐이옵니다. 지난날 형주의 관운장이 독화살을 맞아 괴로워할 때에도, 소인이 가서 그 팔뚝을 베고 뼈를 깎아 완치되었나이다. 어찌 대왕께서 그만한 수술을 두려워하시어 이 화타의 의술마저도 의심하십니까?"

"닥쳐라. 어찌하여 팔과 머리가 같단 말이냐? 팔의 뼈를 깎을 수는 있지만 어찌 머리를 열고 치료를 할 수가 있다는 말이냐? 오냐, 그렇다면 너는 관우와 절친한 사이구나. 짐의 병을 핑계로 관우의 원수를 갚으려고 수작하는 자가 틀림없어. 여봐라! 당장에 이놈을 옥에 가두어라."

조조는 겨우 몸을 일으켜 추상같이 호통을 치며 화타를 옥에 가두라고 명령하였다. 어렵게 천하의 명의를 만났으나 조조는 명의의 치료를 받지 않았다. 그리고 화타의 말을 의심하여 옥에 가두기까지 하였다.

그러던 어느 날 이른 아침이었다. 칼을 뽑아든 7명의 장수가 옥중에 나타나, 옥리에게 명하여 화타가 있는 옥문을 열게 하고 뛰어 들어가더니 곧 이어서 신음 소리가 밖에까지 들려나왔다.

조조는 화타가 죽은 후로 병세가 더욱 악화되었다. 게다가 오나라와 촉나라가 신경이 쓰여 잠을 이룰 수가 없었으므로 병세가 나아질 기미는 전혀 보이지 않았다.

그 때 조조에게 대위에 오르라는 손권의 편지가 왔다. 조조는 그 글을 읽고 손권이 자신을 화롯불에 올려놓으려는 수작이라고 생각하고 말하였다.

"내가 한조를 섬긴 지 이미 오래다. 비록 공덕이 백성들에게 미쳤다고는 하나 이제 왕의 자리에 올랐으니 이미 오를 대로 올랐다. 그런데 이제 와서 어찌 딴마음을 품겠느냐? 만약 천명이 내게 이르렀다면 나는 다만 주나라의 문왕과 같으면 그것으로 족하다."

"그렇다면 지금 손권이 스스로를 신하라고 낮추니 그에게 벼슬을 내리셔서 유비를 치게 하심이 어떠하겠습니까?"

조조는 옳다고 생각하여 황제께 표문을 올려 손권을 표기장군 남창후에 형주목으로 삼고, 사자를 동오로 보내 유비를 치라는 조칙을 전하게 하였다.

황제의 칙령을 지닌 사자는 추운 눈길을 달려 동오에 도착했다.

천자의 조칙을 손권에게 전한 조조의 마음은 한결 편안해졌지만, 긴장을 놓은 탓인지 갑자기 병세가 악화되었다. 밤새 끙끙 앓던 조조는 급히 가후를 불러들였다.

그리고 어젯밤에 꾼 이상한 꿈 이야기를 들려주었다.

"세 마리의 말이 한 통에서 여물을 먹는 꿈을 예전에도 꾼 적이 있었다. 그 때는 마등 삼 부자가 나를 위협하는 것이라 여겨 그들을 죽였다."

그런데 똑같은 꿈을 어젯밤에 또 꾸었으니 이 꿈의 길흉을 물어 보았다.

"말의 꿈은 길몽입니다. 민가에서는 말의 꿈을 꾸면 축배를 들 정도입니다."

하고 열심히 병자를 기쁘게 하였다.

하지만 세 마리의 말이 암시하는 것은 사마의, 사마사, 사마소 세 부자를 뜻하는 것이었다. 마침내 이 꿈은 조씨 가문을 대신하여 사마씨가의 새로운 시대가 열려 천하를 주름잡을 전조라고 수군거리는 사람도 있었다.

그해 12월이 되면서 조조의 병은 악화되기 시작하였다. 그는 밤낮으로 악몽에 시달렸다. 낙양의 대궁궐이 떠나갈 듯한 소리가 가끔 들린다고도 하였다. 또 그럴 때마다, 하늘에 가득 찬 검은 구름 속에서 그의 추상같은 명령으로 죽어간 한조의 복황후와 동귀비, 그리고 동승의 일족이 나타나 보인다는 것이었다. 그들은 하나같이 피 묻은 흰 깃발을 휘두르며, 구름 사이로 금고 소리를 내는가 하면, 수만의 남녀가 함성을 지르다가 큰 소리로 웃고 사라진다는 것이었다.

"이것이 모두 귀신의 장난입니다. 이름난 도사를 불러 기도를 올리게 하오면 어떻겠습니까?"

하고 시중이 말하자 조조는 탄식하며 고개를 저었다.

"하루에 천금을 쓴다 하여도 천명이라면 하루의 목숨을 늘릴 수 없는 것이다. 하물며 한 영웅이 죽음에 이르렀을 때 도사를 불러다가 기도를 올렸다면 사람들의 웃음거리가 될 것이다. 쓸데없는 짓 하지마라. 누가 가서 하후돈을 불러오라"

조조의 부름을 받은 하후돈은 집을 나서자마자 조조에게 나타난 귀신을 보고 기절하고 그 날로 자리에 눕고 죽고 말았다.

하후돈의 소식을 들은 조조는 더욱 마음이 무거워져 중신들을 들게 했다.

조조는 여러 중신을 머리맡에 모이게 하고 조용히 말했다.

"내가 오늘 그대들을 부른 것은 나의 뒷일을 부탁하기 위해서요."

"전하께서는 옥체를 보전하시옵소서. 며칠 지나지 않아 훌훌 털고 일어나실 것이니, 그런 말씀은 거두어 주십시오."

"내가 천하를 누빈 지 30여년 만에 거의 모든 제후들을 평정했으나, 강동의 손권과 서촉의 유비만을 평정하지 못했소. 그러나 이제 병이 위중하여 그대들과 다시 의논할 기회가 없을 것 같으니 지금의 이 말을 마지막으로 알고 그대로 따라주길 바라오. 과인에겐 네 아들이 있는데 내가 가장 사랑한 자식은 셋째 식이었으나, 식은 겉으로 꾸미는 것을 좋아하고 성실하지 않으며, 술을 좋아하는데다 태도가 단정치 않아 세자로는 세우지 않았소. 둘째 창은 용맹스럽기는 하나 지혜롭지 못하고, 넷째 웅은 몸이 약해 앓기를 자주 하니 앞날을 예측하기 어렵소. 거기에 비해 맏이 비는 돈독하고 공손하면서도 치밀하니 내 뒤를 이을 만하오. 짐은 평소에 경들에게 부탁하였던 것처럼 경들이 짐의 뜻을 짐작하여 짐에게 잘 하였듯이, 조비를 받들어 대계를 이루도록 하시오."

조조가 유언을 남기는 이 자리는 숙연하기 그지없었다. 조조는 창덕부 강무성 밖에 일흔 개의 가짜 무덤을 만들어 "나의 무덤이 어떤 것인지 알지 못하게 하라."고 엄숙하게 말했다. 그 순간 66세의 생애를 회고했음인지 비 오듯 눈물로 뺨을 적시고, 가족과 친지, 군신이 오열하는 가운데 고요히 숨을 거두었다.

때는 건안 25년 정월 하순이었다. 낙양의 성 밑에는 돌 같은 우박이 쏟아지고 있었다.

죽음이 주는 의미

한 시대를 풍미했던 간웅 조조도 죽음을 피해갈 수 없었다. 그의 말대로 하루에 천금을 쓴다 해도 목숨을 살릴 수 없었다. 관우의 죽음의 충격은 조조에게 그대로 전달되어 조조마저 죽음의 사신이 찾아왔다. 죽음 앞에서는 의사도 필요 없었다. 돈과 권력도 아무런 소용이 없었다. 죽음마저 편안하지 않았다. 자신이 죽인 무고한 귀신들이 되살아 나 조조를 괴롭혔다. 망령에 사로잡힌 조조는 자신을 치료하러 온 명의 화타조차 죽였다. 결국 무수한 망령에 시달리다가 조조는 마침내 생을 마감하고 말았다. 권력자의 최후라고 결코 아름다운 것은 아니었다. 조조의 생애는 피 냄새로 진동하였다. 권력에 집착하여 권력은 얻었으나 너무나 많은 사람을 죽였기 때문에 아름다운 삶을 살았다고 말할 수는 없을 것이다.

무엇보다 중요한 것은 인생을 마감할 때 사람들로부터 손가락질 받지 않고 축복받는 삶을 살다가 가느냐는 것이다. 아무리 조조처럼 살아생전에 성공했어도 죽어서 많은 이들로부터 지탄의 대상이 된다면 그런 삶이 무슨 의미가 있겠는가. 지금도 '조조'라는 이름은 썩 좋은 의미로 회자되지 않고 있다. 권력을 탐했고 그 권력을 위해 때로는 술수를 마다하지 않는 간웅으로 많은 사람들의 입에 오르내리고 있다. 그렇기 때문에 죽음은 인생이 허망하다는 것을 깨우쳐 주면서도 가치 있는 삶을 살라는 강한 메시지를 주고 있다.

그런데 과연 조조의 삶은 어떠했는가? 조조는 분명 누가 보더라도 한 나라를 건업했기 때문에 성공한 삶을 살았다. 그래서 지금도 조조의 삶은 많은 사람에게 회자되고 있다. 특히 많은 사람들은 도덕성과는 거리가 먼 조조의 처세술에 주목하고 있다. 하지만 과연 얼마나 많은 사람들이 조조에게 박수를 보낼 수 있을까? 그는 성공을 위해서라면 사람 죽이는 일을 서슴지 않았다. 그리하여 죽음 앞에서 자신이 죽인 사람들이 꿈에 나타나 그를 원망했고 전쟁으로 죽은 수많은 죽은 망령이 나타나 더욱 그를 괴롭혔다.

이것은 조조가 성공한 삶은 살았지만 다른 사람들이 박수칠만한 인생을 살았다고 말할 수 없다는 것을 보여주는 것이라고 생각한다. 조조조차 죽음 앞에서 회한의 눈물을 흘렸을 뿐 아니라 세간에서 '조조'라는 이름은 사실을 떠나서 '간악함'과 같은 좋지 못한 방식으로 쓰이고 있기 때문이다. 그만큼 조조는 성공을 위해 치열한 삶을 살았지만 그다지 박수 받을만한 일은 하지 않은 것이다. 적어도 박수를 받으려면 자신의 권력보다는 덕을 베풀어 남과 더불어 살 수 있는 길을 병행했어야 했다. 그렇지만 그는 자신의 권좌를 위해 죽을 때까지 전쟁만 하다가 갔다. 이 얼마나 비인간적인가. 그 전쟁으로 얼마나 많은 사람들이 죽어갔는가. 조조가 전쟁 중에 고향 땅을 갔을 때 그곳에서 젊은이를 찾아 볼 수 없었다고 말하고 있다. 자신을 따르는 젊은이들이 전쟁에서 그만큼 많이 죽었기 때문이다. 전쟁이야말로 인류의 최악의 선택인데다 조조는 자신의 왕국을 건설하기 위해 평생 동안 전쟁만 하다가 간 것이다. 그런데 그 결과는 무엇인가? '공수래 공수거空手來 空手去'일 뿐이다. 죽음을 임박해서 보니 참으로 후회스런 삶을 산 것이다. 알렉산드로스도 죽을 때 이런 사실을 알고 "내가 죽게 되면 손을 관 밖으로 꺼내 주시오. 천하를 손에 쥐었던 자도 죽을 때는 결국 빈손으로 간다는 사실을 보여주고 싶으니."라고 말하였다.

진정한 성공은 자신만을 위한 삶보다는 다른 사람을 기쁘게 하고 행복하게 하는 삶을 말하는 것이다. 때로는 자신을 희생하면서 사명감으로 살아가는 삶을 살아야 진정으로 성공한 사람이라 말하는 것이다. 권력을 위해 무수한 전쟁만 일삼아 무고한 사람들이 죽어나가게 하는 것은 범죄 아닌 범죄만 저지르고 간 꼴이다. 그래서 〈삼국지연의〉의 저자 나관중도 마지막 서사시에서 삼국지 영웅들에 대해 공연히 떠들지 말라고 하고 있다. 니체는 최상의 죽음의 대해 다음과 같이 말한다.

> 사람은 죽는 법을 배워야 한다. 그래서 나는 살아 있는 사람들에게 진정한 죽음의 방법을 가르쳐 주려 한다. 자기를 완성한 사람은 다른 사람들에게 둘러싸여 칭송과 영광 속에 죽는다. 이것이 최상의 죽음이다.

죽음을 직시하라

그럼 니체가 강조한 것처럼 사람들로부터 칭송받기 위해서는 어떻게 해야 할까? 바로 죽음을 피하려고 하지 않고 직시하는 태도이다. 일반적으로 사람들은 어차피 죽을 인생이라면 충분히 즐기며 살다가 가는 것이 멋진 인생이라고 생각한다.

삶을 즐기려 하는 것은 결코 잘못된 것은 아니다. 문제는 삶을 즐기는 방식인데, 인간은 즐거움을 즉각적이고 육체적이며 감각적인 쾌락에서 찾는 쾌락주의적 경향이 강하다. 감각적인 쾌락을 행복의 원천으로 보는 것이다. 이러한 사람들은 어울려 떠들고, 사람들이 모이는 곳에 기웃거리고, 인생의 심각한 문제를 회피한 채 인생을 즐기는데 몰입하며 즐기지 않는 것은 일종의 죄악이라고 보는 특징이 있다. 오늘날 우리 사회의 이러한 삶의 태도는 결국 향락적인 삶에 빠져 개인의 인생을 허비할 뿐만 아니라 사회적 병폐로 나타나고 있다.

허나 쾌락에 빠지는 것은 죽음을 직시하기 보다는 죽음을 회피하려는 태도이다. 진정 인간으로서 거듭나고 싶다면 일시적 쾌락이나 향락으로 죽음을 잊으려 하지 말고 죽음을 직시하며 인생을 깊게 통찰해야 한다. 죽음을 정면으로 마주 대할 때 인간은 지금 자신에게 펼쳐지는 순간순간을 생생하고 선명하게 바라볼 뿐만 아니라 삶이 얼만큼 소중하고 자신이 얼마나 귀중한 존재인지 다시금 깨닫게 된다.

죽음을 정면으로 마주한다는 것은 단순히 죽는다는 사실을 인식한다는 차원을 넘어서는 것이다. 죽음을 마주한다는 것은 삶의 진정한 의미를 깨닫고 변화한다는 것을 의미한다. 도스토예프스키는 젊은 날에 죽음을 직시함으로서 새 삶을 산 장본인이다. 28살이라는 젊은 나이에 사회주의 모임에 가담했다는 죄목으로 사형 선고를 받고 마침내 사형집행에 들어간 도스토예프스키. 세상과 작별할 마지막 5분만을 남겨둔 순간, 그는 아무 것도 할 수 없었다. 그래서 그는 마지막 5분을 자신이 아는 모든 이에게 작별하고, 오늘까지 살게 해준 신께 감사하고, 눈에 보이는 자연의 아름다움과 지금까지 서 있게 해준 땅에 감사하는데 쓰기로 하였다. 그러면서 지금까지 실수하고 게으름 피운 자신에 대해 후회하면서도 후회하는 시간마저 부족하다는 생각이 들었다. 더 이상 아무것도 볼 수 없고 만질 수 없다는 생각에 미칠 것만 같았다. 그 절대 절명의 상황에서 때마침 황명에 의해 사형 집행정지가 떨어져 도스토예프스키는 구사일생으로 살아나게 되었다. 한마디로 그에게는 새로운 생명을 얻고 새 삶이 시작된 것이다. 그래서 그는 그 뒤부터 인생을 헛되이 살지 않기 위해 책 쓰는 일에 전념하기로 한다. 죽음을 직시하여 그는 삶의 소중함을 깨닫고 사는 것에 감사하며 자신이 하고자 하는 일에 정진하여 결국 러시아의 대문호로 거듭 났다.

이처럼 죽음을 직시하면서도 그것을 승화시켜 자신이 하고자 하는 일에 최선을 다하며 사는 인간이 세상에서 가장 아름다운 인간이다. 그럴 때야말로 인간은 진정 죽음으로부터 자유로워지는 것이다. 가치 있는 최선의 삶을 살았다면 인생에 대한 무슨 회한이 있겠는가. 죽음조차 편안하게 맞이할 수 있다고 생각한다. 하루하루 최선을 다한 사람이 편안하게 죽음을 맞이할 수 있는 것이다. 미국의 심리학자 매슬로우는 '죽음의 창조성'에 대해 다음과 같이 말하고 있다.

> 죽음에 직면하고 일시적으로나마 집행유예의 시간을 갖게 된 지금 모든 것이 더할 나위 없이 귀중하고 신성하고 아름다운 것으로 느껴진다. 나는 모든 것을 사랑하고 포옹하고 그것들에 압도당하는 듯한 충동을 강하게 느끼고 있다. 낯익은 강물이 그렇게 아름다울 수가 없다. 죽음이 다시 말해 죽음의 가능성이 있기 때문에 더 깊은 사랑 더 정열적인 사랑을 할 수 있다. 만약 인간이 결코 죽지 않는다면 과연 정열적으로 사랑하는 일이 가능할까? 환상을 맛보는 일이 가능한 것일까?

삶의 유한성을 깨닫고 자신이 하고자 하는 일에 최선을 다하는 것이 죽음으로부터 자유롭고 후회 없는 삶을 사는 비결이지만 인간은 어리석어 죽음이 임박해서야 이러한 사실을 응시하고 회한의 눈물을 흘린다.

만나면 헤어지는 것이 당연하고 죽으면 아무 것도 소유할 수 없는데도 이런 것들이 영원할 것처럼 착각하여 악착같이 소유하려고만 한다. 세상이 '공空'이라는 사실을 망각한 것이다. 그러면서 다정하게 살아야 할 지인이나 이웃에게 냉정하고 매장하게 대해 세상을 차갑게 만든다.

이러한 삶의 태도는 죽는 그 순간 후회하지만 이미 그때는 늦다. 살아 있을 때 삶을 아름답게 수놓는 인간적인 사랑을 해야지 죽는 마당에 사랑을 외친들 무슨 소용이 있겠는가. 더욱이 자신의 성공을 위해 다른 사람에게 상처 주기를 마다하지 않았다면 조조처럼 상처받은 망령들에 시달리다 죽게 되는 것이다. 이러한 인간에게 《법구경》은 "욕심을 버리고 집착을 떠나 삼계의 속박을 벗어나서 유혹을 물리치고 욕망을 버린 사람이야말로 가장 뛰어난 사람이다."라고 말한다.

28. 자신을 파멸시키는 분노
– 장비와 유비의 죽음

　우리는 걸핏하면 분노한다. 분노를 즉각적으로 표출하지 말아야 하지만 그렇지 못한 것이다. 착하다고 해서 결코 화를 내지 않는 것이 아니다. 착한 사람이 화가 나면 분노가 폭발하여 더 무섭기도 하다. 그래서 분노는 상대에게 상처를 주어 인간관계를 그르치고 사람 사이에 냉기류를 흐르게 만든다.
　분노는 그 당시에 시원할 줄 모르지만 지나고 나면 후회한다. 분노가 크면 클수록 나중에는 사람들의 조롱거리로 전락한다. 그만큼 자신을 절제하지 못해 생긴 불상사라고 볼 수 있다. 대개의 경우 분노는 거의 자기 입장에서 자신의 뜻대로 되지 않았을 때 발생한다. 특히 오만하여 마음이 너그럽지 못하고 도량이 좁은 사람에게 나타나는 증상이기도 하다.
　물론 분노라는 것이 무조건 나쁜 것은 아니다. 의로움도 분노의 표출이다. 분노의 또 다른 얼굴인 것이다. 의로운 분노가 없으면 정의가 실현되기 어렵다. 분노가 없는 사람은 겁쟁이거나 자신만 생각하는 보신주의자이다. 잘못된 것을 보고 화낼 줄 아는 것은 정의를 실현하는 방법이다. 분노는 부정에 대하여 복수하고자 하는 욕망에서 비롯된 것이다. 그래서 분노할 줄 모르는 사람은 정의와는 먼 삶을 사는 사람이다.

허나 우리네 대다수의 분노는 자신만을 위한 분노이다. 걸핏하면 화를 내는 우리의 모습을 보자. 우리는 나무에 머리를 찌었다고 화를 내고, 식사가 조금 늦게 나왔다고 하여 화를 내고, 술집에서 누가 좀 떠들었다고 화를 낸다. 허나 화를 낸다고 해서 문제는 해결되는가? 오히려 그 화가 자신에게 되돌아오지 않는가? 즉각적인 분노는 적반하장이 되어 언제든 자신의 심장에 꽂일 수 있다.

'덕장'으로 이름난 유비조차 분노를 제어하지 못해 재앙을 부르고 만다. 관우가 죽었다는 소식에 화를 이기지 못하고 복수의 칼을 빼든다. 장비를 제외한 모든 사람들이 사적인 원한을 갚기 위해 전쟁을 한다는 것은 잘못된 것으로 진언하지만 유비의 화는 좀처럼 가라앉지 않았다. 그리고 몸소 대군을 이끌고 마침내 관우를 죽인 동오로 쳐들어간다. 과연 분노를 참지 못한 유비의 운명은 어떻게 될까?

한편 한중왕 유비는 한중을 평정하고 성도로 돌아와 사람을 인으로써 다스리고 있었다. 백성들은 한결같이 유비를 공경하고 따랐다. 그리고 법정의 말에 따라 유비는 오씨를 왕비로 맞이하였는데, 오씨는 공수와 맹효라는 아들 둘을 낳았다.

유비에게도 형주의 소식은 계속 전해지고 있었다.

처음에 관우가 손권의 구혼을 물리쳤다고 하여 손권과 싸움이 벌어질까봐 관우를 형주에서 불러들이려고 하였으나 곧이어 관우의 승전보가 전해지면서 유비는 마음을 놓고 있었다. 특히 관우가 조조의 칠로군을 강물로 쓸어버리고 방덕의 목을 베고 우금을 사로잡았다는 말을 듣고는 더욱 마음을 놓게 되었다.

그러나 얼마 지나지 않아 마량과 이적에 이어 요화가 도착하여 급보를 알렸다.

"관 장군께서는 지금 맥성에 갇혀 있습니다. 저는 관 장군의 명을 받들어 유봉과 맹달에게 구원을 청했으나 거절당하고 말았습니다. 그래서 저는 이곳까지 구원을 청하러 쉬지 않고 달려왔습니다. 관 장군께서 아직까지 무사하실지 모르겠습니다."

유비는 기가 막힌 듯 긴 탄식을 했다.

"그럼, 내 아우는 이 세상 사람이 아니란 말인가!"

공명이 재빨리 나서며 말했다.

"유봉과 맹달이 정말로 구원을 거절했다면 가만히 두어서는 안 됩니다. 제가 직접 군사를 이끌고 달려가 형주와 양양을 구하고 그 둘을 잡아 오겠습니다."

유비가 울먹이면서도 단호하게 말했다.

"만약 아우에게 무슨 일이 생긴다면 나는 결코 혼자서는 살아갈 수 없소. 내일 날이 밝는 대로 내가 직접 군사를 이끌고 운장을 구하러 가겠소! 낭중에 있는 익덕에게도 사람을 보내 운장의 소식을 전하도록 하시오."

날이 밝자 유비는 갑옷을 챙겨 입고 출진 준비를 서둘렀다. 그 때 엄청난 소식이 들어왔다.

"관 장군 부자께서는 한밤중에 맥성을 빠져 나와 임저로 가시다가 오나라의 군에게 사로잡히셨습니다. 그리고 관 장군께서는 손권이 달래 항복을 권했지만 끝내 절개를 굽히지 않고 지켜 아드님과 함께 장렬한 최후를 맞이하셨습니다."

그 소리를 들은 유비는 외마디 소리를 지르며 그대로 쓰러져 정신을 잃고 말았다. 대신들의 부축을 받은 유비는 한참 후에야 정신을 차리고 대전으로 들 수 있었다.

먼저 공명이 마음을 굳게 먹고 옥체를 보전하시어 원수를 갚으실 대책을 세우라고 위로했다. 그러자 유비는 말했다.

"나와 관우, 장비 두 아우는 의형제를 맺고, 비록 같은 날에 태어나지는 않았지만 같은 날에 죽기로 맹세했소. 이제 관운장이 이 세상에 없는데 내가 어찌 홀로 살아남아 부귀영화를 누리겠소?"

이 때 관우의 작은 아들 관흥이 울면서 뛰어들어 와 하소연 하자, 그것을 본 유비는 슬픔을 이기지 못하고 깨어났다가 다시 울며 기절하기를 계속 반복하였다.

유비는 사흘이 되어도 물 한 모금, 죽 한 숟가락 먹지 않고 목놓아 울더니 마침내 눈에서 피눈물이 옷자락에 떨어져 붉은 물이 들었다. 이를 보다 못한 제갈량이 문무 대신들을 거느리고 들어와 유비를 위로해 간신히 정신을 들게 했다.

드디어 유비는 복수의 칼을 갈며 한 맺힌 소리로 맹세하였다.

"내 맹세코 동오의 손권과는 같은 하늘에서 숨쉬지 않을 것이다! 지금 곧 군사를 일으켜 손권에 그 죄를 묻고 가슴에 맺힌 아우의 한을 깨끗이 씻을 작정이오."

유비가 서둘러 군사를 일으키려 하자 공명이 나서며 말했다.

"전하! 지금은 때가 아닙니다. 동오와 위나라는 우리를 이용해 서로를 치려고 갖은 계책을 꾸미고 있습니다. 그러므로 지금은 군사를 섣불리 움직이지 말고 일단 운장의 장례부터 치러야 합니다. 그러고 난 후에 위나라와 동오의 사이가 갈라지기를 기다려 군사를 내신다면 우리의 뜻을 이룰 수 있을 것입니다."

대신들도 모두 공명의 뜻을 주청하자 유비는 생각을 바꾸어 공명의 말에 따르기로 하였다. 유비는 동천과 서천의 모든 장수들에게 상복을 입게 한 후, 좋은 날을 잡아 장례를 치렀다. 유비는 친히 남문 밖으로 나가 초혼제를 지내며 관우의 넋을 위로하고 하루 종일 목놓아 울어 울음소리가 끊어지지 않았다.

그 후 남문에 세워진 관우의 사당에는 한여름의 뜨거운 햇살 아래에도, 차가운 겨울 바람이 세차게 몰아쳐도 그의 죽음을 슬퍼하는 조기가 결코 내려지지 않았다.

조조가 죽고 조비가 왕위에 올랐다는 소식이 성도에 전해졌다. 그리고 새로 등극한 조비가 천자를 핍박하고 손권이 위나라의 신하임을 자청한다는 보고가 유비에게 전해졌다. 그래서 유비는 동오를 쳐서 관우의 원수를 갚고 그 다음엔 중원을 쳐 역적인 조비를 없애야겠다고 생각했다.

그런데 그 때 요화가 엎드려 울며 말했다.

"운장 부자가 죽임을 당하신 것은 모두 유봉과 맹달 때문이었습니다. 그 두 놈들부터 먼저 죄를 물으신 후 동오를 치십시오."

유비는 그 말이 옳다고 생각하여 당장 유봉과 맹달을 잡아오라고 하였다.

허나 맹달은 낌새를 알아채고 유비에게 사자를 시켜 사직한다는 서찰을 보낸 뒤 맹달은 조비 앞에 무릎을 꿇고 투항했다.

유비가 중하게 쓰던 자들 중에 투항해 온 예가 아직 없다고 생각한 조비는 맹달을 믿을 수가 없었다.

그 때 마침 유봉이 군사 5만을 데리고 양양성으로 쳐들어 온다는 급보가 날아왔다. 그런데 유봉은 맹달을 죽이러 왔다고만 했다.

그러자 조비는 자신이 맹달을 믿기 위해서 맹달에게 유봉의 목을 가져오라고 명령하였다.

다음 날 유봉은 군사를 이끌고 나가 싸움을 걸었다. 허나 유봉은 맹달을 도운 서황에게 참패하고 말았다.

유비는 유봉이 패하고 돌아오자 크게 노했다.

"네 이놈, 무슨 낯짝으로 다시 나를 보러 왔느냐?"

"저의 잘못이 크기는 크오나, 숙부를 구하지 못한 것은 맹달이 중간에서 말렸기 때문이었습니다."

"너도 사람의 밥을 먹고, 사람의 옷을 입는 놈이 아니더냐? 흙이나 나무로 만든 허수아비가 아닌 다음에야 어찌 역적 놈의 말을 따르고 해야 할 본분을 저버린단 말이냐! 저 짐승만도 못한 놈을 당장 끌어내 목을 베어라!"

유봉은 군사들에 의해 강제로 끌려 나갔다. 그리고는 마지막으로 유비에게 용서를 빌고 죽었다.

유비는 유봉을 죽인 후 마음이 괴로웠다. 한낱 미물도 자기 새끼를 위하건만 뉘우치고 있던 그 아이를 죽인 것에 대해 몹시 후회하고 있었다.

그 때 신하가 들어와 유봉이 맹달의 회유를 뿌리친 이야기를 소상히 전했다. 그 소식을 듣고 유비는 자신이 경솔했다고 후회하고 병이 나 자리에 눕고 말았다.

유비가 몸져눕자 동오를 치려던 계획도 수포로 돌아갔다. 세찬 찬바람이 일 것 같았던 천하가 유비가 병이 나는 바람에 조용히 수면 아래로 가라앉았다.

그러나 시간이 지나 조금 나아지려는데 헌제가 조비가 보낸 자객에게 죽임을 당했다는 소문이 돈다는 이야기가 유비의 귀에 들어왔다.

유비는 그 소리를 듣고 대성통곡을 하며 모든 신하들에게 상복을 입게 하고 제례를 올리며 헌제에게 효민 황제라는 시호를 바쳤다. 관우가 죽고 나서 연달아 날아오는 안 좋은 소식으로 인해 비탄과 울분에 빠져 있던 유비는 헌제의 죽음을 전해 듣고 상심하더니 또 다시 몸져눕고 말았다.

이미 유비의 나이도 예순한 살이었다.

공명은 모든 일을 맡아 처리하며 천하에는 하루라도 주인이 없어서는 아니 된다고 생각하고 한중왕을 높여 황제로 추대하는 것이 좋다고 생각하였다.

곧 문무백관을 거느리고 가서 유비에게 표문을 올렸다.

그러나 유비는 그렇게 하는 것이 자신을 불충한 사람으로 만든다 생각하고 표문을 벗어던지고 화를 내며 대전에서 나갔다.

공명이 다시 소리 높여 권했다.

"주상께서는 사해를 평정하셨고 그 공덕이 천하에 널리 알려졌습니다. 거기다가 한실의 피를 이어받으신 몸이니 마땅히 대위에 오르셔야 할 분입니다. 이미 하늘에 제사를 올려 고한 일을 어찌 다시 물리칠 수가 있겠습니까? 통촉하여 주시옵소서!"

결국 한중왕 유비가 제위에 오르자 연호를 장무 원년으로 하고, 왕비 오씨를 황후로 높이고, 맏이 유선을 태자로 삼았으며 둘째 유영을 노왕으로, 셋째 유리를 양왕으로 봉하였다.

관제와 관직도 달라졌다. 제갈량은 승상이 되고 허정은 사도가 되었으며, 다른 높고 낮은 관료들에게도 벼슬을 높이거나 상을 내렸다.

제위에 오른 유비는 그 동안 미루어 왔던 관우의 원수 갚는 것을 제일 시급한 일로 여겼다.

"폐하, 그건 아니 됩니다."

"아니, 다른 사람도 아니고 호위장군 자룡이 반대할 줄은 생각지도 못했소."

"저도 관 장군의 일을 생각하면 원통하고 분하여 지금 당장이라도 동오로 달려가고 싶습니다. 하오나 나라를 빼앗은 역적은 조조이지 손권이 아닙니다. 지금 그의 아들 조비란 자가 한나라를 빼앗아 귀신과 사람이 모두 분노하고 있습니다. 폐하께서는 먼저 관동부터 취하도록 하십시오. 군사를 내어 역적을 치신다면 관동의 의로운 백성들은 모두 양식을 싸들고 달려와 폐하를 맞을 것입니다. 하지만 반대로 관운장의 원수를 제일로 생각하여 위나라를 제쳐놓고 오나라를 치게 된다면 싸움은 단번에 끝나지 않을 것이니, 폐하께서는 부디 깊이 헤아려 주십시오."

"손권은 나의 아우를 죽였을 뿐 아니라, 우리를 배신한 부사인, 미방, 마충이 오나라에 버젓이 살고 있다. 하루빨리 그들을 쓸어 구족을 멸해야 내 한을 씻을 수 있을 텐데 경은 어찌하여 말리는 것인가?"

"한나라를 빼앗은 원수는 공적인 일이지만, 형제의 원수는 사사로운 것입니다. 공과 사를 분명히 가리시어 천하의 일을 더욱 중히 여겨 주시기 바랍니다."

하지만 누구도 유비의 마음을 되돌릴 수는 없었다. 유비는 군사를 일으켜 오나라를 치겠다고 공언하고 엄히 군사를 준비하라고 명령을 내렸다.

유비는 그 날로 동오를 정벌하기 위해 군사들을 훈련시키기 시작했다.

한편, 장비는 관우가 동오의 손권에게 죽임을 당했다는 소문을 들은 이후 하루 종일 목을 놓아 울었다. 눈물이 마르자 나중에는 피눈물이 떨어져 옷깃이 붉게 물들었다.

여러 장수들이 술로 그 분노와 슬픔을 달래게 했으나, 술이 오르면 분노와 슬픔도 배가 되었다. 원래 술이 취하면 과격해지는 장비인데, 관우의 일까지 겹치니 장졸들이 조그만 실수를 해도 사정없이 매질을 하였다. 게다가 그 매질이 어찌나 고약했던지 맞아 죽는 군졸들도 많았다.

그래서 사람들은 장비가 나타나면 급히 몸을 숨기기에 바빴다. 장비는 그래도 분이 안 풀려 매일같이 손권이 있는 남쪽 하늘을 향해 눈을 부릅뜨고 이를 갈며 노려보다가 통곡을 했다.

도원에서 맺은 약속을 지키려 하는 것은 유비도 장비와 마찬가지였다. 오의 손권과는 같은 하늘 아래에서 함께 숨을 쉴 수 없다고 결심한 유비는 날마다 훈련장에 나가 친히 군마를 조련시키며 출병할 기회를 노리고 있었다.

그러나 공명을 비롯하여 나라의 장래를 생각하는 모든 대신들은 그것을 만류하였다. 그 바람에 출병이 하루하루 늦어지고 있었다. 그 때 장비가 성도에 도착하였다. 그 날도 유비가 연병장에서 훈련을 시킨다는 소식을 듣고 장비는 그리로 달려갔다. 장비는 유비를 보자 그 발 아래 꿇어앉아 목을 놓아 울었다. 유비도 장비의 등을 어루만지며 함께 눈물을 흘렸다.

"폐하께서는 아직 도원의 맹세를 잊지 않으셨겠죠? 저는 운장 형님의 원수를 갚기 전에는 어떤 기쁨이나 즐거움도 느낄 수가 없습니다."

"나의 심정도 자네와 같다네. 반드시 오를 쳐서 운장의 한을 풀어 주리라 생각하고 있었네. 그런데 중신들이 만류하는 바람에 망설이고 있네."

그러자 장비는 기뻐하며 급히 말하였다.

"폐하의 생각이 그러시다면, 신은 지금 당장이라도 나설 용의가 있습니다. 폐하께서 못 가신다면 신 혼자서라도 가겠습니다. 만일 운장 형님의 원수를 갚지 못하는 날에는 다시는 돌아오지 않을 것입니다."

마음을 정하지 못하고 있던 유비도 그 순간 결심을 하여 장비에게 그 자리에서 출전 명령을 내리고 말았다.

"그대는 곧 낭중으로 돌아가 군사를 거느리고 남쪽으로 내려가게. 나도 대군을 이끌고 강주로 가 자네 군사와 함께 오를 치도록 하겠네."

장비는 기쁜 나머지 머리를 주먹으로 치며 계단을 뛰어 내려 낭중으로 돌아갔다.

그런데 이튿날 유비가 출전의 뜻을 밝히자 다시 중신들이 반대를 하였다. 학사 진복 같은 이는 완강히 반대하였다. 공명이 유비에게 상소문을 올려 진복의 충언을 받아들이는 것이 나라를 위하고 천하를 위하는 길이라고 간하였다.

유비는 상소문을 집어 던지며 단호히 말하였다.

"짐의 뜻은 이미 정해졌으니, 누구든 다시 간하지 말라!"

그리고 공명에게 태자를 보호하며 동천과 서천을 지키라 이르렀고, 표기장군 마초와 그 아우 마대에게는 진복장군 위연과 함께 한중을 지키며 위나라의 공격을 막으라고 명하였다.

공명과 진복을 비롯한 중신들의 간언을 물리치고 출전을 결정한 유비는 그 진용을 구성하여 남만군 5만 명까지 합한 75만의 대군을 이끌고 나아갔고, 때는 장무 원년 7월 병인일을 잡아 동오 정벌에 나섰다.

한편, 성도에서 돌아온 장비는 양중에 오를 집어 삼킬 듯한 기세로 출전 준비를 전군에 명령하고, 부하 장수 범강과 장달을 불러 엄하게 명령하였다.

"이번 오의 정벌은 관우 형님을 위로하며 원수를 갚기 위한 전투이다. 병선으로부터 비롯하여 무기, 깃발, 갑, 전포 할 것 없이 모두 흰 것으로 하라. 흰 기와 흰 갑옷의 군장으로 출전할까 한다. 그것을 3일 동안에 갖추도록 하라. 나흘째 되는 날 아침에 양중을 떠나야 하니 틀림없도록 하라."

"예! 알겠습니다."

부하들은 얼떨결에 대답은 하였으나 눈앞이 깜깜하였다.
그러나 장비의 성질을 알고 있으므로 일단 물러 나와서 협의를 했다. 그리고 장비의 앞에 나가서 사정을 하였다.
"흰 갑옷을 마련할 수 없으니 열흘 동안의 여유가 있어야 하겠습니다. 도저히 삼일 동안에는 할 수가 없습니다."
"무엇이 어째? 안된다고! 나의 명령을 위반한 자는 매로 다스려야 한다."
장수에게 명령하여 두 사람을 진영 앞 큰 나무에 묶어 놓게 하였다. 이윽고 장비는 직접 채찍으로 때렸다. 여러 장졸들이 보는 가운데에서 이런 처벌을 받은 범강과 장달 두 장수는 크게 모욕감을 느꼈다.
그러나 두 장수는 비명을 지르며 사죄하였다.
피투성이가 된 채 막사로 돌아온 두 사람은 한숨을 쉬며 푸념을 하였다.
"누가 하더라도 사흘 안에 할 수 없는 일을 시키는 것은 우리를 죽이려는 짓이다. 우리가 죽지 않으려면 우리가 먼저 그를 죽여야 한다."
"그런데 그게 어디 쉬운 일인가?"
"우리가 죽지 않을 운명이라면 오늘 밤 그가 취하여 잠들 것이요, 우리가 죽을 운명이라면 그가 취하지 않을 것이다."
이렇게 하여, 범강과 장달은 그 날 밤 장비를 죽일 계획을 세웠다.
그 날 밤, 장비는 여러 부하 장수들과 술을 마시고 잤다. 다른 때에 비하여 그날 밤은 더욱 취하였다. 그래서 막사에 들어가자마자 장비는 코를 골고 깊은 잠에 빠져 버렸다.
이날 밤 이경쯤 두 사람의 괴한이 몰래 장비의 막사로 기어들었다. 범강과 장달이라는 두 장수였다. 그들은 장비가 잠이 깊이 들었음을 알자 단도를 가지고 장비의 목을 단칼에 베어 버렸다. 그리고는 두 장수는 장비의 목을 가지고 쏜살같이 어둠 속으로 사라졌다. 이미 양강에 준비해 놓은 한 척의 배에 몸을 싣고 그 가족들과 함께 동오로 달아났다.
실로 아까운 장비의 죽음이었다. 아직도 나라를 위해 봉사할 일이 많았지만, 도원의 꽃피는 시절로 시작하여 쉰다섯이라는 나이로 장비는 인생을 마감하고 말았다.
군중에서 장비의 죽음을 알았을 때에는 범강과 장달이 이미 오에 간 뒤였다.
출전하는 날, 공명은 유비를 10리 밖까지 전송한 후 성도로 돌아갔으나, 유비가 끝내 자신의 말을 듣지 않고 동오로 군사를 이끌고 가는 것에 내심 마음에 걸렸다.
한편 성도를 떠난 그 날 밤, 유비는 가슴이 이상하게 울렁이어 바람을 쐬러 밖으로 나왔다. 그 때 유비는 하늘을 보고 깜짝 놀랐다. 서북쪽에서 알밤만한 크기의 별이 땅으로 떨어졌기 때문이다.
이상하게 생각한 유비는 신하를 시켜 공명에게 그것을 물어보라고 했다. 공명에게 갔던 신하가 곧 장수 한 사람을 사흘 안에 잃을 것이라는 답을 가지고 돌아왔다.
유비는 크게 놀라 군사들에게 당분간은 움직이지 않도록 명했다.
그 때 한 병사가 급히 뛰어 들어왔다. 낭중에서 거기장군의 부장 오반이 보낸 사자가 표문을 가지고 왔다고 전했다. 유비가 떨리는 손으로 펼쳐보니 예상한 대로 과연 장비가 죽었다는 소식이 씌어 있었다. 그 소식을 듣고 흐느끼던 유비는 그만 그 자리에서 혼절해 버렸다.
다음 날 장비의 큰 아들 장포가 유비를 찾아 왔다. 장포는 유비를 보자 눈물을 흘리며 장비가 죽은 일을 자세히 말했고, 유비는 슬픔을 이기지 못해 음식을 입에 대지 못했다.
보다 못한 신하들이 원수를 갚기 위해서라도 옥체를 보전하셔야 한다는 말에 유비는 신하들의 말이 옳다고 생각하여 기운을 차리기 위해 억지로라도 음식을 먹었다. 기운을 좀 차린 유비는 장포를 불러 장비의 부장이었던 오반과 함께 그 곳으로 가 장비의 원수를 갚으라고 하였다.
그 때 한 떼의 군마가 온다는 전갈이 왔다.
유비의 명을 받은 신하는 곧 군사를 이끌고 온 장수를 유비 앞으로 데려왔다.
관우의 아들 관흥이었다. 유비는 관흥을 끌어안고 목놓아 울었다.
한참을 울고 난 후 유비는 눈물을 거두며 말했다.
"짐이 벼슬길에 오르기에 앞서 관우, 장비와 도원에서 의형제를 맺고 죽고 사는 것을 함께 하기로 맹세했건만, 이제 천자가 되어 부귀영화를 같이 나누려 했더니 먼저 두 아우가 가고 말았구나. 오늘 두 조카를 보니 실로 가슴이 아프고 창자가 끊어지는 것 같구나."
유비는 슬픔이 복받쳐 오르는 듯 또 다시 대성통곡했다.
신하들은 더는 그런 유비를 볼 수가 없어 청성산에 있는 도인에게 길흉을 물어보기를 간절히 청하자 유비도 승낙했다.
마침내 도인 이의가 들어오자 유비는 한눈에 그의 비범함을 알아보고 예를 갖추어 종이와 붓을 준비해 주도록 하였다. 시종이 종이와 붓을 가져오자, 이의는 종이 위에 그림을 그리기 시작했다.
그 그림은 큰 사람 하나가 땅에 누워 있고 여러 사람이 주위에서 땅을 파고 있었다. 그림이 완성되자 이의는 누워 있는 사람 위에 흰 백자를 쓴 다음 유비에게 절을 하고 밖으로 나가 버렸다.
이의가 나가자 유비는 찬찬히 그림을 살펴보았다. 유비는 그림 속에 누워 있는 사람이 자신이라는 것을 알자 몹시 마음이 언짢았는지 도인을 미치광이라고 욕하며 그림을 모두 태워버리고 난 후 군사들에게 출전 명령을 내렸다.
유비는 오반을 선봉에 서게 하고 관흥과 장포를 좌우에서 어가를 호위하는 임무를 주어 앞으로 나아가게 하니 촉나라군은 하늘을 찌를 듯한 기세로 동오로 나아갔다.

한편, 장비의 목을 베어 달아난 범강과 장달은 동오에 이르렀다. 그들이 손권을 찾아가 장비의 목을 바치자, 손권은 두 사람에게 상을 내리고 물러가게 한 다음 대신들과 앞일을 의논했다.

그 때 제갈근이 나서서 남은 목숨을 던져서라도, 두 나라가 화친을 맺어 함께 조비를 칠 수 있도록 설득해 보겠다고 말했다. 손권은 시간이라도 벌어 볼 생각으로 그것을 허락했다. 제갈근은 손권의 허락을 듣고 물러났다.

때는 장무 원년 8월, 촉나라의 대군은 기관에 이르러 백제성에 머무르고 있었다. 하지만 앞선 부대는 이미 장강 하구까지 나아가 있었다.

백제성에 도착한 제갈근은 유비를 만나기를 청하였다. 유비는 돌려보내려 했으나 거기에는 분명 무슨 까닭이 있을 것으로 생각하고 마음을 바꿔 제갈근을 들어오도록 하였다.

유비는 화친하고자 제갈근의 입에서 형주라는 말이 불쑥 튀어 나오자, 관우의 일이 생각나 얼굴색이 하얗게 변하며 소리쳤다.

"너희 동오가 내 아우를 죽여 놓고 지금에 와서 교묘한 말로 나를 속이려 드는구나!"

유비가 이토록 강경하게 말하니 제갈근도 더는 어쩔 수 없었다. 제갈근은 쫓겨나다시피 하여 동오로 돌아갔다.

제갈근은 손권에게 돌아와 유비와 나누었던 얘기를 소상히 고했다.

손권은 그 소리를 듣고 위기감에 빠져들고 있을 때 조자가 손권에게 한중을 쳐달라는 표문을 올리는 계책을 내놓았다. 손권은 스스로를 신하로 낮추며 동오를 구하기 위해 한중을 쳐 달라는 표문을 써 주었다.

손권은 대신들을 불러 촉나라군을 막을 계책을 의논하고 있었다.

그 때 한 신하가 들어와 조비의 조서와 함께 사자가 당도하였다고 알렸다.

손권은 예법에 따라 직접 나가서 맞이하기로 했다. 신하의 반대에 부딪히기도 했지만 상황에 따라서는 어쩔 수 없다고 하며 손권은 성을 나가 사자를 맞이하였다.

형정은 손권이 몸소 백관들을 거느리고 나와 맞아 주자 위나라의 사신으로서 한껏 뽐내고 싶은 마음에 수레에서 내리지 않았다.

하지만 손권은 눈을 딱 감고 조비가 내린 왕의 작위를 기꺼이 받았고, 모든 관리들은 절을 올리며 하례했다.

손권은 금은과 옥돌, 아름다운 구슬 등을 예물로 마련해 감사의 뜻으로 조비에게 바쳤다.

형정이 돌아가자 장소가 손권에게 물었다.

"주공 이렇게 예물까지 바치실 필요는 없지 않습니까?"

"지금은 위나라와 손을 잡는 것이 득이오. 그리고 두고 보시오. 훗날 저런 예물은 한낱

돌이나 기왓장에 지나지 않을 것이오."

하고 손권은 보라는 듯이 씨익 웃었다.

손권이 조비로부터 왕의 작위까지 받으며 화친을 맺었다. 하지만 유비는 멈추지 않고 동오의 산천을 향해 행군을 재촉했다.

마침내 손권에게 급보가 날아들었다. 유비가 본국의 대병에다 만왕 사마가의 오랑캐 수만의 군사를 더하고, 그것도 모자라 동계에 있는 한 장 두로, 유녕의 군사까지 합쳐 수로를 따라 끝없이 밀려오고 있다는 것이었다.

손권은 대신들의 의견을 들어보기로 하였지만 대신들도 딱히 좋은 방책이 떠오르지 않아 한숨만 쉴 뿐이었다.

그 때 손환이 자신이 나가겠다고 하였다.

손환은 원래는 유씨였지만 손책이 일찍부터 그를 아껴 손씨 성을 쓰게 하니, 그 이후부터 오왕의 일가가 된 사람이었다.

손권은 손환이 나서자 기쁘기도 했지만 한편으로는 걱정이 되어 호위 장군 주연과 함께 가게 했다.

손환은 기세를 올리며 촉나라군이 진을 치고 있는 의도에 도착했지만 장포와 관흥에 밀려 패배하고 말았다.

손환이 어이없이 무너지자 동오의 장수들은 간담이 서늘해졌다. 오나라 성안에는 침통한 분위기로 돌변하였다.

그 무렵 유비는 무협, 건평을 지나 이릉 경계까지 70여 리에 걸쳐 진지 40여 개를 길게 늘어세우고 있었다.

이 때 장포와 관흥이 큰 공을 세우고 돌아오자 그들의 노고를 치하하였다.

"지난날 짐을 따르던 장수들은 모두 늙어 쓸모가 없어져 짐이 은근히 걱정을 했었는데, 두 조카가 이처럼 용맹스러우니 손권을 치는 데 무슨 걱정이 있겠는가."

유비가 잇달아 동오군을 깨뜨리며 밀려들자, 오나라 군대들은 손권이 관우를 죽인 일을 원망하기 시작하였다. 이에 한당과 주태는 크게 놀라 곧 손권한테 그 사실을 알렸고, 손권은 곧 신하들을 불러 대책을 물으니, 보질이 나서서 유비를 달래기 위해 장비의 목과 살아있는 원수 범강과 장달을 보내 화친을 맺으려고 하였다.

손권은 보질의 의견을 받아들여 장비의 목과 장비를 죽인 범강과 장달을 보냈다. 유비는 범강과 장달을 보자 바로 장포를 시켜 목을 베라고 하였고, 장포는 단칼에 그들의 목을 베어 아버지의 원수를 갚았다.

두 아우의 원수를 깊고도 유비의 한은 풀리지 않아 유비는 직접 손권을 치려고 하였다. 마량이 그런 유비를 말리려고 말했다.

"원수들이 모두 죽었으니 이제 한이 푸셨을 것으로 생각합니다. 더구나 지금 오나라 사신이 형주와 손 부인을 돌려드릴 것이니 함께 손을 잡고 위나라를 치자는 조서를 가지고 와 있습니다. 원하옵건대 그 뜻을 받아들였으면 합니다."

"경은 그게 무슨 소린가? 만약 동오와 화친을 맺는다면 이는 두 아우와의 맹세를 저버리는 것이다. 짐은 먼저 오나라를 치고 다음에 위나라를 쳐 천하를 평정할 것이다. 다시는 화친을 입에 담지 못하도록 오나라의 사신을 끌어내 목을 쳐라!"

"폐하! 사신을 죽여서는 안 됩니다."

모든 신하들이 말린 덕분에 동오의 사신 정병은 가까스로 목숨을 구하고 달아나듯 동오로 돌아갔다.

손권은 화친이 이루어지지 않자 매우 낙담하여 몸을 제대로 가눌 수 없었다. 그것을 본 감택은 형주를 빼앗고 관우를 죽일 수 있도록 계략을 쓴 육손을 등용하라고 권하였다.

그러자 손권은 무엇을 깨달았는지 육손을 불러오라고 했다. 손권은 육손을 대도독으로 삼기로 하고, 급히 육손이 머물고 있는 강구로 사자를 보냈다. 육손은 즉시 명을 받들어 궁으로 달려왔다.

손권은 육손을 대도독으로 임명하고 빨리 유비를 치도록 하였다.

손권은 차고 있던 칼을 끌러 육손에게 주었다.

육손은 손권의 명을 받들자마자 그 날로 서성과 정봉을 호위로 삼고 물과 육지의 군사들을 나아가게 했다.

이윽고 육손은 효정에 이르렀으나 장수들은 마중을 나오지 않았다.

장수들이 모두 모이자 육손이 입을 열었다.

"주상께서 이 보검을 내리시며 촉나라군을 무찌르라고 모든 권한을 주셨소 군중에는 법이 있으니 공들은 마땅히 그 법도에 따라야 할 것이오 어기는 자는 법에 따라 그 죄를 물어 목을 벨 것이니 뒤늦게 후회하는 일이 없도록 하시오."

불만이 많은 주태가 육손의 능력을 시험해 보기 위해 말문을 열었다.

"주상의 조카인 손환 장군은 지금 이릉성에 고립되어 있습니다. 도독께서 하루 빨리 좋은 계책을 세우셔서 손 장군을 구해 주십시오 그러면 주상의 마음도 편해질 것이며 전군에 사기가 오를 것입니다."

"이릉성이 지금 중요한 것이 아니오. 손환 장군은 군사들이 믿고 따르니 군사들과 힘을 합쳐 성을 지켜낼 것이오 그러니 급히 구하러 갈 필요는 없소 내가 촉나라군을 무찌르고 나면 그도 저절로 성에서 빠져나올 수 있을 것이오."

육손의 말을 들은 장수들은 하나같이 육손이 아무런 계책이 없다고 노골적으로 비웃었다.

육손은 아침 일찍 장수들을 불러 군령을 내렸다.

"모든 장수들은 길목을 지키기만 하고 섣불리 나가 싸우지 말라."

그러나 군사들은 가만히 앉아서 죽을 수는 없다며 육손을 비웃기만 할 뿐 전혀 따르지 않았다.

그 말을 들은 육손은 손권이 내려준 칼을 빼 들었다.

"지금은 주상의 명령에 따라 명령하는 것이니 내 명령이 곧 주상의 명령이다. 만일 이를 어기는 자가 있으면 누구를 막론하고 목을 베 군율을 바로 잡을 것이다."

장수들은 여전히 불만이 많았지만, 육손이 손권의 칼을 빼들자 대놓고 명을 어기지 못했다.

그 무렵 유비는 하늘을 찌를 듯한 기세로 효정 땅에서부터 천구에 이르기까지 널리 진지를 구축하였는데, 무려 그 길이가 7백 리에 이르렀으며, 40여 개가 넘는 진이 늘어서 있었다.

어느 날, 적진을 살피러 갔던 첩자가 돌아와 손권이 육손을 대도독으로 삼았다는 보고가 들어 왔다.

"육손은 어떤 사람이오?"

마량이 대답했다.

"육손은 나이는 어리나 재주가 많고 지략이 뛰어난 자입니다. 전에 형주를 빼앗은 것도 여몽이 아니라 모두 그가 세운 계략이었다고 합니다."

"그 놈 때문에 두 아우를 잃었구나. 내 반드시 그 놈을 사로잡아 한을 풀리라. 당장 출전 준비 하라!"

"육손의 재주는 결코 주유에 뒤지지 않으니 가볍게 보아서는 아니 될 것입니다."

"짐은 한평생 싸움터에서 살아 왔다. 어찌 그 어린 놈을 두려워하겠느냐? 빨리 출전할 준비를 서두르라."

유비는 신하들의 만류를 뿌리치고 몸소 앞장서 군사를 이끌었다.

유비가 직접 군사를 이끌고 온다는 소식은 한당의 귀에도 들어갔다.

육손과 한당은 산 위에 올라가 촉나라군의 형세를 살폈다. 한당이 가리킨 곳을 보니 촉나라군이 줄지어 오고 있었다.

한당은 나아가 싸우려했으나, 육손은 그것을 말리며 방비만 하라고 하였다. 그리고 싸우지 않으면 싸울 상대가 없어 촉의 군사들은 산이나 숲 속으로 군사를 옮길 것이라고 하였다.

유비는 동오의 군사들이 싸우려 하지 않는다고 하자, 욕설을 퍼부어 화를 돋우게 하였다. 그렇지만 동오의 군사들은 조금도 움직이지 않았다.

동오의 진영에 아무리 싸움을 걸어도 반응이 없자 유비는 초조해졌다. 싸움은 봄에 시작했는데 어느 새 여름이 되어 군사들은 더위에 지쳐 있었다. 그래서 숲이 무성하고 물을 얻기 쉬운 산골짜기 시냇가로 진지를 옮겼다.

진지를 옮긴다는 말에 군사들은 매우 기뻐했다. 이 때 마량이 걱정스런 표정으로 유비에게 물었다.

"만약 우리가 한꺼번에 진지를 옮기고 있을 때 적들이 쳐들어오면 어떻게 하실 것입니까?"

"오반에게 늙고 힘없는 군사 만여 명을 주어 오나라군의 앞쪽에 배치한 뒤, 짐은 군사 8천과 함께 산 속에 숨어 기다릴 것이다. 육손은 우리가 진지를 옮기고 있다는 것을 알면 반드시 그 틈을 타 쳐들어올 것이다. 그 때 오반이 싸우다 지는 척하고 달아나면 육손이 뒤쫓을 것이고, 그 순간 짐이 돌아갈 길을 끊고 그 놈을 사로잡을 것이다."

모든 신하들이 유비의 말을 듣고 탄성을 자아냈지만 마량만은 불안하여 옮기는 진지를 그려 공명에게 보여 주는 것이 어떠냐고 물었다. 유비는 그것이 못마땅했으나, 마량이 공명의 의견을 듣는 것이 해가 되지 않는다고 하자 유비는 그것을 허락했다.

마량은 다음 날부터 몇몇의 군사들을 시켜 각 진영의 형세를 정확히 그리도록 하였다. 마량 자신도 높은 곳에 올라가 가까운 곳의 진지 모습을 그렸다.

그림이 완성되자마자 마량은 즉시 공명에게로 말을 달렸다.

한편 오의 진영에서는 촉나라 군사들이 더위를 피하기 위해 산 아래 시냇가로 옮겼다는 소식이 전해 졌다. 육손은 기쁜 마음으로 직접 군사를 이끌어 촉나라군이 진을 치고 있는 곳으로 달려갔다.

그런데 촉나라군의 진영을 얼마 남겨 두지 않고, 갑자기 육손이 말을 멈추었다.

오반은 군사를 이끌고 동오군이 지키고 있는 관으로 와서 싸움을 걸었다.

그러나 육손은 숲 속에서 살기가 느껴진다고 하며 달려 나가려는 주태를 말리며 싸우지 않고 돌아섰다.

다음 날 촉의 군사들이 갑옷을 벗어던지고 벌거숭이가 되어 약을 올리며 싸움을 걸어왔지만 육손은 기다리라고만 하였다.

사흘 후 육손은 장수들을 관문 위로 불렀다. 저 산골짜기에는 살기가 일고 있는데 틀림없이 저 곳에서 유비가 나올 것이라고 하였고, 그 말이 끝나기가 무섭게 산골짜기에서 촉나라군이 유비를 호위하며 지나갔다.

"지난번에 공들이 오반을 치고자 했을 때 공들의 말을 따르지 않은 것은 이 때문이었소. 이제 열흘 안으로 촉나라 군사들을 쳐부술 것이오."

육손은 손권에게 며칠 안에 촉나라 군사를 치겠다는 글을 써서 보냈다.

이 때 유비는 효정 땅에서 모든 수군을 이끌고 강을 따라 아래로 내려왔다. 가는 곳마다 수채를 세우며 내려가다 보니 어느 새 동오 땅 깊숙이 들어서고 말았다.

촉과 오의 전쟁 소식은 조비에게도 알려졌다. 조비는 촉나라가 7백 리에 걸쳐 진을 치고 군사를 마흔 곳에 진을 치고 있다는 소식을 듣고 나서 재미있다는 듯 웃으며 말했다.

"유비가 싸움에서 반드시 질 것이다."

그러나 신하들은 그 말을 듣고도 조비의 말에 감탄하면서도 한편으론 미덥지가 못했다. 촉이 이기고 있는 데 동오에게 진다는 말이 선뜻 마음에 와 닿지 않았던 것이다.

"오가 촉을 이기면 그 즉시 우리는 그 때 오를 쳐들어 갈 것이다. 그 때야말로 텅 빈 오를 공격할 최고로 좋은 때다."

조비는 즉시 조인에게 군대를 주어 유수로 가게 하였고, 각기 군사를 주어 조휴에게는 동구, 조진에게는 남군 방면으로 나아가도록 하였다.

한편, 한중에 도착한 마량은 공명을 만나 그 간에 일어난 일을 설명하고 가지고 간 지도를 보였다.

공명은 한참 지도를 들여다보더니 탁자를 치면서 큰소리로 외쳤다.

"이것 큰일이구나. 누가 이렇게 형편없는 작전을 폐하께 올렸는가?"

"다른 사람의 권고가 아닙니다. 폐하께서 친히 짜신 작전입니다."

그러자 공명은 소스라치게 놀라며 길게 탄식하였다.

"아아, 이제 한나라의 운수가 다 되었구나! 물길에 따라 공격해 내려가기는 쉬우나 그것을 거슬러 후퇴하기는 어려운 법이오. 이것이 첫 번째 실수요. 더구나 진펄 언덕을 싸고 진을 치는 것은 예로부터 병가에서도 크게 꺼리는 것이오. 주위에 갈대와 잡목이 울창하니 적이 만약 불로 공격한다면 구원할 도리가 없소. 또 7~8백 리나 뻗친 전선인데 무슨 수로 서로 구원이 되겠소? 육손이 지키기만 하고 나오지 않은 것도 불로 공격할 시기를 기다리고 있기 때문이오. 그대는 빨리 돌아가 황제께 이 사실을 알리도록 하시오. 이대로 가다가는 큰 화를 면치 못할 것이오."

"만일 제가 돌아가는 동안에 패하셨다면 그 때는 어떻게 하시겠습니까?"

"그래도 육손은 아군 깊숙이 추격하지 못할 것이오. 위나라가 가만히 있지 않을 것이기 때문이오. 그리고 만일의 경우를 대비하여 내가 어복포에 10만 대군을 매복해 두었으니 백제성으로 급히 피하시도록 하시오."

"저는 어복포를 여러 번 왕래하였으나 군사 하나 보지 못하였는데, 10만 명을 매복해 두셨다고요? 승상께서 무슨 말씀을 하시는지 도무지 알 수가 없습니다."

"두고 보면 알게 될 거요."

마량은 밤낮으로 말을 달려 유비에게로 향했고, 공명은 구원군을 준비하기 위하여 성도로 돌아갔다.

이제 시기가 왔다고 생각한 육손은 서서히 행동을 개시하고 있었.

육손은 순우단을 불러 다음과 같이 지시하였다.

"그대에게 군사 5천을 주겠으니 촉장 부동이 지키는 진영을 오늘 밤에 공격하시오."

하고 명령한 후 서성과 정봉을 불러 지시하였다.
"두 장군은 각각 3천군을 거느리고 촉진 5리 밖에 숨어 있으시오. 만일 순우단이 패하면 구원만 하고 더 이상 싸우지는 말고 그대로 돌아오시오."
순우단은 해질 무렵에 군대를 이끌고 전진하여 삼경이 지나 부동의 진영에 도착하였다. 오군은 북을 두드리며 습격하였고 촉군 역시 그것에 조금도 지지 않고 대항하였다. 순우단은 부동의 상대가 되지 못해 도망을 쳤는데, 얼마 가지 않아 조용의 촉군이 길을 가로막고 말았다. 순우단은 간신히 포위망을 뚫고 도망쳤지만 부하 군사 태반을 잃고 말았다. 달아나는 도중에 사마가의 남만군을 만나 목숨까지 잃을 뻔 하였으나, 다행히 서성과 정봉의 구원대가 달려와서 위기를 벗어날 수 있었다.
순우단은 몸에 화살이 꽂힌 채 육손 앞에 엎드려 벌을 청하였다. 육손은 미리 이런 결과를 짐작했는지 전혀 문책하려 하지 않고 오히려 순우단을 위로하였다.
"그것은 장군의 죄는 아니오. 적을 알아보기 위해 공격한 것에 지나지 않소. 걱정하지 마시오. 이제 촉군을 쳐부술 방법을 깨달았으니 이는 모두 그대 덕분이오."
육손은 그 자리에서 나팔을 불게 하여 모든 장수를 불러 들였다. 그리고 군령단에 올라 단호한 목소리로 명령을 내렸다.
"우리가 전투에 임한 이후로 싸우지 않고 지낸 지도 벌써 100일이 넘었고, 때마침 가뭄이 들은 지도 보름이나 지났소. 이제 드디어 싸울 때가 왔으니 여러 장군들은 내 명령을 잘 듣고 실수 없도록 하시오. 먼저 주연 장군은 마른 풀을 베에 가득 싣고 강의 상류에 가서 바람 불기를 기다리시오. 내일쯤 동남풍이 불 것이고 파도가 요란하게 칠 것이오. 그 때 촉나라의 진에 접근하여 유황과 염초로 불을 지르시오. 한 장군은 강북 쪽을 공격하고, 주 장군은 강남 쪽을 공격하시오. 다른 부대들은 대기하면서 내 명령을 기다리도록 하시오. 내일 밤이면 현덕의 명도 끝나게 될 것이오! 그럼 명령대로 행동을 개시하시오."
육손이 대도독이 된 이후로 이런 명령을 내린 것은 처음이었다. 주연, 한당, 주태 등은 모두 기세등등하게 준비를 하였다.
다음 날, 정오가 지나자 과연 장강 위에서 동남풍이 불어오면서 강에는 파도가 일기 시작하였다.
"바람도 불지 않았는데 기치가 쓰러지다니 이것은 무슨 징조인가?"
유비가 얼굴을 찌푸리며 물었다.
옆에 있던 정기가 대답하였다.
"적이 오늘 밤 습격할 조짐인 듯합니다."
유비는 이어 관흥과 장포에게 각각 500기씩을 주어 적의 동태를 살피게 하였다.
이윽고 해가 서산에 넘어갈 때, 북쪽 강변에서 연기가 솟아오르기 시작하였다. 실수하여 불이 났다고 생각하는데 하류의 진영에서도 불길이 치솟았다.
 유비는 관흥을 강북으로 급히 보내고, 장포를 강남으로 보내 만약의 사태에 대비하도록 하였다.
 동남풍은 점점 강하게 불기 시작하였다. 메말라 버린 나뭇잎이 불이 붙어서 타기 시작하였다. 이 쪽 진영에서 불이 일어나 꺼 가면, 이번에는 저 쪽 진영에서 불길이 솟았다. 불길은 바람을 따라 하늘을 찌를 듯 솟아올라, 주위 숲을 태우며 걷잡을 수 없이 번져 갔다.
 드디어 유비가 있는 중군의 본진에도 불이 붙기 시작하였다. 그리고 사방에서 함성이 일어나더니 그 수효를 알 수 없는 오군이 밀려들었다. 이 혼란 중에 촉군은 서로 도망치다가 밟혀 죽은 자는 이루 헤아릴 수가 없었다. 여름 더위를 피하여 진영을 숲 속으로 이동한 것이 촉으로서는 치명적인 실수였다.
 마침내 유비의 눈앞에서 격렬한 전투가 벌어졌다. 혼란 중에 여러 신하들은 유비를 호위하여 말에 태우고, 불똥이 떨어지는 가운데 우군 풍습의 진영을 향하여 달아났다. 그 사이에 유비의 전포와 옷소매, 그리고 말안장에도 불이 붙어 있었다. 달리는 대지도 공중의 나무 끝에도 온통 불에 타고 있었다.
 앞을 가리는 연기를 헤치고 겨우 풍습의 진영에 도착하였으나, 이미 거기도 불바다로 변한 뒤였다. 여기는 화재뿐 아니라 오군의 대장 서성이 맹렬히 타오르는 불을 무기로 습격해 오고 있었다.
 유비는 연기와 불 속을 헤매며 정신없이 달렸다. 그것을 본 풍습은 십수기를 데리고 유비 일행을 호위하였다.
 이렇게 달아나는데 오나라 서성의 부대가 길을 막았다. 풍습이 서성을 대적하는 동안 유비는 서쪽을 향하여 말을 달렸다.
 숲 속에 진을 쳤으니 불로 공격하면 끝장이 나리라는 것을 육손, 조비, 공명 등은 이미 알고 있었는데, 평생을 전쟁터에서 보낸 유비가 모르고 있었다는 것은 참으로 이상한 일이었다. 촉의 75만 대군은 불과 하룻밤 사이에 거의 전부가 불에 타 죽고 말았다.
 서성의 칼날을 겨우 피한 유비는 계속 도망치는데, 이번에는 오나라 장수의 정봉이 앞을 가로막고 나섰다. 이 때 함성을 지르며 장포의 군대가 오군의 포위를 뚫고 들어와 유비를 구하였다.
 유비는 앞에서 달려오는 부동의 부대와 합세하여 마안산 중턱에 도착하였다. 장포와 부동은 적을 막고 유비는 산 위로 올라갔다. 그 곳에서 정신을 차리고 사방을 둘러보니 보이는 것이라곤 화염뿐이었다. 넓은 들에는 촉군의 시체가 가득했고, 아직도 맹렬하게 부는 동남풍을 받아 불길은 더욱 기승을 부렸다.
 유비는 하늘을 우러러보며 통탄하고 있을 때 육손의 군사들은 마안산을 포위하고 있었다.

그리고 이 산까지도 불을 지르기 위해 사방의 산길에 불을 지피고 있었다. 불길이 다시 공중을 향해 달려오고 있었다.

일행은 다시 불길이 약한 산길을 찾아 무작정 내려가며 도망을 계속하였다. 관흥과 장포가 유비를 호위하고, 부동은 뒤에 떨어져 추격하는 오군을 막았다.

그러나 불길이 보이지 않는 그 길가에는 육손의 직속부대가 지키고 있었다. 그곳을 돌파하여 빠져 나왔지만 복병은 계속 늘어나서 끈덕지게 추격해 오고 있었다.

누군가가 순간적인 기지로 길가 잔디밭에 불을 질렀다. 불은 불로 맞서라는 생각에서였다. 쫓기던 촉군은 모두 화살과 갑옷과 깃대까지 태워 불을 크게 질렀다. 그래서 불은 숲에 붙고 나뭇가지를 태워 가까스로 추격해오는 오군을 막을 수 있었다.

가까스로 강기슭에 도착하자 또 다시 주연의 군대가 길을 막고 공격하였다. 장포와 관흥이 길을 뚫으려 했지만 부상만 당했을 뿐 성공하지는 못하였다. 유비의 일행은 되돌아서서 산골짜기로 피했으나, 거기에서도 육손의 대군이 함성을 지르며 쏟아져 나왔다.

"아, 짐은 여기서 죽는구나!"

유비는 체념하고 길게 탄식하였다.

이 때, 앞에서 천지를 진동하는 함성이 들리더니 갑자기 주연의 부대가 무너지기 시작하였다.

유비가 반가워 바라보니, 바로 조운 자룡이었다. 조운은 강주에 있었는데, 공명이 성도로 돌아가 편지를 급히 써 즉시 보낸 것이었다. 강주는 한중보다도 가까이 있었으므로 조운은 위급한 때에 도착하여 유비를 구출할 수 있었다.

육손은 조운이 나타난 것을 보고 급히 군대를 철수시켰다. 조운의 명성은 그만큼 높아 그 당시 그를 모르는 사람이 없었던 것이다.

마침내 조운의 칼에 주연의 목이 떨어졌다. 그 바람에 오군은 사방으로 흩어져 도망쳤다.

조운은 유비를 재촉하였다. 조운과 관흥, 장포가 유비를 호위하고 백제성에 도착하였다. 유비의 좌우에는 수백 명의 군사밖에 없었다.

이번 싸움에서 유비는 풍습, 장남, 만왕 사마가 등 많은 장수들을 잃었다. 그리고 손 부인마저 유비가 졌다는 소리에 강물에 뛰어들었다는 소식이 전해져 이번 전쟁은 유비에게는 큰 상처만 남기고 말았다.

한편 육손은 촉나라 군사를 쫓다가 기관을 조금 지나 땅의 형세가 이상한 곳에 이르렀다. 그 곳은 강물이 유유히 흐르고 있었고, 주변은 울창한 숲이 우거져 있었다.

엄청난 살기가 느껴져 육손은 매복이 있을 것으로 생각하고 그곳에 멈춰 말을 세웠다. 육손이 사방이 트인 들판에 진을 세운 뒤 군사를 시켜 주변을 살펴보게 했다.

그러나 적군은 한 명도 보이지 않았다. 육손은 그 말을 믿을 수가 없어 직접 높은 곳으로 올라가 주변을 살펴보았다. 그래도 무언가가 있을 것 같은 생각이 들었다.
　병사나 말은커녕 적병의 그림자도 찾아볼 수 없었다. 참 이상하다고 생각한 육손은 가장 믿을 만한 사람을 뽑아 살피도록 했다.
　살펴보러 갔던 병사가 돌아와서 인마는 없는데, 다만 강변에 돌무더기가 여기저기 팔십여 개가 어지럽게 흩어져 있었다고 했다.
　육손은 이상한 생각이 들어 이 곳에 사는 토박이 몇 명을 불러오게 했다.
　"누가 돌무더기를 강가에 쌓았는지 아느냐?"
　"저 곳은 어복포인데, 전에 제갈량이 서천으로 돌아갈 때 잠시 군사들을 풀어서 강가에 세워 놓은 진입니다. 돌을 주워서 강변에 쌓았을 뿐인데 그때부터 항상 이상한 기운이 구름처럼 저 안에서 피어나 아무도 근처에는 가지 않고 있습니다."
　"공명의 장난이란 말이지? 내가 직접 가 봐야겠다."
　육손은 공명을 비웃으며 돌문 속으로 들어갔다. 그리고 여기저기 돌아보며 형태를 유심히 보고 있을 때 부장 한 명이 해도 저물었으니 이만 돌아가자고 하였다
　그 말을 듣고 육손이 말머리를 돌리려 할 때 갑자기 거센 회오리바람이 불어와 모래를 날리며, 돌더미들은 칼을 세워둔 것처럼 보이고, 모래언덕도 산같이 보였으며, 물결소리도 창칼이 부딪히며 북과 징이 울리는 것같이 들리며 하늘과 땅이 뒤집어지는 것 같았다.
　"이런 제갈량의 계략에 빠졌구나! 일단 여기서 빠져 나가고 보자."
　"앞을 볼 수가 없어 문을 찾을 수 없습니다."
　바로 그 때, 한 노인이 당황하고 있는 육손 앞에 지팡이를 짚고 나타났다.
　노인은 자기 뒤를 따르라며 천천히 앞장 서 갔다. 육손은 노인 덕분에 아무런 장애 없이 무사히 진을 빠져 나올 수 있었다.
　"정말 감사드리옵니다. 어르신이 아니었으면 이 목숨은 저 안에서 끝났을 것입니다. 어르신께서는 저 진법의 묘한 이치를 모두 알고 계시는지요? 아신다면 배우고 싶습니다."
　"변화가 워낙 무궁무진해서 배울 수가 없었소이. 그럼 나는 이만 가 봐야겠소"
　무사히 진으로 돌아온 육손은 장수들을 불러 말했다.
　"공명은 참으로 누워 있는 용이오. 내 재주로는 도저히 따르지를 못하겠으니, 군사를 물리도록 하시오."
　"유비가 싸움에 크게 져서 이제 겨우 성 하나에 의지하고 있는데 어찌하여 돌무더기 몇 개를 보고 군사를 물리신다 하십니까?"
　"내가 공명을 두려워하는 것은 사실이지만, 꼭 저 석진 때문에 물러나는 것이 아니오. 위주 조비가 그 아비 조조 못지않게 간사하고 속임수가 많음을 잘 알고 있소 이제 우리가 촉나라군의 뒤를 쫓는 것을 알게 되면 반드시 우리 동오의 뒤를 칠 것이오. 우리가 서천으로

깊이 들어간다면 무슨 수로 갑자기 군사를 돌려 그들을 막을 수 있겠소?"

아니나 다를까, 육손이 군사를 되돌린 지 사흘이 지난 후, 세 곳에서 급한 소식이 전해졌다. 장수들이 육손의 선견지명에 감탄하였다.

한편 조비는 오나라가 사기가 올라 쉽지 않을 것이라는 가후와 유엽의 반대에도 불구하고 군사를 일으켜 오나라를 치기로 하였다.

그러나 이미 육손이 그것에 대비해 충분히 준비하여 길목을 지켜 세 갈래 길로 쳐들어온 위나라군을 모두 무찔렀다. 결국 조비는 아무런 소득 없이 낙양으로 철수하였고, 오나라와의 관계만 더욱 나빠지게 하였다.

한편 싸움에 패한 뒤 유비는 신하들을 볼 면목이 없다고 하며 백제성에 머물렀다. 그러나 유비는 얼마가지 않아 영안궁의 객지에서 병이 들어 자리에 눕고 말았다. 장무 3년 4월부터는 병세가 악화되었다. 유비는 매일 관우와 장비를 생각하며 눈물로 나날을 보내고 있었다. 유비의 병은 날이 갈수록 더해 갔다. 그도 자신의 운명을 깨달았는지 말했다.

"승상을 만나보고 싶구나."

이미 유비가 위독하다는 급보는 성도에 날아갔다.

공명은 몰라보게 수척한 유비를 바라보자 그 침상 밑에 엎드려 통곡하였다.

유비는 가까이 있는 신하에게 분부하여 용상 위에 공명의 자리를 만들게 하고 가느다란 손을 공명에게 내밀며 간곡하게 부탁하였다.

"승상, 용서하시오. 얕은 재주로 나라를 이룩한 것은 승상을 얻었기 때문이었소. 그런데도 승상의 말을 듣지 않아 이처럼 패하였고 또한 병까지 들고 말았소. 짐이 떠나간 후에는 태자는 어리고 약하니 더욱 승상께 모든 일을 맡길 수밖에 없구려. 짐이 눈을 감아도 대축에는 공명이 있다는 것을 유일한 희망으로 보고 현덕은 가겠소."

띄엄띄엄 말하는 유비의 목소리를 듣고 있는 공명을 비롯한 모든 이가 눈물이 비 오듯 흘렀고, 얼굴을 타고 내린 눈물이 바닥을 적셨다.

"폐하! 아무 염려 마시고 태자가 성인이 될 때까지라도 옥체를 보존하시옵소서."

공명이 떨리는 목소리로 말하며 위로하자 유비는 고개를 천천히 저으며 좌우에 있던 신하들을 모두 물러나게 하였다.

그 가운데는 마량의 아우 마속도 있었다. 울어서 눈이 퉁퉁 부어올라 애처롭게 보였다.

유비는 문득 그런 마속을 보며 혼자 남은 공명에게 불쑥 물었다.

"승상은 마속을 평소에 어떻게 보았소?"

"장차 믿을만한 젊은이로서 영웅이 될 만한 재목이라고 보았습니다."

"그렇지 않소. 병중에서 자세히 보니 행동보다 말이 앞서 큰 재목감이 되지 못하니 잘 생각해서 쓰기 바라오."

유비는 그 말을 할 때 평소와 다름없이 똑똑히 말하였다.
그러나 그 날 해질 무렵 갑자기 용태가 변하더니 모든 신하를 불러 최후의 알현을 허락하였다. 그리고 태자 유선에게 내리는 유서를 측근에게 준 다음 이 유조를 반드시 어기지 말라고 분부하였다. 그리고 한참동안 유비는 눈을 감았다가 눈을 뜨고 공명을 바라보며 말했다.

"짐은 천하게 자라 그다지 글을 많이 읽지 못하였으나, 인생이 무엇인가를 지금에야 겨우 알았소. 내가 가더라도 너무 슬퍼할 것 없소."

마지막으로 무슨 말을 하려는 듯이 입술을 움직이며 숨을 기다랗게 내쉬며 숨고르기를 하고 있었다.

공명은 모든 것을 전폐하고 용상에 매달려 눈물로 말했다.

"내리실 말씀이 있으시면 주저치 마시고 하명하십시오. 이 공명이 재주는 없으나 목숨이 붙어 있는 한 명심하고 지키겠습니다."

"고맙소. 현덕은 곧 안심하고 세상을 떠날 것이오. 짐이 할 일은 다 끝났소. 다만 승상의 충성을 믿고 대사를 위하여 한 마디 하고 가겠소."

"대사라 함은 무엇인지요?"

"승상, 새는 죽을 때 울음소리가 구슬프다지만, 사람이 죽을 때는 그 말이 착하고 옳다하오. 짐의 말을 듣고 쓸데없이 겸손해서는 안 되오. 승상의 재주를 말하면 조비의 10배가 넘습니다. 손권 따위는 견줄 바 아니고. 그러니 촉을 안정시키고, 짐의 기업을 더욱 왕성하게 해야 할 것이오. 다만 태자 유선은 아직 어리니 장래를 모르겠소. 만일 유선이 임금으로서 천부적 자질이 있다면 승상이 보좌하여 준다면 그 보다 더 기쁜 일이 없겠소. 그러나 그가 제왕으로서의 자질이 없다면 승상 스스로 대촉의 제왕이 되어 백성들을 다스리시오."

공명은 엎드려 울면서 몸 둘 곳을 몰랐으며 눈에서 피눈물을 흘리며 울었다.

"신이 어찌 신하로써 있는 힘을 다해 태자를 섬기지 않겠습니까? 이 목숨이 다할 때까지 충의로써 태자를 받들겠습니다."

유비는 다시금 어린 왕자 유영과 유리를 가까이 불러서,

"너희들은 모두 내 말을 가슴에 새기거라. 아비가 죽은 후 태자 유선과 너희 형제들은 공명 선생을 어버이로 모시고 섬겨라. 만일 이 아비의 말을 거역한다면 불효자식이다. 알았느냐?"

하고 이른 다음 아버지로서 안타까운 눈으로 쳐다보며 말했다.

"승상 거기 앉으시오. 짐의 아이들에게 앞으로 어버이 될 사람에게 세배를 시키겠소."

왕자들은 아버지의 말에 따라 공명선생 앞에 나란히 서서 부왕의 영을 지키겠다고 맹세하고 또 재배의 예를 올렸다.

"아아, 이제 안심하였소"

유비는 깊은 숨을 몰아쉰 다음 옆에서 소리 없이 울고 있는 조운을 바라보며 조용히 말했다.

"그대와도 생사고락을 함께 하며 지내 왔는데 드디어 오늘로 헤어지게 되었소. 짐과의 옛날 교분을 잊지 말고 부디 승상을 도와 어린 것들을 잘 부탁하오."

다시 문무백관을 한바퀴 둘러보며 말했다.

"일일이 그대들에게 부탁하고 싶으나 이미 목숨이 다해서 그럴만한 힘이 없소. 모두 한마음이 되어 사직을 보전하고 서로를 사랑하시오."

하고 말을 마치자 유비는 조용히 숨을 거두고 말았다.

이때에 유비의 나이 63세였다. 촉의 장무 3년 4월 24일. 영안궁의 슬픔은 말로 표현하기 어려웠다. 공명은 영구를 봉안하여 성도로 옮겼고, 태자는 이를 맞아 크게 통곡하였다.

공명은 슬퍼만 하고 있을 수 없다고 말하며 태자를 권하여 황제의 위에 오르게 하였다.

즉각적 분노는 파멸의 지름길

유비는 관우와 장비의 죽음에 대한 복수심에 불타 친히 오의 정벌에 나섰다. 많은 사람들이 유비에게 그런 사사로운 개인의 감정에 사로잡히지 말고 대의를 생각하라는 충고에도 불구하고 유비와 장비는 끓어오르는 복수심과 분노를 참지 못해 그 말을 수용하지 않았다. 아무리 왕이라지만 사적인 원한을 갚기 위해 과감히 전쟁을 감행하기로 한 것이다.

전쟁을 준비하는 과정에서 장비는 술을 먹고 부하들을 혹독하게 다루다가 부하들에게 죽임을 당하고 말았다. 관우의 죽음을 애도하며 장비는 끓어 오르는 분노를 참지 못해 부하들을 혹독하게 대했기 때문이다. 특히 장비는 주사가 심하였고 아래 사람에게 관대하지 않았고 때로는 포악하기도 하였다. 장비의 이런 과격한 성격이 결국 자신의 파멸을 초래한 것이다.

장비의 죽음에 더욱 분노를 느낀 유비는 복수심에 불탄 나머지 누구나 알 수 있는 자신의 함정을 보지 못하고 친히 군사를 이끌고 원수를 치려다가 동오의 뛰어난 장수 육손의 계책에 말려들어 대패하였고, 그 책임을 통감한 나머지 변방에서 죽음을 맞이하고 말았다. 유비는 공명에게 아들 유선과 나라를 부탁하고 생을 마감하였다. 죽는 순간에도 공명이 아끼는 마속을 중용하지 말라는 충언까지 하였다. 결국 유비 삼형제는 드라마 같은 삶을 이렇게 마감하였다. 비록 그들의 도원의 결의처럼 같은 날에 죽지는 않지만 비슷한 시기에 같이 하늘나라로 갔다.

그렇지만 유비 3형제의 결말이 아름다운 마무리가 아니라는 생각을 떨칠 수 없다. 너무나 허탈하다는 생각이 들기도 하거니와 그들의 의형제를 맺고 살아온 삶의 의미를 퇴색시킨 죽음이 아닌가 한다. 그들이 나라를 위해 의형제를 맺은 것과는 달리 나라를 위해 산 삶이 아니라 우애를 위해 나라까지 희생시키는 사람들처럼 보이기 때문이다. 3형제의 죽음은 복수심과 분노에 사로잡혀 참으로 아름답지 못한 인생의 종말이었다.

이런 결과는 냉정했어야 할 유비가 이글거리는 복수심에 불타 있었기 때문에 발생한 것이다. 비록 관우가 죽었을지라도 유비가 왕으로서 좀 더 냉정하여 공명이나 여러 신하의 말에 따라 행동했다면 이렇게까지 되지는 않았다. 관우가 왜 죽었는가? 유비의 명령조차 거부하고 동오와의 약속을 지키지 않았을 뿐 아니라 대놓고 손권을 모욕했기 때문이다. 결론적으로 관우의 죽음은 손권 때문에 발생한 것이 아니고 관우에서 비롯된 것이어서 관우에 대한 복수심은 전혀 의로운 것이 아니다. 국제관계 상 관우가 유비의 명령을 어긴 것은 군령으로 다스릴 수 있는 큰 죄다. 촉이 위나라의 침입을 막기 위해 동오에게 약속한 땅을 돌려주지 않은 것은 아주 잘못된 것이다. 그래서 관우에 대한 유비의 복수심은 별 타당성이 없다고 후대가 평가한다. 우에 대한 복수는 단지 조폭 간의 의협심에 지나지 않는다.

 복수심이란 것은 마음이 좁고 옹졸한 사람들이 즐기는 쾌락일 뿐이다. 그러니 좀 더 유비가 현명한 사람이었다면 무조건 개인적인 의형제라는 생각을 접어두고 공적인 차원에서 좀 더 냉정하게 그들이 왜 죽었는지를 생각했어야 했다. 만일 유비가 조금만 생각했어도 그토록 무모한 일을 감행하지 않았을 것이다. 복수의 일념으로 가장 약한 나라가 자신보다 강한 나라를 친다는 것은 참으로 현명하지 못한 것이다. 얼마나 많은 장병들이 유비의 복수심에 아무런 죄도 없이 죽어갔는가. 의로움으로 뭉친 형제지만 진작 죽을 때를 보면 전혀 의롭지 않다는 생각이다. 마지막에 보여준 유비 3형제의 의협심은 사회나 국가가 기반으로 하는 공적인 의로움이 아니라 조폭 같은 사적인 의협심을 기반으로 한 것에 지나지 않는 것이다.

 이처럼 복수심에 불탄 분노는 이성적 판단을 마비시키는 힘이 있다. 유비나 장비처럼 분노가 크면 클수록 완전히 이성은 마비되어 분노라는 감정의 노예가 된다. 그래서 분노하게 되면 냉정함을 잃고 현실을 냉정하게 바라 볼 수 없다. 유비처럼 국가 경영을 하는 사람은 의형제인 관우가 비록 전쟁에 패해 죽었어도 복수하기 이전에 그 문제를 국가 차원에서 해결하려고 노력했어야 한다. 특히 제갈량은 그만 두고라도 오로지 유비에게 충직한 조자룡까지도 강한 위를 앞에 두고 사적인 복수를 위해 약한 오와 전쟁을 하는 것은 국가 경영상 맞지 않다고 충언을 했지만 유비는 그 말조차 무시하였다. 그래서 결국 무리하게 전쟁을 감행하다 장비까지 잃게 된 것이다. 분노가 또 다른 아픔을 준 것이다. 그리고 장비까지 잃자 유비는 더욱 분노에 차 복수를 하려다 참패하여 모든 명분을 잃는 바람에 자신의 운명까지 쇠락하여 객지에서 애석한 죽음을 맞이한 것이다. 그래서 이솝은 "고함을 치면 처음에는 무섭지만 나중에는 타인의 조롱거리가 된다."고 하였다.

이 일화로 우리는 언제나 냉정해야 하는 것을 알 수 있다. 냉정하지 못하고 감정에 휩쓸리는 것은 냉엄한 승부의 세계에서는 패배를 자초하게 된다. 특히 그런 감정이 유비처럼 북받치면 그것은 개인이나 국가에게 치명타가 될 수 있다. 그러므로 우리는 감정에 사로잡히지 않고 개인적 일과 공적인 일을 엄격하게 구분하는 현명함이 있어야 한다.

분노에 관한 한 우리라고 예외일 수 없다. 우리도 걸핏하면 화를 낸다. 어떤 사람은 화가 나면 참지 못하고 온갖 욕설을 토해내기도 하고 폭행을 즐겨 하는 사람도 있다. 그러면서도 자신은 뒤끝이 깨끗하다는 말을 하는 사람도 있다. 참으로 어이없는 일이다. 남에게 실컷 모욕을 주고서도 뒤끝이 깨끗하다고 하니 참으로 기가 막힐 일이다. 정말 그 사람 말대로 그 사람은 뒤끝이 깨끗한 사람일까? 그렇지 않다. 그 사람은 그 사람의 말대로 뒤끝이 정녕 깨끗하기는커녕 자기 입장만 생각하는 분별력이 없는 사람일 뿐이다. 상대가 자기 입장을 몰라주거나 받아들이지 않으면 계속해서 문제 삼고 분풀이로 욕설을 퍼붓거나 폭행을 일삼는 몰지각한 사람일 따름이다.

분노의 원인은

그럼 분노의 원인은 무엇인가? 관우가 언제나 죽을 수 있다는 것을 객관적으로 생각해보지 않은 유비처럼 자기중심적으로 생각할 때 분노가 강하게 일어난다. 알고 보면 세상은 자기 뜻대로 되는 일이 별로 없다. 언제든 불행한 일들은 벌어질 수 있고, 최악의 시나리오가 인생을 덮칠 수 있다. 최악의 시나리오를 빗겨간 사람은 그래도 운이 좋은 사람이다. 그런데도 사람들은 자신이 원하는 방향으로 세상이 돌아갈 것이라는 막연한 희망을 품고 산다.

허나 운명은 자신의 마음과 같지 않다. 놀러 가려 할 때 비가 오고 눈이 오는 것은 다반사다. 돌부리에 넘어져서 큰 상처를 입을 수 있고, 교통사고를 당해 목숨이 경각에 달려 있을 수 있다. 사랑하는 여인이 다른 사람과 결혼하는 경우도 흔히 있고, 관우처럼 친한 벗이 영원히 내 곁을 떠날 수 있다. 더욱이 내 자신에게 불치병이 오거나 죽음의 사자가 언제든 다가 올 수 있다. 이처럼 운명의 여신이 악의가 있는 것처럼 생각지도 않는 엉뚱한 방향으로 운명이 흘러갈 수 있다. 그 때서야 비로소 사람들은 '이럴 줄 몰랐다.'라고 생각하고 기막힌 운명에 화를 버럭 내지만 운명은 그것에 아랑곳 하지 않는다. 자기 생각을 빗나갔다고 화를 내는 사람만 어리석은 것이다. 세상은 나의 뜻과는 무관하게 돌아가는 경우가 너무나 많기 때문이다. 그래서 화를 낸들 운명이나 세상이 자신의 비위를 맞추지 않는다. 화를 낸다고 오던 비가 그치지 않을 것이고, 떠나간 사람이 다시 되돌아오지 않을 것이다. 오히려 돌부리에 걸려 넘어졌다고 화가 나 발로 차는 것처럼 그 화로 인해 일을 더 꼬이게 만들 뿐이다. 세상이 자신의 뜻대로 움직이길 바라고 강요하는 것은 세상에 대한 무지와 자신의 생각을 고집하는 오만의 산물이다. 세네카는 분노의 원인을 궁극적으로 무지라고 다음과 같이 말하고 있다.

> 누구나 자기 안에 왕의 마음을 간직하고 있다. 자기는 제멋대로 할 수 있는 전횡을 바라고

자기가 당하는 것은 바라지 않는다. 그래서 우리에게 화를 잘 내는 것은 무지가 아니면 오만, '사물에 대한 무지'인 것이다.

세네카는 "대개의 군주는 분노를 마치 왕의 징표처럼 썼다."고 하여 지위가 높은 사람이 화를 잘 낸다고 한다. 지금도 '버럭 상사'가 있는 것도 분노를 왕의 징표처럼 상사들이 쓰기 때문이다. 일이 제대로 안 풀릴 때 강자가 분노를 통해 약자에게 겁박하여 약자를 고양이 앞에 쥐의 신세로 만든다는 것이다. 이것은 자신의 일그러진 자만심을 풀기 위한 수단으로 작용한다. 잘 나갈 때는 분수를 모르는 자만심과 오만함이 바로 분노의 근원지인 것이다. 그래서 잘 나갈 때가 가장 위험하다는 말은 이 때문이다. 폭발한 분노가 어제든 자신을 태울 수 있기 때문이다. 그래서 분노를 즉각적으로 표출해서는 곤란하다는 점이다. 분노가 폭발하면 유비처럼 적의 심장을 강타한 후 다시 되돌아 와 언제든 비수가 자신의 심장에 꽂힐 수 있다. 그래서 함부로 분노를 표출하는 것은 바람직한 행동이 아니다.

일단 분노를 표출하기 전에 자신이 화를 내는 이유를 찬찬히 생각해 보아야 한다. 정말 자신이 분노를 표출하는 것이 자기중심적인 생각에서 비롯된 것이지 아니면 올바른 판단인지를 먼저 생각해 보면서 마음의 평정이 무너지지 않도록 자신의 마음을 차분히 가라앉힐 필요가 있다. 그리고 분노를 표출했을 때 그것으로 인해 일어날 파급효과를 반드시 생각해야 한다. 화가 난 것이 맞는지를 먼저 생각하고 분노를 처리할 수 있는 합리적 방법을 그 사이 빨리 찾아야 한다. 분노의 파장이 어디까지 미칠지, 어디에서 멈춰야 하는지, 그리고 적절한 시기가 언제인지를 판단해야 한다. 한번 표출한 분노는 결코 거둬들일 수 없기 때문에 인간관계에 치명적인 손상을 가할 수 있는 성급한 대응을 최대한 피해야 한다. 그래서 관중은 "덕과 능력을 두루 갖춘 사람만이 화를 미연에 방지할 수 있다."고 하였다.

분노를 줄이려면 자기중심적인 생각에서 벗어나 상대방에 대한 포용력을 갖도록 이해의 폭을 평상시 넓혀야 한다. 항상 세상이 내 생각과는 반대로 흘러갈 수 있다는 가능성을 늘 열어두는 것이다. 분노는 '어떻게 그럴 수 있느냐.'라는 자기중심적 생각에 사로잡혀 상대방을 배려하지 않고 포용하지 못할 때 발생한다. 그래서 분노가 치밀어 오를 때 자신의 입장이 아닌 상대의 입장을 최대한 생각하여 끓어오르는 분노를 잠재우거나 항상 한 박자를 늦추고 그 사이 다른 사람의 입장을 고려해 보는 것이다. 그러면 분노는 자동 수그러들 것이고, 그 결과 마음이 큰 사람이라는 평을 들을 것이다. '분노'의 대가 세네카는 다음과 같이 말한다.

> 분노에 대한 가장 좋은 대처법은 늦추는 것이다. 분노에 최초로 이것을 시행하기 위해서가 아니라 판단하기 위해서 시도하라. 분노에는 처음에 격렬한 돌진이 있다. 기다리는 동안에 멎을 것이다. 분노를 한꺼번에 없애려고 해서는 안 된다. 조금씩 줄여 가면 모두를 정복할 수 있다.

29. 최악의 선택, 전쟁
– 공명의 '출사표'

　세상은 한마디로 경쟁 사회다. 약육강식은 비단 동물의 세계에만 나오는 이야기가 아니다. 인간 세상에서도 약육강식의 논리는 엄연히 존재하며 그대로 적용되는 경우가 너무나 많다. 특히 인류 역사에서 펼쳐진 끊임없는 전쟁은 이를 말해준다. 아무리 세상의 한쪽에서 도덕성을 떠들어도 한쪽에서는 힘으로 모사를 꾸미고 있다.
　자유지상주의를 기반으로 하는 자본주의도 역시 약육강식을 기본 전제로 하고 있다. 자본주의가 발달한 19세기 말과 20세기 초는 말 그대로 세상이라는 것이 약육강식의 전형이라는 것을 몸소 보여준 제국주의 시대이기도 하다. 자국의 이익을 위해 세계열강들은 식민지 개척에 혈안이 되었다. 20세기 벌어진 세계 1, 2차 대전은 제국주의를 추구한 서구 열강들의 피 터지는 경쟁에서 비롯되었다. 한마디로 자업자득인 셈이다. 서구 열강은 겉으로는 성경을 들고 학교를 세워 민심을 사는 척하면서 총칼로 무장하여 약한 자들을 약탈하며 그것도 모자라 약한 사람을 노예로 부려 먹기까지 하였다. 서구인들의 간악한 탐욕 때문에 약자들은 착취당하며 힘겨운 세상을 살아야 했다.

세계 평화주의를 선언한 지금이라고 해서 크게 달라진 게 없다. 지금도 여전히 힘의 논리가 지배하는 세상이다. 미국이라는 절대 강자는 자신의 이익을 얻기 위해 이라크 전쟁을 일으켰고 아프가니스탄을 침략했다. 지금 이 순간에는 군사 강국 러시아가 우크라이나를 침략하여 총성이 끊이지 않고 있다. 강대국들은 마음대로 핵무기를 만들면서도 다른 나라들은 핵무기를 만들지 못하게 하고 있다. 세계 평화를 위해서란다. 참으로 지나가는 소도 웃을 이야기이다. 안보리 상임 이사국과 같은 강대국들의 억지는 무엇을 의미하는가? 힘이 곧 정의라는 이야기다.

〈삼국지〉는 바로 힘이 정의라는 사실을 그대로 보여준다. 전쟁을 통한 승리가 바로 정의였다. 유비가 죽은 후 공명은 자신을 괴롭힌다는 이유로 남만국의 오랑캐들을 차례로 정벌하였다. 그 과정에서 공명은 전쟁의 참혹함을 경험하면서 사람을 무참히 죽인 자신이 오래 살 수 없다는 것을 토로하였다. 공명은 남만의 왕 맹획과의 싸움에서 번번이 승리하여 맹획이라는 남만국의 왕을 사로잡았으나 그 때마다 놓아두고 맹획이 진정으로 항복하기를 바랐다. 공명은 전쟁을 하면서도 마속의 건의에 따라 덕으로 굴복시키고자 하였다. 남만국의 왕 맹획은 6번째까지 반항하다 결국 패하고 마침내 공명에 무릎을 꿇고 자신의 잘못을 뉘우치며 공명의 뜻을 받들기로 맹세하였다.

허나 공명은 여기서 멈추지 않았다. 남만 정벌이 끝나기가 무섭게 공명은 또다시 위나라와 전쟁을 위한 출사표를 던진다. 한나라를 다시 부흥하자는 명분을 내세워 위나라의 정벌에 나선 것이다. 한나라 황제를 죽인 위나라를 제거하는 것이 공명이 내세운 명분이다. 과연 그의 명분이 정당한 것인가? 공명의 '출사표'를 보자

위나라 황제 조비는 조조가 업성을 공격할 때, 원소의 둘째 아들인 원희의 아내 견 씨를 빼앗아 아내로 맞았었는데, 그 사이에서 이름이 조예, 자는 원중이라고 하는 아들이 태어났다.

조예는 어려서부터 영특하여 조비의 총애를 받고 있었다. 그러나 조예에게도 불행이 찾아왔다. 얼마 지나지 않아 부친 조비의 총애는 조만간 곽 귀비에게로 넘어갔기 때문이었다. 곽 귀비는 곽영의 딸로 천하의 미인으로 이름이 높았다.

조비의 총애를 받게 되자, 곽 귀비는 황후가 되려는 욕망을 참지 못하였다. 그래서 장도라는 신하와 함께 음모를 꾸며, 황후 견 씨를 죽이고 자신이 황후가 되었다.

그러나 곽 귀비에게는 소생이 없었다. 그리하여 태자 조예는 어려서부터 서모인 곽 귀비 밑에서 자라게 되었지만 천성이 밝아 조금도 어둡지 않았다. 특히 활쏘기와 말 타기에 천부적인 소질이 있었다.

건흥 4년 2월 이른 봄, 조비는 아들 조예와 여러 신하들을 데리고 사냥을 나갔다. 마침 암사슴 한 마리가 뛰어오는 것이 조비의 눈에 띄었다. 조비는 활을 쏘아 암사슴을 맞혔다. 어미 사슴이 쓰러지자, 따르던 그 새끼 사슴은 놀라서 도망을 치다가 조예가 타고 있는 말 아래에 와서 숨었다.

조비는 그것을 보고 소리쳤다.

"얘야! 네 발 밑에 새끼 사슴이 있다. 빨리 그 새끼 사슴을 쏘아라! 아니 쏠 것도 없다. 칼로 베어 버려라."

그러자 조예는 눈물을 글썽거리며 활을 내던지고 엉엉 울며 말했다.

"폐하께서 어미 사슴을 잡으셨는데 어떻게 그 새끼까지 죽일 수 있습니까?"

그러자 조비도 활을 내던지고 감탄하였다.

'아, 이 아이는 장차 자비로운 임금이 되겠구나!'

조비는 도리어 기뻐하고 아들 조예를 평원 왕에 봉하였다.

그 해 5월, 조비는 우연히 감기에 걸렸는데 병세가 심상치 않았다. 자신의 명이 다한 것을 짐작한 조비는 조진, 진군, 사마의, 그리고 조예를 불렀다.

"지금 짐의 병이 심상치 않으니 다시 일어나지 못할 것 같소. 아직 나이는 어리지만 태자는 능히 대통을 이을만하오. 경들은 합심하여 태자를 잘 보위하도록 하시오."

이렇게 유언을 하자 세 중신은 황급히 아뢰었다.

"폐하께서는 어찌하여 그런 말씀을 하십니까? 하루 빨리 병환이 쾌차하시어 성은을 길이 펴시옵소서."

이 때 마침 정동대장군 조휴가 들어왔다.

조비는 이들을 돌아보며 말했다.

"경들은 모두 우리나라의 기둥들이오. 짐의 아들을 경들이 돌봐준다면 짐은 편히 눈을 감을 것이오."

눈물을 흘리며 숨을 거두니 그의 나이 40이요, 즉위한 지 7년이었다.

그의 뒤를 이어 조예가 제위에 올랐는데, 그 때 그의 나이 15세였다.

조비에게는 문 황제라는 시호를 올리고 어머니 진 씨에게는 문소 왕후란 시호를 내리고 조정을 새로이 하였다. 문무백관들은 모두 진급이 되었다. 조진은 대장군, 조휴는 대사마, 화흠은 태위, 왕랑은 사도, 그리고 사마의는 표기대장군이 되었다. 남몰래 야망을 품고 있던 사마의는 비로소 자기 뜻을 펴 볼 수 있는 자리에 올랐고, 다른 문무의 벼슬아치들도 모두 진급하였다. 천하에 대사면도 선포되었다.

여기에서 한 가지 눈에 띠는 것이 있었는데, 사마의 중달이 표기장군에 취임한 것이다. 파격적인 승진은 아니지만 어딘지 분에 넘치는 면이 없지 않았다. 그러나 사마의는 거기에 만족하지 않고 마침 서량을 지키는 사람이 없었으므로 상소하였다.

"신이 서량을 지키겠습니다. 서량은 일찍이 마등과 마초의 근거지로, 반란이 잦아 다스리기 무척 힘든 지방입니다. 제가 그 곳을 엄히 다스려 그 일을 한 번 해 볼까 합니다."

조예는 그의 뜻을 받아들여 사마의를 제독으로 삼고 옹, 양 두 주의 병마를 맡아 다스리게 했다.

서량은 일찍이 마등 부자의 출신지로써 북쪽의 오랑캐 나라와 국경을 접하였고, 난이 많이 일어나 다스리기가 어려운 지방이었다.

사마의는 서량에 부임하면서 좁은 새장에서 마치 하늘을 나는 듯한 기분을 느꼈다. 야망이 큰 그로서는 조조시대부터 해온 궁중 생활이 자유스럽지 못했다.

이러한 소식은 곧 촉나라에도 알려졌다. 모두들 별 반응을 보이지 않는 가운데 내심 크게 놀란 사람이 있었는데, 바로 공명이었다. 그리고 그 소식을 듣고 승상부로 급히 달려온 사람은 젊은 장수 마속이었다.

"승상께서는 중달의 소식을 들으셨습니까? 저는 중달이 위국이라는 한나라의 인물이 아니라 당대의 영웅이라고 생각합니다. 그 사람이 우리 국경 가까이 병마제독으로 부임한다면 크게 경계해야 할 것으로 보입니다."

"자네 생각이 깊군. 나도 장차 그 친구가 우리 촉의 걱정거리가 될 인물이라고 생각하네. 조비가 죽고 조예가 황제가 된 사실은 아무런 문제가 없지만 말이네."

"저도 그렇게 생각합니다. 중달이 서량 태수가 되었다는 것은 그대로 지나칠 문제가 아닙니다."

"차라리 내가 먼저 치는 것이 낫겠다."

"그렇지 않습니다. 남만 정벌을 하고 돌아온 지 얼마 되지 않았으니 지금은 시기가 적절하지 않습니다. 군대를 쓰지 않고 사마의를 조예의 손에 죽게 할 수 있습니다."

마속은 공명을 바라보며 자신 있게 말을 계속하였다.

"중달은 조조 이후 3대에 걸쳐 위에 벼슬을 하고 있어도, 위나라는 그를 경계하고 있습니다. 조조, 조비, 조예 삼대를 통하여 섬긴 공신으로서는 지금 그의 위치는 너무 보잘 것이 없습니다. 지금 중달은 스스로 자원하여 서량 태수로 부임을 하였습니다. 그래서 위나라의 대신들 중에 중달의 행동에 대해서 의심을 품는 사람이 있다고 합니다. 그러니 중달이 모반하려고 한다는 소문을 퍼뜨리고, 또한 그가 썼다고 하는 거짓 격문을 만들어 전국 방방곡곡에 돌리면 될 것입니다. 그러면 조예는 중달을 죽이거나, 아니면 서량태수 자리라도 빼앗을 것이 분명합니다."

공명은 마속의 설명을 듣고 즉시 실행하였다. 공명과 마속은 아무도 모르게 사람을 위나라로 보내어 여기저기 아는 사람을 찾아다니며 사마의가 모반할 것이라는 소문을 퍼뜨리게 하였다.

그리고 한편으로 격문을 위조하여 여러 곳에 붙였다. 지금 위나라 천자는 무능하고 덕이 없으므로, 사마의가 군사를 일으켜 새로운 왕조를 세울 터이니 협력하라는 내용이었다.

위조된 격문이 마침내 궁중에까지 전달되었다. 조예도 그 격문을 읽고 말할 수 없이 놀라면서도 스스로 판단하지 못하고 곧 중신들을 모아 회의를 열었다.

태위 화흠이 먼저 아뢰었다.

"지난번에 사마의가 서량을 지키러 가겠다고 할 때에 무슨 꿍꿍이속이 있을 거라 의심하였더니, 이제 와서 생각해 보니 다 속셈이 있었던 것입니다. 일찍이 태조 무 황제께서 사마의는 매처럼 앞을 보고 이리처럼 돌아다본다고 하셨습니다. 그래서 도서관의 문서 따위를 정리하는 한직에 근무하게 하고 병권을 맡기시지 않았습니다. 만일 그에게 병권을 주면 도리어 국가에게 해롭게 할 자라고 깊이 경계하였습니다. 지금 그의 속내를 드러냈으니 그를 빨리 처단해야 된다고 생각합니다."

또 왕랑도 일어나서 화흠을 거들었다.

"사마의는 본래 병법에 밝고 큰 뜻을 품고 있으니, 미리 제거하지 않으면 안 됩니다."

중신이 두 사람이나 이렇게 말하므로 조예는 군사를 일으켜 사마의를 치려고 하였다. 그런데 대장군 조진이 급히 막으며 말했다.

"그것은 안 되는 말씀입니다. 사마의에게 딴 뜻이 있다면 문 황제께서 임종하실 때 그를 왜 부르셔서 폐하를 부탁하겠습니까? 이번 소문과 격문은 확실히 믿을 수가 없습니다. 이런 상태에서 그를 친다면, 그에게 다른 뜻이 없어도 어쩔 수 없이 모반하게 됩니다. 이번 소문은 어쩌면 촉이나 오의 계책인지도 모릅니다. 우리 군신 사이를 이간시켜 그 틈을 노리고 공격하려는 음모일 수 있습니다. 그러니 폐하께서는 잘 살피시기 바랍니다."

그래도 조예의 의심은 풀리지 않았다.

"만약 사마의가 정말 모반을 한다면 어찌 할 것입니까?"

조진이 다시 말하였다.

"황제 폐하께서 아직도 의심을 품고 계신다면, 한고조가 운몽에 행차한 지혜를 본받아 안읍에 행차하시면 사마의는 어쩔 수 없이 폐하의 수레를 맞이할 것입니다. 그 때 그들의 행동을 살펴 수상하면 즉시 사로잡아도 늦지 않다고 생각합니다."

이리하여 황제 조예는 행차하게 되었다. 황제는 조진으로 하여금 낙양을 지키게 하고, 자신은 몸소 10만 군사를 이끌고 안읍에 도착하였다. 이 때 포고를 받은 사마의는 황제를 맞이하기 위해 병마 수만을 정비하고 황제 일행을 맞이하기 위해 안읍으로 향하였다.

그러자 사마의가 십만 대군을 이끌고 쳐들어온다는 말이 퍼졌고 위제 조예의 얼굴도 파랗게 질렸다. 그런데 그것도 모르고 사마의가 거느린 서량군이 안읍에 도착하였다. 그러자 갑옷을 입은 조휴가 일군의 군마를 거느리고 와서 일행의 길을 가로막는 것이었다.

"그대는 선황제로부터 폐하를 보좌하시라는 유조를 받은 자가 아니냐? 그런데 어찌하여 모반하려 하느냐? 지금 낙양과 업군에서 반역을 부추기는 그대의 격문이 돌고 있다. 여기서 한 발짝이라도 움직이면 당장에 목을 베리라."

"조 장군! 그게 무슨 말이오. 그건 분명히 나를 해치려는 자들이 퍼뜨린 모함이오. 내가 직접 천자를 만나 뵙고 해명하겠소. 너희들은 성 밖에서 기다려라."

이윽고 사마의는 조휴를 따라 황제 앞으로 나아가 무릎을 꿇고 절한 다음 눈물로 호소하였다.

"폐하! 신이 서량 태수를 자원한 것은 딴 마음이 있어서 그런 것이 아니옵니다. 은밀하게 촉의 침략에 대비하고 더 나아가 촉을 쳐 오로지 선제 폐하로부터 입은 은혜를 조금이라도 갚아야 한다는 충성심으로 한 일입니다. 부디 신의 마음을 헤아려 주시옵소서."

황제는 진실한 태도에 사마의의 말을 믿으려고 하였으나, 화흠과 왕랑 등의 중신들은 그 말을 믿으려고 하지 않았다. 그들은 사마의를 어전 밖에서 기다리게 하고, 급히 황제가 참석한 가운데 비밀회의를 열었다.

그 회의에서 화흠과 왕랑의 의견이 어린 황제의 의견을 압도하였다. 그래서 칙명에 따라 사마 중달은 그 날로 모든 관직을 박탈당하고 고향으로 돌아가는 신세가 되었다. 그리고 그가 남긴 서량 지방의 병마는 조휴가 인수하여 버렸다.

공명은 사마의가 벼슬에서 물러났다는 소리를 듣고 승상부의 저택에 틀어박혀 여러 날 동안 방문객을 일체 사절하였다.

여러 날이 지났다. 공명은 어느 날 밤 목욕재계한 다음 촛불을 밝히고 후주 유선에게 상소문을 쓰고 있었다.

출사표다. 그는 지금 북벌을 단행하여 중원을 도모해야 할 좋은 때라고 보고 나아가 중원을 정복해야 한다고 주장하였다.

신 양은 아뢰옵니다.

선제께서는 창업이 아직 절반도 이루어지기 전에 붕어하셨습니다. 지금 천하가 삼분되어 우리 익주는 피폐해 있습니다. 이는 국가의 흥망성쇠가 달려 있는 위급한 시기라는 것을 말합니다. 그러나 곁에서 모시는 신하는 안에서 게으름 피지 않고, 충성스러운 무사는 밖에서 몸을 아끼지 않고 있음은 오로지 선제의 은총을 힘입어 이를 폐하에게 보답코자 함인 줄 압니다. 바라옵건대 깊이 경청하시고, 선제께서 끼친 덕을 더욱 빛나게 하시며, 뜻있는 선비들의 기백을 더욱 넓힐 수 있도록 하옵시고, 스스로 덕이 없다고 해서 함부로 말하지 말고, 잘못된 생각을 하여 의로움을 잃음으로써 충성스런 간언의 길을 막지 마시옵소서.

궁중(宮中)과 조정은 모두 하나입니다. 상을 주고 벌을 내리는 것이 서로 달라서는 아니 됩니다. 만일 간악한 일을 저지른 자가 있고, 또는 충성하며 선한 일을 하고자 하는 자가 있으면 그것을 맡은 관원에 넘겨 그것의 상벌을 올바르게 내리시게 함으로써 온 천하에 폐하의 공평함과 밝으심을 비추도록 하시고 한 쪽으로 치우쳐서 안과 밖에서 법이 달라지지 않도록 하시옵소서….

어진 신하를 가까이 하고 소인을 멀리 했기 때문에 한나라가 흥한 것이옵고, 소인을 가까이 하고 현인을 멀리 하였음은 후한을 망하게 한 원인입니다. 선제께옵서 살아 계실 때 소신과 이 일을 논의하면서 환제와 영제 시절을 탄식하며 통탄하였습니다.

시중상서와 장사참군, 이들 모두가 곧고 절의가 있는 사람들이오니 원컨대 폐하께옵서는 그들을 가까이 하시옵고 그들을 믿으시옵서. 그리하시면 한실이 다시 융성할 날을 손꼽아 기다릴 수 있을 것입니다.

소신은 본래 보잘 것 없는 평민의 몸으로 몸소 남양에서 밭을 갈고 살았습니다. 어지러운 세상에서 목숨을 부지하기 위해 제후에게 영달을 받고 싶은 생각이 없었습니다. 그런데 선제께옵서 신의 비천하고 더러움을 헤아리시지 아니하시고, 황공하옵게도 세 번씩이나 친히 초가집을 찾아 오셔서 신에게 당시의 천하사를 논하셨습니다.

이리하여 소신은 드디어 선제를 따르기로 맹세하였사옵니다. 그 후 선제의 세력이 위태로울 때 신은 소임을 맡고 명을 받았습니다. 그 명을 받든지 어언 20여년이 되었나이다. 선제께옵서는 소신이 근신함을 알아주시고 붕어하실 순간 소신에게 대사를 맡기셨사옵니다.

신은 어명을 받자온 이후에도 아침저녁으로 노심초사해 왔으나 이룬 것은 없사옵고 오히려 선제의 밝은 덕을 손상시킬까 두려워했습니다. 그래서 5월에 노수를 건너 불모의 땅에 들어갔사옵니다.

이미 남방은 평정 되었고 병졸은 충분합니다. 이때에 삼군을 이끌고 북중원을 평정하고자 하오니 원하옵건대 있는 힘을 다하여 간흉을 제거하고 한실을 부흥시켜 옛 서울로 돌아가도록 하겠습니다. 이것이야말로 소신이 선제의 유조를 받자옵고 폐하께 충성하는 일이옵니다.

공명은 오래간만에 집을 나와 조정에 나아가서 궐하에 엎드려 출사표를 받들어 올렸다. 후주 유선은 출사표를 받아 보고 나서 말했다.

"상부께서는 남방을 평정하시고 돌아오신 지 겨우 1년밖에 되지 않았습니다. 그런데 지금 또 전보다도 더 많은 군사를 거느리고 원정을 가신다는 것은 몸에 좋지 않을 것으로 생각합니다. 이미 상부께서는 50을 바라보시는 나이시니 이 나라를 위하여도 잠시만이라도 편안히 쉬도록 하시지요."

유선이 마음 속 깊이 숨겼던 말을 하니 공명은 소리 없이 눈물을 흘렸다.

"매우 황공한 말씀이옵니다. 그러하오나 신이 선제로부터 폐하를 부탁하신다는 유조를 받자옵고 소신은 그를 다하지 못하여서 자나 깨나 마음이 한가롭지가 않사옵니다. 소신은 아직 병이 없고 나이도 50이 아직 되지 않았으니 지금 그 소임을 다하지 못한다면 마침내 늙어서 마음으로만 생각한들 그 무슨 소용이 있겠습니까? 과히 심려치 마시옵소서."

공명은 오히려 위로하고 유선의 앞을 물러났다.

그런데 그것은 후주 유선에 기우에 그치지 않고 출사표에 밝힌 공명의 북벌 단행은 촉나라 전체를 불안하게 하였다. 계속되어 온 싸움으로 위국과 오의 강대한 세력과 대립하기에는 아직 힘이 모자랐다. 2년 전 남방 평정을 위하여 그 원정에 소비된 자재와 인원만 하더라도 사실상 큰 타격을 받았다. 그래서 내정 재무관리들은 텅 빈 국고에 대해 심히 불안감을 떨쳐 버릴 수가 없었다.

다행히도 원정군의 대승으로 말미암아 밭가는 소와 전투마·금은·서각 등의 남방 물자를 상당한 공물로 받았기 때문에 국력을 키우는 데 많은 도움이 되었다. 그렇다고는 하나 겨우 1년 반이라는 세월이 지났을 뿐이었다.

"이 판국에 또 위국을 치려는 것은 무모한 일이야."

이런 생각이 황제 유선을 중심으로 분분하였다. 사람들이 망설이는 이유는 첫째로 군사가 부족하다는 점이다. 또한 싸움을 하는 데 필요한 재정을 출연하는 일이었다. 촉, 위, 오의 호적에 비교하여 볼 때, 촉은 위국의 삼분지 일이요, 오국의 반절밖에 되지 않았다. 더욱 상비군의 수효에 있어서는 위국이나 오국에 비할 바가 아니었다.

또한 후주 유선은 제위에 오른 지 이미 4년이요, 21살이라는 성년의 나이였으나 반드시 명군이라고 할 수는 없었다. 그 아버지인 유비와 같이 큰 재주도 없거니와 큰 어려움이 없이 자란 사람이었다.

"이러한 불리한 조건을 모르는 승상이 아닐 텐데. 왜 그와 같은 대 모험을 결행하려고 하는 것일까?"

어느 날 촉나라의 신하들 전체를 대표하여 공명의 마음을 돌리기 위하여 태사 초주가 찾아왔다. 그러자 공명은 자신의 뜻을 밝혔다.

"때는 지금뿐이오. 이때를 놓치면 위를 칠 기회는 없소. 위는 본래 천부의 땅을 얻어 비옥하고 인마가 강하며 조조 이래 이미 삼대를 지나 이젠 대국의 자태를 갖추었소. 하루빨리 이것을 치지 않으면, 위를 멸망시키기는커녕 우리 촉이 자멸하고 말 것이오."

공명은 먼저 시기에 관해 말하고 나서 촉한의 방비를 말하였다.

"우리 촉은 약소하오. 천하 13주 중에서 촉한이 완전히 영유하고 있는 땅은 익주 한 주밖에 없으니까 면적으로 보아 위나 오에 비할 바가 아닐 것이오. 따라서 군사도 부족하고 군수 자재도 그들에게 비할 바 못될 것이오. 그러나 안심하오. 이 공명에게 다소의 승산은 있으니까."

그는 군적부를 갖다 놓고 지금까지 누구에게도 알리지 않은 예비군이 있다는 사실을 밝혔다. 그것은 형주 쪽에 녹을 보내어 영위 각처에 흩어져 있는 낭인부대와 남방, 그 밖의 이경에서 모집하여 조운과 마충에게 1년째 훈련시킨 외인부대였다.

또한 공명은 재력을 말하였다.

"북벌 대망은 결코 어제오늘에 결심한 것이 아니라, 선제의 유조를 받들 때부터의 계획이었소. 그래서 나는 그 근본의 힘은 무엇보다도 농사에 있다고 믿어, 대사농·독농의 관제를 두어 농산 진흥에 애써 충분한 여력이 있소. 또한 전부와 호세 이외에 수년 전부터 소금과 철을 국영화하였소. 우리 촉의 천산염과 철은 참으로 하늘이 내려준 천혜의 물건이오. 이런 재원 때문에 촉은 중원으로 진출할 자원을 가지고 있소."

이러한 공명의 오랜 고심 끝에 내려진 결단이라는 말을 듣자 초주는 두 말 없이 돌아갈 수밖에 없었다.

그 후 촉한의 조정은 반대하는 말이 들리기는커녕 용기를 얻고 말았다.

"승상께서 그만한 결의와 준비가 있으면 이번 전쟁에서도 꼭 승리할 것이다. 승상의 일은 언제나 틀림이 없어."

그리고 하루바삐 중원의 옛 도읍에 돌아가 옛날의 한나라와 같이 천하통일이 쉽사리 실현될 것이라는 낙관적인 공기마저 돌았다.

그러나 공명의 마음은 왠지 어두웠다. 공명은 결코 성공을 바라고 있지 않았다. 그 누구보다도 위국의 강대함을 알고 있기 때문에 공명 자신이 없는 날엔 누가 촉을 이끌고 갈 것이며 그 자신이 없는 날 촉도 결국 없을 것으로 공명은 믿었다. 목숨이 살아 있는 날까지라도 선제 유비의 유조를 다하지 않으면 안 되겠다는 일념뿐이었다.

공명은 입 밖에는 내지 않았으나 유선의 재주가 그 아버지 유비에 비해 너무나 부족하다는 것 때문에 공명은 적막하기만 하였다.

건흥 5년 3월, 황제의 허락을 받은 공명은 조운을 선봉으로 하고 30만 대군을 이끌고 중원으로 향했다.

전쟁에는 반드시 이해관계가 있다

공명이 출사표를 걸고 위나라 정벌에 나섰다. 그의 출사표에는 유방이 세운 한의 부흥을 꾀하고 나라의 역적들을 제거한다는 명분이 깔려 있었다. 공명은 그런 대의명분을 내세워 위나라 침략을 정당화시켰다.

이처럼 정치가들의 대의명분은 전쟁을 하는 것이 정의를 위한 것처럼 말한다. 부시가 이라크를 침략할 때도 악을 응징한다는 정의를 내세웠고 푸틴이 우크라이나를 침략할 때도 우크라이나의 나치 세력을 없애겠다는 명분을 내세웠다. 공명 역시 정의를 위해 한나라를 강탈한 위를 쳐야 한다고 역설하였다.

　허나 우리는 정치가들의 이런 대의명분을 곧이곧대로 믿을 사람이 많지 않을 것으로 안다. 동양의 전략가 오자나 서양의 클라우제비츠는 전쟁에는 반드시 이해관계가 얽혀 있다고 말한다. 특히 〈전쟁론〉으로 유명한 클라우제비츠는 "전쟁이란 어떠한 상황에서도 독립된 것이 아니라 정치적 목적을 달성하기 위한 수단으로 이해되어야 한다는 것을 알았다."고 한다. 그에 의하면 정치가는 정치적 목적을 수행하기 위해 전쟁을 결정한다는 것이다. 그러므로 '전쟁을 할 것인가', '안 할 것인가'하는 가부간의 결정은 정치의 영역에 속하며, 그것은 불가항력이 아니라 결국 정치가의 계산 끝에 선택된 것이라 한다.

　그럼 정치가의 속셈은 무엇인가? 클라우제비츠는 전쟁은 적군의 정복 파괴하며 적의 물질적 자원 획득을 최우선 목적으로 한다고 말했다. 인권을 앞세워 독재자 후세인을 제거하기 위해 감행한 미국의 이라크 침략의 숨은 의도는 무엇인가? 그것은 부시가 내세운 인권해방이 아니라 종국적으로는 석유자원을 확보하기 위한 것이었다. 푸틴이 우크라이나를 침략한 것도 옛 소련의 영토를 회복하여 대제국을 건설하려는 푸틴의 야욕이 그대로 담겨 있다. 출사표를 던진 공명도 예외일 수 없다. 적을 물리침으로써 촉을 좀 더 크고 부강한 나라로 만들려는 계산이었던 것이다. 자칫 전쟁을 하지 않고 가만히 있다가는 위의 막강한 세력에 허약한 촉나라가 스스로 자멸할 공산이 크다고 생각하여 공명은 무리를 해서라도 전쟁을 감행하려고 했던 것이다. 특히 유선이 뛰어난 군주가 아니어서 자신이 있을 때 해야 조금이라도 승산이 있을 것으로 생각하여 과감히 출사표를 던진 것이다. 그러므로 우리가 전쟁을 감행하려고 하는 사람들의 말을 그대로 믿는 것은 너무나 순진한 생각이다. 자칫 허울 좋은 명분에 휩쓸려 수많은 사람들의 목숨을 앗아가고 사람들을 불행하게 할 수 있다. 그런데 우리도 공명의 주장에 공감하며 이런 싸움을 즐긴다는 것이다. 그것은 우리 마음속에 힘과 이익을 추구하는 마음, 즉 권력에의 의지가 있기 때문이라고 생각한다.

전쟁론에는 '정의는 힘'이라는 논리가 깔려 있다

공명처럼 전쟁을 주장하는 사람의 심리에는 '정의는 힘'이라는 기본적인 논리가 짙게 깔려 있다고 해도 과언은 아니다. 이들은 진화론적 사고방식을 가진 사람들로서 동물의 세계에서 일어나는 자연 현상이나 인간 세상에서 일어나는 사회 현상은 본질적으로 다른 것이 아니라고 본다. 동물의 세계가 철저하게 강자가 약자를 약탈하고 잡아먹는 것처럼, 인간 세계도 강자가 약자를 지배하며 호의호식하는 곳이라고 생각한다. 그래서 그들은 전쟁을 하는 것을 당연하다고 생각하는 것이다. 특히 강자인 조조는 이런 경향이 매우 강했다.

전쟁론자들은 이미 세상은 힘이 지배하고 있다는 사실에 주목한다. 그래서 전쟁은 힘을 통해 막대한 이익을 얻는 방법이라고 생각한다. 그런데 권력을 잡은 자들은 대개 어떤 사람인가? 대개의 경우 착한 사람은 없다. 권력자들은 대부분 거만하고 잔인하며 덕이 없는 자들이다. 권력자들은 니체의 표현을 빌리면 '자기를 높이고 남을 낮추는 일 없이는 그리고 위선과 사기 없이는 그리고 감옥, 요새, 사형, 살인 없이는' '살아갈 수 없는 사람들'이다.

이런 사회 속에서 착하게 사는 것은 강자에게 봉사하며 사는 것과 크게 다를 바가 없다. 힘이 지배하는 사회에서 정직하고 선하게 산다면 그것은 결국 누구를 위한 것인가? 자기 자신을 위한 것이 아니라 강자를 위한 것에 지나지 않는다. 미국의 노예제도 하에서 충직하게 살았던 톰 아저씨는 결국 누구를 위해 살았는가? 톰 아저씨처럼 노예의 본분에 충직하면 할수록 주인을 위해 사는 인생이다. 반대로 로마의 노예 스파르타쿠스는 왜 반란을 일으켰는가? 스파르타쿠스는 강자들의 손아귀에서 벗어나고자 반란을 도모하였다. 이 중에 누가 진정으로 정의를 실현하려는 사람인가? 노예 일에 충실했던 톰 아저씨인가? 아니면 노예의 끈을 끊으려고 반란을 일으킨 스파르타쿠스인가?

전쟁론자들에게는 진정한 정의나 행복은 패배가 아니라 어떻게든 승리하여 쟁취하는 것이다. 비록 힘이 정당하지 못하고 간교하더라도 힘을 통해 자신의 이익을 쟁취하는 것이다. 죽은 자는 말이 없고 승리는 부당한 수단조차 정당화한다. 그러니 일단 이기는 것이 상책이며 그것이 곧 정의이다. 전쟁을 해서라도 이겨야 한다. 먹고 튀는 것이 바로 이 세상의 도덕법칙이다.

세상은 역사상의 위대한 정복자들의 사례를 통해 본 바와 같이 악하면 악할수록 더 많은 성공의 기회를 가질 수 있고, 더욱이 더 큰 보상을 받을 수 있다. 위대한 왕국은 사람들의 피를 먹고 자란 왕국이다. 정말로 악한 사람은 쥐새끼처럼 먹고 튀어도 잡히지도 않지만 선한 사람은 한번만 나쁜 짓을 해도 바로 걸린다. 그러니 다른 사람을 위해 살려는 것은 참으로 어리석은 것이다. 인생은 누구도 도와주는 것이 아니다. 스스로 강자가 되어 다른 사람 위에 군림하는 수밖에 없다. 정의를 실천하고 행복을 쟁취하기 위해서는 수단방법을 가리지 않고 자신의 힘을 키워야 한다. 이익을 탐하는 사회에서 힘을 키워 자신의 이익을 극대화하는 것, 그것이 세상의 법칙이며 진정한 정의인 것이다. 그래서 니체는 우리들의 '삶은 오직 권력에의 의지일 뿐'이라고 단호하게 말한다. 이런 의지를 가지고 태어난 이상, 니체는 권력에의 의지를 통해 무언가를 일구고 가치를 창조하는 것이 인간의 본연의 모습이라고 한다.

이런 가치 창조를 위해서는 이성이 아니라 강한 욕망과 강한 열정이 필요하다. 때로는 이것들이 세상을 파괴하여 전쟁을 일으킬 수도 있다. 하지만 그것들이 잘못된 결과를 낳는다 해서 그것을 파괴하는 것은 이가 아프다고 무조건 이를 뽑아버리는 어리석은 치과 의사나 마찬가지다. 설령 그것이 지금 당장은 잘못된 길을 간다고 해도 놓아두면 언젠가는 큰일을 해내기 마련이다. 세상의 위대한 건축물들은 약한 자들의 고열과 피를 먹고 지어진 것들이다. 알렉산더 역시 약탈하고 파괴하면서 위대한 동서양의 화합문명을 만들어냈다. 그러니 그 당시 그것이 잘못되었다 하더라도 그것을 방해하지 않는 것이 당연한 것이었다.

니체는 인생은 전쟁과 같은 것이어서 쾌락이나 행복도 어떤 고통 없이 찾아오는 것이 아니라고 말한다. 고통이 심하면 심한만큼 쾌락과 행복 또한 그만큼 커진다. 그래서 고통이 힘들다고 회피하는 것은 행복을 거부하는 동시에 삶을 부정하는 것이다. 어떤 고난의 장벽이 오더라도 그것을 뚫고 나가는 것이 권력에의 의지를 가진 우리들의 참모습이며 삶을 긍정적으로 살아가는 방법인 것이다.

세상은 전쟁터와 같은 곳이다. 과거에만 그런 것이 아니다. 권력에의 의지가 살아 있는 한 현재도 미래도 가치 창조는 계속될 것이고, 그래서 세상은 영원한 투사들의 전쟁터를 방불케 할 것이다. 니체는 〈차라투스트라는 이렇게 말했다〉에서 우리 모두가 투사가 되라고 다음과 같이 말한다.

> 남자는 전쟁을 위해 훈련을 받아야 하고, 여자는 전사의 원기를 회복시켜주는 일을 배워야 한다. 그 밖의 일은 모두가 어리석은 짓들이다.

전쟁터와도 같은 인간 세상에서 선이란 도대체 무엇인가? 니체는 "그것은 권력에의 느낌을 높이는 것, 권력을 향한 의지, 인간 내부의 자체의 힘이다. 그럼 나쁜 것은 무엇인가? 그것은 나약함 때문에 발생하는 모든 것이다."라고 말한다.

그래서 전쟁론자들은 인류의 역사는 한마디로 정복의 역사라고 한다. 새로운 왕조가 들어설 때마다 옛 왕조는 완전히 파괴되었다. 언제나 새로운 강자들이 나타나 과거의 세계를 파괴하고 새로운 세계를 열었던 것이다. 이것이 니체가 보는 세상의 법칙이자 역사의 물줄기다. 가치 창조를 위해서는 찬탈과 폭력, 착취와 파괴는 필수적이다. 지나친 불평등이 살인과 전쟁을 낳을 수 있게 하지만 그것이 경쟁심을 유발하여 현재의 자본주의가 활짝 꽃피는 것처럼 얼마든지 거대문명을 만들 수 있는 것이다. 그래서 니체는 "삶은 본질적으로 착복하는 것이며, 침해하는 것이며, 이질적인 것과 더 약한 것들에 대한 압박이자 억압이며, 냉혹한 것이며, 자신의 형식을 다른 사람에게 강요하는 것이며, 동화시키는 것이며, 좀 부드럽게 표현한다고 해도 일종의 착취임을 인정하는 것"이라고 하였다. 니체는 '착취'가 사악한 행위가 아니라 '존재의 원초적 기능으로서의 본성'이라고 하였다. 착취는 권력에의 의지에서 생겨났으며 이것은 곧 삶에의 의지를 표현한 것이다. 그래서 고통 없이 쾌락을 얻을 수 없듯이 창조와 위대함은 고통과 파괴 없이는 불가능하다는 것이 니체의 사상의 골자다.

전쟁은 불행의 화신이다

그러나 과연 '힘이 곧 정의'라는 니체와 같은 논리는 정당한가? 그것은 인권탄압과 전쟁을 정당화하는 것은 아닌가? 그리고 더불어 살아야 한다는 인간성에 위배되는 것은 아닌가?

힘의 논리를 내세웠던 니체의 용감함에 감탄한 사람은 다름 아닌 세상을 한 때 불바다로 만든 20세기 최고의 악마 히틀러였다. '위대함'을 창출하는 초인을 기다리는 니체 사상은 히틀러를 통해 인종주의를 바탕으로 한 제국주의인 나치즘으로 둔갑하고 말았다. 히틀러는 유태인들이 강자의 세계를 부정하고 약자들의 천국을 건설하려고 한다는 니체의 말에 솔깃했는지 유태인들을 인종 청소의 대상으로 삼아 대량 학살하였다. 그리고 히틀러는 자신을 니체가 말한 초인으로 생각하고 힘의 논리를 앞세워 전 인류를 불행의 한복판으로 몰아가고 말았다. 히틀러 때문에 죽은 사람만 오천만 명에 이른다고 한다. 그래서 루터는 "인류를 괴롭히는 최대 질병은 전쟁이다."라고 말하고 있다.

니체의 주장처럼 파괴는 창조를 위해 불가피한 일이라고 말할 수도 있다. 하지만 세상은 혼자 사는 것이 아니다. 그러니 힘을 앞세워 자신의 욕망에 충실하게 산다는 것은 남을 불행하게 만들 소지가 당연히 있는 것이다. 남의 불행을 자신의 행복이라고 생각하는 것은 세상을 불안과 공포 속에 몰아넣는 것이다. 이런 상황에서는 누구도 발 뻗고 편안하게 잘 사람이 없다. 숙청의 왕이자 소련의 철권이었던 스탈린조차 잠자는 방을 5개 만들어 토끼잠을 자야 했다. 우크라이나 전쟁을 일으킨 푸틴도 암살당할 까봐 지하 벙커에서 숨어 지내고 있다. 니체는 그것조차 위대함을 창조하기 위해 불가피한 일이라고 하겠지만, 인간은 단순히 욕망이나 권력에의 의지만 있는 것이 아니다. 아리스토텔레스가 말하는 것처럼 인간은 완전한 이성적 존재는 아니더라도 적어도 똥오줌을 가릴 수 있는 이성적 능력과 동시에 더불어 살아야 한다는 사회성을 가지고 태어났다. 우리들의 이성과 사회성은 세상이 바로 가려면 나 자신만 위해서는 안 되고 다른 사람과 더불어 살아가야 한다는 것을 아는 것이다. 그렇지 않고 나만을 위한 힘을 앞세우면 히틀러처럼 모든 사람을 파멸로 이끄는 인류의 대역 죄인이 될 수 있는 것이다.

　게다가 사람을 죽이는 일은 결코 인간이 해야 할 일이 아니다. 남만 정벌 때 공명은 등갑군을 반사곡으로 유도해 화공계를 써서 등갑군을 불에 태워 몰살시킨 다음 그 처절한 광경을 보고 사람을 너무나 많이 죽여 자신이 결코 오래 살지 못할 것이라고 통탄하였다. 이처럼 전쟁은 그 처절함 때문에 패배자는 물론이고 승리자에게도 깊은 상처를 남기게 마련이다. 더불어 살자면 평화보다 더 좋은 것은 없다. 어떤 전쟁도 좋게 보지 않는 것도 바로 전쟁의 참혹한 뒷모습 때문이다. 그래서 처칠은 "전쟁은 가장 큰 실책에 속한다."고 하였다.

　유선이 공명의 출사표를 보고 전쟁을 반대한 것을 보면 유선이 결코 어리석은 군주라고 보기 어렵다. 자신의 이익을 위해 남을 죽이는 일은 인간으로서 결코 할 일이 아니다. 아무리 좋은 명분을 가지고 전쟁을 해도 결국 수많은 사람을 죽이는 것은 인간의 도리 상 할 일이 아니다. 서민들은 누가 정권을 잡으나 삶의 큰 변화가 없다. 허나 전쟁이 일어나면 모든 것을 잃을 수 있는 최악의 상황이 오는 것이다. 등갑군을 태워 죽인 공명은 그 전쟁을 통해 전쟁의 잔혹상을 알았으면서도 다시 또 전쟁터로 가는 것을 보면 니체가 말한 권력에의 의지가 인간의 삶 속에서 얼마나 강한 것인가를 깨닫게 해준다. 전쟁의 대의명분을 강조하는 공명의 출사표는 '전쟁의 최대 피해자는 진실이고 최고의 승리자는 거짓'이라는 사실을 다시 한 번 일깨워주고 있다. 인간의 거짓말은 좀처럼 줄어들지 않는다. 그래서 전쟁의 참상을 알면서도 인류의 전쟁은 끊이지 않는 것이다.

30. 백면서생 – 읍참마속

 우리는 아는 것은 많아도 세상물정을 잘 모르는 사람을 흔히 '백면서생'이라 한다. 아는 것이 많으면 당연히 세상에 대한 지혜도 있어야 하지만 그렇지 못한 사람도 의외로 많다는 것이다. 특히 학문을 한다는 대학가에는 백면서생이 많다. 도서관에서 공부만 했지 세상의 경험이 적어 제대로 된 세상의 처방을 내놓지 못하기 때문이다. 그래서 교수를 장관을 시키면 실효성 있는 처방을 하지 못하는 경우가 태반이다. 공자조차 "요즘 학문하는 사람들은 자신을 수양하기 위해서가 아니라 박학다식함을 자랑하기 위해 학문을 한다."고 꼬집는다.
 '백면서생'이란 말은 원래 송나라 명장 심경지에서 유래하였다. 심경지는 어린 시절부터 무예를 닦았으며 무예실력이 누구보다도 탁월하였다. 10살에 반란이 일어났을 때 의병을 일으켜 반란군을 여러 번 격퇴하였다. 그래서 40세 때에는 장군이 되었다. 그런데 송나라에 대적관계에 있는 북위가 송나라를 괴롭히자 송나라 효문제는 자신의 말을 듣지 않고 대신들의 말을 듣고 북위를 치려고 하였다. 그때 심경지가 다음과 같이 말하면서 북위를 치는 것을 가로 막았다.

"밭가는 일은 농사짓는 머슴들에게 물어 보아야 하고, 베를 짜는 일은 하녀들에게 물어 보아야 합니다. 지금 폐하께서는 적국을 치려고 하면서 한갓 백면서생들과 의논하시니 어찌 성공할 수 있겠습니까?"

그러나 효문제는 심경지의 말을 듣지 않고 대신들의 말을 듣고 북위를 치려다 대패하고 말았다.

이 심경지의 말에서 우리는 무엇을 얻어야 하는 것일까? 아무리 아는 것이 많아도 그것을 현실에 제대로 활용하지 못한다면 그것은 살아있는 지식이 아니라 죽은 지식이나 마찬가지라는 것이다. 백면서생은 대개 현실을 멀리하고 주로 책에만 매달린 사람을 말한다. 법을 아는 사람들이 현실을 많이 아는 것 같아도 실제로 법 이외에는 지혜롭지 못한 행동을 하는 경우를 우리는 많이 본다. 오히려 법을 악용해 현실을 왜곡하며 사악한 짓을 저지르기까지 한다. 이것은 배운 사람들이 세상물정도 모르고 현실과 맞지 않는 공허한 관념의 동굴에서 산다는 반증이기도 하다.

마속은 이론에 밝아 공명이 아끼는 제자였다. 마속은 확실히 재주가 남다른 점이 있었다. 일찍이 사마의를 쫓겨나게 계략을 쓴 것도 마속의 생각에서 비롯되었고, 남만을 정복할 때도 마음으로 감화시켜야 진정으로 남만을 다스릴 수 있다고 제안한 것도 마속의 생각이었다. 마속은 한마디로 아이디어맨이었다. 그래서 공명도 마속의 재주를 인정하여 유비가 죽을 때 말이 앞서는 마속을 중용하지 말라는 유언을 깜박 잊고 마속을 중용하였다. 과연 그 결과는 어떻게 될 것인가?

마침내 출사표를 던진 공명은 조자룡을 앞세워 공명에 맞선 위나라 장수 하우무를 쫓으며 앞으로 나아갔다. 그 사이 뛰어난 장수 강유까지 얻었다. 공명은 무엇보다 강유를 얻은 것을 기뻐하였다. 진정한 장수란 힘으로 단순히 싸움만 잘 하는 것이 아니라 모름지기 군사들을 이끌 지모가 있어야 하는데 강유가 바로 그런 장수였기 때문이다. 인재가 많지 않은 상태에서 강유를 얻은 공명은 천군만마를 얻은 셈이었다.

공명은 기성, 천수성, 상규성의 세 성을 얻어 그 명성과 위용을 크게 떨쳤다.

그러자 주변에 있던 위나라의 태수들은 두려움을 느끼고 공명이 가는 곳마다 앞을 다투어 항복해 왔다.

공명은 군마를 정비한 뒤 군사들을 이끌고 기산으로 나아갔다.

때는 촉의 건흥 6년 겨울, 하후무가 세 군을 잃고 강성으로 도망갔다는 소식은 위나라의 조정을 위급한 상황으로 만들었다. 위국은 급히 조진을 대도독으로 임명하였다.

그러나 조진은 공명의 계책에 걸려 들어 쫓기는 신세가 되었다.

촉나라군에게 쫓겨 달아난 조진은 낙양으로 표문을 올려 구원군을 청했다.

그 소식을 들은 위주 조예는 신하들에게 대책을 물었을 때 제갈량을 물리칠 수 있는 유일한 사람은 사마의라고 천거하였다.

그러자 조예가 후회하며 말했다.

"그 일은 짐의 실수였소. 아무도 성급하게 그를 내리친 것 같소. 그래 중달은 지금 어디에 있소?"

"듣자하니 지금 완성 땅에서 한가롭게 지내고 있다 합니다."

조예는 중달의 관직을 회복시키며 평서도독을 겸하게 하고, 곧 남양 각처의 군마를 일으켜 장안으로 나아가게 하고 조예 자신도 어가를 이끌고 장안으로 나가겠다고 하였다.

한편 기산의 진지에 있는 공명에게 위로 도망친 맹달이 투항한다는 반가운 소식이 전해졌다.

"이제 맹달이 안에서 호응한다면 천하를 얻는 일은 이미 끝난 것이나 다름없다."

하고 공명이 기뻐하고 있을 때 한 군사가 달려와 사마의가 복직되었다는 소식을 듣자 깜짝 놀랐다.

"승상께서는 무엇이 그리 두렵습니까? 조예가 장안으로 온다면 사로잡기가 더 쉬워질 뿐입니다."

"조예가 두려운 것이 아니네. 내가 두려워하는 것은 오직 사마의뿐이야. 위나라에서 인물다운 인물은 사마의 한 사람뿐이네. 맹달이 지금 군사를 일으키면 사마의와 맞붙게 될 터인데, 맹달은 사마의의 적수가 될 수 없으니 중원을 손에 넣는 일은 어렵게 되는 것이 아닌가?"

"그렇다면 지금 당장 맹달에게 사자를 보내 대책을 세우게 하면 되지 않겠습니까?"

"글을 쓸 준비를 하라. 당장 맹달에게 사자를 보내야겠다."

사자는 신중하게 움직이고 사마의를 조심하라는 당부의 말을 담고 있는 공명의 글을 맹달에게 전했다.
 그러나 맹달은 공명의 말을 듣지 않았다. 맹달은 완성과 낙양과의 거리는 8백리나 되어 맹달 자신이 모반하는 일을 안다고 해도 완성에 있는 사마의가 표문을 올리는 일만 해도 한 달이 걸리니 조금도 걱정할 것이 없다는 내용의 서신을 써 공명을 안심시키려 했다.
 그 편지를 공명은 던지고 탄식하며 말했다.
 "아아! 큰일이다. 맹달이 사마의의 손에 죽고 말겠구나!"
 공명은 걱정하면서 이 일을 자기 자신만 알고 누구에게도 알리지 말라는 편지를 맹달에게 써서 급히 신성으로 사자를 보냈다.
 한편 사마의가 복직되었다는 소식이 전해지자 평소에 그를 따르던 사람들이 모여들었다. 이 때 맹달의 부하들이 맹달의 모반을 알렸고, 사마의는 표문을 올리는 일은 뒤로 하고 즉시로 군사를 내어 신성으로 향했다.
 그러자 아들 사마소가 물었다.
 "아버님은 어째서 천자께 표문을 올리지 않고 군사를 먼저 움직이십니까?"
 "만약 천자께 표문을 올리면 오고 가는 데만 한 달이 걸린다. 그 사이 맹달과 제갈량이 장안과 낙양을 빼앗아 버리면, 위나라가 위태롭게 된다. 빨리 서두르지 않으면 안 된다."
 사마의가 군사를 이끈 지 이틀 만에 어느 산골짜기에서 서황이 이끄는 한 무리의 군사를 만났다. 서황도 맹달이 모반을 꾸민다는 말에 사마의 군대에 가세하고 신성을 향해 빠르게 나아갔다.
 그 무렵, 맹달은 음성태수 신의와 상용태수 신탐에게 모든 사실을 얘기하고 병기와 군사를 준비해 자신을 도와달라고 알렸다. 하지만 두 사람은 겉으로만 승낙하는 체했을 뿐 위나라 군이 오면 맹달을 사로잡을 계획을 꾸미고 있었다.
 그날 밤, 맹달은 신의와 신탐에게 서신을 보내 내일 군사를 일으켜 낙양을ㄴ 치자고 했다.
 그런데 갑자기 대군이 몰려온다는 급보가 맹달에게 전해졌다. 맹달은 부랴부랴 성 위에 올라가 달려오는 군사들을 살펴보았다. 바로 서황이 이끄는 대군이었다.
 맹달은 깜짝 놀라 서황이 어떻게 하는가를 살펴보았다.
 그 때 서황이 큰 소리로 외쳤다.
 "역적 맹달은 어서 항복하라!"
 맹달은 그 제서야 일이 잘못 된 것을 알고 서황의 군사에게 일제히 활을 쏘게 했다. 공교롭게도 화살 하나가 바람을 가르고 날아가 서황의 이마에 꽂혔다. 위나라 맹장 서황은 이렇게 하여 쉰아홉의 나이로 죽고 말았다.
 맹달은 그 기세를 타고 성문을 열고 나가 싸우려 했으나 사마의가 이끄는 군대가 도착하는 바람에 서둘러 나아갈 수가 없었다.

'정말로 공명이 헤아린 그대로구나! 이젠 지키는 수밖엔 없구나.'

다음 날 불안 불안해하는 맹달에게 좋은 소식이 날라 왔다. 신탐과 신의 형제가 군사를 이끌고 달려온다는 것이었다. 맹달은 신탐과 신의 형제에게 호응하기 위해 문을 열고 나가 위나라군을 공격했다.

그런데 달려온 두 형제는 오히려 맹달을 공격하기 시작했다. 맹달이 잘못을 깨닫고 성 안으로 급히 돌아가려 했으나 성은 이미 점령당한 후였다.

맹달은 다시 말머리를 돌려 도망하려 하였으나 결국 뒤쫓아온 신탐의 창에 맞아 목숨을 잃고 말았다.

신탐이 맹달을 죽이니 남은 군사들도 모두 항복하고 사마의는 군사를 수습하여 장안으로 길을 서둘렀다.

장안성에 도착한 사마의는 조예를 찾았다.

"짐이 지난날 어리석어 경을 내친 일을 지금도 후회하고 있소 경이 나서서 이번 맹달의 모반을 막아 주지 않았다면 장안과 낙양 두 곳을 모두 빼앗겼을 것이오."

그러자 사마의는 자신의 잘못부터 빌었다.

"황공하옵니다. 신이 신성으로부터 모반의 음모가 있다는 소식을 듣고 폐하께 윤허를 받으려 했으나, 글이 오가는 시간이 너무 많이 걸릴 것 같아 먼저 군사를 움직였습니다. 이 점을 널리 용서하소서."

"아니오. 만약 경께서 빨리 움직이지 않았으면 어찌 되었겠소? 앞으로도 위급한 일이 있거든 내게 알릴 것 없이 경이 알아서 처리하도록 하시오. 맹달의 모반도 잠재웠으니 이제 성을 나가 촉나라를 치도록 하시오."

이렇게 하여 사마의는 대군을 이끌어 촉나라로 진격하였다.

이러한 소식은 기산에 머무르고 있던 공명에게도 전해졌다. 청천벽력과도 같은 소식이었다.

"사마의가 하루에 이틀 길을 달리면서도 신의, 신탐 형제와 내통하여 신성에 이르니, 맹달은 미처 손쓸 틈도 없었다고 합니다. 또한 사마의는 맹달을 치고 장안으로 가서 위주를 만나본 후 장합을 선봉으로 세우고 이곳으로 오고 있다 합니다."

"사마의가 이곳으로 온다면 가정을 노릴 것이다. 가정은 우리의 숨통과도 같으니 빨리 손을 써야 한다. 이 중에서 가정을 지킬 사람은 없는가?"

하고 좌우를 둘러보며 급하게 물었다.

"제가 가정으로 나아가 적을 무찌르겠습니다."

공명의 말이 떨어지자 참군 마속이 대답했다. 남달리 마속을 아끼고 믿는 공명이었으나 그날만은 걱정스러운 듯 말했다.

"가정은 작지만 매우 중요한 곳으로, 이 곳을 잃으면 우리는 숨통이 끊기는 것이나 마찬가지이네. 그대가 병법에 능하다고는 하나 그 곳에는 의지할 곳이 없어 지키기가 매우 어려운 곳이야. 그래도 가보겠는가?"

"저는 어려서부터 병서와 가까이하여 병법을 잘 알고 있습니다. 어찌 가정 하나를 지키지 못하겠습니까?"

"사마의는 결코 만만히 볼 인물이 아니네. 더구나 그 선봉장에는 위나라에서 명장으로 이름 난 장합이네. 그대에게는 벅찬 상대가 분명하네."

"사마의와 장합은 물론 조예가 직접 나온다 해도 두려울 것이 없습니다. 만약 실수가 있을 때에는 저의 가족에게 벌을 내리십시오."

마속은 죽은 마량의 동생으로, 마량과 친하게 지냈던 공명은 마속을 아들처럼 여기고 아꼈다.

"군중에서는 실없는 말은 하지 않는 법일세."

"그럼 군령장을 써 두고 가겠습니다."

마속은 자신의 말을 군령장에 써서 바쳤다.

"나는 그대를 믿고 맡기는 것이니 신중하게 행동하기 바란다. 그대에게 정병 2만 5천과 상장을 한 사람 딸려 보내겠다. 왕평 장군을 데리고 가게. 진을 칠 때에는 중요한 길목에 세우고, 진지가 세워지면 그 곳의 지도를 나에게 보내도록 하라. 모든 일은 충분히 상의하고 가벼이 나서지 말도록 하라."

그리고 공명은 아무래도 미덥지 않아 고상과 위연을 불러 매복을 시켜 마속을 돕도록 한 뒤, 그것도 모자라 다시 조운과 등지를 불러 기곡으로 나가 의병처럼 보이며 싸우기도 하고 달아나기도 하여 적을 혼란에 빠트리도록 하였다.

모든 배치를 끝낸 공명은 강유를 선봉으로 삼아 중군을 이끌고 장안으로 가는 길목인 미성을 빼앗기 위해 출발했다.

마속은 가정에 도착하였다. 곧 지세를 살피고 나서 크게 웃으며 말하였다.

"산이 험하지도 높지도 않을 뿐 아니라 겨우 나무꾼이 다니는 오솔길 밖에 없는 이 가정으로 어떻게 위나라의 대군이 밀려온단 말인가. 승상은 쓸데없는 걱정을 하고 계시는 것이야."

하고 마속이 산꼭대기에다 진을 치려 하자 부장 왕평이 말렸다.

"승상께서는 이 곳에 도착하거든 오솔길을 막아 그 곳을 끊어 봉쇄하라고 하셨습니다. 만일 산 위에 진을 치고 있다가 위군에게 포위를 당하면 어떻게 하려고 하는 것입니까?"

"그것은 연약한 아녀자의 생각이지 대장부가 택할 길은 못되네. 이 산이 낮다고 하나 삼면이 절벽에 둘러 싸여 있어, 만일 위나라군이 쳐들어온다고 해도 모두 섬멸할 수 있는 천연의 요새야."

"승상께선 크게 승리하라고 명하지는 않았습니다."

"그런 말은 하지도 마라. 손자도 말했어. 죽을 곳에 배수진을 쳐야 산다고 했어. 나는 어려서부터 병서를 읽었기 때문에 승상께서도 때로는 이 마속에게 의논하기도 하셨는데, 그대는 어째서 나의 명령을 거역하려 하는가?"

왕평은 마속의 주장이 워낙 완강했기 때문에 더는 막을 수가 없다고 생각하여 한 가지 의견을 내놓았다.

"그러면 장군께선 산 위에다 진을 치십시오. 저는 5천 군사를 데리고 따로 기슭에 진을 치겠습니다. 그렇게 하여 적을 앞뒤에서 치도록 합시다."

그러나 마속은 노골적으로 듣지 않았다. 마속과 왕평이 이렇게 옥신각신하고 있을 때 위나라 군이 온다는 소식이 전해져 더 이상 망설일 수 없었다. 마속은 자기의 주장을 고집하였다.

"산 위에다 진을 쳐라."

그러면서 마속 자신도 산봉우리 위로 올라가며 왕평에게 말하였다.

"장군이 내 명령을 듣지 않겠다면 5천 군사만 데리고 가서 마음대로 진을 치시오."

왕평은 즉시 5천 군사를 데리고 산에서 10리쯤 떨어진 곳에 진을 쳤다.

마속은 이 두 개의 진을 그림으로 그려 급히 사자를 공명에게 보냈다.

마속은 진을 치고 나서 산기슭을 바라보며 이를 갈고 있었다.

'왕평이란 놈이 드디어 나의 명령에 거역하는구나. 개선한 다음 승상 앞에서 그 죄를 반드시 문책하리라.'

이튿날 고상과 위연의 군이 열류성 부근에서부터 가정 뒤까지 연결하여 위군의 진출을 견제하고 있다는 소식을 듣자 마속은 위군이 오기만 하면 단번에 무찔러 버리겠다고 기세등등하였다.

한편 사마의는 아직까지 가정에 촉나라군이 오지 않은 줄로만 생각했으나 가정에 촉나라의 군세가 이만저만 아님을 선발대가 알리자 깜짝 놀랐다.

"아! 정말 천하의 공명이구나. 나는 도저히 그를 따를 수가 없구나."

사마의는 탄식하였다. 사마소는 사마의의 말을 듣고 웃으며 물었다.

"아버님께서는 어째서 그런 말씀을 하십니까? 제 생각에는 가정을 얻기가 쉬울 것 같습니다."

"네가 어찌 그런 장담을 하느냐?"

"길에는 진지하나 없고 군사는 모두 산 위에 있으니 쳐부술 수가 있습니다."

"하늘이 우릴 도왔어. 촉군은 죽을 곳에 진을 치고 스스로 죽음만 기다리고 있구나."

이렇게 말한 사마의는 곧 갑옷을 입고 군사 백여 명과 함께 적진을 살펴보기 위해 나섰다.

본진으로 돌아온 사마의는 물었다.
"촉군이 산 위에 진을 친 것은 스스로 패배를 자초한 것이다. 가정을 지키는 촉군의 장수가 대체 누구냐?"
마속이라고 듣자 사마의는 껄껄 웃으며 기뻐하였다.
"아무리 슬기로운 사람도 간혹 실수를 한다더니 그 말이 틀림없다. 공명이라는 사람도 사람을 쓰는 데 실수가 있구나. 산을 지키고 있는 촉장은 정말 어리석은 놈이다. 단번에 그것들을 쳐부술 수 있다."
그는 장합에게 명하였다.
"산 저쪽 10리쯤에 촉의 적은 병력이 있으니 장군은 그 곳을 치시오. 나는 신탐과 신의 두 부대를 이끌고 산 위에 있는 저 촉나라군의 명맥을 끊을 것이오."
사마의가 명맥을 끊는다는 것은 진중에서 없어서는 안 될 물을 끊는다는 것이었다. 촉나라군은 산 아래에서 물을 길어 먹었던 것이었다.
장합은 사마의의 명을 받고 다음날 새벽에 군대를 이끌고 왕평의 진영을 습격하여 산 위에 있는 군대와의 연락을 차단시켰다. 동시에 사마의는 직접 군대를 몰고 나가 산 위에 있는 군졸들이 물을 길어 가는 길도 차단해 버리고 말았다.
그런 다음 사마의는 위의 대군을 인솔하여 가정 산기슭을 몇 겹으로 포위해버렸다. 북소리와 함성이 온 천지를 진동시켰다.
이때 산 위의 마속은 아래를 내려다보며 가슴을 조이며 말하였다.
"붉은 깃발이 펄럭이며 쳐들어오는 위군을 모조리 잡아 죽여라."
그러나 진동하는 북소리만 요란하게 울릴 뿐 장수들과 병사들은 겁을 잔뜩 집어 먹고 조금도 움직이지 않았다.
그러자 마속이 성이 나 칼을 빼들고 재차 싸우기를 재촉하자, 그 제서야 장졸들이 겨우 움직이는 시늉만 할 뿐이었다.
더군다나 위나라군사들이 싸우지 않고 제자리만 지키고 있었다.
마속은 마침내 위나라 군사에 에워 쌓여 어떻게 할 수가 없어 구원의 손길을 기다리는 처지가 되었다.
왕평도 구원할 수가 없었다. 장합의 대군이 길을 막고 있다가 왕평이 오자 그들을 치니 도망칠 수밖에 없었다.
이렇게 고립되다 보니 그날 밤부터 마속에게는 당장 먹을 물이 없었다.
때는 이미 늦었다. 물길을 뺏으려고 할 때마다 무수한 병력을 잃었을 뿐이었다. 날이 갈수록 산 위의 인마는 갈증으로 허덕이게 되었다. 밥을 지으려 해도 물이 없고 기다리는 비도 오지 않았다. 곡식도 생으로 먹거나 볶아서 먹을 수밖에 도리가 없었다. 더욱이 물을 길러 간다고 밤이면 산기슭을 내려간 군졸은 한 사람도 되돌아오지 않았다. 죽었거나 위군에 항복해 버렸던 것이다.

드디어 많은 촉나라 군사들이 위나라군에 항복함에 따라 사마의는 때가 왔다고 생각하여 총공격을 명령하였다.

위나라의 전군은 총공격을 개시하였다. 마속은 깜짝 놀라 서남 길로 급히 내려갔다. 사마의는 일부러 길을 활짝 열어 놓았다가 촉나라 군사들이 산을 내려오자마자 사방으로 포위하여 섬멸하기 시작하였다.

도망가던 마속을 쫓던 장합은 급보를 받고 달려온 위연을 만나자 도망갔으나, 마속과 위연은 다시 위나라군이 세 갈래로 쳐들어오자 꼼짝없이 갇히고 말았다.

왕평이 군사를 이끌고 도우러 와 겨우 길을 열었지만 왕평의 진지는 이미 위나라군에게 넘어간 후였다.

고상도 가정이 위나라군에 떨어졌다는 말을 듣고 열류성에서 달려 왔지만, 결국 열류성은 사마의의 손에 떨어지고 말았다.

산록에 진을 친 왕평, 지원하기 위해 예비대로 있던 위연, 열류성까지 나와 있던 고상 등 위나라의 군사의 포위망에 걸려서 완전히 괴멸되고 말았다.

그 무렵 공명은 가정에서 보낸 지도를 받아 보고 깜짝 놀랐다.

"마속이 어리석어 우리 군사 모두를 구렁텅이에 쳐 넣었구나."

"승상 무엇에 그리 놀라십니까?"

"이 포진도를 보니 중요한 길은 비켜놓고 산에 올라가 진을 쳤다. 위군이 사방을 에워싸고 물길을 막으면 군사들은 이틀을 못 견딜 텐데, 가정을 빼앗기면 우리들은 어디로 돌아갈 수 있겠는가?"

양의가 재빨리 말했다.

"제가 비록 재주는 없으나 곧 가서 마속을 대신할까 합니다."

"이미 늦은 감이 있으나 그래도 그대가 가 보도록 하시오."

하지만 양의가 떠나기도 전에 가정과 열류성이 모두 적에게 빼앗겼다는 기막힌 소식이 공명을 비탄에 빠지게 하였다.

"아아, 모두 일이 틀렸다. 틀렸어. 모두가 내 잘못이다! 내 잘못이야."

하고 군사를 불러 제각기 할 일을 명한 다음 장수들을 맡은 곳으로 떠나게 했다.

그리고 공명은 군량미 나르는 길이 끊길 것에 대비해 군사 2천 5백 명과 함께 서성으로 가서 한창 군량을 싣고 있었다.

이 때 사마의가 15만 대군을 이끌고 온다는 급보가 왔다.

공명이 믿을 수 있는 장수는 거의가 각처로 나가 하나도 없고 군사도 2천 5백밖에는 남지 않은 상황인데 사마의가 15만 대군을 이끌고 이곳으로 오고 있었던 것이다.

공명을 비롯하여 벼슬아치들은 놀라지 않을 수 없었으나 공명은 놀라움을 감추고 성벽 위로 올라가 사실인지 살펴보았다. 위의 대군이 두 갈래 길로 구름 떼처럼 몰려오고 있었다.

"모든 깃발을 감추고, 모든 군사들은 자리를 지키고 함부로 나다니거나 큰소리로 떠드는 자가 있으면 그 자리에서 목을 벨 것이다! 성문을 활짝 열고, 성문마다 군사 20명씩을 백성들의 옷으로 갈아입힌 후 길에 나가 물을 뿌리고 쓸어서 귀한 손님이 올 때처럼 깨끗이 하도록 하라. 또한 위군이 가까이 오더라도 결코 동요하지 말고 하던 일을 계속하도록 하라."

공명은 알 수 없는 영을 내린 후 흰 학창의를 입고 성 위에 올라가 거문고를 타기 시작했다.

오래잖아 물밀 듯이 달려온 위나라군의 선봉은 뜻밖에 공명의 의연한 모습에 놀라 어리둥절해 하며 감히 성안으로 뛰어 들어가지 못하고 사마의에게 이 사실을 알렸다. 사마의도 처음에는 믿지 않았으나 직접 나가 그 모습을 보고 공명이 속임수를 쓰는 것 같아 성안으로 들어갈 엄두도 못 내고 후퇴하라고 명령했다.

"아버님, 제갈량이 군사가 없어 저런 속임수를 쓰는 것 같은데 어찌하여 서둘러 물러나라 하십니까?"

"제갈량은 천성이 신중해서 평생 위태로운 짓을 한 적이 없다. 저렇듯 성문을 열어 두고 태연할 수 있는 것은 반드시 매복이 있을 것이다. 그의 계책에 빠지기 전에 어서 빨리 물러나야 한다."

사마의는 모든 군사를 거두어 물러갔다.

위나라군이 모두 물러가자 관원들이 어리둥절해하자, 공명이 말했다.

"그는 내가 매우 신중하고 조심성이 많은 사람으로 알고 위험한 짓을 하지 못할 것으로 생각했소. 그래서 내가 거문고를 태연히 타고 있는 것을 보고 틀림없이 매복이 있을 것으로 생각했소. 나 또한 이렇게 위험한 짓을 하고 싶지 않았지만 이번만큼은 어쩔 수 없어 속임수를 쓴 것이오. 그는 분명히 장포와 관흥이 있는 샛길로 갔을 테니 한 번 더 속을 것이오."

공명은 반드시 사마의가 다시 돌아올 것이라며 즉시 군사들을 이끌고 한중으로 옮겨갔다.

한편 사마의는 공명이 예상한 대로 무공산을 지나고 있었다. 갑자기 산등성이에서 함성과 북소리가 요란하게 울렸다.

위나라군은 촉나라군이 내는 시끄러운 소리에 감히 맞서 볼 엄두도 내지 못하고 도망갔다. 그 때 큰 길에 장포의 군대가 나타났다. 사마의는 너무 놀라 도망치기 시작했고, 다시 산골짜기에 이르니 관흥의 군사가 뛰어나왔다. 양쪽에서 협공하며 소리를 지르니 위나라 군사는 무기를 버리고 달아나기에 바빴다.

관흥과 장포는 위나라군을 쫓지 않고 그들이 버리고 간 군량과 병장기만을 거두어 한중으로 돌아갔다.

강유와 조운, 등지 등 다른 장수들도 촉나라군을 쫓는 곽회의 군사를 섬멸하고 많은 군장기를 거두어 공명의 뒤를 따랐다.
사마의가 다시 군사를 내어 촉나라군을 쫓으려 했으나 이미 촉나라군은 모두 한중으로 돌아가고 난 뒤였다.
그 제서야 사마의는 속은 것을 알고 하늘을 우러러 보며 탄식했다.
'나는 아무래도 공명을 능가할 수 없구나.'
그 때 공명은 한중에 있으면서 한 번도 당해 보지 않았던 패전의 쓰라림을 처음 맛보며 군사를 수습하기에 바빴다.
그리고 공명의 머릿속에는 아직 해결하지 못한 괴로운 일이 있었다. 그것은 가정 싸움에서 촉군을 패배하게 한 마속의 처벌 문제였다. 생각 끝에 공명은 그를 처벌하기로 결심하였다.
공명은 먼저 왕평을 불러 전후 사정을 물은 다음 다시 위연과 고상을 심문하고 마지막으로 마속을 불렀다.
"너는 어려서부터 병서를 배운 수재로서 나도 너를 아껴 가르치는 데에 마음을 다해 노력하였다. 그런데 내가 가정에서 네가 해야 할 일을 일러 주었는데도 어찌하여 그런 실수를 저질렀느냐? 가정은 아군의 숨통에 해당하는 곳이다. 목숨을 잃는 한이 있어도 그것을 지켜야 한다고 입에 침이 마르도록 신신당부하지 않았더냐?"
공명이 이렇게 꾸짖자, 마속은 얼굴빛이 변하여 변명을 늘어놓았다.
"승상, 왕평이 뭐라고 말했는지는 모르나, 그 때에는 어떤 장수라도 위의 대군을 막기가 어려웠을 것입니다."
공명은 자리에서 일어나 마속을 나무랐다.
"닥쳐라. 이 놈! 왕평의 말만 들었어도 어찌 이렇게 처참하게 무너졌겠느냐? 가정을 지키지 못해 많은 군사들이 죽고 땅을 잃은 것은 모두 네 잘못 때문이다. 너는 나를 원망하지 말라. 네 가족은 내가 책임지겠다."
공명은 무사에게 명하여 군법대로 마속을 참수하라고 하였다.
마속은 울면서 애원하였다.
"승상께서는 저를 친자식처럼 대하셨고, 저 역시 승상을 아버지로 모셨습니다. 아직도 그리 생각하신다면 부디 제 자식들에게는 제 잘못을 씌우지 마시고 예전처럼 대해 주셨으면 합니다."
"너와 나는 혈육 같으니 네 자식은 곧 내 자식이다. 그건 걱정하지 말거라."
공명도 눈물을 흘리며 마속을 끌어내라고 말하였다.
이 때 마침 후주 유선의 명으로 한중에 오던 사신 장완이 형장으로 끌려가는 마속의 모습을 보고 달려와 공명에게 말했다.

"천하를 평정하지 못하고 이렇게 어려울 때 마속과 같은 유능한 장수를 참하심은 국가의 손실입니다."

공명은 눈물을 흘리며 말하였다.

"옛날에 손무가 천하를 바로잡을 수 있었던 것은 법을 엄정하게 지켰기 때문이오. 천하가 소란한 이 때에 법을 버리고 어찌 천하를 바로 잡을 수 있겠소? 마속이 잘못했으니 참수하지 않을 수 없소."

얼마 후 무사가 마속의 머리를 공명에게 갖다 바쳤다.

공명은 큰 소리를 내어 울었다. 그러자 장완이 물었다.

"마속이 죄를 범해서 이미 군법대로 처형했는데, 승상께서는 무슨 까닭으로 통곡하십니까?"

"나는 마속을 위해 우는 것이 아니오. 선제께서 세상을 뜨실 때 나에게 부탁하시기를, '마속은 실천보다 말이 앞서니 중대한 임무를 맡겨서는 안 된다.'고 하셨소. 이제야 선제의 말씀을 깨닫고, 나의 사람 보는 눈이 어두움을 한탄해서 통곡하는 것이오."

공명의 말을 들은 장수들도 모두 눈물을 흘렸다.

그 때 마속은 39세였다. 공명은 마속을 후하게 장사를 지내 주고 그 유족은 잘 보호하여 주었다.

지도자라면 모름지기 혜안이 있어야 한다

마속은 재주는 있었으나 유비가 죽으면서 유언을 한 것처럼 말과 이론이 앞서는 사람이었다. 마속은 병법과 같은 이론에는 밝았지만, 전쟁과 같은 실전에 어두운 사람이었다. 그런데도 마속은 오만함에 공명과 장수 왕평의 말도 듣지 않아 그 동안의 공명의 모든 노력이 한순간에 물거품이 되도록 만들었다. 마속을 중용하지 말라는 유비의 혜안이 그대로 현실로 나타난 셈이다. 공명은 유비의 혜안에 놀라며 자신이 아끼는 마속을 눈물을 머금고 목을 베고 말았다. 이것이 바로 그 유명한 '읍참마속'이다.

한 사람이 나라를 흥하게도 하지만 나라를 망하게도 한다. 그래서 사람을 잘 쓰느냐 못쓰느냐는 나라의 흥망성쇠를 좌우한다고 볼 수 있다. 허나 나라의 흥망성쇠를 좌우할 수 있는 인재를 알아보기란 참으로 어렵다. 혜안을 가지고 사람의 본모습을 보아야 하지만 그것이 말처럼 쉽지 않은 것이다. 공명조차 자신이 사람을 알아보지 못한 것을 후회하고 유선에게 자신의 죗값을 물었을 정도다. 마속 때문에 국가적으로 엄청난 손실을 입은 것이다.

인사는 만사다. 인재를 적당한 곳에 배치하여 인재의 진정한 능력을 충분히 발휘하게 하면 만사형통할 수 있다. 그래서 사람을 알아보는 일은 지도자의 가장 중요한 자질중의 하나다. 지도자는 몸소 모든 일을 하는 것이 아니다. 모든 것을 혼자서는 할 수 없기 때문이다. 인재를 발굴하여 인재를 적재적소에 심어 잘 운용하는 데 지도자의 능력이 판가름 난다. 그래서 지도자라면 반드시 사람을 보는 눈, 혜안을 있어야 하는 것이다.

허나 사람을 읽기란 결코 쉽지 않다. 게다가 인재를 가려내는 일은 더욱 어렵다. 사람들을 속속들이 알기가 어렵기 때문이다. 공자조차 외모로 사람을 평가하고 취했다가 재여를 잃었고, 말로 사람을 평가하고 취했다가 지우를 잃었다. 그러므로 사람을 쓸 때 실수하지 않으려면 우선 상대를 상세하게 관찰하여 그 사람의 참모습을 읽어내야 한다.

사람들은 마속처럼 말과 행동, 그리고 마음과 말이 각기 다를 때가 많다. 성현처럼 행동하지만 사실은 간사한 사람도 있으며, 군자의 행동을 하는 척 하지만 실은 이익에 민감한 소인배도 의외로 많다. 충신인 것처럼 행동하는 간신도 있으며, 똑똑한 사람처럼 행동하는 무능한 사람도 있으며, 정직한 척하는 탐욕스런 사람도 있다. 이와는 반대되는 경우도 흔하게 볼 수 있다. 마음속에 큰 도의를 품고도 자신을 낮추는 겸손한 성현도 있고, 방탕한 것처럼 행동하나 실제로는 군자인 사람도 있고, 보기에는 무능하나 알고 보면 큰 재주를 가진 사람도 있다. 어눌하고 겁이 많은 듯 보이지만 실은 죽음을 두려워하지 않는 용감한 사람도 있다. 아부할 줄 모르고 직언만 하다가 윗사람의 미움을 사는 충성심 많은 사람도 있다. 그래서 사람을 알아보기란 참으로 어렵다. 사람을 제대로 파악하여 올바르게 평가하려면 그 사람을 대충 겉모습만 보지 말고 종합적으로 판단해야 한다. 평상시 그 사람이 사용하는 언어, 그 사람의 태도와 행동을 면밀히 관찰하면서 그 사람의 일의 성과까지 면밀히 검토하여 그 사람을 평가해야 실수를 최대한 줄일 수 있다. 작은 부분을 통해 사람의 본질을 꿰뚫어 보는 눈이 있어야 비로소 지도자로서 면모를 갖출 수 있다.

진정 지혜로운 사람이란 책을 많이 읽은 박학다식한 사람이 아니다. 말로 성벽을 쌓을 수 없고 말로 전쟁을 할 수는 더더욱 없는 것이다. 책도 책이지만 숱한 경험과 사색을 통해 사물이나 세상을 바르게 판단할 줄 아는 사람이 진정으로 지혜로운 사람이다. 그러므로 진정 지혜로운 사람이 되고자 한다면 마속처럼 이론에만 밝을 것이 아니라 경험 축적, 그리고 사색에도 힘써야 한다. 사색을 통해 이론과 경험을 잘 조합하여 현실에 응용할 수 있는 능력이 있어야 진정으로 능력이 있는 것이다. 이론은 밝으나 현실에 응용할 수 없다면 그 지식은 살아있는 지식이 아니다. 그래서 레오나르도 다 빈치는 "아는 것만으로는 부족하다. 적용해야 한다. 생각하는 것만으로는 부족하다. 행동해야 한다."고 말했다.

아는 것과 행동하는 것은 다르다.

　소크라테스와 같은 사람들은 흔히 아는 것과 행동하는 것이 같다고 생각하는 경향이 있다. 그래서 실천보다는 아는 것을 강조하였다. 허나 마속이 보여주는 것처럼 아는 것과 행동하는 것이 반드시 일치하지 않는다. 근본적으로 우리가 아는 관념의 세계와 우리가 경험한 현실의 세계가 다를 뿐 아니라 아는 것을 현실에 응용하는 것도 알기만 한다고 해서 되는 것이 아니기 때문이다. 아는 것을 실천하려면 아는 것을 실천할 수 있는 현실 감각과 강한 실천의지가 있어야만 한다. 그리고 실천을 하는 중에 고통과 고난을 안겨주는 수많은 시행착오를 하면서 나름대로 난관을 극복하는 지혜를 터득해야 하는 것이다. 그래서 우리는 단순히 알려고만 할 것이 아니라 아는 것을 실천할 수 있는 능력을 배양해야 비로소 지혜로운 인간으로 거듭날 수 있는 것이다. 그래서 한비자는 "아는 것은 어렵지 않다. 어떻게 대처하느냐가 어려운 것이다."라고 말했다. 대학 교수출신을 장관으로 임명하면 마속처럼 대부분 실패하는 것도 학문에 전념한 사람들은 학술적인 업적에도 불구하고 자신의 이론을 현실에 제대로 적용할 수 있는 지혜가 부족하기 때문이다. 그래서 아는 것보다는 실천을 강조하는 아리스토텔레스는 "지식에 의해서가 아니라 지식을 실천할 때 인간은 비로소 훌륭한 존재가 될 수 있다."고 하였다.
　지혜를 쌓기 위해서 책에만 의존하는 그것이 올바른 방법이 아니라는 것을 말해준다. 경험 없는 사색은 공허할 뿐이다. '눈물 젖은 빵'을 먹어 보아야 진정으로 인생을 깨달을 수 있는 것처럼 풍부한 경험이 있어야 지혜를 터득할 수 있는 것이다. 거기에다가 이론적 탐구가 병행된다면 말할 것도 없다. 삶의 장애물이 많으면 많을수록 고난은 많겠지만 삶의 지혜는 더없이 깊어진다. 이런 고난을 맛보지 않고 삶의 지혜를 논하는 것은 어불성설이다. 그래서 진정한 지혜를 얻고 싶다면 책을 통해 얻으려고만 하지 말고 경험을 통해 충분히 다듬어야 한다. 그렇지 않으면 마속처럼 어설픈 지식을 가지고 잘못된 길을 가게 되는 것이다. 그래서 한비자도 "참다운 지혜를 얻고자 한다면 허망한 논리나 이론보다 실제에 밝아야 한다."고 강조했다. 경험을 통해 삶의 자료를 축적하고 사색을 통해 그것을 정리할 때 비로소 인생의 지혜를 터득할 수 있는 것이다.

한 발 더 나아가 공자는 "군자는 말에 앞서 먼저 행하고, 행한 연후에 말한다."라고 하면서 행동이 말보다 앞서야 함을 강조하였다. 마속처럼 행동보다 말이 앞서는 것은 좋은 결실을 맺을 수 없다. 괴테도 "아는 것만으로는 충분하지 못하다. 응용을 하지 않으면 안 된다. 바라는 것만으로는 충분하지 못하다. 실행을 해야 한다."고 말하였다. 간디가 영국을 두려움에 떨게 한 힘은 서재에서 조용하게 한 말이나 쓴 글이 아니라 바로 하늘 아래에서 이루어진 행동이었다. 마오쩌둥이 중국 대륙을 공산화시킨 것도 공산주의 이념을 중국이 처한 현실에 맞게 밑그림을 그렸기 때문이다. 그래서 한비자는 "실천을 올바로 행하기 위해서는 현실에 충실하고 책에 얽매이지 말아야 한다."라고 말하였다.

31. 삶의 보배, 건강 - 공명의 죽음과 죽은 공명의 부활

건강만큼 인생에서 중요한 것이 있을까? 건강하다는 것은 하나의 커다란 축복이다. 건강은 행복하고 보람 있는 삶을 위해서는 없어서는 안 될 가장 소중한 자산이다. 건강이 무너지는 순간 인생을 살아가는데 있어 자신이 하고자 하는 일을 할 수 없을 뿐 아니라 설령 한다고 하더라도 너무나 많은 제약이 따르게 된다. 그러므로 우리는 바쁜 와중에도 항상 몸을 보전하는데 노력을 기울여야 한다.

허나 우리는 성공하기를 바라고 바쁘게 사는 것을 자랑으로 삼는다. 바쁘다는 것은 자신이 그만큼 중요한 위치에 있다는 것을 말하는 것이고, 한가하다는 것은 별로 자신이 내세울 것이 없는 사람으로 생각하기 때문이다. 그래서 대다수 사람들은 몸이 혹사할 정도로 바쁘게 살며 '바쁘다'는 말을 자랑으로 삼는다. 휴식도 없고 운동으로 단련하지 않아 자신도 모르게 육체가 병들어 가고 있는데도 바쁘게 사는 것을 자랑으로 삼는 것이다. 이런 상태로 장시간 자신의 몸을 방치하면 자신의 수명을 단축시킬 뿐이다. 그래서 '성공신화'의 주역이 되고자 너무 몸을 혹사시키지 않는 것이 좋다.

허나 똑똑하다는 공명조차 그렇지가 못했다. 그는 한가로움의 중요성을 간과하였다. 쉴 때 쉬어야 했지만 그렇게 하지 않았다. 공명은 한나라를 부흥해야 한다는 유비의 유지를 받들기 위해 부지런히 위나라를 침략하였다. 유선이 공명의 첫 출사표를 올렸을 때도 건강을 생각해서라도 전쟁을 하지 말라고 말렸음에도 공명은 후 출사표를 내고 전쟁을 감행하고 말았다. 몸이 두 개라도 부족할 정도였다.

공명의 침략에 사마의가 대적하지만 사마의는 승리 한번 제대로 하지 못하고 번번이 패배하고 말았다. 그래서 사마의는 공명이 언제나 자신보다 뛰어난 사람이라는 것을 솔직하게 인정하고 수비에만 전념하였다. 그러면서도 사마의는 공명의 약점을 집요하게 물고 늘어져 공명이 지쳐 스스로 물러가게 하였다. 사마의와의 장기전에서 턱없이 부족한 군사와 물자 거기에다 식량문제가 빈번히 대두되면서 공명은 철수할 수밖에 없었다. 사마의는 비록 작은 전투에서는 공명에게 졌지만, 전략적 측면에서는 결코 뒤지지 않았던 것이다. 사마의의 이런 냉정한 승부사적 기질 때문에 공명의 몸은 점점 녹초가 되어갔다. 인재는 적은 데다 끊임없이 직접 전쟁을 수행하다 보니 몸이 점점 고갈이 되어 갔던 것이다. 과연 공명의 운명은 어떻게 될 것인가?

    공명과 사마의의 전투에서 사마의는 죽을 고비를 가까스로 넘겼다. 특히 호로곡의 전투에서 하늘의 도움으로 사마의는 극적으로 환생하였다.
    그러나 이 전과를 보고 촉군 중 한 사람만이 하늘을 우러러 보며 길게 탄식했다.
    '사람이 대사를 도모하고자 하나, 일이 되고 안 되는 것은 하늘에 달려 있다. 아, 모든 일은 인력으로 되는 것은 아니구나.'

그렇게 말한 사람은 말할 것도 없이 공명이었다. 그가 호로곡에 가두어 놓고 화공책으로 사마의 부자를 불태워 죽이려 했으나, 뜻밖의 소나기가 내려 불을 꺼 버리자 수포로 돌아간 것이었다. 공명은 하는 수 없다면서 눈물을 머금고 그 애석함을 홀로 달래는 길밖에 없었다.

호로곡 전투에서의 패배는 사마의에게 매우 큰 충격을 주었다. 그래서 공명이 어떻게 나올 것인가를 알려고 군사를 시켜 면밀히 살피게 하였다.

사마의는 초조한 마음으로 촉나라군을 살피러 갔던 군사를 기다리고 있는데, 한 군사가 와 말했다.

"제갈량은 이번에 오장원에 새로운 진지를 세웠습니다."

"그래, 이것은 우리 위나라 황제의 크신 복이로다! 곧 각 진지에 사람을 보내 모든 장수들에게 굳게 지키되 절대로 나가서 싸우지 않도록 하라. 그렇게만 한다면 적진에서 틀림없이 변란이 일어날 것이다."

그 때 곽회가 사마의에게 알 수 없다는 듯이 물었다.

"도독께서는 제갈량이 오장원에 진지를 세우기를 바라셨는데 아무리 생각해도 저는 그 이유를 모르겠습니다."

"무공산이 들판에 있어 무공산에 진지를 정한다면 한바탕 크게 싸워 그 곳에서 결판을 내겠다는 것이기 때문에 우리로서도 단단히 각오하지 않으면 안 되지만, 오장원에 새 진지를 만든 것은 제갈량이 이번 싸움을 장기전으로 끌고 나가겠다는 것이니 우리는 싸우지 않고 버티기만 하면 되는 것이오."

"왜 제갈량은 오장원에 진지를 세운 것일까요?"

"아마 낙양에 가까워서 그럴 것입니다. 하지만 우리에게 일이 생겨 구원군을 쉽게 청할 수 있으니 잘못된 결정임이 틀림없소이다. 하하하."

그로부터 며칠 지난 후, 촉나라군이 먼저 싸움을 걸어왔으나 사마의는 기다리면 된다는 식으로 전혀 호응하지 않았다. 또 다시 싸움을 걸어도 상황은 마찬가지였다.

그러자 마대는 공명에게 가서 그런 상황을 얘기했다. 공명은 마대에게 아녀자들이 상중에 머리에 쓰는 건괵과 호소를 구해 오도록 한 다음 그것을 담아 둔 상자에 편지를 함께 넣어 사마의에게 전하도록 하였다.

당시 가마를 타고 가는 사자는 공격하지 않는 것이 싸움의 법도였다.

이윽고 사자가 사마의의 진영에 당도하였다. 사자는 사마의를 만나 공명이 보낸 궤를 전했다.

사마의가 열어 보자 건괵과 호소가 들어 있는 것을 보고 장군들은 놀랐으며 사마의는 공명이 보낸 편지를 읽기 시작했다.

'중달은 보거라. 그대는 대장의 몸으로 싸움터에 나왔으면서도 어찌하여 싸움을 하여 결판을 내는 것을 두려워하는가? 두더지처럼 땅 속을 파고들어 앉아 칼과 화살을 피하려고만 하니 어찌 아녀자와 다를 것이 있겠는가? 이제 아녀자들이 쓰는 관과 옷 한 벌을 보내니 나와 싸우지 않으려거든 감사히 두 번 절을 올리고 받도록 하라. 그러나 아직 그대에게 부끄러운 마음이 조금이라도 남아 있고 사나이로서 기개를 잃지 않았다면, 나와 싸우도록 하라.'

그 편지를 받은 사마의는 처음에는 화도 났으나 제갈량이 자신을 화나게 하기 위해 이것들을 보냈다고 생각하고 오히려 웃으며 사자를 대접하도록 하였다.

사마의는 사자에게 대접하면서 공명의 일거수일투족을 물어 보았다.

"공명이 요즘 어떻게 지내는가?"

"승상께서는 아침 일찍 일어나셔서 밤늦게까지 일을 하시지만 잡수시는 양은 매우 적습니다."

"공명이 일은 많이 하면서도 먹는 것은 조금밖에 먹지 않으니 어찌 오래 살 수 있겠는가?"

사자는 알 수 없다는 듯이 고개를 갸우뚱거렸다.

극진한 대접을 받은 사자는 촉나라군의 진지로 돌아와서 공명에게 가 그 사실을 그대로 말했다.

그 말을 듣고 공명은 길게 탄식했다.

'중달이 나를 너무 잘 알고 있구나! 싸움터로 끌어내려다가 공연히 내 약점만 가르쳐주고 말았구나.'

그런 일이 있은 후 공명의 건강은 더욱 나빠졌다. 그 동안 몸과 마음이 편치 않은 걸 애써 숨겨 왔지만 일이 뜻대로 되지 않자 홀로 괴로워하며 마음을 끓여 더욱 악화된 탓이었다. 공명이 그러하니 여러 장수들도 군사를 함부로 움직일 수가 없어 싸움이 일시에 멈추었다.

그러나 공명은 자리에 누워 있거나 쉬는 일이 한 번도 없었다. 몸이 불편하면 할수록 주위의 걱정을 덜어 주려고 오히려 군사의 일에 더욱 열중하였다.

한편 위나라군 진영에서는 혈기가 왕성한 장수들이 사마의를 겁쟁이라고 비웃었다.

이것은 공명이 선물로 보낸 여자 의복과 관을 받고도 부끄러운 줄을 모른다는 데에 있었다. 그 소문이 부하 군사들에게까지 알려지게 되자, 군사들은 모이기만 하면 싸워야 한다고 불평을 늘어놓았다.

그러나 사마의는 그런 것에 전혀 동요하지 않고 조서를 핑계로 나갈 것을 허락하지 않았다. 그런데도 소용이 없었다. 그래서 사마의는 장수들에게 일단 표문을 올려 조예의 허락을 받아 싸움에 임하자고 하였다.

표문을 받은 조예는 사마의의 뜻을 알고 신비를 보내 나가 싸우지 말라는 엄명을 내렸다.

이러한 위군의 움직임은 병중에 있는 공명에게 알려졌다.

"군문에 황금갑옷을 입은 한 늙은이가 서 있는데 손에는 황금 도끼를 들고 사방을 둘러보며 군문의 출입을 허락하지 않고 있습니다."

공명은 자기도 모르게 백우선을 떨어뜨리며 하늘을 원망하듯 길게 탄식하였다.

"아! 그 사람은 위나라 조정에서 군사를 감독하기 위해 파견된 신비가 틀림없다. 싸우는 것을 그토록 엄하게 막고 있다는 말인가?"

그 한 몸을 촉에 바치려고 했지만, 이미 병이 깊어갔고 언제나 촉군의 수적 열세에 애태우던 공명에게 이 일로 인해 적지 않게 타격을 주었다.

그러는 동안에 때로는 위수의 물은 넘치기도 하고, 마르기도 했으며, 바람 불고 비 오는 날, 찌는 듯한 더위, 하늘은 하루하루가 같지 않았으나 전국은 좀처럼 변할 줄 몰랐다.

어느덧 가을은 벌써 땅의 풀과 꽃에 스며들어 아침저녁으로 싸늘한 바람이 살갗을 파고들었다.

전국은 그대로 교착 상태에 빠져 있었다.

'촉군 진영에는 어딘지 모르게 쓸쓸한 그림자가 감도는 것을 보니 심상치 않은 일이 일어난 것 같구나.'

사마의는 어느 날 촉진을 바라보며 혼잣말같이 중얼거렸다. 그리고 한 장수를 보내어 촉군 진영을 엿보고 오게 했다. 그 보고에 따라서 행동을 결정하려고 사마의는 갑옷을 입은 채로 기다리고 있었다. 거의 사경이 될 무렵 적진에 갔던 장수가 돌아와 이마에 흐르는 땀을 닦으며 말했다.

"촉진은 조금도 문란한 기색이 보이지 않습니다. 밤중에도 공명이 가마를 타고 진영을 돌아보며 보통 때와 같이 윤건을 쓰고 손에는 백우선을 들고 있었습니다. 요즈음 공명이 병에 걸렸다는 풍설이 있으나 그것은 적이 일부러 소문을 퍼뜨린 것 같습니다."

그러자 사마의는 무릎을 치면서 감탄하였다.

"공명은 참으로 동서고금을 놓고 볼 때 참으로 뛰어난 사람이다. 명사란 아마 그를 두고 한 말일 게다."

이에 앞서 공명이 동오와의 동맹 조약에 따라서 제2전선을 펴도록 요청하였던 일은 아직 아무런 소식이 없었다.

그런데 이미 동오의 수륙 양군이 세 갈래로 위나라를 공격했으나 대패하여 그대로 퇴각하고 말았다. 동오는 이것으로 촉·오 동맹조약을 이행한 거나 다름없다고 생각하여 그대로 군대를 철수하고 말았다.

첫 가을에 접어들 무렵이다. 공명은 오나라가 패했다는 소식을 듣고 괴로운 표정을 지을 뿐 아무 말이 없었다.

"앗! 승상, 어쩐 일입니까. 갑자기 안색이 좋지 않으십니다."

"걱정하지 마시오. 대수로운 것은 아니니."

"그러나 입술이 새파랗게……"

하고 비위는 크게 놀라서 장수들을 불렀다.

여러 장수가 달려왔을 때 공명은 옷소매로 얼굴을 가리고 백우선 위에 엎드리고 있었다. 여러 장수들이 몰려와서 공명을 부축하여 조용한 침실로 옮겼다. 군의가 응급치료를 하고 나서야 공명의 얼굴에 겨우 핏기가 돌았다. 그러자 장수들은 안도의 숨을 쉬고 침상 머리맡에 조용히 둘러섰다.

공명은 힘없이 눈을 떴다. 가슴 속이 물결치고 있음을 공명은 느꼈다. 한 사람 한 사람의 얼굴을 조용히 바라보았다.

짧은 시간이 흘렀다. 공명은 갑자기 앞으로 몸을 굽혀 오한이 일어난다고 하여 도로 침실로 들어왔다. 그리고 시중 군사를 재촉하여 강유를 불러오라고 명령하였다. 이윽고 강유는 급히 달려와 공명의 옆에 와 머리를 숙이고 앉았다.

"조금 전에 천문을 보고 이미 나의 죽음이 가까워졌음을 알았네. 죽음이란 본연의 모습으로 돌아가는 것이니 이상할 것도 없으나, 내가 부탁할 말이 있어 이렇게 불렀으니 슬피 생각 말고 명심하여 들으라."

보통 때와 달리 연약한 목소리였으나 그 어조에는 서릿발 같은 엄격한 결심이 엿보였다.

"승상께서는 어째서 그런 말씀을 하십니까? 슬퍼하지 말라고 하시지만 그 말씀을 듣고 이 강유는 슬픔을 감출 수가 없습니다."

하며 흐느껴 울었다.

"왜 우느냐? 이미 정해진 하늘의 섭리가 아닌가?"

공명은 자식을 나무라듯 말했다. 마속을 잃고 난 뒤에 공명의 총애는 강유에게 쏠려 있다. 항상 강유의 재질을 보아 무르익기를 바라며 가르친 인자함이 이 순간에도 엿보였다.

"승상, 그렇다면 어째서 기도를 올리지 않습니까? 옛날부터 하늘에 기도를 올리는 법이 있지 않습니까?"

"잘 알려주었네. 나도 그 방법은 알고 있었으나 내 자신을 위하여 기도한다는 것은 깜박 잊었다."

"명령만 내리시면 제가 모든 일을 맡겠습니다."

"그러면 우선 갑옷을 입은 장수 49명을 뽑아 모두 검은 깃발을 들리고, 검은 옷을 입혀 기도하는 장막 밖을 지키게 하라."

"네. 그렇게 하겠습니다."

"장막 안을 깨끗이 하고, 제단을 세우는 것은 내가 스스로 하겠다. 그리고 북두칠성에 제를 올리는데 만일 7일간 등불이 꺼지지 않으면 나의 목숨은 앞으로 12년이 연장될 것이다.

그러나 기도하는 도중에 등불이 꺼진다면 나의 목숨은 끊어지리라. 그렇기 때문에 장막 밖을 잘 지키게 하고 다른 사람이 장막 안을 엿보지 못하게 하라. 또 기도하는 동안에 모든 물품은 두 동자를 시켜 들여보내고, 다른 사람은 일체 가까이 오지 못하게 하여라."

강유는 자리에서 물러났다. 그리고 동자 둘에게 온갖 제물과 제기를 날라 오게 하였다. 공명은 목욕을 한 다음 장막 안으로 들어가 청소하고 제단을 세웠다.

이윽고 공명은 북두칠성에게 제를 올리는 장막 안에 들어가 엎드렸다. 공명은 음식을 전폐하고 밤이 새도록 한 발자국도 그 곳을 떠나지 않았다.

강유는 49명의 장수들과 함께 장막 밖에 서서, 공명의 기도가 끝날 때까지 식음을 하지 않고 바위같이 서 있었다. 장막 안에 있는 공명은 제단에는 향을 피우고 꽃과 제물을 올려놓았다. 일곱 개의 큰 등불이 빛나고 있었다.

공명은 온갖 제물을 바치고 향을 피우고는 쉴 새 없이 주문을 외웠다. 그러다가도 가끔 정화수를 갈아놓았다. 갈아놓을 때마다 일곱 번을 절하고 하늘에 비는 것이었다.

위군 병사들은 망아지 떼처럼 풀 위에 쓰러져 자기도 하고 휴식을 취하기도 하였다. 일년 중에 가장 좋은 계절인 8월 밝은 밤을 즐기고 있는 것이었다.

"앗 저게 무엇이냐? 별이 떨어진다! 세 개나 떨어졌는데 둘은 되살아나고, 하나는 촉군 진영에 떨어졌다."

"이렇게 구경만 하고 있을 게 아니라, 빨리 대장님께 가서 보고하자."

군사들은 그 광경을 보고 진영에 돌아와 그 상관에게 보고하였다.

이날 밤 사마의에게도 똑같은 보고가 들어왔다.

그 보고를 받고 사마의는 눈에 광채를 띠고 하후패를 불러오라고 하였다. 하후패는 갑작스런 호출 명령을 받고 급히 사마의 앞으로 나왔다. 사마의는 진문 밖에 나가 하늘을 쳐다보다가 하후패를 보자 급히 명령했다.

"공명이 위독한 모양이다. 혹시 오늘 저녁에 죽을지도 모른다. 천문을 보니 큰 별도 이미 그 위치를 잃고 있어. 그대는 1천 명을 이끌고 급히 오장원으로 가서 촉진을 살펴라. 만일 촉군이 공격해 오면, 아직도 공명의 병이 위독하지 않은 증거이니 군사들을 후퇴시켜라."

명을 받은 하후패는 1천 명을 데리고 오장원으로 향했다.

이날 밤은 공명이 기도를 시작한 지 엿새째의 밤이었다. 앞으로 하룻밤만 무사히 넘기면 기도는 성공하는 것이다. 아직도 등불은 환하게 타오르고 있었다.

'아아, 나의 기도를 하늘이 들어 주시는가 보다.'

마음속으로 흡족해 하며 공명은 더욱 정성껏 기도를 올렸다. 장막 밖에서 지키고 있던 강유도 똑같은 마음이었다. 다만 걱정되는 것은 기도하는 도중에 공명이 숨을 거두지 않을까 하는 걱정뿐이었다. 강유는 가끔 장막 안을 살며시 들여다보았다.

공명은 머리를 풀고 보검을 잡은 채 기도하고 있었다.

"승상께서는 오직 나라를 위해 온갖 고통을 참고 계시는구나!"

강유는 솟아오르려는 눈물을 겨우 참았다. 공명의 모습이 그대로 정의의 화신처럼 보였기 때문이었다. 밤이 꽤 깊었을 때 갑자기 진문 밖에서 함성이 들려 왔다.

강유는 깜짝 놀라서 군사를 불러 저게 무슨 함성인지 알아보라고 하였다.

그 때 위연이 헐레벌떡거리며 달려오더니 장막 앞에 서 있는 강유를 밀치고 장막 안으로 뛰어 들어갔다. 미처 강유가 말릴 틈도 없었다.

"승상, 승상! 위군이 습격해 옵니다. 이제 우리가 바라던 대로 되었습니다."

하고 외치며 위연이 공명의 앞에 무릎을 꿇으려고 하는 순간, 무언가에 걸렸는지 제단 위에 놓여 있던 제물이 한꺼번에 모두 무너져 버렸다.

위연이 실수했다 하여 뒤돌아서려 할 때 발에 걸려 아래에 떨어진 등불을 밟는 바람에 마침내 등불이 꺼지고 말았다.

그 때까지 화석처럼 기도를 올리던 공명은 갑자기 보검을 던지며 하늘을 우러러 길게 탄식하였다.

'아, 죽고 사는 것은 다 하늘의 뜻이로구나. 빈다고 해서 무엇이 달라지겠는가!'

강유가 곧 뛰어와서 칼을 빼어 위연을 내리치려고 하자, 공명은 날카로운 목소리로 강유를 꾸짖었다.

"등불이 꺼진 것은 위연의 잘못이 아니고, 내 명이 다해서 그런 것이다."

그 말을 마치자 공명은 자리에 쓰러져 누웠다. 누워있으면서도 공명은 진영 밖에서 함성이 크게 일어나자 갑자기 고개를 들고 명령을 내렸다.

"적의 습격은 사마의가 나의 병이 위독한가를 알아보려고 급히 군사를 보낸 것이니 위연 장군은 빨리 나가서 적군을 물리치시오."

풀이 죽어 있던 위연은 공명의 명령이 떨어지자 용기를 되찾아 한 걸음에 장막 밖으로 뛰어나갔다. 위연이 싸움터에 나타나자 요란하던 함성은 뚝 그쳤다. 촉군이 맹렬히 공격하자 하후패는 사마의의 주의대로 자기 진영으로 달아나 버린 것이었다.

공명의 병은 이때부터 정신적으로나 육체적으로나 다시는 회복될 수 없게 되었다. 다음날 중태에 빠진 공명은 강유를 가까이 불러 놓고 당부했다.

"나는 중원을 되찾아 한실을 다시 일으키려 하였으나 하늘이 이것을 허락하지 않는구나. 내가 오늘날까지 배운 것을 24권으로 적어 놓은 것이다. 그대를 빼놓고는 이를 물려줄 사람이 없어 그대에게 물려주니 소홀히 다루지 않도록 하라."

하고 공명은 서적을 강유에게 주고 나서 다시 입을 열었다.

"뒷일을 그대에게 맡긴다. 이 세상에서 그대를 만난 것을 다행으로 생각한다. 촉은 모든 도로가 험준하여 지키는 데는 별로 어려움이 없을 것이다. 다만 음평으로 통하는 길은 허술하니 방심하다 보면 남의 나라에 빼앗길 수도 있다. 그러니 잘 지켜서 촉나라가 오래 융성하도록 힘써라."

강유는 목이 메어 아무 말도 할 수 없었기 때문에 공명의 유언을 묵묵히 듣고만 있었다.

공명은 양의를 불러 오라 한 다음 그를 병상 옆으로 가까이 불러 비단 주머니 한 개를 주며 말하였다.

"내가 죽으면 위연은 틀림없이 우리를 배반할 것이오. 그가 배반하거든 진중에서 이것을 열어 보도록 하라. 위연의 목을 벨 사람이 나타날 것이다."

이날 밤부터 공명의 병은 심해졌다. 혼수상태에 빠졌다가도 다시 깨어나기를 여러 날 계속하였다.

오장원에서 한중, 다시 한중에서 성도로 밤낮을 가리지 않고 사자가 말을 몰았다. 촉의 서울은 멀고 더욱이 기다리는 사람들에겐 한없이 멀게만 생각되었다.

그 소식을 들은 후주 유선의 놀라움은 컸다. 칙명을 받고 이복이 밤낮으로 오고 있다는 소식도 들어왔으나 오장원에는 좀처럼 나타나지 않았다.

그러나 다행히 비위가 오장원에 아직도 머무르고 있었다. 공명은 자신이 세상을 떠난 다음 그에게 맡길 일이 많음을 생각하였다.

그리하여 하루는 비위를 불러놓고 간곡히 부탁했다.

"후주께서도 이미 성인이 되셨으나 유감스럽게도 선제께서와 같이 어려움을 잘 모르십니다. 그렇기 때문에 세상을 바라보심이 너무 얕으시고 백성들의 마음을 살피시기에도 어둡습니다. 그러니 보필하는 사람들이 심혈을 기울여 후주의 덕망을 높이고 사직을 굳게 지키며, 따라서 선제의 유덕을 언제나 거울로 삼아 나라를 다스린다면 틀림이 없으리라 생각합니다. 그리고 내가 부리던 사람을 함부로 내쫓지 마시오. 그 중에 마대는 충의로운 장수이니, 더욱 중히 쓰기 바라오. 여러 가지 일은 그대가 총괄하도록 하시고 나의 병법은 모두 강유에게 물려주었으니, 그는 아직 어리다고는 하나 능히 내 뒤를 이어서 국가를 위해 그 병법을 쓸 사람이오."

하고 나직이 유언을 하는 공명의 얼굴에는 어딘지 모르게 무거운 짐을 벗은 듯한 가볍고 밝은 빛이 떠올랐다.

하루, 이틀이 지났다. 공명은 중태에 빠져 눈을 지그시 감고 있었다.

어느 날 아침이었다. 공명은 진영을 둘러보기 위해,

"나를 부축하여 수레에 앉게 하라."

하고 좌우에 있는 대신들에게 명령했다.

공명은 몸소 깨끗한 옷으로 갈아입었다. 목숨이 다하는 순간까지도 일에 신경을 쓰고 있는 공명의 모습에 여러 장수와 군의는 소리 없이 눈물을 흘렸다.

천군만마를 왕래하던 네 바퀴 수레가 이르렀다. 공명은 백우선을 들고 수레 위에 앉아 진중을 고요히 둘러봤다.

이날 아침, 하얀 이슬이 빛나고 가을바람이 얼굴을 스쳐 싸늘한 차가움이 뼛속까지 스며드는 것을 느끼며 공명은 탄식하였다.

'아, 하늘은 끝이 없는데, 어찌하여 우리네 인간에게는 끝이 있는가!'

장막 안으로 돌아와 자리에 누웠으나, 이날 이후로 목소리도 약해졌고 눈썹으로부터 콧등에까지 죽음의 그림자가 나타나기 시작하였다. 양의를 불러 다시 간곡히 부탁하고, 또한 왕평, 요화, 장익, 오의 등 여러 장수를 머리맡에 불러 제각기 뒷일을 부탁하는 말을 하였다.

강유는 밤낮을 헤아리지 않고 공명의 곁에서 시중을 들었다.

공명은 강유를 향하여 명령하였다.

"책상에다 향을 피우고, 벼루와 먹을 준비하라."

이윽고 강유는 목욕을 하고 책상 앞에 꿇어앉았다. 이것이야말로 촉의 황제에게 보내는 상소문이었다. 상소문을 쓰게 한 다음 여러 장수들을 고요히 돌아다보며 말했다.

"내가 죽었다는 사실을 비밀로 하고 감실을 만들어 내 시체를 그 안에 앉히고 쌀 일곱 알을 입 안에 넣은 뒤 다리 밑에 밝은 등불 한 개를 켜 놓으시오. 또한 진중을 평상시와 마찬가지로 차분하게 하고, 절대로 슬퍼하여 우는 일이 없도록 하시오 중달은 장성이 떨어진 것을 보고 틀림없이 의심할 것이니, 군대의 뒤쪽부터 서서히 후퇴하시오 만약 내가 죽은 사실을 알면 틀림없이 기회가 왔다고 생각하고 사마의가 전군을 데리고 쳐들어 올 것이오 이때를 대비하여 이미 나의 목상을 두 개 조각하게 하였소. 좌상을 수레에 태워 주위를 청실로 두르고 아무도 가까이 오지 못하게 하여 내가 아직 살아있음을 우리 군사들로 하여금 믿도록 하고, 내 목상이 실린 수레를 진 앞에 끌어내고 여러 장수를 좌우로 세우도록 하시오 그런 다음 때를 엿보아 위군 선봉을 쫓고 퇴로를 열어놓은 후 비로소 나의 상례를 치룬다면, 큰 어려움이 없이 전군이 귀국할 수 있을 것이다."

그리고 나서 힘없이 마지막 부탁을 하며 눈을 지그시 감았다.

"이제 더 이상 할 말이 없소 모두 한마음이 되어 나라를 위하고, 그 직분을 다해 주기를 바라오."

여러 장수들은 말없이 흐느껴 울었다. 싸늘한 가을 바람이 그 위로 스쳐 지나가며 스며들 뿐이었다. 흐느껴 우는 장수들의 애끓는 울음소리도 이젠 듣지 못하고 있는 모양이었다. 얼굴이 백납같이 갑자기 희어지고 검고 긴 눈썹만이 살아있는 것 같았다. 숨을 아주 거두어버린 것이다.

때는 촉한 건흥 13년 가을 8월 23일. 공명의 나이는 54세였다.

슬픔을 뒤로 한 채 촉진은 최전선에 위연군만 남겨두고 철수하기 시작하였다.

그 무렵, 사마의의 명령을 받고 오장원에 정찰을 갔던 하후패가 쏜살같이 돌아와 사마의에게 보고하였다.

"촉군 진영이 좀 이상합니다. 촉군은 조용히 후퇴할 준비를 하고 있었습니다."

사마의는 손뼉을 치며 크게 뜬 두 눈동자에도 흥분의 빛을 띠면서 여러 장수를 둘러보고 소리를 질렀다.

"공명이 정말로 죽었구나. 지금이야말로 촉군을 섬멸할 때가 왔다. 하늘이 기회를 준 것이니 빨리 출전을 알리는 북을 올려라."

갑자기 북 소리가 천지를 뒤흔들자 진문마다 깃발은 물결치고 말은 울부짖으며 둑이 터진 강물처럼 터져 나오는 위의 군사는 앞을 다투어 오장원을 향하여 진격하였다.

"아버님, 너무 서두르지 마십시오."

두 아들은 늙은 아버지의 패기에 찬 모습을 보고 걱정스러운 듯 말하였다.

"공명이 죽었으니 걱정 할 것 없다. 촉군을 죽이고 살리는 건 이제 우리 손에 달려 있다."

말을 마친 사마의는 곁눈질도 하지 않고 말을 빨리 몰아갔다.

그러자 하후패가 또 말하였다.

"도독께서는 너무 앞으로 나가시지 마시고 선봉에 선 장수가 앞으로 나갈 때까지 잠시 머물러 계십시오."

사마의는 힐끗 뒤돌아보며 그것은 병법을 모르는 소리라고 꾸짖으며 조금도 말고삐를 늦추려 하지 않았다.

이윽고 오장원에 있는 촉진에 가까이 왔다. 위군 선봉이 쏟아져 들어갔으나 촉군은 한 명도 없었다. 사마의는 마음이 더욱더 조급해졌다. 적이 멀리 가지 않았다는 것을 누구보다도 굳게 믿었기 때문에 사마의는 두 아들을 돌아보며 말했다.

"너희들은 뒤의 군사를 이끌고 오너라. 적은 멀리 못 갔을 테니 내가 먼저 그들을 쫓겠다."

두 아들을 재촉한 뒤 숨을 돌릴 사이도 없이 재빨리 추격해 갔다.

이 때 숲 사이에서 갑자기 떠나갈 듯한 북 소리가 들려왔다. 사마의는 말을 멈추고 바라보니 한 떼의 군마가 달려오는 가운데 촉군 깃발과 승상기가 바람에 일렁이고 있었다. 또 눈에 익었던 공명을 실은 사륜차를 선두로 바람같이 밀려오고 있었다.

사마의는 그 모습을 보고 기절할 만큼 놀랐다. 죽은 줄만 알았던 공명이 수레 위에 백우선을 들고 앉아 있었다. 수레의 좌우를 호위하고 있는 것은 강유를 비롯하여 수십 명의 장수들이었다. 창을 들고 질풍처럼 달려오는 모습에는 상을 당하고 사기를 잃은 그림자는 찾으려고 해도 찾을 수가 없었다.

"공명이 아직 살아있다! 또 다시 속임수에 걸려들었으니 즉시 퇴군하라."

사마의는 말머리를 돌려 도망갔다.
"사마의는 도망치지 말고 네 놈의 머리를 내 놓아라!"
촉장 강유는 창을 겨누고 말을 달려 사마의를 추격했다. 갑자기 대도독 사마의가 말머리를 돌려 달아나자 선봉에서 밀려오던 위군 장수들도 깜짝 놀라 그대로 사마의의 뒤를 따르고 말았다.
"공명이 살아있다!"
그 말에 뒤를 따르던 위의 대군과 선봉이 부딪치면서 말과 말이 서로 부딪치고 군사는 군사를 서로 짓밟으며 그야말로 아비규환과 같은 일대 혼란이 벌어졌다. 이 틈을 노리고 촉군은 닥치는 대로 죽이고 또 죽였다. 강유는 난군을 헤치고 창을 휘두르며 사마의의 뒤를 바싹 추격했다.
사마의는 뒤돌아보지도 않고 달리기만 하였다. 군사들이야 죽든지 말든지 오른손에 잡은 채찍으로 말 엉덩이를 계속 내리치기만 하였다. 곁눈질도 하지 않고 마음속으로는 하늘이 도와 이 함정을 빠져나가기를 수없이 빌고 또 빌었다.
그러나 가도 가도 뒤쫓는 말발굽 소리만 들려 왔다. 약 50리를 달려 왔다. 천하의 준마도 거품을 물고 녹초가 되어 비틀거리는 것이었다. 아무리 채찍질을 하여도 말은 한곳에 머물러 있는 것 같았다.
"도독, 말을 멈추십시오. 이제는 안심하셔도 됩니다."
하는 말소리에 말을 멈추고 돌아보니 하후패와 하후위 형제가 쫓아오자, 사마의는 비로소 안도의 한숨을 내쉬었다.
그러나 비 오듯 땀이 흘러 눈이 쓰려 한동안 주위를 분별하지 못했다. 사마의가 이처럼 놀라 달아났으니, 위의 대군의 피해란 이루 말할 수 없었다.
이 때 하후패 형제는 촉군이 급히 퇴군하는 것 같으니 또다시 추격하자고 했다.
그러나 공명이 살아있다고 믿는 사마의는 다시 추격할 결심을 하지 못하고 전군에 퇴각을 명하고 자신도 위수 본진으로 돌아갔다. 패주하여 피투성이가 된 장수와 군사들이 계속 진중으로 돌아왔다. 그리고 여러 군데에서 들려오는 보고를 들었다.
그 가운데에는 백성들의 말도 들어 있었다. 촉군의 대부분은 그 전날 오장원을 떠났고, 후군인 강유의 부대만이 남아있다는 것이었다. 오장원 서쪽을 먼저 떠나간 촉군의 선봉은 흰 조기와 검은 상기를 들고, 영구차를 끌고 갔으며 군사들의 울음소리가 밤새도록 그치지 않더라는 것이었다. 사륜차 위의 공명도 아마도 깨끗하게 복제하여 포장한 목상 같다고 말하는 것이었다. 이러한 보고를 들은 사마의는 비로소 공명이 죽었음을 알게 되었다.
사마의는 부랴부랴 촉군을 추격해갔으나 구름이 산허리에 흐르고 있을 뿐 촉군의 그림자도 보이지 않았다.

"이제 추격해야 별 이득이 없다. 장안에 돌아가 나도 쉬고 싶구나."

하고 적안파에서 뒤돌아오며, 공명이 진을 쳤던 아래를 살펴보았다. 그가 출입한 길, 여러 영문할 것 없이 자국마다 질서 정연히 진법을 따르지 않은 것이 없었다. 사마의는 말을 세워 물끄러미 서서 살아있을 때의 공명을 생각하며 중얼거렸다.

'참으로 그는 천하의 기재다. 적어도 이 땅 위에서 다시는 그러한 사람은 볼 수는 없을 것이다.'

일은 혼자 하는 것이 아니다

공명은 위나라를 무너뜨려 한나라를 부흥시키고자 했지만, 그것은 한마디로 무리였다. 비록 공명의 재주가 출중하다고는 하나, 워낙 군사력에서 차이가 나다보니 사마의가 지키기만 해도 공명으로서는 더이상 어떻게 할 수가 없었다. 그런데도 공명은 그것을 멈추지 않았다. 문제는 나라가 작기 때문에 촉나라에는 그다지 인재가 많지 않았다는 점이다. 특히 유비가 이릉대전에서 대패함으로써 촉은 인재가 고갈되다시피 하였다. 그래서 공명 혼자서 고군분투하여 겨우 나라를 정비할 수 있었다. 그것만이 아니었다. 공명이 나이도 먹을 만치 먹은 데다 혼자서 국사까지 돌보면서 전쟁까지 몸소 치러야 하니 철인이라 해도 버티기가 어려웠다. 게다가 계속되는 전쟁으로 인해 나라는 피폐해지고 너무나 많은 사람들이 죽었다. 인재가 없어 말이 앞서는 마속까지 중용하였다. 그 바람에 그 동안 홀로 고군분투한 공명의 노력은 한순간에 물거품이 되었다. 나이 어린 유선조차 전쟁을 반대했다. 그런데도 불구하고 공명은 자신의 뜻을 굽히지 않고 후 출사표까지 쓰며 또다시 전쟁을 감행하였다. 촉의 운명이 서서히 다해가고 있는 것이다.

이런 무리한 전쟁은 공명에게 심적인 타격을 주면서 공명의 건강은 극도로 악화되어 갔다. 더군다나 제대로 먹지도 않으면서 모든 것을 손수 자신이 챙겼다. 무리하면 탈이 나기 마련이다. 사마의의 말대로 참으로 뛰어난 귀재였지만 그로 인해 자신의 몸만 혹사시키는 바람에 전쟁터에서 뜻을 이루지 못하고 전쟁터에서 죽고 말았다.

진정으로 현명한 지도자라면 다른 사람의 재능을 이용해 목적한 바를 이루도록 하는 것이 바람직하다고 생각한다. 공명은 자신이 아니면 위나라를 정벌할 수 없다고 생각해 무리하게 전쟁을 감행했지만 자신 말고는 믿을만한 인재가 없다면 무리하게 전쟁을 하지 말았어야 했다. 전쟁을 한 것은 분명 공명의 욕심이었다. 그래서 관자는 "천하는 얻고자 한다면 반드시 사람을 먼저 얻어야 한다."고 했다.

더욱이 공명처럼 국사에서 전쟁까지 모든 일을 자신이 직접 챙기는 사람은 훌륭한 지도자라 할 수 없다. 최고의 지도자는 자신보다 나은 사람들을 써서 나라가 잘 돌아가게 만드는 것이다. 인재가 없다고 자신이 직접 챙기다 보면 부하 직원들은 수동적이 되어 일을 할 의욕마저 상실할 뿐만 아니라 공명처럼 자신의 몸과 마음이 모두 지치게 된다. 그러므로 최대한 인재를 발굴하여 그 인재로 하여금 책임지고 일을 하도록 일을 분산해야 한다. 백지장도 맞들면 낫듯이 일을 혼자서 하는 것보다 함께 힘을 합쳐서 하는 편이 훨씬 낫다. 총명한 지도자라면 부하 직원들이 충분히 재능을 발휘하게 하여 목적한 바를 달성하도록 해야 하는 것이다. 그래서 한비자는 "현명한 군주란 지혜로운 자로 하여금 그의 지모를 다하게 하고, 군주는 그들의 지모로 나랏일을 결정하는 것이니 군주의 지혜는 무궁할 것이다."라고 하였다.

동오의 제왕 손권은 오나라를 어렵지 않게 반석 위에 올려놓을 수 있었던 것은 인재를 활용하는 탁월한 능력이 있었기 때문이다. 손권은 "여러 사람이 손을 쓸 수 있으면 천하에 대적할 자가 없고 여러 사람의 지혜를 쓸 수 있다면 성인의 지혜도 두렵지 않다."고 하였다. 그는 젊은 나이에 '한 사람의 지혜와 힘'보다는 '여러 사람의 지혜와 힘'이 중요하다는 것을 일찍이 깨달은 것이다. 그래서 그는 부하들의 단점은 보지 않고 장점을 귀하게 여겨 장점에 따라 인재를 기용하여 성공한 군주가 되었다.

진정 큰 지도자라면 자신이 일을 직접 하기보다는 손권처럼 자신보다 나은 사람을 발굴하여 그 사람들이 적재적소에서 능력을 발휘하게 하여 계획을 실행하는 것이 좋다. 손권이나 유비나 큰 힘 들이지 않고 자신의 왕국을 건설할 수 있었던 것은 인재를 적재적소에 썼기 때문이다. 그러므로 공명처럼 모든 일을 혼자서 하려고 하는 것은 그리 현명한 처사가 아니다. 진정으로 현명한 사람은 자기보다 현명한 인물을 주변에 끌어 모아 그들이 최대한 능력을 발휘하게 하는 것이다. 그래서 당태종은 "정치를 다루는 핵심은 인재를 얻음에 있다."고 하였다.

다수의 신뢰가 성공의 밑거름이다

일을 쉽게 성취하기 위해서는 공명처럼 혼자 결정하기 보다는 다수의 신뢰를 얻는 것이 무엇보다 중요하다. 다수가 반대하면 하지 않는 것이 바람직하다. 공명처럼 다수가 반대하는데도 불구하고 자신의 뜻을 밀고 나가면 성공하기 어렵다. 일을 하는데 협조가 잘 이루어지지 않기 때문이다. 무엇이든 자신의 욕심이 앞서면 일을 성취하기가 어려워진다. 다른 사람의 말도 들어보고 호응을 얻어야 비로소 성공 가능성이 높아진다. 다수가 반대하면 설령 될 일도 되지 않는다. 자신의 욕심이 앞서다 보면 다른 사람의 반감을 사 좋은 결과를 얻기가 힘들다. 많은 대신뿐 아니라 유선조차 반대하는 상황에서 공명은 홀로 무모한 전쟁을 감행하였다. 유선 입장에서는 백성들을 고통스럽게 하는 전쟁이 좋을 리 없었다. 그렇지만 공명은 한실 부흥이라는 명목아래 끝없이 전쟁만 일삼았다. 그래서 일에서 좋은 결과를 얻기 위해서는 다수의 정서에 반하기보단 다수의 정서에 따라 행동하고 사리에 맞게 처신해야 한다. 일을 할 때 자신의 노력도 중요하지만 주변의 사람들의 신뢰를 얻어 일을 효율성을 높이는 것도 그만큼 중요하다는 것을 명심해야 한다. 그래서 링컨은 "여론에 따라 일을 추진하면 실패하지 않지만 여론을 거스르면 절대 성공할 수 없다."고 하였다.

　게다가 공명은 너무나 자신의 목표에 집착하였다. 노자는 "만족할 줄 알면 치욕을 당하지 않고, 멈출 줄 알면 위태롭지 않고 오래 지탱할 수 있다."고 하였다. 허나 공명은 한실 부흥이라는 유비의 뜻을 지신이 아니면 누구도 할 수 없다는 생각에 멈출 줄을 몰랐다. 공명의 마음속에 자신이 없으면 안 된다는 자만심과 오만함이 작용하여 전쟁을 감행한 것이다. 그러나 이미 유방이 설립한 한나라는 그 당시만 해도 유명무실한 나라였다. 국민을 돌보지 않았기 때문에 황건적으로 난으로 이미 무너진 상태였다. 그런데 왜 굳이 유 씨 가문의 한나라를 다시 부활하려고 하는 것인가? 그건 권력자들의 대의명분은 될 수 있지만 백성들의 뜻은 아니라고 본다. 백성들이라면 누구나 편안하게 살 수 있는 전쟁 없는 세상을 바라기 때문이다. 그래서 공명은 훌륭한 지도자가 아니라고 생각한다.

　노자는 훌륭한 지도자는 힘을 과시하거나 남용하여 전쟁을 일으키는 사람이 아니라고 한다. 나만이 할 수 있다고 하여 힘을 사용하는 것은 오히려 강한 반발에 부딪혀 낭패를 보기 쉬운 것이다. 그래서 노자는 "뛰어난 지도자는 무력을 함부로 사용하지 않는다. 전쟁을 잘 하는 사람은 감정에 이끌려 행동하지 않는다. 이기기를 잘 하는 사람은 힘의 대결을 삼간다."고 말하면서 '부쟁지덕不爭之德'을 강조하였다. 나만이 할 수 있다는 자만심이나 오만을 버리고 겸손한 마음이 있어야 진정한 지도자가 된다는 것이다.

진정으로 백성을 위한다면 전쟁을 감행하는 것은 좋지 않은 것이다. 특히 소국이 대국을 쳐들어간다는 것 자체가 무리다. 사마의처럼 지키기만 해도 소국이 대국을 이길 확률은 거의 없기 때문이다. 대국을 이기기 위해선 자신을 혹사시킬 수밖에 없다. 그래서 손자는 승산 없는 싸움은 하지 말라고 하였다. 그리고 성공에 집착하다 보면 성공의 딜레마에 빠져 자신의 자유와 주체적인 삶을 포기할 수밖에 없는 지경에 이르게 된다. 사회적으로 성공하고도 불행한 삶을 사는 이유도 여기에 있다. 그러므로 성공해야 한다는 강박관념에서 벗어나 어떻게 살 것인가를 먼저 생각하고 그에 맞는 일을 찾아 일 자체를 즐기도록 하는 것이 보다 현명하다고 생각한다. 과도하면 자연성을 거스르고 자연성을 거스르면 생명을 위태롭게 하는 것이다. 공명의 죽음은 자연성을 거스른 결과라고 생각한다.

32. 부자 3대 가기 어렵다 - 촉의 멸망

우리는 흔히 어린이를 순수하다고 생각하는 버릇이 있다. 어른처럼 이해관계를 모르기 때문에 영혼이 맑고 깨끗하다고 생각하는 것이다. 허나 이것은 분명 큰 착각이다. 어린이라 해서 너무 순수하게 보아서는 곤란하다. 어린이도 어른 못지않게 영악하다. 어린이도 자신을 보호하기 위해 주변의 눈치를 보며 산다는 사실을 망각한 것이다. 어른보다 돈의 개념을 모르기 때문에 순수한 것처럼 보이지만 실은 그렇지가 않다. 어린이들도 어른 못지않게 거짓말도 잘하고, 남을 한없이 깔보기도 하며, 화려한 것을 동경하여 명품을 좋아하고, 남한테 지지 않으려고 싸우기도 하며, 자신의 이름이 호명되는 것을 좋아하고, 기다릴 줄 모르고, 남을 시기하고 질투한다. 특히 정신적 가치를 모르고 겉보기에 화려한 집안에 자라난 아이들일수록 이런 마음이 더 심하다.

아이들의 이런 마음을 보고도 기를 죽인다고 내버려 두는 것은 어른들의 직무유기이다. 지금 아이들은 천방지축이다. 학교조차 아이들을 포기한 상태다. 게다가 지금과 같이 부모가 아이들을 감싸고 기르면 어떻게 되겠는가? 이런 아이들은 독립심이 없어 커서도 부모에게 의존하려고 할 뿐만 아니라 일에 힘쓰기보다는 편안하고 안락한 생활, 더 나아가 향락적인 생활을 추구한다. 결국 이런 아이들은 가산을 탕진하고 또다시 부모에게 손을 내미는 처지가 된다. 특히 돈으로 키운 아이들은 더욱 이런 경향이 강하다. 허나 이들은 돈도 영원할 수 없다는 것을 모른다. 돈이 없어지는 순간 세상의 모든 고통이 통째로 날아와 삶을 지탱할 수 있는 의지마저 꺾인다. 부모의 품속에서 풍요롭게 자란 아이들은 세상이 어려워지면 사회적 고통을 이겨낼 수 있는 면역력이 없어 그대로 주저앉고 만다. 지금 젊은이들의 자살이 많은 것도 고통을 이겨낼 수 있는 면역력이 부족하기 때문이다.

현명한 부모라면 자식들에게 사랑을 무분별하게 쏟아 부어서는 안 된다는 사실을 알고 있다. 어린 시절 거친 밥과 음식을 먹어 보아야 결코 녹록하지 않은 세상에서 굳세게 자랄 수 있다는 것을 알고 있는 것이다. 공자의 주장처럼 사랑도 옳고 그름을 분별하는 합리적인 사랑을 해야 한다. 무분별한 사랑은 자식들에게 안락함과 향락을 좋아하게 하고 망나니처럼 행동하게 한다. 최근에 대두되는 재벌 3세들의 갑질은 바로 부모들의 무분별한 사랑에 기인한 것이다. 오늘날 분별력이 없이 철부지처럼 자란 아이들의 태반은 거의 부모들의 잘못된 사랑으로 빚어졌다고 해도 과언이 아니다.

덕장 유비도 유선을 강하게 키우지 못한 것으로 보인다. 유선은 유비처럼 부드러운 품성이 있는 것 같으나 강력한 카르스마도 없어 황호 환관의 말에 좌지우지 되고 정치보다는 주색잡기에 빠지는 성향을 보였다. 공명이 죽기 전에는 공명이 모든 것을 알아서 했다. 그리고 공명이 전쟁을 감행하는 바람에 촉은 이미 기가 많이 쇠했다고 볼 수 있다. 공명이 없는 상황에서 유선이 다스리는 촉의 운명은 과연 어떻게 될 것인가?

위나라의 왕 조예는 사치와 방탕을 일삼다가 죽을 때 제갈량이 유현덕의 유언을 받들어 죽을 때까지 충성을 다한 것처럼, 조정의 문무 대신들은 대국답게 자신을 이을 어린 조방을 잘 보필해 주기를 유언하였다.

그런데 사마의는 조씨 가문의 조상의 간계로 태위에서 태부자리로 물러나고 말았다. 사마의는 자신을 시기하는 세력이 있다고 생각하여 그의 자식들까지 자리에서 물러나게 한 뒤 병을 핑계로 일체 바깥 출입을 삼가 하였다. 조상이 유리한 위치에 있자, 재빨리 사마의는 상대의 예리한 칼날을 피하기 위해 위장하면서 기회만 엿보고 있었다.

마침내 10년의 세월이 흘러갔다. 조상은 거의 사마의의 존재를 까마득히 잊고 있었다. 그래도 주변의 권고로 주의를 기울였다. 사냥을 나가려 할 때 사마의의 동태를 살피기로 하였다.

이 낌새를 알아챈 사마의는 아픈 척을 하여 조상이 안심하도록 만들었다. 그리고 곧바로 조상이 안심하고 조방과 함께 사냥하러 나갈 때 두 아들과 함께 조상을 치기로 하였다.

조상은 사마의가 정상적인 사람이 아니라는 보고만 믿고 방심하다가 사마의의 일격에 그만 목이 달아나고 말았다. 위나라의 실권은 이제 사마 씨 형제가 잡게 되었다.

사마의가 죽자 그의 아들들이 마침내 전권을 휘두르게 되었다. 위나라의 실제 주인은 이젠 조조의 후예 조 씨가 아니라 사마의의 후예 사마 씨가 승계한 것이나 마찬가지였다.

동오와의 싸움에서 사마사가 승리하자, 사마 형제의 위세는 실로 대단하여 위주 조방조차 자리에서 일어나 사마사를 맞이할 정도였다.

또한 모든 신하조차 나랏일을 사마사에게 고하고 상의하니 조방은 하는 일이 없는 꼭두각시에 지나지 않았다.

더군다나 사마사가 행차할 때는 수백 명의 무리가 따랐으나, 조방을 따르는 신하는 겨우 셋에 지나지 않았다.

이 모습을 지켜본 조방은 자신을 따르는 태상 하후현과 중서령 이풍, 그리고 광록대부이자, 조방의 장인인 장즙을 밀실로 불러들여 혈서를 써 사마사를 제거할 일을 모의하였다. 그러나 그 일은 그 날로 바로 들통이 나 세 사람은 목이 베이고 말았다.

그리고 나서 사마사는 바로 조방을 찾아가 칼을 뽑아들고 노기를 띠며 물었다.

"신의 아비가 폐하를 세우셨으니 그 공이 크거니와 신 또한 폐하 섬기기를 하늘과 같이 했습니다. 그런데 폐하께서는 은혜를 원수로 갚으시려고, 보잘 것 없는 신하 셋과 짜고 신의 형제를 죽이려 하니 그 까닭이 대체 무엇인지 알고 싶습니다."

"그, 그게 무슨 말씀이시오?"

그러자 사마사는 소매에서 혈서로 쓴 헝겊을 꺼내 땅바닥에 던지며 말했다.

그것을 보자, 조방은 식은 땀을 흘리며 사마사 앞에 무릎을 꿇고 용서를 빌었으나 사마사는 냉정했다.

"폐하께서는 이제 일어나십시오. 그러나 나라의 대신을 함부로 모함해 반역을 꾸민 죄는 반드시 벌을 주어야 합니다."

그리고 나서 장 황후는 장즙의 딸이니 목졸라 죽이라 명하여 결국 장 황후는 흰 비단에 목 졸려 죽었다.

사마사는 그것으로 끝내지 않고 마침내 조방을 쫓아내고 말았다. 그리고 조모를 제위에 오르게 하여 새 황제로 세웠다.

새로운 위주 조모는 대장군 사마사에게 황금 도끼를 내리고, 칼을 차고 어전에 오를 수 있도록 했다.

이처럼 사마사의 권세가 하늘을 찌를 듯이 올라가자 나라 안에는 이에 반대하는 세력이 생겼다.

관구검은 사마사에 반대하여 마침내 군사를 일으켰다. 그 때 사마사는 왼쪽 눈 위에 혹이 생겨 혹을 짼 후였다. 그럼에도 불구하고 사마사는 직접 군사를 거느리고 난을 진압하기 위해 나섰고, 군사의 수나 기세 면에서 월등하여 관구검의 난을 쉽게 진압할 수 있었다.

사마사는 승리를 거두고 허도성에 들렀으나, 무리하게 전쟁터에 나아가는 바람에 혹을 짼 자리에 덧이 나 그만 쓰러지고 말았다. 이후로 사마사의 병이 깊어져 전혀 나을 기미는 보이지 않았고, 마침내 죽음에 임박하게 되었다.

이 소식을 듣고 동생 사마소가 급히 달려왔다.

"내가 죽거든 네가 나의 뒤를 이어 나라의 큰일을 맡도록 하고, 모든 일을 다른 사람에게 맡기지 말고 스스로 챙기도록 하라."

사마사는 인수를 사마소에게 넘겨주고 숨을 거두었고, 사마사의 죽음은 곧 낙양의 조모에게 전해졌다.

조모는 사자를 보내 사마소에게 그 곳에 머물며 동오의 방비에 힘쓰라는 명을 전했다.

그러자 심복 종회가 말했다.

"지금 대장께서 돌아가셔서 민심이 혼란한 터에 장군마저 이 곳에 머물러 계심은 옳지 않습니다. 혹시 이 틈을 타 조정에 무슨 일이라도 일어난다면 그 때가서는 이미 때를 놓치고 후회하게 될 것입니다."

사마소는 종회의 말이 옳다고 생각하여 바로 낙양을 향하여 나아갔다.

그 소식을 들은 조모는 깜짝 놀라 사마소를 대장군에다 상서사로 삼는다는 조칙을 보냈다.

비록 사마사가 죽었으나 위나라의 대권은 사마소에게 그대로 내려갔고 사마소는 스스로 황제가 되려는 야심을 노골적으로 드러냈다. 그러자 제갈량의 조카 제갈탄이 그것에 반대하며 군사를 일으켰고 손침도 그런 제갈탄을 돕기로 하였다.

그 소식은 바로 강유에게 전달되었다. 또한 사마소가 낙양과 장안의 군사를 크게 일으켜 위의 황제와 태후까지 데리고 출전하였다는 소식이었다.

강유가 기뻐서 곧 바로 후주 유선에게 표문을 올려 위를 치겠다고 하였다. 중산대부 초주가 이 사실을 듣고 탄식하며 말하였다.

'요즘 황제께서는 주색에 빠져서 환관인 황호만 믿고 국사를 방치한 채 오로지 환락만 쫓고 있는 상황에서 백약은 전쟁만 하려고 하니 장차 이 나라가 어떻게 될 것인가!'

강유는 초주의 반대를 뿌리치고 마침내 후주 유선의 허락을 받아 중원을 공격하기로 하고 부첨에게 물어보았다.

"공의 생각으로는 어느 땅으로 출동했으면 좋겠소?"

부첨이 대답하였다.

"위군의 군량과 마초는 모두 장성에 있습니다. 먼저 장성으로 나아가 군량과 마초를 태워 버린 후 그대로 밀고 나가 진천을 점령해 버린다면 중원을 점령하는 것도 시간문제라 생각합니다."

강유가 웃음을 띠고 그 생각이 옳다고 생각하여 즉시 군사를 동원하여 낙곡을 공략하고 심령을 넘어서 곧장 장성으로 향하였다.

장성을 지키는 장수는 사마망이었으나 강유의 적수가 되지 못해 이붕과 왕진 두 장수만 잃고 성안으로 쫓겨 들어갔다. 강유는 사마망을 급하게 뒤쫓아 성을 무너뜨릴 때쯤 위의 구원병이 왔다. 다름 아닌 위장 등애와 그의 아들이었다.

강유와 대치한 등애는 자기 아들 등충을 성으로 들여보내며 사마망에게 싸우지 말고 지키기만 하라고 일렀다.

"조금 있으면 지원군이 올 것이고 더욱이 강유는 양식이 떨어져 돌아갈 것이니, 그 때 강유를 치자."

강유는 계속해서 등애에게 싸움을 걸었다. 등애는 차일피일 미루기만 하고 강유의 약만 오르게 했다.

그제야 등애의 속셈을 알아차린 강유는 동오의 손침과 손을 잡고 등애를 치려고 하였다. 그런데 그 때 사마소가 수춘을 들이쳐 제갈탄을 죽이고, 도우러 왔던 오병들도 항복하였고, 지금쯤이면 그 곳에 있는 군사들이 이 곳 장성으로 오고 있을 거라는 청천벽력과도 같은 소식이 강유에게 전해졌다.

그 소식을 듣고 놀란 강유는 급히 군사를 물려 촉으로 돌아갔다.

그리고 폭정으로 국정을 문란하게 한 손침 일가를 제거한 오의 손휴는 촉의 사신으로부터 촉나라의 사정을 물었다.

"중상시 황호란 자가 권세를 잡고 나랏일을 제멋대로 하고 있는데도 공경대부들은 모두 아첨만 할 뿐 옳은 말을 간하는 신하가 없다고 합니다. 백성들은 모두 굶주린 듯 얼굴이 누렇게 떠 있었습니다. 마침 제비 같은 소인들이 당상에 우글거리고 있는데 그 큰 집이 언제 불에 탈지 모르는 판국이었습니다."

"만약에 제갈 무후께서 살아 있었다면 어찌 그 지경까지 이르렀겠는가?"

하고 탄식하며 사마소가 반역해 천자 자리를 빼앗는 날에는 반드시 오나라와 촉나라를 칠 것이니 그 경우에 대비하여 서로 힘을 합치자는 국서를 써서 후주에게 보냈다.

오나라에서 이런 국서가 온 것을 기뻐한 강유는 조종의 사정도 잘 모른 채 후주에게 표문을 올려 위를 치러 가겠다고 했다. 후주가 마지못해 허락하자 강유는 다시 20만 대군을 이끌고 한중으로 나갔다.

대장군 강유는 20만 군사를 동원하여 후주와 작별하고 한중으로 나와 먼저 쳐들어갈 곳을 하후패와 상의했다.

하후패가 지난날 제갈승상께서도 여섯 번이나 기산으로 나아가셨으니 기산으로 가자고 하였다.

강유는 그 말에 따라 즉시 기산으로 출진하여 골짜기 어귀에다 진을 쳤다.

그 때 마침 위의 등애는 기산에 머물고 있었는데 급하게 정탐꾼이 달려와 그 사실을 알렸다.

등애는 보고를 받고 크게 기뻐하며 혼자 중얼거렸다.

'음. 내 짐작대로 딱 맞아 떨어지는구나!'

등애는 미리 지형을 조사하여 일부러 촉군이 진을 세울 만한 곳을 남겨두고 자신의 진영으로부터 촉군의 진영에 이르기까지 땅굴을 파 놓고 오기만을 기다리고 있었다.

등애는 그의 아들 등충을 불러 사찬과 함께 각각 1만 군사를 이끌고 좌우에서 공격하게 하고, 부장 정윤에게는 땅굴 팠던 군사 5백 명을 거느리고 그날 밤 2경에 굴속을 통해 진격하였다. 바로 촉군 왼쪽 진영까지 그대로 밀고 나가서 기습하라고 지시하였다.

이 때 강유가 골짜기 어귀에 도착하여 그 곳에 진을 셋으로 나누어 세웠다. 위군이 파놓은 땅굴은 바로 촉군의 왼쪽 진영 밑에 나 있었다. 그 진영에는 왕함과 장빈이 군사를 거느리고 있었다.

등애는 즉시 동충과 사찬을 불러 군사 만명을 이끌고 촉군을 습격하라고 한 다음, 정윤에게는 군사 5백명을 거느리고 땅굴을 통해 촉의 진지를 공격할 것을 명령하였다.

강유 편의 장수 왕함과 장빈은 그때까지도 진지를 제대로 세우지 못해서 위군의 공격에 대비하여 불안해 갑옷도 벗지 못한 채 잠을 자고 있었다.

그런데 갑자기 군사들이 동요하는지라 황급히 일어나 무기를 들고 말에 올랐을 때에는 벌써 진영 안으로 위의 정윤이 군사를 거느리고 쳐들어오고 있었다. 왕함과 장빈은 죽기를 각오하고 싸웠지만 등충군이 진영 밖에서 또 다시 협공해 왔으므로 결국 대적하지 못하고 진영을 버리고 달아나고 말았다.

이때 중군에 있던 강유는 왼쪽 진영에서 일어나는 큰 함성을 듣고 급히 말을 타고 돌아다니며 명령하였다.

"침착하라. 함부로 날뛰는 자는 목을 벨 것이다. 적군이 우리에게 접근하면 지체하지 말고 활을 쏘아라."

오른쪽 진영에도 똑같이 명령하였다. 위군의 군사들은 날이 밝을 때까지 10여 차례나 공격하였으나 번번이 촉군이 쏘아대는 화살에 쫓겨 이기지 못하고 돌아갔다. 이렇게 되풀이하는 동안에 날이 밝아서 위군은 더 이상 쳐들어오지 않았다.

이튿날 양군이 기산 앞에서 서로 대치하게 되자 강유는 공명의 팔진법에 진을 펼쳤다. 등애는 말을 타고 달려 나와 강유가 팔괘로 진을 쳐놓은 것을 보더니, 자기도 똑같이 진을 펼쳐놓으니 전후좌우의 문호까지 모두 같았다.

양쪽 군사는 일제히 진격해 나왔다. 등애는 중군에서 지휘했다. 양쪽 군사가 충돌해도 그의 진법에는 조금도 흐트러짐이 없었다. 이 때 강유가 중간 지점에서 깃발을 한 번 흔드니 갑자기 장사권지진으로 변하였다.

등애를 비롯한 위군은 그 진에 첩첩이 에워싸이면서 한복판에 포위되었고, 촉군이 사방에서 함성을 지르며 점점 다가오는데, 등애는 그 진법을 모르기 때문에 어디로 빠져 나가야 할지 갈피를 잡지 못하였다. 촉군들이 외치는 소리는 점점 커졌다.

"저기 등애가 있다!"

등애는 꼼짝도 하지 못하고 하늘을 쳐다보며 길게 탄식을 하였다.

'내가 솜씨를 한 번 보이려다가 결국 강유의 꾀에 빠져 여기서 죽는구나!'

그 때 갑자기 북서쪽으로부터 한 떼의 군사가 몰려와 등애를 구출하였다. 그 장수는 바로 사마망이었다. 그러나 간신히 등애를 구출했을 때에는 기산의 아홉 진영을 모두 촉군에게 빼앗긴 뒤였다.

등애는 패잔병을 이끌고 위수 남쪽에 새로 영채를 세우고 사마망을 바라보며 물었다.

"공은 어떻게 그 진법을 알고 나를 구출해 주었소?"

"나는 어렸을 때 형남 땅에서 공부하며 최주평과 석광원 같은 공명의 친구들과 벗하여 이런 진법에 대해 논한 적이 있습니다. 오늘 강유가 친 진은 바로 장사권지진이란 것입니다. 이것은 머리를 깨지 않고서는 어느 방향에서 공격해도 이 진을 깰 수는 없습니다. 나는 그 진의 머리가 북서쪽에 있음을 보고 그 쪽을 공격하여 장군을 구했던 것입니다."

등애는 진심으로 감사하며 말했다.

"나는 비록 그 진법을 배우기는 했으나 사실 변화 시키는 법은 알지 못했소. 그대는 이미 그 진법을 잘 알고 있으니 내일 다시 출전하여 그 진법을 써서 기산의 진영을 되찾도록 도와주시오."

그러자 사마망은 이렇게 대답하였다.

"내가 배운 것만으로는 강유를 꺾을 수 없을 것입니다."

등애는 격려하며 말했다.

"내일 진지에서 그와 진법으로 싸우시오. 그동안 나는 군사를 거느리고 촉군의 뒤를 공격하겠소. 우리가 양쪽에서 협공하면 진을 되찾을 수 있을 것입니다."

이리하여 정윤을 선봉으로 삼아 등애가 직접 기산의 뒤를 공격하기로 한 뒤에 강유에게는 전서를 보내 내일 진법으로써 겨뤄보자고 하였다. 강유는 승낙한다는 뜻을 적어서 군사를 돌려보낸 뒤 모든 장수들을 불러 물었다.

"등애가 진법 싸움에서 지고 나에게 진법으로 다시 싸움을 하자고 반문하는 것은 어떤 계략이 있는 것 같은데 그대들의 생각은 어떠하시오?"

요화가 나서며 대답하였다.

"우리들과 겉으로는 진법으로 싸우는 체하고 실제로는 다른 군사들로 우리의 뒤를 습격하려는 속셈인 것 같습니다."

강유는 웃으며 그 생각이 옳다고 생각하여 장익과 요화에게 군사 1만 명을 주며 미리 산 뒤에 숨어 있게 하였다.

이튿날 강유는 아홉 진영의 군사들을 총동원시켜서 기산 앞에 진을 쳤다. 사마망은 군사를 거느리고 위수 남쪽을 떠나 기산 앞에 도착해 말을 몰고 나와서 강유에게 싸움을 걸었다. 그러자 강유는 사마망을 향하여 소리쳤다.

"무슨 좋은 작전이 있겠느냐? 기껏해야 너를 내세워 나와 진법으로 싸우게 하고, 등애는 산 뒤로 돌아와 습격하려는 것이겠지."

사마망은 깜짝 놀라 즉시 군사들을 진격시켜 싸움을 벌이고자 하였다. 그때 강유가 말채찍을 휘두르자 좌우에서 군사들이 먼저 쳐들어오며 마구 짓밟아 왔다. 그 무서운 기세에 위나라군은 놀라 무기를 버리고 달아나 버렸다. 이런 줄도 모르고 등애는 선봉 정윤을 독려하여 산 뒤에서 습격하도록 하였다.

그러나 정윤이 산모퉁이를 돌아서자마자 갑자기 한 발의 포성이 울리더니 북 소리가 천지를 진동하면서 촉나라군이 일제히 쏟아져 나왔다. 맨 앞에 선 장수는 바로 요화였다. 두 장수는 말 한마디 나누지 않고 곧바로 달려들어 서로를 겨누었다. 두 장수의 말이 스치는 순간 정윤은 말 한 마디 할 사이도 없이 요화의 칼에 목이 떨어졌다.
등애가 당황하여 급히 말머리를 돌리려 했을 때, 이번에는 장익이 또 군사를 거느리고 쳐들어오니 위군은 이 싸움에서 대패하였다. 등애는 간신히 적의 포위망을 뚫고 목숨을 건져 빠져나오기는 했지만 몸에 화살을 네 군데나 맞았다. 가까스로 도망쳐 위수 남쪽에 도착하니 사마망도 패하여 돌아와 있었다. 그래서 두 사람은 촉나라군을 어떻게 물리칠 것인가를 놓고 의논하였다.
사마망이 먼저 말했다.
"요즘 촉주 유선은 환관 황호를 신임하여 밤낮으로 주색에 빠져 나랏일을 제대로 돌보지 않고 있다고 합니다. 그를 매수하여 강유가 반역을 꾀하고 있다고 헛소문을 퍼뜨리게 합시다. 그러면 무능한 유선은 강유를 불러들일 것입니다."
등애는 사마망의 계책에 따르기로 하고 등애가 바라보니 마침 양양사람 당균이 있었다. 등애는 크게 기뻐하며 당균에게 황금과 명주 등의 보물을 주어 성도로 달려가 황호를 매수하고, 강유가 유선을 원망해 머지않아 위에 투항할 것이라는 유언비어를 퍼뜨리라는 계략을 쓰도록 하였다.
이리하여 성도에서는 사람이 모이는 곳마다 강유가 위에 투항한다는 소문이 나돌며 무섭게 퍼져나갔다. 황호는 후주에게 그것을 알린 다음, 즉시 사람을 보내 밤새도록 강유에게 달려가 성도로 돌아오라는 칙령을 전하도록 하였다.
한편 기산에서는 강유가 매일 나와서 싸움을 걸었지만, 등애는 굳게 지키기만 할 뿐 나와 싸우려 하지 않았다. 강유가 내심 적의 대응을 이상하게 생각하고 있을 때, 갑자기 칙사가 도착해 칙령을 전하였다.
강유는 그것을 본 순간 답답한 마음을 누를 길이 없었으나, 조칙이니 돌아가지 않을 수가 없었다. 강유가 퇴군 명령을 내리려 할 때, 요화가 나서서 말하였다.
"대장은 전장에 나와 있어서는 임금의 명이라도 받들지 않을 때가 있다는 말이 있습니다. 비록 칙명이 내려졌다 하더라도 지금 군사를 움직이시면 안 됩니다."
그러자 장익이 나서서 다른 생각을 말했다.
"촉나라 사람들은 대장군께서 해마다 군사를 동원하신 것에 대해 원망하고 있습니다. 이번에 이겼으니 군사를 거두어 민심부터 안정시켜 놓으시고 다시 앞날의 일을 도모하심이 좋겠습니다."
강유도 그 말을 듣고 드디어 각 군에 명령하여 질서 있게 후퇴하도록 하고, 요화와 장익에게 후군의 책임을 맡겨서 위군의 추격을 막도록 하였다.
등애와 사마망은 강유가 계책에 속았다는 것을 알게 되자 드디어 위남의 군사를 돌려세워 뒤에서부터 공격하여 들어갔지만, 촉군의 온갖 깃발과 인마가 서서히 질서 있게 물러가는 것을 바라보다가 감탄하면서 말하였다.
'강유는 제갈량의 가르침을 그대로 따르는구나!'
등애는 촉군을 더 이상 뒤쫓지 않고 기산으로 돌아갔다.
한편, 강유는 성도로 돌아오자 후주를 뵙고 갑자기 자기를 불러들인 이유를 물었다.
후주가 대답했다.
"짐은 경이 오랫동안 전쟁터에 나가 있으므로, 군사들이 고생하지나 않을까 걱정되어 부른 것이지 다른 뜻은 없소이다."
강유가 아뢰었다.
"신은 이미 기산의 위군을 점령하고 막 공을 세우려던 참이었습니다. 그런데 뜻밖에도 중간에서 포기해야만 했습니다. 이는 반드시 등애의 간계가 있었음이 분명하옵니다."
후주가 묵묵히 말이 없어 강유는 또 간곡히 아뢰었다.
"신은 맹세코 역적을 무찔러 나라의 은혜에 보답코자 하오니 폐하께서는 부디 소인배의 말을 듣지 마시고 신을 의심하지 마시옵소서."
후주는 한참만에야 입을 열었다.
"짐은 경을 의심치 않소 경은 우선 한중으로 돌아가서 위에 무슨 일이 있기를 기다려서 다시 토벌함이 좋을 것 같소"
강유는 탄식을 하며 아쉬움을 뒤로 하고 대궐을 나와서 한중으로 돌아가 때를 기다리기로 했다.
이런 사정을 잘 안 등애는 사마망을 바라보며 말했다.
"임금과 신하가 서로 믿지 못하면 반드시 내란이 일어나기 마련이다."
촉의 내분은 곧 위나라에 알려졌고 위의 사마소는 곧장 촉을 치려하였다. 그러나 위주 조모가 마음에 걸려 위를 비우고 전쟁터에 나갈 수 없었는데 이 때는 이미 조모와의 사이가 벌어져 있었다.
사마소의 횡포가 날로 더해가자, 조모는 왕침, 왕경, 왕업 등 세 사람의 신하를 은밀히 불러 사마소를 제거하려고 모의하였다. 그러나 그날 밤 왕침과 왕업은 목숨이라도 건지기 위해 사마소를 찾아가 낮에 있었던 일을 모두 고하고 돌아갔고, 사마소는 급히 가충을 불러 물었다.
"천자가 드디어 나를 죽이려 칼을 뽑았는데, 어떻게 하는 것이 좋겠는가?"
"그런 일이 있을 줄 알고 제가 승상께서 손에 피 한 방울 묻히지 않고 해결할 수 있도록 조치를 해 놓았습니다. 성제를 불러 수천 군사를 거느리고 궁으로 가서 치도록 한 다음 모든 일을 성제가 한 것처럼 꾸미신다면 승상께는 전혀 해가 없이 일을 깔끔하게 처리할 것입니다."

사마소는 가충의 말을 듣고 참으로 기발한 생각이라 하여 곧 실행하도록 하였다.

한편, 아무 것도 모르는 조모는 사마소를 죽이기 위해 겨우 궁중의 시위나 심부름꾼, 시중드는 아이들을 합쳐 3백여 명의 사람을 모아 두고 거사를 실행하려고 하였다. 그 때 성제가 군사를 이끌고 나와 조모를 창으로 찔러 죽였다.

사마소는 이 일을 보고받고 달려와 깜짝 놀라는 척하며 태부 사마부에게 자신의 죄를 청했다.

그러면서 한편으론 모든 죄를 성제에게 뒤집어씌워 그 삼족을 멸하게 했다.

조모가 죽자 가충은 사마소에게 제위에 오를 것을 권했으나 사마소는 아직은 때가 아니라며 훗날로 미루고 무제(조조)의 손자인 조환을 황제로 추대하였다.

이 소식은 성도에 있는 강유에게 전해졌다.

강유는 이것을 이유 삼아 동시에 위나라를 치기 위해 군사를 일으켰다.

강유가 조양으로 온다는 말에 등애가 장수들에게 말했다.

"강유는 우리가 기산만을 지키려 하니 조양은 방비가 허술하리라 생각하여 조양을 치려는 것이오. 사마명 장군은 지금 당장 군사를 이끌고 조양성으로 가 네 문을 활짝 열어 둔 채 숨어 기다리시오."

하후패는 강유의 명을 받고 조양성을 뺏으러 왔다. 하후패는 성문이 활짝 열려 있고 아무도 보이지 않자 군사를 이끌고 성 안으로 들어갔다. 그런데 군사들이 모두 성 안으로 들어가자, 갑자기 적교가 걷히기 시작했고 화살이 빗발치게 날아왔다. 결국 하후패는 거느리고 온 군사와 함께 화살에 맞아 죽었다.

강유 또한 등애의 급습으로 20리나 도망간 뒤에야 겨우 남은 군사들을 수습할 수 있었다.

등애에게 이렇게 당할 줄을 꿈에도 생각 못한 강유는 위나라군이 모두 이곳에 있으니 기산은 틀림없이 비어 있을 것이라는 장익의 말을 받아들여 장익에게 기산으로 나아가게 하였다.

장익이 군사를 이끌고 기산으로 향하자, 강유는 후하로 가서 등애의 군사를 붙들어 두기 위해 싸움을 걸었다. 강유와 며칠을 싸운 등애는 싸움에 지고도 급하게 싸움을 거는 것에 촉군의 계교가 있을 거라 생각하였다.

그래서 등애는 아들 등충에게 그곳을 맡기고 자신은 몰래 기산을 구하러 갔다.

그런데 이 번에는 강유가 위군이 활발히 움직이는 것을 보고 의심하기 시작했다. 뭔가 있을 것 같아 위군을 살피다가 등애가 없어진 것을 보고 자신도 기산으로 달려갔다.

강유가 기산에 이르렀을 때 먼저 간 장익은 뜻밖에 나타난 등애의 공격으로 곤경에 빠져 있었으나 강유가 오는 바람에 등애는 이들에게 에워싸여 위태로운 지경에 빠지고 말았다.

그 때 성도에서 강유를 불러들이는 조서가 계속 날라 왔다. 그 덕에 등애는 목숨을 건졌고,

강유는 어리석은 후주와 간신 황호 때문에 다 잡은 고기를 놓치고 말았다.

강유가 성도에 도착했는데도 유선은 강유를 만나 주지 않았다. 열흘이 되어도 부르지 않자, 강유는 영문을 몰라 동화문에서 비서랑 극정을 만나 슬며시 물어보았다.

극정이 웃으면서 말했다.

"황호가 염우에게 공을 세우게 하려고 장군을 불러들이게 한 것인데, 등애가 워낙 강하니 선뜻 염우를 내보내지 못하고 망설이고 있는 중입니다."

강유는 마음 같아선 당장이라도 황호를 죽이고 싶었지만 때가 때이니만큼 이를 악물고 기다리기로 했다.

그런데 기다리는 것도 정도가 있지 강유는 몇 사람을 데리고 후원으로 갔다. 가장 놀란 사람은 황호였다.

강유는 후주에게 절을 올린 뒤에 아뢰었다.

"신은 기산에서 등애를 에워싸고 한창 몰아넣고 있던 중이었습니다. 그런데 폐하께서는 어찌하여 잇달아 사람을 보내 저를 불러 들이셨습니까? 지금 황호가 하는 짓은 지난날 십상시의 무리와 무엇이 다르겠습니까? 황호를 죽이지 않으시면 머지않아 큰 화를 입게 될 것입니다."

그러나 후주는 황호를 싸고돌았다.

"황호는 한낱 환관에 불과하오. 지난 날 동윤이 항상 황호를 못마땅하게 여기더니 경까지 왜 이러시오? 황호를 불러 그대에게 용서를 빌라고 하면 되지 않겠소?"

황호는 강유 앞에 엎드려 울면서 나랏일에는 조금도 관여하지 않겠다며 부디 목숨만 살려달라고 했다.

강유는 더 이상 어떻게 할 수 없어 분한 마음을 삼키며 궁궐을 빠져 나와 극정의 집을 찾아가 낮에 있었던 일을 자세히 들려주었다.

극정은 머지않아 장군께 화가 닥칠 듯한데 장군이 위태로우면 이 나라도 힘들 것이라며 계책을 알려주었다.

"농서에 답중이라고 하는 매우 기름진 땅이 있습니다. 장군께서는 폐하께 답중으로 가서 무후께서 둔전하시던 것을 본받아 둔전을 하겠다고 하십시오. 그렇게 하면 첫째는 군량을 많이 확보할 수 있고, 둘째는 농서의 여러 고을에 대해 소상히 알 수 있으며, 셋째로는 위군이 감히 한중을 넘보지 못할 것이고, 넷째로는 장군이 밖에서 병권을 쥐고 있으니 감히 누구도 해칠 음모를 꾸미지 못할 것입니다."

그 말을 듣고 강유도 깨닫는 바 있어 극정에게 거듭 고마움을 표했다.

다음 날 후주에게 답중에 가서 둔전하겠다고 하자 유선은 쾌히 승낙하였다.

강유는 여러 장수들을 불러 각기 맡은 곳을 지키게 한 후, 군사를 거느리고 답중으로 떠났다.

　이 소식은 곧 등애에게도 전해졌다. 등애는 지금이야말로 촉나라를 칠 절호의 기회라고 생각하여 강유의 진지가 그려진 그림을 낙양의 사마소에게 보내 사마소의 뜻을 물었다.
　마침내 사마소는 등애의 뜻을 받아들여 등애와 종회로 하여금 촉나라를 치게 했다. 종회는 군사를 내기에 앞서 동오를 친다는 거짓 소문을 퍼뜨리는 한편 배를 만들게 하였다. 그것은 먼저 동오를 친다는 소문을 퍼뜨리면 동오는 함부로 움직이지 못할 것이고, 촉나라를 쳐 무너뜨릴 동안 배가 완성되면 그 때 동오를 치면 된다는 기발한 묘책이었다.
　사마소는 이런 종회의 묘책을 받아들여 그렇게 하도록 하였다.
　한편, 위나라군이 쳐들어온다는 소식을 들은 강유는 급히 유선에게 표문을 올렸다.
　후주는 놀라며 위나라가 어떻게 해야 할지 몰라 황호에게 물었지만, 황호는 강유가 공을 세우고 싶어서 한 말이니 귀담아 듣지 말라며 안심시켰다. 강유는 그 뒤에도 여러 차례 표를 올렸으나 황호가 중간에서 가로채고 유선에게 보이지 않았다.
　그 사이 종회는 대군을 이끌고 한중으로 밀려들었다. 강유가 없는 촉나라는 오합지졸이었으니 남정관이 함락되고 곧이어 양평관도 함락되었다.
　그 무렵 답중에 있던 강유는 요화, 장익, 동궐에게 격문을 보내 위군을 막게 하는 한편, 위나라군이 촉나라 땅 깊숙이까지 쳐들어왔다는 보고를 받고 군사를 일켜 위나라군을 맞았으나 등애의 계책에 걸려들어 고전을 면치 못하였다.
　그런 와중에 종회가 양평관을 깨뜨리고 부첨이 죽었다는 소리를 듣고 강유는 한중이 위태롭다 여기고 곧 군사를 수습하여 한중으로 달려갔다. 그러나 길가는 도중 다시 등애의 계교에 빠져 고전하고 있었다.
　그 때 위의 옹주자사 제갈서가 촉나라군이 돌아갈 길을 끊고 있다는 보고가 들어 왔다.
　그 소리를 들은 강유는 하늘을 보며 탄식했다.
　'아아! 하늘이 나를 버리시는구나.'
　그 때 부장 영수가 말했다.
　"위나라 군사가 음평교를 끊었다 하니, 틀림없이 옹주에는 군사가 많지 않을 것입니다. 장군께서 만약 지름길로 달려가 옹주를 친다면 제갈서는 틀림없이 음평의 군사를 물리고 옹주를 구할 것입니다. 그때 장군께서는 군사를 검각으로 나아가 굳게 지키신다면 한중을 회복할 수도 있을 것입니다."
　강유는 부장 영수의 말이 맞다고 생각하여 옹주를 치러 가는 체했다.
　그러자 놀란 제갈서는 음평교에 적은 군사만 남겨 놓고 옹주로 달려갔다. 그 사이 강유는 다시 군사를 돌려 음평을 친 뒤 무사히 다리를 건널 수 있었다.
　강유가 군사 5천을 이끌고 달려가 곧장 위나라군을 덮치자 제갈서는 20리나 달아났다.

제갈서가 다시 강유에게 패하자, 종회는 군의 사기를 떨어뜨렸다 하여 그를 죽이려 했다. 그러자 감군 위관이 그런 종회를 말렸다.

"제갈서가 등애 장군의 수하이니 함부로 죽여서는 아니 됩니다."

그러자 종회가 큰 소리로 외쳤다.

"나는 천자의 조서와 승상의 명을 받았다. 만약 죄가 있다면 등애라도 목을 벨 것이다."

그런데 종회가 한 말이 그만 등애의 귀에 들어가게 되었다.

그 말을 들은 등애는 분을 참지 못하고 병사들을 거느리고 종회가 있는 곳으로 향했다.

그러나 종회의 진영에 들어온 등애는 장막 안에 수백 명의 군사가 칼을 차고 서 있는 것을 보자 금세 기가 죽어 종회에게 따지려는 생각을 버리고 앞으로 나아갈 계책에 대해 이야기를 나누었다.

등애는 먼저 말했다.

"음평 샛길로 나가 한중 덕양정을 지난 뒤 성도로 나아가면 강유가 놀라서 성도를 구하기 위해 달려 올 것입니다. 그 사이 장군은 검각을 뺏도록 하시오."

"그렇게 하도록 합시다."

종회는 겉으로는 등애의 말에 동의했으나, 속으로는 등애가 길이 좁고 험하여 성공하지 못한다고 보고 더 큰 공을 세우기 위해 강유를 정면으로 공격하기 시작했다.

등애는 음평의 샛길로 나아갔다. 음평의 샛길은 매우 험해 하늘을 찌를 듯한 높은 고개가 버티고 있어서 군사들은 말을 버리고 맨손으로 절벽을 기어올라야 했다. 등애의 군사들은 어렵게 음평의 샛길을 무사히 통과할 수 있었다.

그러나 음평을 통과한 등애는 모든 것을 버리고 험준한 마천령까지 넘었다. 그리고 주위를 살피며 나아가는데 문득 자신과 종회가 곧 죽게 될 것이라는 비석을 보고 등애는 깜짝 놀랐다. 등애는 등골이 오싹 했지만 장수들에게 마지막 다짐을 하였다.

"앞에 있는 강유성은 식량이 넉넉한 곳이니 앞으로 나아가면 살 것이지만, 물러나면 죽을 것이다. 자, 나와 함께 나아가겠느냐?"

"죽기를 각오하고 싸우겠습니다."

등애는 야밤을 틈타 군사를 이끌고 강유성으로 밀고 들어갔다. 강유성을 지키고 있던 촉나라의 장수 마막은 큰 길에만 신경을 쓰고 있다가 갑자기 등애가 쳐들어오자 제대로 싸워 보지도 않고 항복했다. 등애가 또 다시 부성으로 달려가자, 부성의 장수들도 성문을 열고 항복해 버렸다.

이 급박한 소식은 곧 유선에게 전해졌다. 그 소리에 놀란 후주 유선은 제갈첨을 불러 난국을 타계하게 하였다.

제갈첨은 공명의 아들로 유선의 사위이기도 하였다. 황호가 나랏일을 농락하자 제갈첨은 병을 핑계로 나오지 않다가 유선이 사자를 세 번이나 보낸 뒤에야 겨우 나타났다.
 마침내 제갈첨은 유선의 뜻을 받아들여 아들 제갈상을 선봉으로 삼고 위나라군을 맞으러 떠났다.
 제갈첨이 면죽에서 위나라군과 마주쳤다. 제갈첨은 제갈량처럼 수레 위에는 윤건에 깃털 부채 들고 학창의를 입고 앉아 있었고 그 주위에는 군사들이 빙둘러 있었다.
 그것을 본 위나라 군사들은 제갈량이 살아있는 것으로 착각하여 놀라 싸울 엄두도 못 내고 진지로 돌아왔다. 등애는 그것이 제갈량이 아니고 그의 아들 제갈첨이라는 것을 확인한 뒤 다시 군사를 보내 촉나라군과 싸우게 하였으나 제갈첨의 아들 제갈상의 용맹으로 이번에도 위나라군은 크게 패하여 달아났다.
 이에 등애는 제갈첨을 달래기 위해 천명이 위나라에 있으니 항복하라는 편지를 써서 전했다. 그 편지를 본 제갈첨은 사자의 목을 베고 위나라군을 치려했으나, 오히려 위나라군의 복병에 걸려 대패하고 면죽으로 물러났다.
 그 후, 제갈첨과 제갈상은 면죽성에서 동오에 구원군을 청하였으나 그들이 도착하기도 전에 성급히 성문을 열고 나가 위나라군에 맞서 싸우다 전사하고 말았다.
 후주는 성도에서 등애가 면죽성을 점령하고 제갈첨 부자가 이미 죽었다는 소식을 듣자 어찌할 바를 몰랐으며, 급히 문무백관을 소집하여 대책을 의논하였다.
 여러 관원들이 의논하며 가지각색의 의견을 내놓았다.
 여러 관원들이 간하니 초주가 나섰다.
 "지금까지 남의 나라에 의지해서 천자가 된 사람은 없었습니다. 신의 생각으로는 위나라는 능히 오나라를 삼킬 수는 있어도, 오나라는 위나라를 이길 수는 없다고 생각합니다. 오나라에 가서 신하가 되기를 원하신다면 이것은 한 번 욕을 보시는 것이 아닐 것입니다. 만일 오나라가 위나라에 망한다면 폐하께서는 또다시 위나라에 신하 노릇을 하셔야 하니 이것은 두 번 욕을 보시는 것입니다. 그래서 오나라에 투항하지 마시고 위나라에 항복하심이 좋을 것이라 생각합니다."
 후주는 결단을 못 내리고 신하들은 저마다 의견이 엇갈렸다. 초주는 사태가 급박함을 알고 다시 상소문을 올려 간하였다.
 마침내 후주는 초주의 말대로 나아가 항복하려 했을 때, 갑자기 한 사람이 병풍 뒤에서 뛰어 나오며 날카로운 음성으로 초주를 노려보며 소리를 질렀다.
 "목숨만을 아까와 하는 썩은 선비 놈아, 자고로 황제가 남의 나라에 항복하는 것을 보았느냐?"
 후주가 깜짝 놀라 바라보니 자신의 다섯째 아들 북지왕 유심이었다. 후주는 아들 일곱을 낳았는데, 7형제 중 오직 유심만이 어려서부터 총명하고 용기 있고 남달리 영리하였다. 그런데 나머지는 모두 나약하고 착하기만 하였다.

후주가 유심에게 물었다.

"지금 모든 대신들은 항복하는 것이 당연하다고 말하는데 유독 너 혼자만이 혈기왕성하여 만백성을 피로 얼룩지게 하려고 하느냐?"

"신이 보건대 성도의 군사는 아직도 수만 명이 있고 강유의 군사가 모두 검각에 있으니, 만약 위군이 성도에 침범한 것을 알면 반드시 구원하러 올 것이니 그때 안팎에서 공격하면 크게 승리를 거둘 수 있습니다."

유심이 눈물을 흘리며 간언했지만, 유선은 끝내 아들의 말을 믿지 않고 꾸짖었다.

"너처럼 어린 녀석이 어찌 하늘의 뜻을 알겠느냐?"

"만약에 나라가 위태로우면 부자와 군신이 다 같이 죽을 때까지 싸워야 선제를 뵈올 면목이 있거늘 어찌 아버지는 썩어빠진 선비의 말만 들으시고 선제에서 이루신 위업을 그렇게 쉽게 버리고 항복을 하신단 말입니까? 저는 차라리 죽는 한이 있더라도 그런 모욕은 당하지 않겠습니다."

후주는 측근 신하에게 명령하여 유심을 궁문 밖으로 끌어내게 하였다. 그리고 초주에게 항복 문서를 작성하게 하여 사서시중 장소와 부마도위 등양과 함께 옥새를 가지고 낙성으로 가서 등애에게 바치도록 하였다.

이때, 등애는 날마다 수백 명의 무장 기병을 시켜 성도를 살피게 하였다. 그날 마침내 항복의 깃발이 세워진 것을 보고 등애는 더할 나위 없이 기뻐했다.

잠시 후 장소 일행이 도착하니 등애는 사람을 시켜서 맞아들이게 하였다. 세 사람은 계단 아래 엎드려 절하고 항복 문서와 옥새를 바쳤다. 등애는 항복 문서를 받아 보고 기뻐하며 옥새를 간직하고, 장소 · 초주 · 등양 일행을 극진히 대접하였다.

등애는 곧바로 답장을 써서 세 사람에게 주어 성도로 돌아가 민심을 안정시키라고 명령하였다. 세 사람은 성도로 급히 돌아와 후주를 뵙고 답장을 바쳤으며, 등애가 대접을 잘 하더란 말을 자세히 보고하였다.

후주는 답장을 받고 임금과 신하가 다같이 나가서 항복하기로 하였다.

북지왕 유심은 이 소식을 듣고 노기충천하여 칼을 찬 채 궁으로 들어갔다. 그의 아내 최 부인은 유심의 태도가 심상치 않음을 보고 물었다.

"대왕께서 오늘 안색이 좋지 않으시니 무슨 까닭이십니까?"

그러자 유심이 대답하였다.

"위군이 머지않아 쳐들어 올 것이오 폐하께서는 이미 항복 문서를 보내셨고, 내일이면 임금과 신하가 모두 나가서 항복한다고 하니 우리 사직은 이것으로 멸망하는 것이오 나는 치욕을 당하기 전에 차라리 먼저 죽어 할아버지를 지하에서 뵙는 한이 있더라도 절대 적에게 무릎을 꿇지는 않겠소!"

"현명하십니다. 참 현명하십니다! 저도 따르겠습니다. 어차피 돌아가신다 하면 첩부터 죽여주시고 그 뒤 왕께서 돌아가셔도 늦지 않으실 겁니다."

말을 마치고 최 부인은 머리를 기둥에 부딪쳐 먼저 자결하였다. 유심은 세 아들을 자기의 손으로 죽이고, 아내의 목을 베어 들고 소열묘로 가서 땅에 엎드려 통곡하였다.

"소신은 할아버님이 이룩해 놓으신 이 나라가 멸망하는 것을 보고 부끄러워 먼저 아내와 자식을 죽이고 저도 스스로 목숨을 끊으려고 합니다. 할아버님께 사죄하려 하오니 영혼이 계시다면 이 손자의 마음을 알아주시옵소서."

한바탕 통곡과 함께 피눈물을 쏟으며 스스로 목을 찔러 죽었다. 촉인들 중 이 소문을 듣고 눈물을 흘리지 않는 사람이 없었다.

후주는 북지왕이 자결했다는 소식을 듣고 아들의 장례를 잘 지내주라고 명하였다.

마침내 운명의 날이 밝았다. 위나라 군사는 대거 도착했고, 후주는 태자와 여러 왕들, 신하 60여 명과 함께 자신을 결박하더니 상여를 타고 북문 10리 밖까지 나가 항복하였다. 등애는 엎드린 후주를 일으켜 손수 그 결박을 풀어 주었고, 수레를 나란히 하여 성 안으로 들어왔다.

이리하여 성도의 백성들은 모두 향불을 피워 들고 환영했다. 등애는 후주를 표기장군으로 삼고, 나머지 문무백관들에겐 각각 관직의 높고 낮음에 따라 벼슬을 주었다. 그리고 후주를 궁중으로 돌아가게 한 후 방을 붙여 민심을 안정시키고 모든 창고를 접수했다.

또한 태상 장준과 익주별가 장소를 각기 군으로 보내 군사와 백성을 안정시키게 하고, 강유에게도 사람을 보내어 항복을 권하도록 하였다.

이리하여 촉은 마침내 멸망하고 말았다. 이와 동시에 한 왕조의 역사도 끝이 나고 말았다. 유비, 관우, 장비 세 사람이 한을 일으키기 위해 도원결의를 맺은 지 80년 후의 일이었다.

부자 3대 가기 어렵다

마침내 촉이 멸망하고 말았다. 유비 삼형제가 도원의 결의를 맺고 유비가 삼고초려를 하여 공명을 얻어 촉의 황제가 되었지만 그의 아들 유선에 이르러 촉은 허망하게 무너지고 말았다. 유비의 아들 유선의 무능력도 무능력이지만 유비의 이릉대전의 패배로 인해 인재 고갈과 경제적 피폐, 그리고 제갈 공명과 강유의 계속된 전쟁으로 인한 민심이반과 기울어진 경제 등도 한 몫 했다고 생각한다.

촉은 원래 위나라에 비해 세가 약한 것은 사실이었다. 땅도 좁았고 인재도 없었다. 거기에 공명 이래로 너무나 많은 시간 동안 위와 전쟁을 하여 나라의 위세가 많이 떨어져 있었다. 유선이 위의 대군을 맞아 바로 항복한 이면에도 승산 없는 싸움으로 인해 백성들을 개죽음으로 몰고 갈 수 있다는 현실적 판단도 작용했다고 본다. 나라를 온전히 지키기 위해서는 전쟁을 하지 않고 것이 상책이라고 생각한 것이다. 이런 점을 볼 때 유선이 완전히 무능한 왕이라고 단정할 수만은 없다. 이미 촉은 기울어진 집이나 마찬가지였다. 그런데도 강유까지 전쟁을 감행하니 민심이반 현상은 가속화 되었다고 본다. 촉의 백성이 등애의 입성을 향불을 피워 놓고 환영한 것만 보아도 얼마나 촉나라 백성들이 전쟁을 싫어했는지를 알 수 있다. 이것을 볼 때 무리한 전쟁을 반대한 유선을 나쁘게만 볼 수 없는 측면도 있다. 유선에게도 유비와 같은 덕과 총명함도 가지고 있다는 생각이 든다.

문제는 유선이 간신들을 가까이하고 나랏일을 방치한 채 환락에 빠졌다는 점이다. 그렇다면 유선은 왜 이렇게 되었을까? 그것은 유선도 대개의 부잣집 자식처럼 너무나 고생을 모르고 자랐기 때문이라고 생각한다. 전쟁의 와중에서도 유비는 비록 어리기는 하지만 유선을 전혀 전쟁에 참여시키지 않았다. 이런 점은 조조가 전쟁에서 자식을 잃어버리는 모습과는 사뭇 대조적이다. 그만큼 유비는 늦깎이 아들이면서 독자라는 것 때문에 온실 속에서 키워졌으며 그 때문에 유선은 스스로 무엇인가 할 수 있는 능력을 상실하고 만 것이다. 더군다나 황제로 등극한 뒤에도 처음에는 모든 일을 공명이 알아서 하는 바람에 유선은 별로 나랏일에 신경 쓸 일이 없었다. 결국 유선은 의지도 없는 나약한 인간이 되어 오로지 쾌락만 즐기는 인간으로 전락하고 말았다. 조조가 세운 위나라가 사마씨에게 넘어간 것도 바로 왕의 이런 무능과 깊은 연관이 있다. 위나라는 환락을 추구한 조예 때부터 이미 나라가 기울어졌다. 그래서 순자는 "인간은 태어나면서부터 이익을 좋아한다. 그런 본성에 따르기 때문에 남을 해치고, 다투며 질서나 도덕을 파괴한다. 그러므로 스승의 지도를 받아야 하고, 예의에 따른 교화가 필요하다."고 말하였다.

우리는 이것을 볼 때 가정교육이 얼마나 소중한 것인지를 알아야 한다. 가정교육에서 자신을 위한다는 생각에 어려운 일을 시키지 않고 편안하게 키우면 바로 유선과 같은 자식이 된다는 것이다. 오히려 왕으로써 키우기 위해서는 누구보다도 힘들고 고달픈 일을 하도록 해야 한다. 그래야 힘들고 어려운 일에 부딪혀도 그것을 스스로 뚫고 나갈 힘이 생기는 법이다. 자식이 귀하다는 이유로 유선과 같이 온실 속에서 자란 사람은 일을 하려고 하지 않고 오로지 일신의 안위만 찾는 것이다. 결국 위나라가 망한 것이나 촉이 멸망한 것도 자식을 강하게 키우지 않은 것이 화근이라 할 수 있다.

그렇다면 황제조차 왜 3대를 잇기 어려운가? 후세들이 고생을 모르고 편안하게 자랐기 때문이다. 1대는 온갖 고생을 하여 제국을 건설하지만, 2대와 3대에 가면서 일에 대한 의욕보다는 유선처럼 향락에 대한 관심이 많아진다. 2대와 3대는 1대가 일군 부귀와 권력을 등에 없고 세상에서 줄 수 있는 것이면 무엇이든 즐겨 왔고 그것을 계속해서 즐기려는 안락함에 빠져있는 것이다. 그러다 보니 일에 대한 관심보다는 즐기는 쪽에 무게를 두고 행동하는 것이다. 그래서 2대와 3대 대부분은 향락에 빠져 결국 선조가 일구어 놓은 제국을 하루아침에 날려 보내는 것이다.
　부자 3대 못가는 것은 세습제의 문제점을 고스란히 보여준다. 세습제는 능력을 떠나 유선과 같은 무능한 왕을 탄생시키게 마련이다. 한나라의 왕이 되려면 능력을 떠나서 왕의 핏줄이어야 하는 것이다. 그러나 이런 세습제는 기업을 이어가는 훌륭한 방법이 될 수 없다. 왜 로마는 1000년의 역사를 갖는 거대 제국으로 성장할 수 있었는가? 로마의 가장 찬란한 역사를 일구어 낸 5현제 시대는 어떻게 가능하게 되었는가? 피붙이에게 세습을 하지 않고 바로 능력 있는 사람을 양자로 삼아 황제의 자리에 오르게 하였기 때문이다. 카이사르가 옥타비아누스를 양자 삼아 계승하게 하여 로마를 반석 위에 올려놓은 것처럼 능력이 있는 자들이 황제에 오르니 로마제국이 반석 위에 우뚝 설 수 있었던 것이다. 로마는 부자 3대 가기 어렵다는 것을 알고 이에 대비한 것이다.

역경은 인간을 강하게 만든다

　큰 인물이 되려면 역경은 반드시 필요하다. 유선처럼 편안하고 안락하게 자라면 목숨이 왔다 갔다 하는 상황인데도 세상을 쉽게 생각한다. 그래서 인생의 관성의 법칙에 따라 어려운 일을 피하고 편안함과 안락함을 찾는 것이다. 그러니 부자 3대 가기가 어려운 것이다.
　부자 3대 가기 위해서는 자식들을 돌 같이 강하게 키워야 한다. 때론 사서 고생을 해보도록 해야 하는 것이다. 달콤한 음식만 먹일 것이 아니라 거친 음식도 스스럼없이 먹도록 해야 하는 것이다. 가난과 역경은 인간을 돌같이 단단하게 하는 힘이 있다. 물론 많은 사람들이 가난과 역경에 좌절하겠지만 적어도 난 사람이 되려면 가난과 역경을 반드시 딛고 일어서야 한다. 가고자 하는 고지가 높으면 높을수록 더욱 고난과 역경은 커질 것이다. 그러니 강하지 않으면 높은 고지를 정복할 수도 없는 것이다. 조조와 유비가 황제가 될 수 있었던 것도 죽을 고비를 수도 없이 넘겼기 때문이다.

현대 그룹 창업주 정주영 회장도 몸으로 농사짓기가 싫어 가출하였고 뱃삯이 없어 뱃사공에게 따귀를 맞아가며 배짱과 자신감을 키웠다. 칭기즈 칸 역시 어린 시절 자신의 유일한 보호자인 아버지를 잃고 사람들로부터 완전 버림받았다. 그렇지만 그는 허허 벌판에서 쥐를 잡아먹으며 희망의 끈을 절대 놓지 않았다. 오히려 이들은 어려우면 어려울수록 자신을 수련하고 단련하여 더 강하게 만들었다. 무수한 시련은 있었지만 실패는 하지 않았던 것이다. 그래서 한 사람은 대한민국 최고의 기업을 만들었고, 한 사람은 세계를 정복할 수 있었던 것이다.

이것을 볼 때, 가난과 역경이 인간을 강하게 만들고 그것을 극복했을 때 자신감을 강화시킨다는 것을 볼 수 있다. 더욱이 가난은 인생의 장애물이라고 할 수 없다. 오히려 그것들은 자신의 노력 여하에 따라 극복될 수 있을 뿐 아니라 사람을 강하게 만들어 어떤 난관이 와도 자신 있게 뚫고 나갈 수 있는 기회를 제공한다.

그렇지만 대부분 가난한 사람들은 가난이 자신이 무슨 일을 하는데 장애물이라고만 생각한다. 가난 때문에 아무것도 할 수 없다고만 푸념만 늘어놓는 것이다. 하지만 많은 역사적 인물들 중에는 가난 속에서도 인생을 꽃피운 이가 많다. 그들은 가난을 핑계 삼아 자신의 일을 포기하지 않았다. 오히려 그것을 이겨내기 위해 더 많은 노력을 하여 최고의 지위를 얻게 된 것이다.

맹자는 "큰일을 하려면 커다란 고난을 헤쳐가야 한다."고 했다. 역경은 마음먹기에 따라 때로는 마음의 의지를 꺾기도 하지만 역으로 마음을 분발하게 하는 촉매제로 지금까지 누구도 해내지 못한 일을 할 수 있게 한다는 것이다. 러시아의 대문호이자 큰 부자였던 톨스토이는 가난의 소중함을 다음과 같이 일깨워 주고 있다.

세상 사람들은 가난함을 한탄하고, 모든 수단을 동원하여 부를 얻으려고 한다. 그렇지만 빈곤과 궁핍은 사람들에게 꺾이지 않는 확고한 정신과 힘을 준다. 이에 반하여 부귀와 사치는 사람을 나약과 쇠락의 길을 가게 한다. 가난한 사람들이 육체와 정신에 유해한 부귀로 변경하고자 하는 것은 지극히 무익한 일이다.

33. 나관중은 〈삼국지연의〉에서 무엇을 말하려 했는가? - 삼국지 서사시

　나관중은 자신의 저서 〈삼국지연의〉에서 무엇을 말하려고 했는지를 독자 중 그 의도를 아는 사람이 그리 많지 않을 것으로 생각한다. 대다수는 나관중이 삼국지에 등장하는 인물들을 통해서 인생살이에 필요한 교훈을 주려고 쓰지 않았나 생각할 것이다. 그러나 이것은 우리들의 생각일 뿐 나관중은 전혀 다른 의도로 삼국지를 썼다고 생각한다. 그리고 그것을 아는 순간 상당히 충격을 받을 것으로 여긴다.

　우리는 〈삼국지〉를 즐길뿐더러 그 속에서 '세상을 살아가는 지혜'까지 얻으려고 한다. 필자가 〈삼국지〉 유튜브 강의를 한 것도 철학적 분석을 통해 '세상사는 지혜'를 말해주기 위해서였다. 이런 점 때문에 사람들은 너나 할 것 없이 〈삼국지〉를 읽으며 그 속에 들어 있는 영웅들을 나름대로 칭송하고 사당까지 차려놓고 숭배하기까지 하고 있다. 더러는 그들의 행동을 분석하여 그들의 리더십을 흉내까지 내려고 하고 있다.

그런데 충격적이게도 작가인 나관중은 시작부터 우리의 의도와는 전혀 다른 방향으로 가고 있다. 〈삼국지〉에 등장하는 첫 문장 "장강이 도도히 흐르고 있다. 동녘으로 가는 물 위에 거품처럼 일어났다 사라지는 영웅의 모습들, 이름이 있고 없고 간에 모두가 허황되기 짝이 없었다." 부터 의미심장하다. 이것은 한마디로 단순히 '인생무상'을 넘어 우리들이 칭송하는 영웅들의 삶이 모두 '헛되다'는 뜻이 담겨있다고 생각한다. 게다가 전국을 통일한 한나라가 황건적으로 난으로 다시 분열을 시작한다는 의미로 "합쳐진 지 오래되면 반드시 또 분열이 된다. 세상은 분열된 지 오래면 반드시 합쳐진다."는 문구는 더욱 의미심장하다. 그리고 마지막에도 사마 가족이 촉과 동오를 멸한 뒤 "이로써 삼국이 진제 사마염에게 돌아가 하나로 통일 되었다. 이른바 '합쳐진지 오래면 반드시 또 분열이 되고, 세상은 분열된 지 오래면 반드시 합쳐진다.'는 대로이다." 라고 적혀 있다.

시작과 끝에 나오는 '합쳐진지 오래면 반드시 또 분열이 되고, 세상은 분열된 지 오래면 반드시 합쳐진다.'는 이 말을 보면, 영웅들이 아무리 날고 기어도 역사의 수레바퀴를 벗어날 수 없다는 말처럼 보인다. 동탁과 여포, 원소와 원술, 손견과 같은 수많은 영웅호걸들, 그리고 조조와 유비, 그리고 손권, 공명과 사마의가 날뛰었지만 도도히 흐르는 역사의 수레바퀴를 누구도 벗어날 수는 없었다는 것이다. 나관중의 역사관은 완전하게 순환론적 역사관이라는 것을 볼 수 있다. 이 영웅들은 자기 세상을 만들기 위해 전쟁까지 불사하며 피비린내 나는 삶을 살았다. 이런 덕에 얼마나 많은 사람들이 죽어나갔는가. 한마디로 그 당시 사람의 목숨은 파리 목숨이었다.

그 영웅들 중의 조조는 다른 사람에 비해 재주가 남다른 점이 있었다. 지모가 뛰어난 조조는 일찍이 명문가 출신 원소를 물리치고 천하 장수 여포를 제거하며 승상으로 권력을 틀어잡았다. 뛰어난 인물들을 수하에 거느리고 천자를 떨게 하고 제후들을 호령하며 용맹한 군사를 거느리고 일찍이 중원을 장악했다. 하지만 결론은 어떻게 되었습니까? 권력욕에 너무나 많은 사람을 죽인 것 때문에 죽음 앞에서 악몽에 시달리다가 회한의 눈물을 흘리며 세상과 하직하고 말았다. 공수래공수거인 셈이다.

덕장 유비는 어떠했는가? 본래 황족의 종친으로서 관우 장비와 의형제 맺고 한실을 부흥하고자 동분서주 하였으나 40대 후반까지도 집 없음을 한탄했고 장수가 적고 군사가 미약하여 정처 없이 떠도는 처량한 신세였다. 허나 남양의 삼고초려로 제갈량을 얻고 나서 형주를 차지하고 뒤에 서천을 점령하니 패업과 왕도가 그 곳에 있는 것처럼 보였다. 하지만 먼저 간 관우의 복수심에 불탄 나머지 복수하려다 참패하여 장비와 함께 유비는 3년 만에 이 세상을 떠나고 말았다. 참으로 아름답지 못한 마무리였다. 공명과 강유가 유비의 뜻을 받들어 무리하게 출사표를 던지며 중원을 도모하고자 했지만 모두 다 헛수고만 하고 말았다. 결국 이들의 승산 없는 싸움에 촉의 운명은 바람 앞의 촛불로 변했다.

사마소가 종회와 등애를 시켜 촉을 치고 난 후에 나중에 사마염이 흔들리는 동오를 치니 마침내 한실의 강산이 결국 사마씨로 넘어가고 말았다. 위, 촉, 오의 천하삼분이 서진으로 다시 합쳐지고 만 것이다. 삼국지 마지막에는 어떻게 적혀 있는가? "어지러운 세상사는 끝이 없으며 하늘의 뜻은 넓고 넓어 피할 길이 없도다. 삼국의 분할도 이미 꿈이 되어 버렸거늘 후세 사람들이 애도한다며 공연히 시끄럽게 떠드네."라고 적혀있다.

　이 말은 〈삼국지〉에 등장하는 영웅들의 한 짓들이 참으로 부질없는 것이라고 질책하고 있음이 분명하다. 무언가 이상적인 새로운 나라를 건설하려고 꿈을 꾸었지만 전혀 그 꿈을 실현하지 못했고 이젠 이름만 남았다. 이름이 남았다 한들 얼마나 의미가 있겠는가. 20세기 성자로 추앙받는 간디는 "위대해지려면 항상 당신을 다스려야 한다."라고 말했지만, 그들은 한결같이 자신을 제대로 다스리지 못하고 자신들의 권력을 위해 피로 얼룩진 삶을 살았다. 조조는 술수의 달인답게 온갖 현란한 술수를 써가며 자신의 반대자를 가차 없이 죽였으며 유비는 겉으로는 덕을 갖춘 듯했지만 때론 우유부단하고 무능하여 자신을 따랐던 많은 사람들이 죽어 나갔다. 특히 관우의 복수심에 불타 동오를 친 것은 유비가 덕장이 아니고 얼마나 어리석고 무능한 인간인가를 적나라하게 보여준 사건이 아닌가. 사람들이 가장 떠받는 관우조차 마치 조폭 같은 의협심 때문에 스스로 죽음을 자초하고 말았다. 관우는 유비의 명령에 따라 적벽대전에서 승리를 이끈 동오에게 조금만 양보했어도 될 일을 한 치도 양보하지 않고 동오의 손권을 모욕하다가 결국 손권에게 패하여 저승으로 가는 치욕을 당하고 말았다. 공명과 강유도 예외일 수 없다. 모든 사람의 만류를 뿌리친 그들의 출사표는 누구를 위한 전쟁인가? 전쟁을 하면 죄 없는 백성들만 죽어 나가게 마련이다. 그러니 이들은 모두 자신의 왕국을 세우려다 세상에 못된 짓만 한 것이나 다름이 없다. 겉으로는 위대한 삶을 산 것 같이 보이지만 알고 보면 참으로 어리석은 삶을 산 것이다. 이름이라도 아름답게 가꾸어 후세를 위해 의미 있는 삶을 살아야 하지만 이들의 삶은 결국 그렇지 못했다. 역사의 수레바퀴 속에서 권력을 위해 인간으로서 하지 말아야 할 전쟁만 하다가 세상을 떠난 것이다.

그런데도 사람들은 그들을 아직도 칭송하고 있다. 나관중은 바로 칭송하는 대중들이 잘못된 것이라고 말하기 위해 '후세 사람들이 애도한다며 공연히 떠들고 있다'고 핀잔하고 있다. 대중들이 어리석어 이들을 칭송하기 때문에 세상은 달라질 수가 없는 뜻이라 해석할 수 있다. 영웅을 숭배하면 우리는 피로 얼룩진 전쟁의 굴레를 벗어날 수 없다. 그리고 그와 같은 인간들에게 다시 이용만 당해 피해는 고스란히 민초에게 돌아오는 것이다.

결국 삼국지에 등장하는 영웅들을 칭송하는 것은 푸틴처럼 노골적으로 국민을 기만하는 사람을 지지하는 어리석은 대중들과 흡사하다. 〈삼국지〉는 한마디로 그들을 칭송하는 대다수의 대중들의 어리석음을 질타하고 있는 내용이다. 그래서 나관중은 자신의 작품에서 영웅들의 모험담을 악의적으로 과장했을 것으로 짐작한다. 조조는 더욱 간사한 인간으로, 유비는 덕스럽지만 무능한 인간으로 편집한 것이 아닐까. 그래야 사람들이 그들을 칭송하지 않을 것이기 때문이다.

이것은 한편으론 사마천이 〈사기〉를 쓴 이유와 같다고 생각한다. 사마천은 〈사기〉를 쓰면서 500여 차례의 전쟁과 나라 간의 회담이 있었던 춘추전국시대에 주목한 것도 바로 인간의 어리석음과 잔악상을 고발하기 위한 것이라고 해도 과언이 아니다. 춘추전국시대에 등장하는 제후들 290명 중 120명 이상이 제명에 살지 못하고 비극적인 최후를 맞이한다. 이런 현상은 세상에 진정으로 쓸모 있는 인물이 세상에 받아들여지지 않을 뿐더러 사람들이 눈앞의 이익에 눈이 멀어 정도를 가지 못해서 빚어진 인간사의 비극에서 비롯된 것이다. 그래서 니체는 권력에의 의지를 가진 마음의 실체는 '미움과 시기, 탐욕과 지배욕이라는 감정들이 삶의 지배적인 감정'이라고 말하고 있다. 그런데도 사마천은 이런 부조리한 인간사의 분노 때문에 그런 일이 반복되지 않도록 교훈을 주기 위해 역사서를 집필하였다.

그러나 나관중은 사마천과는 달리 인간은 역사를 공부한다고 근본적으로 바꾸어질 수 있다는 것에 회의감을 갖고 있었다. 인간은 만물의 영장도 아닐 뿐더러 아주 부조리하고 파렴치할 때가 많은 간악한 존재이기 때문이다. 〈삼국지〉는 피 냄새가 진동하는 역사를 그리고 있다. 인간의 가장 보기 흉한 치부를 그대로 보여주는 것이다. 나관중은 이런 사실을 폭로하고자 〈삼국지〉를 쓰지 않았을까. 〈삼국지〉에 등장하는 영웅들을 칭송한 것이 아니라 좀 더 냉정하게 그 속에 등장하는 영웅들의 일그러진 모습을 보라는 것이다. 한마디로 삼국지에 등장하는 영웅들을 표면적으로만 이해하여 영웅숭배하지 말고 그들을 따라 하지 말라는 교훈이다. 그래야 비로소 인간이 전쟁의 굴레에서 벗어날 수 있다. 불행하게도 인간은 피비린내 나는 역사를 즐기기 때문에 그런 굴레를 벗어날 수 없다는 것은 아닐까.

문제는 우리 인간들이 우리 영웅들의 일그러진 모습을 보고도 스스로 반성할 줄 모른다는 데 있다. 완전한 내로남불이며 방관자 역할만 하고 있다. 역사 속에서 우리들의 일그러진 얼굴을 보면서도 자신은 그런 사람이 아닌 것처럼 착각하는 어리석음과 오만함에 빠진다는 것이다. 〈삼국지〉에 등장하는 못된 영웅들을 신격화하여 추종까지 하는 것도 우리들 자신이 그들처럼 어리석고 일그러져 있기 때문이다. 그러니 나관중의 첫 문장처럼 결국 세상은 돌고 도는 것이다. 인간에 대한 포기와 체념이 담겨 있다고 볼 수 있다. 겉보기에 세상은 발전해도 인간사는 전혀 변화가 없다는 것이다. 어찌 보면 나관중은 삼국지 이후에 벌어지는 중국 왕조의 흥망성쇠를 보면서 인간 세상은 이런 사슬에서 결코 벗어날 수 없다는 한탄섞인 결론을 낸 것으로 보인다.

　나관중의 이런 역사관은 '과거에도 그렇게 존재했고 현재에도 그렇게 존재하는 방식대로' 영원히 존재할 것이라는 니체의 영원 회귀 사상과 일맥상통한다고 할 수 있다. 인간의 삶의 원초적 본능인 '권력에의 의지'가 인간을 지배하는 한 인류의 역사는 피로 얼룩질 수밖에 없다는 것이다. 또한 '인간은 역사를 통해 아무 것도 배울 수 없다.'는 헤겔의 말과도 이어지기도 한다. 헤겔 역시 인류의 역사는 변증법의 굴레를 벗어날 수 없어 인간이란 변증법의 배우 역할만 할 뿐이라고 주장했기 때문이다. 궁극적으로 인간이 변해야 세상이 변하는데 거시적 시각에서 역사를 보면 그럴 가능성이 희박하다는 결론을 낸 것이다. 지금 이 순간에도 전쟁이 끊이지 않는 것도 나관중의 역사관을 돈독히 하는 증거라고 말할 수 있다. 특히 삼국지에 등장하는 영웅들을 숭배하면 할수록 더욱 그렇다는 것이다. 나관중이 볼 때 역사의 틀을 깨려면 영웅들의 세계를 보면서 반성을 해야 하지만 오히려 영웅숭배하면서 더욱 세상을 시끄럽게 만들었다는 것이다. 참으로 인간이 악랄하면서도 어리석을 뿐 아니라 그 어리석음도 모른 채 자신이 최고라는 오만함을 버리지 못하고 있다는 것이다.

　나관중도 이런 사실을 깨닫고 〈삼국지〉에서 탐욕과 권력욕에 사로잡혀 되지도 않는 일에 집착하여 광기를 부리는 영웅들을 그리면서 "참으로 악랄하고 어리석으며 오만한 자여! 그대 이름은 인간이다."라고 외치고 있는 것처럼 보인다. 이것을 볼 때, '고귀한 것은 참으로 드물다.'는 스피노자의 말이 진실처럼 다가온다. 영웅숭배와 맹종은 악의 근원이라는 것을 나관중의 〈삼국지연의〉를 통해 다시 한 번 강조하고 싶다.

　그럼 나관중의 삼국지 서사시를 감상하며 마무리 짓도록 하겠다.

삼국지 서사시

한고조 칼을 빼들고 함양으로 들어가니
찬란하게 타오르는 붉은 해 부상에서 떠올랐네.
광무제 용감히 일어나 대통을 이룩하니
금빛 까마귀 하늘 한복판으로 날아 올라갔다.

슬프도다! 헌제가 뒤를 이었건만
붉은 해가 서쪽 함지 곁에 떨어졌구나!
하진이 꾀가 없어 환관들이 어지럽게 하니
양주의 동탁이 조정을 차지하고 말았네.

왕윤이 계책을 세워 반역의 무리를 죽였으나
이각과 곽사가 다시 칼을 들고 설쳤네.
사방에서 도적들이 개미떼처럼 일어나고
온천지의 간웅들이 매처럼 설치고 뽐내도다.

손견 손책이 강남에서 일어나고
원소 원술은 하량에서 떨쳤도다.
유언 부자는 파촉을 차지하고
유표의 군사는 형양에 주둔하였도다.

장연과 장로는 남정에서 패권을 잡고
마등 한수는 서량을 지키며

도겸 장수 공손찬도
각각 웅재를 발휘하여 한쪽을 차지했네.

조조는 승상으로 권력을 틀어잡아
뛰어난 인물들을 수하에 거느리고
천자를 떨게 하고 제후들을 호령하며
용맹한 군사를 거느리고 중원을 장악했네.

누상촌 유현덕은 본래 황족의 종친으로서
관우 장비와 의형제 맺고 한실을 부응하고자
동분서주 하였으나 집 없음을 한탄했고
장수가 적고 군사가 미약하여 정처없이 떠도는 신세였네.

남양의 삼고초려 그 뜻이 얼마나 깊었던가
와룡을 한 번 보자 천하가 갈라졌네.
먼저 형주를 차지하고 뒤에 서천을 점령하니
패업과 왕도가 그 곳에 있었네.

오호라, 유현덕이 3년 만에 이 세상을 떠나니
백제성에서 어린 자식을 맡기니 그 슬픔이 얼마나 컸겠는가!
공명이 여섯 번이나 기산으로 나가
한 손으로 하늘을 받들려 했네.

어찌하랴, 운수가 여기에서 다한 것을

장성이 한밤중에 산언덕에 떨어졌도다!
강유 혼자 높은 자기 재주만 믿고
중원을 아홉 번이나 쳤으나 헛수고만 하였네.

종회 등애가 군사를 나누어 쳐들어오니
한실의 강산이 모두 조씨에게 돌아가고 말았네.
조비를 거쳐 조예, 조방, 조모, 조환에 이르러
천하는 사마씨로 바뀌었네.

수선대 앞에 구름과 안개가 일고
석두성 아래는 물결조차 일지 않았네.
진류왕, 귀명후, 안락공이여
왕후공작은 그런 뿌리로부터 다시 싹이 텄네.

어지러운 세상사는 끝이 없으며
하늘의 뜻은 넓고 넓어 피할 길이 없도다.
삼국의 분할도 이미 꿈이 되어 버렸거늘
후세 사람들이 애도한다며 공연히 시끄럽게 떠드네

황상규의 문학과 역사, 철학의 만남
삼국지에서 인생의 스승을 만나다

인쇄 2024년 12월 06일
발행 2024년 12월 10일

편저자 황상규
발행인 서정환
펴낸곳 신아출판사
주소 서울특별시 종로구 삼일대로 32길 36 운현신화타워 305호
전화 (02) 3675-3885 (02) 747-5874
팩스 (02) 3675-2985
이메일 munye888@naver.com sina321@hanmail.net
출판등록 제465-1984-000004호
인쇄·제본 신아문예사

저작권자 ⓒ 2024, 황상규
이 책의 저작권은 저자에게 있습니다. 서면에 의한 저자의 허락없이 내용의 일부를 인용하거나 발췌하는 것을 금합니다.
COPYRIGHT ⓒ 2024, by Hwang SangKyui
All rights reserved including the rights of reproduction in whole or in part in any form.

저자와 협의, 인지는 생략합니다.

ISBN 979-11-94198-73-4   03810

값 25,000원
Printed in KOREA